Die Verwaltungsrechtswissenschaft
in der frühen Bundesrepublik
(1949–1977)

ARTIBUS INGENUIS J·C·B·M· 1·8·0·1

Die Verwaltungsrechtswissenschaft in der frühen Bundesrepublik (1949–1977)

Herausgegeben von
Carsten Kremer

Mohr Siebeck

Carsten Kremer ist Privatdozent an der Goethe-Universität Frankfurt am Main.

ISBN 978-3-16-155530-5

Die Deutsche Nationalbibliothek verzeichnet diese Publikation in der Deutschen Nationalbibliographie; detaillierte bibliographische Daten sind im Internet über *http://dnb.dnb.de* abrufbar.

Das Buch wurde von Gulde-Druck in Tübingen aus der Stempel-Garamond gesetzt, auf alterungsbeständiges Werkdruckpapier gedruckt und gebunden.

Inhaltsverzeichnis

Carsten Kremer

Einleitung

Mit der Gründung der Bundesrepublik begann für die Verwaltungsrechtswissenschaft eine neue Phase. Nach dem Ende des Zweiten Weltkriegs und der Überwindung der NS-Diktatur knüpften die Vertreter des Fachs zwar überwiegend an die verwaltungsrechtswissenschaftlichen Konzepte an, die schon in der Weimarer Republik und der konstitutionellen Monarchie entwickelt worden waren. Zugleich stellte sich für sie aber die Frage, inwieweit das neue Grundgesetz und das Bonner Modell der parlamentarischen Demokratie Veränderungen in der Dogmatik erforderlich machten. Auch die Rechtsprechung des neu geschaffenen Bundesverfassungsgerichts und des 1953 errichteten Bundesverwaltungsgerichts musste wissenschaftlich verarbeitet werden. In der Literatur wird diese Zeit des Neubeginns, in der man gleichzeitig an ältere Konzepte anknüpfte und sie an die neue Verfassungsordnung anpasste, als „Gründungsphase des Öffentlichen Rechts" (Wahl) beschrieben.[1]

In den letzten Jahren sind mehrere Darstellungen zur Geschichte der Verwaltungsrechtswissenschaft der Bundesrepublik veröffentlicht worden, die sich mit dieser Anfangszeit beschäftigen.[2] Der vorliegende Band nimmt einzelne

---

[1] *Rainer Wahl*, Herausforderungen und Antworten: Das Öffentliche Recht der letzten fünf Jahrzehnte, Berlin 2006, S. 16ff.

[2] Zu nennen sind insbesondere die Arbeiten von *Michael Stolleis*, vor allem die umfassende Gesamtdarstellung „Geschichte des öffentlichen Rechts in Deutschland", Bd. 4, München 2012, zur Staats- und Verwaltungsrechtswissenschaft (West und Ost) von 1945 bis 1990, mit Berücksichtigung nicht nur der Entwicklung der Dogmatik und der öffentlich-rechtlichen Teildisziplinen, sondern auch der Medien (Zeitschriften, Lehrbücher), der Institutionen (Universitäten, wissenschaftliche Organisationen) und der Personen; siehe ferner *ders.*, Verwaltungsrechtswissenschaft in der Bundesrepublik Deutschland, in: Dieter Simon (Hrsg.), Rechtswissenschaft in der Bonner Republik. Studien zur Wissenschaftsgeschichte der Jurisprudenz, Frankfurt a. M. 1994, S. 227; *ders.*, Entwicklungsstufen der Verwaltungsrechtswissenschaft, in: Wolfgang Hoffmann-Riem/Eberhard Schmidt-Aßmann/Andreas Voßkuhle (Hrsg.), Grundlagen des Verwaltungsrechts, Bd. 1, 2. Aufl., München 2012, § 2 Rn. 90ff., 106ff. – Zur Entwicklung zentraler Grundbegriffe, dogmatischer Figuren und methodischer Konzepte siehe *Wahl*, Herausforderungen und Antworten (Fn. 1); außerdem *Christoph Schönberger*, „Verwaltungsrecht als konkretisiertes Verfassungsrecht". Die Entstehung eines grundgesetzabhängigen Verwaltungsrechts in der frühen Bundesrepublik, in: Michael Stolleis (Hrsg.), Das Bonner Grundgesetz. Altes Recht und neue Verfassung in den ersten Jahrzehnten der Bundesrepublik Deutschland (1949–1969), Berlin 2006, S. 53; *Eberhard Schmidt-Aßmann*, Herausbildung eines modernen Verwaltungsrechts, in: Werner Heun/Frank Schorkopf (Hrsg.), Wendepunkte der Rechtswissenschaft. Aspekte des Rechts in der Moderne, Göttingen 2014, S. 247; *Christian Bumke*, Die Entwicklung der verwaltungsrechts-

Vertreter der Verwaltungsrechtswissenschaft in den Blick und wählt damit eine personenbezogene Perspektive, um zu rekonstruieren, welche Themen die Disziplin und ihre Vertreter in den ersten Jahrzehnten der Bundesrepublik beschäftigt haben. Mit einer solchen Perspektive wird nicht nur berücksichtigt, dass es immer wieder einzelne Rechtswissenschaftler sind, die neue Konzepte und Theorien entwickeln, welche später von anderen rezipiert (beziehungsweise abgelehnt oder ignoriert) werden. Zugleich kann diese Perspektive es ermöglichen, wissenschaftliche Stellungnahmen und Debatten wiederzuentdecken, die zwar bislang keinen Platz in den Darstellungen der Geschichte des Fachs gefunden, aber dennoch die Diskussionen in der frühen Bundesrepublik beeinflusst haben.

Dieses Buch ist aus einem Projekt hervorgegangen, das als „Wissenschaftliches Netzwerk" von der Deutschen Forschungsgemeinschaft gefördert wurde. Die meisten der in diesem Band abgedruckten Beiträge beruhen auf Vorträgen von Mitgliedern und Gästen des Netzwerks, die in den Jahren 2013 und 2014 auf vier Netzwerktagungen diskutiert wurden. Gegenstand des Projekts ist die Verwaltungsrechtswissenschaft der „frühen Bundesrepublik". Auf die Frage, über welchen Zeitraum sich diese Phase erstreckt, kann man – je nach Forschungsinteresse – unterschiedliche Antworten geben. Was die Geschichte der Verwaltungsrechtswissenschaft angeht, halten wir das Jahr 1977 als zeitliche Begrenzung für sinnvoll. In diesem Jahr traten im Bund und in den Ländern die Verwaltungsverfahrensgesetze in Kraft, die einen erheblichen Teil des allgemeinen Verwaltungsrechts kodifizierten. Mit diesen Gesetzen wurden viele verwaltungsrechtliche Diskussionen zu einem (zumindest vorläufigen) Abschluss gebracht, zum einen, weil die Debatten über eine Kodifikation des allgemeinen Verwaltungsrechts und über die Formulierung der geplanten Neuregelungen mit dem Erlass der Gesetze ein Ende fanden, zum anderen, weil wissenschaftliche Fragen durch die Gesetzgeber geklärt waren oder geklärt zu sein schienen.[3] Daher beschränken sich die nachfolgenden Beiträge weitgehend auf die Zeit bis zum Inkrafttreten der Verwaltungsverfahrensgesetze.

---

wissenschaftlichen Methodik in der Bundesrepublik Deutschland, in: Wolfgang Hoffmann-Riem/Eberhard Schmidt-Aßmann (Hrsg.), Methoden der Verwaltungsrechtswissenschaft, Baden-Baden 2004, S. 73.

[3] Beispiele für diese Auswirkung der Teilkodifikation des allgemeinen Verwaltungsrechts auf die Wissenschaft finden sich bei *Matthias Kötter*, Fortbilden, um zu bewahren: Otto Bachof und der Wandel verwaltungsrechtlicher Dogmatik unter dem Grundgesetz (in diesem Band), S. 231 (238: „rechtspolitische[r] Schlusspunkt" für „dogmatische[ ] Debatten"); *Eike Michael Frenzel*, „Eine Art Marschroute aufzustellen ...". Karl Zeidler und sein unvollendetes Projekt (in diesem Band), S. 269 (277 ff.), zu Zeidlers Vorschlag zur Erfassung von Zusagen der Verwaltung („durch gesetzgeberisches Handeln Erledigung eingetreten"); *Jakob Nolte*, Carl Hermann Ule: Verwaltung und Verwaltungsgerichtsbarkeit im demokratischen Rechtsstaat (in diesem Band), S. 203 (220 ff.), zu Ules Rolle bei der „Kodifizierung des Verwaltungsverfahrensrechts".

Der erste Teil dieses Bandes enthält Beiträge über einzelne Verwaltungsrechtswissenschaftler. In dem langen Zeitraum zwischen 1949 und 1977 haben sich viele Öffentlichrechtler zu verwaltungsrechtlichen Fragen geäußert. Für unser Vorhaben musste daher eine Auswahl getroffen werden. Wir waren uns einig, dass nicht nur Vertreter des allgemeinen, sondern auch des besonderen Verwaltungsrechts in den Blick genommen werden sollten, außerdem haben wir uns nicht nur für Meinungsführer und Vertreter einer „herrschenden Meinung", sondern auch für Außenseiter interessiert,[4] für jüngere Wissenschaftler und ältere, die auch schon in der Weimarer oder der NS-Zeit aktiv waren, für Repräsentanten etablierter Fächer[5] und neuer verwaltungsrechtlicher Teildisziplinen (etwa des Sozialrechts[6]) sowie schließlich für Autoren, die sich wissenschaftlich auf dem Gebiet des Verwaltungsprozessrechts[7] betätigt haben. Auch die Verwaltungslehre bzw. die Verwaltungswissenschaft, wie sie seit den 1960er Jahren zunehmend bezeichnet wurde, sollte betrachtet werden; für ihre Einbeziehung und damit für eine stärkere Berücksichtigung der Wirklichkeit setzten sich auch Vertreter der Verwaltungsrechtswissenschaft ein.[8] Unter Berücksichtigung dieser Kriterien sind für den ersten Teil dieses Bandes Beiträge über 17 Wissenschaftler entstanden, die für das Verwaltungsrecht eine wichtige Rolle gespielt haben, vorwiegend durch ihre Publikationen, mitunter aber auch als „Publika-

---

4 Wer Außenseiter und wer Vertreter des „Mainstreams" war, lässt sich nicht immer leicht bestimmen, hierzu am Beispiel von Hans Heinrich Rupp *Andreas Funke*, Ein Außenseiter, mittendrin. Zur Erfolgsbilanz des neo-kelsenianischen Verwaltungsrechts von Hans Heinrich Rupp (in diesem Band), S. 305.

5 Was das besondere Verwaltungsrecht angeht, wäre etwa an das Kommunalrecht (Hans Peters, Arnold Köttgen), das Polizeirecht (Gerhard Wacke), das Baurecht (Winfried Brohm), das Beamtenrecht (Arnold Köttgen, Gerhard Wacke) oder das Wirtschaftsverwaltungsrecht (Hans Peter Ipsen, Winfried Brohm, Peter Badura) zu denken – zu allen hier beispielhaft genannten Verwaltungsrechtlern finden sich Beiträge in diesem Band.

6 Siehe *Steffen Augsberg*, Hans F. Zacher und die „Entdeckung" des Sozialrechts (in diesem Band), S. 331 (336 ff.).

7 Zur „Verwissenschaftlichung des Verwaltungsprozessrechts" siehe *Nolte*, Carl Hermann Ule (Fn. 3), S. 213 f. – Ule gehörte zu den führenden Verwaltungsprozessrechtlern.

8 Einen übergreifenden, die Verwaltungslehre einbeziehenden Ansatz verfolgte etwa Hans Peters, siehe *Steffen Augsberg*, Hans Peters – Lehrer der Verwaltung (in diesem Band), S. 31; zur Berücksichtigung der Verwaltungslehre und der Verwaltungswirklichkeit durch Arnold Köttgen siehe *Ann-Katrin Kaufhold*, Arnold Köttgen. Berichte aus dem Inneren der Verwaltung (in diesem Band), S. 107 (insbes. 119 f.); siehe auch *Sebastian Unger*, Der Zweck als Schöpfer des Verwaltungsrechts. Peter Baduras Beitrag zu einer Verwaltungsrechtswissenschaft des sozialen Rechtsstaats (in diesem Band), S. 363 (369 ff.), zur „Wiederaufnahme" der Verwaltungslehre in eine „umfassende ‚Verwaltungswissenschaft'" bei Peter Badura; siehe ferner *Anna-Bettina Kaiser*, Winfried Brohm: Dogmatik als „Zukunftswissenschaft" (in diesem Band), S. 345 (356 ff.), zur Bedeutung der Verwaltungswissenschaft für Winfried Brohm. – An amerikanischen Lehren orientierte sich der 1962 nach Deutschland zurückkehrende Verwaltungswissenschaftler Fritz Morstein Marx, hierzu *Margrit Seckelmann*, Die Geburt der Verwaltungswissenschaft aus dem Geiste der Demokratie: Fritz Morstein Marx (in diesem Band), S. 89.

tionsorganisatoren".[9] Informationen zu nicht ausführlich behandelten Vertretern des Fachs sowie Verbindungen zwischen einzelnen Vertretern können mit Hilfe des Personenregisters aufgefunden werden.

Auffallend ist, dass dieses Buch keinen Beitrag über eine Verwaltungsrechtlerin enthält. Dies ist dem Umstand geschuldet, dass für die frühe Bundesrepublik keine passende Vertreterin des Fachs gefunden werden konnte. Die erste Frau, die sich im Öffentlichen Recht habilitierte (1969) und in die Vereinigung der Deutschen Staatsrechtslehrer aufgenommen wurde, ist die Frankfurter Professorin Ilse Staff, zu deren Forschungsschwerpunkten aber nicht das Verwaltungsrecht gehört.[10] Lange Zeit blieb sie die einzige Rechtswissenschaftlerin, die sich im Öffentlichen Recht habilitierte und Mitglied der Staatsrechtslehrervereinigung war. Erst seit den 1980er Jahren, also zu einer Zeit, die nicht mehr im Fokus dieses Sammelbandes steht, hat sich das geändert.[11]

Die Beiträge verstehen sich nicht als Handbuchartikel und folgen keinem streng vorgegebenen einheitlichen Aufbau. Die Autorinnen und Autoren haben dementsprechend eigene Schwerpunkte gesetzt. Allerdings gab es einige leitende Fragen, auf die wir uns im Rahmen des Projekts verständigt und mit denen wir uns (bei unterschiedlicher Akzentuierung) auseinandergesetzt haben. Unser Hauptinteresse galt einerseits der Frage, inwieweit es in methodischer und inhaltlicher Hinsicht Kontinuitäten zur Zeit vor 1949 gab, ob also beispielsweise auf die Systembildung sowie auf Institute, Begriffe und Prinzipien des Verwaltungsrechts der konstitutionellen Monarchie und der Weimarer Republik zurückgegriffen wurde.[12] Hierzu gehört auch die Frage, ob möglicherweise Verbindungslinien zum Verwaltungsrecht der NS-Zeit bestanden.[13] Anderer-

---

[9] So *Peter Collin*, Joseph H. Kaiser: Interessenrepräsentation und Planung im funktional-kooperativen Staat (in diesem Band), S. 253 (263 ff.), über Joseph Kaisers Rolle für die Planung.

[10] Über sie siehe *Ute Sacksofsky*, Ilse Staff – die erste deutsche Staatsrechtslehrerin, in: Fachbereich Rechtswissenschaft der Goethe-Universität Frankfurt am Main (Hrsg.), 100 Jahre Rechtswissenschaft in Frankfurt. Erfahrungen, Herausforderungen, Erwartungen, Frankfurt a.M. 2014, S. 185.

[11] *Sacksofsky*, Ilse Staff (Fn. 10), S. 185 f. Die Mitgliederverzeichnisse der Staatsrechtslehrervereinigung sind in den Bänden zu den Jahrestagungen abgedruckt und über http://www.degruyter.com/view/serial/16640 (Stand: 19.3.2017) abrufbar.

[12] Besonders deutlich lässt sich die anfängliche Kontinuität zum traditionellen Verwaltungsrecht am Beispiel Walter Jellineks aufzeigen, siehe *Ino Augsberg*, „Groß Neues ist ja nicht nachzutragen". Walter Jellineks „Verwaltungsrecht" in der frühen Bundesrepublik (in diesem Band), S. 11. Zum Vorbild der Pandektistik für Hans Julius Wolff siehe *Andreas Funke*, Pedanterie oder Perspektive – Das „Verwaltungsrecht" von Hans J. Wolff (in diesem Band), S. 49 (71: „Konstruktion und Systembildung"). Im Polizeirecht lässt sich eine Kontinuität zum preußischen Recht beobachten, siehe *Carsten Kremer*, Gerhard Wacke und das allgemeine Polizeirecht (in diesem Band), S. 149; ebd., S. 158, zur Parallele zwischen Wackes allgemeinem deutschem Polizeirecht und Otto Mayers gemeindeutschem Verwaltungsrecht.

[13] Hierzu siehe etwa *Anna Katharina Mangold*, Hans Peter Ipsen: Ein technokratischer Meister der Begriffsprägung (in diesem Band), S. 177 (185 ff.), zu „Kontinuitäten" in Ipsens Werk; siehe aber z.B. auch *Nolte*, Carl Hermann Ule (Fn. 3), S. 207 f., zu Ule (im Allgemeinen

seits wollten wir klären, welche Änderungen im Vergleich zur traditionellen Verwaltungsrechtslehre beobachtet werden können. Unser Interesse galt insbesondere der verwaltungsrechtswissenschaftlichen Verarbeitung des Prozesses der Anpassung des einfachen Rechts an die neue Verfassung, der Prägung und Konkretisierung des einfachen Rechts durch Verfassungsrecht. Zur Beschreibung dieses Prozesses wird in der rechtswissenschaftlichen Literatur seit längerem der Begriff der „Konstitutionalisierung" verwendet.[14] Verwaltungsrechtswissenschaftler waren und sind selbst Akteure der Konstitutionalisierung des Verwaltungsrechts.[15] Sie plädierten nach 1949 unter Rückgriff auf das Grundgesetz für Änderungen der tradierten Konzepte. Letzteres wird in den Aufsätzen dieses Bandes beispielsweise anhand des gewandelten Verständnisses vom Gesetzesvorbehalt,[16] der Lehre vom subjektiven öffentlichen Recht[17] oder der Diskussion über Umfang und Intensität der verwaltungsgerichtlichen Kontrolle[18] aufgezeigt.[19] In der frühen Bundesrepublik wurde außerdem darüber nachgedacht, ob und inwieweit das Demokratieprinzip verwaltungsrechtswissenschaftlich zu verarbeiten sei – die Meinungen hierzu gingen freilich auseinander.[20] Trotz der hier nur angedeuteten, vielfach zu beobachtenden Bereitschaft

---

keine Anknüpfung an die NS-Rechtswissenschaft); ferner *S. Augsberg*, Hans Peters (Fn. 8), S. 34 ff., 39 ff.

[14] Grundlegend *Gunnar Folke Schuppert/Christian Bumke*, Die Konstitutionalisierung der Rechtsordnung. Überlegungen zum Verhältnis von verfassungsrechtlicher Ausstrahlungswirkung und Eigenständigkeit des „einfachen" Rechts, Baden-Baden 2000, insbes. S. 25; siehe auch *Schönberger*, „Verwaltungsrecht als konkretisiertes Verfassungsrecht" (Fn. 2), S. 55 ff.; *Matthias Jestaedt*, Verfassungsgerichtsbarkeit und Konstitutionalisierung des Verwaltungsrechts. Eine deutsche Perspektive, in: Johannes Masing/Olivier Jouanjan (Hrsg.), Verfassungsgerichtsbarkeit. Grundlagen, innerstaatliche Stellung, überstaatliche Einbindung, Tübingen 2011, S. 37 (39 ff.), zur materiellen Konstitutionalisierung; *Stolleis*, Geschichte IV (Fn. 2), S. 226 ff.; *Schmidt-Aßmann*, Herausbildung eines modernen Verwaltungsrechts (Fn. 2), S. 252 ff.; *Wahl*, Herausforderungen und Antworten (Fn. 1), S. 32, 98; krit. zur Verwendung im nationalen Kontext noch *ders.*, Konstitutionalisierung – Leitbegriff oder Allerweltsbegriff?, in: Eugen Eberle/Martin Ibler/Dieter Lorenz (Hrsg.), Der Wandel des Staates vor den Herausforderungen der Gegenwart. Festschrift für Winfried Brohm zum 70. Geburtstag, München 2002, S. 191 (194, 206 f.). – Dass es überhaupt eine nennenswerte „Ausstrahlungswirkung" der Verfassung auf das allgemeine Verwaltungsrecht gegeben habe, bestreitet *Lothar Michael*, Verfassung im Allgemeinen Verwaltungsrecht – Bedeutungsverlust durch Europäisierung und Emanzipation?, VVDStRL 75 (2016), S. 131 (133).

[15] Zur Rechtswissenschaft als Akteurin der Konstitutionalisierung *Schuppert/Bumke*, Konstitutionalisierung der Rechtsordnung (Fn. 14), S. 57 f.

[16] Hierzu vor allem *Ino Augsberg*, Demokratische Aufklärung. Dietrich Jeschs Neubestimmung der Verwaltungsrechtsdogmatik unter dem Grundgesetz (in diesem Band), S. 287 (291 ff.); *Kötter*, Fortbilden, um zu bewahren (Fn. 3), S. 239 ff.

[17] Siehe *Kötter*, Fortbilden, um zu bewahren (Fn. 3), S. 243 ff.; *Funke*, Pedanterie oder Perspektive (Fn. 12), S. 77 ff.; *Kremer*, Gerhard Wacke (Fn. 12), S. 166 ff., zur Diskussion im Polizeirecht.

[18] *Nolte*, Carl Hermann Ule (Fn. 3), S. 224 ff.

[19] Siehe ferner *Frenzel*, „Eine Art Marschroute aufzustellen ..." (Fn. 3), S. 270 ff., zur „Verschränkung" von Verfassungs- und Verwaltungsrecht bei Zeidler.

[20] Hierzu insbesondere *I. Augsberg*, Demokratische Aufklärung (Fn. 16), insbes. S. 296 ff.,

der Verwaltungsrechtler zu Veränderungen gab es ebenfalls Autoren, die gegenüber dem Grundgesetz und einer Neuausrichtung der Verwaltungsrechtsdogmatik im Hinblick auf das Verfassungsrecht reserviert blieben.[21]

Die nachfolgenden Beiträge setzen sich außerdem mit den methodischen Vorstellungen des jeweiligen Verwaltungsrechtlers auseinander. Nicht wenige Vertreter des Fachs kritisierten die tradierte juristische Methode und forderten Veränderungen. Hierzu kann man zum Beispiel auch die teilweise erhobene Forderung zählen, dass die Verwaltungswissenschaft stärker berücksichtigt werden müsse.[22] Erörtert wurde ferner, wie das Recht der Leistungsverwaltung, das etwa im System Walter Jellineks noch keine eigenständige Bedeutung hatte und nicht systematisch ausgearbeitet war,[23] zu erfassen und innerhalb eines Systems des Verwaltungsrechts zu verorten sei.[24] Ernst Forsthoff, durch den die Verwaltungsrechtswissenschaft auf die Bedeutung der Leistungsverwaltung aufmerksam gemacht wurde, ist es bemerkenswerterweise selbst nicht gelungen, die leistungsverwaltungsrechtlichen Materien in sein System des Verwaltungsrechts zu integrieren.[25] Einen Höhepunkt erreichte die Methodendiskussion auf der Regensburger Staatsrechtslehrertagung im Jahr 1971, auf der Otto Bachof und Winfried Brohm über die „Dogmatik des Verwaltungsrechts vor den Gegenwartsaufgaben der Verwaltung" referierten.[26] An dieser Debatte haben sich auch andere Verwaltungsrechtler beteiligt, deren Konzepte hier unter-

---

zur demokratietheoretischen Perspektive Jeschs; *Funke*, Ein Außenseiter, mittendrin (Fn. 4), S. 307 ff., insbes. S. 315, zur „Demokratisierung der Verwaltungsrechtslehre" bei Rupp; *Unger*, Der Zweck als Schöpfer des Verwaltungsrechts (Fn. 8), S. 371 f., zu „Grundrechte[n] und Demokratie im Verwaltungsstaat" bei Badura; zu Morstein Marx siehe *Seckelmann*, Die Geburt der Verwaltungswissenschaft aus dem Geiste der Demokratie (Fn. 8), S. 89 ff.; dagegen spielte das Demokratieprinzip für das Verwaltungsrechtssystems H.J. Wolffs wohl keine Rolle, siehe *Funke*, Pedanterie oder Perspektive (Fn. 12), S. 73 ff.; hinsichtlich Peters ist zu differenzieren, siehe *S. Augsberg*, Hans Peters (Fn. 8), S. 36 ff.; zur Diskussion im Polizeirecht *Kremer*, Gerhard Wacke (Fn. 12), S. 171 ff.

[21] Zu nennen ist hier insbesondere Ernst Forsthoff, hierzu *Florian Meinel*, Die andere Seite des Rechtsstaats. Ernst Forsthoff in der Verwaltungsrechtswissenschaft der frühen Bundesrepublik (in diesem Band), S. 129 (insbes. S. 141 ff.). Siehe auch *Kremer*, Gerhard Wacke (Fn. 12), S. 164 ff., zu Wacke.

[22] Siehe die Nachw. in Fn. 8.

[23] Hierzu *I. Augsberg*, „Groß Neues ist ja nicht nachzutragen" (Fn. 12), S. 18 ff.

[24] Siehe *Funke*, Pedanterie oder Perspektive (Fn. 12), S. 75 ff.; *Kötter*, Fortbilden, um zu bewahren (Fn. 3), S. 247 ff.; *Unger*, Der Zweck als Schöpfer des Verwaltungsrechts (Fn. 8), S. 373 ff.; siehe auch *Kaufhold*, Arnold Köttgen (Fn. 8), S. 115 f., zur Beschäftigung Köttgens mit der Leistungsverwaltung.

[25] Hierzu *Meinel*, Die andere Seite des Rechtsstaats (Fn. 21), S. 141 ff.

[26] *Otto Bachof/Winfried Brohm*, Die Dogmatik des Verwaltungsrechts vor den Gegenwartsaufgaben der Verwaltung, VVDStRL 30 (1972), S. 193 ff., 245 ff. (Aussprache: ebd., S. 313 ff.). Hierzu *Kaiser*, Winfried Brohm (Fn. 8), S. 345 ff.; *Kötter*, Fortbilden, um zu bewahren (Fn. 3), insbes. S. 231 ff., 238, 247 ff.

sucht werden.[27] Für die spätere Diskussion über die Reform des allgemeinen Verwaltungsrechts lieferte diese Staatsrechtslehrertagung wichtige Anstöße.[28]

Zur Gestaltung der Beiträge sei abschließend bemerkt, dass jeder Text wenigstens kurze Angaben zur Person und zu ihrem wissenschaftlichen Werdegang enthält. Die Biographie der Verwaltungsrechtler hat für unsere Fragestellung jedoch eine untergeordnete Bedeutung, daher wird auf biographische Informationen prinzipiell nur insoweit eingegangen, als es zur Interpretation der Texte des jeweiligen vorgestellten Verwaltungsrechtlers hilfreich erscheint. Die Reihenfolge der Beiträge richtet sich nach dem Geburtsjahr (und bei gleichem Geburtsjahr nach dem erreichten Alter) des zu besprechenden Wissenschaftlers. Diese chronologische Ordnung soll es erleichtern, Parallelen und Unterschiede zwischen unmittelbar nacheinander dargestellten Vertretern des Fachs zu beobachten.

Der zweite Teil dieses Buches enthält Beiträge von drei einflussreichen Vertretern des Verwaltungsrechts, die sich bereits in der frühen Bundesrepublik aktiv an den von uns untersuchten wissenschaftlichen Debatten beteiligt haben: Hans Heinrich Rupp, Peter Badura und Hans F. Zacher (†). Sie werden im ersten Teil des Buches durch separate Beiträge näher vorgestellt.[29] Jeder dieser drei Verwaltungsrechtler hat an einem unserer Netzwerktreffen teilgenommen und uns geschildert, wie sich aus seiner Sicht die Verwaltungsrechtswissenschaft in den ersten Jahrzehnten nach dem Zweiten Weltkrieg und der Gründung der Bundesrepublik entwickelt hat. Dabei haben sie unterschiedliche Perspektiven gewählt und eigene Schwerpunkte gesetzt. Wir sind ihnen sehr dankbar, dass sie an unserem Projekt mitgewirkt und ihre Erfahrungen mit uns geteilt haben. Ihre Vorträge werden im zweiten Teil dokumentiert. Für ihre Unterstützung bei der Bearbeitung der Schriftfassung der Vorträge danke ich Ino Augsberg und Steffen Augsberg herzlich.

An dieser Stelle möchte ich mich, auch im Namen der übrigen Netzwerkmitglieder, ebenfalls bei allen anderen Gästen unseres Netzwerks für die Teilnahme an unserem Projekt und die Mitwirkung an diesem Band ganz herzlich bedanken – bei Peter Collin, Anna Katharina Mangold, Florian Meinel, Margrit Seckelmann und Sebastian Unger. Der Deutschen Forschungsgemeinschaft verdanken wir, dass unser Vorhaben umgesetzt werden konnte; sie hat auch das Erscheinen dieses Bandes finanziell gefördert. Mein herzlicher Dank für die

---

[27] Zu Rupp siehe *Funke*, Ein Außenseiter, mittendrin (Fn. 4), S. 306 f.; zu Badura siehe *Unger*, Der Zweck als Schöpfer des Verwaltungsrechts (Fn. 8), S. 373 ff.

[28] *Jan Philipp Schaefer*, Die Umgestaltung des Verwaltungsrechts. Kontroversen reformorientierter Verwaltungsrechtswissenschaft, Tübingen 2016, S. 126 f.

[29] *Funke*, Ein Außenseiter, mittendrin (Fn. 4), zu Hans Heinrich Rupp; *S. Augsberg*, Hans F. Zacher (Fn. 6); *Unger*, Der Zweck als Schöpfer des Verwaltungsrechts (Fn. 8), zu Peter Badura.

Unterstützung der redaktionellen Arbeiten gilt Sören Zimmermann und Norbert Axel Richter, der auch die Erstellung des Registers übernommen hat.

Teil 1:

Verwaltungsrechtswissenschaftler der frühen Bundesrepublik

Ino Augsberg

„Groß Neues ist ja nicht nachzutragen"

Walter Jellineks „Verwaltungsrecht" in der frühen Bundesrepublik

I.

„Groß Neues ist ja seit 1914 und 1917 nicht nachzutragen."[1] Otto Mayers Selbsteinschätzung im Vorwort zur dritten Auflage seines Werks „Deutsches Verwaltungsrecht", auf den 29. August 1923 datiert, geht scheinbar nonchalant hinweg über Weltkrieg und politischen Umbruch, den denkbar einschneidendsten Wechsel nicht nur der Regierung, sondern auch der Regierungsform. Nicht einmal seine berühmt gewordene Begründung für die fehlende Notwendigkeit, die in den genannten Jahren 1914 und 1917 in zweiter Auflage erschienenen beiden Bände seines Werks[2] umfangreicher zu ergänzen, wird als Neuigkeit im Sinne einer eigenen Trouvaille präsentiert. Mayer zitiert die später allein ihm zugeschriebene Aussage vielmehr herbei als eine Art juristische Volksweisheit, die sich weiter Bekanntheit erfreut: „‚Verfassungsrecht vergeht, Verwaltungsrecht besteht', das hat man anderwärts schon längst beobachtet."[3] Wo die besonderen Kriegserfahrungen schließlich doch einmal genannt werden, dienen sie nur als Beleg dafür, was die wissenschaftliche Arbeitsmethode systematisch auszuklammern hat, weil es als Ausnahme vom sonstigen regelmäßigen Gang der Verwaltungsgeschäfte verbucht werden muss: „Der reiche Stoff von Ordnungen verwaltungsrechtlicher Natur, die nur durch Krieg und Kriegsnot veranlaßt waren, bleibt hier planmäßig unberücksichtigt. Für die rechtswissenschaftliche Erkenntnis geht damit kaum etwas verloren."[4]

Man mag diese geradezu gewaltsam ebenso ahistorische wie apolitische Selbstverortung der Verwaltungsrechtswissenschaft und ihrer Erkenntnissuche als spezifische Form von Verdrängung lesen, die versucht, die Gespenster der Vergangenheit endlich ruhen zu lassen, und zu diesem Zweck eine Normalität

---

[1] *Otto Mayer*, Deutsches Verwaltungsrecht, Bd. 1, 3. Aufl., Berlin 1924 (Nachdruck Berlin 1961), S. VI.

[2] Vgl. *Otto Mayer*, Deutsches Verwaltungsrecht, Bd. 1, 2. Aufl., Berlin 1914; Bd. 2, 2. Aufl., Berlin 1917. Die erste Auflage war bereits 1895/96 erschienen.

[3] *Mayer*, Deutsches Verwaltungsrecht, Bd. 1, 3. Aufl. (Fn. 1), S. VI.

[4] Ebd.

der gegenwärtigen Verhältnisse zumindest ebenso beschwört wie wirklich konstatiert. Als derartig beschwörend-apotropäischer Gestus ist Mayers Verfahren jedenfalls nicht singulär. Es fand einen Wiedergänger in sogar noch einmal zugespitzter Form in Walter Jellineks Umgang mit seinem Lehrbuch „Verwaltungsrecht“ in den ersten Jahren nach dem Zweiten Weltkrieg und in der neu gegründeten Bundesrepublik.

Jellineks Buch erschien erstmals 1928. Sein großer Erfolg lässt sich schon daran ablesen, dass nur ein Jahr später eine zweite und weitere zwei Jahre darauf eine dritte Auflage erforderlich wurden. Während Jellinek die zweite und dritte Auflage jeweils zu umfangreichen Überarbeitungen genutzt hatte,[5] wurde im Jahr 1948 die dritte Auflage von 1931 in vollständig unveränderter Form nachgedruckt.[6] Jellinek schrieb für den Neudruck nicht einmal ein neues Vorwort, in dem er auf die vollständig veränderten politischen und rechtlichen Umstände nach dem Ende des Zweiten Weltkrieges und dem Untergang des NS-Regimes einging. Erst weitere zwei Jahre später, 1950, veröffentlichte er einen vierzigseitigen „Nachtrag“ zu seinem Lehrbuch, in dem er auf die neuen Verhältnisse Bezug nahm.[7] Grundsätzliche Erwägungen zur Situation des Verwaltungsrechts nach dem Regimewechsel finden sich aber auch hier praktisch nicht. Mit Ausnahme einer einseitigen „Vorbemerkung“, die den zeitgeschichtlichen Kontext zumindest knapp erwähnt, besteht der „Nachtrag“ ausschließlich aus kleinteiligen Ergänzungen des unverändert belassenen Hauptwerks, für die unter Angabe der Seitenzahl der jeweilige Ort im ursprünglichen Lehrbuchtext benannt wird. Diese Ergänzungen nehmen zwar unter anderem auch auf die Bestimmungen des neu geschaffenen Grundgesetzes und der Landesverfassungen Bezug. Eine über die Einzelverweise hinausgehende allgemeine Auseinandersetzung mit der veränderten Lage findet jedoch nicht statt.

---

[5] Vgl. *Walter Jellinek*, Verwaltungsrecht, Berlin 1928; 2., durchgesehene Aufl., Berlin 1929; 3. Aufl., Berlin 1931; zu den Überarbeitungen jeweils Jellineks eigene Hinweise in den Vorwörtern zu den Neuauflagen. Die Auflagenhöhe der ersten und der dritten Auflage ist nicht bekannt; in zweiter Auflage wurden 3000 + 150 Exemplare gedruckt (so – mit Verweis auf die eigene Korrespondenz mit dem Verlag Springer, in dem die ersten drei Auflagen erschienen – *Roger Miller*, Verwaltungsrecht als Wissenschaft. Fritz Fleiner 1867–1937, Frankfurt a.M. 2006, S. 150, Fn. 145).

[6] Vgl. *Walter Jellinek*, Verwaltungsrecht, Nachdruck der 3. Aufl., Berlin 1931, Offenburg 1948 (im Folgenden zitiert nach der von Otto Bachof herausgegebenen Neuausgabe Bad Homburg u. a. 1966, die – mit Ausnahme des als Anhang hinzugefügten Nachtrags aus dem Jahr 1950 sowie eines kurzen Vorworts des Herausgebers – wiederum einen bloßen Nachdruck der dritten Auflage von 1931 darstellt). Der Verlagswechsel von Springer in Berlin zum Lehrmittel-Verlag in Offenburg war nach Jellineks eigener Erläuterung auf technische Schwierigkeiten in der „amerikanischen Zone“ zurückzuführen, die in der französischen Zone nicht bestanden (vgl. *Walter Jellinek*, Verwaltungsrecht. Nachtrag, Offenburg 1950 [wiederabgedruckt in der von Bachof herausgegebenen Neuausgabe des „Verwaltungsrechts“, a. a. O.], S. 3).

[7] Vgl. *Jellinek*, Nachtrag 1950 (Fn. 6).

Für dieses Vorgehen gab es einen Präzedenzfall, der nicht erst im Rückgriff auf Jellineks akademischen Lehrer Otto Mayer gesucht werden muss. Jellinek hatte ihn wenige Jahre zuvor eigenhändig geschaffen. Sein Verfahren 1950 entsprach formal exakt einem Verhaltensmuster, das er selbst bereits beim Übergang von der Weimarer Republik zum Nationalsozialismus eingeführt hatte: Im Jahr 1934 publizierte Jellinek ebenfalls einen separaten „Nachtrag" zur drei Jahre zuvor erschienenen letzten Auflage seines „Verwaltungsrechts", in dem er zum einen auf die zwischen 1931 und 1934 neu verabschiedeten einschlägigen Gesetze und zum anderen, in neutral gehaltenem Ton, der durchaus als Zustimmung gedeutet werden konnte (und wohl auch sollte[8]), auf die Bedeutung der nationalsozialistischen Weltanschauung für ein gewandeltes, stärker an der Gemeinschaft als am Individuum orientiertes Verständnis des Verwaltungsrechts verwies.[9]

Was damit auf den ersten Blick wie die schlichte Wiederholung eines erprobten Musters erscheint, wirft auf den zweiten umso mehr Fragen auf. So sehr das Vorgehen im Jahr 1950 auf der formalen Ebene dem des Jahres 1934 entsprach, so sehr muss die Parallelität der Vorgänge in inhaltlicher Sicht irritieren: Konnte der Nachtrag 1934 noch plausibel damit erklärt werden, dass dadurch das eigentliche Werk unverändert weiter verkauft werden konnte,[10] und ist in diesem taktischen Sinne auch verständlich, weshalb Jellinek den Nachtrag separat publizierte, weil er ihn keinesfalls als Teil seines eigentlichen Werks ansehen wollte,[11] so lässt sich Vergleichbares für die Situation in der jungen Bundesrepublik kaum geltend machen. Im Gegenteil: Jellineks in seinem Lehrbuch ausgearbei-

[8] Vgl. *Michael Stolleis*, Geschichte des öffentlichen Rechts in Deutschland, Bd. 4, München 2012, S. 175, der mit Verweis auf die Darstellung bei *Klaus Kempter* (Die Jellineks 1820–1955. Eine familienbiographische Untersuchung zum deutschjüdischen Bürgertum, Düsseldorf 1998, S. 480 f.) erklärt, Jellinek habe mit diesem Nachtrag „seine Bereitschaft zur Adaption signalisiert". S. dazu auch die stärker differenzierende Darstellung von *Otto Bachof*, Vorwort zum Neudruck, in: *Jellinek*, Verwaltungsrecht. Neudruck der 3. Aufl. 1931 (Fn. 6), S. VIII ff. (X), der darauf verweist, dass sich im „Nachtrag" zwar „einige positive Äußerungen zur damaligen Rechtsentwicklung [finden], vor allem zur Verstärkung des Gemeinwohlgedankens; sie sind nicht unbegründet in ihrer Distanzierung von dem überbetonten Individualismus der Weimarer Zeit. Ebenso finden sich aber unüberhörbare kritische Vorbehalte sowie Mahnungen vor einem Abbau rechtsstaatlicher Sicherungen; diese freilich, in der damals noch allein möglichen Sprache der Zeit, mehr zwischen den Zeilen als in der Form offener Kritik. Es war wohl das Äußerste, was ein Mann wagen und sagen konnte, der damals persönlich selbst sehr stark gefährdet war; nur kurze Zeit später wurde er seines Amtes enthoben. Zugleich spiegelt der Nachtrag freilich die Haltung eines Menschen, der in der ihm eigenen Herzensgüte auch bei anderen zunächst nur Gutes und nicht das Böse zu sehen geneigt war, und der damals gleich vielen anderen den wahren Gehalt des Unrechtsregimes noch nicht erkannt hatte."

[9] Vgl. *Walter Jellinek*, Verwaltungsrecht. Nachtrag, Berlin 1934; dazu näher *Birthe Pasemann*, Walter Jellinek und der Nationalsozialismus. „Verwaltungsrecht" 1934. zur 3. Aufl. 1950 [sic], KJ 38 (2005), S. 418 ff. (423 ff.).

[10] Vgl. *Pasemann*, Walter Jellinek und der Nationalsozialismus (Fn. 9), S. 433.

[11] Vgl. *Bachof*, Vorwort zum Neudruck (Fn. 8), S. X.

tete grundsätzlich liberale Position[12] hätte in der neuen Verfassungsordnung vielfältige produktive Anknüpfungspunkte finden können. Warum also beließ er es dennoch bei dem kargen Nachtrag?

Eine abschließende eindeutige Antwort auf diese Frage wird sich kaum geben lassen. Im Folgenden möchte ich aber einige mögliche Bausteine zusammentragen, die in ihrer Zusammenschau zumindest in die Richtung einer entsprechenden Antwort deuten und dabei zugleich ein Stück weit dazu dienen können, die allgemeine Situation der Verwaltungsrechtswissenschaft in der jungen Bundesrepublik zu veranschaulichen. Ich werfe dafür zunächst einen knappen Blick auf Jellineks Biographie (II.) sowie auf die Konzeption seines Lehrbuchs (III.). Im Zentrum der Untersuchung steht aber die daran anschließende nähere Analyse des Nachtrags aus dem Jahr 1950 (IV.). Ein letzter Blick gilt der Rezeption des Lehrbuchs und des Nachtrags in der verwaltungsrechtlichen Praxis und der Verwaltungsrechtswissenschaft in den 1950er und 1960er Jahren (V.), ehe ein kurzes Fazit die Summe aus dem zuvor Dargestellten zieht (VI.).

II.

Walter Jellinek wurde 1885 in Wien als zweites der insgesamt sechs Kinder von Georg und Camilla Jellinek geboren; sein Großvater väterlicherseits war Rabbiner der dortigen Israelitischen Kultusgemeinde.[13] Der ein Jahr ältere Bruder Paul, „sofort der Liebling seines Vaters“[14], starb 1889 im Alter von nur fünf Jahren an Diphtherie. Nachdem Georg Jellineks Bemühungen um ein Ordinariat für Völkerrecht in Wien an antisemitischen Ressentiments innerhalb der Fakultät gescheitert waren,[15] zog die Familie zunächst Ende des Jahres 1889 aufgrund eines endlich erfolgten Rufs an die Universität Basel in die Schweiz und von dort, nur ein knappes Jahr später, wiederum aufgrund eines Rufs an die

[12] Vgl. zu dieser Einschätzung aus zeitgenössischer Perspektive etwa *Erwin Jacobi*, Walter Jellinek als Wissenschaftler, DÖV 1956, S. 33 ff. (35); in historischer Rückschau ebenso *Wolfgang Kohl/Michael Stolleis*, Im Bauch des Leviathan, NJW 1988, S. 2849 ff. (2854); differenzierend *Pasemann*, Walter Jellinek und der Nationalsozialismus (Fn. 9), S. 431.

[13] Vgl. zu Jellineks Biographie und den familiären Zusammenhängen näher *Kempter*, Die Jellineks 1820–1955 (Fn. 8), S. 25 ff. Zu Walter Jellineks eigenem Gefühl der Unzugehörigkeit gegenüber dem Judentum – schon der Vater war zum christlichen Bekenntnis konvertiert – ebd., S. 541 ff.

[14] *Klaus Kempter*, Camilla Jellinek und die Frauenbewegung in Heidelberg, in: Bärbel Meurer (Hrsg.), Marianne Weber. Beiträge zu Person und Werk, Tübingen 2004, S. 111 ff. (113).

[15] Vgl. nur *Hedda J. Herwig*, Georg Jellinek, in: Martin J. Sattler, Die deutsche Staatslehre im 19. und 20. Jahrhundert. Mohl, Gerber, Laband, Jellinek, Kelsen, Schmitt, Heller, München 1972, S. 72 ff. (74). Zu entsprechenden Schwierigkeiten bereits bei der Habilitation *Martin J. Sattler*, Georg Jellinek (1851–1911). Ein Leben für das öffentliche Recht, in: Helmut Heinrichs u.a. (Hrsg.), Deutsche Juristen jüdischer Herkunft, München 1993, S. 355 ff. (364 ff.).

dortige Universität, nach Heidelberg, wo Georg Jellinek bis zum Ende seines Lebens (1911) bleiben und mit höchstem, weithin beachtetem Erfolg arbeiten sollte.[16] Dass Walter Jellinek damit „im wahrsten Sinne von Kindesbeinen an mit der Rechtswissenschaft verbunden“ war,[17] drückt die entscheidende Prägung, die sein gesamtes späteres wissenschaftliches Werk durch das des Vaters erfuhr, noch vorsichtig aus.[18] Der drohenden Situation, den leiblichen Vater als die eigene Tätigkeit lähmenden wissenschaftlichen Übervater zu erfahren, begegnete Jellinek durch akademische Lehrjahre bei den beiden anderen entscheidenden Figuren des öffentlichen Rechts der damaligen Zeit. Nach dem Studium der Rechtswissenschaft in Heidelberg, Freiburg und Berlin wurde er 1908 bei Paul Laband an der Universität Straßburg aufgrund der Arbeit „Der fehlerhafte Staatsakt und seine Wirkungen“ promoviert.[19] Vier Jahre später erfolgte die Habilitation bei Otto Mayer in Leipzig.[20] Thema (und Titel) der Habilitationsschrift war die Frage nach „Gesetz, Gesetzesanwendung und Zweckmäßigkeitserwägung“.[21]

Nachdem er zwei Semester lang in Leipzig Vorlesungen gehalten hatte, wurde Jellinek 1913 auf seine erste, noch außerplanmäßige Professur nach Kiel berufen. Seine Lehrtätigkeit dort unterbrach aber schon bald der Beginn des Ersten Weltkriegs; Jellinek wurde als Offizier eingezogen. Nach Kriegsende erhielt er dann 1919 den Ruf auf das erste Ordinariat ebenfalls an der Universität Kiel. Jellinek nahm den Ruf an und setzte seine durch den Kriegseinsatz unterbrochene Tätigkeit an der Christian-Albrechts-Universität fort. In dieser zweiten Kieler Zeit entstand das Lehrbuch zum Verwaltungsrecht. In Kiel bekleidete Jellinek von 1928 bis 1929 auch das Amt des Rektors der Universität.[22] Er folgte

[16] Vgl. dazu näher *Jens Kersten*, Georg Jellinek und die klassische Staatslehre, Tübingen 2000, sowie die Beiträge in *Stanley L. Paulson/Martin Schulte* (Hrsg.), Georg Jellinek: Beiträge zu Leben und Werk, Tübingen 2000.

[17] So *Jan Ziekow*, Die Einhelligkeit der Rechtsentscheidung – Zu Leben und Werk Walter Jellineks, AöR 111 (1986), S. 219ff. (219).

[18] Vgl. dazu näher etwa *Ziekow*, Die Einhelligkeit der Rechtsentscheidung (Fn. 17), S. 225f.

[19] Vgl. *Walter Jellinek*, Der fehlerhafte Staatsakt und seine Wirkungen. Eine verwaltungs- und prozeßrechtliche Studie, Tübingen 1908.

[20] Vgl. zu Jellineks Verhältnis zu Mayer die „Würdigung“ in dem der „Verwaltungsrechtswissenschaft“ gewidmeten § 6 des Lehrbuchs (*Jellinek*, Verwaltungsrecht, 3. Aufl. 1931 [Neudruck 1966] [Fn. 6], S. 104ff.), die dessen „Mittelpunkt“ bilden soll (Vorwort zur ersten Auflage 1927, a. a. O., S. VI) und das „Bewunderungswürdige“ an Mayers Werk, seine Begabung als „Künstler des Worts, der Darstellung, des Aufbaues“ (a. a. O., S. 105), hervorhebt.

[21] Vgl. *Walter Jellinek*, Gesetz, Gesetzesanwendung und Zweckmäßigkeitserwägung. Zugleich ein System der Ungültigkeitsgründe von Polizeiverordnungen und -verfügungen. Eine staats- und verwaltungsrechtliche Untersuchung, Tübingen 1913.

[22] Vgl. zu Jellineks Kieler Zeit näher *Kempter*, Die Jellineks 1820–1955 (Fn. 8), S. 440ff. Aus Sicht der allgemeinen Kieler Universitäts- und Fakultätsgeschichte ferner *Erich Döhring*, Geschichte der Christian-Albrechts-Universität Kiel 1665–1965, Bd. 3, Teil 1: Geschichte der Juristischen Fakultät 1665–1965, Neumünster 1965, S. 173ff., v. a. S. 177f., 186; sowie *Florian Becker*, Walter Jellinek – Ein Kieler Klassiker des deutschen Verwaltungsrechts, in: Andreas

dann aber dem Ruf auf einen Lehrstuhl für Staatsrecht an der Universität Heidelberg, den ehemaligen Lehrstuhl seines Vaters.[23] Nach der Machtübernahme durch die Nationalsozialisten versuchte Walter Jellinek zunächst, sich nicht nur in wissenschaftlicher Hinsicht – dafür steht exemplarisch der „Nachtrag“ zum Verwaltungsrechtslehrbuch 1934[24] –, sondern auch persönlich mit den neuen Verhältnissen zu arrangieren;[25] er bemühte sich sogar um einen Nachweis der eigenen „arischen“ Herkunft.[26] Die Bemühungen blieben erfolglos; aufgrund seiner Einstufung als Jude wurde er 1935 aus seinem Amt an der Universität vertrieben.[27] Jellinek blieb dennoch, gesellschaftlich weitgehend isoliert,[28] während der gesamten Herrschaft des Nationalsozialismus in Heidelberg. Den Terror des Regimes erfuhr er in dieser Zeit zwar nicht am eigenen Leibe; er musste aber miterleben, wie seine nächsten Familienangehörigen darunter litten. Seine Schwester Dora wurde in das KZ Theresienstadt deportiert und überlebte die Zeit bis zur Befreiung des Lagers im Mai 1945, völlig abgemagert und entkräftet, nur knapp.[29] Sein Bruder Otto wurde im Frühjahr 1943 von der Gestapo verhaftet, wochenlang gefangengehalten, gequält und misshandelt. Er starb im

---

von Arnauld/Ino Augsberg/Rudolf Meyer-Pritzl (Hrsg.), 350 Jahre Rechtswissenschaftliche Fakultät der CAU, Tübingen 2017 (i. Vorb.).

[23] Vgl. „Walter Jellineks Lebensweg“, in: Otto Bachof u. a. (Hrsg.), Gedächtnisschrift für Walter Jellinek. 12. Juni 1885–9. Juni 1955, München 1955, S. 645 f. (645).

[24] Vgl. dazu die Nachw. o. Fn. 8.

[25] Vgl. ausführlich und abgewogen *Kempter*, Die Jellineks 1820–1955 (Fn. 8), S. 476 ff., sowie *ders.*, Ein Rechtsprofessor im Konflikt mit der NS-Rassengesetzgebung: der Fall Walter Jellinek, Zeitschrift für Geschichtswissenschaft 1998, S. 305 ff.

[26] Vgl. zu diesen Versuchen ausführlich *Kempter*, Die Jellineks 1820–1955 (Fn. 8), S. 486 ff. Da diese Bemühungen unter anderem die Folge hatten, dass einer von Jellineks Söhnen, der bereits als „Mischling“ abberufen worden war, weiter an der Ostfront eingesetzt wurde (und dort nur äußerst knapp dem Tod in Stalingrad entrann), vor allem aber, weil sie nicht zuletzt auch dazu dienen sollten, Walter Jellineks nach Theresienstadt deportierte Schwester Dora vor der weiteren Deportierung in die Vernichtungslager zu bewahren (vgl. a. a. O., S. 520 ff.), ist die gewisse Überheblichkeit, mit der die Versuche noch aus heutiger Sicht kommentiert werden, schwer nachvollziehbar. Vgl. etwa *Stolleis*, Geschichte des öffentlichen Rechts in Deutschland, Bd. 4 (Fn. 8), S. 175: „An seiner [d.i. Walter Jellineks, I.A.] politischen Urteilsfähigkeit sind vielleicht Zweifel erlaubt. Als Charakter wird er nachgiebig und eher harmoniebedürftig geschildert. Seine verbale Anpassung an den Nationalsozialismus und seine eigenen Ahnenforschungen mit dem Ziel, als ‚Arier‘ anerkannt zu werden, erregen im Nachhinein Mitgefühl.“ Ein solches Mitgefühl ist nur dort am Platze, wo es durch die objektive Zwangslage, nicht dagegen durch angebliche charakterliche Defizite, begründet wird.

[27] Vgl. zum Vorgang – erst Zwangsbeurlaubung, dann Zwangspensionierung – näher *Kempter*, Die Jellineks 1820–1955 (Fn. 8), S. 487 f. *Hans Klein* fasst den Vorgang in seinem Eintrag zu Jellinek in der „Neuen Deutschen Biographie“ (Berlin 1974, S. 394 f.) wie folgt zusammen: „1935–1945 wurde er an der Ausübung seines Lehramtes gehindert“ (a. a. O., S. 394). Kurz danach ist davon die Rede, Jellinek habe die „erzwungene Muße nach 1935 […] u. a. zur Abfassung einer Preisschrift der Leidener Juristenfakultät“ genutzt (a. a. O., S. 395). Man muss diese Formulierungen als bemerkenswert bezeichnen.

[28] Vgl. mit weiteren Hinweisen und persönlichen Zeugnissen von Walter und Gisela Jellinek *Kempter*, Die Jellineks 1820–1955 (Fn. 8), S. 496 f.

[29] Vgl. *Kempter*, Die Jellineks 1820–1955 (Fn. 8), S. 522 ff.

Juli 1943 an den Folgen der Haft, über die er, so berichtet es Walter Jellinek in seiner Traueransprache „Meinem lieben Bruder Otto zum Gedächtnis“, gesagt hatte: „Es war das Inferno“.[30]

Nach 1945 wurde Walter Jellinek umfassend rehabilitiert und erhielt seinen alten Lehrstuhl zurück. Als Richter sowohl am württemberg-badischen Verwaltungsgerichtshof wie am Staatsgerichtshof wirkte er am Neuaufbau der Judikative in Württemberg-Baden mit; als Mitglied im Vorbereitenden Verfassungsausschuss war er zudem aktiv an der Ausarbeitung der neuen Verfassung für das Land Hessen beteiligt.[31] Jellinek stand zudem als Vorsitzender dem Ausschuss vor, der den „Heidelberger Entwurf“ eines Gesetzes über die Verwaltungsgerichtsbarkeit erarbeitete, der schließlich mit nur geringfügigen Änderungen von den vier Ländern Bayern, Württemberg-Baden und Hessen sowie Bremen als Gesetz verabschiedet wurde;[32] auch an dem Gesetz über das Bundesverwaltungsgericht und dem Entwurf einer Verwaltungsgerichtsordnug der Bundesrepublik wirkte er entscheidend mit.[33] Jellinek starb kurz vor seiner Emeritierung 1955 in Heidelberg.[34] Die Grabrede hielt der damalige Dekan der Fakultät, Ernst Forsthoff.[35] Eine bereits fertiggestellte Festgabe zum 70. Geburtstag erschien posthum als Gedächtnisschrift.[36]

---

30 Zitiert nach *Kempter*, Die Jellineks 1820–1955 (Fn. 8), S. 516.

31 Vgl. zum Geschehen näher *Kempter*, Die Jellineks 1820–1955 (Fn. 8), S. 526 ff.; zu Jellineks eigener Sicht *Walter Jellinek*, Die Verfassung des Landes Hessen, DRZ 1947, S. 4 ff.

32 Vgl. *Jellinek*, Verwaltungsrecht. Nachtrag 1950 (Fn. 6), S. 11 und 20 ff., v. a. S. 21: „[D]ie Wiege der deutschen Verwaltungsgerichtsbarkeit [hat] in Heidelberg gestanden.“ Ferner *ders.*, Die Verwaltungsgerichtsbarkeit in der amerikanischen Zone, DRZ 3 (1948), S. 269 ff.

33 Vgl. *Jacobi*, Walter Jellinek als Wissenschaftler (Fn. 12), S. 35; zum Erfordernis bereits *Jellinek*, Verwaltungsrecht. Nachtrag 1950 (Fn. 6), S. 21: „Es ist nachgerade Zeit, daß die Verwaltungsgerichtsbarkeit bundeseinheitlich geregelt wird. Für das im Art. 96 des Bonner Grundgesetzes geregelte Bundesverwaltungsgericht versteht sich dies von selbst.“ Jellinek bejaht im Folgenden die umstrittene Frage der Bundeskompetenz und verweist dabei u. a. auf *Carl Hermann Ule*, Für eine einheitliche Verwaltungsgerichtsordnung!, Deutsche Verwaltung 3 (1950), S. 1 ff., 41 ff. Vgl. zu Ules Beitrag zur Entstehung der VwGO näher den Beitrag von *Jakob Nolte*, Carl Hermann Ule: Verwaltung und Verwaltungsgerichtsbarkeit im demokratischen Rechtsstaat (in diesem Band), S. 203 ff.

34 Vgl. die Nachrufe von *Erwin Jacobi*, In memoriam Walter Jellinek. Rede in der Gedenkstunde der Universität Heidelberg am 11. November 1955, Heidelberg 1955, S. 3 ff. (teilweise wiederabgedruckt unter dem Titel „Walter Jellinek als Wissenschaftler“ [Fn. 12]); *Otto Bachof*, Walter Jellinek †, JZ 1955, S. 429; *Hans Schneider*, Walter Jellinek zum Gedächtnis, JR 1955, S. 373; *Ernst Walz*, Walter Jellinek zum Gedächtnis, AöR 80 (1955/56), S. 257 ff.

35 Vgl. *Ernst Forsthoff*, Walter Jellinek †, Ruperto Carola 7 (1955), S. 16. Forsthoff kommentiert das Geschehen in einem Brief an Carl Schmitt in charakteristischer Weise: „Der Tod von Jellinek hat mir sehr viel Arbeit gebracht. Daß gerade ich an seinem Sarg zu sprechen hatte, ist eine sehr merkwürdige Fügung gewesen“ (*Ernst Forsthoff*, Brief vom 13. Juli 1955, in: *ders./Carl Schmitt*, Briefwechsel 1926–1974, hrsg. v. Dorothee Mußgnug, Reinhard Mußgnug und Angela Reinthal, Berlin 2007, S. 113). Zum schwierigen Verhältnis von Forsthoff und Jellinek näher unten, IV.

36 Vgl. *Otto Bachof* u. a., Zum Geleit, in: dies. (Hrsg.), Gedächtnisschrift für Walter Jellinek (Fn. 23), S. 5 f. (5).

III.

Die Grundkonzeption des „Verwaltungsrechts" wird bereits mit einem Blick in das Inhaltsverzeichnis ersichtlich.[37] Jellinek behandelt in dem Werk sowohl das Allgemeine als auch das Besondere Verwaltungsrecht, wobei letzteres in einem entsprechend überschriebenen Abschnitt thematisiert wird (und etwa Abschnitte zum öffentlichen Dienst, zu Grundzügen des Finanzrechts, zum Recht der Enteignung und, ausführlich, zur Polizei enthält), während die allgemeinen Fragen, insbesondere wichtige begriffliche Grundentscheidungen, teilweise auch bereits in der umfangreichen „Einleitung" geklärt werden. Der mit „Allgemeiner Teil" überschriebene Abschnitt widmet sich dann Themen wie den Rechtsquellen, Rechtssubjekten und Rechtsverhältnissen, dem Verwaltungsakt und dem Rechtsschutz gegen Verwaltungshandeln, dem Verwaltungszwang und dem Staatshaftungsrecht.

Dabei zeigt sich das Buch einem klassisch liberalen Rechts- und Staatsverständnis verpflichtet. „Die Trennung von Staat und Gesellschaft und die Idee des Rechtsstaats samt seinem traditionellen Gesetzesbegriff sind die Leitprinzipien, denen es folgt."[38] Hiermit wie in der generellen Zugangsweise steht und verbleibt das Werk in der durch Jellineks Lehrer Otto Mayer begründeten Traditionslinie.[39] Die grundlegenden Strukturen des Verwaltungsrechts werden in unmittelbarer Auseinandersetzung mit Gesetzgebung und Rechtsprechung nachgezeichnet;[40] innovative Fortschreibungen erst im Ansatz ersichtlicher Entwicklungen finden sich kaum. Die Grenzen dieses Ansatzes macht Otto Bachof, der das Lehrbuch von 1931 mitsamt dem Nachtrag von 1950 im Jahr 1966 noch einmal als Nachdruck herausgab,[41] in seinem Vorwort zur Neuausgabe sehr deutlich. Nachdem er das Werk zunächst in eine Reihe mit den be-

---

[37] Vgl. näher zur Konzeption des Werks *Martin Schulte*, Walter Jellinek (1885–1955), in: Peter Häberle/Michael Kilian/Heinrich Amadeus Wolff (Hrsg.), Staatsrechtslehrer des 20. Jahrhunderts. Deutschland – Österreich – Schweiz, Berlin/Boston 2015, S. 299 ff. (306 ff.); sowie *Becker*, Walter Jellinek (Fn. 22).

[38] *Michael Stolleis*, Geschichte des öffentlichen Rechts in Deutschland, Bd. 3, München 1999, S. 239.

[39] Vgl. dazu auch die entsprechenden Hinweise zu Mayers Vorgehen (einschließlich des Aufbaus des „Deutschen Verwaltungsrechts") in Jellineks eigener Darstellung: *Jellinek*, Verwaltungsrecht, 3. Aufl. 1931 (Neudruck 1966) (Fn. 6), S. 104 ff., v. a. S. 105.

[40] Vgl. ähnlich auch die Einschätzung von *Ziekow*, Die Einhelligkeit der Rechtsentscheidung (Fn. 17), S. 223: „Jellineks Methode ist es vordringlich, induktiv aus der Fülle des deutschen Reichs- und Landesrechts, der Rechtsprechung und dem Schrifttum allgemeine Prinzipien des Verwaltungsrechts in einem System zu ordnen, wenngleich ihm ein solches System nie Selbstzweck ist."

[41] Vgl. zu der Ausgabe den Nw. o. Fn. 6. Zu Bachof selbst den Beitrag von *Matthias Kötter*, Fortbilden, um zu bewahren: Otto Bachof und der Wandel verwaltungsrechtlicher Dogmatik unter dem Grundgesetz (in diesem Band), S. 231 ff.

rühmten Büchern von Mayer[42] und Fleiner[43] gestellt hat, verweist Bachof darauf, welche modernen Entwicklungen nicht nur in diesen Werken, sondern ebenso bei Jellinek nicht mehr verarbeitet werden konnten:

„Vornehmster Gegenstand der wissenschaftlichen Bemühungen ihrer [d.i. Mayers, Fleiners, aber eben auch noch Jellineks, I.A.] Zeit war das Verwaltungsrecht des gewaltenteilenden und in seinem Schwerpunkt freiheitsverbürgenden, des sogenannten ‚bürgerlichen' oder ‚liberalen' Rechtsstaats. Aufgabe dieser Wissenschaft war die Herausarbeitung der die Freiheit sichernden Rechtsinstitute und ihre Ordnung zu einem System. Zwar haben der deutsche Staat und seine Verwaltung sich auch damals nicht in der Sicherung individueller Freiheit erschöpft; Förderung des Gemeinwohls und soziale Daseinsfürsorge waren niemals aus ihrem Blickfeld entschwunden. Aber die Größenordnungen haben sich seit der Jahrhundertwende, zunehmend dann seit den beiden Weltkriegen und durch diese mit bedingt und beschleunigt, so sehr verschoben, daß die Quantität zur Qualität umschlagen mußte. Mit Recht empfinden wir den Strukturwandel vom liberalen Rechtsstaat jener Zeit zum modernen Leistungs- und Verteilerstaat als so wesentlich, daß wir den letzteren geradezu durch einen Gegenbegriff zu kennzeichnen pflegen: durch den (auch in das Grundgesetz eingegangenen) Begriff ‚sozialer Rechtsstaat'.“[44]

Bachof sieht Jellinek demnach als letzten Vertreter eines Verwaltungsrechtsverständnisses, das aus dem 19. Jahrhundert stammt. Insbesondere die Leistungsverwaltung werde in seinem „Verwaltungsrecht“ zwar gelegentlich, vor allem in den Abschnitten „Schlichte Hoheitsverwaltung“ und „Öffentliche Sachen und Anstalten“, erwähnt, aber nirgends zu einem eigenständigen Thema erhoben, geschweige denn als solches systematisch ausgearbeitet und mit den klassischen Funktionen verwoben.[45]

Ebenfalls zu Recht betont Bachof eine weitere wichtige Charakteristik von Jellineks Werk, die bereits auf den ersten Seiten des Buchs ins Auge sticht und in gewissem Sinne quer steht zu einem streng systematischen Vorgehen. Jellinek beginnt sein Lehrbuch nicht mit einer abstrakten Definition von Verwaltung und Verwaltungsrecht, deren Problematik spätestens seit Otto Mayers Negativansatz bekannt ist,[46] sondern lässt anstelle solcher Definitionsversuche zu-

[42] Vgl. *Mayer*, Deutsches Verwaltungsrecht (Fn. 1); zu diesem Bezug auch *Schulte*, Walter Jellinek (Fn. 37), S. 308 f.

[43] Vgl. *Fritz Fleiner*, Institutionen des Deutschen Verwaltungsrechts, 6. und 7. Aufl., Tübingen 1922; dazu im Vergleich mit Jellineks „Verwaltungsrecht“ näher *Miller*, Verwaltungsrecht als Wissenschaft (Fn. 5), S. 149 f., der Fleiners „Institutionen“ Jellineks Werk als die „Pandekten“ des Verwaltungsrechts gegenüberstellt.

[44] *Bachof*, Vorwort zum Neudruck (Fn. 8), S. VIII.

[45] Vgl. *Bachof*, Vorwort zum Neudruck (Fn. 8), S. IX f. Jellinek selbst geht auf diese Situation im Nachtrag von 1950 mit Bezug auf Forsthoffs Konzept der Daseinsvorsorge ein: „Manches, was FORSTHOFF in seinem Lehrbuch des Verwaltungsrechts I, 1950, S. 263 ff., unter der Bezeichnung ‚Daseinsvorsorge' bringt, behandle ich in meinem ‚Verwaltungsrecht' im Abschnitt ‚Schlichte Hoheitsverwaltung'. Dies sei nur deshalb erwähnt, weil FORSTHOFF S. 263 ausführt, ich hätte diesen Gegenstand nahezu völlig vernachlässigt“ (*Jellinek*, Nachtrag 1950 [Fn. 6], S. 6).

[46] Vgl. *Mayer*, Deutsches Verwaltungsrecht, Bd. 1 (Fn. 1), S. 7; ähnlich auch *Fleiner*, Insti-

nächst Beispielsfälle sprechen: „Was Verwaltung ist, veranschaulichen einige Fälle des täglichen Lebens."[47] Dieser Ansatz ist weder Zufall noch allein der Schwierigkeit der positiven Begriffsbestimmung, die auch Jellinek konstatiert,[48] geschuldet. Er entspricht vielmehr Jellineks Grundhaltung, im Zweifel die praktikable Lösung des Einzelfalls der Stimmigkeit des Gesamtsystems vorzuziehen.[49] Dieses Grundanliegen, das sich auch als gewisse eigene Akzentsetzung gegenüber dem stärker auf „Systembildung" abzielenden Mayer'schen Ansatz ansehen lässt, ermöglicht eine erste Mutmaßung, in welche Richtung eine Antwort auf die Ausgangsfrage nach den Motiven des „Nachtrags" gehen könnte: Dem fallorientierten Verfahren scheint die kleinteilige Ergänzung des Bestehenden eher zu entsprechen als der große Wurf, der auf Basis gewandelter gesellschaftlicher und verfassungsrechtlicher Grundlagen noch einmal ganz neu ansetzt.

IV.

Jellineks eigene Erklärung für sein Vorgehen ist allerdings noch profaner; sie macht allein die äußeren Umstände verantwortlich. Der „Nachtrag" aus dem Jahr 1950 beginnt mit einer „Vorbemerkung", die knapp das Zustandekommen des früheren Nachdrucks des Lehrbuchs und den Kontext der Entstehung des Nachtrags selbst erläutert. Nachdem Jellinek zunächst betont hat, dass der Nachdruck des „Verwaltungsrechts" nicht auf seine eigene Initiative entstanden, sondern auf das „freundliche, unermüdliche Drängen"[50] des damaligen Präsidenten der Staatlichen Akademie für Verwaltungswissenschaften in Speyer zurückzuführen sei, geht er auch auf die inhaltliche Problematik ein, das Werk vollständig unverändert neu erscheinen zu lassen. Allein äußere Umstände,

---

tutionen des Deutschen Verwaltungsrechts (Fn. 43), S. 5; *Ernst Forsthoff*, Lehrbuch des Verwaltungsrechts, Bd. 1: Allgemeiner Teil, 1. Aufl., München/Berlin 1950; 10. (und letzte) Aufl., München 1973, S. 1; aus heutiger Sicht etwa *Ralf Poscher*, Funktionenordnung des Grundgesetzes, in: Wolfgang Hoffmann-Riem/Eberhard Schmidt-Aßmann/Andreas Voßkuhle (Hrsg.), Grundlagen des Verwaltungsrechts, Bd. 1, 2. Aufl., München 2012, § 8 Rn. 56.

[47] *Jellinek*, Verwaltungsrecht, 3. Aufl. 1931 (Neudruck 1966) (Fn. 6), S. 1.

[48] Vgl. *Jellinek*, Verwaltungsrecht, 3. Aufl. 1931 (Neudruck 1966) (Fn. 6), S. 5.

[49] Vgl. *Bachof*, Vorwort zum Neudruck (Fn. 8), S. IX, mit Verweis auch auf Jellineks praktische Tätigkeit am württemberg-badischen Verwaltungsgerichtshof, an dem beide gemeinsam tätig waren. Ähnlich *Ziekow*, Die Einhelligkeit der Rechtsentscheidung (Fn. 17), S. 223: „Die gerechte Lösung praktischer Probleme dominiert." Mit Bezug auf konkrete Auslegungsfragen ferner *Jacobi*, Walter Jellinek als Wissenschaftler (Fn. 12), S. 33 f., mit Verweis auf die entsprechenden Passagen in *Jellinek*, Verwaltungsrecht, 3. Aufl. 1931 (Neudruck 1966) (Fn. 6), S. 149 ff., sowie *ders.*, Schöpferische Rechtswissenschaft. Kieler Rektoratsrede, Kiel 1928, S. 11 f.

[50] *Jellinek*, Verwaltungsrecht. Nachtrag 1950 (Fn. 6), S. 3.

nicht spezielle eigene Motive sollen danach ursächlich für das gewählte Vorgehen gewesen sein:

„Etwas anderes als ein Neudruck war im Jahr 1948 nicht möglich, da gesetzgeberisch noch alles im Flusse war und die Rechtsprechung der Verwaltungsgerichte zum neuen Recht gerade erst begonnen hatte, sich zu entfalten. Das nationalsozialistische Jahrzwölft hatte weniges von Dauer erbracht, und neues gesamtdeutsches Recht war noch nicht im Entstehen begriffen. Daher war der Abstand zwischen 1931, dem Erscheinungsjahr der letzten Auflage des Verwaltungsrechts, und 1948 inhaltlich nicht so groß, wie es den Anschein hat, und so durfte der Neudruck gewagt werden. Die Erfahrung hat dann gelehrt, daß das Lehrbuch auch heute für viele Zweifelsfragen brauchbare Lösungen oder zumindest weiterführende Hinweise bringt, veröffentlichte und unveröffentlichte Entscheidungen der Gerichte beweisen es."[51]

Daran wird wiederum deutlich, dass Jellinek sich weiterhin in der dem Mayer'schen Erbe verpflichteten positivistischen Traditionslinie verortet, die anhand der ergangenen Gesetzgebung und Rechtsprechung die Analyse und Systematisierung und nur in diesem Rahmen auch die Fortentwicklung des Systems betreibt. Diese Perspektive dient dann auch als Erklärung dafür, warum zwei Jahre später einerseits ein Nachtrag möglich und erforderlich wurde, andererseits Jellinek aber keine grundlegend überarbeitete Neuauflage des Lehrbuchs unternahm:

„Inzwischen sind zwei Jahre verstrichen. Die Rechtsprechung der Verwaltungsgerichte hat mächtig eingesetzt, die beiden dem Verwaltungsrecht gewidmeten Hauptzeitschriften: ‚Die öffentliche Verwaltung' und die ‚Deutsche Verwaltung', jetzt ‚Deutsches Verwaltungsblatt', bringen die Rechtsprechung in Hülle und Überfülle. Auch sind die Länderregierungen und seit Jahresfrist die Bundesregierung eifrig bemüht, das Gesetzesrecht den neuen Verhältnissen anzupassen. Noch hat die Gesetzgebung noch nicht einen Ruhepunkt erreicht, der es rätlich erscheinen ließe, eine Neuauflage des Buches zu veranstalten. Aber für einen Nachtrag der wichtigsten Ereignisse seit 1945 ist die Zeit doch schon gekommen."[52]

Damit ist die Ausgangsfrage nach dem Grund dieses speziellen Verfahrens offenbar beantwortet. Bei näherem Hinsehen wirft die Antwort aber wiederum nur neue Fragen auf. Auffällig an Jellineks Selbsteinschätzung ist das, was nicht erwähnt wird: Zu den „wichtigsten Ereignissen" der jüngsten Vergangenheit zählt Jellinek offenbar nicht – zumindest nicht in einem Maße, das der gesonderten Erwähnung wert wäre – das ein Jahr zuvor erfolgte Inkrafttreten des Grundgesetzes. Bemerkenswert ist zudem der ausschließliche Fokus auf die Jahre nach 1945. Während das Grundgesetz in der „Vorbemerkung" mit keinem Wort auch nur erwähnt wird, benennt Jellinek sein Schweigen zu der Zeit des Nationalsozialismus zumindest ausdrücklich, ohne allerdings eine weitergehende Erläuterung für die zugleich angekündigte Vertagung der Auseinander-

---

[51] Ebd.
[52] Ebd.

setzung zu geben. Allenfalls die Kargheit der Formulierung kann einen Rückschluss auf die dahinterstehenden Motive ermöglichen. Sowohl die Bestimmung der ausgeklammerten Epoche wie die Wortwahl, die mit dem Verweis auf eine offenbar nüchterne, rein wissenschaftlich vorzunehmende „Würdigung“ Distanz zum zu schildernden Geschehen wahren will, machen deutlich, in welchem Maße die Distanz für Jellinek offenkundig noch nicht gegeben ist, sondern erst errungen werden muss:

„Der Leser findet daher im folgenden eine Auslese des Geschehens seit 1945. Eine Würdigung des Zeitraums zwischen 1931 und 1945 muß einer späteren Auflage vorbehalten bleiben.“[53]

Jellineks Schweigen zum Nationalsozialismus hat eine bemerkenswerte Parallele in dem Verhalten seines unmittelbaren Heidelberger Kollegen Forsthoff,[54] der in seinem 1950 in der jungen Bundesrepublik erstmals erscheinenden, aber auf bereits in den 1930er und 1940er Jahren geleistete Vorarbeiten gestützten Lehrbuch zum Verwaltungsrecht[55] die Darstellung der nationalsozialistischen Zeit, zu der ihn sein Verleger bewegen wollte, ebenfalls bewusst ausspart.[56] Während dort allerdings mit Bezug auf die eigene Rolle in der fraglichen Zeit eine zumindest ambivalente, wenigstens am Anfang offen affirmative Haltung dem NS-System gegenüber zu thematisieren gewesen wäre,[57] hätte Jellinek aus der Position des Opfers sprechen können, das historische Genugtuung einfordert. Offenbar war eben das jedoch eine Position, die er weder persönlich noch – genauer: erst recht nicht – in seiner speziellen Rolle als Wissenschaftler beziehen

53 Ebd.

54 Vgl. zu Forsthoff den Beitrag von *Florian Meinel*, Die andere Seite des Rechtsstaats. Ernst Forsthoff in der Verwaltungsrechtswissenschaft der frühen Bundesrepublik (in diesem Band), S. 129ff.; ausführlich *ders.*, Der Jurist in der industriellen Gesellschaft. Ernst Forsthoff und seine Zeit, Berlin 2011; ferner *Christian Schütte*, Progressive Verwaltungsrechtswissenschaft auf konservativer Grundlage. Zur Verwaltungsrechtslehre Ernst Forsthoffs, Berlin 2006.

55 Vgl. *Forsthoff*, Lehrbuch des Verwaltungsrechts (Fn. 46). Dazu *Schütte*, Progressive Verwaltungsrechtswissenschaft auf konservativer Grundlage (Fn. 54), sowie den Beitrag von *Meinel*, Die andere Seite des Rechtsstaats (Fn. 54), S. 129ff. Speziell zu seinem Konzept der Daseinsvorsorge, deren Thematisierung Forsthoff in Jellineks Lehrbuch vermisste (dazu die Nachweise oben Fn. 45), *Jens Kersten*, Die Entwicklung des Konzepts der Daseinsvorsorge im Werk von Ernst Forsthoff, Der Staat 44 (2005), S. 543ff.

56 Vgl. *Ernst Forsthoff*, Brief vom 30. August 1949, in: *ders./Schmitt*, Briefwechsel 1926–1974 (Fn. 35), S. 50f. (51): „Mein Verwaltungsrecht steht noch im Satz. Ich hatte mit dem Verlag noch eine Kontroverse, weil er Wert darauf legte, daß ich noch eine summarische Abrechnung mit dem Nationalsozialismus einfügte und mich in den Zitaten heutigen Wünschen anpaßte. Beides habe ich natürlich abgelehnt.“ Für „eine wirkliche, zusammenfassende Würdigung“ sah Forsthoff, wie er in einem früheren Brief an seinen Verleger ausführt, „die Zeit noch nicht gekommen“ (abgedruckt a.a.O., S. 366).

57 Vgl. zu Forsthoffs Verhältnis zum Nationalsozialismus näher *Meinel*, Der Jurist in der industriellen Gesellschaft (Fn. 54), S. 50ff.

wollte.[58] Das gilt sogar für das persönliche Verhältnis zu Forsthoff, in dem nach dem Krieg nicht etwa Jellinek, sondern Forsthoff in die Rolle des Anklägers (um nicht zu sagen: Erpressers) schlüpfte, der dem gerade erst wieder in sein Amt zurückgekehrten Kollegen dessen Verhalten nach 1933 zum Vorwurf machte und der versuchte, mit seiner Kenntnis dieses Verhaltens „massiven“ Druck – Forsthoff spricht selbst sogar von „Terror“ – auf Jellinek auszuüben.[59] Dass es für Jellinek zu dieser Zeit nicht um verbesserte Karrierechancen, sondern das eigene Überleben gegangen war, bleibt dabei ebenso wenig bedacht, wie die eigene Rolle in den ersten Jahren des Regimes reflektiert wird.[60] Forsthoff verortet den Grund des persönlichen Zerwürfnisses ausschließlich auf der

[58] Vgl. zu Jellineks persönlicher „Milde gegenüber einst aggressiv nazistischen Kollegen“ *Gerhard Dilcher*, Die juristischen Bücher des Jahres, NJW 1999, S. 3533 ff. (3556), mit Bezug auf die Darstellung bei *Kempter*, Die Jellineks (Fn. 8).

[59] Vgl. die Schilderung bei *Ernst Forsthoff*, Brief an Ernst Rudolf Huber vom 23. Februar 1949 (BA Koblenz, Nachlass Huber, zitiert nach *Meinel*, Der Jurist in der industriellen Gesellschaft [Fn. 54], S. 312): „Gestern hatte ich übrigens eine Aussprache mit Jellinek. Ich wußte schon, daß er inzwischen kalte Füße bekommen hat und jetzt in Versöhnung und guten menschlichen Beziehungen machen will. So kam mir seine Bitte um Aussprache nicht überraschend, diese Aussprache war das Tollste, was ich in dieser Art erlebt habe. Ich hatte vorher mit [scil: Johann Daniel] Achelis taktisch die Lage genau durchgesprochen und wir hatten uns dahin schlüssig gemacht, daß jetzt Terror das richtige wäre. Die Formulierungen hatte ich mir genau überlegt, mir auch einen Fahrplan für das Gespräch zurechtgelegt. Als ich ihm dann gegenüber saß, war ich nach zwei Minuten so in Rage, daß ich den Fahrplan vergaß und ihm alles, was ich gegen ihn auf dem Herzen hatte, mit einer Schärfe, ich muß schon sagen Hemmungslosigkeit um die Ohren schlug, daß ihm Hören und Sehen verging. Ich sagte ihm, daß ich mir weitreichende publizistische Möglichkeiten geschaffen habe, daß ich jede Zeile besitze, die er seit 1933 geschrieben hat, daß der Fall Forsthoff zu Ende sei und der Fall Jellinek begonnen habe, daß ich ein verbessertes MG34 auf ihn gerichtet habe, während er nur über einen Vorderlader verfüge, daß er heute schon isoliert sei und in der Fakultät allein stehe, daß sogar die Entnazifikatoren ihn eines Tages fallen lassen würden um die eigene Haut zu retten, daß er sich für einen erledigten Mann halten dürfe, da nur noch der Zeitpunkt des öffentlichen Eklats offen stehe usw. […] Zum Schluß sagte ich ihm, wenn er es wagen sollte, gegen mich oder einen der im Gespräch Genannten auch nur das Geringste zu unternehmen, würde der Nervenkrieg sofort in Schießkrieg übergehen. Alles das hörte er mit geradezu hündischer Beflissenheit an. Als ich den Raum verließ, lief er mir nach und drückte mir die Hand mit der Erklärung, wir wollten doch wenigstens bei dieser kollegialen Form bleiben!!! Er war weiß und hatte das Gesicht eines alten, müden Mannes. Achelis meint, J. würde der Belastung durch einen solchen massiven Terror nicht gewachsen sein. Er prognostizierte Erkrankung. Warten wir ab. Jedenfalls bin ich entschlossen, die Rechnung mit ihm endgültig zu begleichen, nehme mir aber Zeit. Noch ist es zu früh.“ Vgl. zu Forsthoffs Briefpartner Huber und dessen Verwicklung in das NS-Regime im knappen Überblick nur *Christoph Gusy*, Ernst Rudolf Huber (1903–1990) – vom neohegelianischen Staatsdenken zur etatistischen Verfassungsgeschichte, in: Häberle/Kilian/Wolff (Hrsg.): Staatsrechtslehrer des 20. Jahrhunderts (Fn. 37), S. 641 ff.

[60] Forsthoff wurde 1933 auf den Frankfurter Lehrstuhl von Hermann Heller, der emigriert war, und zwei Jahre später nach Hamburg auf den Lehrstuhl Kurt Perels’, der sich das Leben genommen hatte, berufen. Vgl. dazu *Meinel*, Der Jurist in der industriellen Gesellschaft (Fn. 54), S. 51 ff.

anderen Seite.[61] Entsprechend bestimmt er (in einem Brief an den diesbezüglich jetzt wieder gleichgesinnten Carl Schmitt) auch den Zeitpunkt der Zäsur: „Die Bande der Kollegialität sind [...] 1945 zerschnitten worden“[62].

Die mit dem Schweigen zum nationalsozialistischen System benannte Leerstelle von Jellineks „Vorbemerkung“ bleibt, wenngleich mit gewissen Modifikationen, auch im eigentlichen Text des „Nachtrags“ bestehen. Wie eingangs erwähnt, besteht dieser Text ausschließlich aus Ergänzungen und Hinweisen zu einzelnen Stellen im früheren Hauptwerk. Eine von diesen Einzelhinweisen losgelöste, abstrakte „Abrechnung“ mit dem Nationalsozialismus fehlt ebenso wie eine allgemeine Auseinandersetzung mit der neuen Zeit und der neuen Rechtsordnung. Innerhalb der Ergänzungen finden sich zwar immer wieder Hinweise auf jüngere, bereits unter der neuen Ordnung ergangene Gerichtsentscheidungen und ebenso auf Bestimmungen des neuen Grundgesetzes. Gerade dort, wo eine ausführlichere Auseinandersetzung mit der gewandelten Situation nahegelegen hätte, in der Ergänzung zu dem auf die „Geschichte des Verwaltungsrechts“ bezogenen § 5 des Lehrbuchs, bleibt die Darstellung aber wieder auffällig knapp und beschränkt sich vorwiegend auf kurze Hinweise zum äußeren Geschehen.[63] Immerhin wird hier zumindest in einigen Sätzen auf die nationalsozialistische Zeit eingegangen, die in der „Vorbemerkung“ nur als (Noch-) Nicht-Thema Erwähnung fand. Die Darstellung ist zudem mit einer eindeutigen Bewertung verbunden, die das NS-System als „Gegenteil eines Rechtsstaates“ benennt. Dennoch lassen auch diese Ausführungen für den heutigen Leser eine gewisse Irritation zurück, weil sie zum einen von dem angeblichen Versuch der Nationalsozialisten ausgehen, bestimmte grundsätzliche rechtsstaatliche Formen zu wahren, ohne hervorzuheben, dass es sich dabei aus Sicht der Protagonisten des neuen Rechtsverständnisses allenfalls um Übergangsphänomene handeln sollte, die im Zuge des weiteren Ausbaus des Systems auch noch zu überwinden seien,[64] und weil sie zum anderen die schlimmsten Verbrechen unerwähnt lassen. Jellinek nennt zwar die Euthanasie-Programme als Beleg eines Zustands der „absoluten Rechtlosigkeit“[65] unter dem Nationalsozialismus, schweigt aber, trotz der persönlichen Betroffenheit insbesondere aufgrund des

---

[61] Vgl. zum Gang der Ereignisse, die vor allem um Forsthoffs Entnazifizierungsverfahren und die Frage seiner möglichen Rückkehr nach Heidelberg kreisten, *Reinhard Mußgnug/Dorothea Mußgnug*, Einleitung, in: *Forsthoff/Schmitt*, Briefwechsel 1926–1974 (Fn. 35), S. 1 ff. (19 ff.).

[62] *Ernst Forsthoff*, Brief vom 18. September 1949, in: *ders./Schmitt*, Briefwechsel 1926–1974 (Fn. 35), S. 54 f.

[63] Vgl. *Jellinek*, Verwaltungsrecht. Nachtrag 1950 (Fn. 6), S. 11 f.

[64] Vgl. sehr deutlich etwa mit Bezug auf die Stellung der Verwaltungsgerichtsbarkeit die Ausführungen von *Reinhard Höhn*, Das subjektive Recht und der neue Staat, Deutsche Rechtswissenschaft 1 (1936), S. 49 ff. (60 ff.).

[65] *Jellinek*, Verwaltungsrecht. Nachtrag 1950 (Fn. 6), S. 11.

Schicksals seiner beiden Geschwister Dora und Otto, von der Verfolgung und gezielten Vernichtung der europäischen Juden:

„Der Aufstieg unserer staatlichen Einrichtungen zum Rechtsstaatlichen wurde 1933–1945 jäh unterbrochen durch den Einbruch des *Nationalsozialismus*. Zwar suchte man an althergebrachten rechtsstaatlichen Formen festzuhalten, ersetzte den Grundsatz der ‚Gesetzmäßigkeit der Verwaltung' durch den der ‚Rechtmäßigkeit der Verwaltung', erweiterte sogar das Preußische Oberverwaltungsgericht zu dem mit sehr geringen Befugnissen ausgestatteten Reichsverwaltungsgericht, aber die Seele des Rechtsstaates war tot. Ein Staat, dessen wichtigste Grundrechte nicht nur vorübergehend außer Kraft gesetzt waren, der ohne jede gerichtliche Nachprüfung Einsperrungen in einem Konzentrationslager zuließ, bei dem es einen geheimen ‚Führerbefehl' gab, kraft dessen wirklich oder angeblich Geisteskranke getötet werden konnten, war das Gegenteil eines Rechtsstaates."[66]

Im Folgenden beschreibt Jellinek knapp den Wandel nach 1945. Dabei steht zunächst die Entwicklung in den Ländern, mit einem speziellen Fokus auf den neu erlassenen Gesetzen über die Verwaltungsgerichtsbarkeit, im Mittelpunkt. Erst im Anschluss daran widmet sich Jellinek auch dem neuen verfassungsrechtlichen Hintergrund der Rechtsstaats-Diskussion. Eingeleitet von der Feststellung, der „neue Rechtsstaat von nach 1945" sei „ganz anders als früher in den Verfassungen festgelegt"[67], zitiert Jellinek zunächst die Bestimmungen des Art. 2 Abs. 2 der hessischen Verfassung, der das Prinzip der Gesetzmäßigkeit der Verwaltung zum Ausdruck bringt, und sodann die des Art. 90 Abs. 1 der württemberg-badischen Verfassung, der „die verwaltungsgerichtliche Generalklausel zum Verfassungsgrundsatz erhoben hat".[68] Sodann findet mit einigen wenigen, aber markanten Sätzen auch das Grundgesetz Erwähnung:

„Gekrönt wird [...] dieser Schutz des einzelnen durch Art. 19 Abs. 4 des Bonner Grundgesetzes. ‚Wird jemand durch die öffentliche Gewalt in seinen Rechten verletzt, so steht ihm der Rechtsweg offen. Soweit eine andere Zuständigkeit nicht begründet ist, ist der ordentliche Rechtsweg gegeben.' Die Bestimmung nimmt dem Landesgesetzgeber oder Landesverfassungsgesetzgeber jeden Anreiz, die verwaltungsgerichtliche Generalklausel einzuschränken; denn täte dies der Gesetzgeber, so würde automatisch die Zuständigkeit der ordentlichen Gerichte gegeben sein."[69]

Mehr wird zu den neuen verfassungsrechtlichen Bestimmungen nicht ausgeführt. Die Darstellung passt sich damit dem auch im Übrigen gepflegten Duktus an: Die gesamten Ergänzungen zum historischen Kontext nehmen kaum

---

[66] Ebd.

[67] *Jellinek*, Verwaltungsrecht. Nachtrag 1950 (Fn. 6), S. 12.

[68] Ebd.

[69] Ebd. Die voraussichtliche praktische Relevanz des zweiten Satzes der Vorschrift hatte Jellinek bereits in einer früheren Anmerkung zutreffend eingeordnet: „Da [...] für solche Streitigkeiten fast durchweg der Weg zu den Verwaltungsgerichten offen steht, wird die praktische Bedeutung dieser nur aushilfsweise geltenden, justizstaatlichen Bestimmung vermutlich gering bleiben" (a. a. O., S. 5).

zwei Druckseiten im „Nachtrag“ ein. Ausdrückliche Kritik am Verhalten einzelner oder der ganzen deutschen Bevölkerung findet sich dabei an keiner Stelle; der NS-Staat erscheint vielmehr wie eine vorübergehende Phase der historischen Entwicklung, die über Deutschland und die Deutschen „hereingebrochen“, aber nun glücklich überwunden ist.

Vor diesem Hintergrund muss die allererste Ergänzung des „Nachtrags“ irritieren. Sie betrifft einen der Beispielsfälle, von denen das Lehrbuch seinen Ausgang nimmt. Er beschreibt eine vor einem Ladengeschäft hängende, weithin sichtbare, aber fehlgehende, also die Zeit falsch anzeigende Uhr. An diese Situationsbeschreibung schließt Jellinek im Lehrbuch die beiden Fragen an, ob die Polizei a) die Uhr einziehen oder b) dem Ladenbesitzer aufgeben könne, seine Uhr dauerhaft richtig zu stellen. Erscheint schon das Bild der fehlgehenden, gegebenenfalls ex officio zu korrigierenden Uhr im vorliegenden zeitgeschichtlichen Kontext um einen bemerkenswert metaphorischen, geradezu surrealen Gehalt erweitert – *the time is out of joint*, könnte man im Sinne einer berühmten literarischen Vorlage ergänzen[70] –, so verstärkt sich dieser Eindruck durch die neu hinzukommenden Ausführungen noch weiter. Jellinek ergänzt seinen alten Beispielsfall nun um die Bemerkung eines schwedischen Kollegen, der der Vorlesung im Jahr 1929 beiwohnte und sich über die heftige Reaktion der deutschen Studenten, die auf ein Einschreiten der Polizei drängten, erstaunt zeigte. In Schweden, so der Kollege, „empfinde man viel liberaler und denke nicht daran, in solchen Fällen die Polizei zu bemühen“[71]. Jellinek nutzt diese Bemerkung seinerseits zu einem Kommentar, der der schwedischen Einschätzung eine exemplarische Qualität für eine generelle Einsicht zuweist: Es handele sich hierbei um „ein Beispiel für die Beeinflussung juristischer Entscheidungen durch die herrschenden gesellschaftlichen Anschauungen“[72]. Angesichts dieses den „Nachtrag“ eröffnenden Befunds, der die Beeinflussbarkeit der genuin juridischen Mechanismen durch gesamtgesellschaftliche Grundeinstellungen lehren will, muss umso mehr erstaunen, dass die sozialen Anschauungen in der neu gegründeten Bundesrepublik nicht eigens Thema des „Verwaltungsrechts“ werden. Ging Jellinek etwa davon aus, dass sich ein entsprechender Wandel der herrschenden Anschauungen gar nicht vollzogen hatte? Bildet die erste Ergänzung in diesem Sinne einen versteckten Kommentar zum eigenen Verfahren bzw. zu dem, was gerade nicht Gegenstand dieses Verfahrens wurde?

Wiederum auffällig ist jedenfalls, dass Jellineks Zurückhaltung in dieser Frage auch nicht durch entsprechend deutliche Worte an anderer Stelle kompensiert wird. Nimmt man als besonders prominentes Beispiel sein ebenfalls im Jahr 1950 gehaltenes zweites Staatsrechtslehrerreferat, das sich immerhin schon dem

---

[70] Vgl. *William Shakespeare*, Hamlet, Prince of Denmark, Act 1, Scene V.
[71] *Jellinek*, Verwaltungsrecht. Nachtrag 1950 (Fn. 6), S. 4.
[72] Ebd., mit Verweis auf *Jellinek*, Verwaltungsrecht, 3. Aufl. 1931 (Fn. 5), S. 135.

Titel nach mit dem neuen Grundgesetz beschäftigte und auch im Übrigen inhaltlich eine erweiterte Perspektive durchaus nahegelegt hätte,[73] fällt auf, dass hier erneut eine grundsätzliche Form der Auseinandersetzung, die die zu thematisierende Sachfrage in einen größeren staats- und verfassungstheoretischen Kontext rückt, zugunsten einer eher technischen Problembehandlung vermieden wird. Jellineks Verhalten ist insoweit aber kein Einzelfall; es erscheint vielmehr exemplarisch für die Verfahrensweise innerhalb der Staatsrechtslehrerzunft in den 1950er Jahren, in der nicht nur die durch ihr Verhalten zur Zeit des Nationalsozialismus politisch belasteten, sondern ebenso die unbelasteten oder sogar persönlich verfolgten Wissenschaftler die offene Auseinandersetzung mit der Vergangenheit vermieden[74] und der Zugang zur neuen Ordnung statt über grundlegende theoretische Entwürfe eher über kleinteiliger ansetzende dogmatische Wege gesucht und gefunden wurde.[75]

Bemerkenswert aus heutiger Perspektive ist schließlich, wie wenig Beachtung in dem „Nachtrag“ die Grundrechte erhalten.[76] Die einzigen Grundrechtsbestimmungen, die außer dem bereits erwähnten Art. 19 GG etwas näher kommentiert werden,[77] sind die in der Ergänzung zu dem Abschnitt „Die Subjekte des Verwaltungsrechts“ genannten Absätze 1 und 2 des Art. 3 GG, also die nunmehr ausdrücklich auch für den Gesetzgeber verbindliche „*Gleichheit vor dem Gesetz*“ und die „*Rechtsstellung der Frau*“.[78] Dagegen kommen die Ergänzungen zu den subjektiven öffentlichen Rechten – wiederum mit Ausnahme des knapp erwähnten Art. 19 Abs. 4 GG – ohne jeglichen Verweis auf spezifisch verfassungsrechtlich begründete Figuren aus.[79] Zwar beinhaltete das „Verwal-

[73] Vgl. *Walter Jellinek*, Kabinettsfrage und Gesetzgebungsnotstand nach dem Bonner Grundgesetz, VVDStRL 8 (1950), S. 3 ff.

[74] Vgl. allg. etwa *Stolleis*, Geschichte des öffentlichen Rechts in Deutschland, Bd. 4 (Fn. 8), S. 25 ff. Von einem allgemeinen damals „im Kreise der Staatsrechtslehrer“ herrschenden „Klima des Verzeihens“ spricht *Horst Dreier*, Die deutsche Staatsrechtslehre in der Zeit des Nationalsozialismus, VVDStRL 60 (2001), S. 9 ff. (69, Fn. 291). S. zu dem in der jungen Bundesrepublik praktizierten Umgang mit jenen Staatsrechtslehrern, die während der NS-Zeit mit Unterstützung des Regimes ihre Karriere begannen, auch den Beitrag zu Hans Peter Ipsen von *Anna Katharina Mangold*, Hans Peter Ipsen: Ein technokratischer Meister der Begriffsprägung (in diesem Band), S. 177 ff.

[75] Vgl. in diesem Sinne, unter ausdrücklichem Verweis auf Jellineks Staatsrechtslehrerreferat, die Einschätzung bei *Christoph Möllers*, Der vermisste Leviathan. Staatstheorie in der Bundesrepublik, Frankfurt a. M. 2008, S. 42: „Statt der offensiven Entwicklung einer Theorie des demokratischen Verfassungsstaates zog man sich ins juristische Handwerk zurück.“

[76] Vgl. zur Bedeutung der Grundrechte für das Verwaltungsrecht aus heutiger Sicht nur *Rainer Wahl*, Herausforderungen und Antworten: Das Öffentliche Recht der letzten fünf Jahrzehnte, Berlin 2006, S. 35 ff.

[77] In dem Abschnitt zu „Einzelne[n] Zweige[n] der Polizei“ werden immerhin Art. 11 und Art. 12 GG zitiert, und in den Erläuterungen zur Enteignung wird, wenig überraschend, auf Art. 14 GG verwiesen. Die Normen werden jeweils aber nur genannt, nicht näher bestimmt. Vgl. *Jellinek*, Verwaltungsrecht. Nachtrag 1950 (Fn. 6), S. 34 f. und 30.

[78] Vgl. *Jellinek*, Verwaltungsrecht. Nachtrag 1950 (Fn. 6), S. 15.

[79] Vgl. *Jellinek*, Verwaltungsrecht. Nachtrag 1950 (Fn. 6), S. 16 f.

tungsrecht“ bereits in der Fassung der Erstauflage im Rahmen seines „§ 9. Die Rechtsverhältnisse in der Verwaltung. Öffentliche Pflichten und Rechte“ einen umfangreicheren Abschnitt zu den „subjektiven öffentlichen Rechten“, in dem auch die Grundrechte näher erläutert werden.[80] Gerade deswegen hätte es doch aber eigentlich nahegelegen, die Funktion und Schutzintensität der Grundrechte unter dem Grundgesetz im Vergleich zu den früheren Bestimmungen näher in den Blick zu nehmen.

V.

Ungeachtet seiner fehlenden Überarbeitung und der auch in Gestalt des separaten Nachtrags nur punktuell erfolgten Aktualisierung blieb Jellineks Buch das die juristische Praxis, vor allem aber auch die juristische Ausbildung im Verwaltungsrecht prägende Werk nicht nur in der unmittelbaren Nachkriegszeit, sondern auch in den Folgejahren.[81] Sein früh bemerkter Status als „Provisorium“[82] änderte daran nichts.

Die Bedeutung des Werks als „Klassiker“ des Verwaltungsrechts[83] wird nicht zuletzt daran deutlich, dass der Nachdruck 1948 bereits nach kurzer Zeit vergriffen war und das Interesse an dem Werk auch nach Jellineks Tod und trotz der skizzierten gewissen „Unzeitgemäßheit“ der unveränderten Analysen so stark blieb, dass im Jahr 1966 der bereits erwähnte von Bachof herausgegebene erneute Nachdruck erfolgte. Entscheidend dabei ist, dass das Interesse an dem Werk nicht rein historischer Natur war, also das Buch nicht nur als „Klassikertext“

---

[80] Vgl. *Jellinek*, Verwaltungsrecht 1928 (Fn. 5), S. 191–207, v. a. S. 194 ff.

[81] Vgl. vorsichtig *Stolleis*, Geschichte des öffentlichen Rechts in Deutschland, Bd. 4 (Fn. 8), S. 175: „Man wird annehmen dürfen, dass sein Lehrbuch, obwohl nicht mehr ganz zeitgemäß, der ersten Generation von Studierenden als Grundlage verwaltungsrechtlicher Information gedient hat.“ *Hans Heinrich Rupp* hat das aus der Sicht des Zeitzeugen in einer mündlichen Äußerung bestätigt: Bis zum Erscheinen des Forsthoff'schen Lehrbuchs sei Jellineks Werk die maßgebliche Quelle für Ausbildung wie Rechtspraxis gewesen. Zur Rezeption der früheren Auflagen näher *Miller*, Verwaltungsrecht als Wissenschaft (Fn. 5), S. 149 f., mit Verweis auf die Rezensionen von *Max Layer*, VerwArch 34 (1929), S. 135 ff. (v. a. S. 135: „Seit *O. Mayers* berühmtem Werk die zwar nicht einzige aber entschieden umfassendste systematische Darstellung des deutschen Verwaltungsrechts, steht es hinter jenem vielleicht in Glanz der Diktion und Originalität der Formgebung zurück, übertrifft es aber in der harmonischen Berücksichtigung aller Gebiete und gründlicher Verarbeitung des reichen Gesetzes- und Rechtsprechungsmateriales.“) und *Rudolph Knauth*, AöR N.F. 24 (1934), S. 250 ff. (v. a. 251: „die vollkommenste wissenschaftliche Gesamtdarstellung dieses Rechts […], die wir zurzeit besitzen“).

[82] Vgl. *Bachof*, Vorwort zum Neudruck (Fn. 8), S. X, mit Bezug insbesondere auch auf den Nachtrag 1950.

[83] Vgl. zu dieser Einordnung etwa *Hans Peter Bull/Veith Mehde*, Allgemeines Verwaltungsrecht und Verwaltungslehre, 8. Aufl., Heidelberg 2009, Rn. 12; sowie allg. mit Bezug auf die Person *Becker*, Walter Jellinek (Fn. 22).

rezipiert wurde.[84] Allerdings fällt auf, dass Bachof, der als Herausgeber der Neuausgabe sein Unternehmen in diesem Sinne erklären will, dabei kaum auf eine etwaige grundsätzlich konzeptionelle Anschlussfähigkeit von Jellineks Buch für die moderneren verwaltungsrechtlichen Debatten eingeht. Er betont vielmehr die Aktualität der pragmatischen, einzelfallbezogenen Lösungsansätze.[85]

VI.

„Groß Neues“ war also auch für Jellinek nicht nachzutragen. Er erweist sich damit in mehrfachem Sinne als gelehriger Schüler Otto Mayers. Gerade dadurch lässt sich sein Werk aber auch als exemplarisch für den Zustand lesen, in dem sich die Verwaltungsrechtswissenschaft in den ersten Jahren der neu gegründeten Bundesrepublik befand. Jellineks Arbeit repräsentiert eine Wissenschaft, die noch mit einem Bein im 19. Jahrhundert verankert ist und erst nach und nach die Umstellung auf eine Perspektive vollzieht, in der die rechtsstaatliche Bindung der Verwaltung nur noch einen (wenngleich zentralen) unter mehreren Aspekten verwaltungsrechtlicher Tätigkeit darstellt. Sein Lehrbuch des Verwaltungsrechts ist, so formuliert es Erwin Jacobi, „der letzte Klassiker“ innerhalb der auf Mayer zurückweisenden Verwaltungsrechtswissenschaft.[86] Die nachfolgenden Diskussionen der kommenden Jahre und Jahrzehnte, ob zur grundrechtlichen oder demokratietheoretischen Begründung des Verwaltungsrechts,[87] zur Renaissance einer „Verwaltungslehre“[88] oder gar bezüglich einer

[84] Vgl. allg. zur Problematik entsprechender Bezeichnungen und der daran anknüpfenden speziellen Rezeptionsprozesse *Peter Häberle*, Klassikertexte im Verfassungsleben, Berlin 1981; *Helmuth Schulze-Fielitz*, Konjunkturen der Klassiker-Rezeption in der deutschen Staatsrechtslehre – Vermutungen auch im Blick auf Hans Kelsen, in: Matthias Jestaedt (Hrsg.), Hans Kelsen und die deutsche Staatsrechtslehre. Stationen eines wechselvollen Verhältnisses, Tübingen 2013, S. 147 ff.

[85] Vgl. *Bachof*, Vorwort zum Neudruck (Fn. 8), S. IX.

[86] Vgl. *Jacobi*, Walter Jellinek als Wissenschaftler (Fn. 12), S. 35.

[87] Vgl. dazu den Beitrag von *Andreas Funke* zu Hans Heinrich Rupp (Ein Außenseiter, mittendrin. Zur Erfolgsbilanz des neo-kelsenianischen Verwaltungsrechts von Hans Heinrich Rupp [in diesem Band], S. 305 ff.) und *meinen* Beitrag zu Dietrich Jesch (Demokratische Aufklärung. Dietrich Jeschs Neubestimmung der Verwaltungsrechtsdogmatik unter dem Grundgesetz [in diesem Band], S. 287 ff.). Allg. zur Überformung des Verwaltungs- durch das Verfassungsrecht ferner *Christoph Schönberger*, „Verwaltungsrecht als konkretisiertes Verfassungsrecht“. Die Entstehung eines grundgesetzabhängigen Verwaltungsrechts in der frühen Bundesrepublik, in: Michael Stolleis (Hrsg.), Das Bonner Grundgesetz. Altes Recht und neue Verfassung in den ersten Jahrzehnten der Bundesrepublik Deutschland (1949–1969), Berlin 2006, S. 53 ff.

[88] Vgl. dazu den Beitrag von *Steffen Augsberg* zu Hans Peters (Hans Peters – Lehrer der Verwaltung [in diesem Band], S. 31 ff.). S. zum Verhältnis von Verwaltungsrechtswissenschaft und Verwaltungslehre aber auch die knappe Anmerkung in *Jellinek*, Verwaltungsrecht. Nachtrag 1950 (Fn. 6), S. 12, die charakteristischerweise zur Abgrenzung der beiden Betrachtungsweisen und ihrer jeweiligen Kompetenzen wieder auf konkrete Beispielsfälle rekurriert.

möglichen Öffnung des Verwaltungsrechts zu stärker gestalterisch-planenden Formen der administrativen Tätigkeit,[89] konnten daher bei ihm kaum fündig werden. Zugleich aber bildete (und bildet immer noch) das Lehrbuch einen herausragenden Referenzpunkt für den Stand der Kunst, den die Wissenschaft vom Verwaltungsrecht, innerhalb eines noch klarer umgrenzten Themenfelds, einmal erreicht hat.[90]

[89] Vgl. dazu die Beiträge von *Anna-Bettina Kaiser* zu Winfried Brohm (Winfried Brohm: Dogmatik als „Zukunftswissenschaft" [in diesem Band], S. 345 ff.) und von *Peter Collin* zu Joseph H. Kaiser (Joseph H. Kaiser: Interessenrepräsentation und Planung im funktional-kooperativen Staat [in diesem Band], S. 253 ff.).

[90] Vgl. auch die zusammenfassende, durchaus ambivalente Würdigung bei *Stolleis*, Geschichte des öffentlichen Rechts in Deutschland, Bd. 3 (Fn. 38), S. 240: „Seine [d.i. die des Jellinek'schen „Verwaltungsrechts", I.A.] große Leistung liegt darin, die verwaltungsrechtliche Doktrin des Spätkonstitutionalismus für die Entwicklung der ersten Jahrzehnte des 20. Jahrhunderts geöffnet, die Ergebnisse der Gesetzgebung und Rechtsprechung mit dieser Doktrin verschmolzen und in einer ‚Summe' verbunden zu haben. Es ist kein visionäres Werk, keines etwa, das die völlig neue Rolle der Verwaltung in einem technisierten Interventionsstaat zu deuten versuchte, sondern ein den liberalen Rechtsstaat in seinen besten Seiten, aber auch Schwächen, repräsentierendes ‚Verwaltungsrecht'." Dass Stolleis als (einzigen) Beleg dieser Einschätzung Forsthoffs Gedächtnis-Rede am Grabe Jellineks nennt, sollte nach dem oben zum Verhältnis Jellinek-Forsthoff Ausgeführten allerdings zu denken geben.

Steffen Augsberg

Hans Peters – Lehrer der Verwaltung

I. Einleitung: Zielsetzung und Methode

Die Auseinandersetzung mit Hans Peters lohnt aus verschiedenen Gründen: Er läßt sich, zum einen, als exemplarischer Vertreter einer Generation von Juristen verstehen, deren Biographie und Bibliographie die Erfahrungen unterschiedlichster Herrschaftssysteme aufnehmen und verarbeiten. Er ist aber, zum anderen, gerade nicht paradigmatisch für die tendenziell politisch (zu) flexible große Mehrzahl der deutschen Staatsrechtslehrer des frühen zwanzigsten Jahrhunderts. Denn Peters hat den Nationalsozialismus nicht nur nicht unterstützt, sondern ihn als Teil des Widerstands aktiv bekämpft. Dies verleiht ihm eine nicht nur binnenjuristische, sondern zeitgeschichtliche Bedeutung und hebt ihn „weit und bis heute sichtbar aus der Menge anpassungsfähiger Staatsrechtslehrer heraus".[1] Im folgenden werden gleichwohl diese – bereits gut erforschten[2] – Aspekte eher am Rande thematisiert. Statt dessen konzentrieren sich die hier vorgestellten Überlegungen auf die Relevanz Peters' für das Verwaltungsrecht der frühen Bundesrepublik sowie auf fortwirkende Einflüsse und lohnenswerte (Wieder-)Anknüpfungsmöglichkeiten. In diesem Sinne geht es methodisch nicht so sehr um eine im engeren Sinne rechtshistorische denn um eine systematische (Text-)Analyse. Da allerdings, wie zu zeigen sein wird, sein Verwaltungsrechtsdenken nicht vollständig von den biographischen Erfahrungen getrennt werden kann,[3] erfolgt zu Beginn eine knappe Darstellung wichtiger biographischer Eckpunkte (dazu II.). In einem zweiten Schritt ist sodann näher auf das Verhältnis dieser Lebenserfahrungen zu Peters' Werk und insbesondere seinem Methodenverständnis einzugehen (dazu III.). Auf dieser Basis kann das im Sinne unserer Untersuchungsperspektive interessanteste Werk, das 1949 erschienene, programmatisch betitelte[4] „Lehrbuch der Verwaltung" näher darge-

---

[1] *Jens Kersten*, Hans Peters (1896–1966): Methodenwandel durch Unrechtserfahrung, in: Steffen Augsberg/Andreas Funke (Hrsg.), Kölner Juristen im 20. Jahrhundert: Beiträge zu einer Ringvorlesung an der Universität zu Köln, Sommersemester 2010 und Wintersemester 2010/2011, Tübingen 2013, S. 211 (224); ähnlich schon *Klaus Joachim Grigoleit/Jens Kersten*, Hans Peters (1896–1966), Die Verwaltung 30 (1997), S. 365 (394 f.).

[2] Siehe v. a. *Levin von Trott zu Solz*, Hans Peters und der Kreisauer Kreis. Staatslehre im Widerstand, Paderborn 1997.

[3] In diese Richtung auch *Klaus Stern*, In Memoriam Hans Peters, Krefeld 1967, S. 10.

[4] Vgl. *Ernst Friesenhahn*, Nachruf auf Hans Peters, in: Hermann Conrad u. a. (Hrsg.),

stellt und gewürdigt werden (dazu IV.). Ein abschließender Abschnitt geht auf die Rezeption (bzw. Nichtrezeption) dieses Werkes ein, liefert mögliche Erklärungsansätze und zieht einen vorsichtigen Schluß hinsichtlich der bleibenden Bedeutung Peters' für die moderne Verwaltungsrechtswissenschaft (dazu V.).

II. Biographischer Überblick

Hans Peters wurde am 5. September 1896 in Berlin in eine preußische, aber katholische Beamtenfamilie hineingeboren.[5] Nach dem Abitur studierte er – unterbrochen von der Weltkriegsteilnahme – zunächst Physik und Mathematik, später Rechts- und Staatswissenschaften in Münster, Wien und Berlin. Die nach dem Referendariat 1921 in Münster abgeschlossene Promotion betraf das Thema „Verwaltungswidrigkeit und Polizeiwidrigkeit und ihre Beziehungen zur Rechtswidrigkeit"; die Habilitation erfolgte 1925 an der Universität Breslau mit einer Schrift zu den „Grenzen der kommunalen Selbstverwaltung in Preußen". Anschließend lehrte er zunächst bis 1928 in Breslau als Privatdozent und dann als beamteter außerordentlicher (ab 1946: ordentlicher) Professor an der Universität Berlin. Parallel zu dieser akademischen erfolgte eine Karriere in der preußischen Verwaltung – eine „Gleichzeitigkeit von Wissenschaft und Praxis, die sein gesamtes Berufsleben kennzeichnet"[6] und die sich auch auf sein Verständnis des Verwaltungsrechts und der einschlägigen Methodik nachhaltig auswirkt. Entscheidend für den weiteren Lebensweg ist schließlich die „dritte Grundlage seines weitgespannten Arbeitsfeldes"[7], nämlich sein politisches En-

Gedächtnisschrift Hans Peters, Berlin 1967, S. 1f.: „Probleme der Verwaltung standen im Mittelpunkt seiner Arbeit, und mit Betonung gab er seinem 1949 erschienenen Lehrbuch den Titel ‚Lehrbuch der Verwaltung'". Vgl. hierzu auch *Friedrich Schack*, Buchbesprechung, DVBl. 1950, S. 62 (62f.), der auf einen entsprechenden Trend (namentlich auch unter der nationalsozialistischen Herrschaft) hinweist.

[5] Vgl. zum folgenden etwa *Wilfried Berg*, Hans Peters (1896–1966), in: Peter Häberle/Michael Kilian/Heinrich Amadeus Wolff (Hrsg.), Staatsrechtslehrer des 20. Jahrhunderts. Deutschland – Österreich – Schweiz, Berlin 2014, S. 471ff.; *Friesenhahn*, Nachruf auf Hans Peters (Fn. 4), S. 1ff.; *Klaus Joachim Grigoleit*, Hans Peters (1896–1966), in: Stefan Grundmann u. a. (Hrsg.), Festschrift 200 Jahre Juristische Fakultät der Humboldt-Universität zu Berlin. Geschichte, Gegenwart und Zukunft, Berlin 2010, S. 755ff.; *Ulrich Karpen*, Hans Peters 1896–1966, DÖV 1996, S. 776f.; *Kersten*, Hans Peters (1896–1966): Methodenwandel durch Unrechtserfahrung (Fn. 1), S. 211ff.; *Kristin Kleibert*, Die Juristische Fakultät der Humboldt-Universität zu Berlin im Umbruch – Die Jahre 1948 bis 1951, Berlin 2010, S. 21ff.; *Stern*, In Memoriam Hans Peters (Fn. 3), S. 7ff.; *Ulrich Scheuner*, Prof. Dr. Dr. h.c. Hans Peters, NJW 1966, S. 440f.; *Matthias Wiemers*, Das Bild der öffentlichen Verwaltung bei Hans Peters (1896–1966): Kontinuität unter vier Herrschaftssystemen, Bonn 2008, S. 2ff., jeweils m. w. N.

[6] *Berg*, Hans Peters (Fn. 5), S. 471f. Zu den einzelnen Stationen näher *Kleibert*, Die Juristische Fakultät der Humboldt-Universität zu Berlin im Umbruch (Fn. 5), S. 22f.

[7] So *Stern*, In Memoriam Hans Peters (Fn. 3), S. 8f.; zustimmend zitiert von *Berg*, Hans Peters (Fn. 5), S. 472 mit Fn. 3.

gagement.[8] In der Weimarer Republik agierte Peters nicht nur öffentlich als Verteidiger der jungen Demokratie (etwa als Vertreter der Zentrumsfraktion im Preußischen Landtag im Prozeß um den sog. „Preußenschlag"[9]), sondern er engagierte sich auch selbst politisch in der Zentrumspartei. Für einen kurzen Zeitraum (nämlich vom März 1933 bis zu dessen Zwangsauflösung im Oktober 1933) war er sogar Mitglied des Preußischen Landtags. Diese politische Grundhaltung wird in Verbindung mit seinem katholischen Glauben[10] gemeinhin als Basis seiner entschiedenen Gegnerschaft zum Nationalsozialismus verstanden. Ohne an dieser Stelle weiter in die Ursachenforschung einzusteigen,[11] ist festzustellen, daß Peters sich nicht nur in seinen Vorlesungen gegen die neuen Lehren stellte.[12] Er unterhielt auch Kontakte zu unterschiedlichen Widerstands- und Oppositionsgruppen und engagierte sich namentlich für rassisch und politisch Verfolgte sowie im „Kreisauer Kreis"[13], innerhalb dessen er an den dort ausgearbeiteten Positionen zum postnationalsozialistischen Staatswesen mitwirkte. Peters wurde durch die Machthaber zwar „politische Unzuverlässigkeit" attestiert;[14] seine Aktivitäten im Widerstand blieben allerdings glücklicherweise unentdeckt. Nach Kriegsende war er intensiv am (Neu-)Aufbau eines demokratischen Gemeinwesens beteiligt: Er wirkte nicht nur an der Erarbeitung von Verfassungsentwürfen mit, sondern setzte auch sein politisches Engagement – v. a. auf der kommunalen Ebene (in Berlin und später in Köln) – fort; ferner war er u. a. Mitbegründer der CDU in Hamburg.[15]

---

[8] Vgl. zum folgenden etwa *v. Trott zu Solz*, Hans Peters und der Kreisauer Kreis (Fn. 2), S. 24 ff.; *Karpen*, Hans Peters (Fn. 5), S. 777; *Grigoleit/Kersten*, Hans Peters (Fn. 1), S. 372 f.; *Grigoleit*, Hans Peters (Fn. 5), S. 762 ff.; *Anna-Maria v. Lösch*, Der nackte Geist. Die Juristische Fakultät der Berliner Universität im Umbruch von 1933, Tübingen 1999, S. 302 ff.; *Volker Ullrich*, Der Kreisauer Kreis, Reinbek 2008, S. 53 f.

[9] Dazu statt vieler etwa *Dirk Blasius*, Carl Schmitt: Preußischer Staatsrat in Hitlers Reich, Göttingen 2001, S. 32 ff., 40 ff.; *Michael Stolleis*, Geschichte des öffentlichen Rechts in Deutschland, Bd. 3, München 1999, S. 121 ff. Vgl. in diesem Kontext auch *Dirk Pleger*, Die Idee des Föderalismus im Denken von Hans Peters. Der Föderalismus als das leitende soziologische Prinzip für die sozialen, staatlichen und internationalen Organisationen, Würzburg 1997.

[10] Vgl. zum Katholizismus als Grundlage der Gegnerschaft zum NS-Regime auch *Hans F. Zacher*, Zur „Konstitutionalisierung" des Verwaltungsrechts in der frühen Bundesrepublik (in diesem Band), S. 387.

[11] Zum problematischen Verhältnis von Religion und NS-Staat siehe etwa *Claus-Ekkehard Bärsch*, Die politische Religion des Nationalsozialismus. Die religiöse Dimension der NS-Ideologie in den Schriften von Dietrich Eckart, Joseph Goebbels, Alfred Rosenberg und Adolf Hitler, 2. Aufl., München 2002.

[12] Vgl. *v. Lösch*, Der nackte Geist (Fn. 8), S. 306; *Wiemers*, Das Bild der öffentlichen Verwaltung bei Hans Peters (Fn. 5), S. 24 ff.

[13] Dazu umfassend etwa *Andreas Schott*, Adam von Trott zu Solz: Jurist im Widerstand. Verfassungsrechtliche und staatspolitische Auffassungen im Kreisauer Kreis, Paderborn 2001; *Ullrich*, Der Kreisauer Kreis (Fn. 8).

[14] Vgl. *Ullrich*, Der Kreisauer Kreis (Fn. 8), S. 54.

[15] Vgl. *Kleibert*, Die Juristische Fakultät der Humboldt-Universität zu Berlin im Umbruch (Fn. 5), S. 27 ff.; *Wiemers*, Das Bild der öffentlichen Verwaltung bei Hans Peters (Fn. 5), S. 32 ff., jeweils m. w. N.

III. Peters' Methodik: „Kontinuität unter vier Herrschaftssystemen" oder „Methodenwandel durch Unrechtserfahrung"?

Verknüpft man nun diese biographischen Basisdaten mit dem wissenschaftlichen Oeuvre, dann stellt sich die Frage, welche grundlegenden Positionen für das Verwaltungs- und Verwaltungsrechtsdenken Hans Peters' typisch sind und inwieweit diese sich durch die biographischen Erfahrungen verändert haben. Anknüpfend an zwei jüngere Veröffentlichungen kann man dies dahingehend zuspitzen, ob bei Peters ein grundsätzlicher „Methodenwandel durch Unrechtserfahrung"[16] zu beobachten ist oder ob ihm umgekehrt gerade eine „Kontinuität unter vier Herrschaftssystemen"[17] attestiert werden kann. Letztlich ist indes eine derartige, recht pauschale binäre Schematisierung zwar instruktiv, aber eben auch etwas unterkomplex; denn es lassen sich für beide Seiten valide Argumente vortragen, ohne daß damit im Ergebnis eine eindeutige Festlegung möglich (oder sinnvoll) erscheint. Den unzweifelhaft vorhandenen Weiterentwicklungen stehen bestimmte Basisannahmen gegenüber, die sich weitgehend unverändert in den frühen wie den späteren Schriften finden. An drei eng miteinander verbundenen Punkten läßt sich dies näher veranschaulichen: Erstens an Peters' methodischem Zugang zum Verwaltungsrecht (dazu 1.), zweitens an seiner Einordnung der Selbstverwaltung, insbesondere in ihrem Verhältnis zur Demokratie (dazu 2.), sowie schließlich drittens an seinem Verständnis der Verwaltung und ihres Selbstands gegenüber anderen Staatsgewalten (dazu 3.).

1. *Verwaltungsrechtswissenschaft als postpositivistische Integrationswissenschaft*

Bereits der Habilitationsschrift lassen sich für das spätere Werk relevante (wenn auch nicht unverändert beibehaltene) Grundcharakteristika entnehmen:[18] Deutlich wird, zunächst und v.a., der methodische Anspruch, (Verfassungs- und) Verwaltungsrecht gleichsam holistisch und integrativ, jedenfalls eben nicht nur aus dem „Elfenbeinturm" oder rein positivistisch, sondern unter bewußter Einbeziehung praktischer Kenntnisse und Erfahrungen zu begreifen.[19] Von

[16] Vgl. *Kersten*, Hans Peters (1896–1966): Methodenwandel durch Unrechtserfahrung (Fn. 1), S. 211 ff.

[17] So der Untertitel von *Wiemers*, Das Bild der öffentlichen Verwaltung bei Hans Peters (Fn. 5).

[18] Siehe zum folgenden schon *Kersten*, Hans Peters (1896–1966): Methodenwandel durch Unrechtserfahrung (Fn. 1), S. 212 ff.; *Grigoleit/Kersten*, Hans Peters (Fn. 1), S. 366 ff.

[19] Vgl. etwa explizit *Hans Peters*, Grenzen der Kommunalen Selbstverwaltung in Preußen. Ein Beitrag zur Lehre vom Verhältnis der Gemeinden zu Staat und Reich, Berlin 1926, S. 2. Zu dem im Grundansatz durchaus vergleichbaren, in der konkreten Umsetzung aber doch stark abweichenden Konzept einer „nachpositivistischen Verwaltungsrechtswissenschaft" bei

klassisch-rechtspositivistisch arbeitenden Juristen unterscheidet sich Peters auch nicht allein durch die sowohl im Staats- wie im Verwaltungsrecht betonte Wertschätzung des Naturrechts,[20] sondern zumal durch die bewußte Perspektiverweiterung hinsichtlich politischer Aspekte und nachbarwissenschaftlicher Erkenntnisse.[21] Schon in der Habilitationsschrift wird der politische Gehalt des gewählten Themas ganz offen thematisiert und als Teil des avisierten Untersuchungsgegenstands benannt. In den späteren Schriften, insbesondere in dem noch näher zu betrachtenden „Lehrbuch der Verwaltung“ und in seiner Eigenschaft als Herausgeber des dreibändigen „Handbuchs der kommunalen Wissenschaft und Praxis“ (1956), spiegelt sich diese grundsätzliche Haltung wider; sie wird ergänzt durch eine (zusätzliche) Einbeziehung v.a. verwaltungswissenschaftlicher Erkenntnisse.[22] Entsprechend wendet er sich auch in dem posthum erschienenen Buch „Geschichtliche Entwicklung und Grundfragen der Verfassung“ gegen eine „isolierte Betrachtung“ des Staatsrechts und benennt – ausdrücklich nicht abschließend – eine Reihe „Wissenschaften, die als Hilfsmittel für das Staatsrecht benötigt werden“.[23] Dort erfolgt ferner ein ausdrücklicher Hinweis auf die Problematik einer „politisierten“ Rechtswissenschaft:

„[U]nbewußte Vorurteile und Ressentiments vermischen sich bei mangelnder Selbstkritik nicht selten mit subjektiven politischen Argumenten. Dieser Gefahr gilt es durch Bewußtmachung bei sich selbst entgegenzutreten.“[24]

Obwohl Peters wie gesehen ideologisch klar in Gegnerschaft zum Nationalsozialismus steht, folgt aus dieser Positionierung mit Blick auf das Verwaltungsrechtsdenken eine jedenfalls potentiell nicht zu vernachlässigende methodische Schnittmenge. Allerdings geht Peters' Kritik an einer auf das Verwaltungs*recht*

Ernst Forsthoff vgl. *Florian Meinel*, Der Jurist in der industriellen Gesellschaft. Ernst Forsthoff und seine Zeit, Berlin 2011, S. 119ff.

[20] Vgl. etwa *Hans Peters*, Geschichtliche Entwicklung und Grundfragen der Verfassung, Berlin 1969, S. 12f., 52f. Dementsprechend wirft er etwa Ernst Forsthoff vor, dieser habe in seinem Lehrbuch „kein inneres Verhältnis zu den naturrechtlichen Grundlagen des Verwaltungsrechts gefunden“; *ders.*, Buchbesprechung, Schmollers Jahrbuch 71 (1951), S. 126; siehe dazu *Meinel*, Der Jurist in der industriellen Gesellschaft (Fn. 19), S. 106, zum Naturrechtsverständnis näher dort, S. 243f.

[21] Dabei bleibt die Analyse seinem Selbstverständnis nach aber eine rechtliche, vgl. etwa *Peters*, Geschichtliche Entwicklung und Grundfragen der Verfassung (Fn. 20), S. 9.

[22] Siehe dazu näher unten V. Deutlich *Hans Peters*, Kommunalwissenschaften und Kommunalpolitik, in: ders. (Hrsg.), Handbuch der kommunalen Wissenschaft und Praxis, Bd. 1: Kommunalverfassung, Berlin 1956, S. 1: „Um möglichst viele abstrakte, allgemeingültige Aussagen über ein wissenschaftlicher Untersuchung unterworfenes Objekt wie die Gemeinde zu finden, bedarf es der Anwendung verschiedener Methoden, die nach dem Standpunkt des Betrachters sich gegenseitig zu ergänzen haben.“

[23] *Peters*, Geschichtliche Entwicklung und Grundfragen der Verfassung (Fn. 20), S. 24ff., die Zitate auf S. 34.

[24] *Peters*, Geschichtliche Entwicklung und Grundfragen der Verfassung (Fn. 20), S. 21, siehe auch dort, S. 22, 27ff.

verengten Perspektive[25] nicht so weit, daß er die Rechtsbindung der Verwaltung als irrelevant beiseite schiebt. Deutlich wird dies etwa in einem 1939 erschienenen Aufsatz, in dem er gegenüber der nationalsozialistischen Vorstellung einer nicht primär rechtlich zu betrachtenden Verwaltung auf der bleibenden Bedeutung der rechtlichen Perspektive beharrte und Bedenken gegenüber einer (nur) verwaltungspolitischen Analyse vortrug.[26] Peters gehörte insoweit zu einer (politisch stark divergierenden) Gruppe von Verwaltungsrechtlern, die zwar „eine weitgehend autonom agierende Verwaltung" als den „verläßlichste[n] Ort von rechtlicher Ordnung und funktionierender Staatlichkeit" betrachteten, die aber „schon während der Zeit des Nationalsozialismus als Juristen tätig gewesen waren und damals versucht hatten, die Verwaltung möglichst von Einflüssen der Partei freizuhalten."[27]

2. *Funktionale und demokratische Verständnisse von (Selbst-)Verwaltung*

Das schlägt den Bogen zu Peters' Verständnis von Staats- und Selbstverwaltung. Auch insoweit lassen sich schon früh wichtige Kernkomponenten ausmachen: Die kommunale Selbstverwaltung wird in der Habilitationsschrift funktional, nämlich zweckbezogen begründet. Sie stellt keinen Selbstzweck und kein natürliches Recht der Gemeinden dar, sondern dient vielmehr der effektiven Durchsetzung des Allgemeinwohls.[28] „Fasst man Peters' Position in der Habilitationsschrift zusammen, so bleibt von der Selbstverwaltung kaum mehr als eine organisatorisch und räumlich dezentralisierte Verwaltung übrig, die sich mehr dem Republik-, denn dem Demokratieprinzip verpflichtet sieht."[29] Diese vor dem Hintergrund der – aus Sicht Peters': nur „formalen" – Demokratie der Weimarer Verfassung formulierte Konstruktion wird allerdings schon wenig später deutlich eingeschränkt bzw. ergänzt, soweit er in der 1928 erschienenen Schrift „Zentralisation und Dezentralisation" den demokratischen Gehalt der Selbstverwaltung als Mittel politischer Dezentralisation betont.[30] Zu-

---

[25] Deutlich etwa *Peters*, Buchbesprechung (Fn. 20), S. 126.

[26] Vgl. *Hans Peters*, Der Stand der deutschen Verwaltungswissenschaft, BJ 1939, S. 144 ff. Siehe auch später *ders.*, Lehrbuch der Verwaltung, Berlin 1949, S. 68 ff.

[27] *Frieder Günther*, Denken vom Staat her. Die bundesdeutsche Staatsrechtslehre zwischen Dezision und Integration 1949–1970, München 2004, S. 260.

[28] Vgl. *Peters*, Grenzen der Kommunalen Selbstverwaltung in Preußen (Fn. 19), S. 23, 44. Siehe hierzu – zustimmend – *Kurt G. Jeserich*, Kommunalverwaltung und Kommunalpolitik, in: ders./Hans Pohl/Georg Christoph v. Unruh (Hrsg.), Deutsche Verwaltungsgeschichte, Bd. 4, Stuttgart 1985, S. 487 (489 ff., 490).

[29] *Kersten*, Hans Peters (1896–1966): Methodenwandel durch Unrechtserfahrung (Fn. 1), S. 213.

[30] Vgl. *Hans Peters*, Zentralisation und Dezentralisation. Zugleich ein Beitrag zur Kom-

mindest hochplausibel ist es, anzunehmen, daß sich diese Tendenz durch die politischen Erfahrungen, insbesondere die Begegnungen im Widerstand gegen den Nationalsozialismus und ganz konkret durch die Diskussionen im „Kreisauer Kreis", weiter verstärkt hat.[31] Denn die für letzteren elementaren Überlegungen, das Individuum in den Mittelpunkt aller (politischen) Organisation zu stellen und kleinere (Selbstverwaltungs-)Einheiten sowohl auf gesellschaftlicher wie auf staatlicher Ebene zu präferieren, entsprechen weitestgehend Peters' eigener Auffassung: So benennt er als die Basis seiner verfassungsrechtlichen Überlegungen eine „Staatsauffassung, die die gemeinschaftsgebundene Persönlichkeit mit ihren Eigeninteressen anerkennt und die um zahlreiche natürliche oder von Menschen künstlich geschaffene Zwischenglieder zwischen der ‚Person' und dem Staate weiß."[32] „Der Mensch als das Primäre bedarf der Ergänzung durch die Familie, die freiwilligen Gemeinschaften und schließlich durch den Staat. Letzterer hat danach nur subsidiär in Funktion zu treten [...]."[33] Diese Vorstellung einer zwar gemeinschaftsgebundenen, aber zugleich in möglichst kleinteiligen Einheiten organisierten Persönlichkeit schließt ersichtlich sowohl an Peters' eigene ältere Arbeiten zur Selbstverwaltung als auch an die im Widerstand formulierten Gesellschaftskonzeptionen an.[34] Die Gemeinden als Organe der kommunalen Selbstverwaltung verwirklichen Peters zufolge nicht nur (relative, vom politischen Kontext abhängige) politische Ziele, sondern auch ein (absolutes) ethisches Ziel: „Die ethische Bedeutung der Selbstverwaltung liegt darin, daß sie das Verantwortungsgefühl für die Gemeinschaft, zunächst freilich für die natürliche örtliche, weckt und stärkt und daß sie die Erkenntnis fördert, daß jede Gemeinschaft im Staate zunächst in ihren eigenen Angelegenheiten sich selbst helfen soll."[35] „Damit wird [...] deutlich, wie sehr sich Peters Vorstellungen über Selbstverwaltung unter dem Einfluss des Nationalsozialismus gewandelt hatten. Die Gemeinde stellte für ihn jetzt nicht mehr eine rein funktionale Organisationseinheit dar, die sich durch eine effektive Verwaltung zu legitimieren hatte. Sondern die Selbstverwaltung bildet nun das ‚natürliche' Basiselement im politischen Staatsaufbau, also in politischer Hinsicht die ‚Urzelle des Staats' überhaupt."[36]

---

munalpolitik im Rahmen der Staats- und Verwaltungslehre, Berlin 1928, S. 28 ff.; siehe schon *Grigoleit/Kersten*, Hans Peters (Fn. 1), S. 370.

[31] Das ist eine zentrale These von *Kersten*, Hans Peters (1896–1966): Methodenwandel durch Unrechtserfahrung (Fn. 1), S. 213 ff.; *Grigoleit/Kersten*, Hans Peters (Fn. 1), S. 376.

[32] *Peters*, Geschichtliche Entwicklung und Grundfragen der Verfassung (Fn. 20), S. 23; siehe auch dort, S. 9.

[33] *Peters*, Geschichtliche Entwicklung und Grundfragen der Verfassung (Fn. 20), S. 213. Siehe hierzu auch *Berg*, Hans Peters (Fn. 5), S. 477 f.

[34] Vgl. *Hans Peters*, Verfassungs- und Verwaltungsreformbestrebungen innerhalb der Widerstandsbewegung gegen Hitler, Münster 1961, S. 10.

[35] Vgl. *Peters*, Lehrbuch der Verwaltung (Fn. 26), S. 290.

[36] *Kersten*, Hans Peters (1896–1966): Methodenwandel durch Unrechtserfahrung (Fn. 1), S. 217, mit Verweis auf *Peters*, Lehrbuch der Verwaltung (Fn. 26), S. 282, 290, 292.

3. *Zur Eigenständigkeit der Verwaltung*

Allerdings führten die vorgenannten Modifikationen nicht zu einer umfassenden „Demokratisierung" des Peters'schen Verwaltungsdenkens. Ungeachtet der Tatsache, daß er das Grundgesetz als eine dualistisch legitimierte, sowohl auf dem demokratischen „Legitimitätsprinzip" als auch das „personalistische Menschenbild der Grundrechte" gegründete Verfassung begrüßte und als Fortschritt gegenüber der Weimarer Reichsverfassung einstufte,[37] betonte er vielmehr zeitlebens die Notwendigkeit einer Eigenständigkeit der Verwaltung und warnte davor, dieser durch Gesetzgebung und Rechtsprechung zu enge Grenzen zu setzen.[38] Peters definierte die Verwaltung nicht allein negativ in Abgrenzung zu den anderen Staatsgewalten, sondern von ihrer Aufgabe her, nämlich der „Verwirklichung der Staatszwecke für den *Einzel*fall".[39] Begrenzungen folgen insoweit weniger aus strikten gesetzlichen Vorfestlegungen; vielmehr kommt es für Peters auf die Staatsidee[40] und in deren Verfolgung „in erster Linie auf die Persönlichkeit der höheren Verwaltungsbeamten und ihre innere weltanschauliche Einstellung" an.[41]

Die Konsequenzen dieser Auffassung lassen sich exemplarisch veranschaulichen anhand einer Kontroverse zwischen Peters und Hans Heinrich Rupp[42] über die rechtliche Beurteilung Technischer Überwachungsvereine (TÜV):[43] Während Rupp i. S. der von ihm und anderen (v. a. Dietrich Jesch[44]) postulierten stärkeren demokratischen Einhegung, ergo gesetzlichen Vorstrukturierung,

---

[37] Vgl. *Peters*, Geschichtliche Entwicklung und Grundfragen der Verfassung (Fn. 20), S. 39, 164 ff., 183 ff.; näher hierzu *Kersten*, Hans Peters (1896–1966): Methodenwandel durch Unrechtserfahrung (Fn. 1), S. 220 ff.

[38] Vgl. *Hans Peters*, Die Verwaltung als eigenständige Staatsgewalt, Krefeld 1965, S. 12 ff., 29 ff.; siehe auch etwa schon *ders.*, Die Polizeiwidrigkeit und ihre Beziehungen zur Rechtswidrigkeit, VerwArch 29 (1922), S. 369 (402); *ders.*, Verwaltung ohne gesetzliche Ermächtigung, in: Verfassungsrecht und Verfassungswirklichkeit. Festschrift für Hans Huber, Bern 1961, S. 206 (207 ff., 219 f.); zum Ganzen ausführlich *Jürgen Salzwedel*, Die Verwaltung als eigenständige Staatsgewalt: zur Bedeutung des Lebenswerkes von Hans Peters heute, in: Jahres- und Tagungsbericht der Görres-Gesellschaft, 1996, S. 23 ff. Vgl. auch etwa *Hans Heinrich Rupp*, Grundfragen der heutigen Verwaltungsrechtslehre. Verwaltungsnorm und Verwaltungsrechtsverhältnis, 2. Aufl., Tübingen 1991, S. 124, der Peters' Konzept als Verteidigung einer „in einer ganz anderen Verfassungsepoche geborene[n] Vorbehaltssystematik" kritisiert.

[39] *Peters*, Lehrbuch der Verwaltung (Fn. 26), S. 5 (Hervorhebung i. O.).

[40] Vgl. *Peters*, Lehrbuch der Verwaltung (Fn. 26), S. 28 f.

[41] *Peters*, Lehrbuch der Verwaltung (Fn. 26), S. 26; vgl. auch dort, S. 425 ff.; siehe hierzu auch *Berg*, Hans Peters (Fn. 5), S. 479.

[42] Vgl. dazu *Andreas Funke*, Ein Außenseiter, mittendrin. Zur Erfolgsbilanz des neo-kelsenianischen Verwaltungsrechts von Hans Heinrich Rupp (in diesem Band), S. 305 ff.

[43] Vgl. zum folgenden auch *Christoph Möllers*, Der vermisste Leviathan. Staatstheorie in der Bundesrepublik Deutschland, Frankfurt/Main 2008, S. 51.

[44] Vgl. zu diesem *Ino Augsberg*, Demokratische Aufklärung. Dietrich Jeschs Neubestimmung der Verwaltungsrechtsdogmatik unter dem Grundgesetz (in diesem Band), S. 287 ff. Siehe auch *Günther*, Denken vom Staat her (Fn. 27), S. 258 ff.

der Verwaltungstätigkeit ein strenge(re)s Vorgehen gegenüber den als quasi-staatliche Monopolisten agierenden, dabei aber (auch) Eigeninteressen bedienenden Vereinen verlangt und etwa Aufgabenrückübertragungen entschädigungsfrei für zulässig hält,[45] handelt es sich für Peters bei der Übernahme einer im Allgemeininteresse stehenden Überwachungsaufgabe durch einen privaten Verein um die Wahrnehmung legitimer gesellschaftlicher (grundrechtlich geschützter) Freiheit und zugleich um ein Anwendungsbeispiel für das für ihn zentrale Subsidiaritätsprinzip.[46] Kurz: Wo Rupp auf das (formale) Erfordernis demokratischer Legitimation verweist, sind für Peters die (materielle) Gemeinwohlorientierung und der Subsidiaritätsgedanke entscheidend.

IV. Das „Lehrbuch der Verwaltung"

Vor diesem Hintergrund dürfte es nicht nur den Zeitumständen geschuldet sein, daß auch und v.a. in Peters' 1949 erschienenem „Lehrbuch der Verwaltung" nicht die Verfassungs- und Gesetzesbindung, sondern im Gegenteil gerade die Eigenständigkeit und relative Autonomie der Verwaltung im Zentrum steht. Das Buch läßt sich gewissermaßen als Kondensat seiner vor und während der nationalsozialistischen Herrschaft gewonnenen Überzeugungen zu Verwaltung, Verwaltungsrecht und Verwaltungsrechtswissenschaft verstehen.[47] Zwar entstand es in großen Teilen während der Herrschaft des Nationalsozialismus, doch betont Peters, er habe es bereits „für die Zeit nach der Beseitigung dieses Diktatursystems niedergeschrieben"[48]. Im vorliegenden Zusammenhang interessiert neben der schon angesprochenen, hier vertieft ausgearbeiteten Grundthese der Eigenständigkeit der Verwaltung (dazu 1.) v.a. der methodische Zugriff des Buches (dazu 2.). Ergänzend erfolgen noch einige Anmerkungen zur weiteren inhaltlich-strukturellen Gestaltung (dazu 3.).

1. Die Eigenständigkeit der Verwaltung

In dogmatischer Hinsicht besteht die zentrale Aussage des Lehrbuchs darin, die Rolle der Verwaltung als sowohl gegenüber der Legislative wie der Judikative eigenständige Staatsgewalt zu betonen, deren Aufgabe es ist, die Staatsziele

[45] Vgl. *Hans-Heinrich Rupp*, Privateigentum an Staatsfunktionen? Eine kritische Untersuchung am Beispiel der Technischen Überwachungsvereine, Tübingen 1963.

[46] Vgl. *Hans Peters*, Öffentliche und staatliche Aufgaben, in: Rolf Dietz/Heinz Hübner (Hrsg.), Festschrift für Hans Carl Nipperdey, Bd. 2, München 1965, S. 877 (884 ff.).

[47] Vgl. hierzu und zum folgenden auch *Michael Stolleis*, Geschichte des öffentlichen Rechts in Deutschland, Bd. 4, München 2012, S. 176 ff.

[48] *Peters*, Lehrbuch der Verwaltung (Fn. 26), S. IV f.

und Staatszwecke für den konkreten Einzelfall umzusetzen.[49] Nicht nur dem Gesetzgeber, sondern auch der Verwaltung obliege es etwa, den „Ausgleich zwischen den zahlreichen auseinanderlaufenden Tendenzen, die Unterstützung des Schwachen gegen den Starken, de[n] Schutz der Familie, die Wahrung der Gewissensfreiheit usw." sicherzustellen.[50] In diesem Sinne ist für Peters Verwaltung keineswegs nur „Rechtsanwendung"; im Gegenteil sei „Verwaltungstätigkeit, richtig verstanden, schöpferische Tätigkeit" und typisch für diese daher das „freie Ermessen".[51] Gegenüber der zentralen Orientierung an der – die „Gesamtrichtung" ebenso wie Einzelfälle und organisatorische sowie personelle Festlegungen prägenden – „Staatsidee" besitzt die rechtliche, insbesondere gesetzliche Bindung der Verwaltung nur eine vergleichsweise reduzierte Bedeutung:

> „Die Verwaltung ist daher auch an die Gesetze gebunden und muß, wo dies vorgeschrieben ist, diese ausführen. Aber für die Verwaltung ist das Recht nicht Selbstzweck; unmittelbarer Sinn ihres Handelns ist die Verwirklichung der Staatsziele und -aufgaben."[52]

Gerade im Hinblick auf die vergleichsweise ausführlich behandelten Erscheinungsformen und Eigenarten der Verwaltung (einschließlich der „Triebkräfte", der Organisation, des Rechts und der Rechtsquellen, des „Raums" und der „Subjekte") fällt auf, daß den subjektiven Rechten und dem Rechtsschutz nur vergleichsweise wenig Platz eingeräumt wird.[53] Das entspricht der erwähnten eingeschränkten Bedeutung des Rechts als Steuerungsmedium der Verwaltung, bedeutet bei Peters aber gerade nicht, daß damit die Bürger der Verwaltung weitgehend schutzlos gegenüberstehen.[54] Zum einen hebt er durchaus die Bedeutung des „Einbaus[s] von Sicherungen für das Individuum in den Verwaltungsorganismus" und konkret der Verwaltungsgerichte hervor,[55] zum anderen und v. a. ist in seinem wert- und zweckgebundenen Staatsverständnis es eben nicht allein das Recht, das Kontroll- und Korrekturfunktionen besitzt. Komplementär wirkt vielmehr die zentrale Orientierung an der Staatsidee,[56] aus der sich Peters zufolge wichtige objektive Rechts- und Gerechtigkeitsgewährleis-

---

[49] Vgl. *Peters*, Lehrbuch der Verwaltung (Fn. 26), S. 16.

[50] *Peters*, Lehrbuch der Verwaltung (Fn. 26), S. 28 f.

[51] *Peters*, Lehrbuch der Verwaltung (Fn. 26), S. 6 f., 10 ff., 32 f.; siehe auch *ders.*, Die Verwaltung als eigenständige Staatsgewalt (Fn. 38), S. 21 ff. Vgl. demggü. zu Hans Heinrich Rupp *Funke*, Ein Außenseiter, mittendrin (Fn. 42), S. 307 ff.

[52] *Peters*, Lehrbuch der Verwaltung (Fn. 26), S. 5. Vgl. erneut als „Kontrastfolie" *Funke*, Ein Außenseiter, mittendrin (Fn. 42), S. 307 ff.

[53] Vgl. *Peters*, Lehrbuch der Verwaltung (Fn. 26), S. 141 ff., 194 ff.

[54] Zum folgenden siehe schon *Kersten*, Hans Peters (1896–1966): Methodenwandel durch Unrechtserfahrung (Fn. 1), S. 223 m. w. N.

[55] Vgl. *Peters*, Lehrbuch der Verwaltung (Fn. 26), S. 30, 129 ff., 194 ff.; siehe auch *ders.*, Die Wandlungen der öffentlichen Verwaltung in der neuesten Zeit, Krefeld 1954, S. 24 f.; *ders.*, Die Verwaltung als eigenständige Staatsgewalt (Fn. 38), S. 19 ff.

[56] Vgl. *Peters*, Lehrbuch der Verwaltung (Fn. 26), S. 5 ff., 22, 30 ff.

tungen, insbesondere auch mit Blick auf die Organisation, das Verfahren und das Personal der Verwaltung, ableiten lassen.[57]

2. *Das „Lehrbuch der Verwaltung" als methodologisches Plädoyer und Exempel*

Unzweifelhaft handelt es sich bei dem soeben beschriebenen Aspekt der Eigenständigkeit der Verwaltung um eine sowohl in der zweiten Hälfte des 20. Jahrhunderts wie teilweise auch noch aktuell – etwa mit Blick auf die häufig (nur) durch finale Programmierung gesteuerte Regulierungsverwaltung und die sich daraus ergebenden, unter dem Stichwort „Regulierungsermessen" bekannten Rechtsprobleme[58] – recht intensiv diskutierte Thematik. In ihrer materialen Gemeinwohlorientierung verweist sie gleichwohl gedanklich tendenziell zurück ins 19. Jahrhundert und enthält insoweit einen durchaus konservativen Zug.[59] Das betrifft noch nicht so sehr den Versuch, „den Allgemeinen Teil des Verwaltungsrechts mit dem Besonderen Teil in einem Buche zu verbinden"[60] (insoweit schließt das Lehrbuch vielmehr an die vorhandenen klassischen Darstellungen an). Dem steht in methodischer Hinsicht eine progressive und innovative Haltung gegenüber: Peters' Lehrbuch war jedoch „der erste umfassende Versuch in Deutschland, die Verwaltung gleichzeitig rechts- und tatsachenwissenschaftlich systematisch darzustellen."[61] Diese zentrale Zielsetzung wird schon in den ersten Sätzen des Vorworts, also an denkbar prominenter Stelle, hervorgehoben:

„In mehrfacher Hinsicht will sich das vorliegende Werk von den hergebrachten Darstellungen des Verwaltungsrechts und überhaupt der Verwaltungswissenschaft unterscheiden und immer wieder hervorgetretene Bedürfnisse erfüllen. Es bemüht sich zunächst, die Verwaltung und damit *die Verwaltungswissenschaft in den größeren Zusammenhang von Recht, Politik und Weltanschauung einzubauen* und damit ein Versäumnis unserer Wissenschaft in den letzten Jahrzehnten zu beseitigen. Zu diesem Zwecke werden hier außer dem Verwaltungsrecht auch – zum Teil wohl erstmalig in einer solchen Gesamt-

---

[57] Vgl. *Peters*, Lehrbuch der Verwaltung (Fn. 26), S. 27 ff., 194 ff.; *ders.*, Die Gewaltentrennung in moderner Sicht, Köln/Opladen 1954, S. 24 ff.

[58] Hierauf hinweisend *Berg*, Hans Peters (Fn. 5), S. 480, der daraus den Schluß auf die Aktualität des Peters'schen Denkens zieht: „Die ‚Verwaltung als eigenständige Staatsgewalt' bleibt Thema."

[59] Vgl. allgemein *Günther*, Denken vom Staat her (Fn. 27), S. 260.

[60] *Peters*, Lehrbuch der Verwaltung (Fn. 26), S. III (Hervorhebung i.O.).

[61] *Werner Thieme*, 40 Jahre Seminar für Verwaltungslehre – Erinnerung und Ausblick, in: Hans Peter Bull (Hrsg.), Verwaltungslehre in Hamburg 1962–2002. Beiträge aus Anlass des 40jährigen Bestehens des Seminars für Verwaltungslehre am Fachbereich Rechtswissenschaft der Universität Hamburg, Münster 2003, S. 21 mit Fn. 2. *Peters* selbst spricht vom zu betretenden „Neuland", Lehrbuch der Verwaltung (Fn. 26), S. 21.

darstellung – Abschnitte aus der seit Jahrzehnten allzu stark vernachlässigten Verwaltungs*lehre* einbezogen."[62]

Mit dieser wenn nicht integrativen, dann doch additiven Vorgehensweise soll „das Verwaltungsrecht nicht bloß auf eine systematisierende Dogmatik und auf die Ordnung des positiven Rechtsstoffs beschränkt, sondern es mitten in die heutige Zeit hin[ge]stellt" werden.[63] In der Tat unterscheidet sich aber das „Lehrbuch der Verwaltung" damit nicht nur von traditionellen, rechtssystematischen Darstellungen wie der von Walter Jellinek[64] oder etwas später von Hans Julius Wolff[65], sondern auch von Ernst Forsthoffs Verwaltungsrecht[66]. Denn obwohl Peters mit letzterem in der Abgrenzung zum Positivismus und der Intention einer Perspektivenerweiterung (etwa auch auf das „Unformale") übereinstimmte, waren sie sich doch uneinig gerade mit Blick auf die von Peters präferierte, wie man heute wohl formulieren würde, nachbarwissenschaftlich informierte Realbereichsanalyse.[67] Aus Peters' Sicht war eine Ergänzung der juristischen Methode unerläßlich, um die Verwaltung in ihrer „Wirklichkeit" zu begreifen; dementsprechend ist sein Buch als Plädoyer und Anwendungsbeispiel für die (Fort-)Entwicklung der Verwaltungsrechtswissenschaft zu einer ethisch fundierten und unterschiedliche wissenschaftliche Erkenntnisse integrierenden Verwaltungswissenschaft einzuordnen.[68] Nur am Rande bemerkt: Diese ethische Orientierung mag gemeinsam mit dem schon in der Weimarer Zeit entwickelten Interesse an politischen und soziologischen Einflüssen auf das (Kommunal-)Recht einen Erklärungsansatz dafür liefern, warum sich Peters auch ohne einen erkennbaren Anstoß durch die Beschäftigung mit der ausländischen, insbesondere US-amerikanischen Forschung so stark der Verwaltungswissenschaft zuwandte.[69] Jedenfalls dürfte schon angesichts seiner Bio-

---

[62] *Peters*, Lehrbuch der Verwaltung (Fn. 26), S. III (Hervorhebung i.O.).

[63] *Peters*, Lehrbuch der Verwaltung (Fn. 26), S. IV.

[64] Vgl. *Walter Jellinek*, Verwaltungsrecht, 3. Aufl., Offenburg 1948; dazu *Ino Augsberg*, „Groß Neues ist ja nicht nachzutragen". Walter Jellineks „Verwaltungsrecht" in der frühen Bundesrepublik (in diesem Band), S. 11 ff.

[65] Vgl. *Hans Julius Wolff*, Verwaltungsrecht I, München 1956; dazu *Andreas Funke*, Pedanterie oder Perspektive – Das „Verwaltungsrecht" von Hans J. Wolff (in diesem Band), S. 49 ff.

[66] Vgl. dazu *Florian Meinel*, Die andere Seite des Rechtsstaats. Ernst Forsthoff in der Verwaltungsrechtswissenschaft der frühen Bundesrepublik (in diesem Band), S. 129 ff.; umfassend *ders.*, Der Jurist in der industriellen Gesellschaft (Fn. 19), v. a. S. 119 ff.

[67] Vgl. zu dieser Kontroverse, die u. a. jeweils kritische Rezensionen hervorbrachte, *Meinel*, Der Jurist in der industriellen Gesellschaft (Fn. 19), S. 127 m. w. N.

[68] Vgl. *Peters*, Lehrbuch der Verwaltung (Fn. 26), S. III f., 7, 14, 18, 21, 231; *ders.*, Die Wandlungen der öffentlichen Verwaltung in der neuesten Zeit (Fn. 55), S. 8; *ders.*, Die Bedeutung der Verwaltungswissenschaft für die Staats- und Gesellschaftsordnung, DVBl. 1956, S. 529 (529, 531).

[69] Vgl. zu Fritz Morstein Marx etwa *Margrit Seckelmann*, Die Geburt der Verwaltungswissenschaft aus dem Geiste der Demokratie: Fritz Morstein Marx (in diesem Band), S. 89 ff.; siehe auch schon *dies.*, „Mit Feuereifer für die öffentliche Verwaltung": Fritz Morstein Marx – Die frühen Jahre (1900–1933), DÖV 2013, S. 401 ff.; *dies.*, „Mit seltener Objektivität": Fritz

graphie völlig eindeutig sein, daß er in keinerlei Kontinuität zur nationalsozialistischen Verwaltungslehre steht.[70]

Im einzelnen differenziert Peters zwischen den drei Teilbereichen Verwaltungslehre, -recht und -politik.[71] Dabei hebt er zwar die methodischen Unterschiede zwischen der Verwaltungslehre als Tatsachen-, dem Verwaltungsrecht als Norm- und der Verwaltungspolitik als Wertwissenschaft hervor; eine vertiefte Reflexion über die Integration dieser disziplinspezifischen Methodiken erfolgt indes nicht. Wenn in der Literatur angemerkt wird, mit diesem „multiperspektivische[n] Ansatz" stehe Peters in der Tradition von Georg Jellineks berühmter Zwei-Seiten-Lehre,[72] dann muß eben auch der Hinweis darauf erlaubt sein, daß eine Auseinandersetzung mit der methodologischen Kritik, die etwa Hans Kelsen an Jellinek geübt hat,[73] im „Lehrbuch der Verwaltung" nicht zu erkennen ist. Schon in einer der ersten Rezensionen des Buches wurde zudem kritisch angemerkt, die Bezugnahme auf die Verwaltungslehre bleibe punktuell und die allgemeine Darstellung zu unverbunden mit der besonderen:

> „So ist denn auch bei Peters von einer Durchdringung des gesamten Rechtsstoffes mit der Verwaltungslehre keine Rede; einige wenige Abschnitte sind ihr gewidmet, im übrigen setzt Peters mit der Heranziehung der Verwaltungslehre dem Verwaltungsrecht nur einige Lichter auf."[74]

3. *Zur Verknüpfung von Allgemeinem und Besonderem Teil*

Wie erwähnt enthält das Buch zudem eine Fülle detailreicher Ausführungen zu einzelnen Teilbereichen des Besonderen Verwaltungsrechts. Ohne hierauf nun an dieser Stelle näher einzugehen, ist doch immerhin aufschlußreich, wie interessant diese Zusammenstellung geraten ist und wie modern manches anmutet. Erwähnenswert sind – gerade mit Blick auf die erst recht spät erfolgte Ausdiffe-

---

Morstein Marx – Die mittleren Jahre (1934–1961), DÖV 2014, S. 1029ff.; *dies.*, „Mit Verständnis für den ‚Verwaltungsmann'": Fritz Morstein Marx – Die späten Jahre (1934–1962), DÖV 2017, i.D.

[70] Vgl. zu letzterer etwa *Michael Stolleis*, Die Wiederbelebung der Verwaltungslehre im Nationalsozialismus, in: Erk Volkmar Heyen (Hrsg.), Wissenschaft und Recht der Verwaltung seit dem Ancien Régime: europäische Ansichten, Frankfurt/Main 1984, S. 147ff.

[71] Vgl. hierzu und zum folgenden *Peters*, Lehrbuch der Verwaltung (Fn. 26), S. 14ff.

[72] Vgl. *Kersten*, Hans Peters (1896–1966): Methodenwandel durch Unrechtserfahrung (Fn. 1), S. 222, mit Verweis auf *Georg Jellinek*, Allgemeine Staatslehre, 3. Aufl., Berlin 1914, S. 174ff., und *Jens Kersten*, Georg Jellinek und die klassische Staatslehre, Tübingen 2000, S. 145ff. Siehe allgemein auch *Michael Stolleis*, Geschichte des öffentlichen Rechts in Deutschland, Bd. 2, München 1992, S. 451f.

[73] Vgl. etwa *Hans Kelsen*, Der soziologische und der juristische Staatsbegriff, Tübingen 1922; *ders.*, Allgemeine Staatslehre, Berlin 1925, S. 6f.; siehe zum Ganzen auch *Christoph Möllers*, Staat als Argument, München 2000, S. 12ff.

[74] *Schack*, Buchbesprechung (Fn. 4), S. 63.

renzierung des Sozialrechts als eigenständige Materie des Verwaltungsrechts[75] – insbesondere die relativ umfangreichen Ausführungen zur „Wohlfahrtspflege“, die sowohl die Gesundheitsfürsorge als auch die Fürsorge für Arme und Hilfsbedürftige (einschließlich der Flüchtlinge und Vertriebenen), die Jugendpflege, die Sozialversicherung und das Bau- und Wohnungswesen umfassen.[76] Gerade an dieser Stelle erfolgt zudem eine gut nachvollziehbare Verknüpfung der Verwaltungstätigkeit mit einem Staatsziel, nämlich der „*Förderung der Gesundheit* aller Bürger“, das wertbezogen und unter Abgrenzung zur nationalsozialistischen Terrorherrschaft konkretisiert wird.[77]

In einem abschließenden, auf den ersten Blick erstaunlichen Anhang enthält das Buch eine „Anleitung zur Anfertigung öffentlich-rechtlicher Arbeiten und Gutachten“.[78] Diese didaktische Anstrengung korrespondiert der dem Vernehmen nach überaus engagierten und erfolgreichen Lehrtätigkeit Peters'.[79] Deutlich wird an diesem Anhang aber auch, daß der Buchtitel nicht nur mit Blick auf die „Verwaltung“, sondern auch das „Lehrbuch“ wörtlich gemeint ist: Peters richtet sich eben nicht, jedenfalls nicht nur, an die „Gemeinde“, die *scientific community*, sondern er versteht sein Konzept einer doppelt integrativen, Allgemeinen und Besonderen Teil sowie Verwaltungsrecht, Verwaltungslehre und Verwaltungspolitik verschränkenden Verwaltungswissenschaft ausdrücklich nicht nur als Forschungs-, sondern auch als Lehrprogramm.

V. Zur Rezeptionsgeschichte und fortdauernden Bedeutung des Peters'schen Verwaltungsrechtsdenkens

Angesichts der Tatsache, daß das „Lehrbuch der Verwaltung“ in der Tat als „Pionierleistung“ einzuordnen ist,[80] erstaunt die vergleichsweise geringe Resonanz, die es in der verwaltungsrechtswissenschaftlichen Diskussion gefunden hat. Ein erstes in diese Richtung deutendes Indiz ist die zwar banale, aber eben doch bemerkenswerte Tatsache, daß das Buch in den 17 Jahren bis zu Peters' Tod keine Neuauflage erhalten hat.[81] Erst recht deutlich wird das Rezeptionsde-

---

[75] Dazu *Steffen Augsberg*, Hans F. Zacher und die „Entdeckung“ des Sozialrechts (in diesem Band), S. 331 ff.

[76] Vgl. *Peters*, Lehrbuch der Verwaltung (Fn. 26), S. 425 ff.

[77] Vgl. *Peters*, Lehrbuch der Verwaltung (Fn. 26), S. 425 ff.

[78] Vgl. *Peters*, Lehrbuch der Verwaltung (Fn. 26), S. 526 ff.

[79] Vgl. dazu *v. Lösch*, Der nackte Geist (Fn. 8), S. 77, 297.

[80] So *Kersten*, Hans Peters (1896–1966): Methodenwandel durch Unrechtserfahrung (Fn. 1), S. 221 m. w. N., für den es zusammen mit Lehrbüchern von Ernst Forsthoff und Hans Julius Wolff auch „zu den Standardwerken seiner Zeit“ zählt; ähnlich (für die schweizerische Literatur und Rechtsprechung) auch *Benjamin Schindler*, 100 Jahre Verwaltungsrecht in der Schweiz, Zeitschrift für Schweizerisches Recht 130 (2011), S. 331 (352). *Berg*, Hans Peters (Fn. 5), S. 472, spricht von einem „,Klassiker' […] nicht nur des Verwaltungsrechts!“.

[81] Nur zum Vergleich: Forsthoffs erstmals 1950 erschienenes Lehrbuch erlebte bis 1973

fizit, wenn man – und sei es auch nur kursorisch – Aufsätze und Monographien mit Bezug zur Verwaltungsrechtsmethodik auf die Auseinandersetzung mit Peters hin durchforstet[82] oder in den gängigen Datenbanken nach entsprechenden Verwendungsnachweisen sucht. Die einschlägige Sekundärliteratur gruppiert sich zeitlich einerseits um den Todes-, andererseits um den hundertsten Geburtstag, und sie beschäftigt sich, wie eingangs erwähnt, tendenziell auch stärker mit den lebensweltlichen Aspekten denn mit der genuin wissenschaftlichen Leistung und fortdauernden Bedeutung. Die in einer frühen Rezension vorgenommene Einschätzung, das „Lehrbuch der Verwaltung" tauge zwar nur eingeschränkt für die Anwendung auf einen konkreten Fall, bilde aber eine „Fundgrube für die verwaltungswissenschaftliche Forschung"[83], mag deshalb auf Basis der vorstehenden Ausführungen zur Originalität der Gedankenführung einleuchtend erscheinen. Sie dürfte aber zugleich kaum dem tatsächlichen Rezeptionsgeschehen entsprechen – und zwar sowohl in der Kurz- wie in der Langzeitperspektive. Peters avancierte weder für die zeitgenössische noch für die spätere Verwaltungsrechtswissenschaft zu einer besonders relevanten Referenzgröße. Zustimmung (und Widerspruch) erhielten zwar seine – wie gesehen: eher konservativen – Thesen zur Eigenständigkeit der Verwaltung;[84] gerade die methodisch innovative interdisziplinäre Ausrichtung wurde indes, soweit sie nicht pauschal für „passé" erklärt wurde,[85] kaum bewußt aufgenommen und weiterentwickelt.[86] Das gilt einerseits für die Zeitgenossen, es gilt aber auch für die in der prinzipiellen Zielrichtung einer „Öffnung" der Rechtswissenschaft für nachbarwissenschaftliche Erkenntnisse durchaus vergleichbaren Reformbestrebungen der 1970er und 1980er Jahre[87] sowie namentlich für die mit den

---

neun Neuauflagen; vgl. dazu etwa *Christian Bumke*, Die Entwicklung der verwaltungsrechtswissenschaftlichen Methodik in der Bundesrepublik Deutschland, in: Eberhard Schmidt-Aßmann/Wolfgang Hoffmann-Riem (Hrsg.), Methoden der Verwaltungsrechtswissenschaft, Baden-Baden 2004, S. 73 (91 ff.); *Meinel*, Der Jurist in der industriellen Gesellschaft (Fn. 19).

[82] An einigen Beispielen läßt sich dies verdeutlichen: Das „Lehrbuch der Verwaltung" zählt weder bei *Eberhard Schmidt-Aßmann*, Das allgemeine Verwaltungsrecht als Ordnungsidee, 2. Aufl., Berlin 2004, noch bei *Rainer Schröder*, Verwaltungsrechtsdogmatik im Wandel, Tübingen 2007, zur verwendeten Literatur. Unerwähnt bleibt das Buch auch in den beiden Staatsrechtslehrereferaten von *Hans Christian Röhl* und *Andreas v. Arnauld*, Öffnung der öffentlich-rechtlichen Methode durch Internationalität und Interdisziplinarität, VVDStRL 74 (2015), S. 7 ff., 39 ff.

[83] *Friedrich Giese*, Rezension, AöR 76 (1950/51), S. 251 (252).

[84] Siehe etwa zur Bedeutung von „metajuristischen Richtigkeitsansprüchen" für Verwaltungsentscheidungen Peters zustimmend zitierend *Rupert Scholz*, Verwaltungsverantwortung und Verwaltungsgerichtsbarkeit, VVDStRL 34 (1976), S. 145 (155).

[85] So *Klaus Stern*, Diskussionsbeitrag, VVDStRL 33 (1975), S. 279 (280).

[86] Ähnlich *Walter Pauly*, Deutschland, in: Armin v. Bogdandy/Sabino Cassese/Peter Michael Huber (Hrsg.), Handbuch Ius Publicum Europaeum, Bd. 4, Heidelberg 2011, § 58 Rn. 15, der mit Blick auf das „Lehrbuch der Verwaltung" von einer „kaum rezipierten methodischen Verbindung von Verwaltungsrecht mit Verwaltungslehre und -politik" spricht.

[87] Vgl. dazu etwa *Rüdiger Lautmann*, Soziologie vor den Toren der Jurisprudenz. Zur Ko-

„Schriften zur Reform des Verwaltungsrechts" begonnenen und in den „Grundlagen des Verwaltungsrechts" fokussierten Überlegungen der sog. Neuen Verwaltungsrechtswissenschaft.[88] Letztere zielt bekanntlich auf die „Überwindung einer rein geisteswissenschaftlichen Methode"[89], soweit nicht nur die herkömmliche Methodik modifiziert, d.h. v.a. durch die Einbeziehung nichtrechtlicher Handlungsformen und sozialwissenschaftlicher Methodik und Daten ergänzt, sondern die Verwaltungsrechtswissenschaft grundlegend von einer „anwendungsbezogenen Interpretationswissenschaft zur rechtssetzungsorientierten Handlungs- und Entscheidungswissenschaft" weiterentwickelt werden soll:[90]

> „Es wird eine *Neue Verwaltungsrechtswissenschaft* proklamiert, die sich aus der Steuerungsperspektive definiert und damit zum Ausdruck bringt, daß das Verwaltungsrecht in erster Linie ein Verhaltensprogramm und nicht bloß ein Kontrollprogramm bereitstellt."[91]

Die „Neue Verwaltungsrechtswissenschaft" betont so den eigenständigen Gestaltungsanspruch der Verwaltung (und der Verwaltungsrechtswissenschaft) und kritisiert die (zu) starke Konzentration der überkommenen Lehre auf

---

operation der beiden Disziplinen, Stuttgart 1982; *Wolfgang Naucke*, Über die juristische Relevanz der Sozialwissenschaften, Frankfurt/Main 1972; *Hubert Rottleuthner*, Rechtswissenschaft als Sozialwissenschaft, Frankfurt/Main 1973, sowie die Beiträge in: Dieter Grimm (Hrsg.), Rechtswissenschaft und Nachbarwissenschaften, Bd. 1 u. 2, 2. Aufl., München 1976; Wolfgang Hoffmann-Riem (Hrsg.), Sozialwissenschaften im Studium des Rechts, Bd. 2: Verfassungs- und Verwaltungsrecht, München 1977.

[88] Siehe bewußt programmatisch *Andreas Voßkuhle*, Neue Verwaltungsrechtswissenschaft, in: Wolfgang Hoffmann-Riem/Eberhard Schmidt-Aßmann/ders. (Hrsg.), Grundlagen des Verwaltungsrechts, Bd. 1, 2. Aufl., München 2012, § 1. Einen entsprechenden Hinweis auf diese Fortführung dieser „epistemologische[n] Tradition" liefert schon *Kersten*, Hans Peters (1896–1966): Methodenwandel durch Unrechtserfahrung (Fn. 1), S. 223 m.w.N., mit Verweis auf *Bumke*, Die Entwicklung der verwaltungsrechtswissenschaftlichen Methodik in der Bundesrepublik Deutschland (Fn. 81), S. 91.

[89] *Wolfgang Hoffmann-Riem*, Zwischenschritte zur Modernisierung der Rechtswissenschaft, JZ 2007, S. 645 (648).

[90] *Voßkuhle*, Neue Verwaltungsrechtswissenschaft (Fn. 88), § 1 Rn. 15ff.; *ders.*, Methode und Pragmatik im Öffentlichen Recht. Vorüberlegungen zu einem differenziert-integrativen Methodenverständnis am Beispiel des Umweltrechts, in: Hartmut Bauer u.a. (Hrsg.), Umwelt, Recht und Wirtschaft. Wissenschaftliches Symposium aus Anlass des 65. Geburtstages von Reiner Schmidt, Tübingen 2002, S. 171 (179ff.); vgl. ferner *Wolfgang Hoffmann-Riem*, Methoden einer anwendungsorientierten Verwaltungsrechtswissenschaft, in: Schmidt-Aßmann/ders. (Hrsg.), Methoden der Verwaltungsrechtswissenschaft (Fn. 81), S. 9ff.; *ders.*, Innovationsoffenheit und Innovationsverantwortung durch Recht. Aufgaben rechtswissenschaftlicher Innovationsforschung, AöR 131 (2006), S. 255 (263): „Die Rechtswissenschaft befindet sich in der Ablösung von ihrem bisher vorrangigen Verständnis als textorientierte Interpretationswissenschaft und ist bemüht, die hermeneutische Perspektive so zu erweitern und zu ergänzen, dass Rechtswissenschaft zu einer problemlösungsorientierten Handlungs- und Entscheidungswissenschaft wird."

[91] *Claudio Franzius*, Funktionen des Verwaltungsrechts im Steuerungsparadigma der Neuen Verwaltungsrechtswissenschaft, Die Verwaltung 39 (2006), S. 335 (336).

Rechtsschutzaspekte.[92] Es scheint auf der Hand zu liegen, daß eine derartige Perspektivenverschiebung von einer formellen Rechts- hin zu einer effektivitätsbasierten, also funktionalen Steuerungsorientierung, die zudem intensiv auf die Erfassung des mit dem klassischen „Handwerkszeug" des Juristen nicht hinreichend zu bewältigenden „Realbereichs" dringt,[93] bei Peters' „Lehrbuch der Verwaltung" fruchtbar anschließen könnte. Entsprechendes ließe sich zur Bedeutung von Verfahren, Organisation und Personal als „Steuerungsressourcen"[94] ausführen, die bei Peters – wenn auch ausgehend von seinem nachpositivistischen, wertorientierten Verwaltungsmodell – bereits vergleichsweise große Aufmerksamkeit erfahren.[95]

Und dennoch wird Peters in den „Grundlagen des Verwaltungsrechts" nur sehr sporadisch und zudem primär im Rahmen einer negativen Abgrenzung erwähnt, soweit festgestellt wird, der von ihm unternommene Versuch einer „doppelten Integration von Verwaltungsrecht und Verwaltungslehre sowie von Allgemeinem und Besonderem Teil" habe keine Nachfolger gefunden.[96] Immerhin findet sich bei Christian Bumke ein knapper Hinweis auf die schon bei Peters vorfindliche Perspektive, daß den relevanten Maßstab der Verwaltung nicht allein die Rechtmäßigkeit, sondern auch die Entscheidungsrichtigkeit liefert,[97] und Martin Eifert weist in einer Fußnote zu seinem Staatsrechtslehrerreferat darauf hin, für eine „wirkungsbezogene Perspektive" sei (zumindest) mit Blick auf die modernen Vorstellungen der Instrumentenauswahl „eine deutliche Anknüpfung" bei Peters und dessen „erstaunlich modern anmutende[r] Instrumentendarstellung" möglich,

> „die nicht nur mit dem Hinweis eingeleitet wird, ‚daß sich der geschickte Verwaltungsbeamte [...] oft in erster Linie anderer, nicht minder wirksamer Mittel als des Rechts bedient und erst bei deren Versagen zu den Hilfsmitteln der Rechtsordnung greift', sondern anschließend auch mit der ‚psychologisch richtigen Behandlung des Bürgers', ‚Be-

---

[92] Vgl. *Voßkuhle*, Neue Verwaltungsrechtswissenschaft (Fn. 88), § 1 Rn. 1 ff., 15 ff.

[93] Vgl. statt vieler *Voßkuhle*, Neue Verwaltungsrechtswissenschaft (Fn. 88), § 1 Rn. 3, 29 ff., 37 ff.; *Hoffmann-Riem*, Zwischenschritte (Fn. 89), S. 650, jeweils m. w. N.

[94] Vgl. etwa die Beiträge in: Eberhard Schmidt-Aßmann/Wolfgang Hoffmann-Riem (Hrsg.), Verwaltungsorganisationsrecht als Steuerungsressource, Baden-Baden 1997; ferner *Steffen Augsberg*, in: Jörg Philipp Terhechte (Hrsg.), Verwaltungsrecht der Europäischen Union, Baden-Baden 2011, § 6: Verwaltungsorganisationsrecht und Vollzug des Unionsrechts, Rn. 1 ff. m. w. N.

[95] Vgl. *Peters*, Lehrbuch der Verwaltung (Fn. 26), S. 30 ff., 40 ff.

[96] *Michael Stolleis*, Entwicklungsstufen der Verwaltungsrechtswissenschaft, in: Hoffmann-Riem/Schmidt-Aßmann/Voßkuhle (Hrsg.), GVwR I (Fn. 88), § 2 Rn. 106, siehe auch den ausgesprochen blassen Hinweis auf das „Lehrbuch der Verwaltung" dort, Rn. 96. Die einzige weitere Bezugnahme auf Peters in diesem Band betrifft die von ihm eingeführte Terminologie zu den öffentlichen Aufgaben, vgl. *Susanne Baer*, Verwaltungsaufgaben, ebd., § 11 Rn. 13.

[97] Siehe *Bumke*, Die Entwicklung der verwaltungsrechtswissenschaftlichen Methodik in der Bundesrepublik Deutschland (Fn. 81), S. 91; vgl. auch *Pauly*, Deutschland (Fn. 86), § 58 Rn. 15 mit Fn. 48, der diesbezüglich von einer „hellsichtigen Forderung" Peters' spricht.

lehrung und Propaganda' und ,Raterteilung und Mahnungen' bereits zentrale Fallgruppen der Verwaltungskommunikation herausstellt, die mit dem informellen und informierenden Verwaltungshandeln sowie dem Verfahren als Kommunikationszusammenhang heute zentrale Kategorien modernen Verwaltungsverständnisses sind."[98]

Aber es bleibt dabei: Der punktuellen Einsicht in die Gegenwartsrelevanz der Peters'schen Konzeptionen steht ein weitgehendes Außerachtlassen seiner Schriften gegenüber.

Die Gründe für diese unzureichende Rezeption können hier nicht abschließend benannt werden; immerhin sollen zwei denkbare Erklärungen kurz angeführt werden: Zum einen mag Peters mit dem „Anspruch, eine neue panoramaartige Grundlegung der Verwaltung zu schaffen", in der er „Methodenlehre, Verwaltungswissenschaft, Allgemeines und Besonderes Verwaltungsrecht, Steuerrecht sowie eine ethisch fundierte, praktische Verwaltungslehre" zu verbinden versuchte, schlicht „die Grenze der Leistungsfähigkeit des Lehrbuchs" erreicht haben.[99] Gerade mit Blick auf die aktuelleren, wissenschaftstheoretisch informierteren Diskussionen könnte aber auch, zum anderen, umgekehrt die eher unterkomplexe methodologische Basis der Anschlußfähigkeit entgegenstehen. Dennoch dürfte aber, das haben die vorstehenden Ausführungen hoffentlich nachgewiesen, ungeachtet der nicht zu leugnenden Defizite Peters' Verwaltungs(rechts)denken doch eine Reihe – hier ja nur angedeuteter – interessanter Anknüpfungspunkte für nach wie vor ungelöste Probleme bieten.[100] Eine (Re-) Lektüre dieses (im positiven Sinne!) „etwas eigenwillige[n]"[101], eigenständigen und originellen Autors lohnt auch und gerade dann, wenn man sich letztlich von seinen Positionen und Argumenten nicht überzeugen, sondern nur im eigenen Denken irritieren läßt.

---

[98] So mit Bezug auf *Peters*, Lehrbuch der Verwaltung (Fn. 26), S. 235 f., *Martin Eifert*, Das Verwaltungsrecht zwischen „klassischer" Dogmatik und steuerungswissenschaftlichem Anspruch, VVDStRL 67 (2008), S. 286 (297 f. mit Fn. 56).

[99] *Kersten*, Hans Peters (1896–1966): Methodenwandel durch Unrechtserfahrung (Fn. 1), S. 222. Vgl. als ähnlich gelagerte Kritik schon *Schack*, Buchbesprechung (Fn. 4), S. 62 ff.; siehe auch *Stolleis*, Geschichte des öffentlichen Rechts in Deutschland IV (Fn. 47), S. 177.

[100] Exemplarisch erwähnt sei nur die Grundproblematik der Integration nachbarwissenschaftlicher Erkenntnisse; vgl. dazu näher *Steffen Augsberg*, Die aktuelle Methodendiskussion: eine wissenschaftstheoretische Renaissance?, in: Jörn Lüdemann/Andreas Funke (Hrsg.), Öffentliches Recht und Wissenschaftstheorie, Tübingen 2009, S. 145 (180 ff.).

[101] So die Charakterisierung des „Lehrbuchs der Verwaltung" bei *Meinel*, Der Jurist in der industriellen Gesellschaft (Fn. 19), S. 106.

Andreas Funke

Pedanterie oder Perspektive – Das „Verwaltungsrecht" von Hans J. Wolff

> „Dabei liegt die Bedeutung dieses gewaltigen Werkes nicht so sehr darin, daß es durch seinen Gedankenreichtum ‚zur Auseinandersetzung zwingt', als daß es durch Klarheit und Schlüssigkeit seines Gedankenganges überzeugt."[1]

Im Jahre 1956 erschien in der Reihe „Juristische Kurzlehrbücher" der C.H. Beck'schen Verlagsbuchhandlung das „Verwaltungsrecht I" von Hans Julius Wolff, 302 Seiten lang. Zwei weitere Bände folgten später. Das Werk wird, mit einem erweiterten und veränderten Verfasserkreis, bis heute immer wieder neu aufgelegt. Will man die Wirksamkeit des Lehrbuchs allein anhand der Neuauflagen und deren Frequenz bemessen, muss es als erfolgreich beurteilt werden, insbesondere der erste Band, dessen erster Auflage bis 1974 insgesamt acht weitere Auflagen folgten.[2] Für die Forschung dürfte es bis heute eine nicht zu übergehende Referenz darstellen. In den 1950er Jahren jedenfalls war Wolff einer der führenden Verwaltungsrechtswissenschaftler, dessen Name für eine Reihe von bis heute anerkannten dogmatischen Innovationen steht.

Diese Innovationen für sich zu würdigen, ist nicht das Ziel dieses Beitrages. Vielmehr soll untersucht werden, welche Idee vom Verwaltungsrecht und dessen System das erfolgreiche Lehrbuch transportiert hat, woher diese Idee kam und ob sie im Laufe der Zeit Veränderungen unterlegen hat. In Wolffs Werk nach einem System zu suchen, beruht keineswegs auf einem Vorurteil, das zu interpretatorischen Verzerrungen führen könnte, verdanken wir doch gerade Wolff den schlagenden, vielzitierten Satz: „Rechtswissenschaft [...] ist systema-

---

[1] *Hans J. Wolff*, Buchbesprechung: Leonard Nelson zum Gedächtnis (1953), Archiv für Philosophie 6 (1956), S. 157 (157). – Dank für Gesprächsbereitschaft geht an Prof. Dr. Ralf Dreier und Prof. Dr. Bernd Rüthers, für kritische Lektüre des Textes an Prof. Dr. Dr. Ino Augsberg.

[2] 2. Aufl. 1958, 3. Aufl. 1959, 4. Aufl. 1961, 5. Aufl. 1963, 6. Aufl. 1965, 7. Aufl. 1968, 8. Aufl. 1971, 9. Aufl. 1974 (mit Otto Bachof).

tisch, oder sie ist nicht!"[3] Genau dieser Anspruch ist freilich für Teile der gegenwärtigen Wissenschaft ein großes Problem. In gewisser Hinsicht ist Wolff Repräsentant einer vergangenen Epoche. Für sein Lehrbuch kommen äußere Eigenschaften hinzu, die schon zum Zeitpunkt seines Erscheinens kritisiert wurden. Das Maß, in dem er um klare Begriffsbildung und strenge Gliederung der Darstellung bemüht ist, lässt diese Eigenschaften als schlechthin charakteristisch für das Werk erscheinen. Daraus kann auch ein Vorwurf geformt werden: Zeitgenossen haben Wolffs Buch als „pedantisch" und demgegenüber Ernst Forsthoffs „Verwaltungsrecht" als zukunftsweisend empfunden.[4] Wolffs akademische Schüler sahen das anders; sie stellten die Festschrift, die sie ihrem „Meister" widmeten und parallel zur Gliederung des Lehrbuchs strukturierten, unter den Titel „Fortschritte des Verwaltungsrechts". Wenn Norbert Achterberg das Lehrbuch Wolffs respektvoll und treffend als ein „Meßtischblatt des Verwaltungsrechts"[5] bezeichnete, so dürften damit hingegen in den Ohren vieler Kritiker Wolffs die Defizite des Buchs auf den Punkt gebracht worden sein. Skeptische Beurteilungen Wolffs gehen dabei oft damit einher, kontrastierend die Verdienste des anderen großen Verwaltungslehrbuchs der Zeit, Ernst Forsthoffs „Verwaltungsrecht, Band 1", hervorzuheben. Michael Stolleis würdigt etwa ausführlich die konzeptionellen und stilistischen Vorzüge, die dem Forsthoff'schen Werk unter anderem im Vergleich zu Wolffs Buch zukommen.[6] Er beschreibt Wolff als den Mann des Details und der Ausführung: Wolff sei ein „akribischer Vermittler von kleinteilig systematisierten Informationen".[7] Er habe das, „[w]as Forsthoff mit seinem Gespür für moderne Entwicklungen fixiert hatte, [...] mit vielen Einzelheiten in detaillierter Systematik ausgefüllt".[8]

---

[3] *Hans J. Wolff*, Typen im Recht und in der Rechtswissenschaft, Studium Generale 5 (1952), S. 195 (205).

[4] *Peter Badura*, auf Nachfrage im Rahmen einer Vortragsveranstaltung zur Entwicklung des Verwaltungsrechts am 9.10.2014 in München: Das Lehrbuch von Wolff sei „pedantisch" gewesen, während Forsthoff „Perspektive" geboten habe. Ich habe mir erlaubt, diese Entgegensetzung in den Titel dieses Beitrages aufzunehmen. Frühe Kritik an Wolffs starker Neigung zu begrifflichen Unterscheidungen – bei gleichzeitiger Würdigung der Vorzüge – etwa bei *Carl Hermann Ule*, Besprechung: Hans J. Wolff, Verwaltungsrecht (1956), VerwArch 48 (1957), S. 86. Zurückweisung des Verdikts „Hang zur Pedanterie" auch bei *Otto Bachof*, Hans J. Wolff [Nachruf], JZ 1977, S. 69 (70).

[5] *Norbert Achterberg*, Hans J. Wolff [Nachruf], AöR 102 (1977), S. 118 (120).

[6] *Michael Stolleis*, Geschichte des öffentlichen Rechts in Deutschland, Bd. 4, München 2012, S. 178–184.

[7] *Stolleis*, Geschichte, Bd. 4 (Fn. 6), S. 185.

[8] *Michael Stolleis*, Verwaltungsrechtswissenschaft in der Bundesrepublik Deutschland, in: Dieter Simon (Hrsg.), Rechtswissenschaft in der Bonner Republik, Frankfurt am Main 1994, S. 227 (241). Am Rande sei erwähnt, dass Wolff und Forsthoff korrespondierten und Wolff Zustimmung zu den Thesen Forsthoffs über Verfallserscheinungen bei der Auslegung der Verfassung äußerte (*Dorothee Mußgnug/Reinhard Mußgnug/Angela Reinthal* [Hrsg.], Briefwechsel Ernst Forsthoff – Carl Schmitt, Berlin 2007, S. 149, 178).

Aber stimmt diese Einschätzung?[9] Wird sie der offensichtlichen intellektuellen Kraft gerecht, die hinter Wolffs Ansatz steht? Die Frage nach den Fundamenten des verwaltungsrechtswissenschaftlichen Werks Wolffs ist schon deshalb vielversprechend, weil er eben nicht nur Verwaltungsrechtswissenschaftler war, sondern sowohl nach rechtsphilosophischer Orientierung suchte als auch sehr stark der Verwaltungspraxis zugeneigt war. Wer sich dieses professionelle Spektrum vergegenwärtigt, sollte bei einer Annäherung an die wissenschaftlichen Ansprüche Wolffs sowie die Art und Weise ihrer Einlösung vorsichtig sein. Wolff war bestrebt, Theorie und Praxis zu verbinden.[10] Begriffliche Haarspaltereien waren ihm ein Gräuel.[11] Er sollte nicht vorschnell darauf reduziert werden.

Nach einem kurzen Überblick über Wolffs Leben und Werk (unter I) soll im Folgenden die Herausbildung der verwaltungsrechtswissenschaftlichen Grundauffassung Wolffs untersucht werden. Im Mittelpunkt steht ein Vergleich derjenigen Konzeption, die aus seinem Buch über *Organschaft und juristische Person* rekonstruiert werden kann (unter III), mit derjenigen, die nach 1949 mit dem Inkrafttreten des Grundgesetzes im Lehrbuch zum *Verwaltungsrecht* dargestellt und zugrunde gelegt wird (unter IV). Der Vergleich dieser beiden Konzeptionen verspricht genaueren Aufschluss darüber, wie Wolff die neue rechtliche Situation nach 1949 aufgriff und verarbeitete. Zuvor ist aber ein kurzer Blick darauf zu werfen, wie Wolff in seiner Doktorarbeit, die im weitesten Sinne ein kommunalrechtliches Thema behandelt, mit dem Verwaltungsrecht umgeht (unter II). Einige Bemerkungen zur Wirkung des Wolff'schen Denkens schließen den Beitrag ab (unter V).

I. Im Überblick: Leben und Werk

Wolff wurde 1898 geboren.[12] Er promovierte im Jahre 1924 bei Julius Hatschek in Göttingen über „Die Grundlagen der Organisation der Metropole“. Im Jahre

---

[9] Kritisch zur Einschätzung Stolleis' *Hans-Uwe Erichsen*, Die Verwaltungsrechtswissenschaft: Hans Julius Wolff (1898–1976), in: Thomas Hoeren (Hrsg.), Münsteraner Juraprofessoren, Münster 2014, S. 249 (257 Fn. 25).

[10] Vgl. *Ralf Dreier*, Hans J. Wolff 75 Jahre, DÖV 1973, S. 600 (601).

[11] *Hans J. Wolff*, Begriff und Kriterium der Wahrheit, in: D.S. Kōnstantopulos/Hans Wehberg (Hrsg.), Gegenwartsprobleme des internationalen Rechtes und der Rechtsphilosophie, Hamburg 1953, S. 587 (594).

[12] Zur Biographie: *N. N.*, Leben und Werk Hans J. Wolffs, in: Christian-Friedrich Menger (Hrsg.), Fortschritte des Verwaltungsrechts, München 1973, S. 499 ff.; *Lieselotte Steveling*, Juristen in Münster. Ein Beitrag zur Geschichte der Rechts- und Staatswissenschaftlichen Fakultät der Westfälischen Wilhelms-Universität Münster/Westf., Münster 1999, S. 636 ff.; *Martin Kriele*, Hans J. Wolff, in: Hans Dieter Beck (Hrsg.), Juristen im Portrait, München 1988, S. 694 ff.; *Erichsen*, Hans J. Wolff (Fn. 9). Würdigungen: *Dreier*, Hans J. Wolff (Fn. 10); *Christian-Friedrich Menger*, Hans J. Wolff zum 70. Geburtstag, AöR 93 (1968), S. 590. Wolff

1929 folgte die Habilitation in Frankfurt am Main bei Friedrich Giese. Hervorgegangen aus der Qualifikationsschrift ist sein Hauptwerk, die Veröffentlichung „Organschaft und Juristische Person. Untersuchungen zur Rechtstheorie und zum öffentlichen Recht" (im Folgenden *Organschaft*). Als deren erster Band erschien 1933 „Juristische Person und Staatsperson (Kritik, Theorie und Konstruktion)", als zweiter Band 1934 „Theorie der Vertretung (Stellvertretung, Organschaft und Repräsentation als soziale und juristische Vertretungsformen)".[13] Wolff wurde die Venia für Verfassungs- und Verwaltungsrecht, Staats- und Verwaltungslehre und Rechtsphilosophie verliehen. Im Jahr 1933 erhielt er einen Ruf auf einen Lehrstuhl für öffentliches Recht nach Frankfurt am Main, als Nachfolger von Hermann Heller, der emigriert war.[14] Wolff durfte die Stelle allerdings aus politischen Gründen nicht übernehmen. Ihm folgte Ernst Forsthoff.

Wolff war seit 1937 Mitglied der NSDAP, aber keinesfalls engagierter Nationalsozialist. Die Professur in Frankfurt am Main scheiterte daran, dass der von Wolff als Regierungsassessor vertretene Landrat Sozialdemokrat war und Wolff seine Tätigkeit im Sinne des Vertretenen ausübte, weshalb die Frankfurter Studentenschaft Wolff ablehnte.[15] Konkreter Anlass war ein Schreiben, das Hans

---

kann leicht mit dem Freiburger Rechtshistoriker gleichen Namens verwechselt werden. Eine Bibliographie bis 1974 bei *Christian-Friedrich Menger* (Hrsg.), Fortschritte des Verwaltungsrechts, München 1973, S. 504 ff.; danach hat Wolff wohl nichts mehr veröffentlicht. In der Bibliographie fehlt eine nicht unwichtige Rezension: *Hans J. Wolff*, Besprechung: Albert Kocourek, Jural Relations (1927), ARWP 22 (1928/29), S. 502.

[13] Band 2 enthält, wie Wolff im Vorwort erläutert, den ersten und letzten Abschnitt der Habilitationsschrift (es handelt sich um die Abschnitte „Die soziale Vertretung" und „Die juristische Vertretung"), während Band 1 die übrigen Abschnitte („Die juristische Person", „Der Staat als juristische Person") enthält. Die „Untersuchungen" waren auf 5 Bände angelegt, wobei unklar ist, ob die Bände 3–5 schon fertiggestellt waren. Im Nachdruck des Werkes findet sich der so nicht ausgewiesene, aber offenbar von Wolff selbst stammende Hinweis, dass die im Text gelegentlich in Bezug genommenen Bände 3–5 wegen Verlustes der Manuskripte und Notizen nie erschienen sind (Bd. 1, S. XV; Bd. 2, S. XII). Dies könnte auch so verstanden werden, dass sie nie abgeschlossen wurden. Die Bände 3–5 sollten „Das Recht der Staatsorgane", „Organschaft und Repräsentation im Völkerrecht" und „Amt und Würde im Kirchenrecht" enthalten (*Walther Burckhardt*, Besprechung: Hans J. Wolff, Organschaft und Juristische Person, Bd. 1 (1933), Zeitschrift für die Gesamte Staatswissenschaft 94 (1933), S. 487 (487); vielleicht stützt sich diese Kenntnis auf Verlagsinformationen).

[14] In der Literatur wird die Stelle gelegentlich als Extraordinariat ausgewiesen, was nicht zutrifft.

[15] Vgl. *Steveling*, Juristen in Münster (Fn. 12), S. 639 Fn. 160; *Reinhard Mußgnug/Dorothee Mußgnug*, Einleitung, in: Mußgnug/Mußgnug/Reinthal, Briefwechsel (Fn. 8), S. 1 (6 f.). Friedrich Giese, zu jener Zeit Dekan der Frankfurter Rechtswissenschaftlichen Fakultät, schrieb am 17.1.1946 an den Münsteraner Dekan: Wolff „[…] wirkte vor der Machtergreifung als Privatdozent für öffentliches Recht an unserer Fakultät. Gleichzeitig verwaltete er anstelle des politisch stark beanspruchten sozialdemokratischen Landrates nach dessen Weisungen und in dessen Sinne das Landratsamt Höchst. Aus diesem Grunde wurde der sonst politisch völlig neutrale Kollege Wolff nach der Machtergreifung von der Studentenschaft in der damals üblichen Weise abgelehnt" (zit. nach *Steveling*, Juristen in Münster [Fn. 12], S. 639

Marder, „Der Führer der Frankfurter Studentenschaft" und „SS Mann, Gerichtsreferendar" am 14.9.1933 an den Vorsitzenden des Universitätskuratoriums und den Rektor richtete.[16] Marder hielt Wolff u.a. vor, mit einem Verbot von Flugblättern die Agitation des Verbandes „Stahlhelm" beeinträchtigt zu haben. Wolff wies die Vorwürfe als völlig gegenstandslos zurück und vermutete eine persönliche Revanche Marders, der einige Semester zuvor als Schwarzhörer in Wolffs Lehrveranstaltungen überführt worden sei und mit dem Wolff sich zudem wegen der Ausstellung eines Scheins auseinandergesetzt habe.[17] Wolff wurde ab dem Wintersemester 1933/34 auf Antrag unter Belassung der Bezüge beurlaubt, vermutlich wegen dieses Vorfalls. Von 1935 bis 1939 war Wolff Professor für öffentliches Recht am Herder-Institut in Riga, ab 1941 in Prag. Ab 1946 war er zunächst Lehrstuhlvertreter, dann Professor in Münster. 1967 wurde Wolff emeritiert, 1976 starb er.[18]

Der Umstand, dass Wolff sich bei Friedrich Giese habilitierte, gibt Anlass zu Missverständnissen. Die Einschätzung, Wolff komme aus dessen positivistischer Schule,[19] ist irreführend. Mit seiner dezidiert vernunftrechtlichen Ethik steht Wolff ausdrücklich im Gegensatz zu Giese.[20] Es ist bezeichnend, dass Wolff im Vorwort zu *Organschaft I* zunächst den ungenannten „Meistern der Rechtswissenschaft" dankt, denen er sich verpflichtet fühlt, und dann erst denen, die seine Habilitation „betreut" haben, wobei Giese an erster Stelle genannt wird. Im Übrigen wirkte Giese nicht wirklich schulbildend.[21] Von Wolffs formalen akademischen Begleitern dürfte Hatschek noch die größte Wirkung auf

Fn. 160). Zu Wolffs Haltung zum Nationalsozialismus vertiefend *Steveling*, Juristen in Münster (Fn. 12), S. 638ff.; *Sebastian Felz*, Im Geiste der Wahrheit?, in: Hans-Ulrich Thamer/Daniel Droste/Sabine Happ (Hrsg.), Die Universität Münster im Nationalsozialismus, Münster 2012, S. 347 (376, 380); *Dieter Gosewinkel*, „Beim Staat geht es nicht allein um Macht, sondern um die staatliche Ordnung als Freiheitsordnung", in: Ernst-Wolfgang Böckenförde/Dieter Gosewinkel (Hrsg.), Wissenschaft, Politik, Verfassungsgericht, Berlin 2011, S. 305 (343); *Kriele*, Hans J. Wolff (Portrait) (Fn. 12), S. 695; *Ulrich Battis*, Ein deutscher Staatsrechtslehrer in der NS-Zeit, NJW 1989, S. 884.

[16] UA Frankfurt am Main, Abt. 4, Nr. 1849, B. 5. Zur Rolle der Studierenden siehe allgemein *Michael Maaser*, Die Frankfurter Studenten im „Dritten Reich", in: Jörn Kobes/Jan-Otmar Hesse (Hrsg.), Frankfurter Wissenschaftler zwischen 1933 und 1945, Göttingen 2008, S. 235ff. (Marder taucht in dem Beitrag nicht auf).

[17] UA Frankfurt am Main, Abt. 114, Nr. 181, Bl. 32; zur Verteidigung in der Sache siehe unten Fn. 112.

[18] Nachrufe: *Bachof*, Hans J. Wolff (Fn. 4); *Martin Kriele*, Hans J. Wolff [Nachruf], NJW 1977, S. 28; *Achterberg*, Hans J. Wolff (Fn. 5).

[19] *Stolleis*, Geschichte, Bd. 4 (Fn. 6), S. 184.

[20] *Hans J. Wolff*, Organschaft und juristische Person, Bd. 1: Juristische Person und Staatsperson (Kritik, Theorie und Konstruktion), 1933 (Nachdruck Aalen 1968), S. 96.

[21] Dazu erhellend *Michael Stolleis*, Friedrich Giese (1882–1958), in: Bernhard Diestelkamp/Michael Stolleis (Hrsg.), Juristen an der Universität Frankfurt am Main, Baden-Baden 1989, S. 117ff.; weiter *Stefan Ruppert*, „Streng wissenschaftlich und völlig unpolitisch", in: Jörn Kobes/Jan-Otmar Hesse (Hrsg.), Frankfurter Wissenschaftler zwischen 1933 und 1945, Göttingen 2008, S. 183 (203).

ihn gehabt haben, vor allem mit seinen eigenen Akzenten im Organisationsrecht.[22] Hatschek ist 1926 im Alter von 53 Jahren verstorben. Sicherlich hätte sich Wolff sonst bei ihm habilitiert. Nach seiner eigenen Darstellung fasste Wolff bereits im 2. Semester seines Studiums, und zwar auf Anregung Hatscheks, den Entschluss, sich im öffentlichen Recht zu habilitieren.[23] Unter dem Eindruck der Vorlesungen Julius Binders, Leonard Nelsons und Hatscheks, die Wolff 1922 in Göttingen besuchte, bildete sich, wie er schreibt, seine „wissenschaftliche Einstellung" heraus, aber ohne dass er sich „als ‚Schüler', im vollen Sinne des Ausdrucks, eines der genannten Lehrer bezeichnen könnte".[24]

Wolff war immer der Praxis zugeneigt. Er schlug zunächst eine Beamtenlaufbahn ein: Nachdem er 1926 die Große Staatsprüfung für den höheren Verwaltungsdienst beim Preußischen Ministerium des Inneren in Berlin abgelegt hatte, war er mehrere Jahre als Regierungsassessor stellvertretender Landrat; später war er Referent im preußischen Kultusministerium. Seine Habilitationsschrift verfasste Wolff neben seiner beruflichen Tätigkeit. Nach dem Krieg war er in verschiedenen beratenden Ausschüssen tätig, wirkte bei der Ausbildung von Verwaltungsbeamten mit und war langjähriger nebenamtlicher Richter am OVG Münster. Seine Bibliographie vermerkt eine Vielzahl von Anmerkungen zu Gerichtsentscheidungen, die alle in den Jahren 1949–1961 verfasst wurden. Sein regelmäßig stattfindendes Seminar – thematisch wöchentlich wechselnd: Verwaltungsrecht und Rechtsphilosophie – war mit Exkursionen in die kommunale Verwaltung verbunden.

Die Rechtsphilosophie – unter Einschluss der Allgemeinen Staatslehre – war eine wissenschaftliche Leidenschaft Wolffs, der er nach dem Zweiten Weltkrieg vielleicht nicht ganz in dem Umfang nachgehen konnte, wie er es sich gewünscht hätte.[25] Es erschienen lediglich einige Aufsätze und Besprechungen. Besondere Erwähnung verdient eine Übersicht von Zukunftsaufgaben der Rechts- und Staatsphilosophie, die er für einen Sammelband im Jahr 1956 veröffentlichte.[26] Der äußerlich neutral gehaltene Bericht stellt sicherlich auch eine Skizze persönlicher Forschungsneigungen dar. In vertiefter Weise ging Wolff ihnen aller-

---

[22] Vgl. *Volkmar Götz*, Verwaltungsrechtswissenschaft in Göttingen, in: Fritz Loos (Hrsg.), Rechtswissenschaft in Göttingen, Göttingen 1987, S. 336 (346).

[23] Lebenslauf Wolffs, wohl als Teil des Habilitationsgesuchs, UA Frankfurt am Main, Abt. 114, Nr. 181, Bl. 59.

[24] Lebenslauf Wolffs, wohl als Teil des Habilitationsgesuchs, UA Frankfurt am Main, Abt. 114, Nr. 181, Bl. 59.

[25] Dem Münsteraner Collegium Philosophicum Joachim Ritters war er verbunden, ohne dort Mitglied zu sein (siehe *Jürgen Seifert*, Joachim Ritters „Collegium Philosophicum", in: Richard Faber/Christine Holste (Hrsg.), Kreise, Gruppen, Bünde, Würzburg 2000, S. 189 (191 f.); missverständlich *Felz*, Wahrheit (Fn. 15), S. 383). Es wird sich für Wolff um die Lehrveranstaltung eines Kollegen der philosophischen Nachbarfakultät gehandelt haben, die sich an Studierende und Assistenten richtete, die in etwa eine Generation jünger waren als er.

[26] *Hans J. Wolff*, Rechts- und Staatsphilosophie, in: Leo Brandt (Hrsg.), Aufgaben deutscher Forschung, Bd. 1, Köln u. a. 1956, S. 261 ff.

dings nicht mehr nach. Wirksam war er insofern vor allem in institutioneller Hinsicht. Er rief die Westfälische Sektion der Internationalen Vereinigung für Rechts- und Sozialphilosophie ins Leben und organisierte in diesem Rahmen viele Vortrags- und Diskussionsveranstaltungen.

II. Eine Fingerübung: Grundlagen der Organisation der Metropole (1924)

Wolffs Dissertation ist nie als Buch erschienen. Veröffentlicht wurde lediglich eine 30 Seiten umfassende Zusammenfassung, die die Kerngedanken enthält.[27] Die Schrift ist durchaus originell. Der bei Abschluss der Arbeit 27-jährige Jurist nimmt sich mehr vor, als einfach nur ein verwaltungs- bzw. kommunalrechtliches Problem zu lösen. Unter breiter Rezeption von Arbeiten aus theoretischer und empirischer Sozialwissenschaft, u.a. von Georg Simmel, Ferdinand Tönnies und vor allem Max Weber, entwickelt Wolff einen Typusbegriff der Metropole, den er rechtswissenschaftlich zu konturieren versucht.[28] Die Typenbildung wird durch eine breite Auswertung von Statistiken zu Bevölkerungszahlen und wirtschaftlichen Daten gestützt; eine Reihe von Statistiken ist in den Anhang aufgenommen worden. Dass Wolff später auch die Lehrbefugnis für Verwaltungslehre verliehen wurde, dürfte v.a. auf die Dissertation zurückzuführen sein.

Die Schrift beginnt mit einem klaren Bekenntnis zu der gestalterischen Aufgabe, die dem Gesetzgeber des Verwaltungsrechts zukommt:

> „Man mag die philosophische Wurzel des Rechts und die Gründe ihrer Eigentümlichkeit suchen wo man wolle, soviel ist zweifelsfrei, daß das positive Recht in engem funktionalem Zusammenhang mit dem sozialen Leben steht. Das gilt insbesondere vom Verwaltungsrecht, dessen Institutionen mit den geistigen und ökonomischen Strömungen des Lebens und seinen Erscheinungen und Gebilden aufs engste verknüpft sind. Der ständige Fluß dieses Lebens fordert also auch mit Notwendigkeit eine ständige Veränderung seiner juristischen Formen. Dem Subjekt dieser Veränderung, dem Gesetzgeber, erwächst somit immer wieder die Aufgabe, das Recht dem Leben adaequat zu erhalten [...].“[29]

Die Studie soll also dem Gesetzgeber „nur die Grundlagen und Möglichkeiten an Hand geben [sic!] und auf die Vorzüge und Nachteile dieser oder jener Regelung mittelbar hinweisen [...]“.[30] Die Thesen der Schrift liegen in neuen Begriffsbildungen Wolffs, die diese gestalterische Aufgabe umrahmen sollen.

---

[27] *Hans J. Wolff*, Die Grundlagen der Organisation der Metropole [Auszug], o.O. 1925.

[28] Die Problematik der Typenbildung hat Wolff Jahre später wieder aufgegriffen: *Wolff*, Typen im Recht (Fn. 3).

[29] *Hans J. Wolff*, Grundlagen der Organisation der Metropole. Entwicklung und Erläuterung eines neuen Rechtsbegriffs, Dissertation 1924, S. 2.

[30] *Wolff*, Grundlagen (1924) (Fn. 29), S. 5.

Wolff versucht, die Eigenständigkeit des Typus der Riesenstadt, der noch von dem der gewöhnlichen Großstadt zu unterscheiden sei, herauszuarbeiten. Zugrunde liegt eine strikte Unterscheidung von sozialer und rechtlicher Betrachtung. Georg Jellinek und Max Weber dürften hier Pate gestanden haben. Neben diesem methodischen Aspekt könnte die Verknüpfung von Wirklichkeits- und Rechtsbetrachtung auch von seinem Doktorvater Julius Hatschek angeregt worden sein.[31] Mit dem Begriff der Riesenstadt soll ein tatsächlicher sozioökonomischer Befund erfasst werden; „Metropole" ist der entsprechende juristische Begriff.[32] Genauer versteht Wolff unter der Metropole eine „mit direkter Herrschaftsgewalt ausgestattete[n] öffentlich-rechtliche[n] städtische[n] Gebietskörperschaft mit lokal dezentralisierter Verwaltung".[33] Die Verfassung der Metropole ist „problematisch, d.h. in verschiedener Weise möglich".[34] Als die eigentliche juristische Problematik benennt Wolff drei Punkte: die Charakterisierung der Typen metropolischer Verfassungen, die Problematik der Organisation der Metropole – gemeint ist die rechtspolitische Frage danach, ob und in welcher Gestalt Metropolen errichtet werden, d.h. ob sie etwa das Recht auf Selbstverwaltung eingeräumt bekommen sollen – und schließlich die Grundlagen der Organisation der Metropole. Dieser letztgenannte Abschnitt behandelt in der Sache die Möglichkeit rationaler Herrschaft in der Metropole.

Wolffs Arbeit hatte keinen ersichtlichen Einfluss auf die kommunalrechtliche oder verwaltungswissenschaftliche Diskussion. Eine Rezeption ist nicht erkennbar, was angesichts des Verzichts auf eine Veröffentlichung des eigentlichen Textes nicht erstaunt.[35] Selbst Wolff hat nicht wieder an die Arbeit angeknüpft.[36] Anders als *Organschaft* wurde die Dissertation auch nicht später veröffentlicht bzw. nachgedruckt. Über die Gründe kann man nur spekulieren. Die Idee, Metropolen einer speziellen gesetzlichen Regelung im Kommunalrecht zu unterwerfen, hat jedenfalls in der Gesetzgebung keinen Widerhall gefunden. Für die wissenschaftliche Begriffsbildung stellte sich vielleicht auch für

---

[31] *Eberhard Schmidt-Aßmann*, Herausbildung eines modernen Verwaltungsrechts, in: Werner Heun/Frank Schorkopf (Hrsg.), Wendepunkte der Rechtswissenschaft, Göttingen 2014, S. 247 (250), sieht in einer „Rückbeziehung des Verwaltungsrechts auf die Verwaltungsrealität" ein Kennzeichen Göttinger Verwaltungsrechtswissenschaft, u.a. mit Hinweis auf Julius Hatschek.

[32] *Wolff*, Grundlagen (1924) (Fn. 29), S. 2.

[33] *Wolff*, Grundlagen (1924) (Fn. 29), S. 128.

[34] *Wolff*, Grundlagen (1924) (Fn. 29), S. 2.

[35] Fehlanzeigen bei einigen Standardwerken der kommunalrechtlichen Literatur der 1920er Jahre: *Hans Peters*, Grenzen der kommunalen Selbstverwaltung in Preussen. Ein Beitrag zur Lehre vom Verhältnis der Gemeinden zu Staat und Reich, Berlin 1926; *Ernst Forsthoff*, Die Krise der Gemeindeverwaltung im heutigen Staat, Berlin 1932; *Arnold Koettgen*, Die Krise der kommunalen Selbstverwaltung, Tübingen 1931. Eine Ausnahme: *Andreas Musil/Sören Kirchner*, Das Recht der Berliner Verwaltung, 3. Aufl., Heidelberg u.a. 2012, S. 1f.

[36] Eine Fehlstelle ist die Darstellung des Kommunalrechts: *Hans J. Wolff*, Verwaltungsrecht II. Organisations- und Dienstrecht, München 1962, §§ 84ff.

Wolff selbst bald heraus, dass der Bedarf an einer eigenständigen Kategorie der Metropole geringer war, als er Mitte der 1920er Jahre vermutet hatte. Doch sein Gespür ist beachtlich. Denn dass bestimmte Stadtbildungen aufgrund von Parametern wie Größe, ökonomischer Struktur oder informationstechnologischer Vernetzung jedenfalls in sozialwissenschaftlicher Hinsicht einen eigenständigen Tatbestand bilden können, zeigt die vor einigen Jahren ausgelöste Diskussion um *global cities*.[37]

III. Die Ausarbeitung eines öffentlich-rechtlichen Systems: „Organschaft und Juristische Person" (1933/34)

1. *Die Frage: Für andere handeln – sozial und rechtlich*

Wolff hat bis 1949, abgesehen von der Doktorarbeit, kein genuin verwaltungsrechtliches Werk veröffentlicht. Seine Habilitationsschrift behandelt die spezielle Problematik rechtlicher Organisation und Organschaft, wobei Wolff, wie er selbst im Vorwort zu Band 1 sein Projekt beschreibt, öffentliches Recht, bürgerliches Recht und Handelsrecht durchmisst. Offensichtliches Ziel ist die Ausarbeitung einer allgemeinen rechtswissenschaftlichen und einer besonderen öffentlich-rechtlichen Systematik – der Untertitel von *Organschaft* lautet nicht umsonst: Untersuchungen zur Rechtstheorie und zum öffentlichen Recht. Zwangsläufig behandelt Wolff eine Reihe von rechtlichen Grundbegriffen, die für das Verwaltungsrecht von großer Bedeutung sind.

Organschaft ist ein außerordentlich vielschichtiges Werk. Geschickt verknüpft Wolff verschiedene Ebenen rechtswissenschaftlicher Grundlagenforschung mit Analysen der eben benannten inhaltlichen, rechtsdogmatischen Bereiche. *Organschaft* ist zunächst ein rechtstheoretisches Buch; es enthält eine Strukturtheorie des Rechts, die am Beispiel der Frage nach den rechtsfähigen Einheiten im Bereich der Staats- und Verwaltungsorganisation entwickelt wird. In Anlehnung an Hans Kelsens Habilitationsschrift, dem Wolff, wie noch zu zeigen ist, auch inhaltlich sehr nahe steht, könnte das Werk auch den Titel tragen: „Hauptprobleme der Staats- und Verwaltungsrechtslehre, entwickelt aus der Lehre von der Rechtspersönlichkeit". *Organschaft* ist des Weiteren der Allgemeinen Staatslehre zuzuordnen, insoweit deren klassische Themen (Demokratie, Repräsentation etc.) untersucht werden. Nur am Rande ist *Organschaft* sodann auch ein Werk materieller Rechtsphilosophie, weil Wolff eine bestimmte rechtsphilosophische Anschauung zugrunde legt, allerdings ohne sie zu entfalten. Weiter ist *Organschaft* ein Werk der Wissenschaftstheorie der Rechtswissenschaft, da Wolff seine Strukturtheorie des Rechts in ein elaboriertes

[37] *Saskia Sassen*, The Global City. New York u.a. 1991.

Konzept der Rechtswissenschaft einbettet, insbesondere mit seiner Unterscheidung von rechtselementarer und rechtstechnischer Betrachtung (dazu unter 2). Und schließlich ist *Organschaft* ein Werk des Verwaltungsrechts, genauer des öffentlichen Organisationsrechts – dies ist das eigentliche Sachthema –, wobei natürlich viele zentrale verwaltungsrechtliche Fragen überhaupt nicht berührt werden.

Die Vielschichtigkeit von *Organschaft* resultiert aber nicht allein daraus, dass das Werk verschiedene Diskussionsstränge zusammenführen muss, sondern ist letztlich auf ein sehr spezifisches und, um einen damals üblichen Ausdruck zu gebrauchen, metajuristisches Erkenntnisinteresse zurückzuführen: Wolff interessiert das organschaftliche Verhältnis eines Menschen im Ausgangspunkt und am Ende nicht als eine rechtliche, sondern als eine soziale Erscheinung. Die Frage, die ihm vor Augen steht, lässt sich so formulieren: Was heißt es, und wie ist es überhaupt möglich, *für andere zu handeln*? Anders gesagt: Welche soziale Semantik ist notwendig, damit Individuen nicht nur für sich selbst handeln *können*? Damit ist nicht die Ebene des Normativen, das solidarische Einstehen für Mitmenschen, gemeint, sondern die in gewisser Hinsicht nur tatsächliche Zurechnung von Handlungen und ihren Folgen zu Dritten. Handlungen werden dabei nicht als natürliche Vorgänge, sondern als soziale Tatsachen aufgefasst. Wie können überhaupt Handlungen des einen als Handlungen eines anderen gelten?[38] Die Vertretung einer Person durch eine andere ist dabei gar nicht einmal der wichtigste Bereich. Noch interessanter ist es, der Herausbildung sozialer Organisationen nachzugehen. Hier ist das Phänomen anzutreffen, dass Individuen – wie bei der Vertretung – nicht für sich, aber auch nicht einfach nur für ein anderes Individuum tätig werden, sondern für eine Einheit, die von Individuen getragen wird, ohne mit ihnen identisch zu sein. Natürlich ist die Eigenart der juristischen Person ein altes Thema der Rechtswissenschaft. Wolff setzt aber, wie in etwa zeitgleich auch Hermann Heller in seiner posthum veröffentlichten Staatstheorie,[39] neu an, indem er die soziale Bedeutung der juristischen Personifikation zu verstehen sucht. Wie schon bei der Dissertation war es vermutlich Max Weber, der hierbei entscheidenden Einfluss hatte: Die Ausführungen, die sich in den §§ 11 und 12 der – 1921 erschienenen – „Soziologischen Grundbegriffe" Max Webers über Zurechnung des Handelns, Vertretungsbeziehungen und Verbände finden, dürften Wolffs Ansatz maßgeblich inspiriert haben.[40] Die subtilen verwaltungsorganisationsrechtlichen Darlegungen Wolffs

[38] Es liegt eine tiefe Ironie darin, dass ausgerechnet Wolff als dem Theoretiker der Vertretung zum Vorwurf gemacht wurde, er habe einen sozialdemokratischen Landrat zu sehr in dessen Sinne vertreten (siehe bei Fn. 15).

[39] *Hermann Heller*, Staatslehre, in: ders., Gesammelte Schriften, Bd. 3, 2. Aufl., Tübingen 1992, S. 79 (339 ff.); in knapper Form schon in: *ders.*, Art. „Staat" (1931), in: ebd., S. 3 (13 f.).

[40] *Max Weber*, Wirtschaft und Gesellschaft. Grundriß der verstehenden Soziologie, 5. Aufl., Tübingen 1972, S. 25 ff.

sind somit immer auch durchwirkt von der sozialtheoretischen Frage danach, wie es möglich ist, für andere zu handeln. Die so technisch-juristische Materie des Verwaltungsorganisationsrechts erscheint damit in einem besonderen Licht: Sie ist – auch – ein Sinnsystem sozialer Beziehungen.

2. *Unterscheidung von rechtselementarer und rechtstechnischer Betrachtung*

Offensichtlich benötigt Wolff ein Instrument, um die beiden Perspektiven, die mit dieser Fragestellung einhergehen, auseinanderhalten zu können. Dieses Instrument ist die Unterscheidung von rechtselementarer und rechtstechnischer Betrachtung.[41] Rechtselementarer Natur ist der auf die Grundlagen gerichtete Bereich der Rechtswissenschaft. Er ist nicht identisch mit Rechtsphilosophie. Der Elementarlehre geht es darum, das „In-Beziehung-Setzen von Rechtsnormen zu den ‚natürlichen Gegebenheiten'" zu klären,[42] die Verknüpfung von Rechtsnormen mit den natürlichen Tatsachen.

Rechtstechnisch ist die spezifisch juristische Rechtsbetrachtung. Rechtstechnik ist nur ein anderer Ausdruck für Rechtsdogmatik.[43] Bei der Konzeptualisierung dieser Perspektive ist für Wolff wohl die Rechtstheorie von Hans Kelsen eine wichtige Hilfe.[44] Doch zeigt sich gerade in diesem Zusammenhang die große Nähe Wolffs zu Kelsen ebenso, wie ganz präzise die Differenz markiert werden kann. Kelsen versucht Recht und Wirklichkeit über die Figur der peripheren Zurechnung zu verknüpfen. Das Recht hat ausschließlich menschliche Handlungen im Blick, deren Vollzug als Tatbestand der hypothetischen Zwangsnorm dient. Wenn ein Mensch getötet wird, dann soll das Staatsorgan die Strafe verhängen. Wenn der Kaufpreis nicht gezahlt wird, dann soll der Schuldner zur Zahlung verurteilt werden. Der Rechtssatz kann also nur das Verhalten von Menschen, nicht von juristischen Personen regeln.[45] Eine der Schwächen dieser Konzeption ist es für Wolff, dass sie, auch als soziales Sinnsystem, den Menschen nicht als solchen erfasst, sondern nur seine Handlungen. Damit wird nicht nur das Menschsein als natürliche Gegebenheit vollständig ausgeblendet, sondern, das ist fast noch wichtiger, der soziale Befund, dass es gesellschaftliche Organisationen gibt. Über das Konzept der individuellen Handlung sind diese schlicht nicht zu erfassen. An dieser Stelle setzt Wolff an, indem er weniger menschliche Handlungen als vielmehr die Menschen selbst und ihre Handlungen zum Ausgangspunkt wählt.

---

[41] *Wolff*, Organschaft I (Fn. 20), S. 131 ff.
[42] *Wolff*, Organschaft I (Fn. 20), S. 135 Fn. 1.
[43] *Wolff*, Organschaft I (Fn. 20), S. 137 Fn. 2.
[44] Zusammenfassung: *Wolff*, Organschaft I (Fn. 20), S. 492 ff.
[45] *Hans Kelsen*, Allgemeine Staatslehre, 1925 (Nachdruck Wien 1993), S. 62 ff., 70.

An drei Grundelementen ist dies näher zu erläutern.

a) *Rechtspersönlichkeit*

Für die juristische Organisationslehre von *Organschaft* ist natürlich der Begriff der Rechtssubjektivität von entscheidender Bedeutung. Wolff bestimmt den Begriff unterschiedlich, je nach Betrachtungsweise.[46] Rechtsfähigkeit ist der rechts*technische* Begriff. Er beschreibt die von der Rechtsordnung verliehene Fähigkeit, Träger derjenigen Berechtigungen und Verpflichtungen zu sein, die die Rechtsordnung vorsieht. Nach Rechtssubjektivität fragt die rechts*elementare* Betrachtung. Es handelt sich um die Fähigkeit, Pflichtsubjekt zu sein, d.h. die Fähigkeit, rechtliche Gebote einzusehen und den Willen entsprechend zu gestalten. Hier wird eine Brücke zur Rechtsphilosophie geschlagen: Rechtssubjektivität kommt jedem Menschen unabhängig vom positiven Recht zu. Die Rechtsfähigkeit hingegen ist abhängig von der Gestaltung durch die Rechtsordnung.

Rechtstechnisch erscheint das Rechtssubjekt damit als Zurechnungspunkt oder Zurechnungssubjekt, d.h. als ein Pol, dem Sachen, Vermögen, Rechte oder Pflichten zugerechnet werden. Rechtsfähigkeit ist damit etwas genauer die von der Rechtsordnung verliehene Fähigkeit, Dritten gegenüber Endpunkt positivrechtlicher subjektiver Zurechnung zu sein. Kelsen, der gezeigt hatte, dass natürliche und juristische Person gleichermaßen Konstrukte des Rechts sind, ist hier das Vorbild.[47] Doch Wolff ist unzufrieden mit Kelsens Begriffsbildung, der zwar richtig zwischen (natürlicher wie juristischer) Person und Mensch unterscheidet, aber nicht zeigt, wie beides zusammenkommt. Diese Aufgabe soll Wolffs Theorie der Rechtspersönlichkeit erfüllen.

Der erste, 230 Seiten umfassende Abschnitt des ersten Bandes von *Organschaft* kann als eine große, von Kelsen inspirierte Vorbereitung der Dekonstruktion des Staatsbegriffs gelesen werden, indem Wolff den Begriff der juristischen Person rechtselementar ausradiert: Recht kann „eigentlich", in Wolffs Kategorien präziser: rechtselementar, nur Menschen adressieren. Im zweiten Abschnitt von *Organschaft I*, der die andere Hälfte des Buches füllt, zeigt Wolff, was es bedeutet, den Staat auf dieser Grundlage rechtstechnisch als juristische Person zu begreifen. Staat im juristischen Sinne ist für Wolff ein System organisatorischer Normen, das in einem bestimmten Gebiet und gegenüber bestimmten Menschen durch Einsatz von Gewalt und Zwang eine allgemeine Verhaltensordnung zu sozialer Geltung bringt,[48] oder anders: ein Komplex von Rechtsbeziehungen, von Berechtigungen und Verpflichtungen.[49]

---

[46] *Wolff*, Organschaft I (Fn. 20), S. 152ff., 170ff.
[47] Vgl. *Wolff*, Organschaft I (Fn. 20), S. 64ff. (mit entsprechenden Verweisen auf Kelsen).
[48] *Wolff*, Organschaft I (Fn. 20), S. 419f.
[49] *Wolff*, Organschaft I (Fn. 20), S. 425.

b) Organ und Organwalter

Die Unterscheidung von Organ und Organwalter ist heute selbstverständlicher Teil von Darstellungen des Verwaltungsorganisationsrechts. Sie erstmals gründlich und gewinnbringend ausgearbeitet zu haben, gilt gemeinhin als das Verdienst Wolffs.[50] In der Tat wird sie in *Organschaft* – im Rahmen der Theorie der rechtlichen Vertretung[51] – ausführlich entwickelt. Wolff ist aber so bescheiden, die Erfindung nicht für sich zu beanspruchen, sondern verweist auch auf Vorläufer. Organ ist der rechtstechnische Ausdruck für den „Kompetenzkomplex“, Organwalter der rechtselementare Ausdruck für die physische Person bzw. Personen, die hinter dem Organ stehen.

c) Rechtsbeziehung

Rechte und Pflichten sind die individuellen und stets konkreten Folgen genereller und abstrakter Rechtsnormen. Sie verdanken sich einer rechtselementaren Betrachtung und sind zu unterscheiden von der rechtstechnischen Kreation von Berechtigungen und Verpflichtungen.[52] Berechtigungen und Verpflichtungen bestehen zwischen Personen im rechtstechnischen Sinne. Personalität, oder auch: die Rechtsfähigkeit dieser Personen, ist ein Produkt juristischer Konstruktion. Wie bereits erwähnt, knüpft Wolff damit an Kelsens Theorie des Rechtssubjekts an. Die Person ist, wie Wolff schreibt, ein „Gedankending“: der „potentielle Endpunkt normativer subjektiver Zurechnung“.[53] Diese eigentümliche Bestimmung zu erläutern, macht weite Partien von *Organschaft I* aus.

Ganz selbstverständlich geht Wolff davon aus, dass das Recht in der Form des Rechtsverhältnisses, verstanden als Relation von Berechtigung und Verpflichtung, zu denken ist. Den Grundgedanken formulierte er schon früher, in einer Besprechung des Werkes „Jural Relations“ von Albert Kocourek: Die Rechtstheorie muss „wohl in der Tat [...] am fruchtbarsten als ‚rechtliche Beziehungslehre‘ aufgefaßt“ werden.[54] Eine gewisse Spezifizierung ergibt sich für das öffentliche Recht daraus, dass es im Recht der Staatsorganisation um Berechtigungen und Verpflichtungen des Staates (als juristischer Person), in der allgemeinen Rechtsordnung um Berechtigungen und Verpflichtungen der Bürger geht.[55] Hier ist ein Motiv seines akademischen Großvaters Georg Jellinek spürbar: das Bestreben, das Recht, und auch das öffentliche Recht, auf Rechts-

---

[50] *Ernst-Wolfgang Böckenförde*, Organ, Organisation, Juristische Person, in: Menger, Fortschritte (Fn. 12), S. 269 (271).

[51] *Hans J. Wolff*, Organschaft und juristische Person, Bd. 2: Theorie der Vertretung (Stellvertretung, Organschaft und Repräsentation als soziale und juristische Vertretungsformen), 1934 (Nachdruck Aalen 1968), S. 224 ff.

[52] *Wolff*, Organschaft I (Fn. 20), S. 104 f.

[53] *Wolff*, Organschaft I (Fn. 20), S. 151.

[54] *Wolff*, Besprechung Kocourek (Fn. 12), S. 505.

[55] *Wolff*, Organschaft I (Fn. 20), S. 428.

beziehungen zurückzuführen.[56] Die aus dem Zivilrecht stammende, insbesondere durch Carl Friedrich von Gerber vom Zivilrecht auf das öffentliche Recht übertragene Figur des Rechtsverhältnisses hat schon die Lehrbuchdarstellungen des Verwaltungsrechts der Weimarer Zeit geprägt.[57] Rechtsverhältnisse zwischen Staat und Bürger spielen hier eine tragende Rolle. Wolff orientiert sich offensichtlich daran, verfeinert aber diesen Gedanken erheblich. Sein differenziertes rechtswissenschaftstheoretisches System erlaubt es Wolff dabei, das Rechtsverhältnis als strikt analytische Kategorie zu verwenden. Weder konzipiert er es als ein Vehikel sozialphilosophischer Ideen, noch lässt er es mit den sozialen Beziehungen, die durch das Recht geregelt werden, zusammenfallen.[58] Dies gelingt Wolff, indem er das Rechtsverhältnis als Relation von Positionen, nicht von Personen bestimmt. Personal sieht Wolff ein Rechtsverhältnis durch zwei juristische Beziehungen gekennzeichnet, nämlich jeweils der beiden beteiligten Personen zur Rechtsordnung.[59] Der Inhalt von Berechtigungen ist vielfältig, es kommen organisatorische, öffentliche, prozessuale, rechtsgeschäftliche usw. Berechtigungen in Betracht.[60]

3. Rechtsquellenlehre

Wolffs dichte analytische Untersuchungen sind innerhalb eines nicht-positivistischen Rahmens angesiedelt. Inhalt und Strukturmerkmale des positiven Rechts bindet er in eine vernunftrechtliche, besonders von Immanuel Kant und Leonard Nelson beeinflusste Philosophie ein.[61] Dem Vernunftrecht, das in der Form eines „Rechtsgesetzes" erscheint, stellt Wolff das positive Recht gegenüber.[62]

56 Vgl. *Georg Jellinek*, System der subjektiven öffentlichen Rechte, 2. Aufl., Tübingen 1905, S. 10: „Alles Recht ist Beziehung von Rechtssubjekten."

57 *Fritz Fleiner*, Institutionen des Deutschen Verwaltungsrechts, 8. Aufl., Tübingen 1928, S. 130ff.; *Walter Jellinek*, Verwaltungsrecht, 3. Aufl.1931 (Nachdruck Bad Homburg v. d. Höhe u.a. 1966), S. 189ff. Skeptisch noch *Otto Mayer*, Deutsches Verwaltungsrecht, Bd. 1, 3. Aufl. 1924 (Nachdruck Berlin 1961), S. 106.

58 Zu beiden Gefahren *Andreas Funke*, Sozialphilosophische Überhöhungen und sozialwissenschaftliche Hypostasierungen in der Lehre vom Verwaltungsrechtsverhältnis?, in: Ino Augsberg (Hrsg.), Extrajuridisches Wissen im Verwaltungsrecht, Tübingen 2013, S. 35ff.

59 *Wolff*, Organschaft I (Fn. 20), S. 146.

60 *Wolff*, Organschaft I (Fn. 20), S. 103.

61 *Wolff*, Organschaft I (Fn. 20), S. 99. Zum Ganzen klärend und weiterführend *Ralf Dreier*, Probleme der Rechtsquellenlehre, in: Menger, Fortschritte (Fn. 12), S. 3ff. Nelson wiederum wird ein starker Einfluss des Philosophen Jakob Friedrich Fries (1773–1848) zugesprochen. Wolffs starke philosophische Prägung durch Nelson ist nicht auf einen engen persönlichen Kontakt zurückzuführen. Wolff hat in seiner Studienzeit in Göttingen (1919/20 und 1920) aber Vorlesungen zur Philosophiegeschichte und Rechtsphilosophie bei Nelson gehört (Lebenslauf Wolffs, wohl als Teil des Habilitationsgesuchs, UA Frankfurt am Main, Abt. 114, Nr. 181, Bl. 59).

62 *Wolff*, Organschaft I (Fn. 20), S. 405.

Beides ist unterscheidbar, aber nicht scharf getrennt. Wolff zielt dabei nicht auf eine Ableitung positiv-rechtlicher Inhalte aus dem Vernunftrecht, sondern auf die Eigenschaft der *Rechtlichkeit* des vom Staat gesetzten Rechts. Sie hängt davon ab, dass das positive Recht auf das Rechtsgesetz als Grundnorm (und zwar nicht im Kelsen'schen, formalen Sinne) zurückgeführt werden kann. Eine nähere Ausführung dieser Rechtsphilosophie unterbleibt in *Organschaft*.

Die Weimarer Reichsverfassung spielt in *Organschaft* nahezu keine Rolle.[63] Warum auch: Das Werk ist, soweit es geschrieben und publiziert wurde, der Grundlagenforschung zuzuordnen. Das geltende Staatsrecht hatte Wolff dem nicht erschienenen Band 3 vorbehalten. Verfassungsprinzipien werden als solche der Staatstheorie, nicht des geltenden Verfassungsrechts erläutert. Dabei steht der Begriff des Rechtsstaates im Vordergrund. Wolff unterscheidet formellen und materiellen Rechtsstaat. Der formelle ist der „legalitäre" Rechtsstaat, d.h. der Staat, in dem die Verwaltungsakte an die Gesetze und die Gesetze an die Verfassung gebunden sind, in dem also der Inhalt der Normen durch Ableitbarkeit aus der Verfassung legalisiert wird.[64] Aber das reicht Wolff nicht. Er stellt die klassische rechtsphilosophische Frage nach der Geltung der Verfassung. Macht könne die Rechtsgeltung nicht erklären. Seine rechtsethische Auffassung verknüpft er mit dem Rechtsstaatsbegriff. *Materieller Rechtsstaat* ist der Staat, wenn seine Normen, d.h. die Willensakte seiner Organwalter, um ihrer Übereinstimmung mit einem unbedingt geltenden Rechtsgesetz willen verbindlich (rechtmäßig) sind.[65]

Für die Rechtsquellenlehre gelangt Wolff damit zu einer strengen Hierarchie von Rechtsgesetz, formellem Verfassungsgesetz (Kriterium: erschwerte Abänderbarkeit), Organisation (eigenwillig, weil rechtlich verstanden: nämlich im Sinne der materiellen, d.h. das Recht der obersten Staatsorgane regelnden, und der sonstigen das Recht der Staatsorganisation regelnden Gesetze) und allgemeiner Rechtsordnung.[66] Zwischen das Verfassungsgesetz und das Rechtsgesetz schiebt sich allerdings noch die „Verfassung", deren Inhalt Wolff – trotz einiger Kritik an Schmitts „Verfassungslehre" – wohl von Carl Schmitt übernimmt.[67] Es handelt sich dabei um die „positive Verfassung" im Sinne Schmitts,

---

[63] So geht Wolff in einer Fußnote auf eine Kontroverse um die Präambel der WRV ein: *Wolff*, Organschaft I (Fn. 20), S. 302 Fn. 1; zu Art. 1 Abs. 2 WRV ebd., S. 447, zu Art. 109 WRV ebd., S. 479 Fn. 3.

[64] *Wolff*, Organschaft I (Fn. 20), S. 379.

[65] *Wolff*, Organschaft I (Fn. 20), S. 420. Die Formulierung ist, gemessen an Wolffs sonstiger Präzision, ungenau, weil sie Begriffsbestimmung und -anwendung verknüpft. Zum Rechtsstaat auch *Hans J. Wolff*, Die neue Regierungsform des deutschen Reiches, Tübingen 1933, S. 9: Der deutsche Rechtsstaat kannte keine materielle Rechtsstaatlichkeit, d.h. keine Bindung an eine materiell-werthafte oberste Rechtsnorm. Nun, nach der legalen Revolution, habe eine neue naturrechtliche Epoche begonnen.

[66] *Wolff*, Organschaft I (Fn. 20), S. 425ff.

[67] *Carl Schmitt*, Verfassungslehre, München u.a. 1928, S. 20ff. Scharfe Kritik an Schmitt bei *Wolff*, Organschaft I (Fn. 20), S. 332ff.

d.h. um die Summe der einzelnen Grundprinzipien eines konkreten Staates wie etwa Gewaltenteilung, Grundrechte, Staatsform etc. Auch wenn, wie erwähnt, Wolff sich hier unmittelbar auf die Begriffsbildung Carl Schmitts stützen kann, ist das Grundmuster schon aus der traditionellen Naturrechtslehre bekannt, und Wolff verweist auch kurz darauf: Thomas von Aquin unterscheidet zwei Arten, auf die das positive Gesetz vom Naturgesetz abgeleitet werden kann, nämlich zum einen als Schlussfolgerung aus Prinzipien, zum anderen wie eine nähere Bestimmung allgemeiner Sätze.[68] Aus der Perspektive des Vernunftrechts kommt dem spezifischen Verfassungsbegriff die Aufgabe der näheren Bestimmung des Rechtsgesetzes zu. Dies hat zugleich die Konsequenz einer besonderen theoretischen Enthaltsamkeit. Das Rechtsgesetz bezieht sich, so Wolff, nur auf den Inhalt staatlicher Normen, nicht aber auf die politische Staatsorganisation, weshalb aus seiner Sicht eine Staatsphilosophie – im Unterschied zur Rechtsphilosophie – substantiell nicht viel leisten kann.[69]

4. Fazit

Im Weimarer Methoden- und Richtungsstreit spielte *Organschaft* keine Rolle mehr. Dafür erschien es zu spät. Aber das Werk wurde unter dem Eindruck dieser Auseinandersetzungen und sicherlich auch einem ständigen Seitenblick darauf verfasst. Schon im Jahre 1928 hatte sich Wolff, allerdings an eher entlegener Stelle, positioniert: Die beiden maßgeblichen verfassungstheoretischen Schriften der Weimarer Zeit, die zugleich zwei Pole innerhalb der sogenannten geisteswissenschaftlichen Richtung markieren, nämlich Carl Schmitts „Verfassungslehre" und Rudolf Smends „Verfassung und Verfassungsrecht", bespricht Wolff kurz hintereinander in der Kölnischen Zeitung.[70] Schmitts Werk wird rundum positiv beurteilt. Wolff hebt hervor, dass Schmitt sich auf Darstellung sowie historische Erklärung beschränke und mit Bewertungen zurückhalte. Smends Werk hingegen attestiert Wolff zwar, sich um eine „lebendige[n] Wechselbeziehung zwischen Staat und Bürger" verdient zu machen; Smends „verstehende Beschreibung" läuft nach Wolff aber Gefahr, politische Maßstäbe in die wissenschaftliche Betrachtung einzuführen.

Im Vorwort zum ersten Band von *Organschaft* knüpft Wolff stillschweigend an seine erste Positionierung an. Er verweist auf den Streit zwischen naturrechtlicher, soziologischer und positivistischer Grundauffassung vom Recht. Es sei

[68] Summa theologica, II 1, qu. 95, 2, Antwort, zit. nach *Thomas von Aquin*, Naturgesetz und Naturrecht, 1996. Ein Verweis auf Thomas bei *Wolff*, Organschaft I (Fn. 20), S. 409.

[69] *Wolff*, Organschaft I (Fn. 20), S. 498.

[70] *Hans J. Wolff*, Besprechung: Carl Schmitt, Verfassungslehre (1928), Kölnische Zeitung, Beilage „Die Literatur", 25.11.1928; *Hans J. Wolff*, Besprechung: Rudolf Smend, Verfassung und Verfassungsrecht (1928), Kölnische Zeitung, Beilage „Die Literatur", 2.9.1928.

notwendig, Stellung zu beziehen, und zwar in systematisch und rational begründeter Weise. In der Sache steht das Werk zwischen den Stühlen: Gewissermaßen ist es naturrechtlich, soziologisch und positivistisch *zugleich*. Die metajuristische Grundfrage nach der sozialen Bedeutung des Organisationsrechts ist soziologischer Natur, die zugrundeliegende materiale Rechtsphilosophie ist vernunftrechtlich ausgerichtet, die Untersuchungen selbst konzentrieren sich auf die Bedeutung des Rechts als Recht und sind mit der analytisch-normativistischen Methodik vom Positivismus eines Hans Kelsen nicht mehr zu unterscheiden. In politischer Hinsicht ist das Werk wohl am treffendsten als neutral einzustufen. Es hätte den wissenschaftstheoretischen Idealen Wolffs kaum entsprochen, in der Habilitationsschrift rechtspolitische Äußerungen zu platzieren. Monarchie wie Demokratie werden analytisch untersucht, nicht bewertet. Staatsphilosophisch gibt es aus der Sicht Wolffs, wie erwähnt, ohnehin nicht viel zu sagen.

Organschaft fand zunächst, d. h. in den 1930er und 1940er Jahren, keine große Resonanz. Rezensionen blieben spärlich.[71] Weder im Archiv des öffentlichen Rechts noch im Archiv für Rechts- und Sozialphilosophie wurde das Buch besprochen. Erst in den 1960er Jahren setzte eine Rezeption ein (näher unter V 2). Das Buch fiel aus der Zeit.

IV. Die verwaltungsrechtliche Doktrin des Lehrbuchs zum „Verwaltungsrecht"

1. Architektur

Wolffs *Verwaltungsrecht* erschien in drei Bänden. Allgemeines und Besonderes Verwaltungsrecht waren nicht strikt getrennt. Im Überblick enthält das Werk folgende Teile:

- Bd. 1 (1956): (1) Die öffentliche Verwaltung, (2) Das allgemeine Verwaltungsrecht, (3) Allgemeine Institutionen des Verwaltungsrechts [Verwaltungsakte, Recht der öffentlichen Sachen, Die öffentlich-rechtlichen Ersatzleistungen]
- Bd. 2 (1962): (4) Die Verwaltungsorganisation [inklusive Kommunalrecht], (5) Der öffentliche Dienst

[71] Siehe etwa *Carl Hermann Ule*, Besprechung: Hans J. Wolff, Juristische Person und Staatsperson (1933), VerwArch 40 (1935), S. 94, der die „individualistische Grundhaltung" kritisierte (gleiche Einschätzung bei *Reinhard Höhn*, Der individualistische Staatsbegriff und die juristische Staatsperson, Berlin 1935, S. 6), sich aber ansonsten auf eine Inhaltswiedergabe beschränkte; *Walther Burckhardt*, Besprechung: Hans J. Wolff, Organschaft und Juristische Person, Bd. 1 (1933), Zeitschrift für die Gesamte Staatswissenschaft 94 (1933), S. 487, der die Grundkonzeption als nicht hinreichend abgesichert ansah und spöttisch weiteres Nachdenken empfahl: „Der Herr Regierungsassessor möge sich mit seinen weiteren vier Bänden nicht zu sehr beeilen […]."

– Bd. 3 (1966): (6) Ordnungs- und Leistungsverwaltung, (7) Verwaltungsverfahren und Verwaltungsrechtsschutz

Die etwas eigenartige Architektur des Gesamtwerks ist auch den begrenzten verlegerischen Möglichkeiten geschuldet. Ursprünglich waren 2 Bände geplant.[72] Systematisch hätte der 4. Teil, das Organisationsrecht, den abschließenden Abschnitt des 2. Teiles bilden sollen; er war aber zu umfangreich, um noch Eingang in Band 1 zu finden. Die Teile 4 und 5 fielen letztlich aber noch umfangreicher aus als geplant, weshalb sie nicht zusammen mit den Teilen 6 und 7, sondern eigenständig als zweiter Band erschienen. Er umfasste 413 Seiten. Dabei war, wie Wolff schreibt, der organisationsrechtliche Teil bereits 1947 nach der damaligen Rechtslage entworfen worden und der beamtenrechtliche Teil 1960 fast fertiggestellt.[73] Es erwies sich als aufwendiger als erwartet, die Entwicklung der Gesetzgebung in die Darstellung einzubeziehen und eine klare Systematik zu entwickeln. Der dritte Band fiel dann mit 491 Seiten noch einmal länger als die beiden anderen Bände aus.

Vom Erscheinen des zweiten bis zum Erscheinen des dritten Bandes vergingen 10 Jahre. Wolff war zu diesem Zeitpunkt 68 Jahre alt. Nicht nur war es aufwendig, die einzelnen Bände des Werks zu verfassen, auch die Neuauflagen des erfolgreichen ersten Bandes absorbierten viel Arbeitskraft.[74] Die Autorschaft für das Gesamtwerk lag auch schon in der Erstauflage faktisch nicht bei Wolff allein. In den Vorworten findet sich eine von Band zu Band länger werdende Liste von Assistenten, die Wolff unterstützt haben. In einzelnen Fällen ging die Mitwirkung über bloße Hilfeleistung hinaus, was etwa für Ernst-Wolfgang Böckenförde und Ralf Dreier gilt. Am Band 1 hat z. B. Böckenförde nicht nur einfach vorbereitend mitgearbeitet.[75] Der Umstand, dass Assistenten einen Großteil der Arbeitslast trugen, bedeutet aber nicht, dass das *Verwaltungsrecht* gar nicht wirklich Wolffs Buch und Werk wäre. Näherliegend ist die Annahme, dass das Werk aus einer engen Symbiose zwischen Wolff und seinen Assistenten hervorgegangen ist, wobei sich Letztere stark an Wolffs Schriften, Vorlesungen und im Gespräch geäußerten Gedanken orientierten. Sein Geist wirkte in ihrer Arbeit.

---

[72] *Hans J. Wolff*, Verwaltungsrecht I, München 1956, § 1 IV, S. 5.

[73] *Wolff*, Verwaltungsrecht II (Fn. 36), Vorwort, S. V.

[74] Siehe Fn. 2.

[75] Ausführlich Böckenförde, bei *Gosewinkel*, Interview (Fn. 15), S. 342 f., 345. In Vorlesungen hat Wolff die Autorschaft ironisiert, wenn er darauf Bezug nahm: „[...] schreibt doch der Böckenförde im ‚Verwaltungsrecht'", soll er in den Vorlesungen gesagt haben (Dieter Wyduckel im Gespräch mit dem Verf.).

2. Form

Dem Lehrbuch liegt eine stilistische Grundentscheidung zugrunde, die für seine Wahrnehmung in der Fachwelt – und sicherlich auch bei den Studierenden – von ausschlaggebender Bedeutung wurde. Die Darstellung ist knapp und hochkonzentriert. Wolff zielt auf „die Definitionen der Grundbegriffe und auf die Formulierung der Grundsätze".[76] Im Vordergrund stehen begriffliche Festlegungen, Definitionen und Klassifikationen. Beispiele werden genannt, aber nicht als Fallerzählung und daran anknüpfende Lösung präsentiert, sondern mit Stichworten imaginiert und durch Belege aus der Rechtsprechung, deren Lektüre Wolff erwartet, gestützt.

Dieser Stil wird durch einige bewusste Entscheidungen für das Druckbild ergänzt. Das Werk enthält keine Fußnoten. Beispiele und Anmerkungen sind im Kleindruck in den Fließtext eingeschoben. Zum Teil wird auch der Fließtext kleingedruckt. Das Druckbild ist damit sehr unruhig; hinzu kommt, dass Stichworte gesperrt, kursiv oder fett gedruckt werden, und dies manchmal alles zusammen auf einer Seite. Wolffs eigene Einschätzung, dass sein Buch „nicht leicht eingängig zu lesen sein" wird,[77] leuchtet schon mit Blick auf Darstellungsweise und Druckgestaltung ohne weiteres ein. Treffend und wohlwollend merkte Hans Peter Ipsen in einer Rezension an, dass die Darstellung voraussetzt, „die Kunst der begrifflichen Abstraktion" so zu beherrschen, wie es Studierenden im Zivilrecht beigebracht wird – dann sei die Lektüre eine Freude.[78] Wem dies nicht vergönnt war, für denjenigen oder diejenige dürfte das Buch nicht sonderlich zugänglich gewesen sein.

3. Grundideen

Wolffs Lehrbuch hat mannigfache Anregungen gegeben. Ihm verdankt das Verwaltungsrecht etwa die modifizierte Subjektstheorie zur Abgrenzung von Privatrecht und öffentlichem Recht, einen Anstoß für die Lehre vom Verwaltungsprivatrecht und die Theorie des dinglichen Verwaltungsakts.[79] Nicht alles hat sich durchgesetzt, so etwa Wolffs Idee der Sonderverordnung, die die besonde-

---

[76] *Wolff*, Verwaltungsrecht I (Fn. 72), Vorwort, S. V.

[77] *Wolff*, Verwaltungsrecht I (Fn. 72), § 1 IV, S. 5.

[78] *Hans Peter Ipsen*, Sammelbesprechung, AöR 43 (1957), S. 132 (136). Wolffs Lehrbuch unterscheidet sich insoweit sehr stark von Forsthoffs Lehrbuch, das im gleichen Verlag erschien. Letzteres ist – anders als Wolffs Lehrbuch – fest eingebunden, wurde mit geringfügig größeren Schrifttypen gedruckt und hat Fußnoten, die recht sparsam gehalten sind. Zudem ist es zurückhaltend gegliedert. Dieses Buch kann man wirklich *lesen*.

[79] Siehe etwa *Dreier*, Hans J. Wolff (Fn. 10), S. 600; *Kriele*, Hans J. Wolff (Nachruf) (Fn. 18), S. 28; *ders.*, Hans J. Wolff (Portrait) (Fn. 12), S. 694.

ren Gewaltverhältnisse regeln sollte,[80] auch wenn seine Überlegungen sicherlich mit Anteil daran hatten, dieses Verhältnis überhaupt stärker rechtlich einzuhegen. Fast von selbst versteht sich, dass die reichhaltige Habilitationsschrift ihm eine besonders gründliche und genaue Darlegung der Grundbegriffe des Verwaltungsorganisationsrechts ermöglichte. Aber auch sonst greift Wolff im Lehrbuch auf Vorarbeiten zurück. Die modifizierte Subjektstheorie bzw. Sonderrechtstheorie hat er in einem Aufsatz entwickelt.[81] Sie stellt eine Konsequenz seiner organisationsrechtlichen Lehre dar; eine knappe Formulierung des Grundgedankens findet sich schon in *Organschaft I*.[82]

Die beiden in *Organschaft* entwickelten Koordinaten seiner rechtswissenschaftlichen Konzeption, die Unterscheidung von rechtselementarer und rechtstechnischer Betrachtung und seine vernunftrechtlich basierte Rechtsquellenlehre, führt Wolff ohne erkennbare Veränderung weiter; beides liegt dem Werk zugrunde und wird lediglich präzisiert. Ihre operative Rolle ist nun natürlich eine andere: Die Betrachtungsweisen werden nicht begründet, sondern als rechtstheoretische Voraussetzung in die Rechtsdogmatik eingeführt und dargestellt. Erstaunlicherweise verzichtet Wolff darauf, die Unterscheidung von rechtselementarer und rechtstechnischer Betrachtung – trotz ihrer zentralen Rolle für die Gesamtkonzeption – zu erläutern,[83] weshalb eigentlich nicht erwartet werden kann, dass Leser ohne besondere Vorkenntnisse die jeweiligen Ausführungen wirklich verstehen können.

4. *Rechtsquellenlehre*

Wie eben erwähnt, ändert sich im Vergleich zu *Organschaft* in der Rechtsquellenlehre Wolffs wenig. Der Bezug zur geltenden Verfassung, nun also dem Grundgesetz (Landesverfassungen spielen keine Rolle), fällt aber naturgemäß stärker aus als in *Organschaft*. Noch einmal: Wolff betreibt im *Verwaltungsrecht* ja keine Grundlagenforschung. Die Dichte der Bezugnahmen auf Bestimmungen des Grundgesetzes entspricht dem Stand der verfassungsrechtlichen Interpretation der Zeit. Den Ausgangspunkt der Rechtsquellenlehre bildet die Verfassung keineswegs. Sie wird in ein vorhandenes System integriert. Dies gilt natürlich erstens für die Bestimmungen über die Gesetzgebungs- und Verwaltungskompetenzen. Es gilt zweitens für die Grundrechte.[84] Es gilt schließlich

[80] *Wolff*, Verwaltungsrecht I (Fn. 72), § 25 VIII, S. 89.

[81] *Hans J. Wolff*, Der Unterschied zwischen privatem und öffentlichem Recht, AöR 76 (1950), S. 205.

[82] *Wolff*, Organschaft I (Fn. 20), S. 433.

[83] Siehe etwa die erstmalige Referenz in *Wolff*, Verwaltungsrecht I (Fn. 72), § 4 I, S. 17.

[84] Ipsen hebt hervor, dass es Wolff hervorragend gelungen ist, „die Grundrechtsgewährleistungen ins Verwaltungsrecht zu projizieren" (*Ipsen*, Sammelbesprechung [Fn. 78], S. 136, mit Verweis auf § 33).

für die Interpretation derjenigen Verfassungsnormen, die für die Gestalt und die Tätigkeit der Verwaltung von besonderer Bedeutung sind. Bei Wolff sind dies insbesondere das Rechtsstaats- und das Sozialstaatsprinzip. Darauf ist etwas näher einzugehen.

Den Ausgangspunkt der Wolff'schen Rechtsquellenlehre bilden – hier greift Wolff die schon in *Organschaft* entwickelten Gedanken wieder auf – zwei unterschiedliche Arten von Grundsätzen, wie er genauer in dem 1955 publizierten Aufsatz „Rechtsgrundsätze und verfassungsgestaltende Grundentscheidungen als Rechtsquellen" darlegt.[85] Dahinter stehen, wie Wolff im Einzelnen erläutert, die Gerechtigkeit einerseits (= Recht im starken, vernunftrechtlichen Sinne), die Macht (= nicht vernunftrechtlich deduzierbare, politisch zu setzende verfassungsgestaltende Grundentscheidung) andererseits.[86] Die „verfassungsgestaltenden Grundentscheidungen" haben die zentrale Eigenschaft, gerade nicht aus dem Rechtsprinzip abgeleitet zu sein; sie verdanken sich politischen Grundwertungen. Der Unterschied zu den Rechtsgrundsätzen ist auf die Materien zurückzuführen, auf die sich die Grundentscheidungen beziehen: Die Staatsform, die Entscheidung über Einheits- und Bundesstaat oder über Kultur-, Wirtschafts- und Sozialverfassung werden vom Gerechtigkeitsprinzip nicht unmittelbar erfasst.[87] Die Verfassung enthält somit weniger rechtsethische als vielmehr politische Grundwertungen; diese sind gegenüber dem Rechtsgesetz „mehr oder weniger indifferent", dürfen aber nicht im Widerspruch zu den allgemeinen Rechtsgrundsätzen stehen.[88]

Das Rechtsprinzip bestimmt Wolff nun ausdrücklich. Es gebietet, als Konkretisierung des Sittengesetzes, „auf die Verfolgung eigener Interessen insoweit zu verzichten, als dadurch die Befriedigung objektiv wertvollerer Interessen anderer Menschen vereitelt werden würde".[89] Die Formel geht nicht in dieser Form, aber der Sache nach auf Nelson zurück. Den Hintergrund bildet vor al-

---

[85] *Hans J. Wolff*, Rechtsgrundsätze und verfassunggestaltende Grundentscheidungen als Rechtsquellen, in: Otto Bachof u.a. (Hrsg.), Forschungen und Berichte aus dem öffentlichen Recht, München 1955, S. 33 (erneut auch mit einigen Verweisen auf Thomas von Aquin).

[86] Beide Elemente spielen übrigens eine wichtige Rolle bei der Auslegung, Rechtsfortbildung und evolutionären Weiterentwicklung der Rechtssystematik (*Wolff*, Rechtsgrundsätze [Fn. 85], S. 36).

[87] *Wolff*, Rechtsgrundsätze (Fn. 85), S. 49.

[88] *Wolff*, Verwaltungsrecht I (Fn. 72), § 25 II, S. 82, 83.

[89] *Wolff*, Verwaltungsrecht I (Fn. 72), § 24 II a, S. 77; näher *Hans J. Wolff*, Über die Gerechtigkeit als principium iuris, in: Arthur Wegner (Hrsg.), Festschrift für Wilhelm Sauer, Berlin 1949, S. 103. Wolffs Bestimmung findet sich bis heute in dem Lehrbuch, siehe *Hans J. Wolff/ Otto Bachof/Winfried Kluth/Rolf Stober*, Verwaltungsrecht I. Ein Studienbuch, 12. Aufl., München 2007, § 24 Rn. 6. Überhaupt wird die rechtsethische Grundlage, die von Wolff stammt, in dem Werk bis heute fortgeführt, aber sie ist dabei, dies kann man nicht anders sagen, zum Teil deformiert worden. Nicht-positivistische Aussagen, die äußerlich noch von Wolff stammen oder jedenfalls stammen könnten, werden nicht erläutert (wie a. a. O.), stark vereinfacht (§ 25 Rn. 2) oder kraft des Kontextes sogar ihres nicht-positivistischen Sinnes beraubt (etwa § 2 Rn. 23).

lem dessen Unterscheidung tatsächlicher und „wahrer“, d.h. wohlverstandener Interessen, auf die noch einzugehen ist (unter VI 1).[90] Den Begriff des überpositiven Rechts sucht Wolff nun, im Unterschied zu *Organschaft*, zu vermeiden. Lieber mag er – offensichtlich ist dies immer noch ein Nachhall von Nelsons „Rechtswissenschaft ohne Recht“[91] – von „ungesetztem Recht“ sprechen.[92] Aus dem Rechtsgesetz sind allgemeine Rechtsgrundsätze als fundamentale Rechtsnormen ableitbar, die Vorrang vor anderen Rechtsquellen haben.[93]

Die verfassungsgestaltenden Grundentscheidungen bedürfen ihrerseits der Konkretisierung, was durch den Gesetzgeber oder auch erst im Wege der Rechtsanwendung geschehen kann. So ist es zulässig, aus der Grundentscheidung für die Gleichberechtigung von Frau und Mann – nach einer beiläufigen Bemerkung Wolffs kein Rechtsgrundsatz und damit eine politisch formbare Aussage – ein Recht der Ehefrau auf Vergütung für Mitarbeit im Geschäft des Ehemannes abzuleiten, nicht aber sei mit der Entscheidung für den sozialen Rechtsstaat unmittelbar ein subjektives Recht auf Fürsorge verbunden (näher unter VI 3).[94]

Das Rechtsgesetz ist integraler Teil der Interpretation derjenigen Verfassungsgehalte, die für die Verwaltung relevant sind. Die Formel vom sozialen Rechtsstaat versteht Wolff so, dass der Rechtsstaat auch ein materieller Rechtsstaat sein soll. Dies bedeutet, dass alle Staatsorgane das Rechtsgesetz verwirklichen sowie Gleichheit und Rechtssicherheit verbürgen sollen.[95] Bezogen auf die Konzeption des Sozialstaats hat Wolff damit in gewisser Hinsicht mehr von Carl Schmitt gelernt als Ernst Forsthoff. Während Forsthoff nicht in der Lage ist, dem Gedanken des „sozialen Rechtsstaats“ verfassungsrechtlich einen Sinn abzugewinnen,[96] ist Wolffs insoweit von Schmitt inspiriertes Instrumentarium flexibel genug, diese Figur einzuarbeiten. Das Sozialstaatsprinzip ist das erste

---

[90] *Dreier*, Rechtsquellenlehre (Fn. 61), S. 23. Die Position ist im Gegensatz von Utilitarismus und deontologischer Theorie nicht leicht zu verorten; dass Nelson etwa für den universalistischen Präferenzutilitarismus R.M. Hares interessant war, wundert nicht (näher *Robert Alexy*, R.M. Hares Regeln des moralischen Argumentierens und L. Nelsons Abwägungsgesetz, in: Peter Schröder (Hrsg.), Vernunft, Erkenntnis, Sittlichkeit, Hamburg 1979, S. 95; *Jörg Schroth*, Könnte Nelson ein Konsequentialist gewesen sein?, in: Armin Berger/Jörg Schroth/Gisela Raupach-Strey (Hrsg.), Leonard Nelson – ein früher Denker der analytischen Philosophie?, Berlin/Münster 2011, S. 129).

[91] *Leonard Nelson*, Die Rechtswissenschaft ohne Recht. Kritische Betrachtungen über die Grundlagen des Staats- und Völkerrechts, insbesondere über die Lehre von der Souveränität, Leipzig 1917.

[92] *Wolff*, Rechts- und Staatsphilosophie (Fn. 26), S. 262; *ders.*, Verwaltungsrecht I (Fn. 72), § 24 I, S. 77.

[93] *Wolff*, Verwaltungsrecht I (Fn. 72), § 25 I, S. 80 f.

[94] *Wolff*, Rechtsgrundsätze (Fn. 85), S. 51 f.

[95] *Wolff*, Verwaltungsrecht I (Fn. 72), § 11 II b, S. 37.

[96] *Ernst Forsthoff*, Begriff und Wesen des sozialen Rechtsstaats, VVDStRL 12 (1954), S. 8 (27); dazu auch *Florian Meinel*, Die andere Seite des Rechtsstaats. Ernst Forsthoff in der Verwaltungsrechtswissenschaft der frühen Bundesrepublik (in diesem Band), S. 129 (141).

von mehreren „Prinzipien der Leistungsverwaltung". Wolff ordnet es als verfassungsgestaltende Grundentscheidung ein, die unter anderem in Art. 20 Abs. 1 und Art. 28 Abs. 1 GG Ausdruck gefunden hat.[97] Der Entscheidungscharakter liegt Wolff zufolge darin, dass sich der Verfassunggeber für eine soziale und nicht für eine liberale Deutung des Rechtsprinzips entschieden hat.

Mit den Rechtsgrundsätzen und verfassungsgestaltenden Grundentscheidungen entwickelt Wolff zwei elementare Bauformen der Rechtsquellenlehre. Ihre Kombination ermöglicht Stabilität ebenso wie Flexibilität. Von hier aus erschließt sich die materielle Grundstruktur eines verfassten Staates wie auch seiner Verwaltung. Wolffs verwaltungsrechtliches System ruht auf diesen Bauformen. In ihrem Zusammenspiel würde ich die „Ordnungsidee" des Gesamtwerks sehen.[98]

5. *System des Verwaltungsrechts*

Während die wesentlichen Inhalte des Bürgerlichen Rechts und des Strafrechts, Wolff zufolge, aus den obersten Rechtsprinzipien abgeleitet werden können, bedarf das Verwaltungsrecht, da es in erster Linie von Zweckmäßigkeitserwägungen getragen ist, innerhalb des vom Rechtsprinzip gelassenen Spielraums weithin konstitutiver Setzung.[99] Diese Besonderheit des Verwaltungsrechts bedeutet aber nicht, dass seine wissenschaftliche Behandlung völlig anderen Regeln folgen müsste. Dass Wolff dem zivilistischen Denken in Rechtsbeziehungen offensteht, wurde bereits gezeigt (siehe oben III 2 c). Diese zivilistische Note gilt aber auch für die epistemischen Leitbilder seines verwaltungsrechtswissenschaftlichen Systems. Die im Zivilrecht voll entwickelte konstruktive Jurisprudenz, in der pandektistischen Tradition wurzelnd, ist offensichtlich ein Vorbild Wolffs. Eindeutigkeit und Systematik sind das ausdrückliche Hauptanliegen seines Lehrbuchs.[100] Konstruktion und Systembildung stehen als wissenschaftliche Ideale dahinter.

Die Darstellung der „Grundlagen des materiellen Verwaltungsrechts" im ersten Band des *Verwaltungsrechts* folgt dem Muster Fritz Fleiners und Walter Jel-

---

[97] *Hans J. Wolff*, Verwaltungsrecht III. Ordnungs- und Leistungsrecht, Verfahrens- und Prozeßrecht, München/Berlin 1966, § 138 I b, S. 133. Zum sozialen Rechtsstaat bereits *Wolff*, Verwaltungsrecht I (Fn. 72), § 11 II, S. 37.

[98] *Florian Meinel*, Der Jurist in der industriellen Gesellschaft. Ernst Forsthoff und seine Zeit, 2. Aufl., Berlin 2012, S. 149, vermisst eine solche Ordnungsidee nicht nur bei Forsthoff, sondern auch in Ernst Rudolf Hubers Wirtschaftsverwaltungsrecht und eben in Wolffs Lehrbuch; zu Forsthoff insoweit näher auch *Meinel*, Die andere Seite des Rechtsstaats (Fn. 96), S. 139, 141.

[99] *Wolff*, Verwaltungsrecht I (Fn. 72), S. 1.

[100] *Wolff*, Verwaltungsrecht I (Fn. 72), S. 5. Genau deshalb wurde es geschätzt: vgl. *Achterberg*, Hans J. Wolff (Fn. 5), S. 120; *Dreier*, Hans J. Wolff (Fn. 10).

lineks[101] und könnte, abgesehen von der verwaltungsrechtlichen Spezifizierung, auch den „Allgemeinen Lehren" eines Pandektenlehrbuches entstammen: Dem Abschnitt über „Das objektive Verwaltungsrecht", der die Rechtsquellen behandelt, folgt der Abschnitt „Das subjektive Verwaltungsrecht und seine Grundlagen", der umfasst: (1) Rechtssubjekte des Verwaltungsrechts, (2) rechtserhebliche Tatsachen und (3) verwaltungsrechtliche Verpflichtungen und Berechtigungen. Der Verwaltungsakt ist eine (von vielen) Verwaltungshandlungen, diese wiederum bestimmt Wolff als alle Handlungen von Amtswaltern der Verwaltung, die einem Träger öffentlicher Verwaltung zugerechnet werden.[102] Die heute verbreitete Auffassung, wonach die klassische juristische Methode im Verwaltungsrecht durch ihre Rechtsaktbezogenheit zu charakterisieren sei,[103] findet in diesem System auf ambivalente Art Bestätigung. Denn einerseits ist unübersehbar, dass Wolff mit seiner *Frage*, der Zurechnung des natürlichen Handelns Einzelner zu einer Organisation, wohl genau diejenige Perspektive einnimmt, die eine rechtsaktbezogene Konzeption prägt. Doch andererseits handelt es sich bei ihm dabei um eine metajuristische Frage, die allein wissenschaftstheoretische Folgen hat (Unterscheidung von rechtselementarer und rechtstechnischer Betrachtung), innerhalb der Rechtsdogmatik aber verschwindet. Hier ist das System der Verwaltungshandlungen ein Baustein von vielen. Es stellt nur einen Aspekt des Verhältnisses von Recht und Wirklichkeit dar.

Das zivilistische Ideal macht sich auch bemerkbar, wenn Wolff „Schlüssigkeit im systematischen Zusammenhang" als wissenschaftliches Ziel formuliert.[104] Es gilt für die Darstellung eines einzelnen Themas ebenso wie für das Gesamtwerk. Wolff legt sich selbst den Zwang zur Vollständigkeit auf. Sie erst ermöglicht es, Aussagen auf Konsistenz und Kohärenz für sich selbst und für andere überprüfbar zu machen. Nichts soll im Dunklen bleiben. Sicherlich, in der Darstellung wirkt es manchmal ermüdend, wenn Wolff in seinen Klassifikationen lange Listen von Elementen bildet. Um ein beliebiges Beispiel zu wählen: Zwecks einer Darstellung von Rangverhältnissen zwischen Organen präsentiert Wolff zunächst drei Arten ranggleicher Zuordnung und sodann neun Arten ranghöherer Zuordnung.[105] Aber es gibt eben, das ist der Sinn des ganzen Unternehmens, keine weiteren ranggleichen oder ranghöheren Zuordnungsverhältnisse, und bei jedem einzelnen Element kann gefragt werden, ob es wirklich insofern die gleichen Eigenschaften wie alle anderen Elemente aufweist.

---

[101] Zu Walter Jellineks Lehrbuch siehe den Beitrag von *Ino Augsberg*, „Groß Neues ist ja nicht nachzutragen". Walter Jellineks „Verwaltungsrecht" in der frühen Bundesrepublik (in diesem Band), S. 11 ff.

[102] *Wolff*, Verwaltungsrecht I (Fn. 72), § 45, S. 191.

[103] *Christian Bumke*, Die Entwicklung der verwaltungsrechtswissenschaftlichen Methodik in der Bundesrepublik, in: Eberhard Schmidt-Aßmann/Wolfgang Hoffmann-Riem (Hrsg.), Methoden der Verwaltungsrechtswissenschaft, Baden-Baden 2004, S. 73 (75, 108).

[104] *Wolff*, Verwaltungsrecht I (Fn. 72), § 1 IV, S. 5.

[105] *Wolff*, Verwaltungsrecht II (Fn. 36), § 77 III, S. 84.

6. *Fallstudien: die neue Verfassung*

Drei kleine Fallstudien sollen zeigen, wie Wolff das neue Verfassungsrecht rezipiert. Um das Ergebnis vorwegzunehmen: Dies geschieht vorsichtig.

a) Demokratie

Das moderne Verwaltungsrecht ist für Wolff das des sozialen Rechtsstaates, während er über die „Verwaltung im demokratisch-parlamentarischen Staat" als eine Erscheinung der Vergangenheit berichtet, nämlich die Weimarer Republik betreffend.[106] Leitidee Wolffs ist, wie erwähnt, der Gedanke des materiellen Rechtsstaates. Gemeint ist damit nicht nur die Bindung von Staat und Verwaltung an das Gemeinwohl, sondern an „wahre Interessen", eine bereits erwähnte, von Leonard Nelson übernommene Vorstellung.[107] Es gibt nach dieser Vorstellung Interessen, die objektiv wertvoller sind als andere. Nelson selbst gelangte auf dieser Grundlage zu einer außerordentlich skeptischen Sicht der Demokratie.[108] Auch Wolff hatte schon in *Organschaft* der Demokratie als der Herrschaftsform aggregierter faktischer Interessen die Republik als die – letztlich vorzugswürdige – Herrschaftsform allgemeiner Interessen scharf gegenübergestellt.[109] Die Entgegensetzung führt er im *Verwaltungsrecht* in der Sache fort – rousseauistisch: es kann „zwischen dem wahren Gemeininteresse und wahren Privatinteressen letztlich kein Widerspruch eintreten"[110] –, doch werden die demokratiekritischen Konsequenzen nicht expliziert. Die Weimarer Zustände beurteilt Wolff im Rückblick anscheinend skeptisch: Die Verfassungslage unter dem Grundgesetz steht seiner Auffassung nach im Zeichen einer „reformativen Restauration repräsentativer Demokratie":

„Restaurativ sind die geltenden Verfassungen, insofern sie nicht nur die Demokratie und die Bundesstaatlichkeit wiederherstellten, sondern auch das Monopol der politischen Parteien zur politischen Repräsentation des Volkes unter Beibehaltung der überlieferten Gewaltenteilung, ohne daß jedoch dem Volk selbst und den anderen sozialen Mächten (Wirtschaftsorganisationen, Gewerkschaften, Gemeinden, Beamtenschaft, Kirchen,

---

[106] *Wolff*, Verwaltungsrecht I (Fn. 72), § 9 II, S. 30.

[107] *Wolff*, Verwaltungsrecht I (Fn. 72), § 29, S. 103 ff. Siehe oben, S. 63, 70.

[108] Scharfe Kritik der Demokratie bei *Leonard Nelson*, Demokratie und Führerschaft (2. Aufl. 1927), in: ders., Gesammelte Schriften in neun Bänden, Bd. 9, S. 385 ff. Nelsons Kritik richtet sich gegen das Mehrheitsprinzip, was in der modernen Demokratietheorie nicht ungewöhnlich ist, aber nicht zwingend einer positiven Demokratiekonzeption entgegenstehen muss (siehe etwa für beides *Ronald Dworkin*, Freedom's Law. The Moral Reading of the American Constitution, Cambridge, Mass. 1996, S. 15 ff.). Zur epistemischen Dimension der Demokratie siehe auch *Julian Nida-Rümelin*, Demokratie und Wahrheit, München 2006, S. 37 ff.; *Jürgen Habermas*, Hat die Demokratie noch eine epistemische Dimension? Empirische Forschung und normative Theorie (2008), in: ders., Philosophische Texte. Studienausgabe in fünf Bänden, Bd. 4, 2009, S. 87 ff.

[109] *Wolff*, Organschaft I (Fn. 20), S. 468 ff.

[110] *Wolff*, Verwaltungsrecht I (Fn. 72), § 29 III, S. 106.

Kulturträgern) ein unmittelbarer Anteil an der Staatsgewalt verfassungsmäßig gesichert wäre."[111]

Es bleibt bei solchen dunklen Andeutungen – der Zuschnitt des nun einmal verwaltungsrechtlichen Werks steht einer genaueren verfassungsrechtlichen bzw. verfassungstheoretischen Erläuterung entgegen.[112] Auch sein Staatsrechtslehrerreferat zum Polizei- und Ordnungsrecht ist unergiebig. Knapp und ohne nähere Erläuterung stellt Wolff in einem Leitsatz fest: „Eine demokratische Organisation der Gefahrenabwehr ist nicht möglich."[113] Offensichtlich hat die in der Weimarer Staatsrechtslehre weit verbreitete Skepsis gegenüber einem pluralistischen Parteiwesen, nicht zuletzt verkörpert von Carl Schmitt,[114] Wolff nachhaltig geprägt.

Das demokratische Prinzip spielt für die Verwaltung anscheinend keine Rolle. Der Abschnitt zur „Stellung der Verwaltung in der Verfassungsordnung" behandelt nur die Gewaltengliederung und das Verhältnis der Gewalten zueinander.[115] Der Befund ist nicht leicht erklärbar: Handelt es sich bei der Normierung der Demokratie nicht auch um eine verfassungsgestaltende Grundentscheidung? Konsequenterweise wäre doch der Demokratie ein größerer Stellenwert zuzubilligen. Oder liegt es in der Natur des demokratischen Prinzips, für die Verwaltung belanglos zu sein? Diese Fragen sind nicht einfach zu beantworten. Womöglich bewegt sich Wolff doch noch in den Mustern des konstitutionellen Verwaltungsrechts. Eine gewisse Reserviertheit gegenüber dem Demokratieprinzip ist spürbar, aber dabei wird ein ganz bestimmtes, nicht zwingendes Verständnis der Demokratie zugrunde gelegt. *Organschaft* konnte als ein

---

[111] *Wolff*, Verwaltungsrecht I (Fn. 72), § 11 II, S. 36.

[112] Ein wenig erhellt sich das Bild, wenn die Vorgänge um Wolffs Berufung nach Frankfurt am Main im Jahre 1933 noch einmal aufgegriffen werden (siehe oben, Fn. 15). In einer Stellungnahme zu den Vorwürfen, er würde die nationale Bewegung nicht unterstützen, schreibt Wolff (am 21.9.1933, wohl an die Fakultät gerichtet): „Die Behauptung, ich sei Anhänger des politischen Systems 1918–1932 gewesen, ist unrichtig. Im Gegenteil habe ich sowohl als Dozent wie als wissenschaftlicher Schriftsteller die tragenden Gedanken dieses Systems, die Demokratie, den Pluralismus, den Relativismus, den hemmungslosen Individualismus und Liberalismus stets bekämpft." Selbstverständlich ist es ratsam, diese Aussage schon mit Blick auf den Umstand, dass hier ein Familienvater und Wissenschaftler um seine berufliche Position kämpft, mit einem Vorbehalt zu versehen. Aber Wolff verbiegt sich nicht. Seinen deutlichen Worten lässt er den nicht weniger deutlichen Hinweis folgen, er habe nie der SPD, aber auch nie der nationalsozialistischen Bewegung nahegestanden. Als „Forscher und Lehrer" habe er sich überhaupt nie auf eine „Richtung" festlegen wollen (zum ganzen UA Frankfurt am Main, Abt. 114, Nr. 181, Bl. 27 ff.).

[113] *Hans J. Wolff*, Die Gestaltung des Polizei- und Ordnungsrechts insbesondere in der britischen Besatzungszone, VVDStRL 9 (1952), S. 134 (179). Zum Problem siehe *Carsten Kremer*, Gerhard Wacke und das allgemeine Polizeirecht (in diesem Band), S. 149 (171 ff.).

[114] Vgl. *Michael Stolleis*, Geschichte des öffentlichen Rechts in Deutschland, Bd. 3, München 1999, S. 105 ff.; insbesondere zu Schmitt *Ingeborg Maus*, Rechtstheorie und politische Theorie im Industriekapitalismus, München 1986, S. 111 ff.

[115] *Wolff*, Verwaltungsrecht I (Fn. 72), S. 47–66.

Werk der Grundlagenforschung insofern vielleicht noch zurückhaltend verfahren. Aber für ein verwaltungsrechtliches System, dem auch die verfassungsgestaltende Entscheidung der Demokratie vorgegeben ist, hätte eine stärkere Verarbeitung sicherlich nahegelegen – jedenfalls ein Überdenken des Demokratieverständnisses. Schließlich und nicht zuletzt hätte Wolff über den Gedanken der Republik einen alternativen Anknüpfungspunkt dafür finden können, die Idee der politischen Freiheit auf die Verwaltung anzuwenden. Denn in seinem staatsphilosophischen System war die Republik das Gegenmodell zur Demokratie, und eine republikanische Verfasstheit war dem Staat des Grundgesetzes mit Art. 20 Abs. 1 und Art. 28 Abs. 1 ebenfalls vorgegeben.

b) Leistungsverwaltung

Spätestens mit Forsthoffs Lehrbuch zum Verwaltungsrecht war das Thema, die vielfältigen gestaltenden Aufgaben der Verwaltung in die Verwaltungsrechtswissenschaft einzubeziehen, unabweisbar. Die Beurteilung der Verdienste, die Forsthoff selbst in diesem Zusammenhang erworben hat, fällt heutzutage allerdings gemischt aus. Für Forsthoff wird jedenfalls überwiegend davon ausgegangen, dass der dogmatische Ertrag seiner Überlegungen gering ist: Wirklich neue verwaltungsrechtswissenschaftliche Kategorien arbeitete er letztlich nicht heraus.[116] Wie sieht es konkret bei Wolff aus? Die diesbezügliche Resonanz ist jedenfalls erstaunlicherweise gerade in diesem Zusammenhang positiv. Hans Peter Ipsen etwa hält die Schilderung der Verwaltungsseite der Sozialstaatlichkeit für gut gelungen.[117]

Die Leistungsverwaltung ist ein integraler Bestandteil des Lehrbuchs. Die Ausführungen zu Sozial- und Wohlfahrtsstaat im ersten Band können als eine erste Annäherung und Vorarbeit verstanden werden. An verschiedenen Stellen greift Wolff den Gedanken von der öffentlichen Verwaltung als Leistungsträger auf;[118] das Aufkommen des Verwaltungszwecks der Daseinsvorsorge verlagert er historisch weit zurück.[119] Auch das kategoriale Gerüst steht schon mit dem ersten Band: Nach den Tätigkeitsgehalten unterscheidet Wolff vier Formen der Verwaltung: ordnende, leistende, verteilende und Bedarfsverwaltung, nach den Tätigkeitsformen pflegende, Eingriffs- und wirtschaftende Verwaltung.[120]

---

[116] *Bumke*, Entwicklung (Fn. 103), S. 93; *Andreas Voßkuhle*, Allgemeines Verwaltungs- und Verwaltungsprozeßrecht, in: Dietmar Willoweit (Hrsg.), Rechtswissenschaft und Rechtsliteratur im 20. Jahrhundert, München 2007, S. 935 (959); *Meinel*, Jurist (Fn. 98), S. 148 ff. (der seine Ausführungen sogar unter die Überschrift „Scheitern der verwaltungsrechtlichen Systembildung" stellt); *ders.*, Die andere Seite des Rechtsstaats (Fn. 96), S. 142.

[117] *Ipsen*, Sammelbesprechung (Fn. 78), S. 136, mit Hinweis auf S. 36–40. Ähnlicher Tenor bei *Dreier*, Hans J. Wolff (Fn. 10), S. 600 (Präzisierung der Grundbegriffe des Leistungsverwaltungsrechts).

[118] Siehe etwa *Wolff*, Verwaltungsrecht I (Fn. 72), § 11 II 4, S. 38.

[119] *Wolff*, Verwaltungsrecht I (Fn. 72), § 6 IV b, S. 24.

[120] *Wolff*, Verwaltungsrecht I (Fn. 72), § 3 II, S. 13 f.

Die einschlägige Darstellung findet sich allerdings erst im dritten Band. Dessen erste Hälfte behandelt zum einen das Recht der ordnenden, zum anderen das Recht der leistenden Verwaltung, mit in etwa gleichem Umfang. Den Abschnitt zur Leistungsverwaltung leitet Wolff – oder Ralf Dreier, der im Vorwort des Bandes als verantwortlicher Assistent ausgewiesen ist – mit einem längeren Kapitel zu den „Grundlagen des Leistungsverwaltungsrechts" ein. Er bestimmt zunächst Begriff und Arten der Leistungsverwaltung. Leistungsverwaltung ist diejenige öffentliche Verwaltung, die die Interessenverfolgung der Mitglieder des Gemeinwesens durch gewährende Tätigkeit unmittelbar fördert.[121] Der Begriff soll vor allem die Vergabe von Geldmitteln sowie die Bereitstellung öffentlicher Sachen zum Gemeingebrauch und nutzbarer öffentlicher Anstalten erfassen. Bei der Konkretisierung seines Gerüsts verfährt Wolff tastend:[122] Die Gestalt der leistenden Verwaltung hängt von vielen Faktoren gesellschaftlicher, wirtschaftlicher und politischer Art ab, „sowie nicht zuletzt von der Initiative der Verwaltung selbst". Ein „System der Leistungsverwaltung" gebe es deshalb bisher nur in Ansätzen. Weder habe der Gesetzgeber eine einheitliche Konzeption, noch sei das Thema hinreichend wissenschaftlich durchdrungen. Wolff unterscheidet vorsichtig nach den Arten der Leistungsverwaltung: Vorsorgeverwaltung („Bereitstellung derjenigen Einrichtungen, auf die die Mitglieder des Gemeinwesens in ihrer Gesamtheit unter den Bedingungen der industriell-technischen Zivilisation angewiesen sind" – Forsthoffs Daseinsvorsorge), Sozialverwaltung und schließlich Förderungsverwaltung. Im Lehrbuch behandelt Wolff sehr ausführlich die Sozialverwaltung (Sozialversicherung, Sozialversorgung, Sozialhilfe, öffentliche Jugendhilfe), nur noch ergänzend und recht knapp sodann das Recht der „Förderungsverwaltung", also insbesondere die Vergabe von Subventionen. Die „Kernstücke" der Vorsorgeverwaltung, das Recht der öffentlichen Sachen und das Anstaltsrecht,[123] hat Wolff bereits im zweiten Band behandelt.

Mit ruhiger Hand skizziert Wolff „Prinzipien der Leistungsverwaltung". Es handelt sich dabei um die Prinzipien des Sozialstaats, der Subsidiarität, der Gesetzmäßigkeit und der Gleichheit; des Weiteren um das Übermaßverbot und das Prinzip des Vertrauensschutzes. Die Rolle dieser Prinzipien erläutert Wolff nicht abstrakt, sondern integriert in die Darstellung mit Blick auf diejenigen Bereiche der Leistungsverwaltung, in denen die Prinzipien konkret relevant sind.

Wolffs Konzeption ist wohl Ausdruck eines Übergangs: Neue und alte Phänomene der Leistungsverwaltung werden in ihrer Eigenständigkeit registriert und konzeptionell integriert. Letztlich ist die Systematik von Wolff und Forst-

---

[121] *Wolff*, Verwaltungsrecht III (Fn. 97), § 137 II, S. 125.
[122] *Wolff*, Verwaltungsrecht III (Fn. 97), § 137 II, S. 127.
[123] *Wolff*, Verwaltungsrecht III (Fn. 97), § 139, S. 145.

hoff die gleiche. Wolff ist differenzierter und umfassender. Wolff hebt die genannten „Prinzipien" heraus, doch kennzeichnet das nur die Sonderstellung der Leistungsverwaltung. Für die „ordnende Verwaltung" gibt es keinen vergleichbaren Abschnitt. Das verwaltungsrechtliche System ist also im Wesentlichen auf die ordnende Verwaltung zugeschnitten; seine Aussagen gelten auch für die Leistungsverwaltung, sofern nicht deren Prinzipien etwas anderes besagen.

c) Ermessen und subjektives öffentliches Recht

Zu den brennendsten Fragen der 1950er Jahre zählte die Frage nach dem Recht auf Fürsorge. Die Rechtsstellung der Fürsorgeempfänger galt bis dahin als rein objektiv-rechtlich geprägt. Wolff äußerte sich früh dazu. In seiner Abhandlung zum „Abwendungsanspruch aus öffentlichen Reflexrechten" erörtert er das Problem ausführlich. Der Begriff des *Abwendungsanspruchs* ist Wolffs eigener terminologischer Vorschlag. Wolff entwickelt eine Lösung, die auf der Lösung eines anderen Problems aufbaut, nämlich ob aus Ermesseneinräumungen subjektive öffentliche Rechte erwachsen können. Die Lösung – offensichtlich von Georg Jellinek inspiriert – setzt an einer allgemeinen Theorie subjektiver Rechte und der Ansprüche an, die aus der Verletzung der Rechte resultieren. Im Mittelpunkt der Theorie steht die Rechtsstellung des Einzelnen. Sie besteht aus den verschiedenen Berechtigungen des objektiven Rechts. Die Verletzung der Rechtsstellung bringt Ansprüche zur Entstehung, die auf Vermeidung und Abwendung von Verletzungen gerichtet sind. Diese Ansprüche lassen sich unter dem Begriff des Abwendungsanspruchs zusammenfassen.[124] Die Klagbarkeit dieses Anspruchs ergibt sich Wolff zufolge u.a. aus der Rechtsweggarantie des Art. 19 Abs. 4 GG. Zur Rechtsstellung zählt auch die „Destination", die daraus entsteht, dass die Behörde im Interesse eines Individuums gegenüber diesem zu einem Verhalten verpflichtet ist, ohne dass das Individuum das entsprechende Verhalten verlangen kann.[125]

Darauf aufbauend, entwickelt Wolff für das Fürsorgerecht eine vermittelnde Lösung. Er konstruiert eine rein negative Rechtsposition der Fürsorgeempfänger: Im Falle der Ablehnung einer Leistung könne nur die Unterlassung rechts-

[124] *Hans J. Wolff*, Der Abwendungsanspruch aus öffentlichen Reflexrechten insbesondere im Fürsorgerecht, in: Festschrift zur Feier des 25jährigen Bestehens der Westfälischen Verwaltungsakademie in Münster und der Verwaltungs- und Wirtschaftsakademie Industriebezirk Sitz Bochum, Münster u.a. 1950, S. 119 (127). Erstaunlicherweise wird Wolffs Vorschlag bei *Tanja Schmidt*, Die Subjektivierung des Verwaltungsrechts. Dargestellt anhand der Entwicklung der Ermessensansprüche innerhalb der ersten zwei Nachkriegsjahrzehnte, Berlin 2006, völlig ausgelassen. Ablehnung eines Rechts auf fehlerfreie Ermessensausübung noch bei *Günter Kohlmann*, Das subjektiv-öffentliche Recht auf fehlerfreien Ermessensgebrauch, Berlin 1964. Zum Problemstand heute: *Andreas Funke*, Perspektiven subjektiv-rechtlicher Analyse des öffentlichen Rechts, JZ 2015, S. 369ff.

[125] *Wolff*, Abwendungsanspruch (Fn. 123), S. 125. Dabei geht es um Positionen, die aus Ermessensnormen entstehen (*Wolff*, Verwaltungsrecht I [Fn. 72], § 43 II b).

widriger Nichtanwendung des geltenden Rechts im konkreten Fall des Empfängers begehrt werden. Dies hört sich kompliziert an; praktisch läuft es auf einen Anspruch auf fehlerfreie Ermessensausübung hinaus. Denn der Empfänger könne rügen, die Verwaltung habe seine Hilfsbedürftigkeit nicht genügend geprüft, sich zu Unrecht für unzuständig erklärt oder sei unter Verletzung des Gleichheitsgrundsatzes von ihrer ständigen Praxis abgewichen. Doch verwehrt sich Wolff eben einem positiven Anspruch, einem Leistungsrecht. Den Verfassungssätzen über den Rechts- bzw. Sozialstaat spricht er zwar die Eigenschaft zu, als Grundsätze zur Auslegung des geltenden Rechts wirken zu können, aktiviert diese Möglichkeit aber für das Problem lediglich flankierend.[126] Die für den Fürsorgeanspruch bahnbrechende Entscheidung des Bundesverwaltungsgerichts vom 24. Juni 1954[127] hatte Leistungen zum Gegenstand, deren Bewilligung, so das Gericht, nicht im Ermessen der Verwaltung stand, so dass sich das Problem eines Abwendungsanspruchs bzw. eines Rechts auf fehlerfreie Ermessensausübung nicht stellte. Wolff lehnt die Entscheidung ab, insoweit sie ein „volles subjektives Recht mit Leistungsanspruch“ zuspricht.[128] Die Grundentscheidung für den „sozialen Rechtsstaat“ sei keine Grundentscheidung für den Wohlfahrtsstaat, weshalb es kein subjektives öffentliches Recht auf Fürsorge gebe.[129]

Für die Klagbarkeit des Abwendungsanspruchs spricht Wolff aber Art. 19 Abs. 4 GG die entscheidende Rolle zu. Im Hintergrund stehen zwei Probleme. Zum einen handelt es sich dabei um die Altlast der Ermessenslehre, die streng zwischen Ermessen und Rechtsbindung unterschied und dementsprechend subjektive Rechte nur im Bereich der Rechtsbindung annehmen konnte.[130] Diese Zweiteilung überwindet Wolff über die Figur der Rechtsstellung. Zum anderen stellte sich das Problem, dass das geltende Prozessrecht die Vornahmeklage – heute: Leistungs- bzw. Verpflichtungsklage – nur bei einem Leistungsan-

---

126 *Wolff*, Abwendungsanspruch (Fn. 123), S. 134, 136.

127 BVerwGE 1, 159. Siehe zur Bedeutung *Fritz Ossenbühl*, Die Weiterentwicklung der Verwaltungswissenschaft, in: Kurt G. A. Jeserich/Hans Pohl/Georg-Christoph von Unruh (Hrsg.), Deutsche Verwaltungsgeschichte, Bd. 5, Stuttgart 1987, S. 1143 (1146); *Rainer Wahl*, Herausforderungen und Antworten: Das Öffentliche Recht der letzten fünf Jahrzehnte, Berlin 2006, S. 26.

128 *Wolff*, Verwaltungsrecht I (Fn. 72), § 43 III, S. 180.

129 *Wolff*, Rechtsgrundsätze (Fn. 85), S. 52; zur Abgrenzung von sozialem Rechtsstaat und Wohlfahrtsstaat auch *Wolff*, Verwaltungsrecht I (Fn. 72), § 11 II 5, S. 38. Der Umstand, dass in BVerwGE 1, 159 gebundene Entscheidungen Gegenstand waren, geht bei Wolffs Kritik unter. Der „soziale Rechtsstaat“ war eines der großen Themen der 1950er Jahre. U.a. wurde er auf der Staatsrechtslehrertagung 1953 diskutiert, Referenten waren Forsthoff und Bachof. Wolff war zu dieser Zeit Vorstandsvorsitzender, konnte aber wegen einer Erkrankung nicht teilnehmen. Auch Mengers Antrittsvorlesung ist dem Begriff gewidmet: *Christian-Friedrich Menger*, Der Begriff des sozialen Rechtsstaates im Bonner Grundgesetz, Tübingen 1953. Siehe schließlich *Peter Badura*, Verwaltungsrecht im liberalen und im sozialen Rechtsstaat, Tübingen 1966.

130 Vgl. *Schmidt*, Subjektivierung (Fn. 123), S. 76 ff.

spruch und ansonsten die Anfechtungsklage gegen einen Versagungsbescheid vorsah (§§ 23, 24 nach der Verordnung Nr. 165 „Verwaltungsgerichtsbarkeit in der britischen Zone" der britischen Militärregierung, an deren Erstellung Wolff als Mitglied des „Beratenden Ausschusses für Verwaltungs- und öffentliches Recht der britischen Zone" mitgewirkt hatte;[131] § 35 Abs. 2 Verwaltungsgerichtsgesetz für die amerikanische Zone). Auf diese prozessualen Möglichkeiten ist Wolffs materiell-rechtliche Konstruktion zugeschnitten. Dabei legt er eine nach dem damaligen Recht wohl nicht zwingende Interpretation der prozessualen Vorschriften zugrunde, wonach die Vornahmeklage nur bei Leistungsrechten in Betracht kam. Er ordnet dementsprechend den Abwendungsanspruch bei fehlerhafter Ermessensbetätigung ausschließlich der Anfechtungsklage zu.[132]

In der 1. Auflage des *Verwaltungsrechts I* greift Wolff seine Doktrin auf und legt sie zugrunde. Die mittlerweile erschienene Lösung Otto Bachofs identifiziert er zu Recht mit seiner eigenen: Vom „Abwendungsanspruch, den Bachof als ‚formelles subjektives öffentliches Recht auf fehlerfreien Ermessensgebrauch' bezeichnet", ist die Rede.[133] Der Vorschlag Wolffs konnte sich begrifflich nicht durchsetzen; konstruktiv ist er gleichwertig. Der Vorschlag musste letztlich untergehen, weil das Problem, das er lösen sollte, in Verpflichtungskonstellationen drängender ist (Beamtenernennung, Anspruch auf polizeiliches Einschreiten etc.) und dabei jedenfalls ab 1960 prozessual die Verpflichtungsklage als statthaft angesehen wurde, notfalls in der „Minus-Konstellation" der Bescheidungsklage. Das seit 1960 geltende Prozessrecht geht dabei über den

---

[131] *Kriele*, Hans J. Wolff (Portrait) (Fn. 12), S. 688.

[132] *Wolff*, Abwendungsanspruch (Fn. 123), S. 129. Die Vornahmeklage und das entsprechende Urteil hingegen beschränkte Wolff strikt auf Ansprüche aus gebundenen Entscheidungen (*ders.*, Abwendungsanspruch [Fn. 123], S. 129; *Wolff*, Verwaltungsrecht I [Fn. 72], § 31 II, S. 121). Anders für das Recht auf fehlerfreie Ermessensbetätigung *Otto Bachof*, Die verwaltungsgerichtliche Klage auf Vornahme einer Amtshandlung, Tübingen 1951, S. 87; *Theodor van de Sandt*, Die Verwaltungsgerichtsbarkeit in der britischen Zone, Münster 1949, § 24 Anm. 2 (der einen Rechtsanspruch auf Vornahme eines Verwaltungsakts „ohne Ermessensmißbrauch" annimmt; dieser Anspruch geht sicherlich über den Anspruch auf bloße Verbescheidung hinaus). Anfang der 1950er Jahre wurde die Anfechtungsklage im Fürsorgerecht als zentrale Klageart angesehen, auch für einen Rechtsanspruch auf Fürsorge, vgl. *Otto Jehle*, Fürsorgerecht. Handkommentar zur Reichsverordnung über die Fürsorgepflicht vom 13. Februar 1924 (RGBl. I S. 100) mit ihren Änderungen, einschlägigen Nebengesetzen, Fürsorgerechtsvereinbarung, Hamburger Vereinbarung und bayerischen Vollzugsvorschriften, 2. Aufl., München 1954, S. 4, 92, 475, 646, 649. Nach *Hans Heinrich Rupp*, Zur neuen Verwaltungsgerichtsordnung: Gelöste und ungelöste Probleme, AöR 85 (1960), S. 301 (304 f.) war es „bisher wohl überwiegende Rechtsprechung", für die Geltendmachung des Rechts auf fehlerfreie Ermessensausübung nur die Anfechtungsklage zuzulassen (mit Hinweis auf die abweichende Auffassung Bachofs). Eine gleichwohl erhobene Vornahmeklage wäre unbegründet gewesen (vgl. OVG NW, Urt. v. 26.3.1958, III A 1295/56, DVBl. 1058, 659). Siehe zum Ganzen auch *Matthias Kötter*, Fortbilden, um zu bewahren: Otto Bachof und der Wandel verwaltungsrechtlicher Dogmatik unter dem Grundgesetz (in diesem Band), S. 231 (246).

[133] *Wolff*, Verwaltungsrecht I (Fn. 72), § 43 III b, S. 180; siehe auch ebd., § 31 II e, S. 120 f.

Anspruch auf fehlerfreie Ermessensbetätigung insoweit hinaus, als dass es, was gerade beim Bescheidungsurteil besonders deutlich ist, zum eigentlichen Anspruch auf fehlerfreie Ermessensbetätigung hinzukommend den Anspruch auf Verbescheidung in den Urteilsspruch aufnimmt.[134] Dieser Anspruch wurde von Wolff sicherlich als selbstverständlich vorausgesetzt und er hat ihn aufgrund seiner Deutung des prozessualen Materials auch gar nicht näher in den Blick gerückt. In den verschiedenen Auflagen des *Verwaltungsrechts I* lässt sich die Entwicklung gut nachzeichnen. In der 3. Auflage des Buches (1959) weist Wolff schon darauf hin, dass die Gerichte zunehmend die Vornahmeklage zulassen, wenn die tatbestandsmäßigen Voraussetzungen für die Ablehnung eines Antrages nicht vorliegen oder das Ermessen auf Null reduziert ist.[135] In der 4. Auflage (1961) wird der Abwendungsanspruch mit der Verpflichtungsklage, dem Nachfolger der Vornahmeklage, in Verbindung gebracht; der Anspruch ermöglicht es nun auch, Verpflichtungsklage zu erheben, wenn jemandem eine Begünstigung ermessensfehlerhaft verwehrt wurde.[136] Es könne – und das ist eine komplett andere Lösung als die ursprüngliche – auf erneute, ermessensfehlerfreie Entscheidung über den Antrag geklagt werden.

Dass sich Wolffs Lösung nicht durchsetzen konnte, lag also nicht unbedingt daran, dass er nur zögerlich verfassungsrechtliche Bestimmungen in die verwaltungsrechtliche Dogmatik integrierte, sondern ist eher darauf zurückzuführen, dass er eine bestimmte Interpretation des Prozessrechts zugrunde legte. Vielleicht war Wolff sogar aufgrund seiner analytisch eigentlich klareren Haltung – er hat den Anspruch auf Verbescheidung aus der Konstruktion herausgehalten – an einer anderen Interpretation des Prozessrechts gehindert.

---

[134] Vgl. *Christian Bickenbach*, Das Bescheidungsurteil als Ergebnis einer Verpflichtungsklage. Streitgegenstand, verfassungsrechtliche Grundlagen, verwaltungsprozessrechtliche Voraussetzungen, Wirkungen, Berlin 2006, S. 73 ff. Die Pflicht zur Verbescheidung besteht kraft Gesetzes, also auch, sofern der ablehnende Bescheid vom Gericht aufgehoben wurde. Der Pflicht entspricht ein subjektives öffentliches Recht des Antragstellers. Im Bescheidungsurteil wird der Anspruch auf Verbescheidung vorausgesetzt. Die Bescheidungsklage schließt also die prozessuale Lücke, die im alten Prozesssystem entstand, wenn die Behörde bei Ermessensnormen über einen Antrag gar nicht entschied. Die traditionelle Lösung spiegelt sich noch in § 35 Abs. 2 Satz 3 VGG wider, der im Falle einer Unterlassung eine Ablehnung fingiert, die dann anzufechten ist. In der britischen Verordnung N. 165 war mit der Untätigkeitsklage (§ 24) an sich eine Rechtsschutzmöglichkeit vorhanden. Sie war aber an das Vorliegen eines Anspruchs auf Vornahme des beantragten Verwaltungsaktes geknüpft. Folgte man bei Ermessensvorschriften der traditionellen Lehre, schied die Untätigkeitsklage aus.

[135] *Hans J. Wolff*, Verwaltungsrecht I, 3. Aufl. 1959, § 31 II e, S. 141.

[136] *Hans J. Wolff*, Verwaltungsrecht I, 4. Aufl. 1961, § 31 II e, S. 146.

7. Fazit

Wolffs Ansatz ist höchst fragil, weil die Kernelemente der Konstruktion sich nur widerstrebend zusammenfügen lassen: Es steht eine neukantianische Wissenschaftstheorie im Mittelpunkt,[137] die einem kelsenianischen analytischen Normativismus verpflichtet ist, doch ist die Verwaltungsrechtswissenschaft hier durchaus soziologisch „aufgeklärt" und rechtsethisch rückgebunden. Wolff war schon früh der Auffassung, dass die Rechtstheorie auf einer Rechtsphilosophie aufbauen muss: „Denn es ist nicht nur fruchtlos, sondern unmöglich, ausschließlich mit unbekannten Größen zu operieren."[138] Wolff schafft es, dies alles weitgehend zusammenzuhalten und auch noch in pandektistischer Manier darzustellen. Die vielen Stränge werden kunstvoll miteinander zu einem Netz verknüpft, das unter der formalistisch anmutenden Darstellung des Verwaltungsrechts liegt und sie gleichsam federnd trägt. Ob Wolff die Zusammenhänge von rechtlicher und sozialer Organisation vielleicht aus dem Blick gerieten,[139] und ob dies auf eine zu streng durchgeführte neukantianische Trennung von Sein und Sollen zurückzuführen ist, bedürfte weiterer Untersuchung. Doch gerade weil die Theorie komplex ist, erweist sie sich, insbesondere mit Blick auf das Zusammenspiel von Rechtsgesetz, verfassungsgestaltender Grundentscheidung, Verfassungsgesetz und einfachem Gesetz, als hinreichend flexibel, um die neue verfassungsrechtliche Situation nach 1949 zu verarbeiten. Aber mag auch die allgemeine Einschätzung zutreffen, die Verwaltungsrechtswissenschaft habe die neuen Ordnungsvorstellungen des Grundgesetzes schnell in das Verwaltungsrecht übernommen[140] – mit Blick auf Wolff ist Vorsicht angezeigt. Der Einschätzung, er habe das Verfassungsrecht engagiert rezipiert,[141] muss zumindest in einer Hinsicht widersprochen werden: Das Demokratieprinzip wird nicht in seine Systematik integriert.

Die so oft wiederholten Sätze über das Beharrungsvermögen des Verwaltungsrechts lassen sich also in bemerkenswerter, eigensinniger Weise auch auf das Verwaltungsrechtsdenken Wolffs anwenden. Wird eine Verfassung von einer neuen abgelöst, dann können sich, Wolff zufolge, in Vermittlung über die verfassungsgestaltenden Grundentscheidungen durchaus sehr bedeutsame Vorgaben für die Verwaltung ändern. Aber es gibt zwei wichtige Konstanten: Nicht nur das verwaltungsrechtliche System, sondern auch das Rechtsgesetz, d.h. die vernunftrechtliche Einbettung der gesamten Rechtsordnung, bleiben gleich.

---

[137] Hinweis darauf auch bei *Böckenförde*, Organ (Fn. 50), S. 275.

[138] *Wolff*, Besprechung Kocourek (Fn. 12), S. 505.

[139] Dies ist jedenfalls einer der Kritikpunkte bei *Böckenförde*, Organ (Fn. 50).

[140] Etwa bei *Schmidt-Aßmann*, Herausbildung (Fn. 31), S. 253, mit Hinweis auf Rechtsprechung und Fritz Werners „Verwaltungsrecht als konkretisiertes Verfassungsrecht".

[141] *Erichsen*, Hans J. Wolff (Fn. 9), S. 257.

Die Rechtsidee steht damit neben der Verfassungsidee. Ihr kommt, weil sie geltungsbegründend wirkt, letztlich sogar die stärkere Kraft zu. Aber dieser Vorrang wirkt sich praktisch kaum aus, was auf die weitgehende inhaltliche Übereinstimmung von Rechtsidee und Verfassung zurückzuführen ist.

V. Wirkung

Die Wirkung Wolffs ist nicht leicht zu beurteilen. Den vielen positiven Würdigungen seines Schaffens im Allgemeinen und seines Lehrbuchs zum Verwaltungsrecht im Besonderen – zuletzt hat Markus Möstl Wolffs „Innovationskraft" gewürdigt[142] – stehen die eingangs dieses Beitrages zitierten kritischen Beurteilungen gegenüber. Es lassen sich Aspekte der Schulbildung (unter 1) und Aspekte der Rezeption (unter 2) unterscheiden.

1. Schulbildung

Nach einer Einschätzung von Martin Kriele wirkte Wolff „in hohem Maße schulbildend".[143] Um diese Wirkung etwas besser beurteilen zu können, bietet es sich an, die Schüler im formalen Sinne, d. h. Doktoranden und Habilitanden, in den Blick zu nehmen. Die Zahl der Doktoranden Wolffs ist nicht bekannt. Aufgrund der vergleichsweise hohen Zahl an Habilitanden kann davon ausgegangen werden, dass viele bei Wolff promovierten. An Habilitanden, die Wolff betreut hat, sind zu nennen:[144] Christian-Friedrich Menger, Ernst-Wolfgang Böckenförde, Erich Küchenhoff, Martin Kriele, Wolfgang Martens, Ralf Dreier und Ulrich Battis. Inhaltliche Prägungen können wohl bei jedem dieser Wissenschaftler beobachtet werden. Eine Weiterführung typischer Wolff'scher Ideen kann insbesondere bei Menger beobachtet werden, dessen Schüler wiederum Hans-Uwe Erichsen, Werner Hoppe und Albert von Mutius waren. Bei Hoppe war Wolff zudem wohl Zweitgutachter der Dissertation. Gerade solche Zweitbegutachtungen lassen das Bild von der Schulbildung allerdings schnell ausfransen. So werden als Schüler Wolffs gelegentlich auch Helmut Ridder, Georg-Christoph Unruh und Heinhard Steiger genannt. Dabei handelt es sich aber um untergeordnete Beteiligungen Wolffs im Habilitations- oder Promotionsver-

---

[142] *Markus Möstl*, Hans J. Wolff (1898–1976), in: Peter Häberle/Michael Kilian/Heinrich Amadeus Wolff (Hrsg.), Staatsrechtslehrer des 20. Jahrhunderts, Berlin u. a. 2015, S. 507 (513).

[143] *Kriele*, Hans J. Wolff (Portrait) (Fn. 12), S. 700.

[144] Dazu *Helmuth Schulze-Fielitz*, Staatsrechtslehre als Mikrokosmos, Tübingen 2013, Anhang, Tafel XII/1. *Erichsen*, Hans J. Wolff (Fn. 9), S. 265, nennt Helmut Ridder, Menger, Böckenförde, Kriele, Erich Küchenhoff, Christoph von Unruh, Wolfgang Martens, Heinhard Steiger, Ralf Dreier und Werner Hoppe als Personen, deren Habilitation Wolff betreut oder mitbetreut habe (also: bei denen er Zweitgutachter war).

fahren. Ähnliches gilt für den nach den üblichen Kategorien nicht als Staatsrechtslehrer zählenden Bodo Börner, der sich mit seiner Schrift über „Die Entscheidungen der Hohen Behörde" 1960 in Münster unter der Betreuung von Harry Westermann und Wolff habilitierte (er erhielt die Venia für Bürgerliches Recht und Wirtschaftsrecht).[145] Wolff selbst nannte einmal – Jahre vor dem Ende seines Wirkens – seinen 1961 verstorbenen Assistenten Dieter Volkmar seinen „liebsten" Schüler.[146]

2. *Rezeption*

Wolffs *Organschaft* wurde in den 1960er Jahren geradezu wiederentdeckt.[147] Hans Heinrich Rupps „Grundfragen der heutigen Verwaltungsrechtslehre" ist ohne dieses Buch nicht denkbar.[148] Wolffs *Verwaltungsrecht* – vor allem der erste Band – avancierte zum Standardwerk. Dabei ist seine Wirkung differenziert zu beurteilen. Dem Werk wird das Verdienst zugeschrieben, die gewaltige Stoffmenge „systematisch gebändigt und durch große terminologische Prägnanz handhabbar gemacht zu haben".[149] Hinzu kommen die dogmatischen Innovationen Wolffs (Sonderrechtstheorie, Verwaltungsprivatrecht, dinglicher Verwaltungsakt).

Wolffs rechtstheoretische Grundlagenarbeit hingegen wurde (und wird) vernachlässigt. Das ausgefeilte verwaltungsrechtswissenschaftliche Konzept, das seinem Werk zugrunde liegt, hat in den einschlägigen methodischen Debatten jedenfalls ausdrücklich keine Rolle gespielt. Wer in den entsprechenden Diskussionen der 1970er Jahre den Namen Hans J. Wolff sucht, wird kaum fündig. Auch in Darstellungen der verwaltungsrechtlichen Entwicklung, die aus heutiger Perspektive verfasst werden, spielt Wolff keine Rolle.[150] Angesichts des großen konzeptionellen Aufwands, der hinter Wolffs *Verwaltungsrecht* eigentlich steht, ist dies durchaus überraschend. Das vernunftrechtliche Fundament des

---

145 Vorwort, in: *Jürgen F. Baur/Peter-Christian Müller-Graff/Manfred Zuleeg* (Hrsg.), Europarecht, Energierecht, Wirtschaftsrecht, Köln 1992, S. V–X (VI).

146 Vorwort von Wolff, in: *Dieter Volkmar*, Allgemeiner Rechtssatz und Einzelakt. Versuch einer begrifflichen Abgrenzung, Berlin 1962, S. 5.

147 *Battis*, Staatsrechtslehrer (Fn. 15), S. 884: Rezeption von *Organschaft* bei Rupp, Fritz Fabricius, Ernst-Wolfgang Böckenförde und Ralf Dreier. Zu Fabricius: Gemeint ist wahrscheinlich dessen Habilitationsschrift „Relativität der Rechtsfähigkeit. Ein Beitrag zur Theorie und Praxis des privaten Personenrechts", München/Berlin 1963.

148 Siehe dazu *Andreas Funke*, Ein Außenseiter, mittendrin. Zur Erfolgsbilanz des neo-kelsenianischen Verwaltungsrechts von Hans Heinrich Rupp (in diesem Band), S. 305 ff.

149 *Voßkuhle*, Allgemeines Verwaltungsrecht (Fn. 115), S. 957; siehe auch oben Fn. 8.

150 Fehlanzeigen: *Bumke*, Entwicklung (Fn. 103); *Christoph Schönberger*, „Verwaltungsrecht als konkretisiertes Verfassungsrecht", in: Michael Stolleis (Hrsg.), Das Bonner Grundgesetz, Berlin 2006, S. 53 ff.

Lehrbuchs hat bei der Rezeption des Buches überhaupt keine Rolle gespielt und es wird auch heutzutage regelmäßig unterschlagen.[151]

Bei aller Wertschätzung Wolffs wurde gelegentlich angemerkt, dass sein Werk keine Impulse für die Fortentwicklung des Verwaltungsrechts gegeben habe.[152] Es habe keine Perspektive geboten.[153] Diese Einschätzung erfolgt freilich von einem Standpunkt aus, den Wolff nie eingenommen hätte. Es sei an die Eingangsworte seiner Dissertation erinnert, die die Aufgabe der Gestaltung des Verwaltungsrechts dem Gesetzgeber überantworten.[154] Die Verwaltungsrechtswissenschaft war dafür in seinen Augen nicht zuständig. Innovativ war Wolff innerhalb seines Systems.

Kriele gibt einen wichtigen Hinweis auf die Wirkungsweise des Wolff'schen Denkens: Sein System und seine Begrifflichkeit waren prägend, auch wenn dies nicht immer konkret nachweisbar ist.[155] Sicherlich: Über Einflüsse auf der Ebene gedanklicher Tiefenschichten lässt sich immer spekulieren. Die strikte Trennung von Sein und Sollen hat sich aber nun einmal tief in das deutsche verwaltungsrechtliche Denken eingeschrieben.[156] Wolff hat diese Unterscheidung konsequent wie nur wenige ebenso zu einem System ausgebaut, wie er Wege zur Überbrückung der Kluft von Sein und Sollen gewiesen hat. Gerade in Vermittlung über seine „Schule" dürfte Wolff stark gewirkt haben. Dass Helmuth Schulze-Fielitz von einer „Wolff-Schule" spricht, die er – neben anderen – einem „eher traditionellen dogmatischen Ansatz" zuordnet (er nennt als Beispiele dieser Schule Erichsen, Walter Krebs, Menger, von Mutius, Friedrich Schoch und Hermann Hill),[157] erscheint plausibel (auch wenn darin einmal mehr die vernunftrechtliche Dimension des Wolff'schen Werkes unterschlagen wird) und zeigt das Fortwirken Wolffs bis in die heutige Zeit. Eine Zeit lang konnte auch selbstbewusst von einer „Münsterschen Schule der Rechtstheorie" gesprochen werden, als deren eine Säule Werner Krawietz die von Wolff geführte Westfälische Sektion der Internationalen Vereinigung für Rechts- und Sozialphilosophie, als andere Säule Joachim Ritters Collegium Philosophicum nennt.[158] Die Hinwendung zur sozialen Wirklichkeit von Recht und Staat war nach Krawietz das Kennzeichen dieser Schule. Die Bedeutung Wolffs kann man schließlich

---

[151] Etwa bei *Voßkuhle*, Allgemeines Verwaltungsrecht (Fn. 115), S. 957 f.; *Möstl*, Hans J. Wolff (Fn. 141); siehe auch schon oben Fn. 19 zu Giese.

[152] *Voßkuhle*, Allgemeines Verwaltungsrecht (Fn. 115), S. 957.

[153] Siehe Fn. 4.

[154] Fn. 29.

[155] *Kriele*, Hans J. Wolff (Nachruf) (Fn. 18), S. 28.

[156] Vgl. *Bumke*, Entwicklung (Fn. 103), S. 80 ff., 130.

[157] *Helmuth Schulze-Fielitz*, Staatsrechtslehre als Wissenschaft: Dimensionen einer nur scheinbar akademischen Fragestellung, in: ders. (Hrsg.), Staatsrechtslehre als Wissenschaft, Berlin 2007, S. 11 (35 Fn. 117).

[158] *Werner Krawietz*, Juristische Entscheidung und wissenschaftliche Erkenntnis. Eine Untersuchung zum Verhältnis von dogmatischer Rechtswissenschaft und rechtswissenschaftlicher Grundlagenforschung, Wien u. a. 1978, S. XIII.

auch am Stellenwert der Rechtsverhältnislehre ablesen. Die Protagonisten der Rechtsverhältnislehre setzten zweifellos auch das Anliegen Wolffs fort (siehe unter III 2 c). Es wundert nicht, ein etwas gewundenes Bekenntnis Norbert Achterbergs zu lesen, der sich zu denen zählte, die zwar nicht Hörer Wolffs gewesen seien, aber sich als Schüler bezeichnen dürften.[159]

3. Was blieb?

Niemand von den Schülern Wolffs war nach seiner Emeritierung bereit, das Lehrbuch fortzuführen. Für Wolff war das, in den Worten Ralf Dreiers, eine Tragödie.[160] Dass letztlich – seitens der Verlages – mit Otto Bachof einer der renommiertesten Verwaltungsrechtler jener Zeit gefunden werden konnte, der zur Fortsetzung des Werks bereit war, wird manche Zeitgenossen erstaunt haben, entsprach doch das wissenschaftliche Naturell Bachofs, vielfach auf Vermittlung angelegt, nicht unbedingt demjenigen Wolffs.[161] Doch hat Bachof nicht nur den Fortbestand des Werkes, sondern – jedenfalls vorübergehend – den Fortbestand der Ideen, die das Lehrbuch prägten, gesichert. Substantielle Eingriffe hat Bachof nicht vorgenommen. Anders gesagt: Er hat dem Werk, im Guten wie im Schlechten, nicht seinen Stempel aufgedrückt. Aber gerade die Fortführung des Wolff'schen Ideengebäudes musste mit den Jahren immer schwieriger werden – nicht nur, weil weitere Autoren mit je eigenem wissenschaftlichem Hintergrund hinzustießen (Rolf Stober, Winfried Kluth, Martin Müller, Andreas Peilert), womit zwangsläufig der einheitliche Charakter des Lehrbuchs beeinträchtigt wurde.[162]

Wolffs Projekt kann vielleicht auf einen Begriff gebracht werden: Übersichtlichkeit. Das gesamte Feld des Verwaltungsrechts sollte ausgeleuchtet werden. Dafür stand das *Verwaltungsrecht* wie kaum ein anderes wissenschaftliches Lehrbuch des Verwaltungsrechts. Wolffs Projekt fand in den Jahren nach 1945 sicherlich auch entsprechende Rahmenbedingungen vor: Das Verwaltungsrecht war noch überschaubar, die Universität war noch keine Massenuniversität, der Pluralisierungsschub von „1968“ war zunächst noch fern.[163] Die sozialen und

---

[159] *Achterberg*, Hans J. Wolff (Fn. 5), S. 121.

[160] Ralf Dreier im Gespräch.

[161] Näher zur Fortsetzung durch Bachof *Dieter H. Scheuing*, Otto Bachof (1914–2006), in: Peter Häberle/Michael Kilian/Heinrich Amadeus Wolff (Hrsg.), Staatsrechtslehrer des 20. Jahrhunderts, Berlin u. a. 2015, S. 847 (856 f.); zum „vermittelnden“ Charakter *Kötter*, Fortbilden, um zu bewahren (Fn. 132), S. 234.

[162] Siehe auch die kritische Bemerkung in Fn. 89.

[163] Zu diesen Rahmenbedingungen und davon abhängigen Wellenbewegungen in der Entwicklung des Verwaltungsrechtswissenschaft: *Michael Stolleis*, Verwaltungsrechtswissenschaft in der Bundesrepublik Deutschland, in: Dieter Simon (Hrsg.), Rechtswissenschaft in der Bonner Republik, Frankfurt am Main 1994, S. 227 (252 ff.).

politischen Veränderungen der 1960er und 1970er Jahre trugen somit dazu bei, ein Denken wie dasjenige Wolffs verblassen zu lassen. Dass es in der Sache bedeutungslos wurde, ist damit aber nicht gesagt: Wolffs größte Wirkung liegt vielleicht darin, nachhaltig dasjenige Verwaltungsrecht der „juristischen Methode" ausgearbeitet zu haben, das als wissenschaftlicher Mainstream ab den 1970er Jahren das Angriffsziel verschiedener Reformbestrebungen darstellte. Eine Steigerung der dogmatischen Durchdringung des Verwaltungsrechts erschien Wolffs Zeitgenossen nicht mehr möglich: „[W]ie dogmatischer soll es [das Verwaltungsrecht, A. F.] denn noch werden", so fragte sich – durchaus anerkennend – Helmut Quaritsch nach der Lektüre der drei Bände des Lehrbuchs.[164]

Die subtilen Begriffsbildungen waren für Wolff kein Selbstzweck, sondern ein Mittel zur präzisen Erfassung des Rechtsstoffs.[165] Dass sie die Aufgabe hatten, die wissenschaftliche Systembildung klar und vollständig zu machen, wurde im Vorstehenden mehrfach herausgestellt. Aber vielleicht sollte die präzise Systematik auch Bedürfnissen der Praxis dienen, ja vielleicht war dies ihr eigentlicher Sinn? Nicht umsonst wird die Bedeutung des *Verwaltungsrechts* für Wissenschaft *und* Praxis gerühmt.[166] Der auch in der Praxis verwurzelte Wolff wollte deren Bedürfnisse nicht ignorieren.[167] Die Praxis sollte seiner Auffassung nach theoretisch angeleitet sein. Gerade deshalb müsse aber die Ausbildung in der Theorie – das Studium – von der Ausbildung in der Praxis getrennt bleiben. Die Rechtswirklichkeit lässt sich „schlechterdings nicht wie ein Magenkranker in einen Hörsaal holen".[168] Erst wenn die Kunst der juristischen Abstraktion richtig beherrscht werde, könne der Jurist dem „Leben" dienen. Diese Gedanken Wolffs galten konkret der juristischen Universitätsausbildung, lassen sich aber auf sein Forschungsprogramm übertragen. Eine präzise Systematik ist, so kann gefolgert werden, gerade der Schlüssel zur Steuerungsfähigkeit der Verwaltungsrechtswissenschaft. Insofern stand Wolff eigentlich der Verwaltungswirklichkeit näher als diejenigen, die die gestalterische Funktion der Verwaltung rechtsdogmatisch fassbar machen wollten.[169]

Und Wolffs *Frage*, die Semantik des Handelns für andere? In der Sozialwissenschaft der zweiten Hälfte des 20. Jahrhunderts ist sie wohl untergegangen. In den Forschungsprogrammen der Rollen- und Organisationssoziologie mag sie noch schemenhaft erkennbar sein, aber die wirklichen Probleme wurden bald andere. Der philosophische Diskurs über individuelle, kollektive und kooperative Verantwortung setzt eine Antwort auf die *Frage* voraus, ohne sie ausdrück-

---

[164] *Helmut Quaritsch*, Diskussionsbemerkung, VVDStRL 30 (1972), S. 316 (316).
[165] *Bachof*, Hans J. Wolff (Fn. 4), S. 70.
[166] *Bachof*, Hans J. Wolff (Fn. 4), S. 69; *Achterberg*, Hans J. Wolff (Fn. 5), S. 120.
[167] *Hans J. Wolff*, Juristische Theorie und Praxis, JZ 1951, S. 585 (586).
[168] *Wolff*, Theorie und Praxis (Fn. 166), S. 586.
[169] Vgl. *Winfried Brohm*, Die Dogmatik des Verwaltungsrechts vor den Gegenwartsaufgaben der Verwaltung, VVDStRL 30 (1972), S. 245 (261).

lich zum Thema zu machen.[170] Sie ist eben auch, wiewohl „metajuristisch", von juristischen Erkenntnisinteressen bestimmt. Jenseits der Jurisprudenz zog sie weniger Aufmerksamkeit auf sich. Vielleicht sollten wir auch einfach die Antwort in Wolffs Schaffen sehen.

[170] Vgl. *Ludger Heidbrink*, Kritik der Verantwortung. Zu den Grenzen verantwortlichen Handelns in komplexen Kontexten, Weilerswist 2003, S. 200ff.; *Kurt Bayertz*, Eine kurze Geschichte der Herkunft der Verantwortung, in: ders. (Hrsg.), Verantwortung, Darmstadt 1995, S. 3 (30ff.).

Margrit Seckelmann

Die Geburt der Verwaltungswissenschaft aus dem Geiste der Demokratie: Fritz Morstein Marx[1]

I. Verwaltung als Wissenschaft

1. *Ein echter „Wanderer zwischen den Welten"*

„Für uns jüngere Wissenschaftler war die Berufung von Fritz Morstein Marx nach Speyer in etwa so, als wenn man ein Fenster geöffnet hätte"[2], so beschreiben Zeitgenossen den Speyerer Hochschullehrer, der 1962 aus der Emigration zurückkehrte.[3] Morstein Marx, der – der US-amerikanischen Methode folgend – oftmals auch einfach mit seinen Initialen „FMM" bezeichnet wurde, gab sich nicht nur in seinem Kleidungsstil zivil und unkonventionell, was ihn von den meisten seiner Speyerer Kollegen in den 1960er Jahren unterschied.[4] Hinzu kam seine (gerade für die damaligen Verhältnisse) humorige und bildhafte Sprache – heute ist es kaum noch vorstellbar, wie seine Vorträge auf die jungen Zuhörer gewirkt haben müssen, die sich zur Zeit des ersten Auschwitzprozesses (1963–1965) mühsam von den langen Spinnfäden zu befreien begannen, die der Nationalsozialismus bis in das Nachkriegsdeutschland hinein gesponnen hatte. Unkonventionalität hat sein Denken und Handeln geprägt. Diese Nonkonformität

---

[1] Gedankt sei vor allem Prof. Dr. Klaus Dammann, Prof. Dr. Klaus-Eckart Gebauer, Helli Hähnlein, Prof. Dr. Dr. Klaus König, Dr. Robert Morstein Marx, Prof. Dr. Renate Manytz, Prof. Dr. Rainer Nicolaysen und Dr. Dorothea Steffen. Weiteres an der jeweiligen Stelle.

[2] So die Schilderung von Prof. Dr. Dr. Klaus König am 17.11.2014.

[3] So berichtete neben *König* (Fn. 2) auch Prof. Dr. Hellmut Wollmann (seinerzeit Assistent von Carl Joachim Friedrich) vom eindrücklichen Auftreten FMMs in dem von ihm zusammen mit Friedrich in Heidelberg veranstalteten Doktorandenseminar, in dem nicht zuletzt FMMs Vorliebe dafür aufgefallen sei, sommers wie winters in leichten Anzügen oder den von ihm bevorzugten hellblauen Hemden und leichten Hosen aufzutreten, vgl. eine E-Mail *Wollmanns* an die Verfasserin vom 23.12.2014.

[4] Viele der Geschichten über FMM haben sich noch lange in Speyer gehalten und wurden gleichsam von Generation zu Generation weitergegeben. So berichtete etwa Prof. Dr. Werner Jann, der erst kurz nach FMMs Ausscheiden an die Hochschule für Verwaltungswissenschaften kam, der Verfasserin, dass FMM gerne sein ebenerdiges Büro über das Fenster verlassen habe, wenn er einen Bus noch habe erreichen wollen, vgl. seine E-Mail an die Verfasserin vom 12.6.2013.

war jedoch kein Selbstzweck, sondern Ergebnis einer zutiefst humanen, demokratischen und letztlich auch modernen Einstellung.

Seine Modernität zeigte sich schon darin, dass er nach Studium (1919–1922)[5], einer Promotion bei Kurt Perels zu einem staatsrechtlichen Thema („Beiträge zum Problem des parlamentarischen Minderheitenschutzes", 1923) und dem Zweiten Juristischen Staatsexamen (1925) zunächst in die Verwaltung der (nach und nach) in die Freie und Hansestadt Hamburg eingemeindeten Vororte eingetreten war und von dort aus in die Sozialverwaltung wechselte, in der er die sich täglich verschlimmernde Arbeitslosigkeit nach der Weltwirtschaftskrise und ihre Auswirkungen hautnah miterlebte. Beide Gebiete waren sozusagen „neu" und gewannen seit der Kriegswirtschaft zunehmend an Bedeutung, denn eine „ab 1920 zu beobachtende Welle von Eingemeindungen schuf größere kommunale Einheiten. Das Sozialrecht expandierte gerade in den ersten Jahren der Republik (Fürsorge, Jugendwohlfahrt, Jugendschutz, Knappschaftsversicherung, Arbeitslosenversicherung)".[6]

Konnte Morstein Marx mit seinem profunden, bei Kurt Perels und Albrecht Mendelssohn Bartholdy erworbenen Wissen und seinen frischen Ideen in der sozialdemokratisch-freidemokratisch geprägten Bürgerschaft eine rasche Karriere machen, wendete sich das Blatt mit der „Machtergreifung" der Nationalsozialisten: Er wurde zunächst in den einstweiligen Ruhestand versetzt. Nachdem ihm bescheinigt worden war, nicht mehr verdächtigt zu werden, der SPD anzugehören oder sonst in der Diktion der Nationalsozialisten „politisch unzuverlässig" zu sein, und obwohl ihm sogar eine Beförderungsstelle angeboten worden war, beantragte er zum 31. Oktober 1933 die Entlassung aus dem Hamburgischen Beamtendienst und schiffte sich am 1. Dezember 1933 mit Frau und Tochter in die USA ein, wenn ihn und seine kleine Familie auch dort ein mehr als ungewisses Schicksal erwartete. Denn Morstein Marx würde, so viel war klar, sich nicht verbiegen können, dafür war er auf seinen friesischen Dickschädel viel zu stolz. Auch wird ihm der Freitod seines (in der menschenverachtenden Diktion der Nationalsozialisten „nicht-arischen") Doktorvaters Perels und der Umgang der Nationalsozialisten mit seinem Förderer Mendelssohn Bartholdy nahegegangen sein.[7]

Fritz Morstein Marx war seinem Selbstverständnis nach ebenso modern wie human und geriet genau deswegen immer wieder in Konflikt mit der Gesell-

---

[5] Morstein Marx studierte an der 1919 neugegründeten Hamburgischen Universität, die er für jeweils ein Semester in Richung Freiburg (WS 1919/20) und München (SoSe 1920) verließ. Zur Hamburgischen Universität *Rainer Nicolaysen*, „Frei soll die Lehre sein und frei das Lernen". Zur Geschichte der Universität Hamburg, Hamburg 2008.

[6] *Michael Stolleis*, Die Wiederbelebung der Verwaltungslehre im Nationalsozialismus, in: Erk Volkmar Heyen (Hrsg.), Wissenschaft und Recht der Verwaltung seit dem Ancien Régime: europäische Ansichten, Frankfurt am Main 1984, S. 147 (150).

[7] Dazu Näheres bei *Margrit Seckelmann*, „Mit Feuereifer für die öffentliche Verwaltung": Fritz Morstein Marx – Die frühen Jahre (1900–1933), DÖV 2013, S. 401.

schaft und dem öffentlichen Dienst seiner Zeit. Seine Selbstdefinition als Vertreter einer modernen, wissenschaftlich angeleiteten Verwaltung (dazu Abschnitt II) ließ ihn jedoch in der Hamburgischen Verwaltung vor 1933, im *Bureau of the Budget* des Präsidenten der Vereinigten Staaten (von 1942 bis 1959)[8] und später bei Tagungen, die er für Verwaltungspraktiker in Speyer und andernorts veranstaltete,[9] zu einem gesuchten Ansprechpartner werden.

Seinen vierfachen Grenzgang – er bewegte sich in den Systemen der Wissenschaft und Praxis in Deutschland wie in den USA[10] – ergänzte er durch Exkursionen in die Politik- und andere Wissenschaften. Daraus formte er zusammen mit anderen Remigranten und deren Schülerkreis die „Verwaltungswissenschaften", in die sie die deutsche „Verwaltungslehre" überführten. Wenn das nicht unproblematische Diktum vom „Wanderer zwischen den Welten"[11] also jemals angebracht war, dann in Bezug auf Morstein Marx. Es passt auch deswegen so gut, da das Thema „Wandern" sein Leben seit seiner Kindheit und seiner Studienzeit als Mitglied der „Wandervögel" bis hin zu seinem tragischen Tod infolge eines Bergsteigerunfalls am Alten Schloss bei Baden-Baden 1969[12] begleitet hat.

2. *Die Verteidigung der Weberianischen Verwaltung*

Morstein Marx war ein erklärter Anhänger der modernen Verwaltung und eines unabhängigen Beamtentums im Sinne Max Webers. Er, der im Jahr 1919 bürgerkriegsähnliche Zustände in Hamburg erlebt und diese nur durch seine Geistesgegenwart auch überlebt hatte,[13] schätzte die an Sachgesichtspunkten orientierte systematische Durchregulierung von Arbeitsabläufen, als die man das Wort „Bürokratie" definieren kann.[14] Gegen was er sie abgrenzte, wird in seinen Ausführungen zur „Schreibtischregierung" deutlich. Denn, so Morstein

[8] Vgl. *Margrit Seckelmann*, „Mit seltener Objektivität": Fritz Morstein Marx – Die mittleren Jahre (1934–1961), DÖV 2014, S. 1029.

[9] Dazu *Margrit Seckelmann*, Mit Verständnis für den „Verwaltungsmann": Fritz Morstein Marx – Die späten Jahre (1934–1962), i.V. für DÖV 2017 (i.D.).

[10] Vgl. auch *Klaus König*, Morstein Marx, Fritz, in: Neue Deutsche Biographie, Bd. 18, Berlin 1997, S. 159.

[11] Es entstammte eigentlich dem Titel eines Buchs von Walter Flex aus der autobiographischen Literatur des Ersten Weltkriegs, das zu einer Art „Kultbuch" der um 1900 Geborenen avanciert war, vgl. *Jürgen Reulecke*, Eine junge Generation im Schützengraben, „Der Wanderer zwischen beiden Welten" von Walter Flex (1916/17), in: Dirk van Laak (Hrsg.), Literatur, die Geschichte schrieb, Göttingen 2011, S. 151.

[12] Er stürzte am 5.10.1969 vor den Augen seiner Familie und starb kurz darauf am 9.10. an seinen Verletzungen.

[13] Näheres bei *Seckelmann*, Objektivität (Fn. 8), S. 1045 f.

[14] So die Definition bei *Peter Collin*, Ökonomisierung durch Bürokratisierung. Leitkonzepte und Umsetzungsstrategien in der tayloristisch beeinflussten Verwaltungsreformdebatte der Weimarer Republik, in: ders./Klaus-Gert Lutterbeck (Hrsg.), Eine intelligente Maschi-

Marx, „wer würde sich nicht lieber vom Schreibtisch aus regieren lassen als aus dem Hinterraum einer Kneipe oder aus dem Boudoir einer Dame, die von dem Chef einer Junta bevorzugt wird"?[15] Dieses Zitat weist schon auf die beiden Besonderheiten hin, die seine Verteidigung der „Bürokratie" ausmachten: Sie ging zum einen, und das war in der Weimarer Republik bekanntlich keine Selbstverständlichkeit, stets einher mit der dezidierten Verteidigung der Demokratie. Hier lag Morstein Marx auf einer Linie mit dem knapp neunzehn Jahre älteren Hans Kelsen, den er persönlich bewunderte, dem er aber auch zugleich methodisch eher fern stand (näher war er insoweit Georg Jellinek).[16]

Zum anderen war die Form, in der Morstein Marx die Bürokratie verteidigte, bemerkenswert. Das bezieht sich insbesondere auf seine Sprache und seinen hintergründigen Humor, der die Gestapo ebenso irritierte[17] wie später das *Dies Committee* (einen Vorläufer des *McCarthy-Committees*), das nach deutschen Spionen in der *US Army* und US-Verwaltung suchte.[18] Die von ihm so empfundene Parallelität seiner Erfahrungen mit den Geheimdiensten war übrigens das Einzige, was ihn jemals zu sarkastischen Anmerkungen veranlasst hat,[19] ansonsten blieb sein Humor immer menschenfreundlich und sachorientiert. So eben auch in Bezug auf die Bürokratie, wenn er schreibt:

> „Es ist kaum überraschend, dass es [s. c. das französische, eigentlich pejorative Wort ‚*bureaucratie*', M.S.] im 19. Jahrhundert auch in Deutschland in Mode kam, wo sich ein hochentwickeltes, aber dem Geist der Autorität unterworfenes Beamtentum dem Geist liberaler Ideen ausgesetzt sah. Ja, die Deutschen griffen das französische Wort so freudig auf, dass es nicht lange dauerte, bis sie ihm teutonische Zöpfe geflochten hatten und es ‚Bürokratie' buchstabierten".[20]

Und, nach einer Bezugnahme auf Max Weber heißt es dann etwas später:

> „‚Schreibtischregierung' ist so [verstanden] zweifellos ein Wort ohne Schrecken. Es deutet auf Überlegung und Planung hin, auf Sichtung von Sachverhalten, auf wohlerwogene Entscheidungen, auf rationell eingestellte Leitung und Zusammenfassung von ineinandergreifenden Handlungen, auf voraussehbare Leistungen und auf Gewißheit von Ergebnissen. [...] Es deutet auf Kenntnis und sogar auf Einsicht hin. Sicherlich muß der Staat im 20. Jahrhundert mit seiner großen Last von Verantwortlichkeiten gut unterrich-

ne? Handlungsorientierungen moderner Verwaltung (19./20. Jhdt.), Baden-Baden 2009, S. 217.

15 *Fritz Morstein Marx*, Das Dilemma des Verwaltungsmannes, Berlin 1965, S. 31.

16 Vgl. *Hans Kelsen*, Verteidigung der Demokratie. Aufsätze zur Demokratietheorie, hrsg. v. Matthias Jestaedt/Oliver Lepsius, Tübingen 2006.

17 Näheres hierzu bei *Seckelmann*, Feuereifer (Fn. 7), S. 414.

18 Vgl. *Seckelmann*, Objektivität (Fn. 8), S. 1041 f.

19 So ein Schreiben von FMM an einen „Harold" vom 23.4.1943, vgl. *Seckelmann*, Objektivität (Fn. 8), S. 1040.

20 *Fritz Morstein Marx*, Einführung in die Bürokratie. Eine vergleichende Untersuchung über das Beamtentum, Neuwied 1959, S. 30 (eigenhändige Übersetzung der englischsprachigen Originalausgabe: „The Administrative State. An Introduction to Bureaucracy", Chicago 1957).

tet und ideenreich sein, genau so fähig, alle zur politischen Kursbestimmung notwendigen Tatsachen zusammenzustellen und auszudeuten, wie auch die in die Zukunft reichenden Aktionsprogramme einsichtig zu gestalten. In Kürze: Der moderne Staat kann es sich nicht leisten, in intellektueller Schöpfungskraft zurückzustehen. Wenn solche Schöpfungskraft das Kennzeichen der Bürokratie ist, so müßten wir nach mehr anstelle von weniger Bürokratie rufen."[21]

Diese Überlegungen erinnern an ganz aktuelle Untersuchungen, die sich mit der Wissensbasiertheit staatlichen Handelns[22] auseinandersetzen. So kann sich das Gemeinwesen im 21. Jahrhundert in Stefan Husters Worten „Ignoranz [...] nicht mehr leisten", es muss vielmehr mögliche Gefahren antizipieren, indem es technische und soziale Entwicklungen im Auge behält.[23] Derzeit hat „Wissen", so Hans-Heinrich Trute unlängst, „Konjunktur, auch in der Rechtswissenschaft".[24]

Wollte man Fritz Morstein Marx posthum in die aktuellen Debatten um Steuerung vs. Selbstregulierung, also die Frage nach der *Governance* von Gemeinwesen, einordnen, so wäre er ein *Steuerungs*theoretiker, für den Wissen eine der Ressourcen wäre.[25] Im Unterschied zu heutigen Ansätzen war für Morstein Marx dabei noch die Vorstellung grundlegend, dieses Wissen könne und müsse sogar durch den Staat beziehungsweise durch seine Beamten und Angestellten selbst generiert werden (auch wenn er um die Eigengesetzlichkeiten der Verwaltungseinheiten wusste und sie immer milde ironisch beschrieb). Seine staatsoptimistische Annahme ist mit dem Ende der Steuerungseuphorie nach dem Ölpreisschock von 1973[26] erschüttert worden. Heute stehen vielmehr die

---

[21] Ebd., S. 32.

[22] Vgl. statt vieler die Beiträge in *Peter Collin/Thomas Horstmann* (Hrsg.), Das Wissen des Staates. Geschichte, Theorie und Praxis, Baden-Baden 2004 sowie in *Gunnar Folke Schuppert/Andreas Voßkuhle* (Hrsg.), Governance von und durch Wissen, Baden-Baden 2008. Vgl. auch die Beiträge bei *Christoph Engel/Jost Halfmann/Martin Schulte* (Hrsg.), Wissen – Nichtwissen – Unsicheres Wissen, Baden-Baden 2002; *Indra Spiecker gen. Döhmann/Peter Collin* (Hrsg.), Generierung und Transfer staatlichen Wissens im System des Verwaltungsrechts, Tübingen 2008; *Hans Christian Röhl* (Hrsg.), Wissen – Zur kognitiven Dimension des Rechts, Berlin 2010.

[23] *Stefan Huster*, Die Beobachtungspflicht des Gesetzgebers. Ein neues Instrument zur verfassungsrechtlichen Bewältigung des sozialen Wandels?, ZfRSoz 24 (2003), S. 3 (18).

[24] *Hans-Heinrich Trute*, Wissensgesellschaft – Demokratie – Legitimation, in: Margret Kraul/Peter Tobias Stoll (Hrsg.), Wissenschaftliche Politikberatung, Göttingen 2011, S. 43 (43); siehe auch *Marion Albers*, Information als neue Dimension im Recht, Rechtstheorie 33 (2002), S. 61 (61 f.); *Indra Spiecker gen. Döhmann*, Wissensverarbeitung im Öffentlichen Recht, RW 1 (2010), S. 247 (247 f.).

[25] Ähnlich *Karl W. Deutsch*, The Nerves of Government. Models of Political Communication and Control. With a New Introduction, New York/London 1966; *Eberhard Schmidt-Aßmann*, Die Ambivalenz des Wissens und die Ordnungsaufgaben des Rechts, in: Röhl, Wissen (Fn. 22), S. 39 (39 f.) m. w. N.

[26] Dazu u. a. *Margrit Seckelmann*, Die effiziente Verwaltung – Zur Entwicklung der Verwaltungsleitbilder seit dem Ende der 1970er Jahre, in: Collin/Lutterbeck, Eine intelligente Maschine? (Fn. 14), S. 245–261.

verfassungskonforme Gestaltung der Gewinnung von in der Gesellschaft vorhandenem Wissen sowie die Rolle des Staates als „Informationsmanager" im Vordergrund der Diskussion.[27]

Die bürokratietheoretischen Entwürfe Max Webers, insbesondere die Forderung nach der Unparteilichkeit des Beamtentums, waren aber nur einer der Faktoren, die Morstein Marx beeinflussten. Denn er verknüpfte sie mit den Überlegungen Frederick Winslow Taylors, die er, seinen Grundüberzeugungen entsprechend, allerdings demokratisch rückband. Möglicherweise hatte Morstein Marx Taylors Ansätze schon in den 1920er Jahren in Deutschland kennengelernt, denn sie waren, jedenfalls vereinzelt, in der Verwaltungspraxis der Weimarer Republik[28] rezipiert worden.[29] Zu einer intensiven Auseinandersetzung kam es, als Fritz Morstein Marx, seinerzeit aufstrebender junger Regierungsrat, für das Studienjahr 1930/31 auf Vermittlung seines Förderers Albrecht Mendelssohn Bartholdy ein Stipendium der *Rockefeller Foundation* bekam. Diese Stiftung beziehungsweise der mit der Familie Rockefeller verbundene *Spelman Funds*, vergab Stipendien für junge, europäische Verwaltungsmanager für Studien in den USA – und ermöglichte andererseits Reisen von Stadtexperten aus den Vereinigten Staaten in besonders fortschrittliche europäische Städte, um (insbesondere städtischen) US-amerikanischen Verwaltungsmanagern Einblicke in die Instrumente der deutschen Kommunalpolitik zur Lösung der (sozialen) Probleme der Verstädterung zu verschaffen.

Fritz Morstein Marx verbrachte das Studienjahr hauptsächlich an der Universität Chicago, die im Bereich des City Management führend war. Er beschäftigte sich dabei nicht nur, wie erwähnt, mit den Überlegungen Taylors, sondern auch mit denen von Charles E. Merriam, bei dem er vorwiegend studierte. Der Professor für *Political Science* war nicht nur einer der Begründer des sog. *Behavioralismus*. Er hatte auch zusammen mit dem Chicagoer City Manager Louis Brownlow (die Position entspricht in etwa derjenigen des früher in Nordrhein-Westfalen existenten Oberstadtdirektors) auf dem Campus der Universität Chicago eine Art „Exzellenzzentrum" errichtet, bei dem die wichtigsten städtischen Verbände Tür an Tür mit universitären Einrichtungen forschten,

---

[27] Vgl. etwa neben *Albers*, Information (Fn. 24), *Spiecker gen. Döhmann*, Wissensverarbeitung (Fn. 24) und *Trute*, Wissensgesellschaft (Fn. 24) und der in den Fn. 22 und 23 genannten Literatur *Steffen Augsberg*, Der Staat als Informationsmittler. Robin Hood oder Parasit der Wissensgesellschaft?, DVBl. 2007, S. 733; *Margrit Seckelmann*, Keine Alternative zur Staatlichkeit – Zum Konzept der „Global Governance", VerwArch 98 (2007), S. 30 (48 „Moderatorenrolle") und *Thomas Vesting*, Die Bedeutung von Information und Kommunikation für die verwaltungsrechtliche Systembildung, in: Wolfgang Hoffmann-Riem/Eberhard Schmidt-Aßmann/Andreas Voßkuhle (Hrsg.), Grundlagen des Verwaltungsrechts, Bd. 2, München 2008, § 20.

[28] *Collin*, Ökonomisierung (Fn. 14), S. 217 f.

[29] *Klaus König*, Öffentliches Management und Governance als Verwaltungskonzepte – Zehn Thesen, DÖV 2001, S. 617 (617).

um Wissen möglichst schnell austauschen zu können.[30] Im nach diesen Konzepten entwickelten *Public Administration Clearing House* (PACH), das auch mit seiner Hausnummer „1313" bezeichnet wurde[31] und das man heute als eine Art *think tank* bezeichnen könnte, lernte Morstein Marx viel über Wissensmanagement und wissenschaftlich angeleitetes Verwalten. Nicht zuletzt begegnete er an diesem Lehrstuhl seiner späteren (ersten) Frau Barbara Spencer Spackman, einer vielversprechenden jungen Politikwissenschaftlerin, die ihm nach Hamburg folgte, wo beide am 20. April 1932 heirateten.

Anwenden konnte er das im PACH erworbene Wissen dann in dem ebenfalls von Brownlow und Merriam konzipierten *Bureau of the Budget* des US-Präsidenten – Franklin D. Roosevelt –, die mit der Abteilung für politische Planung des Bundeskanzleramts zu vergleichen ist und insbesondere den *New Deal* verwaltungsorganisatorisch begleiten sollte. Von einigen Gastprofessuren und Lehraufträgen unterbrochen, blieb Morstein Marx dem *Bureau* auch unter Roosevelts Nachfolgern Harry S. Truman und Dwight D. Eisenhower treu und verließ es erst 1959 für eine für ihn von der *Ford Foundation* eingerichtete Stiftungsprofessur an der Princeton University, von der aus er im folgenden Jahr als *Administrative Dean* und Professor an das New Yorker Hunter College wechselte.[32]

Neben Merriam war auch dessen Schüler, Herbert A. Simon, für Morstein Marx von Bedeutung. Anders als Merriam, der das Verhalten von Menschen in Organisationen erforschte, setzte sich Simon mit dem Verhalten von Menschen in einer *spezifischen* Organisation, der Verwaltung, auseinander. Von Bedeutung für das Verständnis von Morstein Marx ist daher das Werk *„Administrative Behavior"* von Simon[33] (1916–2001) das zwischen 1947 und 1997 in vier Auflagen erschien. In diesem legte Simon die Grundlagen für das Verstehen von Entscheidungsprozessen in der spezifischen Organisation Verwaltung.

Simon wehrte sich gegen das seinerzeit (und auch manchmal heute noch) populäre theoretische Axiom eines vollinformierten *homo oeconomicus* (*„economic man"*), der wohlüberlegt sämtliche Entscheidungsalternativen abwägen könne. Entscheiden, verstanden als die zentrale Tätigkeit der Verwaltung, sei stets nur auf einer limitierten Entscheidungsgrundlage und unter Zeitdruck möglich (*„limited rationality"*). Das Entscheiden des *„administrative man"*, wie Simon schreibt, unterscheide sich auch insofern von der Annahme eines *„economic man"*, als dass der *„administrative man"* verschiedenen Rationalitäten folgen könne und es nicht *die* einzig in Betracht kommende Entscheidung gebe. Entscheidungsalternativen seien solche, die etwa 1. der eigenen Positionsverbes-

---

[30] Näheres bei *Seckelmann*, Objektivität (Fn. 8), S. 1042 ff.

[31] Genauer gesagt East 60th Street, No. 1313, Näheres bei *Seckelmann*, Objektivität (Fn. 8), S. 1043.

[32] Dazu *Margrit Seckelmann*, „Mit Verständnis für den ‚Verwaltungsmann'" (Fn. 9).

[33] *Herbert A. Simon*, Administrative Behavior: a Study of Decision-Making Processes in Administrative Organization, New York 1947.

serung oder 2. derjenigen der Organisation, der man angehört, dienen könnten oder aber 3. den Interessen der Allgemeinheit.

Fritz Morstein Marx übersetzte den Begriff des „*administrative man*“ mit „Verwaltungsmann“ ins Deutsche[34] und untersuchte die dessen Handeln charakterisierenden Entscheidungsmöglichkeiten und -regularien sowie sein Entscheidungsverhalten. Besonders interessierte ihn dabei das Verhältnis von Linie, in der die „*career men*“ versammelt seien,[35] und Stab.[36] Und obwohl seine Überlegungen stets der bestmöglichen Organisation, auch unter Auswertung der Erfahrungen in anderen Staaten (vor allem den USA) gewidmet waren, galt auch und gerade dem „*career man*“ im Sinne des preußisch-weberianischen Beamten seine Sympathie, dessen Kompetenzabgrenzungsversuche er mit milder, verständnisvoller Ironie beschrieb (dazu Abschnitt I.5).

3. *Schülerkreis*

a) Dass Fritz Morstein Marx heute nahezu vergessen ist oder wenigstens nur noch „Eingeweihten“ bekannt zu sein scheint, ist zum einen dadurch zu erklären, dass er aufgrund seiner Wanderungen zwischen den Welten (oder auch Systemen) kaum einen „eigenen“ Schülerkreis bilden konnte. Sein einziger „genuiner“ Schüler ist der heute in Barcelona lehrende Kenneth Hanf, der ihm 1962 aus den USA nach Speyer folgte.[37] Sein anderer Schüler und ehemaliger Assistent, Christian Ranft, ist leider viel zu früh verstorben. Die Einstellung eines weiteren Assistenten, die Fritz Morstein Marx bei der Hochschulleitung beantragt hatte, wurde ihm mit der Begründung verweigert, dass der Lehrstuhl inzwischen mit einem Nachfolger, Roman Schnur,[38] besetzt sei und dass dieser selbst über seinen Assistenten zu befinden habe, was Fritz Morstein Marx etwas verletzt zur Kenntnis nahm.[39]

[34] *Morstein Marx*, Dilemma des Verwaltungsmannes (Fn. 15).

[35] *Fritz Morstein Marx*, The Mind of the Career Man, Public Administration Review 20 (1960), S. 133.

[36] U.a. in *Fritz Morstein Marx*, Zum Ursprung des Stabsbegriffs in den Vereinigten Staaten: Zuwanderung und Anpassung, VerwArch 55 (1964), S. 97; *ders.*, Zum Ursprung des Stabsbegriffs in den Vereinigten Staaten, Köln 1968.

[37] Vgl. eine E-Mail-Korrespondenz zwischen Kenneth Hanf und der Verfasserin im November 2013.

[38] Schnur war 1961 aus der rheinland-pfälzischen Verwaltung zum (Mit-)Aufbau des Forschungsinstituts für Forschung und Innovation abgeordnet worden, vgl. *Heike Amos*, Zur Geschichte des Forschungsinstituts für öffentliche Verwaltung bei der (Deutschen) Hochschule für Verwaltungswissenschaften Speyer, 1956/1962–2001, Speyer 2002, S. 29 ff. Schnur stand als Schmittianer und Habilitand von Ernst Forsthoff jedoch Fritz Morstein Marx nur eingeschränkt nahe. Er wurde nach einer Zeit an der Universität Bochum zu seinem Lehrstuhlnachfolger berufen.

[39] Der junge Mann, den er einstellen wollte, war Klaus-Eckart Gebauer. Dieser machte dann Karriere in der Landesverwaltung Rheinland-Pfalz, zuletzt als Landtagsdirektor. Er

Dass Morstein Marx' Überlegungen und Ansätzen dennoch auch heute noch Bedeutung und Relevanz zukommt, zeigt sich daran, dass sich auch heute noch (oder sogar wieder) Wissenschaftler auf die Überlegungen von Morstein Marx beziehen. So erwähnt Klaus König, der sich bei Carl Hermann Ule habilitiert hat, in seiner 2015 erschienenen Regierungslehre „Operative Regierung" ausdrücklich Fritz Morstein Marx als denjenigen, der ihn „zu Regierungslehre und Verwaltungswissenschaft angeregt" habe.[40] Ähnliches gilt für einen der „Väter" der deutschen Evaluationsforschung, Hellmut Wollmann,[41] der als Assistent von Carl Joachim Friedrich[42] über das erwähnte gemeinsame Seminar an der Universität Heidelberg mit Fritz Morstein Marx in Berührung gekommen war.[43] Wollmann wiederum nennt in seiner 2013 zusammen mit Sabine Kuhlmann publizierten „Einführung in die vergleichende Verwaltungswissenschaft" Morstein Marx als denjenigen, dessen Arbeiten „für den deutschen Kontext als Wegbereiter der vergleichenden Verwaltungswissenschaft insbesondere" hervorzuheben seien.[44] Auch Wissenschaftler, die Fritz Morstein Marx nicht mehr persönlich erlebt haben, berichten, dass ihnen seine Schriften empfohlen worden seien und sie sie in ihrer Zeit als junge Hochschullehrer sehr gut in der Lehre hätten einsetzen können.[45]

b) Morstein Marx inspirierte nicht nur zahlreiche Speyerer Referendare, sondern auch den wissenschaftlichen Nachwuchs in Heidelberg. 1967 wurde er zum Honorarprofessor an der dortigen Universität ernannt und hielt zusammen mit dem erwähnten Carl Joachim Friedrich ein Seminar ab.[46]

---

wurde später zum Honorarprofessor an der heutigen Deutschen Universität für Verwaltungswissenschaften Speyer ernannt und blieb der Verwaltungswissenschaft Morstein Marxscher Prägung bis heute treu. Er zeigte der Verfasserin bei der Vorbereitung dieses Artikels die Unterlagen der von ihm bei „FMM" absolvierten Lehrveranstaltungen, in die er auch in späteren Jahren immer gerne einmal hineingesehen habe.

[40] *Klaus König*, Operative Regierung, Tübingen 2015, S. VI; ähnlich *ders.*, Regierungslehre in Speyer, in: Karl-Peter-Sommermann (Hrsg.), Öffentliche Angelegenheiten – interdisziplinär betrachtet. Forschungssymposium zu Ehren von Klaus König, Berlin 2016, S. 61 (64).

[41] Vgl. nur *Gerd-Michael Hellstern/Hellmut Wollmann*, Evaluierungsforschung. Ansätze und Methoden – dargestellt am Beispiel des Städtebaurechts, Basel u.a. 1983; *dies.* (Hrsg.), Handbuch zur Evaluierungsforschung, Bd. 1, Opladen 1984; *Hellmut Wollmann*, Implementationsforschung – eine Chance für kritische Verwaltungsforschung?, in: ders. (Hrsg.), Politik im Dickicht der Bürokratie. Beiträge zur Implementationsforschung, Opladen 1980, S. 9.

[42] Zu Carl Joachim Friedrich vgl. u. a. *Stephan Kirste*, Carl Joachim Friedrich (1901–1984), in: Peter Häberle/Michael Kilian/Heinrich Amadeus Wolff (Hrsg.), Staatsrechtslehrer des 20. Jahrhunderts: Deutschland – Österreich – Schweiz, Berlin 2015, S. 555.

[43] Vgl. Fn. 3.

[44] *Sabine Kuhlmann/Hellmut Wollmann*, Verwaltung und Verwaltungsreformen in Europa. Einführung in die vergleichende Verwaltungswissenschaft, Wiesbaden 2013, insbesondere S. 12 f.

[45] So etwa *Fritz W. Scharpf*, vgl. seine E-Mail vom 7. März 2013 an die Verfasserin.

[46] Die Kooperation von Speyerer Professoren mit solchen in Heidelberg hatte auch damit zu tun, dass die Hochschule in Speyer erst im Jahre 1970 das Promotionsrecht verliehen bekam und dass Speyerer Doktoranden zuvor an Fachbereichen in der Umgebung ihre Arbeiten

Auch die Habilitation des selbst später prägend in Speyer tätigen Frido Wagener, „Neubau der Verwaltung“,[47] wurde von Fritz Morstein Marx und Carl Hermann Ule[48] nicht nur formell betreut, sondern profitierte auch aus den Anregungen, die Wagener als Referendar in Speyer erhalten hatte (Wagener war dann auch im Jahr 1967 für ein Jahr vom nordrhein-westfälischen Landkreistag zur Anfertigung dieser Schrift beurlaubt worden).[49]

c) Beschäftigt man sich mit dem Wirken und der Rezeption von Morstein Marx, drängt sich besonders eine Frage auf, nämlich die nach dem Verhältnis von Morstein Marx zu Niklas Luhmann. Luhmann war nach Karrierebeginn im niedersächsischen Verwaltungsdienst und einem Jahr, das er an der *Harvard University* insbesondere bei Talcott Parsons verbracht hatte, von 1962 bis 1965 als Oberregierungsrat als Referent am neu gegründeten „Institut für Forschung und Information“, einem An-Institut der Hochschule für Verwaltungswissenschaften Speyer,[50] tätig und formell Carl Hermann Ule zugeordnet.

Morstein Marx verfasste eine lesenswerte Einführung in Luhmanns in Speyer erarbeites Werk „Funktionen und Folgen formaler Organisation“, das dieser 1964 in der Schriftenreihe der Speyerer Hochschule publizierte, in der man allerdings auch gut die Unterschiede zwischen beiden Autoren erkennt, da Luhmann die Organisation als solche, Morstein Marx hingegen den Menschen *in* der Organisation betrachtet.[51]

Zwischen beiden Autoren gibt es sowohl Gemeinsamkeiten wie Unterschiede: Die Gemeinsamkeiten bestehen zum einen in der starken Bezugnahme auf Max Weber (bei Luhmann über Talcott Parsons) und – namentlich in seiner Schrift über das „Dilemma des Verwaltungsmannes“[52], die sich mit dem Verhalten des einzelnen Amtswalters in der Verwaltung als Organisation befasst – auf Herbert A. Simon. Letzterer hatte sich jedoch deutlich stärker von seinem aka-

---

einreichten, vgl. auch *Rudolf Morsey*, 50 Jahre Hochschule für Verwaltungswissenschaften Speyer (1947–1997), in: Klaus Lüder (Hrsg.), Staat und Verwaltung. Fünfzig Jahre Hochschule für Verwaltungswissenschaften Speyer, Berlin 1997, S. 13 (33). Eine Promotionsordnung wurde dann 1971 erlassen; über das Habilitationsrecht verfügte die Hochschule bereits seit 1963 (vgl. ebd., S. 32 f.).

[47] *Frido Wagener*, Neubau der Verwaltung. Gliederung der öffentlichen Aufgaben und ihrer Träger nach Effektivität und Integrationswert, Berlin 1969.

[48] Zu diesem *Jakob Nolte*, Carl Hermann Ule: Verwaltung und Verwaltungsgerichtsbarkeit im demokratischen Rechtsstaat (in diesem Band), S. 203.

[49] Weiteres dazu u. a. bei *Carl Böhret*, Nachruf auf Frido Wagener, PVS 26 (1985), S. 205; *Eberhard Laux*, In memoriam Frido Wagener, DÖV 1985, S. 125; *Margrit Seckelmann*, Rationale Planung. Frido Wagener (1926 – 1985), DÖV 2017, S. 68; *Werner Thieme*, Frido Wagener †, NVwZ 1985, S. 254.

[50] *Amos*, Zur Geschichte des Forschungsinstituts (Fn. 38), S. 29.

[51] *Fritz Morstein Marx*, Einführung, in: Niklas Luhmann, Funktionen und Folgen formaler Organisation, Berlin 1964.

[52] *Morstein Marx*, Dilemma des Verwaltungsmannes (Fn. 15), vgl. auch seinen oben in Fn. 35 erwähnter Aufsatz „The Mind of the Career Man“.

demischen Lehrer Charles Merriam und vor allem von der zuvor führenden, recht starren und deduktiven Betrachtungsweise der Verwaltung durch Luther Gulick[53] losgesagt[54] als Morstein Marx, der nicht nur Merriam sehr bewunderte, sondern dem auch Gulick bei seiner Etablierung in den USA sehr geholfen hatte.[55] Zum anderen hatte sich auch Luhmann spätestens in Harvard eine recht „amerikanische" Art des Schreibens angewöhnt, die sich von der stark fußnotenlastigen juristischen Literatur der 1960er Jahre unterschied. Die stilistische Mischung zwischen hochabstrakten Themen und hintergründigem Humor, die von Luhmanns Anhängern so geschätzt wird, sowie die Bezugnahme auf die Verwaltung als primäres Beobachtungsobjekt, woraus weitergehende Überlegungen abgeleitet werden, prägte, wie erwähnt, gerade auch das Schaffen von Fritz Morstein Marx.

Allerdings bestand zwischen Morstein Marx und Luhmann kein Schülerverhältnis, da beide in gewisser Weise „Solitäre" waren, die einander zwar wissenschaftlich anerkannten, aber persönlich eher aus dem Weg gingen.[56] Morstein Marx kokettierte vielmehr damit, dass auch er (wie Luhmanns Sekretärin, die er insoweit aufmuntern wollte) „von den Luhmann'schen Texten einfach zu wenig verstünde".[57]

Und damit sind die Unterschiede zwischen beiden Autoren angesprochen: Diese bestehen vor allem darin, dass Morstein Marx ganz bewusst und dezidiert – und insofern Luhmann entgegengesetzt – kein Großtheoretiker war und sein wollte. Das bedeutet zum einen, dass er keine eigene umfassende Theorie der Verwaltung hinterlassen hat, was auch eine Erklärung dafür sein kann, dass das Werk von Morstein Marx später wenig rezipiert wurde. Allerdings wollte er auch bewusst kein Großtheoretiker sein. Im Gegenteil: Er hielt sich – vielleicht aufgrund der Erfahrungen, die er 1933 gemacht hatte – von sämtlichen Großtheorien fern und schrieb, obwohl der frühen Systemtheorie gegenüber aufgeschlossen, schon das Wort „System" zumeist in Anführungsstrichen:

> „Was für den betriebsfremden Gesuchsteller wie eine hoffnungslose Verschlingung aussieht, mag für den Betriebsangehörigen ‚das System' sein: offensichtlich, vertraut, selbst in seinen Unsinnigkeiten, licht selbst in seinen dunkelsten Ecken. Das ‚System' reguliert seine Tagesarbeit, hält ihn auf dem Pfade der Pflicht, verheißt ihm einen Weg nach oben und bietet ihm den Segen der ‚Permanenz'."[58]

---

[53] *Luther Gulick*, Notes on the Theory of Organization, in: ders/Lyndall Urwick (Hrsg.), Papers on the Science of Administration, New York 1937, S. 9.

[54] Namentlich in seinem berühmt-berüchtigten (und immer wieder lesenswerten) Aufsatz *Herbert Simon*, The Proverbs of Administration, Public Administration Review 6 (1946), S. 53.

[55] Näheres bei *Seckelmann*, Objektivität (Fn. 8), S. 1035.

[56] Diese Auskunft verdanke ich Prof. Dr. Dr. Klaus König.

[57] Brief der Sekretärin von Fritz Morstein Marx und später von Niklas Luhmann, *Helli Hähnlein*, vom 11.9.2013 an die Verfasserin.

[58] *Morstein Marx*, Dilemma des Verwaltungsmannes (Fn. 15), S. 67.

4. *Die Ausstrahlungswirkung über Speyer hinaus*

Eine Rolle als „transatlantischer Mittler"[59] nahm Morstein Marx auch gegenüber der deutschen Verwaltung ein, die er nicht nur durch Aufsätze und Überblicke in Fachzeitschriften,[60] sondern auch in zahlreichen Fortbildungen und durch Sammelbände mit hochmodernen Ansätzen diesseits wie jenseits des Atlantiks vertraut machte. Bei den Letzteren ist insbesondere der Band „Gegenwartsaufgaben der öffentlichen Verwaltung"[61] zu nennen. Dessen erstes, einführendes Kapitel stammte von Morstein Marx selbst und enthält neben einer historischen Herleitung und der Behandlung der Staatswillensbildung und deren Ausführung in der pluralistischen Demokratie erneut Überlegungen zum „Informationsbedarf" staatlichen Entscheidens („Entscheidungsrisiko und Informationsbedarf"), für das er aber auch als von staatlicher Steuerung überzeugter Wissenschaftler „Die Verwaltung als Informationslieferant" für entscheidend erachtete.[62]

Neben Praktikertagungen organisierte Morstein Marx in Speyer auch internationale Tagungen, etwa eine Tagung des Internationalen Instituts für Verwaltungswissenschaften, aus der, so beschreibt es der Historiker Stefan Fisch, die bis heute wichtige „*European Group of Public Administration*" als gleichsam europäische Sektion derselben hervorgegangen sei.[63]

5. *Die Bedeutung von Organisation und Verfahren*

Morstein Marx demonstrierte in den „Gegenwartsaufgaben" nicht nur erneut seine Verbindung zwischen klugen Analysen, dezidierter Stellungnahme für die Demokratie und einem trockenen Humor. Er spielte auch, schon im Titel, mit Paradoxien, was ihn (wie auch Luhmann) immer besonders faszinierte:

[59] Auf den voraussetzungsreichen Begriff des „transatlantischen Mittlers", der eine Rolle im „Westernisierungs"-Forschungsansatz spielt, kann hier aus Platzgründen nicht eingegangen werden. Vgl. dazu aber den Begriff von *Konrad H. Jarausch*, Amerikanische Einflüsse und deutsche Einsichten. Kulturelle Aspekte der Demokratisierung Westdeutschlands, in: Arnd Bauerkämper/ders./Markus M. Payk (Hrsg.), Demokratiewunder. Transatlantische Mittler und die kulturelle Öffnung Westdeutschlands 1945 – 1970, Göttingen 2005, S. 57 (71), sowie *Seckelmann*, Objektivität (Fn. 8), S. 1029 f. m. w. N.

[60] *Fritz Morstein Marx*, Verwaltung im Lichte der Wissenschaft: Neues Schrifttum, Verwaltungsarchiv 59 (1968), S. 51 (Teil 1) und 158 (Teil 2).

[61] *Fritz Morstein Marx* (Hrsg.), Gegenwartsaufgaben der Öffentlichen Verwaltung, Köln u. a. 1968.

[62] *Fritz Morstein Marx*, Öffentliche Verwaltung als Sozialfaktor, in: ebd., S. 3 (Zitate S. 14 f.).

[63] Dazu *Stefan Fisch*, „The Speyer Conference". Some Origins of EGPA/GEAP before 1975, in: Geert Bouckaert/Wim van de Donk (Hrsg.), The European Group for Public Administration (1975–2010), Perspectives for the Future/Le Groupe Européen pour l'Administration Publique (1975–2010), Perspectives pour le futur, Bruxelles 2010, S. 7.

„Ein wesentliches Kennzeichen der öffentlichen Verwaltung ist ihre öffentliche Betriebsgestaltung. Zwar läßt sich aus dem staatlichen Bereich die Staatsräson nicht verbannen, die sich oft diskret ungesehen machen möchte. Trotz aller Geheimniskrämerei, die mit dem atemberaubenden Staatsgeheimnis beginnt und mit dem bequemen Halbdunkel der nicht zu erfragenden Trivialitäten endet, ist die Öffentlichkeit der öffentlichen Verwaltung gerade in der Demokratie ein generelles Postulat und eine weniger generelle Tatsache.“[64]

Ebenso deutlich wird die – ebenfalls in seiner Dissertation bereits ausgeformte[65] – bildliche Sprache:

„Die Tatsache erstreckt sich insbesondere auf die öffentliche Zugänglichkeit des Verwaltungsmannes. [...] Er mag mit erheblicher Berechtigung von sich sagen, dass er ein Goldfischglas bewohnt. Wenn das Glas sich mit vielleicht sorglich gezüchteten Algen beschlägt, darf der zufriedene Gärtner sich nicht in dem Glauben wiegen, die Lichtminderung könne unbemerkt bleiben. Meist wird die verringerte Durchsichtigkeit ein periodisches Schrubben durch zornige Hände hervorrufen. Überdies hat das Goldfischglas oben eine weite Öffnung, wodurch mancher Finger veranlaßt wird, in das Glas hineinzureichen. Ausgestattet mit der Autorität, ungezählte Dinge von unmittelbarem Interesse für Reiche und Arme zu tun oder zu unterlassen, ist der verantwortliche Diener der Öffentlichkeit jeden Tag aufs neue [sic! M.S.] Gegenstand der Verführung und der Bedrohung.“[66]

Man würde Morstein Marx missverstehen, würde man diese Ausführungen nur für launig halten. Denn direkt im Anschluss kommt er auf die Bedeutung des Verfahrens zu sprechen:

„Seine [also des Verwaltungsmanns, M.S.] beste Verteidigung ist das ‚Verfahren‘. Es befriedigt verschiedene Bedürfnisse. Hierher gehören die Erfordernisse der Sachlichkeit und der Regelmäßigkeit, die beide wiederum der Gerechtigkeit dienen.“[67]

Das hier von Morstein Marx nur angedeutete Konzept der Akzeptanz- und vielleicht auch Legitimationsstiftung durch Verfahren wurde bekanntlich dann von Niklas Luhmann auf den Begriff gebracht.[68] Der Gedanke einer Legitimationsstiftung sowie eines (Grund-)Rechtsschutzes durch Verfahren wurde, was ebenso bekannt ist, sowohl von der Literatur wie von der Rechtsprechung zeitnah aufgegriffen, worauf hier aus Platzgründen nicht im Einzelnen eingegangen werden kann. Das Bundesverfassungsgericht etwa rekurrierte auf solche Vorstellungen in seiner Entscheidung zum geplanten Reaktor in Mülheim-Kärlich[69] und in seiner weiteren Rechtsprechung, nicht zuletzt in seiner Volkszäh-

[64] *Morstein Marx*, Dilemma des Verwaltungsmannes (Fn. 15), S. 66.
[65] *Fritz Morstein Marx*, Beiträge zum Problem des parlamentarischen Minderheitenschutzes, Hamburg 1924.
[66] *Morstein Marx*, Dilemma des Verwaltungsmannes (Fn. 15), S. 66 f.
[67] Ebd., S. 67.
[68] *Niklas Luhmann*, Legitimation durch Verfahren, Darmstadt/Neuwied 1969.
[69] BVerfGE 53, 30, 6. Leitsatz.

lungs-Entscheidung.[70] Heute würde wohl niemand mehr die Rolle grundrechtlichen Verfahrensschutzes bezweifeln, die Diskussion kreist lediglich um dessen Reichweite.

Ähnlich sieht es mit einem zweiten Themenkomplex aus, mit der Rolle der Verwaltung als Organisation, die Morstein Marx als ein an Herbert A. Simon geschulter Theoretiker hervorhob:

> „Als elementare und dennoch oft übersehene Wahrheit dürfen wir jedoch als ersten Punkt festhalten, daß Verwaltung aus der Natur der Sache notwendigerweise beträchtliche Energie der eigenen Erhaltung zuführt."[71]

Hierin mag man strukturelle Ähnlichkeiten zur Autopoiesis erkennen, die Morstein Marx aber auch hier eher beiläufig erwähnt als näher ausformt. Die grundsätzliche Frage nach der Bedeutung der Organisation als einer von mehreren Steuerungsressourcen, über welche die Verwaltung verfügt,[72] wird spätestens seit Ende der 1990er Jahre diskutiert und gelegentlich auch mit dem Postulat *„organisation matters"* auf den Begriff gebracht.[73] Das Bundesverfassungsgericht griff den Gedanken organisationellen (Grund-)Rechtsschutzes schon früh, etwa in seinem Urteil zur Gruppenuniversität von 1973,[74] auf. Rechtsschutz durch Organisation und Verfahren sowie die Bedeutung der Information sind auch zentrale Themen der Anhänger der „Neuen Verwaltungsrechtswissenschaft" um Eberhard Schmidt-Aßmann, Wolfgang Hoffmann-Riem und Andreas Voßkuhle.[75]

II. Verwaltungslehre und Verwaltungswissenschaft

Was Morstein Marx aus den USA (zurück) in die junge Bundesrepublik brachte, waren sowohl ein wissenschaftlich angeleitetes Verwalten wie auch eine an den Bedürfnissen der Praxis orientierte Verwaltungs*wissenschaft*. Er benutzte die-

---

[70] BVerfGE 65, 1.

[71] *Morstein Marx*, Dilemma des Verwaltungsmannes (Fn. 15), S. 67.

[72] Dazu *Wolfgang Hoffmann-Riem*, Organisationsrecht als Steuerungsressource, in: Eberhard Schmidt-Aßmann/ders. (Hrsg.), Verwaltungsorganisationsrecht als Steuerungsressource, Baden-Baden 1997, S. 355–395; *Rainer Pitschas*, Organisationsrecht als Steuerungsressource in der Sozialverwaltung, ebd., S. 154–206; *Eberhard Schmidt-Aßmann*, Verwaltungsorganisationsrecht als Steuerungsressource, ebd., S. 9–63.

[73] So z. B. durch *Werner Jann*, Neues Steuerungsmodell, in: Bernhard Blanke/Frank Nullmeier/Christoph Reichard/Göttrik Wewer (Hrsg.), Handbuch zur Verwaltungsreform, 4. Aufl., Wiesbaden 2011, S. 98 (106). Zur juristischen Diskussion vgl. statt vieler *Matthias Schmidt-Preuß*, Steuerung durch Organisation, DÖV 2001, S. 45–55 sowie *Hans-Heinrich Trute*, Die Funktionen der Organisation und ihre Abbildung im Recht, in: Schmidt-Aßmann/Hoffmann-Riem, Verwaltungsorganisationsrecht (Fn. 72), S. 249–295.

[74] BVerfGE 35, 79.

[75] Dazu u. a. *Andreas Voßkuhle*, Verwaltungsrecht & Verwaltungswissenschaft, BayVBl. 2010, S. 581.

sen Begriff auch gezielt als Gegenbegriff zur „Verwaltungslehre", die zwar durch den konservativen Widerstandskämpfer[76] Hans Peters[77] 1949 eine demokratische und zugleich wissenschaftliche Aufladung erfahren hatte,[78] bei der für seine Ohren jedoch noch die Bedeutung mitschwang, die die Nationalsozialisten ihr gegeben hatten.[79] Denn es war, so Michael Stolleis, das „sichtbarste[ ] Ergebnis" der sogenannten „Reform" des Studiums der Rechte im Nationalsozialismus gewesen, dass die „für das vierte Semester vorgesehene[ ] Vorlesung ‚Verwaltungsrecht' in ‚Verwaltung'" umbenannt worden war.[80] Dabei sei der „Streichung des Wortes ‚-recht' [...] hoher Symbolwert" zugekommen, denn damit sei „bewußt eine liberale, dem individuellen Rechtsschutz verpflichtete Linie abgeknickt" worden.[81] Der Begriff habe die Hochschullehrer daran erinnern sollen, dass „nicht Recht und Rechtsschutz ihre primären Themen waren, sondern Zweck und Mittel einer dem neuen Staat verpflichteten Verwaltung". Die „Verwaltungslehre" sei so gegen den von den Nationalsozialisten als „blutleer[ ]" und „liberalistisch[ ]" bezeichneten Begriff des „Verwaltungsrechts" ausgespielt worden.[82]

Anders als bei Peters war allerdings bei Morstein Marx die theoretische Konzipierung etwas weniger im deutschen Sinne „wissenschaftlich" als vielmehr im angloamerikanischen Sinne: So beschäftigte er sich weniger mit einer grundsätzlichen Aufteilung der Verwaltungswissenschaft in eine „Seinswissenschaft" (beschreibend), eine „Normwissenschaft" (Ermittlung und Auslegung von Normen) und schließlich eine „Wertwissenschaft" (Gestaltung der Wirklichkeit).[83] Methodische Fragen hat er lieber beiseitegelassen, was auch darin zum Ausdruck kommt, dass er Hans Kelsen sehr schätzte, sich aber nie einer einzi-

---

[76] Vgl. *Levin von Trott zu Solz*, Hans Peters und der Kreisauer Kreis. Staatslehre im Widerstand, Paderborn 1997.

[77] Zu Hans (Carl Maria Alfons) Peters (1896–1966) auch *Steffen Augsberg*, Hans Peters – Lehrer der Verwaltung (in diesem Band), S. 31 sowie u. a. *Klaus Joachim Grigoleit/Jens Kersten*, Hans Peters (1896–1966), Die Verwaltung 30 (1997), S. 365; *Jens Kersten*, Hans Peters: Methodenwandel durch Unrechtserfahrung, in: Steffen Augsberg/Andreas Funke (Hrsg.), Kölner Juristen im 20. Jahrhundert. Beiträge zu einer Ringvorlesung an der Universität zu Köln, Tübingen 2013, S. 211 sowie *Wilfried Berg*, Hans Peters (1896–1966), in: Häberle/Kilian/Wolff, Staatsrechtslehrer (Fn. 42), S. 471.

[78] *Hans Peters*, Lehrbuch der Verwaltung, Berlin 1949. Peters benutzte im Nationalsozialismus durchaus auch den Begriff der „Verwaltungswissenschaft" und brachte dadurch mglw. bewusst seine innere Distanz zum Hitler-Regime zum Ausdruck, auch wenn der von ihm dort auf S. 151 f. skizzierte Aufbau für sein „Verwaltungslehre"-Buch ein (etwas lustlos konzipiertes) Kapitel „Die Verwaltung in der NSDAP" enthielt, vgl. *Hans Peters*, Der Stand der deutschen Verwaltungswissenschaft. Eine Entgegnung, Beamten-Jahrbuch 1939, S. 144 (152).

[79] *Stolleis*, Die „Wiederbelebung der Verwaltungslehre" (Fn. 6).

[80] Ebd., S. 151.

[81] Ebd., S. 151.

[82] Ebd., S. 151.

[83] So aber *Peters*, Stand der deutschen Verwaltungswissenschaft (Fn. 78), S. 144 f.

gen Strömung, und vor allem nicht einer so theoretischen wie der Reinen Rechtslehre, anschließen wollte. Demgegenüber rezipierte er aus anderen Wissenschaften hochmoderne Anregungen, nicht zuletzt diejenigen der oben erwähnten „1313er".

Man kann und sollte jedoch Morstein Marx und Peters nicht gegeneinander ausspielen, da sie sich letztlich aus derselben Quelle speisen: einer für rechtsrealistische Fragen offenen und zugleich an rechtstheoretischen Überlegungen geschulten Rechtswissenschaft in der Weimarer Republik und ihrer Zeit in einer für seinerzeitige internationale Verhältnisse hochmodernen deutschen (hamburgischen bzw. preußischen) Verwaltung.

III. Fazit und Ausblick

Fritz Morstein Marx brachte bei seiner Remigration in die Bundesrepublik 1962 dann die in der westlichen Nachkriegswelt führenden Kenntnisse auf dem Gebiet der Verwaltungsorganisation und Regierungslehre mit, die er sich im *Bureau of the Budget* erworben hatte. Er verband diese hochmodernen Führungsinstrumentarien mit einer großen Sympathie für die weberianisch eingestellte preußische Verwaltung, so dass man bei ihm sicherlich nicht von einer Gegenüberstellung einer „weberianischen" und einer „post-weberianischen" Verwaltung sprechen kann.

Distanziert manchen seiner Speyerer Kollegen gegenüber, die er teils verdächtigte, dem Nationalsozialismus gegenüber allzu willfährig gewesen zu sein,[84] aber freundlich zu seinen Studierenden und seinen Mitarbeitern, schien er, auch mit seinen für einen Professor im Deutschland der 1960er Jahre ungewöhnlichen Denk- und Erscheinungsweise tatsächlich eine Art frischen Windstoß zu verkörpern. Wollte man seinen Charakter in drei Worten zusammenfassen, so wären dieses sicherlich Modernität, Professionalität und Unbestechlichkeit. In diesen drei Eigenschaften ist er dem von Max Weber konzipierten idealtypischen Beamten, der „*sine ira et studio*" seinen Aufgaben nachgeht,

[84] So wurde der Verfasserin von Prof. Dr. Dr. Klaus König berichtet, Morstein Marx habe die ihm angetragene Mitgliedschaft in der Vereinigung der Deutschen Staatsrechtslehrer mit den Worten abgelehnt: „Ich setze mich nicht neben einen Forsthoff." Dass Morstein Marx mit seinem Diktum nicht Unrecht hatte, zeigen die Einschüchterungsversuche, die Forsthoff gegenüber Walter Jellinek vornahm, den er dafür für mitverantwortlich hielt, dass er nicht gleich auf seinen Heidelberger Lehrstuhl zurückkehren konnte, und die fast einer Täter-Opfer-Umkehr gleichkommen, vgl. dazu *Ino Augsberg*, „Groß Neues ist ja nicht nachzutragen". Walter Jellineks „Verwaltungsrecht" in der frühen Bundesrepublik (in diesem Band), S. 11 (dort Fn. 59) sowie *Florian Meinel*, Der Jurist in der industriellen Gesellschaft. Ernst Forsthoff und seine Zeit, Berlin 2011, S. 312; zu Forsthoff auch *ders.*, Die andere Seite des Rechtsstaats. Ernst Forsthoff in der Verwaltungsrechtswissenschaft der frühen Bundesrepublik (in diesem Band), S. 129.

sehr nahe. Es kamen noch eine Prise Humor und ein unbedingter Glaube an die Demokratie hinzu. Mit allen diesen Eigenschaften und Kenntnissen ist es ihm gelungen, mit dazu beizutragen, die deutsche Verwaltungslehre zu einer modernen Verwaltungswissenschaft zu formen und sie dabei gleichzeitig zu demokratisieren.

Demokratie und Verwaltung gehörten für Fritz Morstein Marx denklogisch zusammen. Insofern lässt sich für die Bundesrepublik der 1960er Jahre von einer (Wieder-)„Geburt der Verwaltungswissenschaft aus dem Geiste der Demokratie“[85] sprechen. Denn der „Blick mitten in das furchtbare Vernichtungstreiben der sogenannten Weltgeschichte“, wie Friedrich Nietzsche es einmal genannt hat,[86] war für Morstein Marx nur zu ertragen durch seinen unerschütterlichen Glauben an die Demokratie und eine wissenschaftlich informierte, demokratische Verwaltung. Nicht nur diese Überzeugung nach (West-)Deutschland zurückgebracht zu haben, sondern auch seinerzeit hochmoderne Instrumente wie die Stabsorganisation oder die Einrichtung von Regierungszentralen, die er wissenschaftlich aber auch immer wieder in Frage stellte und analysierte, ist das bleibende Verdienst von Morstein Marx wie auch der jungen, teilweise von ihm inspirierten, Generation von Sozialwissenschaftlern, die – oft als Studenten und Doktoranden von Remigranten – US-amerikanisches Denken nach Deutschland zurückbrachten. Dazu gehörten unter anderem Renate Mayntz, Klaus König, Fritz Scharpf und nicht zuletzt auch der bereits erwähnte Niklas Luhmann. Das erklärt auch, warum Morstein Marx im Verwaltungsrecht lange in Vergessenheit geraten war, aber viele seiner Schriften trotzdem so aktuell erscheinen: Mit der zunehmenden Rezeption sozialwissenschaftlicher Analysekategorien in das Verfassungs- wie das Verwaltungsrecht bekommen viele seiner Überlegungen derzeit wieder „Konjunktur“.

[85] *Friedrich Nietzsche*, Die Geburt der Tragödie aus dem Geiste der Musik, Leipzig 1872 (zitiert nach der Ausgabe Stuttgart 1952).

[86] Ebd., S. 52.

Ann-Katrin Kaufhold

Arnold Köttgen. Berichte aus dem Inneren der Verwaltung

Wirtschaft und Gesellschaft sind in der frühen Bundesrepublik in existenzielle Abhängigkeit von einer Verwaltung geraten, deren Tätigkeit weit über ihre traditionelle Ordnungsfunktion hinausreichte und die deshalb erhebliche strukturelle Veränderungen durchlief und durchlaufen musste. Davon war Arnold Köttgen zutiefst überzeugt.[1] Angesichts dessen stand die Frage nach der Gestalt und den Funktionen, die eine leistungsfähige öffentliche Verwaltung in der bundesrepublikanischen Industriegesellschaft an- bzw. übernehmen sollte, im Zentrum seines wissenschaftlichen Schaffens. Stilles Ideal und unausgesprochener Maßstab ist dabei auch nach Inkrafttreten des Grundgesetzes und bei aller Anerkennung für die neue Ordnung stets der dem Gemeinwohl verpflichtete preußische Landrat geblieben.

Köttgens Werk steht damit nicht exemplarisch für jene Verwaltungsrechtswissenschaft, für die „das Inkrafttreten des Grundgesetzes die zeitliche und geistige Mitte" bildete,[2] die sich der Erneuerung des Rechts verschrieben hatte und der im Rückblick daher die meiste Aufmerksamkeit zuteil geworden ist. Und doch war er kein untypischer Vertreter seines Faches. Anhand seiner Schriften lassen sich zentrale Positionen jener konservativen Verwaltungsrechtswissenschaft beobachten, wie sie von der „Generation 1902"[3] in der frühen Bundesrepublik betrieben wurde. Insbesondere die Berichte aus der Ver-

---

[1] S. zuletzt *Arnold Köttgen*, Struktur und politische Funktion der Verwaltung, in: Karl Dietrich Bracher (Hrsg.), FS für Gerhard Leibholz, Bd. 2 (Staats- und Verfassungsrecht), Tübingen 1966, S. 772; vgl. aus früherer Zeit etwa *ders.*, Die Gemeinde und der Bundesgesetzgeber, Stuttgart 1957, S. 33 ff. und passim; *ders.*, Der soziale Bundesstaat, in: Hans Achinger/Otto Ohl et al. (Hrsg.), Neue Wege der Fürsorge. Festgabe Muthesius, Köln 1960, S. 19 (22 f. und passim); *ders.*, Der Einfluß des Bundes auf die deutsche Verwaltung und die Organisation der bundeseigenen Verwaltung, JöR 11 (1962), S. 173 (184 ff. und passim); *ders.*, Der Strukturwandel des flachen Landes als Verwaltungsproblem (1964), in: ders., Kommunale Selbstverwaltung zwischen Krise und Reform, Stuttgart 1968, S. 233 (235 f.).

[2] *Rainer Wahl*, Herausforderungen und Antworten: Das Öffentliche Recht der letzten fünf Jahrzehnte, Berlin 2006, S. 16, mit Blick freilich allgemein auf das Öffentliche Recht und die Rechtsentwicklung in der Gründungsphase.

[3] In Anlehnung an den Roman „Jahrgang 1902" von *Ernst Glaeser*; zur geistesgeschichtlichen Bedeutung der Juristengeneration 1902, ihren Prägungen und ihrer Sozialisation *Florian Meinel*, Der Jurist in der industriellen Gesellschaft. Ernst Forsthoff und seine Zeit, Berlin 2011, S. 24 ff.

waltungspraxis bleiben für all jene wertvoll, die sich für die Wirklichkeit der Verwaltung interessieren.

Nicht allein die besondere Wertschätzung der preußischen Verwaltungstradition dürfte durch Köttgens persönliche Erfahrungen begründet oder zumindest bestärkt worden sein. Auch für seine methodische Grundhaltung, die nach einer Einbeziehung der Verwaltungswirklichkeit in die rechtswissenschaftliche Analyse verlangt und sein gesamtes Werk auszeichnet, lässt sich ein biographisches Pendant ausmachen. Bevor Köttgens Schriften der Nachkriegsjahrzehnte[4] vorgestellt und die methodischen und inhaltlichen Grundpositionen analysiert werden, die seine Texte aus dieser Zeit prägen (II.), seien daher zunächst sein Lebens- und Berufsweg sowie Eckpunkte seiner früheren wissenschaftlichen Arbeiten geschildert, soweit sie zu Verständnis und Einordnung der späteren Überlegungen beitragen können (I.). Abschließend soll Köttgens Werk in seiner Zeit verortet und nach seiner fortwirkenden Bedeutung gefragt werden (III.).

I. Zur Biographie. Verwaltung in Theorie und Praxis

Köttgen wurde am 22. September 1902 als erster von zwei Söhnen in Bonn geboren.[5] Er ist in Berlin aufgewachsen, wo sein Vater im Preußischen Justizministerium tätig war. Werner Weber hat in seiner Gedenkrede den Einfluss der väterlichen Tätigkeit auf Köttgens Entwicklung hervorgehoben: „Dadurch kam der Knabe und später der Jüngling in eine schon deutlich erlebte Nähe zum preußischen Staat und zum Deutschen Reich der konstitutionellen Monarchie."[6] Beide werden ihm bis zu seinem letzten Aufsatz immer wieder als Orientierungspunkte und Kontrastfolien dienen.

---

[4] Einen wesentlichen Teil seiner Publikationen hat Köttgen vor 1945 verfasst, s. hierzu aus der insgesamt spärlichen Literatur zu seiner Person und seinem Werk *Volkmar Götz*, Verwaltungsrechtswissenschaft in Göttingen, in: Fritz Loos (Hrsg.), Rechtswissenschaft in Göttingen. Göttinger Juristen aus 250 Jahren, Göttingen 1987, S. 336 (348 ff.); *Maximilian Wallerath*, „... Verwaltungsrecht besteht": Arnold Köttgen (1902–1967), in: Joachim Lege (Hrsg.), Greifswald – Spiegel der deutschen Rechtswissenschaft 1815 bis 1945, Tübingen 2009, S. 355 (359 ff.); *Peter Badura*, Arnold Köttgen (1902–1967), in: Peter Häberle/Michael Kilian/Heinrich Amadeus Wolff (Hrsg.), Staatsrechtslehrer des 20. Jahrhunderts, Berlin 2015, S. 629 ff. Eine Bibliographie ist abgedruckt in: In Memoriam Arnold Köttgen. Göttinger Universitätsreden 52, Göttingen 1968, S. 24 ff. Diese frühen Schriften finden hier nur insoweit Berücksichtigung, wie sie für die Lektüre der in der frühen Bundesrepublik entstandenen Texte relevant sind.

[5] S. zur Person Köttgen etwa die detailreichen Schilderungen von *Werner Weber*, Gedenkrede auf Arnold Köttgen, in: In Memoriam Arnold Köttgen. Göttinger Universitätsreden 52, Göttingen 1968, S. 7 (10 ff.), und *Wallerath*, Arnold Köttgen (Fn. 4), S. 356 ff., sowie ferner *Michael Stolleis*, „Köttgen, Arnold", in: Neue Deutsche Biographie, Bd. 12, Berlin 1979, S. 412 f.

[6] *Weber*, Gedenkrede (Fn. 5), S. 10.

Köttgen studierte Rechtswissenschaften in Marburg, Graz, München und schließlich in Jena, wo er 1923 das erste Staatsexamen ablegte. Seine Referendarzeit absolvierte er unter anderem in Potsdam als Mitglied im Korps der Regierungsreferendare, dem er sich auch im Weiteren eng verbunden fühlte und dessen Haltung und Umgangsformen ihn – so berichten es seine Kollegen[7] – nachhaltig prägten. Das dem Corps eigene Selbstverständnis fängt ein um 1900 verbreiteter Witz ein: Der russische Zar sei größenwahnsinnig geworden – er habe geträumt, er sei Regierungsreferendar in Preußen.[8] Die auf das zweite Staatsexamen folgende kurze Tätigkeit für den Deutschen Landkreistag war der Ausgangspunkt für Köttgens lebenslanges besonderes Interesse am Kommunalrecht.

1927 heiratete Köttgen Anna Wömper, die jüdischen Glaubens war. Es ist naheliegend, in dieser persönlichen Entwicklung die Erklärung für die späteren, freilich vereinzelten und begrenzten Versuche Köttgens zu suchen, sich vom antisemitischen Teil der NS-Ideologie zu distanzieren. Als Dekan in Greifswald etwa setzte er sich 1937 gegenüber dem Reichsministerium dafür ein, das Verbot, jüdische Autoren zu zitieren,[9] zu lockern. Mit zumindest teilweisem Erfolg: Jüdische Autoren sollten fortan „mit Zurückhaltung“ und immer dann zitiert werden dürfen, wenn keine andere einschlägige Literatur vorhanden war.[10]

Seine wissenschaftliche Ausbildung erhielt Köttgen in Jena. 1924 wurde er mit einer Arbeit zum „Begriff der Stellvertretung im Verwaltungsrecht“[11] promoviert, 1928 habilitierte er sich mit der Schrift „Das deutsche Berufsbeamtentum und die parlamentarische Demokratie“[12]. Beide Arbeiten wurden von Otto Koellreutter betreut. Dem Beamtenrecht ist Köttgen zeit seines wissenschaftlichen Arbeitens treu geblieben, aber vor allem bis 1939 bildet es einen Schwerpunkt seiner Tätigkeit. Beamte machen aus seiner Sicht den „Kern der Staatlich-

---

[7] S. *Weber*, Gedenkrede (Fn. 5), S. 12; vgl. ferner *Wallerath*, Arnold Köttgen (Fn. 4), S. 357.

[8] S. *Ernest Hamburger*, Juden im öffentlichen Leben Deutschlands. Regierungsmitglieder, Beamte und Parlamentarierer in der monarchischen Zeit (1848–1918), Tübingen 1968, S. 3.

[9] Hans Frank hatte es deutschen Rechtswissenschaftlern im Oktober 1936 untersagt, deutsche Lehrmeinungen auf die Ansichten jüdischer Wissenschaftler zu stützen, vor allem Dissertationen und Habilitationen durften keine Arbeiten jüdischer Autoren zur Grundlage haben, s. hierzu die Zitate aus dem Aktenbestand der Juristischen Fakultät der Universität Greifswald bei *Irene Vorholz*, Die Rechts- und Staatswissenschaftliche Fakultät der Ernst-Moritz-Arndt-Universität Greifswald. Von der Novemberrevolution 1918 bis zur Neukonstituierung der Fakultät 1992, Köln 2000, S. 119f.

[10] Keinerlei Bedenken bestanden, wenn jüdische Autoren zitiert wurden, um ihre Auffassung zu widerlegen, s. die Zitate aus dem Schreiben des Reichsministers für Wissenschaft, Erziehung und Volksbildung vom 5.6.1937 bei *Vorholz*, Rechts- und Staatswissenschaftliche Fakultät Greifswald (Fn. 9), S. 120.

[11] *Arnold Köttgen*, Der Begriff der Stellvertretung im Verwaltungsrecht, Jena 1924.

[12] *Arnold Köttgen*, Das deutsche Berufsbeamtentum und die parlamentarische Demokratie, Berlin 1928.

keit" aus,[13] sie sind die staatstragende Schicht, ihnen sollte eine Führungsrolle bei der Verwirklichung des Gemeinwohls eingeräumt werden. Nachdem Köttgen in seiner Habilitationsschrift aus diesem Grund noch die strikte parteipolitische Neutralität der Beamten gefordert hatte,[14] sprach er sich im nationalsozialistischen Staat dann jedoch für eine Bindung an die völkische Ideologie aus.[15] Nach dem Krieg sah er sich gezwungen, sein einstiges Ideal einer „eigenständig autorisierten Beamtenverwaltung" als „unwiederbringlich zerstört" zu qualifizieren.[16] Diese realpolitische Bewertung hat aber wenig an seiner Überzeugung geändert, dass ein mit der Befugnis zu eigenständigem Handeln ausgestattetes Berufsbeamtentum am besten geeignet ist, gesellschaftlichen Fortschritt und Wohlstand zu gewährleisten.

Schon 1929, ein Jahr nach seiner Habilitation und noch als Privatdozent, referierte Köttgen erstmals auf der Staatsrechtslehrertagung zum Beratungsgegenstand „Verwaltungsrecht der öffentlichen Anstalt"[17]. In Abgrenzung zu Otto Mayer trat er in seinem Referat dafür ein, die wirtschaftliche und die leistende Tätigkeit des Staates als eigenständige Verwaltungsaufgaben anzuerkennen und die Anstaltsverwaltung den Besonderheiten dieser Aufgabe anzupassen, um damit „die öffentlich-rechtliche Verwaltungsorganisation auch für diejenigen Verwaltungsaufgaben zu einem vollwertigen Instrument werden zu lassen, auf die sie ursprünglich unter dem Einfluss des Liberalismus nicht berechnet waren".[18] Knapp drei Jahrzehnte später, im Jahr 1957, hielt er sein zweites Staatsrechtslehrerreferat zum Thema „Die Organisationsgewalt", in dem er den Typus des rein institutionellen Gesetzesvorbehalts für die grundgesetzliche Ordnung entfaltet und seinen spezifischen, von einer ausdrücklichen Normierung abhängigen Anwendungsbereich bestimmt hat, jenseits dessen jeder Leiter einer selbständigen Arbeitseinheit und insbesondere alle Verfassungsorgane institutionelle Autonomie besitzen sollen.[19] Beide Staatsrechtslehrerreferate zählen zu den am intensivsten rezipierten Beiträgen aus Köttgens Werk.[20] Köttgen war im Übrigen ein zurückhaltender Teilnehmer der Jahrestagungen der Vereinigung. Nur eine einzige Wortmeldung ist verzeichnet.[21]

---

[13] So beschreibt es *Götz*, Verwaltungsrechtswissenschaft in Göttingen (Fn. 4), S. 351.

[14] *Köttgen*, Berufsbeamtentum (Fn. 12), insbes. S. 57 ff.

[15] *Arnold Köttgen*, Die Stellung des Beamtentums im völkischen Führerstaat, JöR 25 (1938), S. 1 ff.

[16] *Köttgen*, Struktur und politische Funktion der Verwaltung (Fn. 1), S. 784.

[17] *Arnold Köttgen*, Verwaltungsrecht der öffentlichen Anstalt, VVDStRL 6 (1929), S. 105 ff.

[18] *Köttgen*, Verwaltungsrecht der öffentlichen Anstalt (Fn. 17), S. 141.

[19] *Arnold Köttgen*, Die Organisationsgewalt, VVDStRL 16 (1958), S. 154 ff.

[20] S. beispielhaft die Diskussionen der Staatsrechtslehrervereinigung über „Die öffentliche Sache" im Jahr 1962, in denen Köttgens Überlegungen zum „Verwaltungsrecht der öffentlichen Anstalt" einen Referenzpunkt sowohl in den von *W. Weber* und *K. Stern* gehaltenen Referaten als auch in der Aussprache bilden, VVDStRL 21 (1963), S. 145 ff.

[21] *Arnold Köttgen*, Diskussionsbeitrag, VVDStRL 7 (1931), S. 113. Das unterscheidet

Seinen ersten Ruf erhielt Köttgen aus Greifswald. 1931 wurde er zum außerplanmäßigen Professor der dortigen Universität ernannt, 1937 – als die NSDAP bei Berufungen bereits die „weltanschauliche Zuverlässigkeit" der Wissenschaftler überprüfte – schließlich zum Ordinarius. Nach Beginn des Krieges im Jahr 1939 trat er eine Stelle bei der Zivilverwaltung Oberschlesiens in Kattowitz an, die kurz darauf in ein preußisches Regierungspräsidium umgewandelt wurde und in deren Bezirk man 1940 das Vernichtungslager Auschwitz errichtet hat.[22] Köttgen, der 1940 der NSDAP beigetreten war, übernahm das Generalpolizeidezernat und leitete es bis 1943.[23]

Seine Professur in Greifswald behielt Köttgen während seiner Tätigkeit für die NS-Verwaltung, sie wurde bis einschließlich des Wintersemesters 1942/1943 lediglich vertreten.

Köttgen avancierte zu den führenden Verwaltungsrechtlern im NS-Staat: Seine „Deutsche Verwaltung" – 1935, 1937 und 1944 in drei Auflagen erschienen – zählte zum „inneren Kreis der Lehrbücher" im Dritten Reich und „führte ins Zentrum des neuen Denkens".[24] Das Bundesverfassungsgericht hat Köttgens 1938 im Jahrbuch des öffentlichen Rechts publizierte Überlegungen zur Bindung der Beamten an die nationalsozialistische Weltanschauung und zum Bedeutungsverlust der Weimarer Reichsverfassung[25] später als „besonders charakteristisch" für die „nationalsozialistische Rechtslehre" zitiert.[26] Doch finden sich in Person[27] und Werk auch einzelne Elemente, die auf eine vorsichtige Distanzierung hindeuten, innere Konflikte zu indizieren scheinen und den Versuch

---

Köttgen deutlich von den weiteren in diesem Band vorgestellten Verwaltungsrechtlern – O. Bachof und H.P. Ipsen etwa haben sich in den Nachkriegsjahrzehnten bei fast allen Tagungen der Vereinigung zu Wort gemeldet, und auch E. Forsthoff, H. Peters und C.H. Ule zählten regelmäßig zu den Diskutanten – und auch von jenen Kollegen und Freunden, die in ähnlichem Maße durch ihre NS-Vergangenheit belastet, in den Diskussionen aber sehr präsent waren, wie etwa G. Küchenhoff.

[22] Ob Köttgen diesen Schritt freiwillig unternahm (in diesem Sinne *Vorholz*, Rechts- und Staatswissenschaftliche Fakultät Greifswald [Fn. 9], S. 141) oder „dienstverpflichtet" und durch die Arbeit dann „in schwere innere Belastungen" geführt wurde (so *Fritz Werner*, Arnold Köttgen †, AöR 92 [1967], S. 414 [416]), ist ungeklärt.

[23] S. zu Köttgens Tätigkeiten in der zivilen Kriegsverwaltung auch *Weber*, Gedenkrede (Fn. 5), S. 12f., und *Werner*, Arnold Köttgen † (Fn. 22), S. 416, die in ihren Nachrufen nahelegen, Köttgen habe während seiner Arbeit in Kattowitz Widerstand gegen die NSDAP geleistet und gegen den Totalitarismus in der Verwaltung gekämpft. Inwieweit man ihren in hinreichend nebulösem Ton gehaltenen Berichten Vertrauen schenken kann, bleibt angesichts der trotz der Bekenntnisse zur NS-Ideologie doch auch vorhandenen Ambivalenzen in Köttgens Werk und Person unklar.

[24] *Wolfgang Kohl/Michael Stolleis*, Im Bauch des Leviathan. Zur Staats- und Verwaltungsrechtslehre im Nationalsozialismus, NJW 1988, S. 2849 (2855); diese Einschätzung teilt *Vorholz*, Rechts- und Staatswissenschaftliche Fakultät Greifswald (Fn. 9), S. 142.

[25] *Köttgen*, Die Stellung des Beamtentums im Führerstaat (Fn. 15), S. 1 ff.

[26] BVerfGE 3, 58, 103.

[27] S. die Nw. oben in Fn. 22 und 23.

erkennen lassen, einzelne rechtsstaatliche Elemente zu bewahren.[28] So können etwa die Ausführungen zu den subjektiv öffentlichen Rechten in der dritten Auflage seines Lehrbuchs, die einerseits die Unvereinbarkeit individueller Ansprüche mit dem Gemeinschaftsdenken betonen, zugleich aber auch daran „erinnern", „daß das Verwaltungsrecht u.a. die Aufgabe hat, etwaigen Totalisierungstendenzen der Bürokratie [...] entgegen zu wirken", weshalb „ein offenbar nicht gering zu veranschlagendes Interesse an einer rechtlichen Verfestigung der Stellung [besteht], die dem einzelnen Volksgenossen innerhalb der Verwaltung zugewiesen worden ist"[29], auch als das Bemühen gelesen werden, „zwischen NS-Adaption und traditionellem Verwaltungsrecht [zu] balanciere[n]"[30].[31] Ähnliches gilt für seine kommunalrechtlichen Überlegungen, in denen er einerseits der NSDAP eine zentrale Rolle bei der Wiederherstellung des Heimatbewusstseins zuschreibt und die nationalsozialistische Gemeindeordnung doch andererseits gegen vorbehaltlose Eingriffe in die Selbstverwaltungsrechte der Kommunen in Stellung bringt.[32] Wolfgang Kohl und Michael Stolleis bewerten die „Deutsche Verwaltung" dementsprechend als einen „der letzten Versuche, Rationalität und Gesetzesbindung der Verwaltung, das Verwaltungsrecht als ‚Ordnungssystem' gegen das Chaos regelloser Machtausübung zu verteidigen, ohne dabei unbedingt eine Rückwendung zur Verwaltungsrechtsdoktrin vor 1933 zu vollziehen".[33]

Nach drei Jahren in sowjetischer Lagerhaft und einer kurzen Zeit als Gastprofessor in Köln kehrte Köttgen nach dem Krieg zunächst in die Verwaltung zurück. Von 1949 bis 1951 war er trotz seiner NS-Vergangenheit als Generalreferent für Verfassungsrecht im Bundesministerium des Innern tätig. Anders als sein Lehrer Koellreutter, der nach 1945 nicht mehr berufen und auch nicht wieder in die Staatsrechtslehrervereinigung aufgenommen wurde, erhielt Köttgen

---

[28] Ebenso bereits *Wallerath*, Arnold Köttgen (Fn. 4), S. 370; mit Blick auf Köttgens Werk ähnlich ferner *Kohl/Stolleis*, Staats- und Verwaltungsrechtslehre im Nationalsozialismus (Fn. 24), S. 2855; *Michael Stolleis*, Geschichte des öffentlichen Rechts in Deutschland, Bd. 4 (1945–1990), München 2012, S. 173, sowie *Hans Peters*, Lehrbuch der Verwaltung, Berlin 1949, S. 19.

[29] *Arnold Köttgen*, Deutsche Verwaltung, 3. Aufl., Berlin 1944, S. 191 f.

[30] So mit Blick auf das Lehrbuch insgesamt *Stolleis*, Geschichte des öffentlichen Rechts IV (Fn. 28), S. 173.

[31] Dass dies auch von Zeitgenossen durchaus so verstanden wurde, legt die Besprechung von Köttgens Lehrbuch durch *Kurt Münch*, Neues Verwaltungsrecht. Eine kritische Auseinandersetzung mit den Lehrbüchern von Maunz und Köttgen, ZgS 99 (1939), S. 359 (368 ff.), nahe, der kritisch feststellt, Köttgen wolle offenbar an überkommenen Unterscheidungen festhalten und verfehle damit den Kern der neuen Verwaltung (ebd., S. 371).

[32] S. beispielhaft *Köttgen*, Deutsche Verwaltung, 1944 (Fn. 29), S. 77 einerseits, S. 86 andererseits, sowie zu dieser ambivalenten Positionierung *Lars Holtkamp*, Kommunale Konkordanz- und Konkurrenzdemokratie. Parteien und Bürgermeister in der repräsentativen Demokratie, Wiesbaden 2008, S. 61 f.

[33] *Kohl/Stolleis*, Staats- und Verwaltungsrechtslehre im Nationalsozialismus (Fn. 24), S. 2855.

auch bald wieder einen Lehrstuhl. 1951 wechselte er für ein Jahr an die Hochschule für Verwaltungswissenschaften in Speyer, bevor er 1952 schließlich die Nachfolge Rudolf Smends in Göttingen antrat. Dort unterrichtete er bis zu seinem Tod im Jahr 1967.

Über sein Verhältnis zu den Kollegen ist wenig bekannt. In Göttingen gehörte wohl insbesondere Weber zum Kreis seiner Freunde. Zu seinen Vertrauten zählte zudem Ernst Forsthoff. In einem Brief an Carl Schmitt schrieb dieser, Köttgen habe ihm von den Kollegen seiner Generation am nächsten gestanden.[34] Mit Forsthoff verbanden Köttgen wissenschaftlich nicht zuletzt die Überzeugung von der Eigenständigkeit der „versorgenden" bzw. „daseinsvorsorgenden" Verwaltung und der Glaube an das Berufsbeamtentum als den staatstragenden Hüter des Gemeinwohls. Wie viele Doktoranden Köttgen betreut hat, ist nicht überliefert. Habilitationen hat er nicht begleitet, von einer „Köttgen-Schule" kann keine Rede sein.

Parallel zu seiner Arbeit als Hochschullehrer wurde Köttgen immer wieder als wissenschaftlicher Berater etwa des Städte- und des Landkreistages, der Bundesbahn, des Vereins für öffentliche und private Fürsorge und in verschiedenen Beiräten des Bundesinnenministeriums tätig.[35] Viele der dabei gewonnen Einsichten verarbeitete er in seiner Forschung. Aus den kommunalrechtlichen Schriften etwa spricht eine spezifische Nähe des Autors zu den Gegenständen seiner Überlegungen, so etwa wenn er die Eigenheiten der „Vitalsituation" der Bevölkerung auf dem flachen Land zum Ausgangspunkt nimmt, um über eine zusätzliche Ausweitung der Daseinsvorsorge zu räsonieren;[36] wenn er über den „dank der Motorisierung verbesserten Kundendienst der städtischen Wirtschaft"[37] berichtet; oder wenn er die Erosion der „soziologischen Basis des Gemeindevorstands" analysiert, die er als Folge der Verdrängung früherer Honoratiorenschichten und der schwindenden Attraktivkraft des Berufsbeamtentums beobachtet[38] und letztlich als Argument verwendet

---

[34] Brief von Forsthoff an Schmitt vom 14.3.1967, abgedruckt in Angela Reinthal/Reinhard Mußgnug/Dorothee Mußgnug (Hrsg.), Briefwechsel Ernst Forsthoff – Carl Schmitt 1926–1974, Berlin 2007, Brief Nr. 221, S. 236 f.: „Der Tod von Köttgen hat mich sehr getroffen [...]. Meine Freundschaft mit Köttgen ist sehr langsam im Laufe der Jahrzehnte entstanden und gewachsen. Er stand mir von den Kollegen meiner Generation am nächsten."

[35] Ausführlichere Auflistung der Beratertätigkeiten bei *Weber*, Gedenkrede (Fn. 5), S. 14. Nicht zuletzt dieser enge Praxisbezug qualifizierte ihn als Gründungsmitglied im Herausgeberkreis des 1962 erstmals erschienenen „Archivs für Kommunalwissenschaften".

[36] *Köttgen*, Der Strukturwandel des flachen Landes (Fn. 1), S. 248 ff.

[37] *Köttgen*, Der Strukturwandel des flachen Landes (Fn. 1), S. 249; ähnlich *ders.*, Sicherung der gemeindlichen Selbstverwaltung (1960), in: ders., Kommunale Selbstverwaltung zwischen Krise und Reform (Fn. 1), S. 193 (202).

[38] *Arnold Köttgen*, Wesen und Rechtsform der Gemeinden und Gemeindeverbände, in: Hans Peters (Hrsg.), Handbuch der kommunalen Wissenschaft und Praxis, Bd. 1 (Kommunalverfassung), Berlin 1956, S. 185 (205 f.); ebenso *ders.*, Sicherung der gemeindlichen Selbstverwaltung (Fn. 37), S. 202 f.

für eine Stärkung der Gemeindeparlamente u.a. über die Zulassung der so genannten Rathausparteien[39].

Die vielfachen Bezugnahmen auf die Praxis nehmen dabei jedoch in Stil und Struktur nie den Charakter von Geschichten an. Köttgen berichtet seinen Lesern nicht etwa in leicht eingängigem Plauderton gleichsam zur Einstimmung auf die Rechtsprobleme über seine Beobachtungen aus der weiten Welt der Verwaltung. Im Gegenteil. Seine Schriften sind häufig vergleichsweise schwere Kost.[40] Er nähert sich seinen Thesen über viele Seiten- und Nebenwege an, geht Assoziationen nach, flicht historische Bezüge ebenso wie Querverweise in andere Rechtsbereiche ohne weitere Erläuterung ein und verwendet zudem nicht selten eine ebenso bildreiche wie mehrdeutige[41] Sprache. Viele seiner Veröffentlichungen stellen daher „in ihrer Gelehrsamkeit an den Leser strenge Anforderungen"[42]. Oder, wie Fritz Werner in seinem Nachruf höflich formuliert: „Die Schärfe und die Originalität seines Denkens erschlossen sich erst demjenigen, der sich Mühe um sein Denken und seine Diktion gab. Am schönsten erschloß sich der Glanz seiner wissenschaftlichen Persönlichkeit im Gespräch."[43]

II. Zum Werk. Der preußische Landrat als Ideal einer leistungsfähigen Verwaltung

Köttgens wissenschaftliches Werk umfasst knapp 200 Publikationen.[44] Neben Dissertation und Habilitationsschrift stehen sieben weitere Monographien[45] sowie ein Lehrbuch. Hauptgegenstände seiner Analysen waren die Kommunen, deren Autonomie und politisch-integrative Funktion er mit den Mitteln des Kommunal(verfassungs)rechts gegen die Degradierung zur bloßen Verwaltungseinheit zu verteidigen suchte, die Universitäten, die er durch den objektiven Gehalt des Art. 5 Abs. 3 GG und das „im Sinne einer institutionellen Garantie" zu verstehende Grundrecht der Freiheit der Wissenschaft[46] vor Inst-

[39] S. zu der Schlussfolgerung, der Abstieg des Gemeindevorstands müsse durch eine Stärkung der Gemeindeparlamente kompensiert werden, wenn die gemeindliche Selbstverwaltung auch weiterhin mehr als nur ein verfassungsrechtliches Versprechen sein solle, *Köttgen*, Sicherung der gemeindlichen Selbstverwaltung (Fn. 37), insbes. S. 200ff.

[40] Ähnlich in ihren Einschätzungen *Wallerath*, Arnold Köttgen (Fn. 4), S. 358; *Friedrich E. Schnapp*, Buchbesprechung: Lege, Joachim (Hrsg.), Greifswald – Spiegel der deutschen Rechtswissenschaft 1815 bis 1945, Der Staat 50 (2011), S. 478 (485).

[41] Als ein Instrument zur unausgesprochenen Distanzierung versteht diese mehrdeutigen Formulierungen *Wallerath*, Arnold Köttgen (Fn. 4), S. 367f.

[42] *Weber*, Gedenkrede (Fn. 5), S. 20.

[43] *Werner*, Arnold Köttgen † (Fn. 22), S. 416.

[44] Für eine Bibliographie s. In Memoriam Arnold Köttgen (Fn. 4).

[45] Von diesen Monographien sind fünf in der kurzen Zeitspanne zwischen 1957 und 1965 entstanden.

[46] *Arnold Köttgen*, Die Freiheit der Wissenschaft und die Selbstverwaltung der Universi-

rumentalisierungen durch Politik, Gesellschaft oder Wirtschaft verfassungsrechtlich geschützt sah[47] sowie die Organisation der Bundes- und Landesverwaltungen, deren Zentralisierungsbestrebungen er wiederholt kritisch analysiert hat.[48] In den ersten Jahren seiner wissenschaftlichen Arbeit hat ihn zudem das Beamtenrecht intensiv beschäftigt, nach dem Krieg ist dieses jedoch gegenüber dem Kommunal- und Organisationsrecht deutlich in den Hintergrund getreten.

Was verbindet nun die Vielzahl von Köttgens Beiträgen, was prägt und kennzeichnet sie? Mindestens sechs systematische, inhaltliche und methodische Charakteristika lassen sich identifizieren, die seinen in den Jahren ab 1949 entstandenen Schriften gemeinsam sind und anhand derer sich diese Arbeiten in der Verwaltungsrechtswissenschaft der frühen Bundesrepublik verorten lassen.

1. Orientierung an den Verwaltungszwecken

Schon früh, für den spezifischen Bereich des Anstaltsrechts in Ansätzen bereits in seinem ersten Staatsrechtslehrerreferat, allgemein für das Verwaltungsrecht dann erstmals in seinem Lehrbuch und damit noch bevor die Forsthoff'sche Daseinsvorsorge ihre Karriere antrat, hat Köttgen die wachsende Bedeutung und Eigenständigkeit der „ver-" bzw. „fürsorgenden" und der „gestaltenden" bzw. „lenkenden" neben der „gefahrenabwehrenden" Verwaltung herausgearbeitet. Er hat den drei verschiedenen Verwaltungsaufgaben jeweils eigene Instrumente und Schlüsselbegriffe zugeordnet und mit einer an den Verwaltungszwecken orientierten Systematisierung des Verwaltungsrechts begonnen: Zur Gefahrenabwehr gehören danach der Eingriff und die Sicherung des vorhandenen Bestandes an Rechtsgütern, zur versorgenden Verwaltung die Leistung, das Gemeinwohlinteresse und das Bedürfnis der Bürger, und zur gestaltenden Ver-

---

tät, in: Franz L. Neumann/Hans Carl Nipperdey/Ulrich Scheuner (Hrsg.), Berlin 1954, S. 291 (303).

[47] S. zur institutionellen Dimension der Wissenschaftsfreiheit eingehend *Köttgen*, Die Freiheit der Wissenschaft (Fn. 46), S. 302ff., 320ff.; *ders.*, Das Grundrecht der deutschen Universität. Gedanken über die institutionelle Garantie wissenschaftlicher Hochschulen, Göttingen 1959, S. 17ff., 23ff.; zu den daraus folgenden staatlichen Pflichten *ders.*, Die Freiheit der Wissenschaft (Fn. 46), S. 316f.; *ders.*, Das Grundrecht der deutschen Universität, a.a.O., S. 30ff., 66ff.; vgl. hierzu ferner *ders.*, Vom Recht des Studenten, DUZ 9 Heft 13 (1954), S. 3 (6f.).

[48] S. beispielsweise *Köttgen*, Der soziale Bundesstaat (Fn. 1), S. 433ff.; *ders.*, Sicherung der gemeindlichen Selbstverwaltung (Fn. 37), S. 193 (207f.); *ders.*, Der Einfluß des Bundes (Fn. 1), S. 187ff. – Zu den ferner zu erwähnenden, dem Staatskirchenrecht gewidmeten Abhandlungen aus den Jahren 1952 und 1964 s. *Hans Michael Heinig*, Die „Göttinger" Wissenschaft vom Staatskirchenrecht 1945–1969: Von der Koordinationslehre zu freien Kirchen unter dem Grundgesetz, in: Werner Heun/Frank Schorkopf (Hrsg.), Wendepunkte der Rechtswissenschaft, Göttingen 2014, S. 297 (321f.).

waltung der Plan sowie ein weiter Ermessensspielraum.[49] Das Interesse für die Verwaltungszwecke und die Ausrichtung der rechtlichen Überlegungen an den Aufgaben von Staat und Verwaltung ist für Köttgens gesamtes Schaffen charakteristisch geblieben. Es entspricht seinem primären Erkenntnisinteresse, das nicht in erster Linie der rechtsstaatlichen Disziplinierung der Verwaltung galt, sondern der Sicherung ihrer Leistungsfähigkeit, und dies nicht allein im Bereich der Gefahrenabwehr. Bereits in den 1950er-Jahren beschäftigen ihn insbesondere die Konsequenzen des Ausbaus der Leistungsverwaltung. Köttgen war damit nicht modern, seiner Zeit aber doch voraus. In den Gründerjahren standen der Wiederaufbau des Rechtsstaats und die Aktivierung der Grundrechte im Mittelpunkt der verwaltungsrechtlichen Forschung. Es dominierte erneut „die Betrachtung des Verwaltungsrechts als ein Recht der Grenzziehung zwischen Verwaltung und Einzelnem zum Schutze individueller und gesellschaftlicher Freiheiten", wie sie im 19. Jahrhundert zu den Voraussetzungen für die Herausbildung des Verwaltungsrechts als eigenständiges Rechtsgebiet gezählt hatte.[50] Erst ab Mitte der 1960er-Jahre haben Aufgaben und Zwecke in der Verwaltungsrechtswissenschaft eine Renaissance erlebt, und an die Seite des liberalen ist auch wissenschaftlich der soziale Rechtsstaat getreten.

2. *Fokussierung auf Einzelprobleme der Staats- und Verwaltungspraxis*

Sein Lehrbuch hat Köttgen nach dem Krieg nicht fortgeführt und die darin angelegte Neusystematisierung des Verwaltungsrechts auch an anderer Stelle nicht weiter entfaltet.[51] Nach 1949 galt sein Interesse – ebenso wie das vieler seiner Kollegen[52] – nicht (länger) der übergreifenden Darstellung und Ord-

[49] S. *Arnold Köttgen*, Deutsche Verwaltung, Mannheim 1936, S. 134 ff., 140 ff., 149 ff., 158 ff.; *ders.*, Deutsche Verwaltung, 2. Aufl., Mannheim 1937, S. 140 ff., 149 ff., 159 ff., 170 ff. Köttgen modifizierte die Begrifflichkeiten in den verschiedenen Auflagen, in der 3. Auflage ersetzte er dann insbesondere die „versorgende Verwaltung" durch den Begriff der Daseinsvorsorge, s. *ders.*, Deutsche Verwaltung, 1944 (Fn. 29), S. 171 ff.; für eine Analyse von Köttgens Unterscheidung s. *Kay Waechter*, Verwaltungsrecht im Gewährleistungsstaat, Tübingen 2008, S. 46 ff.; zur Systematisierung nach Zwecken als ein Charakteristikum nationalsozialistischer Verwaltungsrechtswissenschaft *Stolleis*, Geschichte des öffentlichen Rechts IV (Fn. 28), S. 369 f.

[50] *Eberhard Schmidt-Aßmann*, Herausbildung eines modernen Verwaltungsrechts, in: Werner Heun/Frank Schorkopf (Hrsg.), Wendepunkte der Rechtswissenschaft, Göttingen 2014, S. 249, mit Blick auf die Entwicklung des modernen Verwaltungsrechts Ende des 19. Jahrhunderts.

[51] Vgl. *Weber*, Gedenkrede (Fn. 5), S. 15 f.: „Köttgens Art war nicht das Sammeln und die systematische Darstellung großer Stoffe gemäß, deren Probleme er sich nicht in den Einzelheiten selbst erarbeitet hatte; [...]."

[52] S. *Fritz Ossenbühl*, Die Weiterentwicklung der Verwaltungswissenschaft, in: Kurt G. A. Jeserich/Hans Pohl/Georg-Christoph Unruh (Hrsg.), Deutsche Verwaltungsgeschichte,

nungsbildung, sondern Einzelproblemen der Staats- und Verwaltungspraxis. Er hat sich darauf konzentriert, die spezifischen Anforderungen vor allem an die Organisation, das Personal und die Ausstattung von Verwaltungseinheiten sowie an die Kompetenzverteilung zu definieren, die sich aus den Eigenheiten der Verwaltungszwecke und speziell der zunehmenden Dominanz der leistenden Verwaltung ergaben. Seine Überlegungen haben ihren Ausgangspunkt dabei regelmäßig in Gebieten des Besonderen Verwaltungsrechts. Diese dienen nicht lediglich als Referenzgebiete. Köttgen geht es darum, konkrete Vorschläge etwa für die Entwicklung des Kommunalwahlrechts[53] zu formulieren oder die Grenzen der wirtschaftlichen Tätigkeit von Gemeinden zu bestimmen[54]. Der Weg zu diesen Lösungen führt zwar vielfach über allgemeinere verfassungsrechtliche und staatstheoretische Reflexionen. Aber es ist nicht Köttgens primäres Anliegen, eine theoretische oder dogmatische Gesamtkonzeption von Verwaltung und Verwaltungsrecht im Staat des Grundgesetzes zu entfalten.[55]

3. *Verbindung von Staats- und Verwaltungsrecht*

Ein weiteres Kennzeichen von Köttgens Schriften ist damit bereits angedeutet: die konsequente (Wieder-)Zusammenführung von Staats- und Verwaltungsrecht als Folge der problem- und praxisorientierten Betrachtung.[56] Die öffentliche Verwaltung bildet den Gegenstand sämtlicher Publikationen Köttgens, sein Werk ist damit jedoch nicht zu einem rein verwaltungsrechtlichen geworden.[57]

Bd. 5 (Die Bundesrepublik Deutschland), 1987, S. 1143, 1146: „Zu neuen Systementwürfen ist es [...] nicht gekommen" – jedenfalls nicht in den ersten beiden Jahrzehnten der Bundesrepublik, s. *Michael Stolleis*, Verwaltungsrechtswissenschaft in der Bundesrepublik Deutschland, in: Dieter Simon (Hrsg.), Rechtswissenschaft in der Bonner Republik. Studien zur Wissenschaftsgeschichte der Jurisprudenz, Frankfurt a.M. 1994, S. 227 (240 f.).

[53] S. *Arnold Köttgen*, Parteibegriff und Gemeindewahlrecht (1958), in: ders., Kommunale Selbstverwaltung zwischen Krise und Reform (Fn. 1), S. 139 ff.; vgl. ferner *ders.*, Innere Struktur und Zuständigkeit der Gemeindevertretung (1952), in: ebd., S. 113 ff.

[54] S. *Arnold Köttgen*, Die wirtschaftliche Betätigung der Gemeinden. Eine verfassungsrechtliche Untersuchung, in: Ernst von Caemmerer/Ernst Friesenhahn (Hrsg.), Hundert Jahre deutsches Rechtsleben. Festschrift zum 100jährigen Bestehen des Deutschen Juristentages 1860–1960, Karlsruhe 1960, S. 577 ff.; vgl. auch seine frühere Abhandlung *ders.*, Die erwerbswirtschaftliche Betätigung der öffentlichen Hand und das öffentliche Recht, Tübingen 1928.

[55] Nur auf den ersten Blick bildet *Köttgen*, Der soziale Bundesstaat (Fn. 1), insoweit eine Ausnahme. Auch in diesem Text rückt nach einführenden allgemeineren Überlegungen zum Wesen der grundgesetzlichen Staatsziele schnell die konkretere Frage danach in den Vordergrund, wer für die „Verwirklichung des Sozialstaats" zuständig (S. 441 ff.) und wie die „sozialpolitische Potenz" (S. 443) zwischen den verschiedenen Ebenen im Bundesstaat verteilt sei.

[56] S. *Götz*, Verwaltungsrechtswissenschaft in Göttingen (Fn. 4), S. 348 f., der den inneren Zusammenhang zwischen der Einbeziehung der Verwaltungswirklichkeit in die rechtliche Analyse und der Zusammenführung von Staats- und Verwaltungsrechts betont.

[57] Weitergehend *Götz*, Verwaltungsrechtswissenschaft in Göttingen (Fn. 4), S. 350: „eher eine staatsrechtliche" Beschäftigung mit der öffentlichen Verwaltung.

Die Unterscheidung zwischen den Rechtsgebieten des Staats- und Verwaltungsrechts hat Köttgen nie beschäftigt. Er hat beide vielmehr stets als ebenso untrennbar verstanden und verhandelt wie Recht und Wirklichkeit des Staates und seiner Verwaltung.[58]

4. Leistungsfähigkeit als Leitmotiv

Die Arbeiten Köttgens werden zwar nicht durch eine übergreifende begrifflich-dogmatische Konzeption verbunden, in die sich seine einzelnen Analysen einfügen würden. Gemeinsam ist ihnen aber die Perspektive, aus der sich der Autor seinen Untersuchungsgegenständen näherte. Köttgens Forschungen werden – unabhängig vom Objekt der Betrachtung – in der Regel zumindest auch von der Frage angeleitet, ob die Verwaltung in ihren tradierten rechtlichen Strukturen angesichts der sich wandelnden politischen, sozialen und rechtlichen Bedingungen noch in der Lage ist, ihre Aufgaben zu erfüllen, oder ob ihre rechtliche Gestalt der Modifikation bedarf.[59] Die Leistungsfähigkeit der Verwaltung bildet ein, wenn nicht das Leitmotiv und den Fluchtpunkt seiner umfangreichen Schriften zum Kommunalrecht, seiner Analysen der Verwaltungsorganisation im Bundesstaat und letztlich auch seiner Überlegungen zur Wissenschaftsorganisation und dem institutionellen Gehalt der Wissenschaftsfreiheit. Auch in der Nachkriegszeit hält er im Kern an seiner bereits im Jahr 1935 formulierten Grundposition fest: „Verwaltungsrecht ist [...] nicht mehr die in einem letzten Gegensatz zu aller Verwaltung stehende Schranke des verwaltenden Staates, sondern muss vielmehr als der Versuch angesehen werden, die Wirklichkeit der Verwaltung durch ein rationales System zu größtmöglicher Entfaltung zu bringen. Am Eingang allen Verwaltungsrechts steht somit das unbedingte Ja zu der Verwaltung, die hier in eine Form gebracht werden soll, in der sie ihre bestimmungsgemäße Aufgabe bestmöglich zu vollziehen vermag."[60] Seine besondere Aufmerksamkeit bei der Ausarbeitung dieser aufgabenadäqua-

[58] So bereits in seiner Habilitationsschrift *Köttgen*, Berufsbeamtentum (Fn. 12); s. aus der Zeit nach 1949 etwa *Arnold Köttgen*, Der Einwand der Mischverwaltung und das Grundgesetz, DÖV 1955, S. 485 ff., und *ders.*, Der soziale Bundesstaat (Fn. 1), S. 431 ff. Wie hier beschreiben Köttgens spezifischen Zugriff *Werner*, Arnold Köttgen † (Fn. 22), S. 415, und *Wallerath*, Arnold Köttgen (Fn. 4), S. 362 f.

[59] Vgl. *Weber*, Gedenkrede (Fn. 5), S. 16: Das Thema, das Köttgen fesselte, war „die Überprüfung des Existenzrechts und der Wandlungen überlieferter Institutionen gegenüber veränderten politischen und sozialen Strukturen"; *Peter Badura*, Nachruf Arnold Köttgen †, JZ 1967, S. 419 (420): „Das charakteristische Interesse [...] ist die Frage nach der Rechtfertigung überkommener Institutionen gegenüber der Erosion und dem gestaltenden Zugriff gesellschaftlicher und politischer Kräfte, die unermüdliche Vergewisserung über Wert und Unwert des Überkommenen und des Neuen."

[60] *Arnold Köttgen*, Verfassungsfragen im Bereich der ländlichen Gemeindeverwaltung (1935), in: ders., Kommunale Selbstverwaltung zwischen Krise und Reform (Fn. 1), S. 37 (42).

ten Form gilt der Organisation, dem Personal sowie den finanziellen und technischen Ressourcen, die der Verwaltung zur Verfügung stehen. Köttgen sieht in ihnen die entscheidenden Koordinaten der Leistungsfähigkeit und identifiziert sie bereits zu einem Zeitpunkt als Instrumente der politischen Gestaltung, zu dem in der Rechtswissenschaft im Übrigen das materielle Recht als Entscheidungsparameter ganz im Vordergrund steht.

5. Öffnung für die Verwaltungswirklichkeit als methodische Grundhaltung

Die Leistungsfähigkeit der Verwaltung unter sich wandelnden Voraussetzungen kann freilich nur analysieren, wer beobachtet, wie sich die Realbedingungen verändern. Köttgens Arbeiten zeichnen sich dementsprechend schon zu Weimarer Zeiten und durchgängig durch eine weitgehende Öffnung für die (Verwaltungs-)Wirklichkeit aus. Alle Stellungnahmen zu seinem Werk heben seinen methodischen Anspruch und seine Fähigkeit hervor, die Staats- und Verwaltungspraxis ebenso wie gesellschaftliche und politische Entwicklungen in die Analyse des Verwaltungsrechts einzubeziehen.[61] Mit Recht. In den 1950er- und 1960er-Jahren, als sich die Mehrheit der Verfassungs- und Verwaltungsrechtler (wieder) ganz der so genannten juristischen Methode und der mit ihr verbundenen „radikalen Reduktion und Einengung des Wahrnehmungsfeldes" auf Rechtsakte[62] verschrieben hatte, verarbeitete Köttgen (weiterhin) eine Fülle empirischer Beobachtungen, die ihm als Anstoß und Grundlage für Bewertungen und Reformüberlegungen dienen. Er hat der Verwaltungslehre, die nach ihrer Instrumentalisierung durch das NS-Regime zunächst nur noch wenig Be-

---

[61] S. *Weber*, Gedenkrede (Fn. 5), S. 20 f.; *Werner*, Arnold Köttgen † (Fn. 22), S. 416; *Götz*, Verwaltungsrechtswissenschaft in Göttingen (Fn. 4), S. 349; *Wallerath*, Arnold Köttgen (Fn. 4) S. 363 f.; *Badura*, Arnold Köttgen (Fn. 4), S. 630 f.; zur Einordnung der Köttgen'schen Arbeitsweise in den verwaltungsrechtswissenschaftlichen Methodendiskurs der frühen Bundesrepublik *Christian Bumke*, Die Entwicklung der verwaltungsrechtswissenschaftlichen Methodik in der Bundesrepublik Deutschland, in: Eberhard Schmidt-Aßmann/Wolfgang Hoffmann-Riem (Hrsg.), Methoden der Verwaltungsrechtswissenschaft, Baden-Baden 2004, S. 75 (85 ff.); zur Bedeutung der Empirie in der Verwaltungsrechtswissenschaft der Weimarer Zeit *Ulrich J. Schröder*, Interdisziplinarität in der Weimarer Staats- und Verwaltungsrechtslehre, in: ders./Antje von Ungern-Sternberg (Hrsg.), Zur Aktualität der Weimarer Staatsrechtslehre, Tübingen 2011, S. 261 (267 f., 289 ff.).

[62] *Bumke*, Die Entwicklung der verwaltungsrechtswissenschaftlichen Methodik in der Bundesrepublik Deutschland (Fn. 61), S. 76; näher zur rechtsaktbezogenen Betrachtungsweise als Kennzeichen der juristischen Methode sowie zu den Eigenheiten, Vor- und Nachteilen der letzteren *ders.*, Relative Rechtswidrigkeit, Tübingen 2004, S. 257 ff.; krit. zu dieser Charakterisierung der juristischen Methode *Andreas Funke*, Perspektiven subjektiv-rechtlicher Analyse im öffentlichen Recht, JZ 2015, S. 369 (374 f.).

achtung fand,[63] in seinen Arbeiten vor wie nach 1933 einen prominenten Platz zugesprochen.[64]

Seine Vorstellung davon, welche Rolle dem Tatsächlichen zukommen solle und wie es zu erfassen sei, hat er dabei über die Jahre ausdifferenziert. 1935 hatte er noch vergleichsweise pauschal die „Unfruchtbarkeit einer rein dogmatisch orientierten Verwaltungsrechtswissenschaft" kritisiert und dafür plädiert, „die Normen des Verwaltungsrechts nicht mehr für sich [zu] betracht[en]", sondern „eingebettet in jenes Stück sozialer Wirklichkeit, das wir als Verwaltung bezeichnen".[65] 1962 formuliert er nicht nur seine Kritik vorsichtiger, er nimmt auch seine Erwartungen an den einzelnen Wissenschaftler deutlich zurück (und liegt damit ganz auf einer Linie mit dem Wissenschaftsrat und seinen Forderungen nach mehr Interdisziplinarität in den Rechtswissenschaften im Jahr 2012[66]): Heute wird „wohl kaum noch ein Vertreter der Jurisprudenz der Meinung sein, daß gerade er den entscheidenden Beitrag zu einem nicht lediglich partikularen Verständnis der Gemeinde zu liefern vermöchte". Der „‚Rückgriff auf die Realität der Dinge' [wird] in besonderem Grade vordringlich, [kann] jedoch nicht Sache der Verwaltungsrechtswissenschaft sein [...]".[67] „Keine der beteiligten Disziplinen ist im Besitz des Steines der Weisen, aber eine jede bedarf der Kontrolle der Nachbarwissenschaft. Das bedeutet, daß der enge Rahmen fachinterner Diskussion im Wege der Kooperation aller, die überhaupt etwas Einschlägiges zu sagen haben, gesprengt werden muß."[68] Köttgen selbst hat in seinen Studien insbesondere Einsichten der Soziologie – und hier wiederum speziell jene von Max Weber, Arnold Gehlen und Helmut Schelsky – und der Wirtschaftswissenschaften rezipiert.[69]

---

[63] Zur Entwicklung der Verwaltungslehre nach 1945 *Ossenbühl*, Die Weiterentwicklung der Verwaltungswissenschaft (Fn. 52), S. 1159 ff.; *Stolleis*, Geschichte des öffentlichen Rechts IV (Fn. 28), S. 192 ff., 468 ff.; zur Verdrängung des Verwaltungsrechts durch die Verwaltungslehre im Nationalsozialismus *Michael Stolleis*, Recht im Unrecht. Studien zur Rechtsgeschichte des Nationalsozialismus, Frankfurt a. M. 1994, S. 171 ff.

[64] Für die Verwaltungslehre haben in der Nachkriegszeit ferner insbes. Peters und W. Thieme geworben, später auch Forsthoff, s. etwa *Peters*, Lehrbuch der Verwaltung (Fn. 28), insbes. S. 14 ff., und hierzu den Beitrag von *Steffen Augsberg*, Hans Peters – Lehrer der Verwaltung (in diesem Band), S. 31 (39 ff.); *Werner Thieme*, Verwaltungslehre, Köln 1967, sowie *Ernst Forsthoff*, Rechtsfragen der leistenden Verwaltung, Stuttgart 1959, S. 47 ff., und hierzu den Beitrag von *Florian Meinel*, Die andere Seite des Rechtsstaats. Ernst Forsthoff in der Verwaltungsrechtswissenschaft der frühen Bundesrepublik (in diesem Band), S. 129 (134 ff.).

[65] *Köttgen*, Verfassungsfragen im Bereich der ländlichen Gemeindeverwaltung (Fn. 60), S. 42.

[66] *Wissenschaftsrat*, Perspektiven der Rechtswissenschaft in Deutschland. Situation, Analysen, Empfehlungen, Köln 2012, S. 8, 36 und passim.

[67] *Arnold Köttgen*, Die Gemeinde als Gegenstand wissenschaftlicher Forschung (1962), in: ders., Kommunale Selbstverwaltung zwischen Krise und Reform (Fn. 1), S. 211 (224).

[68] *Köttgen*, Die Gemeinde als Gegenstand wissenschaftlicher Forschung (Fn. 67), S. 225 f.

[69] S. etwa *Köttgen*, Sicherung der gemeindlichen Selbstverwaltung (Fn. 37), S. 194, 198 und passim; *ders.*, Struktur und politische Funktion der Verwaltung (Fn. 1), S. 779, 784 ff. und passim; *ders.*, Die wirtschaftliche Betätigung der Gemeinden (Fn. 54), S. 165, 169 f. und pas-

6. *Der preußische Landrat als Ideal und Maßstab*

Soll neben der Rechtmäßigkeit auch die Effektivität und Leistungsfähigkeit der Verwaltung bewertet werden, wird ein Maßstab benötigt, der neben die rechtlichen Vorgaben tritt und sie ergänzt. In Köttgens Werken übernimmt diese Funktion der preußische Landrat.[70] Er war für Köttgen der ideale Verwaltungsbeamte, dem das Gemeinwohl ohne Bedenken anvertraut werden konnte, so hat es sein Göttinger Kollege Peter Badura beschrieben.[71] Ähnlich formulierte Weber in seiner Gedenkrede: „Die Menschen seines Umgangs [...] haben das Preußische in ihm, das er schon von der bergisch-märkischen Herkunft seiner Eltern mitbrachte, vertieft. Herr zu sein, aber diese Eigenschaft in Selbstlosigkeit und im uneigennützigen Dienst am Gemeinwesen zu rechtfertigen und zu erschöpfen, war die Mitgift jener Zeit für das ganze Leben."[72] Nur wer diese preußische Mitgift erhalten hat, kann so eindringlich wie Köttgen von einer „menschliche[n] Tragik" schreiben, die „sich für nicht wenige passionierte Verwaltungsbeamte mit jener Absage an die Idee des staatstragenden Standes verband, die seit 1919 der immanenten Logik einer demokratischen Republik entsprach".[73]

Die Stellung des Landrats war untrennbar verbunden mit der Gliederung eines Hoheitsgebiets in lokale, genossenschaftlich organisierte Selbstverwaltungseinheiten und eine zentrale, überregionale Verwaltung. So war der Landrat in Preußen zugleich als Staatsbeamter und ehrenamtlich als Kreisbeamter tätig.

sim. – War Köttgen also ein Anhänger der geisteswissenschaftlichen Methode, ganz nach dem Vorbild seines Göttinger Vorgängers Smend? Ja und nein. Vom Positivismus hat er sich klar distanziert (s. etwa *Köttgen*, Buchbesprechung: Schwinge, der Methodenstreit in der heutigen Rechtswissenschaft, AöR 60 [1932], S. 441; *ders.*, Verfassungsfragen im Bereich der ländlichen Gemeindeverwaltung [Fn. 60], S. 42), die Existenz einer diesem gegenüberstehenden einheitlichen Schule aber zugleich bestritten (s. *Köttgen*, Buchbesprechung, a. a. O., S. 442). Er hat sich dafür ausgesprochen, die in der Gesellschaft vorherrschenden Gerechtigkeitsvorstellungen in die Normbildung einzubeziehen, zugleich aber die tragischen Züge beschrieben, die dieses Bemühen annehme, da es zunehmend an als allgemeinverbindlich empfundenen Gerechtigkeitsvorstellungen fehle, s. etwa *Köttgen*, Verfassungsfragen im Bereich der ländlichen Gemeindeverwaltung (Fn. 60), S. 42, 45, und dazu *Wallerath*, Arnold Köttgen (Fn. 4), S. 362.

[70] Ähnlich *Götz*, Verwaltungsrechtswissenschaft in Göttingen (Fn. 4), S. 347: Das „Grundmuster einer Idee preußischer beamtenstaatlicher Verwaltung" zieht sich durch das gesamte wissenschaftliche Lebenswerk; *Wallerath*, Arnold Köttgen (Fn. 4), S. 357: „unübersehbare Idealisierung der Rolle des preußischen Landrats".

[71] Zitat aus einem Gespräch, das die Mitglieder des DFG-geförderten Netzwerks „Die Verwaltungsrechtswissenschaft in der frühen Bundesrepublik (1949–1977)" am 9.10.2014 an der Ludwig-Maximilians-Universität München mit P. Badura führen konnten; s. zu Person und Werk Baduras *Sebastian Unger*, Der Zweck als Schöpfer des Verwaltungsrechts. Peter Baduras Beitrag zu einer Verwaltungsrechtswissenschaft des sozialen Rechtsstaats (in diesem Band), S. 363 ff. Sein Verwaltungsideal diente Köttgen wohl auch als Orientierung für die persönliche Entwicklung, jedenfalls hat H. P. Ipsen von Köttgen als einem „Preußen vom Scheitel bis zur Sohle" gesprochen, zitiert nach *Götz*, Verwaltungsrechtswissenschaft in Göttingen (Fn. 4), S. 347.

[72] *Weber*, Gedenkrede (Fn. 5), S. 12.

[73] *Köttgen*, Struktur und politische Funktion der Verwaltung (Fn. 1), S. 783.

Er war zuständig für die meisten Probleme vor Ort, der König gewährte ihm weite Handlungsspielräume, große Unabhängigkeit und damit die Möglichkeit, viele Verwaltungsbereiche nach eigenen Vorstellungen zu gestalten.[74] Parteien hatten auf die Bestellung der Landräte praktisch keinen Einfluss, Ämterpatronage spielte keine nennenswerte Rolle, die Auswahl erfolgte in erster Linie anhand von vergleichsweise hohen Qualifikationsanforderungen, freilich mit einem deutlichen Prä für die Angehörigen konservativer studentischer Corps.

Die so stichwortartig benannten Eigenheiten von Person und Aufgaben der preußischen Landräte – weite Handlungsspielräume, politische Eigenständigkeit, breite Zuständigkeiten in selbstverwalteten Gemeindeverbänden und eine grundsätzliche Skepsis gegenüber Veränderungen – spiegeln sich in Köttgens Stellungnahmen zum Wesen der Verwaltung und ihrer Entwicklung nach dem Krieg:

a. *Verwaltung als Politik*. Während viele seiner Kollegen in der Nachkriegszeit eine wahre „Phobie gegen Gestaltungsspielräume der Verwaltung“[75] entwickeln, warnt Köttgen umgekehrt vor einer „das Rechtsstaatsprinzip übersteigernden Normierung der Verwaltungsabläufe“.[76] Er versteht die Verwaltung als „Emanation des Politischen“.[77] Abgesehen von Ausnahmefällen lässt sich nach seiner Vorstellung „das Administrative unbeschadet aller Verschiedenheit der beiderseitigen Akzente gegenüber dem Politischen nicht grundsätzlich isolieren“.[78] Köttgen plädiert für eine Re-Politisierung als Gegenbewegung zur Entwicklung einer allein den Sachgesetzlichkeiten verpflichteten Expertenverwaltung, wie sie sich in seinen Augen abzeichnete. Die Verwaltung soll „nicht nur ein zweckrationales Instrument unter anderen [sein], sondern vielmehr nicht zuletzt ein Bollwerk gegenüber lückenloser Funktionalisierung des öffentlichen Lebens“.[79]

b. *„Allroundbeamte“ statt Experten*. Die Übertragung von Verwaltungsaufgaben auf Experten ist für Köttgen deshalb auch keine adäquate Lösung des „Wissensproblems“ der Verwaltung, das bereits in den 1960er-Jahren deutlich erkennbar war.[80] Zu groß sind in seinen Augen die Gefahren für Einheit und Zu-

---

[74] S. hierzu sowie zur Entstehung von „Creyß“ und „Landrath“ in Brandenburg-Preußen eingehend etwa *Georg Fuchs*, Der Landrat. Karrierewege, Stellung, Amtsführung und Amtsverständnis, Wiesbaden 2012, S. 50ff.

[75] *Wahl*, Herausforderungen und Antworten (Fn. 2), S. 24.

[76] *Köttgen*, Struktur und politische Funktion der Verwaltung (Fn. 1), S. 773. Nicht ohne erkennbaren Genuss – die Fußnotennummerierung verrät den Wunsch, das Zitat nach Abgabe des Manuskripts noch nachzutragen – zitiert er *Helmut Schmidt* mit dem Satz: „Gesetze ruinieren die Verwaltung“, ebd., S. 792.

[77] *Köttgen*, Struktur und politische Funktion der Verwaltung (Fn. 1), S. 772.

[78] *Köttgen*, Struktur und politische Funktion der Verwaltung (Fn. 1), S. 785.

[79] *Köttgen*, Struktur und politische Funktion der Verwaltung (Fn. 1), S. 795.

[80] S. allgemein zur mittlerweile kaum noch bestrittenen Abhängigkeit staatlicher Handlungs- und Steuerungskapazitäten von der Qualität des verfügbaren Wissens statt vieler

sammenhalt im Staat, die von einem technokratischen, entpolitisierten und aufgrund seiner Fachprägung zu einem unverstellten Blick nicht fähigen Beamtentum ausgehen. Er favorisiert weiterhin den „Allroundbeamten"[81], der „ohne spezielle Sachkunde und deshalb ohne die Voreingenommenheit des Experten einem unteilbaren bonum commune zu dienen versuch[t]"[82] – und den preußischen Landrat insoweit nur sprachlich ersetzt.

c. *Kommunen als eigenständige politische Instanzen.* Zu den einschneidenden Veränderungen der Verwaltung in der Nachkriegszeit zählt auch Köttgen die „der deutschen Verwaltung von Haus aus strukturfremd[e] [...] Zentralisierung", die er in erster Linie auf den Ausbau der Leistungsverwaltung zurückführt. Zunehmend werde den Gemeinden der Vollzug innenpolitischer Aktivitäten des Staates auferlegt, ihre Verwaltungs- und Finanzkraft damit größtenteils erschöpft und ihr kommunalpolitischer Spielraum infolgedessen erheblich beschränkt.[83] „Während die Kirche im Dorfe bleibt, droht sich das Rathaus in eine nachgeordnete Dienststelle zu verwandeln."[84] Für die Mehrheit seiner Kollegen in den 1950er- und 1960er-Jahren ergibt sich aus diesen Beobachtungen freilich kein Handlungsbedürfnis. Sie verstehen die Gemeinden ohnehin überwiegend allein als nachgeordnete Verwaltungsorgane.[85] Köttgen hingegen sieht „ein Bedürfnis für [die] Sicherung des Hergebrachten" in der Gestalt von Gemeinden und Gemeindeverbänden mit einer eigenständigen politischen Willensbildung, die integrativ wirken soll. Der Weg zur Wiederbelebung der kommunalen Ebene führt nach seinem Verständnis über die Parteien. Nach-

Andreas Voßkuhle, Sachverständige Beratung des Staates, in: Josef Isensee/Paul Kirchhof (Hrsg.), Handbuch des Staatsrechts der Bundesrepublik Deutschland, Bd. 3, 3. Aufl., Heidelberg 2005, § 43 Rn. 1; *Bardo Fassbender*, Wissen als Grundlage staatlichen Handelns, in: Josef Isensee/Paul Kirchhof (Hrsg.), Handbuch des Staatsrechts der Bundesrepublik Deutschland, Bd. 4, 3. Aufl., Heidelberg 2006, § 76 Rn. 2; speziell mit Blick auf die Tätigkeit der Verwaltung *Eberhard Schmidt-Aßmann*, Das allgemeine Verwaltungsrecht als Ordnungsidee, 2. Aufl., Berlin 2006, 6/3, und *Martin Eifert*, Das Verwaltungsrecht zwischen klassischem dogmatischen Verständnis und steuerungswissenschaftlichem Anspruch, VVDStRL 67 (2008), S. 286 (326 f.); zur gleichwohl späten Entdeckung des Themas durch die Staats- und Verwaltungsrechtswissenschaft erst in den 1970er-Jahren *Voßkuhle*, a.a.O, Rn. 11 ff.

[81] *Köttgen*, Struktur und politische Funktion der Verwaltung (Fn. 1), S. 793.

[82] *Köttgen*, Struktur und politische Funktion der Verwaltung (Fn. 1), S. 798.

[83] Die Indienstnahme der Kommunen durch den Bundesgesetzgeber analysiert er eingehend etwa in *Köttgen*, Die Gemeinde und der Bundesgesetzgeber (Fn. 1); s. ferner z. B. *ders.*, Kommunale Auftragsverwaltung und Grundgesetz (1951), in: ders., Kommunale Selbstverwaltung zwischen Krise und Reform (Fn. 1), S. 105 ff., sowie *ders.*, Sicherung der gemeindlichen Selbstverwaltung (Fn. 37), S. 193 ff.

[84] *Köttgen*, Sicherung der gemeindlichen Selbstverwaltung (Fn. 37), S. 208.

[85] S. zur Entwicklung der Debatte über die Gemeinde als Ort der Parteipolitik in der frühen Bundesrepublik etwa *Peter Collin*, Kommunale Selbstverwaltung versus Parteienstaatlichkeit. Weimarer Debatten im Zeichen der Krise – frühe bundesrepublikanische Debatten im Schatten von Weimar, in: Anna-Bettina Kaiser (Hrsg.), Der Parteienstaat. Zum Staatsverständnis von Gerhard Leibholz, Baden-Baden 2013, S. 87 (104 ff.), und *Holtkamp*, Kommunale Konkordanz- und Konkurrenzdemokratie (Fn. 32), S. 62 ff.

dem er den Parteienstaat noch 1931 als „im Gegensatz zu jeder Selbstverwaltung stehend" qualifiziert hatte,[86] tritt er in der frühen Bundesrepublik für die Entfaltung der Parteipolitik auch in den Gemeinden ein. Die Parteien sollen die Entscheidungsfindung auf Gemeindeebene und den bürgerlichen Gemein(de)sinn wiederbeleben – und damit der tradierten Gliederung des Hoheitsgebiets mit starken und eigenständigen lokalen Verwaltern wieder zur Bedeutung verhelfen.

d. *Konservatismus.* Das Plädoyer für eine „Sicherung des Hergebrachten" ist kein Spezifikum der kommunalrechtlichen Schriften Köttgens, es zieht sich als Topos vielmehr durch sein gesamtes Werk. Seine Überprüfungen der verwaltungsrechtlichen Institutionen mit Blick auf die Veränderungen in Staat und Gesellschaft münden vielfach in die Aufforderung, alles zu ändern, damit alles so bleiben kann, wie es ist. In seinem letzten Aufsatz beschließt er seine Analyse des Wandels von Verwaltungsstrukturen dementsprechend mit dem an die Wissenschaft gerichteten Appell, den „oft versunkenen Gehalt tradierter Modelle" ans Licht zu heben. „Eine kontinuitätstragende Institution wie die öffentliche Verwaltung ist nun einmal nicht lediglich Gegenwart und Zukunft, sondern zugleich Vergangenheit."[87]

III. Zur Rezeption. Köttgen in und nach seiner Zeit

Köttgens wissenschaftliche Interessen berührten damit nur am Rande jene Themen, die allgemein als in der Verwaltungsrechtswissenschaft der bundesrepublikanischen Gründungsjahre dominierend und prägend angesehen werden: Der Auf- und Ausbau von subjektiven Rechten und Rechtsschutzmöglichkeiten, die Durchsetzung von Vorrang und Vorbehalt des Gesetzes und allgemeiner die rechtsstaatliche Disziplinierung der Verwaltung standen nicht im Fokus von Köttgens Forschung.[88]

---

[86] *Arnold Köttgen*, Die Krise der kommunalen Selbstverwaltung (1931), in: ders., Kommunale Selbstverwaltung zwischen Krise und Reform (Fn. 1), S. 1 (35).

[87] *Köttgen*, Struktur und politische Funktion der Verwaltung (Fn. 1), S. 791.

[88] S. zur Subjektivierung des öffentlichen Rechts und der rechtsstaatlichen Disziplinierung der Verwaltung als Kernanliegen von Rechtsprechung und Wissenschaft in den 1950er- und 1960er-Jahren und den daraus folgenden thematischen Schwerpunkten etwa *Stolleis*, Verwaltungsrechtswissenschaft in der Bundesrepublik Deutschland (Fn. 52), S. 240 ff.; *ders.*, Entwicklungsstufen der Verwaltungsrechtswissenschaft, in: Wolfgang Hoffmann-Riem/Eberhard Schmidt-Aßmann/Andreas Voßkuhle (Hrsg.), Grundlagen des Verwaltungsrechts, Bd. 1, 2. Aufl., München 2012, § 2 Rn. 106 ff.; *Wahl*, Herausforderungen und Antworten (Fn. 2), S. 17 ff., 35 ff.; *Andreas Voßkuhle*, Allgemeines Verwaltungs- und Verwaltungsprozeßrecht, in: Dietmar Willoweit (Hrsg.), Rechtswissenschaft und Rechtsliteratur im 20. Jahrhundert. Mit Beiträgen zur Entwicklung des Verlags C. H. Beck, München 2007, S. 935 (937).

Gleichwohl wäre es verfehlt, Köttgen deshalb pauschal als atypischen Vertreter seines Faches zu bezeichnen. Er war zum einen ein charakteristischer Repräsentant der Wissenschaft vom Verwaltungsrecht, wie sie speziell an der Göttinger Juristischen Fakultät betrieben wurde, an der er in den Nachkriegsjahrzehnten gelehrt hat. Diese hat sich traditionell durch ein besonderes Interesse an der Verwaltungsorganisation und an den Gebieten des Besonderen Verwaltungsrechts sowie durch eine Orientierung der Systembildung an den Verwaltungszwecken ausgezeichnet,[89] wie sie auch die Arbeiten Köttgens kennzeichnen. Zugleich lässt sich Köttgen als typischer Vertreter der konservativen, antipositivistischen, parlaments- und liberalismuskritischen „Generation 1902"[90] der Staats- und Verwaltungsrechtslehrer beschreiben, die sich der Umsetzung der grundgesetzlichen Ordnung zwar verschrieben hatten, sie aber mit Skepsis und/oder Sorge begleiteten und historische Vorbilder nicht selten eher im preußischen Königreich als in der Weimarer Republik suchten. Zur Generation 1902 in diesem Sinne zählen neben Köttgen etwa Forsthoff, Ernst Rudolf Huber, Theodor Maunz und Ulrich Scheuner. Köttgens Lebens- und Schaffensweg lässt sich schließlich auch als ein Beispiel dafür lesen, dass und wie Rechtswissenschaftlern der doppelte Übergang von der Weimarer Republik in den NS-Staat und in die Bundesrepublik persönlich, beruflich und wissenschaftlich ohne größere Friktionen möglich sein konnte. Eine „vernunftrepublikanische" Haltung in der Weimarer Zeit mit deutlicher Skepsis gegenüber dem Parteienstaat,[91] die Adaption der Werke an die wechselnden Epochen und speziell an das völkische Vokabular des Führerstaates,[92] das vorsichtige Festhalten an einzelnen rechtsstaatlichen Überzeugungen und der damit verbundene Verzicht auf einen Platz in der allerersten Reihe der nationalsozialistischen Staats- und Verwaltungsrechtslehrer, die Übernahme von regierungsnahen Ämter schon kurz nach Kriegsende und schließlich das konsequente Schweigen zur eigenen NS-Vergangenheit – das waren Wegbereiter, die sich nicht allein in Köttgens Vita finden.

Köttgen hat in der Zunft der Staats- und Verwaltungsrechtslehrer in der Nachkriegszeit eine durchaus prominente Stellung eingenommen: Er war in Göttingen als Nachfolger des herausragenden und wirkmächtigen Smend berufen worden; er wurde zu einem zweiten Staatsrechtslehrerreferat eingeladen, was 1957 nicht ganz so außergewöhnlich gewesen sein mag, wie es heute

---

[89] S. *Schmidt-Aßmann*, Herausbildung eines modernen Verwaltungsrechts (Fn. 50), S. 251, und ausführlich *Götz*, Verwaltungsrechtswissenschaft in Göttingen (Fn. 4), S. 336 ff.

[90] S.o. Fn. 3.

[91] Zum „Vernunftrepublikanismus" der Öffentlichrechtler in der Weimarer Zeit und seinen autoritären Elemente, auf die das NS-Regime zurückgreifen konnte, *Kohl/Stolleis*, Staats- und Verwaltungsrechtslehre im Nationalsozialismus (Fn. 24), S. 2851.

[92] S. zu den „neuen Formeln" der Wissenschaft vom öffentlichen Recht nach 1933 *Stolleis*, Recht im Unrecht (Fn. 63), S. 94 ff.; *ders.*, Geschichte des öffentlichen Rechts in Deutschland, Bd. 3 (1914–1945), München 1999, S. 323 ff.

scheint, aber doch die Ausnahme bildete; und er wurde schließlich in den Vorstand der Staatsrechtslehrervereinigung gewählt. Für einen Wissenschaftler mit diesen äußeren Insignien und verglichen etwa mit den Arbeiten seiner Vorstandskollegen Bachof und Peters oder seiner Fakultätskollegen Weber und Badura haben seine Werke insgesamt gleichwohl wenig Aufmerksamkeit erhalten. Gewiss ist auch diese Charakterisierung eine Vereinfachung, und natürlich lassen sich Gegenbeispiele benennen: So fanden etwa seine kommunalrechtlichen Schriften auch in der Nachkriegszeit prominente Leser,[93] seine Ausführungen zur grundrechtlichen Garantie der klassischen Universität haben die Diskussion über die institutionelle Dimension der Wissenschaftsfreiheit geprägt,[94] und Köttgens letzte Monographie über die „Fondsverwaltung"[95] wurde als ein wesentlicher Beitrag in der Diskussion über die Geltung des Gesetzesvorbehalts für die subventionierende Verwaltung wahrgenommen.[96] Im Übrigen aber werden Köttgens Schriften in der Zeit zwischen 1949 und 1977 vergleichsweise selten zitiert. In den die Zeit prägenden Lehrbüchern finden sie praktisch keine eigenständige Erwähnung, sondern tauchen allein in Sammelfußnoten

---

[93] S. etwa BVerfGE 11, 266 (276), und zu den dieser Entscheidung vorangehenden Diskussionen z.B. *Collin*, Kommunale Selbstverwaltung versus Parteienstaatlichkeit (Fn. 85), S. 104f. *Wallerath*, Arnold Köttgen (Fn. 4), S. 371, betont dementsprechend die nachhaltige Wirkung u.a. der kommunalrechtlichen Schriften. Einflussreich dürften insoweit jedoch vor allem die vor 1949 verfassten Texte gewesen sein, s. zu ihrer Bedeutung in den Diskussionen der Weimarer Republik *Holtkamp*, Kommunale Konkordanz- und Konkurrenzdemokratie (Fn. 32), S. 57.

[94] In den ersten Nachkriegsjahrzehnten stand die Frage nach der institutionellen Dimension von Art. 5 Abs. 3 GG im Mittelpunkt der Diskussionen über die Wissenschaftsfreiheit, s. hierzu neben den insoweit prägenden Texten Köttgens (s.o. Fn. 46 und 47) etwa *Werner Thieme*, Deutsches Hochschulrecht. Das Recht der wissenschaftlichen Hochschulen in der Bundesrepublik Deutschland und im Lande Berlin, Berlin 1956, S. 43f., und *Hans H. Klein*, Gedanken über neuere Entwicklungen im Hochschulrecht. Zur Auslegung des Art. 5 Abs. 3 S. 1 GG, AöR 90 (1965), S. 129 (132ff.); gegen eine institutionelle Deutung schon früh *Gerd Roellecke*, Wissenschaftsfreiheit als institutionelle Garantie?, JZ 1969, S. 726 (729ff.). Der Aufruf zur „Repersonalisierung der Wissenschaftsfreiheit" (*Hans P. Ipsen*, Diskussionsbeitrag, VVDStRL 27 [1969], S. 198f.) auf der Staatsrechtslehrertagung 1968 und das Hochschulurteil aus dem Jahre 1973 (BVerfGE 35, 79 [116ff.]) haben dann die Wende hin zu einer stärker subjektiv-rechtlich orientierten Interpretation eingeleitet.

[95] *Arnold Köttgen*, Fondsverwaltung in der Bundesrepublik. Zur Rolle des Haushalts in einem Verwaltungsstaat, Stuttgart 1965.

[96] S. zu dieser Bewertung *Götz*, Verwaltungsrechtswissenschaft in Göttingen (Fn. 4), S. 352; zur Einordnung des Beitrags in das Gesamtwerk *Badura*, Arnold Köttgen (Fn. 4), S. 637. *Schmidt-Aßmann*, Herausbildung eines modernen Verwaltungsrechts (Fn. 50), S. 251f., und *Götz*, a.a.O., S. 352, heben ferner die „Berichte über den Einfluß des Bundes auf die deutsche Verwaltung und die Organisation der bundeseigenen Verwaltung" aus den Jahren 1954 (JöR 3 [1954], S. 67ff.) und 1962 (s.o. Fn. 1) als aus ihrer Sicht besonders bedeutsam hervor, ohne damit jedoch eine Aussage über die Rezeption in der Disziplin zu verknüpfen; vgl. für eine Bewertung dieser Berichte durch einen Zeitgenossen etwa *Weber*, Gedenkrede (Fn. 5), S. 18: „dürften die beste Realanalyse der innenpolitischen Staatspraxis des Grundgesetzes bieten". S. ferner oben Fn. 20.

auf.[97] Dabei hätte es durchaus Anlässe zur Rezeption gegeben, etwa die beginnende Diskussion über „Plan" und „Planung" als eigenständige Verwaltungsinstrumente, das in den 1960er-Jahren (wieder) wachsende Interesse für die Verwaltungszwecke oder die Debatte über die kommunalen Gebietsreformen in den 1960er- und 1970er-Jahren. Der Sache nach hat sich etwa die (auch) von Köttgen vorgedachte Differenzierung zwischen Eingriffs-, Leistungs- und Planungsverwaltung mit einiger zeitlichen Verzögerung bekanntlich durchgesetzt.[98] Köttgens Arbeiten fanden (und finden) aber auch in diesem Zusammenhang kaum Erwähnung.[99] „So [war] es mehr ein Kreis von Eingeweihten, allerdings nicht beschränkt auf Fachgenossen, die voll ermessen [konnten], was die Staatsrechtswissenschaft und unser Gemeinwesen mit seinem Tode verloren haben."[100] Hieran hat sich bis heute nichts wesentlich geändert. Das Interesse für Köttgens Werk und Person ist begrenzt geblieben, seine Schriften sind wissenschaftlich bislang kaum erschlossen.[101]

Über die Gründe für diese zurückhaltende Rezeption lässt sich nur spekulieren: Dass Köttgen nach dem Krieg keine Neuauflage seines Lehrbuchs verfasst hat, auch an anderer Stelle keine Gesamtkonzeption des Verwaltungsrechts vorgeschlagen und das Allgemeine insgesamt zugunsten des Besonderen Verwaltungsrechts zurückgestellt hat, wird sicher eine Rolle gespielt haben. Die (zumindest vermutete) längere Haltbarkeit der allgemeinen Teile des Rechts dürfte damals wie heute typischerweise eine größere Aufmerksamkeit auf ihre wissenschaftlichen Bearbeitungen gelenkt haben. Hinzu kommt, dass die Fragestellungen, mit denen sich Köttgen an seine Untersuchungsgegenstände wandte, nicht verbreitet waren. Sein Werk insgesamt sowie speziell seine methodischen Überlegungen und sein Plädoyer für den Plan als eigenständiges Instrument[102]

---

[97] Vgl. etwa die Lehrbücher von *Peters*, Lehrbuch der Verwaltung (Fn. 28); *Hans Julius Wolff*, Verwaltungsrecht. Ein Studienbuch, Bd. 1, München 1956; *Ernst Forsthoff*, Lehrbuch des Verwaltungsrechts, Bd. 1, 8. Aufl., München 1961, sowie zu ihrer Bedeutung *Stolleis*, Geschichte des öffentlichen Rechts IV (Fn. 28), S. 172ff.

[98] Als einen „Entwicklungsschritt [...] von überdauerndem Charakter" qualifiziert *Walter Pauly*, Die deutsche Staatsrechtslehre in der Zeit des Nationalsozialismus, VVDStRL 60 (2001), S. 73 (98), diese Unterscheidung.

[99] Die einzige und deshalb auch immer wieder benannte Ausnahme bildet die Antrittsvorlesung von P. Badura, in der dieser für eine an den Verwaltungszwecken orientierte Systematisierung des Verwaltungsrechts plädiert und dazu u. a. an die von Köttgen in seinem Lehrbuch entfaltete Unterscheidung von Eingriff, Leistung und Lenkung anknüpft, s. *Badura*, Verwaltungsrecht im liberalen und im sozialen Rechtsstaat, Tübingen 1966, S. 20f. Zu substantiell mehr Aufmerksamkeit hat dieser prominente Verweis dem Köttgen'schen Vorschlag jedoch auch nicht verholfen.

[100] *Weber*, Gedenkrede (Fn. 5), S. 9.

[101] Eine tendenziell größere Wirkung sprechen Köttgens Werk demgegenüber *Wallerath*, Arnold Köttgen (Fn. 4), S. 370f., und *Schnapp*, Buchbesprechung (Fn. 40), S. 485, zu.

[102] Zur nationalsozialistischen Karriere von „Plan" und „Planung" s. etwa *Wolfgang Meyer-Hesemann*, Modernisierungstendenzen in der nationalsozialistischen Verwaltungsrechtswissenschaft, in: Hubert Rottleuthner (Hrsg.), Recht, Rechtsphilosophie und Natio-

wurden zudem durch ihre Instrumentalisierung im Rahmen von Köttgens aktiver Unterstützung der nationalsozialistischen Diktatur diskreditiert. Köttgens enge Verbindung zur Praxis wurde von einer Verwaltungsrechtswissenschaft, die sich ganz überwiegend der juristischen Methode verschrieben hatte, weniger geschätzt denn skeptisch beobachtet. Schließlich hat Köttgen keine Schüler ausgebildet, die an seine Überlegungen angeknüpft und sie weitergeführt hätten. Sie würden heute vermutlich darauf hinweisen, dass die Arbeiten ihres Lehrers vor allem für jene verwaltungsrechtswissenschaftliche Forschung instruktiv sein können, die sich den „Realbereichen" und ihrer Analyse zuwendet[103] und neben den Anforderungen an die Rechtmäßigkeit des Verwaltungshandelns auch die Voraussetzungen für eine effektive Aufgabenerfüllung reflektiert. Denn Köttgen war ein präziser Beobachter. Er hat seinen Blick schon in den Nachkriegsjahrzehnten auf den Haushalt, das Personal und die technische Ausstattung der Verwaltung gerichtet und sie als „Steuerungsfaktoren" analysiert. Immer mit etwas Wehmut und immer mit viel Aufmerksamkeit für das Detail hat er aus dem Inneren der Verwaltung berichtet.

---

nalsozialismus, Wiesbaden 1983, S. 145 ff.; *Pauly*, Die deutsche Staatsrechtslehre in der Zeit des Nationalsozialismus (Fn. 98), S. 97 f.

[103] S. zum besonderen Stellenwert, den die Realbereichsanalyse innerhalb der „Neuen Verwaltungsrechtswissenschaft" besitzt, sowie zu den methodischen Anforderungen, die sich daraus ergeben, nur *Andreas Voßkuhle*, Neue Verwaltungsrechtswissenschaft, in: Wolfgang Hoffmann-Riem/Eberhard Schmidt-Aßmann/ders. (Hrsg.), Grundlagen des Verwaltungsrechts, Bd. 1, 2. Aufl., München 2012, § 1 Rn. 22 ff.

Florian Meinel

Die andere Seite des Rechtsstaats

Ernst Forsthoff in der Verwaltungsrechtswissenschaft der frühen Bundesrepublik

I. Einleitung

Als das Verwaltungsrecht der Bundesrepublik und mit ihm die westdeutsche Verwaltungsrechtswissenschaft ihre prägnanten Züge gewannen, war Ernst Forsthoff schon ein Mann von gestern. Als er 1974 starb, war die Verwaltungsgerichtsordnung (1960) in Kraft getreten, die Verrechtlichung des Leistungsverwaltungsrechts und der „besonderen Gewaltverhältnisse" hatte Fahrt aufgenommen, neue Grundrechtsfunktionen hatten neue Dimensionen des verwaltungsrechtlichen Rechtsschutzes ermöglicht, die Arbeiten am Verwaltungsverfahrensgesetz (1977) waren nahezu vollendet, die Verwaltungswissenschaft hatte sich unter dem Dach der Politikwissenschaft disziplinär verselbständigt.[1] Doch nicht nur das: Nicht zu einer einzigen jener großen dogmatischen Bewegungen im Verwaltungsrecht der Bundesrepublik hatte Ernst Forsthoff Großes beigetragen, sie oft eher spöttisch kommentiert, und gefiel sich zuletzt ganz in der Rolle des konservativen Krisentheoretikers der sozialliberalen Ära. Und doch galt er bis zu seinem Tod als *die* wissenschaftliche Autorität des deutschen Verwaltungsrechts schlechthin. Er war der letzte Klassiker, war der Verfasser des maßgeblichen verwaltungsrechtlichen Lehrbuchs,[2] das zwei Generationen deutscher Juristen nur als „den Forsthoff" kannten, das freilich auf den ersten Blick als vorkonstitutionell erkennbar war.[3] Durch die grundstürzenden Veränderungen des Verfassungs- und Verwaltungsrechts hindurch blieb es geradezu aufreizend unverändert: Die zweite liberale Moderne des deutschen Verwaltungsrechts verfolgte Ernst Forsthoff über zehn Auflagen des Lehrbuchs als Zaungast, mit unwilligem Staunen. Er war die Zentralfigur und unbestrittene

---

[1] Zusammenfassend *Michael Stolleis*, Geschichte des öffentlichen Rechts in Deutschland, Bd. 4, München 2013, S. 247 ff.

[2] *Ernst Forsthoff*, Lehrbuch des Verwaltungsrechts, Bd. 1: Allgemeiner Teil, München 1950; 10. Aufl. 1973.

[3] *Andreas Voßkuhle*, Allgemeines Verwaltungs- und Verwaltungsprozeßrecht, in: Dietmar Willoweit (Hrsg.), Rechtswissenschaft und Rechtsliteratur im 20. Jahrhundert, München 2007, S. 961; *Stolleis*, Geschichte des öffentlichen Rechts (Fn. 1), S. 180 f.

Autorität seines Fachs und kultivierte gleichwohl seit seiner Rückkehr ins Amt 1951 die Attitüde des Außenseiters.

Und dann war da noch der Begriff „Daseinsvorsorge", jene Signalvokabel in Forsthoffs Werk. Mit der „Daseinsvorsorge", von Forsthoff in seiner wichtigsten Schrift über *Die Verwaltung als Leistungsträger*[4] als „Aufgabe der modernen Verwaltung" ausgewiesen und mit einer Reihe juristischer Folgerungen verbunden, hatte Forsthoff nicht nur einen Schlüsselbegriff des politisch-sozialen Selbstverständnisses der Bundesrepublik etabliert, auf den sich so gegensätzliche Autoren wie Arnold Gehlen[5] und der junge Jürgen Habermas[6] in ihren Analysen der deutschen Zustände nach dem Zweiten Weltkrieg stützten. Sondern er hatte auch ein rechtliches Schlüsselproblem des modernen Verwaltungsrechts aufgezeigt und – so schien es – methodisch dem Verwaltungsrecht neue Wege gewiesen.[7] Welche, davon wird noch die Rede sein.

Wie es in der unpolitischen, reflexionsarmen Umwelt der deutschen Verwaltungsrechtswissenschaft der frühen Bundesrepublik kaum anders möglich war, konnte die politische und die juristische Auseinandersetzung mit dem Autor Forsthoff, mit dem skeptischen Theoretiker der politischen Ordnung in der industriellen Moderne und mit dem Klassiker des deutschen Verwaltungsrechts lange Zeit unverbunden nebeneinander herlaufen. Die Übernahme oder Kritik von Forsthoffs Lehrmeinungen, die auch die Gerichte breit zitierten, brauchte nicht nach dem hintergründigen Sinn seiner Skepsis zu fragen, während die metapolitischen Kontroversen des Feuilletons um die Industriegesellschaft, die Entideologisierung, den introvertierten Rechtsstaat und die politische Öffentlichkeit nicht mehr auf das juristische Szenario reflektierten, auf das Forsthoffs Thesen eine Antwort waren. So ist die Radikalität, mit der Ernst Forsthoff die Frage nach der Aufgabe des Verwaltungsrechts nach dem Ende des Konstitutionalismus stellte, zumeist nicht wirklich verstanden worden. Der innere Zusammenhang des Werkes blieb unklar. Diese Schwierigkeiten waren freilich eher auf die Gegebenheiten der bundesrepublikanischen Verwaltungsrechtswissenschaft zurückzuführen als auf einen Autor, der seine politisch-philosophischen Gründe offenzulegen pflegte, ja der überhaupt stets auf dem Anrecht einer politisch und soziologisch denkenden Verwaltungsrechtswissenschaft beharrt hat. Dabei hätte die zentrale Fragestellung dieses Werks – nach der Zukunft der, um es in der Sprache von Habermas zu sagen, aus der normativ-kulturellen Moderne des demokratisch-rechtsstaatlichen Individualismus stam-

[4] *Ernst Forsthoff*, Die Verwaltung als Leistungsträger, Stuttgart 1938.

[5] *Arnold Gehlen*, Bürokratisierung (1951), in: Karl-Siegbert Rehberg (Hrsg.), Arnold Gehlen Gesamtausgabe, Bd. 7, Frankfurt am Main 1978, S. 143.

[6] *Jürgen Habermas*, Zum Begriff der politischen Beteiligung (1958), in: ders., Kultur und Kritik. Verstreute Aufsätze, Frankfurt am Main 1973, S. 14 ff.; *ders.*, Strukturwandel der Öffentlichkeit (1962), Frankfurt am Main 1990, S. 328 ff.

[7] *Stolleis*, Geschichte des öffentlichen Rechts (Fn. 1), S. 263 f. m. w. N.

menden Rechtsformen (subjektives Recht, Gesetz, Staat und Gesellschaft, Eingriff) in der technologisch-gesellschaftlichen Moderne, gekennzeichnet durch Technik, Vorsorge, Planung, Bürokratisierung usw. – durchaus auch jene interessieren können, die seine politischen und rechtsphilosophischen Prämissen nicht teilten. Doch Forsthoffs Werk geriet zunächst in Vergessenheit, als die verfassungspolitischen, verwaltungsorganisatorischen, justizpolitischen sowie wirtschaftlich-sozialen Gegebenheiten der konsolidierten Bundesrepublik, als auch die Grundentscheidungen des westdeutschen Verfassungs- und Verwaltungsrechts, mit denen Forsthoff so lange gerungen hatte, zu Selbstverständlichkeiten wurden.[8]

Als diese Selbstverständlichkeiten in Frage gestellt wurden, wurde auch Forsthoff wiederentdeckt. Nicht der Klassiker gediegener juristischer Begriffsarbeit, der er auch war, sondern der Verfechter eines politischen Verwaltungsrechts. „Steuerung", „Realbereichsanalyse", „Wirkungs- und Folgenorientierung", „Multi-, Trans- und Interdisziplinarität", „offene Systembildung" lauteten die Schlüsselbegriffe eines um die Jahrtausendwende entstandenen Programms zur methodischen Öffnung des, wie es hieß, allzu „dogmatischen", allzu „rein-juristischen" Verwaltungsrechts zur empirischen, sozialwissenschaftlichen Methodik.[9] Der kontextbezogenen, sozialwissenschaftlich informierten, mit Schlüsselbegriffen, Leitbildern und Referenzgebieten arbeitenden Forschung sollte die Zukunft gehören. In diesem Zusammenhang schien Forsthoffs verwaltungsrechtliches Denken plötzlich „methodische Sprengkraft" zu besitzen und „Daseinsvorsorge" ein Beispiel gelungener begrifflicher Innovation zu sein.[10]

Der folgende Beitrag[11] stellt einige Überlegungen zum Verständnis von Forsthoffs verwaltungsrechtlichem Werk an, das wie kein anderes die Scheidelinie zwischen der klassischen deutschen Verwaltungsrechtswissenschaft des späten 19. Jahrhunderts und der modernen markiert. Doch was hat es eigentlich auf sich mit jener sogenannten „realistischen" Verwaltungsrechtswissenschaft, die Forsthoff 1938 entwarf und in der Bundesrepublik fortführte? Hier sollen – nach einer biographischen Skizze – zunächst die Leitfragen von Forsthoffs

---

[8] *Forsthoffs* Lehrbuch des Verwaltungsrechts (Fn. 2), 1973 in 10. und letzter Auflage erschienen, wurde nie wieder nachgedruckt, obgleich es – wie fast alle anderen Schriften Forsthoffs – seit langer Zeit vergriffen ist. Die einzige noch lieferbare selbständige Schrift *Forsthoffs* ist derzeit (Januar 2015) die Broschüre Strukturwandlungen der modernen Demokratie, Berlin 1964.

[9] Statt aller nur *Andreas Voßkuhle*, Neue Verwaltungsrechtswissenschaft, in: Wolfgang Hoffmann-Riem/Eberhard Schmidt-Aßmann/Andreas Voßkuhle (Hrsg.), Grundlagen des Verwaltungsrechts, Bd. 1, 2. Aufl., München 2012, § 1.

[10] *Voßkuhle*, Neue Verwaltungsrechtswissenschaft (Fn. 9), § 1 Rn. 41.

[11] Der Beitrag greift an mehreren Stellen auf frühere Überlegungen zurück, siehe: *Florian Meinel*, Der Jurist in der industriellen Gesellschaft. Ernst Forsthoff und seine Zeit, Berlin 2011, Kap. 3 und 4.

verwaltungsrechtlichem Werk rekonstruiert werden. Dabei soll gezeigt werden, dass Forsthoffs skeptische Beschreibung der Verwaltung in der industriellen Moderne, die von ihm so genannte Daseinsvorsorge des modernen Staates, nicht bloß auf die Erweiterung des Gegenstandsbereichs des Verwaltungsrechts oder auf die Erschließung neuer Teilgebiete, etwa des heutigen „Leistungsverwaltungsrechts", abzielte, sondern vor allem als eine fundamentale Dekonstruktion des rechtsstaatlichen Verwaltungsrechts gedacht war. Forsthoffs Versuch, durch die Kritik des liberalen Paradigmas zu einer neuartigen verwaltungsrechtlichen Systematik und Methode zu gelangen, war freilich zum Scheitern verurteilt und scheiterte spätestens in der Bundesrepublik; doch erst dieses Scheitern macht die wesentlichen Motive seiner Kritik am Verwaltungsrecht der Bundesrepublik verständlich.

II. Zur Biographie

Die fruchtbarste Zeit der intellektuellen Biographie Ernst Forsthoffs waren sicherlich die mittleren Jahre.[12] Es gibt kein bemerkenswertes Frühwerk, ebenso wenig ein überragendes Spätwerk. So gut wie alle wichtigen Texte entstammen der Zeit von den späten 1930er bis zu den späten 1950er Jahren. Damit ist die intellektuelle Biographie Forsthoffs durchaus nicht untypisch für die Generation, der er angehörte. Man nennt sie zumeist die Kriegsjugendgeneration des Ersten Weltkriegs und beschreibt sie als die erste „politische Generation" des 20. Jahrhunderts.[13] Ihr entstammen zahlreiche Juristen, die das Jahrhundert geprägt haben: Gerhard Leibholz (1901–1982), Ulrich Scheuner (1902–1981), Werner Weber (1904–1976), Karl Larenz (1903–1993), Wolfgang Kunkel (1902–1981), Theodor Maunz (1901–1993) oder Otto Kirchheimer (1905–1965). Ernst Forsthoff wurde 1902 geboren, war bei Ende des Ersten Weltkrieges 16 Jahre alt. Seine akademische Sozialisation fiel in die Krisenjahre der Weimarer Republik. 1923 begegnete er als Bonner Student Carl Schmitt, seinem akademischen Lehrer und lebenslangen Vorbild, Mentor und Widerpart. Schmitt promovierte ihn bald in Bonn mit einer Arbeit zur föderalen Dimension des berühmten Art. 48 WRV. Forsthoff habilitierte sich sehr jung, kaum 28-jährig, und zwar in Freiburg bei Fritz Freiherr Marschall von Bieberstein. Dies deshalb, weil Schmitt seit 1928 an der Berliner Handelshochschule lehrte, die kein eigenes Habilitationsrecht besaß. Nach der Habilitation blieb Forsthoff zunächst ohne feste Stellung. Er radikalisierte sich politisch, trieb sich in nationalistisch-revo-

[12] Ich verzichte im Folgenden im Wesentlichen auf Nachweise; sie finden sich in *Meinel*, Der Jurist (Fn. 11), S. 15 ff., 50 ff., 226 ff., 304 ff.

[13] *Ulrich Herbert*, Drei politische Generationen im 20. Jahrhundert, in: Jürgen Reulecke (Hrsg.), Generationalität und Lebensgeschichte im 20. Jahrhundert, München 2003, S. 100; *Heinz Bude*, Generationen im 20. Jahrhundert, Merkur 54 (2000), S. 567 (568 f.).

lutionären Kreisen herum, publizierte in radikal rechten Zeitschriften Pamphlete gegen die Weimarer Republik und ihre Vertreter, suchte Kontakt zu den literarisch-politischen Kreisen um Ernst Jünger und Franz Schauwecker. Weltanschaulich schwanken seine Schriften jener Zeit zwischen Nationalprotestantismus und konservativer Revolution.

Nach der Machtüberlassung an die Nazis machte Forsthoff deswegen schnell Karriere. Er feierte und unterstützte das Regime zunächst in jeder Weise und publizierte im Sommer 1933 unter dem Titel *Der totale Staat* eine nationalsozialistische Bekenntnisschrift mit allenfalls ganz schwachen Rest-Vorbehalten gegen die Hitler-Diktatur. Er trat zwar nicht in die NSDAP ein, galt aber als zuverlässiger NS-Mann und wurde deswegen auch 1933 in Frankfurt am Main anstelle des politisch nicht mehr genehmen Hans Julius Wolff[14] auf die ordentliche Professur des ins Exil vertriebenen Hermann Heller berufen, anderthalb Jahre später auf den durch den Selbstmord des jüdischen Inhabers vakant gewordenen Lehrstuhl Kurt Perels' in Hamburg. Dieser Aufstieg wäre undenkbar gewesen ohne die massive Förderung durch seinen akademischen Lehrer Carl Schmitt, dessen Rolle bei der Nazifizierung des deutschen Staatsrechts bekannt ist.[15] Überhaupt hat die Zugehörigkeit zur Schule Carl Schmitts Forsthoffs Werk und nicht weniger dessen Rezeption sehr entscheidend geprägt, gilt Forsthoff doch in der Regel als ergebener Musterschüler Carl Schmitts.[16] Forsthoffs Weimarer Arbeiten zum Bundesstaatsrecht und auch seine Theorie des „totalen Staates“ waren gewiss weitgehend Applikationen der Staatslehre und der Verfassungstheorie seines Lehrers. Doch dann ging Forsthoff eigene Wege, überwarf sich 1934 für lange Zeit mit Schmitt, und gerade in der Zeit, in der Forsthoffs verwaltungsrechtliche Arbeiten entstehen, Ende der 1930er Jahre in Königsberg und Anfang der 1940er Jahre in Wien und Heidelberg, arbeitete Forsthoff völlig selbständig und vor allem ganz abseits des Kreises um Carl Schmitt.

Wollte man in der Biographie ein Schlüsseljahr benennen, so wäre es gewiss das Jahr 1936. Nach nur einem Jahr wechselte Forsthoff von Hamburg ins ostpreußische Königsberg. Mit diesem Wechsel begannen die wissenschaftlich entscheidenden Jahre seines Lebens.[17] Nicht nur forschte zu dieser Zeit in Königsberg eine ganze Reihe bedeutender Köpfe, mit denen Forsthoff bekannt wurde. Auch seine wichtigsten Publikationen entstanden in dieser Zeit: *Die Verwaltung als Leistungsträger* (1938), die *Deutsche Verfassungsgeschichte der Neuzeit* (1940), *Recht und Sprache* (1940) und erste Skizzen zum *Lehrbuch des Verwaltungsrechts*. Über ein durch zahlreiche Konflikte überschattetes Intermezzo in

[14] Hierzu auch den Beitrag von *Andreas Funke*, Pedanterie oder Perspektive – Das „Verwaltungsrecht“ von Hans J. Wolff (in diesem Band), S. 49.

[15] *Reinhard Mehring*, Carl Schmitt, München 2009, S. 304 ff.

[16] *Michael Stolleis*, Leiden an der Bundesrepublik, Rg 13 (2008), S. 205; *Dirk van Laak*, Gespräche in der Sicherheit des Schweigens (1993), 2. Aufl., Berlin 2002, S. 240.

[17] Ausführlich *Meinel*, Der Jurist (Fn. 11), S. 226 ff.

Wien landete Forsthoff schließlich 1943 in Heidelberg auf dem Lehrstuhl, den Gerhard Anschütz 1933 durch sein berühmtes Emeritierungsgesuch frei gemacht hatte.[18] Ernst Forsthoff sollte auf diesem Lehrstuhl bleiben, bis er 1967 seinerseits um vorzeitige Emeritierung bat. Die amerikanische Militärregierung erwirkte 1946 seine Entlassung aus dem Amt. Forsthoff lebte danach jahrelang von journalistischen Arbeiten zwischen Heidelberg, Frankfurt, Hamburg und schließlich Kiel. Erst zum Sommersemester 1952 wurde Forsthoff nach langem Hin und Her schließlich restituiert. Nach der Rückkehr auf den Heidelberger Lehrstuhl begann seine zweite bundesrepublikanische Karriere. Der große Erfolg seines Lehrbuchs machte Forsthoff binnen Kurzem zu einem der gefragtesten Rechtsgutachter und Berater, dessen Heidelberger Vorlesungen als Bildungserlebnisse gerühmt wurden und der ein legendäres Privatseminar unterhielt.[19]

III. Die staatliche Daseinsvorsorge als Destruktion des liberalen Verwaltungsrechts

Forsthoffs verwaltungsrechtliche Programmschrift, die 1938 erschienene und bemerkenswerterweise nie wieder nachgedruckte Broschüre *Die Verwaltung als Leistungsträger*, beginnt mit der Forderung, „die Dogmatik des Verwaltungsrechts in eine engere Beziehung zur Wirklichkeit der modernen Verwaltung zu setzen". Um zu verstehen, was damit gemeint war, muss man diese scheinbar banale Formulierung ernst nehmen. Die „Wirklichkeit der modernen Verwaltung" hatte nämlich 1938, am Ende der Europäischen Zwischenkriegszeit, eine, wenn man so sagen kann, unmittelbare Evidenz. Denn in den Jahrzehnten seit 1900 war die hochambivalente Bedeutung der Bürokratie für das Funktionieren sozialstaatlicher Demokratien den Zeitgenossen in beispielloser Weise erfahrbar: ihre stabilisierende Funktion, ihre Bedeutung in ökonomischen Krisen, aber auch die Lenkbarkeit des Menschen durch die Verwaltung, mit einem Wort: die Unhintergehbarkeit der administrativen Dimension der politischen Moderne. Diese Erfahrungen der Zeit nach 1900, die Mobilmachung des Menschen, die Industrialisierung von Raum und Zeit und die damit einhergehenden kollektiven Überforderungserfahrungen, sind vielfach beschrieben worden. Verwaltungsgeschichtlich kommt diese Veränderung in mehreren Transformationsschüben zum Ausdruck, vom Ersten Weltkrieg über die wohlfahrtsstaatlichen Programme der Weimarer Republik bis hin zum nationalsozialistischen Umbau des deutschen Sozialstaats nach 1933.[20]

---

[18] *Christian Waldhoff*, Gerhard Anschütz, in: Peter Häberle/Michael Kilian/Heinrich Amadeus Wolff (Hrsg.), Staatsrechtslehrer des 20. Jahrhunderts, Berlin 2015, S. 99ff.

[19] *Florian Meinel*, Die Heidelberger Secession. Ernst Forsthoff und die Ebracher Seminare, Zeitschrift für Ideengeschichte, Heft V/2 (Sommer 2011), S. 89ff.

[20] Nach wie vor *Horst Matzerath*, Nationalsozialismus und kommunale Selbstverwaltung,

1. Freiheit und Entfremdung in der industriellen Moderne

Welchen Reim machte sich Forsthoff 1938 auf diese Entwicklung? Sein Ausgangspunkt war eine anschauliche und eigentlich sehr einleuchtende soziologische Hypothese. Demnach bedingt die arbeitsteilige industrielle Gesellschaft eine Verschiebung zwischen dem „effektiven" Lebensraum und dem „beherrschten" Lebensraum:[21] Der Mensch der für das politische Leben bestimmenden Schichten habe vor der Industrialisierung in einer Umwelt gelebt, die man „als sein Eigen betrachten" könne: „Der Hof, der Acker, der ihm gehört, das Haus, in dem er lebt", das heißt übersetzt: in einem ihm durch *Eigentumsrechte* zugeordneten Raum, dem „beherrschten Lebensraum". In diesem Raum trage der Einzelne seine „Daseinsverantwortung" selbst. Mit dem Übergang zu einer modernen, also arbeitsteiligen Wirtschafts- und Lebensweise ist der Mensch nun genötigt, sich stärker über seinen beherrschten Lebensraum hinaus zu bewegen, um sich mit Lebensgütern zu versorgen. Forsthoff nannte diese Sphäre, in der sich der Mensch bewegt, die ihm aber nicht persönlich „gehört", den „effektiven Lebensraum". Man könnte aber auch einfach vom vergesellschafteten oder sozialen Lebensraum sprechen. Die Lebensgüter, auf die der Mensch in seinem „effektiven Lebensraum" zugreifen kann, sind nun typischerweise, das ist das Entscheidende, nicht Produkte eigener Arbeit, sondern eines spezialisierten arbeitsteiligen Erzeugungsprozesses. Sie setzen deshalb erstens die Existenz einer Infrastruktur immer schon voraus und machen den Einzelnen zweitens von deren ununterbrochenem Funktionieren abhängig. Er benutzt öffentliche Verkehrs- und Kommunikationseinrichtungen, nimmt an der Gas- und Energieversorgung teil und an der öffentlichen Gesundheitsvorsorge oder ist eingebunden in die Institutionen der Sozialversicherung.

Mit der Erweiterung des effektiven Lebensraums erweitert der Mensch zwar seinen Freiheitsraum, wird aber, so geht die These weiter, andererseits in steigendem Maße „sozial bedürftig", ist also darauf angewiesen, dass die Güter, auf die er lebensnotwendig angewiesen ist, im arbeitsteiligen Prozess auch tatsächlich erzeugt werden. Mehr noch: Weil für die Lebensführung technische Infrastrukturen notwendig sind, die der Einzelne nicht durchschaut, steigert sich die Abhängigkeit zur Entfremdung. Die Menschen erleben ihr Dasein als „auf eine sehr künstliche Weise gesichert und entsprechend empfindlich".[22] Störungen des arbeitsteiligen Produktionssystems werden zu einer stärkeren Bedrohung als Beeinträchtigungen der individuellen Freiheit: „Schon ein kurzer Verdienstausfall [...] macht öffentliche Hilfe notwendig. Ein Stocken etwa der Was-

---

Stuttgart 1970; *C. Sachße/F. Tennstedt*, Geschichte der Armenfürsorge in Deutschland, Bd. 3, Stuttgart 1992, S. 110ff.

[21] Dieses und die folgenden Zitate: *Forsthoff*, Verwaltung als Leistungsträger (Fn. 4), S. 4.

[22] *Forsthoff*, Verwaltung als Leistungsträger (Fn. 4), S. 48.

serversorgung einer Großstadt oder die Stilllegung der Verkehrsmittel führt zur Katastrophe."[23]

Zu dieser überindividuellen Daseinsvorsorge rechnete Forsthoff nicht nur die wohlfahrtsstaatlichen Leistungen im engeren Sinne, mit denen der Begriff zumeist assoziiert wird, sondern er verstand sie auch in einem ganz umfassenden Sinne. Daseinsvorsorge sind neben den Versorgungsbetrieben, der Infrastruktur- und der Gesundheitsverwaltung alle gestaltenden, planenden Formen von Verwaltung: die Wirtschaftsplanung, die Arbeitsmarktsteuerung und die Raumordnung, die ideologische Steuerung der Bevölkerung durch Propaganda und Massenmedien sowie schließlich das ganze Feld der psychologischen und genetischen Beeinflussung und Vorsorge. Auf sie würde der Staat, so fürchtete Forsthoff, schon deswegen nicht verzichten, weil Politik in der Industriegesellschaft zur Generierung von Wachstum gezwungen sei und die Menschen deshalb der industriellen Arbeitsverfassung optimal dienstbar machen müsse.[24] Diese künstliche Infrastruktur könne zwar, solange die privatkapitalistische Güterverteilung funktioniere, auch in privaten Rechtsformen vonstattengehen. Wenn aber nicht, dann werde die Zuteilung der Lebenschancen und Lebensgüter zur *Angelegenheit der Verwaltung*. Der Staat wurde zum allgegenwärtigen Garanten der Appropriation. Er trat in eine hoheitliche Verantwortung für das Soziale ein. Dies war nach Forsthoff die spezifische und unabänderliche Situation des Staates nach Industrialisierung, Wohlfahrtspolitik und Weltkrieg.

Aus dieser umfassenden Etatisierung des Sozialen schloss Forsthoff, dass das überkommene Verwaltungsrecht des Konstitutionalismus seiner politischen und ideologischen Grundlagen beraubt sein müsse. Das bürgerliche Verwaltungsrecht sei eine Technik der Freiheitssicherung gegen bürokratische Macht gewesen. Wenn sich aber die diesem Ideal des Verwaltungsrechts zugrundeliegende abstrakte Idee bürgerlicher Freiheit in der restlosen Abhängigkeit des Menschen von den künstlichen Apparaturen der Daseinsermöglichung verloren habe, so verliere auch das rechtsstaatliche Verwaltungsrecht seine rechtsethische Fundierung. Die Daseinsvorsorge sei das „Feld, auf dem sich das liberale Freiheitsanliegen mit seiner Tendenz nach Entmachtung des Staates von selbst totlief".[25] Und: „Die Grundrechte gehören der Geschichte an."[26] Damit ist nicht weniger gemeint, als dass der Staat, der sich selbst zum Garanten der Daseinsvorsorge gemacht hatte, nur folgerichtig handelte, wenn er die bloß gesellschaftlichen Organisationsformen der Daseinsverantwortung auch politisch aufhob, sie in seinen Machtbereich integrierte und dadurch sich selbst zum mehr oder weniger allein verantwortlichen Träger der Daseinsvorsorge machte,[27] denn

[23] *Ernst Forsthoff*, Führung und Bürokratie, Deutsches Adelsblatt 1935, S. 1339.
[24] *Ernst Forsthoff*, Rechtsfragen der leistenden Verwaltung, Stuttgart 1959, S. 15f.
[25] *Forsthoff*, Verwaltung als Leistungsträger (Fn. 4), S. 19.
[26] *Forsthoff*, Verwaltung als Leistungsträger (Fn. 4), S. 1.
[27] Siehe bereits *Ernst Forsthoff*, Der totale Staat, Hamburg 1933, S. 45: „Alles, was bisher

selbstbestimmte Lebensführung war ja durch die Industrialisierung des sozialen Raumes ohnehin unmöglich geworden. Nicht mehr Freiheitssicherung, sondern die Gewährleistung von Teilhabe an der staatlich organisierten Vorsorge sollte daher die Aufgabe und das Grundprinzip des künftigen Verwaltungsrechts sein.

Wenn Forsthoff also gerade den 1938 geschriebenen Satz „Die Grundrechte gehören der Geschichte an" später als ideologische Konzession an die Zensoren des NS-Regimes verstanden wissen wollte,[28] so war das ein absichtsvolles Selbstmissverständnis, mit dem die juristischen Postulate der dreißiger Jahre gezielt auf eine mit der Bundesrepublik kompatible Bedeutung getrimmt werden sollten.[29] Dieser Satz war durchaus kein weltanschauliches Zugeständnis, sondern im Grunde das Zentralstück der ganzen Dogmatik der „leistenden Verwaltung".[30] Denn das Narrativ der Daseinsvorsorge lief ja bei Forsthoff darauf hinaus, überhaupt das ganze Streben nach Freiheit politisch für erledigt zu erklären. Da ihm die auf freier Selbstbestimmung innerhalb der Gesellschaft gegründete „individuelle Daseinsverantwortung"[31] als Grundlage der bürgerlichen Daseinsform und ihres Freiheitsanliegens galt, konnte er auch postulieren, dass es dort, wo die Daseinsverantwortung kollektiviert und etatisiert war, auch keine politische Freiheit mehr gab und geben konnte.

2. *Verwaltungsrecht nach dem bürgerlichen Rechtsstaat*

Es kommt hier nicht auf eine Auseinandersetzung mit dieser Interpretation der sozialen Moderne an. Erkennbar reproduzierte Forsthoff einen Diskurs über die Dämonie des Technischen, über Abstraktheit und Gewalt, der in der Zwischenkriegszeit namentlich von Autoren wie Oswald Spengler,[32] Karl Jaspers,[33] Hans Freyer[34] oder Ernst Jünger[35] beherrscht wurde. Und obwohl gerade Forst-

zur Errichtung einer ständischen Ordnung geschehen ist, die Kassierung der Gewerkschaften, die Gleichschaltungen und Zusammenfassungen auf allen Gebieten des wirtschaftlichen und kulturellen Lebens, hat darin seine Berechtigung, daß die bisher rein interessenmäßig und gruppenmäßig vertretenen Anliegen in Zukunft nicht ignoriert werden, sondern als berufsständische Anliegen im Rahmen einer totalen Gemeinschaftsordnung und der Daseinserfordernisse dieser Gemeinschaft ihre Vertretung haben und ihre Berücksichtigung finden müssen."

[28] *Forsthoff*, Rechtsfragen (Fn. 24), S. 5.

[29] Dazu noch unten vor V.

[30] Treffend *Bernardo Sordi*, Tra Weimar e Vienna, Milano 1987, S. 301; s. a. *Nuria Magaldi*, Procura existencial, Estado de Derecho y Estado Social, Bogotá 2007, S. 75 f.

[31] *Forsthoff*, Verwaltung als Leistungsträger (Fn. 4), S. 6.

[32] *Oswald Spengler*, Der Mensch und die Technik, München 1931.

[33] *Karl Jaspers*, Die geistige Situation der Zeit, 5. Aufl., Berlin 1932.

[34] *Hans Freyer*, Zur Philosophie der Technik (1929), in: ders., Herrschaft, Planung und Technik, Heidelberg 1987, S. 7 ff.

[35] *Ernst Jünger*, Der Arbeiter, Hamburg 1932.

hoff es an Polemik gegen das sogenannte liberale Bürgertum nie fehlen ließ, ist seine Erzählung doch im Grunde eine Geschichte über den Verlust des bürgerlichen Sekuritätsgefühls. Denn die Unterscheidung von beherrschtem und effektivem Lebensraum lässt sich ja ohne weiteres zu der Feststellung zuspitzen, dass Freiheit und Grundbesitz letztlich das Gleiche sind. Statt sie zu problematisieren, reproduzierte Forsthoff damit die aus dem deutschen Konstitutionalismus ererbte Engführung von Eigentum und Freiheit, eine Engführung, aus der die politische Freiheit mit Absicht verdrängt ist und in deren Horizont die Zunahme der politischen Freiheit durch das Kontingentwerden der wirtschaftlich-sozialen Ordnung in der administrativen Moderne deswegen auch nicht denkbar wird.

Worauf es hier ankommt, sind die Konsequenzen, die Forsthoff daraus für die verwaltungsrechtliche Systematik und Methode zog. Denn wie könnte ein solches, nicht mehr auf Freiheitssicherung, sondern auf die Garantie von Teilhabe an der Vorsorge gerichtetes Verwaltungsrecht wissenschaftlich zu systematisieren sein? Ohne eine rechtswissenschaftliche Systematik, so dachte Forsthoff, müsse das Recht der Daseinsvorsorge in zusammenhanglose Kasuistik zerfallen. Eine empirische Methode hatte Forsthoff nicht im Sinn. Sowohl das *Lehrbuch des Verwaltungsrechts* als auch *Die Verwaltung als Leistungsträger* zeichnen sich im Gegenteil durch einen erstaunlichen Mangel an Empirie aus, sieht man von gelegentlich mitgeteilten Lesefrüchten ab. Noch Luhmann hielt Forsthoff später den „Einbau von empirisch unzureichend abgesicherten sozialwissenschaftlichen Aussagen in das Verwaltungsrecht“ vor.[36]

Was Forsthoff im Sinn hatte, war vielmehr eine Art der Erfassung der Wirklichkeit, die er in einem späteren Text als „verstehende Methode“ kennzeichnete.[37] Ihr Ziel sollte es sein, die überlieferten verwaltungsrechtlichen Institute und Begriffe von den der Verwaltung in der sozialen Moderne erwachsenen Aufgaben neu zu durchdenken und daraus ein neues „Gesamtbild“, das heißt: neue Leitbilder oder Strukturbegriffe des Verwaltungsrechts zu gewinnen. Und zwar solche Leitbilder und Strukturbegriffe, die ebenso prägnant und erklärungsmächtig sein mussten, wie es die Unterscheidung von Staat und Gesellschaft oder die Kategorie des subjektiven Rechts für das Verwaltungsrecht des Rechtsstaats gewesen waren. Nur mit Hilfe solcher Fundamentalkategorien hielt Forsthoff es für möglich, die überlieferten Einzelelemente des Verwaltungsrechts zu einer neuen Einheit zu verbinden und auf diese Weise zu einem neuen verwaltungsrechtlichen System zu gelangen.

Wie das zu machen sein sollte, demonstriert die Argumentation der Programmschrift von 1938 sehr deutlich. Forsthoff verwarf die tradierten Elemente für das neue Verwaltungsrecht der Daseinsvorsorge nicht rundheraus, weder

[36] *Niklas Luhmann*, Theorie der Verwaltungswissenschaft, Köln 1966, S. 22.
[37] Ausführlich *Meinel*, Der Jurist (Fn. 11), S. 130ff.

den Verwaltungsakt, noch die Anstalt und auch nicht den Vertrag. Denn ihre juristische Präzision, ihre Ordnungsleistung konnte ja auch in anderem Zusammenhang von Nutzen sein. Doch diese Ordnungsleistung würden die Begriffe, so Forsthoff, nicht mehr aus sich selbst heraus vollbringen, weil ihr rechtsethisches Fundament, das subjektive Recht, nicht mehr existiere. Vielmehr müssten sie in höhere, aufgaben-, zweck- oder „sachbezogene“[38] Ordnungsbereiche des Verwaltungsrechts hineingestellt und in diese integriert werden. Forsthoff exemplifizierte das in jener programmatischen Skizze an den Beispielen des Energiewirtschaftsrechts und des Verkehrsrechts.[39] Energiewirtschaft und Personenverkehr seien als „übergeordnete Wesenheit[en]“[40] zu verstehen, von denen her die verwaltungsrechtlichen Institute einen neuartigen Sinn erhalten könnten. Was er an diesen Bereichen im Kleinen vorführte, schwebte ihm aber auch im Großen vor: die wissenschaftliche Entwicklung übergreifender neuer Ordnungsideen, von denen her der überkommene Rechtsstoff des Verwaltungsrechts eine neue Systematik, eine neue „innere Bestimmung“ erhalten sollte.

Eine solche integrale Ordnungsidee konnte freilich ebenso wenig eine rein normative Gestalt haben wie die Unterscheidung von Staat und Gesellschaft etwas Normatives gewesen war. Eine bloß höherrangige Norm wäre – abgesehen von den Schwierigkeiten ihrer Begründung – nicht in der Lage gewesen, einen disparaten Rechtsstoff „wesensmäßig“ zu integrieren. Aber die Ordnungsidee musste so elementar und umfassend sein, dass es durch sie gelänge, den einzelnen verwaltungsrechtlichen Instituten in ihrem jeweiligen Bereich „eine besondere Bestimmtheit“[41] zu geben und dadurch das Verwaltungsrecht als wissenschaftliche Einheit zu konstituieren. Auch war Forsthoff überzeugt, dass eine solche Ordnungsidee erst das Ende einer längeren Phase der Konsolidierung sein könne. Alle mit der Daseinsvorsorge zusammenhängenden Verwaltungsbereiche befänden sich, schrieb er 1938, „noch stark im Stadium der Entwicklung“.[42] Aber am Schluss einer Konsolidierungsphase sollte sich eine derartige Ordnungsidee herausbilden. Gleichwohl erwog Forsthoff schon zu dieser Zeit, die Kategorie der „Verantwortung“, genauer: der „Daseinsverantwortung der öffentlichen Verwaltung“ zu jener neuen umfassenden Ordnungsidee zu entwickeln.

Wie sollte diese Ordnungsidee inhaltlich aussehen? Wenn sich die bürgerliche Freiheitsidee in der technischen Welt demnach ideologisch erledigt hatte, wenn das Verwaltungsrecht seine rechtsethische Substanz Forsthoff zufolge nicht mehr aus der Gewährleistung der individuellen Freiheitssphäre beziehen konnte, und wenn es deshalb unmöglich war, diesen modernen Staat auf die Einhal-

---

[38] *Forsthoff*, Rechtsfragen (Fn. 24), S. 12.
[39] *Forsthoff*, Verwaltung als Leistungsträger (Fn. 4), S. 33 ff.
[40] *Forsthoff*, Verwaltung als Leistungsträger (Fn. 4), S. 47.
[41] *Forsthoff*, Verwaltung als Leistungsträger (Fn. 4), S. 47.
[42] *Forsthoff*, Verwaltung als Leistungsträger (Fn. 4), S. 47.

tung äußerer Rechtsschranken zu verpflichten, dann folgte daraus eine gleichsam verfassungsschöpferische Aufgabe der Verwaltungsrechtswissenschaft: Es musste gelingen, diesem – nun nicht mehr im emphatischen, sondern im deskriptiven Sinne – totalen Staat gleichsam von innen heraus eine neue, nachliberale Gerechtigkeitsidee abzugewinnen, inhaltliche Kriterien für die Erfüllung der der Verwaltung zugewachsenen Daseinsverantwortung, einen Maßstab für die Ordnungen des gesellschaftlichen Lebens zu entwickeln und von dort aus eine neue Rechtsethik und daraus schließlich auch das neue Verwaltungsrecht als System zu entwickeln. Im *Lehrbuch des Verwaltungsrechts* ist dies 1950 so ausgedrückt:

„Ist aber die Sozialordnung für den Staat nicht Gegebenheit, sondern Aufgabe und Gegenstand der Gestaltung, so [...] liegt dem staatlichen Handeln die Voraussetzung zugrunde, daß die sozialen Zustände der Verbesserung bedürfen, daß sie nicht als grundsätzlich gerecht gelten können. Diese Voraussetzung kann sich nur realisieren, wenn ein Maßstab vorhanden ist, ein soziales Ideal, eine Vorstellung gerechter Daseinsgestaltung. Erst recht aber kann die staatliche Tätigkeit mit dem Ziele der Verbesserung der bestehenden Daseinsverhältnisse ohne eine konkrete Vorstellung von der richtigen und gerechten Sozialordnung nicht gedacht werden.“[43]

Was allerdings den Inhalt dieser Daseinsverantwortung, die Art der gerechten Sozialordnung angeht und die daraus folgenden rechtlichen Gehalte, bleibt nicht nur die Schrift des Jahres 1938, sondern bleiben auch die späteren Schriften Ernst Forsthoffs vieles schuldig. Die „rechtlich gesicherte Teilhabe“ an den Leistungen der Daseinsvorsorge, die Forsthoff postulierte, blieb hinsichtlich ihrer Grenzen unklar; die Anerkennung vollziehbarer sozialer Grundrechte verweigerte Forsthoff auch in der Bundesrepublik. Manche rechtsdogmatische Figur kam zustande, wie etwa das Koppelungsverbot, wonach die Vorenthaltung von Leistungen zur Erzwingung anderer Pflichten regelmäßig rechtswidrig sein sollte.[44] Doch eine konsistente Rechtsethik der Verwaltung als Leistungsträger wurde dahinter nie sichtbar. Immer wieder umkreiste Forsthoff die Frage und flüchtete sich dann doch meist in altkonservative Parolen: Eine gesunde „Volksordnung“ und nicht die Versorgung der Masse solle das Ziel der Daseinsvorsorge sein, eine wirkliche Ordnung anstelle eines bloßen Funktionalismus, das „Künstliche und Manipulierte“ der Daseinsgestaltung sei zu überwinden und der beherrschte Lebensraum zu stärken. So heißt es etwa in einer im Februar 1941 in Königsberg gehaltenen Rede über „Die Grenzen des Rechts“:

„Im Bereich der sozialen Gerechtigkeit sehen wir uns den Organisationen, Gebilden und Regelungen der modernen Volksverfassung gegenüber, wir treffen hier nicht auf den konkreten Menschen mit seinen Ansprüchen und Pflichten, Wünschen und Leidenschaften, Tugenden und Lastern im Umgang mit der Umwelt. Hier aber, beim Menschen, liegt das vordringliche Problem. Vordringlich müssen wir es nennen, weil heute

[43] *Forsthoff*, Lehrbuch, 1950 (Fn. 2), S. 57 f.
[44] *Forsthoff*, Lehrbuch, 10. Aufl. 1973 (Fn. 2), S. 293 f.

alles darauf ankommt, in einer notwendig rationalisierten und technisierten volklichen Umwelt den Raum nicht des Individuums, aber der Persönlichkeit zu behaupten. Wir dürfen die Augen nicht vor der Gefahr verschließen, daß die gewaltigen technischen Mittel, mit denen wir heute als Volk und als einzelne unser Dasein ermöglichen müssen, den Dämonien der Vermassung leicht zur Beute werden können, daß wir genötigt sind, uns auf einem schmalen Grat am Rande der äußersten Möglichkeiten zu bewegen."

IV. Zu einem neuen System des Verwaltungsrechts

Die Problematik, aus der heraus das *Lehrbuch des Verwaltungsrechts* geschrieben wurde, ist damit knapp umrissen und somit auch die Fragestellung, die Forsthoff in der Bundesrepublik weiter beschäftigen sollte. Aber war die Aufgabe der Systembildung, die Forsthoff sich in diesem Lehrbuch stellte, überhaupt zu lösen? Wohl nein. Seine Vorstellung eines juristischen Systems der Daseinsverantwortung der öffentlichen Verwaltung konnte in dieser Form nicht gelingen.

Sollten nämlich die Ideen der „Teilhabe" und der „Daseinsverantwortung" tatsächlich fachrechtsübergreifend als Ordnungsideen fruchtbar gewesen sein, so hätten über die einzelnen Zweige der Daseinsvorsorge hinweg mehr als nur triviale Strukturgleichheiten in den rechtlichen Handlungs-, Organisationsformen und Rechtsregimen der Verwaltung existieren müssen, eben so, wie für Otto Mayer die Figur des „Eingriffs" in ein subjektives Recht im Abgabenrecht sowie im Polizeirecht und im Gewerberecht heuristisch gehaltvoll war. Das war und ist aber im Recht der Daseinsvorsorge nicht oder nicht im gleichen Maße der Fall. Die schon um die Jahrhundertwende einsetzende Ausdifferenzierung der Sonderdogmatiken des Sozial-, Arbeits-, Wirtschafts- oder Versicherungsrechts lag sicherlich weniger daran, dass ein einheitliches Paradigma für diese Materien noch nicht gefunden war, als an der gleichzeitigen Ausdifferenzierung der Verwaltungsaufgaben und -funktionen. Daraus entstand eine Komplexität des Rechtsstoffes, die eine übergreifende Ordnungsidee wie die der „Teilhabe" einfach nicht mehr zuließ. In der Zwischenkriegszeit nicht und in der Bundesrepublik erst recht nicht.

Diese Schwierigkeiten erklären den Misserfolg dieses Teils seines Werkes, mindern aber ihren ideengeschichtlichen Rang keineswegs. Vor dem Hintergrund jener lange vor der Entstehung der Bundesrepublik entwickelten, aus der Zwischenkriegszeit ererbten Problematik lässt sich das *Lehrbuch des Verwaltungsrechts* als ein großartiger, aber letztlich gescheiterter Versuch einer neuen verwaltungsrechtlichen Systembildung lesen, der die Reflexion über die Stellung der Verwaltungsrechtswissenschaft in der Moderne auf ein zu dieser Zeit völlig singuläres Niveau gesteigert hat. Sicher: Forsthoffs Hoffnungen auf eine solche umfassende Ordnungsidee für die expandierende Verwaltung erfüllten sich nicht, weder im nationalsozialistischen Reich noch in der Bundesrepublik.

Die Wiederherstellung der Verfassungsformen des Rechtsstaats durch das Grundgesetz konnte zu einer solchen Konzeption in Forsthoffs Sinne schon deshalb nichts beitragen, weil sie das Verhältnis von Gesetz und Verwaltung und damit das des Einzelnen zur Verwaltung wieder auf die alten begrifflichen Grundlagen des subjektiven Rechts stellte. Und schon 1953 bezeichnete Forsthoff die Aufgabe, ein die Daseinsvorsorge integrierendes verwaltungsrechtliches System zu entwickeln, als „in der Tat unlösbar".[45]

Zwar hatte Forsthoff 1950 den ersten Band einer „systematischen" Darstellung des Verwaltungsrechts vorgelegt. Doch gerade sein *Lehrbuch* enthielt keine Lösung des Problems der Systembildung im Sinne einer Integration auch der leistungsverwaltungsrechtlichen Sachmaterien unter allgemeine Rechtsformen, sondern eine Übergangslösung von durchaus defensivem Charakter, defensiv, weil sie ihre eigene Schwäche offen benannte, ja, das Scheitern ihres Systemanspruchs bewusst einkalkulierte.

Während Forsthoff die rechtsstaatliche Axiomatik des Allgemeinen Teils noch einmal in einer überzeugenden Gestalt zur Darstellung brachte, blieb die Frage nach der systematischen Konzeption des zweiten, unformalen Rechtsbereichs ungelöst. Forsthoff warf sie im ersten Band des Lehrbuchs auf, beantwortete sie aber nicht. Es heißt dort, die gestaltende Verwaltung erfordere und erzeuge „Rechtsstrukturen [...], die mit den herkömmlichen methodischen Mitteln der Verwaltungsrechtswissenschaft nicht voll erfaßt werden können".[46] Es bleibe die große Herausforderung der Verwaltungsrechtswissenschaft, auch diesen Rechtsstoff ordnend zu durchdringen und die „Herausarbeitung der Rechtsbegriffe, Formen und Methoden des gestaltenden Verwaltungsrechts" in Angriff zu nehmen. Insbesondere sei dazu die „Korrektur der bisherigen wissenschaftlichen Stoffeinteilung"[47] vonnöten, womit Forsthoff das Verhältnis von Verwaltungs-, Wirtschafts- und Sozialrecht meinte. Was der erste Band an Ansätzen zu einer systematischen Konzeption enthielt, waren bestenfalls Vorüberlegungen. Darüber kann auch der „Die Verwaltung als Leistungsträger" betitelte fünfte Abschnitt[48] nicht hinwegtäuschen, der das öffentliche Sachenrecht enthält.

Wie nämlich positionierte sich Forsthoff nun in seinem Lehrbuch zum überlieferten rechtsstaatlichen System, dessen Ende er 1938 scharfsinnig analysiert hatte? Er machte es sich weitgehend zu eigen.[49] Und zwar so weitgehend, dass darüber der irrige Eindruck entstehen konnte, Forsthoff habe sich der „Illusi-

---

[45] *Ernst Forsthoff*, Begriff und Wesen des sozialen Rechtsstaates (1953), in: ders., Rechtsstaat im Wandel, Stuttgart 1964, S. 33.

[46] *Forsthoff*, Lehrbuch, 1950 (Fn. 2), S. 61; 10. Aufl. 1973, S. 73.

[47] *Forsthoff*, Lehrbuch, 1950 (Fn. 2), S. 63.

[48] *Forsthoff*, Lehrbuch, 1950 (Fn. 2), S. 263ff.

[49] Dazu *Christian Schütte*, Progressive Verwaltungsrechtswissenschaft auf konservativer Grundlage, Berlin 2006, S. 115ff. m. w. N.

on" hingegeben, „mit der tradierten Dogmatik die Veränderungen der Verwaltungswirklichkeit in den Griff zu bekommen".[50] Daran ist so viel richtig, dass Forsthoff sich im Hinblick auf das alte System in der Tat streng konservativ gab. Er vermerkte schon im Vorwort zur ersten Auflage, er habe „auf die Wahrung der wissenschaftlichen Tradition besonderes Gewicht gelegt und keine Regel, keine Institution, keinen Begriff verworfen oder verändert, soweit sie sich mit der Wirklichkeit der modernen Verwaltung irgend vereinbaren lassen, auch dann nicht, wenn ich glaubte, sie durch bessere ersetzen zu können".[51] In allen zentralen Bereichen gliederte er die Darstellung strikt nach Rechtsformen und nicht nach Zwecken oder Aufgaben der Verwaltung. Auch wies er den „Systemelementen" ihren angestammten Platz zu: der Normenhierarchie,[52] der Dialektik von Norm und Einzelakt,[53] weiten Teilen der Ermessenslehre,[54] der strikten Abgrenzung zwischen Enteignung und Ausgestaltung[55] und schließlich auch der Lehre vom besonderen Gewaltverhältnis.[56] Und damit nicht genug: Forsthoff arbeitete im Lehrbuch mit dem rechtsstaatlichen Verwaltungsrecht gerade auch unter dem Aspekt seiner systematischen Qualität. Er übernahm gerade jene axiomatische Geschlossenheit der rechtsstaatlichen Institute, deren Auflösung er vordem so stimmig dargelegt hatte. Die Rationalität rechtsstaatlicher Formen sollte nun wieder gerade von ihrer logischen Zuordnung abhängen, also von der Aufeinanderbezogenheit aller ihrer Teile.[57] Was Forsthoff für das rechtsstaatliche Verfassungssystem formulierte,[58] galt ihm genauso für das System des Allgemeinen Verwaltungsrechts: dass sich nämlich die „festgelegten Formen der rechtsstaatlichen Verwaltung nicht verändern lassen, ohne das gesamte Strukturgefüge des Rechtsstaates ins Wanken zu bringen".[59]

Die Gründe für diese Rückkehr zur Geschlossenheit des rechtsstaatlichen Systems hängen auf das engste zusammen mit Forsthoffs Gesamturteil über die politische und geistige Situation der Bundesrepublik.[60] Je deutlicher er sah, dass es ihr als einem „introvertierten Rechtsstaat" nicht gelingen würde, eine eigene geistige Konzeption des modernen Verwaltungsstaates hervorzubringen, umso dezidierter stellte Forsthoff sich auf die Seite des rechtsstaatlichen Systems, das

---

[50] So etwa *Voßkuhle*, Allgemeines Verwaltungs- und Verwaltungsprozeßrecht (Fn. 3), S. 959.

[51] *Forsthoff*, Lehrbuch, 1950 (Fn. 2), S. VII.

[52] *Forsthoff*, Lehrbuch, 1950 (Fn. 2), S. 100 ff.

[53] *Forsthoff*, Lehrbuch, 1950 (Fn. 2), S. 156.

[54] *Forsthoff*, Lehrbuch, 1950 (Fn. 2), S. 64 ff., 74 ff.

[55] *Forsthoff*, Lehrbuch, 1950 (Fn. 2), S. 241 ff.

[56] *Forsthoff*, Lehrbuch, 1950 (Fn. 2), S. 102 ff.

[57] *Ernst Forsthoff*, Die Umbildung des Verfassungsgesetzes (1959), in: ders., Rechtsstaat im Wandel (Fn. 45), S. 174.

[58] *Ernst Forsthoff*, Zur Problematik der Verfassungsauslegung, in: ders., Rechtsstaat im Wandel, 2. Aufl., München 1976, S. 162.

[59] *Forsthoff*, Rechtsfragen (Fn. 24), S. 12.

[60] *Meinel*, Der Jurist (Fn. 11), S. 439 ff.

er nunmehr gegen jeden Versuch einer materialen Überformung verteidigte. Wenn die zusammenfassende Synthese schon nicht gelungen und angesichts der Lage der Verwaltung auch nicht mehr zu erwarten war, so musste gerade deswegen die logische Formalqualität des rechtsstaatlichen Verwaltungsrechts besonders rein gehalten werden.

Gegenüber diesem gleichsam nur restaurierten System pflegte ausgerechnet sein größter Kritiker Forsthoff bald die Rolle eines Hüters der reinen Lehre. Jedem Versuch einer – zumal verfassungsrechtlich induzierten – Umdeutung trat er scharf entgegen. „Verwaltungsrecht als konkretisiertes Verfassungsrecht" (Fritz Werner) – das war ein Befund, den er durchaus als Beschreibung des Konstitutionalismus hätte gelten lassen, den er aber als normatives Postulat für die Bundesrepublik entschieden bekämpfte. Er beharrte etwa, um nur zwei berühmte Streitfragen zu nennen, schon lange vor dem Nassauskiesungsbeschluss des BVerfG (E 58, 300) gegen den BGH auf dem Finalitätskriterium der Enteignung[61] und, noch bekannter, auf der gebundenen Entscheidung über die Rücknahme rechtswidriger Verwaltungsakte ohne Rücksicht auf etwaiges Vertrauen des Betroffenen.[62] Das waren nicht zufällig Fallgruppen, in denen die Rechtsprechung, gestützt auf eine bestimmte Auslegung des Grundgesetzes, ein materiales Kriterium in das jeweilige Institut eingezogen hatte.

Dass Forsthoff in beiden Fällen sehr polemisch argumentierte,[63] macht deutlich, wie weitreichend die Streitfrage war, die er hier immer unausgesprochen mitverhandelte. Gegen unvermittelte grundrechtliche Argumente im Verwaltungsrecht ging er regelmäßig mit ganz erstaunlicher Verve vor. Es ging ihm schließlich um nicht weniger als darum, ob die sozialstaatlich-demokratische Verfassung der Bundesrepublik jene neue Ordnungsidee enthalten könnte, die es allein zulassen würde, den folgenreichen Schritt einer Preisgabe des rechtsstaatlichen „Systems" zu vollziehen. Konnte und durfte mit einem wertmaterialen Verständnis des Grundgesetzes gelingen, woran Forsthoff selbst in den vierziger Jahren gescheitert war?

So lief die Entwicklung des Verwaltungsrechts in der Bundesrepublik Forsthoffs Idealen eigentlich in allen Punkten zuwider. Die Konstitutionalisierung und die umfassende grundrechtliche Subjektivierung, die Rechtsprechung und

---

[61] *Forsthoff*, Lehrbuch, 1950 (Fn. 2), S. 244.

[62] *Forsthoff*, Lehrbuch, 1950 (Fn. 2), S. 211; 7. Aufl. 1958, S. V; 10. Aufl. 1973, S. X, 261 ff.

[63] Wer einen weiten, d. h. nicht am Kriterium der Finalität orientierten Enteignungsbegriff vertrat, dem bescheinigte Forsthoff, er habe „den auflösenden Tendenzen der modernen Rechtsentwicklung Raum gegeben" (*Forsthoff*, Lehrbuch, 10. Aufl. 1973 [Fn. 2], S. V). Wer dem Begünstigten Vertrauensschutz auch bei rechtswidrigen Verwaltungsakten gegenüber der Aufhebung durch die Behörden gewähren wollte, sah sich mit dem Verdacht konfrontiert, „Tendenzen" zu nähren, „welche den Rechtsstaat im Kern auflösen" (*ders.*, Lehrbuch, 7. Aufl. 1958 [Fn. 62], S. V). Beide Bemerkungen wurden wirkungsvoll in Vorworten zu Neuauflagen platziert.

Rechtswissenschaft der ersten Jahrzehnte der Bundesrepublik prägten,[64] waren gerade das Gegenteil des institutionellen verwaltungsrechtlichen Denkens, das Forsthoff eingefordert hatte und bis zuletzt verfocht. Ohnehin war mit der Umstellung des Verwaltungsrechts auf eine extensive Konzeption subjektiver öffentlicher Rechte die juristische Idee der „Daseinsverantwortung" einstweilen erledigt.

Insbesondere zwei Schüler Otto Bachofs, Dietrich Jesch[65] und Hans-Heinrich Rupp[66], trieben zu Beginn der sechziger Jahre eine demokratietheoretische Revision der verwaltungsrechtlichen Dogmatik voran, und zwar explizit mit dem Anspruch, für das Verwaltungsrecht die normativen Folgerungen aus dem Grundgesetz zu ziehen.[67] Auf der anderen Seite entwickelte Peter Badura wenig später in einer Reihe bedeutender programmatischer Schriften und Aufsätze Umrisse eines neuen, systematischen Verwaltungsrechts der „sozialen Demokratie".[68] Auch er berief sich dabei auf das durch das Grundgesetz geschaffene neue normative Umfeld des Verwaltungsrechts und der sozialen Aufgaben der Verwaltung.[69] Forsthoff indessen sah solche Versuche von Beginn an zum Scheitern verurteilt und meinte nur:

„[...] wo wäre der ideologische und begriffliche Baustoff für ein neues, zeitgerechtes, nachbürgerliches System des Rechtsstaats zu finden? Er wäre nirgends zu finden, weil es ihn nicht gibt. Es gibt Einzeleinsichten und Teilerfahrungen, es gibt Überbrückungen durch sachgerechte Fiktionen und vieles andere mehr. Aber es fehlt gegenwärtig jede neue systematische Konzeption oder auch nur ein Ansatz dazu."[70]

Als Forsthoff diese Zeilen schrieb, hatte er sich selbst sein Scheitern an jenem „nachbürgerlichen System des Rechtsstaats" eingestehen müssen, dessen Grundlagen er mit dem zweiten Band des Lehrbuchs zu legen hoffte. Noch 1952 hatte er hoffnungsvoll über dieses Vorhaben an Carl Schmitt geschrieben: „Die Schwierigkeit liegt darin, zu vermeiden, daß der besondere Teil in mehr oder weniger unverbundene, nebeneinander gestellte Stoffmassen auseinander fällt. Dazu bedarf es einer aus der Sache gewonnenen systematischen Konzeption, für die es seit Lorenz von Stein kein Vorbild gibt und um die ich mich bemü-

---

[64] Dazu insbesondere *Christoph Schönberger*, „Verwaltungsrecht als konkretisiertes Verfassungsrecht", in: Michael Stolleis (Hrsg.), Das Bonner Grundgesetz, Berlin 2006, S. 53 ff.

[65] *Dietrich Jesch*, Gesetz und Verwaltung (1961), 2. Aufl., Tübingen 1968, S. 171 ff.

[66] *Hans-Heinrich Rupp*, Grundfragen der heutigen Verwaltungsrechtslehre (1965), 2. Aufl., Tübingen 1991, bes. S. 273 u. passim.

[67] Dazu *Michael Stolleis*, Entwicklungsstufen der Verwaltungsrechtswissenschaft, in: Hoffmann-Riem/Schmidt-Aßmann/Voßkuhle (Hrsg.), Grundlagen, Bd. 1 (Fn. 9), § 2, Rn. 98; *Oliver Lepsius*, Wiedergelesen, JZ 2004, S. 350 (350 f.).

[68] Siehe insbesondere *Peter Badura*, Verwaltungsrecht im liberalen und im sozialen Rechtsstaat, Tübingen 1966; *ders.*, Die Daseinsvorsorge als Verwaltungszweck der Leistungsverwaltung und der soziale Rechtsstaat, DÖV 1966, S. 624 ff.; *ders.*, Auftrag und Grenzen der Verwaltung im sozialen Rechtsstaat, DÖV 1968, S. 446 ff.

[69] *Badura*, Daseinsvorsorge als Verwaltungszweck (Fn. 68), S. 627 ff.

[70] *Forsthoff*, Verfassungsauslegung (Fn. 58), S. 162.

he."[71] Der zweite Band, der Besondere Teil, kam über Ansätze allerdings nie hinaus,[72] das ganze Unternehmen blieb damit Fragment.

Forsthoff reagierte darauf, indem er die logische und strukturelle Verschiedenheit beider Teilbereiche des Verwaltungsrechts und damit indirekt das eigene Scheitern an einer integralen verwaltungsrechtlichen Systembildung nunmehr zu einer rechtstheoretischen Zwangsläufigkeit erklärte. Naturgemäß war ihm klar, dass das provisorisch restaurierte rechtsstaatliche Verwaltungsrecht nicht das Ganze, ja nicht einmal das Wesentliche des die Verwaltung betreffenden Rechtsstoffs erfassen konnte, sondern nur einen strukturell im Abbau begriffenen Teilbereich, während sich die sozialstaatliche Dynamik der Rechtsentwicklung außerhalb dieses Begriffssystems entwickelte. Gerade hier, in der begrifflich-axiomatischen Trennung beider Rechtsebenen, so meinte Forsthoff jetzt, liege eine bleibende Aufgabe der Rechtswissenschaft, auch ohne neues verwaltungsrechtliches System. Wenn der gesamte Stoff in zwei selbständige Teile zerfallen müsse, müssten diese Teile auch säuberlich geschieden bleiben: das rechtsstaatliche und das moderne, das formale und das unformale Verwaltungsrecht, das Recht des Eingriffs und das Recht der Teilhabe, das Recht des Rechtsstaats und das Recht des Sozialstaats, die durch je eigene Logiken geprägt sein würden.

Nachdem also der Versuch gescheitert war, ausgehend von der Daseinsverantwortung der öffentlichen Verwaltung ein neues System des Verwaltungsrechts zu entwickeln, erhielt auch der Begriff der Daseinsvorsorge eine neue, eine spezifisch bundesrepublikanische Bedeutung. Als im Jahr 1959 eine partielle Neuausgabe der Schrift *Die Verwaltung als Leistungsträger* erschien, verfasste Forsthoff dazu eine neue Einleitung, in der er wie nebenbei, aber doch sehr deutlich, die ganze Konzeption der Daseinsverantwortung als Ordnungsidee eines neuen verwaltungsrechtlichen Systems unter den Tisch fallen ließ. Der Begriff der Daseinsvorsorge habe, so schrieb er nun, die Aufgabe gehabt, „in den leistenden Funktionen des modernen Staates [...] ein öffentlich-rechtliches Element aufzuweisen",[73] um auf diese Weise „die Schutzfunktionen des öffentlichen Rechts, insbesondere der Grundrechte, unabhängig von der im einzelnen Fall gegebenen rechtlichen Ausgestaltung zum Zuge zu bringen. Nur das und nicht mehr sollte der Begriff der Daseinsvorsorge leisten."[74] Überall, wo gesetzliche Bestimmungen existierten, die diesen Schutz gewährleisten, verliere der Begriff „zwar nicht seinen Sinn, aber seine praktische Bedeutung."[75]

[71] *Dorothee Mußgnug/Reinhart Mußgnug/Angela Reinthal* (Hrsg.), Briefwechsel Ernst Forsthoff/Carl Schmitt, Berlin 2007, S. 91 f.

[72] Die Grobgliederung des Bandes hat sich erhalten, siehe *Meinel*, Der Jurist (Fn. 11), S. 148 ff.

[73] *Forsthoff*, Rechtsfragen (Fn. 24), S. 9.

[74] *Forsthoff*, Rechtsfragen (Fn. 24), S. 10.

[75] *Forsthoff*, Rechtsfragen (Fn. 24), S. 10 f.

Wo war der antiformalistische Impuls? Wo der Anspruch rechtswissenschaftlicher Ordnungsbildung jenseits der Eingriffsverwaltung? Wo die ganze Idee eines öffentlichen Rechts jenseits des Schutzes subjektiver Rechte? Dieser radikale Rückbau der juristischen Gehalte seiner Lehre von der Daseinsvorsorge, der jedem aufmerksamen Leser bei einem Vergleich mit dem Text des Jahres 1938 ins Auge springen musste, lässt sich nicht einfach damit erklären, dass eine rechtsstaatliche Verfassung mit individuellen Grundrechten nun wieder in Geltung war und die Frage nach neuen rechtlichen Sicherungen der individuellen Existenz damit teilweise obsolet war. Das auch. Vielmehr führt der Versuch einer Erklärung mitten hinein in Forsthoffs Kritik der Bundesrepublik, die er für konstitutionell unfähig hielt, eine eigene politische Idee des Sozialen hervorzubringen und gegen die gesellschaftlichen Gruppen durchzusetzen. Dagegen sei die Industriegesellschaft als neue sozialordnende Kraft entstanden, die selbst Vorsorge für eine ihren Zwecken dienstbare Sozialgestaltung tragen könne. Der Staat sei allenfalls noch als Komplementärfunktion dieser Industriegesellschaft zu verstehen. Als solcher könne er die Sorge für das Soziale zwar punktuell wahrnehmen, wo es gesellschaftliche Fehlläufe erfordern. Aber die Bundesrepublik könne aus sich selbst keine geistige Konzeption einer sozialen Ordnung mehr hervorbringen. Der Staat höre jetzt auf, Träger einer Idee des Sozialen zu sein.[76] Insofern war das rechtswissenschaftliche Problem der Daseinsverantwortung der öffentlichen Verwaltung für Forsthoff paradoxerweise mit dem „Wirtschaftswunder“ unlösbar geworden.

V. Schluss

Warum Forsthoffs Verwaltungsrechtswissenschaft keine Nachfolger gefunden hat, ist nach alledem offenkundig. Auch das Interesse der jüngeren deutschen Verwaltungsrechtswissenschaft[77] an dem Autor Forsthoff und seiner sogenannten „realistischen“ Methode des Verwaltungsrechts verweist wohl nur auf entfernte Ähnlichkeiten. Zu vieles trennt die Neue Verwaltungsrechtswissenschaft der 1990er und 2000er Jahre von Forsthoffs Neuer Verwaltungsrechtswissenschaft des Jahres 1938. Nicht nur im Begriff der und Zugriff auf die Wirklichkeit unterscheiden sich beide, sondern ganz wesentlich auch in der Art des extrajuridischen Wissens. Die historische Soziologie, die Forsthoff rezipierte, gibt es nicht mehr; die Erklärungsmodelle der empirischen Verwaltungswissenschaft liefern auch andere Beschreibungen von Recht. Und doch teilen beide Erneuerungsbewegungen der Verwaltungsrechtswissenschaft eines, nämlich das starke Zutrauen in die heuristische Kraft metarechtlicher „Ordnungsideen“

[76] *Ernst Forsthoff*, Der Staat der Industriegesellschaft, München 1971.
[77] S.o. Fn. 9.

und „Leitbilder“: sei es das Bild des „Gewährleistungsstaates“ oder seien es die Kategorien der „Verantwortungsteilung“ oder der „Steuerung“. Eine Kritik der Ordnungsideen und Leitbilder der Neuen Verwaltungsrechtswissenschaft steht zwar in der Literatur noch aus. Doch deren große Bedeutung ist in ihren programmatischen Texten unverkennbar. Vielleicht gehört es zur Tragik von Forsthoffs Verwaltungsrechtswissenschaft, dass sein implizites politisch-soziales Ideal, sein Leitbild schon im Zerfallen begriffen war, als er es zur Grundlage seines Systempostulates machte. Ob das für die in den 1990er Jahren entstandene Neue Verwaltungsrechtswissenschaft unserer Tage auch gilt, ist heute noch nicht zu beurteilen.[78]

---

[78] Nachtrag: Erst nach Abschluss dieses Beitrags bekannt wurde mir die grundsätzliche Erörterung dieser Frage durch *Klaus-Ferdinand Gärditz*, Die „Neue Verwaltungsrechtswissenschaft“ – Alter Wein in neuen Schläuchen?, in: Martin Burgi (Hrsg.), Zur Lage der Verwaltungsrechtswissenschaft, Beiheft zu „Die Verwaltung“, Berlin 2017 (i. E.), die weit über die hier nur in Einleitung und Schlussbetrachtung angestellten Überlegungen hinausgreift und die Neue Verwaltungsrechtswissenschaft in den Zusammenhang der Ideengeschichte des Verwaltungsrechts seit der Mitte des 19. Jahrhunderts stellt. Gärditz stellt fest: „‚Back to Forsthoff!‘ würde das Kernanliegen [scil.: der Neuen Verwaltungsrechtswissenschaft] wohl am ehesten treffen. *Forsthoffs* Interessen an einer kontextsensiblen normativen Verwaltungswissenschaft werden durch die ‚Neue Verwaltungsrechtswissenschaft‘ anspruchsvoll entfaltet und in ein modernes Bezugssystem transportiert. Im Kern ist die ‚Neue Verwaltungsrechtswissenschaft‘ insoweit kein eigentlich progressives Projekt, sondern eher ein konservierend-vergangenheitsbezogenes, partiell mit restaurativen Zügen.“ Insbesondere für die maßgeblich von Forsthoff getragenen Neuansätze in der NS-Zeit hebt Gärditz hervor, sie seien durch „der heutigen Reform-Diskussion bei phänotypischer Betrachtung nicht unähnliche[ ] Fragestellungen, ein[en] authentische[n] Reform-Sound und die Suche nach wirklichkeitsnäheren Zugängen zum Verwaltungsrecht“ (Typoskript, S. 11) gekennzeichnet. Damit ist aber, wie auch Gärditz betont, diese Methode nicht von vornherein diskreditiert, sondern lediglich ihre Ambivalenz offengelegt, deren Scheitern Gärditz dann auch nicht methodisch, sondern von den uneingelösten Ansprüchen her zu demonstrieren sucht. Gärditz’ bemerkenswerte Analyse trifft sich mit den hier angestellten Überlegungen in der Freilegung der am Schluss dieses Beitrags noch offengelassenen Frage nach dem bewahrenden Grundzug beider Reformagenden. Ich würde die Unterschiede in der Heuristik der jeweiligen „Ordnungsideen“ und „Schlüsselbegriffe“ gleichwohl etwas stärker akzentuieren.

Carsten Kremer

Gerhard Wacke und das allgemeine Polizeirecht*

I. Einleitung

Nach dem Ende des Zweiten Weltkriegs knüpfte die Verwaltungsrechtswissenschaft wieder an die Konzepte aus der Zeit vor 1933 an.[1] Dabei war insbesondere das Verwaltungsrecht der Weimarer Republik ein wichtiger Ausgangspunkt, wie die 1950 erfolgte Neuauflage des Lehrbuchs von Walter Jellinek beispielhaft demonstriert: Die 1931 erschienene Auflage wurde unverändert wiederveröffentlicht, lediglich ergänzt um einen kurzen Nachtrag.[2] Besonders deutlich kann die Rückanknüpfung an das Weimarer Verwaltungsrecht anhand des Polizeirechts gezeigt werden. Denn in den letzten Jahren der Weimarer Republik wurde das Preußische Polizeiverwaltungsgesetz (PrPVG) erlassen,[3] das in der frühen Bundesrepublik als maßgeblicher Orientierungspunkt für die Polizeigesetzgeber, die Rechtsprechung und die Verwaltungsrechtswissenschaft fungierte.

Einer der führenden Vertreter der Polizeirechtswissenschaft der frühen Bundesrepublik war Gerhard Wacke (1902–1976). In diesem Beitrag werden einige der zentralen polizeirechtlichen Konzepte Wackes analysiert, der sich erst nach dem Zweiten Weltkrieg intensiv mit diesem Rechtsgebiet beschäftigte und für die wissenschaftliche Entwicklung eines (bundesländerübergreifenden) allgemeinen deutschen Polizeirechts eintrat (unten II u. III 2). Gefragt werden soll

---

* Für Anregungen und konstruktive Kritik danke ich Andreas Funke und Ann-Katrin Kaufhold.

[1] Hierzu *Michael Stolleis*, Entwicklungsstufen der Verwaltungsrechtswissenschaft, in: Wolfgang Hoffmann-Riem/Eberhard Schmidt-Aßmann/Andreas Voßkuhle (Hrsg.), Grundlagen des Verwaltungsrechts, Bd. 1, München 2006, § 2 Rn. 96; *Eberhard Schmidt-Aßmann*, Herausbildung eines modernen Verwaltungsrechts, in: Werner Heun/Frank Schorkopf (Hrsg.), Wendepunkte der Rechtswissenschaft. Aspekte des Rechts in der Moderne, Göttingen 2014, S. 247 (253); *Rainer Wahl*, Herausforderungen und Antworten: Das Öffentliche Recht der letzten fünf Jahrzehnte, Berlin 2006, S. 18 ff.

[2] *Walter Jellinek*, Verwaltungsrecht, 3. Aufl., Berlin 1931 (Neudruck Bad Homburg v.d.H. u.a. 1966, mit Nachtrag von 1950 und Vorwort von Otto Bachof). Hierzu *Ino Augsberg*, „Groß Neues ist ja nicht nachzutragen". Walter Jellineks „Verwaltungsrecht" in der frühen Bundesrepublik (in diesem Band), S. 11.

[3] Polizeiverwaltungsgesetz v. 1.6.1931 (PrGS S. 77). Näher hierzu etwa *Volkmar Götz*, Polizei und Polizeirecht, in: Kurt G.A. Jeserich/Hans Pohl/Georg-Christoph von Unruh (Hrsg.), Deutsche Verwaltungsgeschichte, Bd. 4, Stuttgart 1985, S. 397 (415 ff.).

insbesondere danach, wie Wacke auf die Veränderungen nach 1945 reagierte. Zu verarbeiten waren nicht nur die Polizeirechtsreformen der Alliierten, sondern auch die durch das Grundgesetz veranlassten Änderungen der Rechtsgrundlagen und der Polizeirechtsdogmatik. Insofern kann man von einer „Konstitutionalisierung" des Polizeirechts sprechen, wobei hier unter „Konstitutionalisierung" der Prozess der Anpassung des einfachen Rechts an die Verfassung und der Konkretisierung des einfachen Rechts durch Verfassungsrecht verstanden werden soll.[4] Allerdings soll es im vorliegenden Beitrag nicht allein um die Beeinflussung des Verwaltungsrechts durch die Grundrechte gehen (dazu unten IV und V).[5] Untersucht werden soll auch, ob im Hinblick auf das Demokratieprinzip Änderungen im Polizeirecht diskutiert wurden (dazu unten VI).

Mit Wacke wird ein Verwaltungsrechtler betrachtet, der sich vorwiegend mit Fragen des besonderen Verwaltungsrechts beschäftigt hat. Doch ist das Polizeirecht auch für die Geschichte des allgemeinen Verwaltungsrechts von Interesse. Wacke hat selbst davon gesprochen, dass das Polizeirecht „stets" der „Schrittmacher" des allgemeinen Verwaltungsrechts gewesen sei.[6] In diesem Rechtsgebiet wurde etwa vom Preußischen Oberverwaltungsgericht das Verhältnismäßigkeitsprinzip als Eingriffsgrenze entwickelt, bevor es zu einem allgemeinen (verfassungsrechtlichen) Grundsatz aufstieg.[7] Außerdem war das Recht der polizeilichen Handlungsformen Ausgangspunkt für die Herausbildung der Handlungsformenlehre des allgemeinen Verwaltungsrechts.[8] Wenn in der polizeirechtlichen Literatur über das „Opportunitätsprinzip" und dessen Begrenzungen diskutiert wurde (unten V 2), handelte es sich um Stellungnahmen zur Lehre vom Ermessen der Verwaltung und somit um ein zentrales Thema des allgemeinen Verwaltungsrechts. Auch die Lehre vom subjektiven öffentlichen Recht hat aufgrund von polizeirechtlichen Debatten wichtige Anregungen erfahren (unten V 3).

---

[4] Siehe *Carsten Kremer*, Einleitung (in diesem Band), S. 1 (5), m. w. N.

[5] Hierzu etwa *Armin von Bogdandy/Peter M. Huber*, Staat, Verwaltung und Verwaltungsrecht: Deutschland, in: Armin von Bogdandy/Sabino Cassese/Peter M. Huber (Hrsg.), Handbuch Ius Publicum Europaeum, Bd. 3, Heidelberg 2010, § 42 Rn. 63: Konstitutionalisierung des Verwaltungsrechts vor allem als „Geschichte seiner ‚Vergrundrechtlichung'".

[6] *Gerhard Wacke*, Besprechung von Ule/Rasch, Allgemeines Polizei- und Ordnungsrecht, 1965, DÖV 1966, S. 436 (437); siehe auch *Bill Drews/Gerhard Wacke*, Allgemeines Polizeirecht – Ordnungsrecht – der Länder und des Bundes. Dargestellt für Verwaltungsbeamte und das wissenschaftliche Studium, 7. Aufl., Berlin u. a. 1961, S. 266.

[7] Vgl. *Barbara Remmert*, Verfassungs- und verwaltungsrechtsgeschichtliche Grundlagen des Übermaßverbotes, Heidelberg 1995, S. 109 ff., 124 ff., 169 ff., m. w. N.; *Ulla Held-Daab*, Das freie Ermessen. Von den vorkonstitutionellen Wurzeln zur positivistischen Auflösung der Ermessenslehre, Berlin 1996, S. 186 ff. (Emanzipation des Verhältnismäßigkeitsgrundsatzes aus der Ermessensfehlerlehre).

[8] Dazu *Volkmar Götz*, Polizei- und Ordnungsrecht heute, DVBl. 1975, S. 876 (879).

II. Gerhard Wacke als Vertreter der Polizeirechtswissenschaft

Gerhard Wacke war nicht nur Wissenschaftler, sondern hat auch in der Praxis Erfahrungen gesammelt. Seine Hauptbeschäftigungsgebiete waren das öffentliche Dienstrecht, das Finanz- und Steuerrecht sowie das Polizeirecht.[9] Er wurde 1902 geboren und gehörte damit wie beispielsweise Ernst Forsthoff, Arnold Köttgen, Hans Peter Ipsen oder Carl Hermann Ule zur Kriegsjugendgeneration der zwischen 1900 und 1910 Geborenen, deren Kindheit und Jugend ganz erheblich von den Folgen des Ersten Weltkriegs geprägt war.[10] Wacke hat in den 1920er Jahren in Breslau Rechts- und Staatswissenschaften studiert.[11] Seine Dissertation und seine Habilitationsschrift behandelten Fragen des öffentlichen Dienstrechts.[12] Wacke war Schüler von Hans Helfritz (1877–1958), der Ordinarius für Öffentliches Recht an der Universität in Breslau war. Wackes Habilitationsschrift wurde im Wintersemester 1932/33 zwar von der rechts- und staatswissenschaftlichen Fakultät angenommen. Doch wurde ihm zunächst keine Venia Legendi verliehen, daher arbeitete er in der Finanzverwaltung und nahm an der Breslauer Universität Lehraufträge wahr. Erst 1939 wurde er zum Dozenten ernannt.[13]

Ausschlaggebend für die zunächst erfolgte Weigerung, Wacke die Venia zu erteilen, scheint gewesen zu sein, dass er 1930 einen Aufruf der Deutschen Staatspartei unterzeichnet hatte.[14] Zudem meint Andreas Wacke, Sohn von Gerhard Wacke und Kölner Rechtshistoriker, in einem Beitrag über seinen Va-

---

[9] Siehe das „Verzeichnis der Publikationen" von Gerhard Wacke in: *Klaus Vogel/Klaus Tipke* (Hrsg.), Verfassung, Verwaltung, Finanzen. Festschrift für Gerhard Wacke zum 70. Geburtstag, Köln-Marienburg 1972, S. 411 ff.

[10] Zu dieser Generation siehe *Ulrich Herbert*, Drei politische Generationen im 20. Jahrhundert, in: Jürgen Reulecke (Hrsg.), Generationalität und Lebensgeschichte im 20. Jahrhundert, München 2003, S. 95 (97 ff.), dort auch zum Begriff „Kriegsjugendgeneration"; *Florian Meinel*, Die andere Seite des Rechtsstaats. Ernst Forsthoff in der Verwaltungsrechtswissenschaft der frühen Bundesrepublik (in diesem Band), S. 129 (132); *Ann-Katrin Kaufhold*, Arnold Köttgen. Berichte aus dem Inneren der Verwaltung (in diesem Band), S. 107 (107, 125).

[11] Näher zur Biographie *Andreas Wacke*, Gerhard Wacke: Vita et opus, in: Vogel/Tipke, Verfassung, Verwaltung, Finanzen (Fn. 9), S. 1 ff.; *Klaus Vogel*, Gerhard Wacke zum 70. Geburtstag, AöR 97 (1972), S. 418. Nachrufe: *Klaus Vogel*, Gerhard Wacke, NJW 1976, S. 612; *Thomas Oppermann*, Gerhard Wacke (Nachruf), JZ 1976, S. 793.

[12] *Gerhard Wacke*, Die Rechtsstellung der kommunalen Dauerangestellten in Preußen, mit Berücksichtigung der Verhältnisse in den anderen Staaten, auf Grund einer Erhebung dargestellt, Jur. Diss. Breslau, Berlin o.J. [1929]; *ders.*, Das Dienstrecht der Behördenangestellten. Die Rechtsverhältnisse der Angestellten im Dienste von Behörden und Betrieben aller öffentlichen Körperschaften, des Reiches, der Reichspost, Reichsbahn, Reichsbank, der Länder, Gemeinden, Gemeindeverbände, Sozialversicherungsträger, Kirchengemeinden, Kreditinstitute, Versicherungsanstalten und sonstige [sic!] Körperschaften des öffentlichen Rechts, Berlin 1933.

[13] So *A. Wacke*, Vita et opus (Fn. 11), S. 4.

[14] So *Thomas Ditt*, „Stoßtruppfakultät Breslau". Rechtswissenschaft im „Grenzland Schlesien" 1933–1945, Tübingen 2011, S. 124 f., Fn. 453, der sich auf Archivmaterial stützt.

ter, dass dessen „Schülerverhältnis zu *Helfritz*" dazu geführt habe, dass ihn der neue Rektor und Nationalsozialist Gustav Adolf Walz als Gegner angesehen habe.[15] Dies könnte also ebenfalls ein Grund für den schleppenden Verlauf von Wackes Karriere in der NS-Zeit gewesen sein. Helfritz war bis 1930 Vorsitzender des Breslauer Ortsverbandes der Deutschnationalen Volkspartei (DNVP) gewesen, seit Mitte 1933 mussten Deutschnationale mit Repressalien rechnen; im November 1933 verlor Helfritz sein Amt als Rektor der Universität Breslau, Walz wurde sein Nachfolger.[16] Während der Amtszeit von Walz wurde die rechts- und staatswissenschaftliche Fakultät der Universität Breslau (so wie auch die Kieler und die Königsberger Rechtsfakultät) im Jahre 1935 vom Reichswissenschaftsministerium zur „Stoßtruppfakultät" ausgerufen. Vor allem mittels der Berufungspolitik wurden die Zusammensetzung und die inhaltliche Ausrichtung der Fakultät im nationalsozialistischen Sinne umgestaltet.[17] 1938 verließ Walz Breslau, um nach Köln zu wechseln.[18] Erst wenig später erfolgte dann Wackes Ernennung zum Dozenten.

In einem Nachruf auf Helfritz schrieb Wacke, Helfritz habe aus seiner „Ablehnung des Nationalsozialismus" keinen Hehl gemacht.[19] Ähnliches kann man über Wacke nicht berichten. Auch wenn er – oder möglicherweise: gerade weil er – offenbar in der Breslauer „Stroßtruppfakultät" lange Zeit keine gefestigte Position hatte, bekannte er sich in seinen Schriften dezidiert zur nationalsozialistischen Rechtslehre, am pointiertesten in der Schrift „Steuerrecht und Rechtsneubau" von 1936,[20] aber auch in anderen Publikationen, etwa zu methodischen

---

[15] *A. Wacke*, Vita et opus (Fn. 11), S. 4. – Hinweis: Hervorhebungen im Original werden in diesem Beitrag stets in Kursivschrift wiedergegeben.

[16] Zu Helfritz siehe *Michael Stolleis*, Geschichte des öffentlichen Rechts in Deutschland, Bd. 3, München 1999, S. 160f. mit Fn. 35; *Ditt*, „Stoßtruppfakultät Breslau" (Fn. 14), S. 20ff., 48ff.

[17] Hierzu *Ditt*, „Stoßtruppfakultät Breslau" (Fn. 14), S. 83ff., wobei der Begriff „Stoßtruppfakultät" auf den Rechtshistoriker und damaligen Referenten im Reichswissenschaftsministerium Karl August Eckhardt zurückgeht.

[18] Zu Walz siehe *Stolleis*, Geschichte III (Fn. 16), S. 262f.; *Ditt*, „Stoßtruppfakultät Breslau" (Fn. 14), S. 52ff.

[19] *Gerhard Wacke*, Friedrich Giese und Hans Helfritz zum Gedenken, AöR 83 (1958), S. 125 (130).

[20] *Gerhard Wacke*, Steuerrecht und Rechtsneubau, Berlin 1936, insbes. S. 27ff. Wacke trat u. a. dafür ein, den in § 1 Steueranpassungsgesetz (StAnpG v. 16.10.1934, RGBl. I S. 925) geregelten Grundsatz (Auslegung der Steuergesetze „nach nationalsozialistischer Weltanschauung") auch in „anderen Rechtsgebieten" anzuwenden (S. 28f.). Zur Konkretisierung des Inhalts dieser Vorschrift verwies er insbes. auf die „rassenpolitischen Grundsätze des Nationalsozialismus" (S. 44). In Abkehr vom liberalen Verwaltungsrecht konstatierte er ferner: „Nicht auf die *Gesetzmäßigkeit* der Verwaltung kommt es uns heute entscheidend an, vielmehr ist die *Rechtmäßigkeit* der Verwaltung unser Ziel." Auf diese Weise erklärte er die Ermordung der SA-Führung um Ernst Röhm und anderer politischer Gegner des NS-Regimes (umschrieben als „die Vorgänge am 30. Juni 1934") für „rechtmäßig" (S. 122). Schon zu Beginn der Schrift berief er sich u. a. auf Walz (S. 18).

Fragen oder zum öffentlichen Dienstrecht.[21] Gleichwohl wurde Wackes NS-Vergangenheit in der Literatur bislang kaum thematisiert.[22]

Ab 1940 lehrte Wacke als Lehrstuhlvertreter und dann als außerordentlicher Professor in Jena, wurde 1942 zur Wehrmacht eingezogen, unterrichtete aber nach Ende des Krieges wieder in Jena, wo er noch 1945 seines Lehramtes enthoben wurde. Auch die zeitweilig ausgeübte Tätigkeit als Verwaltungsrechtsrat am Oberverwaltungsgericht Jena endete mit einem Verbot.[23] Wacke verließ 1949 die Sowjetische Besatzungszone und wurde – nach Zwischenstationen in der Finanzverwaltung und als Lehrbeauftragter – 1952 zum Richter am Oberverwaltungsgericht Münster ernannt.[24] An der dortigen Universität war er zugleich als Lehrbeauftragter und später als Honorarprofessor tätig. Kurz darauf, im Jahre 1955, wurde er als Professor an die Universität Hamburg berufen, wo er bis zu seiner Emeritierung lehrte. In seiner Zeit an den Gerichten erwarb er viele praktische Kenntnisse, die auch in seine Publikationen einflossen.

Der Schwerpunkt seiner Veröffentlichungen bis zum Ende des Zweiten Weltkriegs lag auf dem öffentlichen Dienstrecht und dem Steuerrecht. In beiden Rechtsgebieten publizierte er auch nach 1949 weiter. Als neues Forschungsgebiet kam das Polizeirecht hinzu.[25] Wacke hat das Lehrbuch von Bill Drews (1870–1938) zum „Preußischen Polizeirecht", das 1927 erstmals erschienen ist,[26] in den ersten Jahrzehnten der Bundesrepublik fortgeführt. Drews war von 1921 bis 1937 Präsident des Preußischen Oberverwaltungsgerichts und hatte einen erheblichen Anteil an der Entstehung des PrPVG.[27] Der „Drews/Wacke", der

[21] Siehe z. B. *Gerhard Wacke*, Das Verordnungsblatt der NSDAP – ein neues Reichsgesetzblatt, RVerwBl. 56 (1935), S. 290 – bemerkenswerterweise findet sich dieser Aufsatz nicht im Schriftenverzeichnis der Wacke-Festschrift (o. Fn. 9); *ders.*, Die Neuordnung des öffentlichen Dienstes, JW 1938, S. 1489 (1489 f.), zu den persönlichen Dienstpflichten; *ders.*, Beamtenrecht und öffentliches Dienstrecht, Hamburg 1941, insbes. S. 7, zur Neuordnung des Beamtenrechts seit 1933. Wacke verfasste außerdem einen „stark ideologisch aufgeladen[en]" (Schumann) Feldpostbrief zur „Einführung in das öffentliche Recht" (1944), siehe *Eva Schumann*, Die juristischen Fakultäten in der NS-Zeit – Ein Überblick über den Forschungsstand und konzeptionelle Überlegungen zur Aufarbeitung, in: Thilo Ramm/Stefan Chr. Saar (Hrsg.), Nationalsozialismus und Recht. Erste Babelsberger Gespräche, Baden-Baden 2014, S. 39 (130).

[22] Stattdessen wird Wacke eher als Kritiker des nationalsozialistischen Rechts beschrieben, siehe etwa *Vogel*, Gerhard Wacke (Fn. 11), S. 419: „unmißverständlich kritische Untertöne"; „setzte sich [...] mutig gegen ideologische Diffamierung ein"; vgl. auch *Stolleis*, Geschichte III (Fn. 16), S. 378: „Kritik an der Gegenwart" (zu Wackes Aufsatz „Zur Arbeit an der Verwaltungswissenschaft", Zeitschrift der Akademie für Deutsches Recht 1942, S. 83).

[23] *A. Wacke*, Vita et opus (Fn. 11), S. 5 f.

[24] Näher hierzu sowie zum Folgenden *A. Wacke*, Vita et opus (Fn. 11), S. 6 ff.; *Vogel*, Gerhard Wacke (Fn. 11), S. 419.

[25] Zu Wackes Schriften s. o. Fn. 9.

[26] *[Bill] Drews*, Preußisches Polizeirecht. Allgemeiner Teil. Ein Leitfaden für Verwaltungsbeamte, Berlin 1927; 5. Aufl. 1936 (seit der 3. Aufl. 1931 u. d. T. Preußisches Polizeirecht, Bd. 1: Allgemeiner Teil. Ein Leitfaden für Verwaltungsbeamte); *ders.*, Preußisches Polizeirecht, Bd. 2: Besonderer Teil. Ein Leitfaden für Verwaltungsbeamte, Berlin 1933.

[27] Siehe *Carl Hermann Ule*, Art. „Drews, Wilhelm Arnold", in: Neue Deutsche Biogra-

zunächst 1952 veröffentlicht und zu Beginn der 1960er Jahre in erweiterter Form neu aufgelegt wurde,[28] entwickelte sich zu einer der „führenden Darstellungen“ (H. Schneider) des Polizeirechts, zum „Standardlehrbuch“ (Oppermann).[29] Seit Mitte der 1970er Jahre wurde es von Klaus Vogel und Wolfgang Martens fortgeführt.[30] Die letzte Auflage von 1986 gilt noch heute als ein wichtiges Referenzwerk für die Polizeirechtswissenschaft, der „Drews/Wacke/Vogel/Martens“ ist der „Klassiker“ des Polizeirechts (Stolleis).[31] In den Jahren nach Gründung der Bundesrepublik gab es lange Zeit keine ähnlich einflussreiche sowie umfassende systematische Darstellung des Polizeirechts, der eine bundesländerübergreifende Perspektive zugrunde lag. Es wurden zunächst lediglich einige Grundrisse vorgelegt,[32] daneben enthielten verwaltungsrechtliche Gesamtdarstellungen polizeirechtliche Abschnitte.[33] Erst mit dem Erscheinen des „Allgemeine[n] Polizei- und Ordnungsrecht[s]“ von Volkmar Götz im Jah-

phie, Bd. 4, Berlin 1959, S. 117 f.; Ule nennt ihn den „geistige[n] Vater“ des PrPVG; zur Entstehungsgeschichte des PrPVG und zur Rolle von Drews *Stefan Naas*, Die Entstehung des Preußischen Polizeiverwaltungsgesetzes von 1931. Ein Beitrag zur Geschichte des Polizeirechts in der Weimarer Republik, Tübingen 2003, insbes. S. 19 ff.

28 *Bill Drews/Gerhard Wacke*, Allgemeines Polizeirecht. Ein Leitfaden für Verwaltungsbeamte und das wissenschaftliche Studium, 6. Aufl., Berlin u. a. 1952 (Nachdruck 1957); *dies.*, Allgemeines Polizeirecht, 7. Aufl. 1961 (Fn. 6).

29 *Hans Schneider*, Polizeirecht. Preußisches Polizeiverwaltungsgesetz und andere Bestimmungen über das Polizeiwesen in Bund und Ländern. Vorschriftensammlung mit einer Einführung, 12. Aufl., München/Berlin 1954, S. 3; *Oppermann*, Gerhard Wacke (Fn. 11), S. 793; siehe auch *Daniell Bastian*, Westdeutsches Polizeirecht unter alliierter Besatzung (1945–1955), Tübingen 2010, S. 223 („Standardlehrbuch“).

30 *Bill Drews/Gerhard Wacke/Klaus Vogel/Wolfgang Martens*, Gefahrenabwehr. Allgemeines Polizeirecht (Ordnungsrecht) des Bundes und der Länder, 8. Aufl., 2 Bde. [Bd. 1 bearb. v. K. Vogel, Bd. 2 bearb. v. W. Martens], Köln u. a. 1975/77; 9. Aufl. (in einem Bd.) 1986.

31 *Michael Stolleis*, Geschichte des öffentlichen Rechts in Deutschland, Bd. 4, München 2012, S. 540.

32 *Hans-Hugo Pioch*, Das Polizeirecht einschließlich der Polizeiorganisation, Tübingen 1950, S. 78–161 (Entwicklung nach 1945); 2. Aufl. 1952, S. 78–161/24; *Robert Nebinger*, Allgemeines Polizeirecht, 1.–3. Tausend, Stuttgart/Düsseldorf 1951; 4.–6. Tausend 1954; ab 1958 (alleine) fortgeführt von Heinrich Hans. Nebinger war einer der führenden NS-Polizeirechtler; im materiellen Teil seines neuen Lehrbuchs findet sich vieles, was er schon während der NS-Zeit vertreten hatte, krit. *Bastian*, Westdeutsches Polizeirecht (Fn. 29), S. 129. – Darstellung (nur) zum materiellen Recht: *Horst Blomeyer-Bartenstein/Heribald Närger/Günter Olzog/Ingeborg Ruprecht*, Der polizeiliche Eingriff in Freiheiten und Rechte, Frankfurt a. M. 1951, insbes. S. 175 ff.

33 *Kurt Egon von Turegg*, Lehrbuch des Verwaltungsrechts, Berlin 1950, S. 346 ff.; 4. Aufl. 1962 (bearb. von *Erwin Kraus*), S. 439 ff.; *Hans Ulrich Scupin*, Das Polizeirecht in der Bundesrepublik Deutschland, in: Hans Peters (Hrsg.), Handbuch der kommunalen Wissenschaft und Praxis, Bd. 2, Berlin u. a. 1957, S. 606 ff.; *Alfred Bochalli*, Besonderes Verwaltungsrecht, Teil 2, Köln/Berlin 1959, S. 108 ff.; 3. Aufl. 1967, S. 68 ff.; *Hans Julius Wolff*, Verwaltungsrecht III (Ordnungs- und Leistungsrecht, Verfahrens- und Prozessrecht). Ein Studienbuch, München/Berlin 1966, S. 1 ff.; 4. Aufl. 1978 (gemeinsam mit *Otto Bachof*), S. 1 ff.; *Karl Heinrich Friauf*, Polizei- und Ordnungsrecht, in: Ingo von Münch (Hrsg.), Besonderes Verwaltungsrecht, Bad Homburg v.d.H. u. a. 1969, S. 137 ff.; zuletzt bearbeitet in der 11. Aufl. 1999 (hrsg. v. Eberhard Schmidt-Aßmann), S. 105 ff.

re 1970 trat ein neues, wenngleich deutlich kompakteres Standardwerk neben Wackes Lehrbuch.[34]

Wacke hat den „Leitfaden“ von Drews erheblich überarbeitet.[35] Zwar hat er sich hinsichtlich des Aufbaus und der Darstellung an Drews orientiert, doch ist nicht nur der Umfang des Werks auf das Mehrfache angestiegen, sondern auch inhaltlich ist viel Neues hinzugekommen. Da Drews sein Lehrbuch 1936 zumindest partiell an die nationalsozialistische Rechtslehre angepasst hatte,[36] hat sich Wacke bei seiner Neubearbeitung oftmals an den 1931 und 1933 erschienenen Vorauflagen orientiert.[37] Wenn im vorliegenden Beitrag das von Wacke bearbeitete Lehrbuch zitiert wird, werden (sofern nicht anders vermerkt) Textpassagen herangezogen, die Wacke neu verfasst hat und die somit Rückschlüsse auf seine eigenen Konzepte zulassen.

III. Allgemeines deutsches Polizeirecht

1. *Entpolizeilichung*

Im Bereich der Polizeiorganisation wurden nach dem Ende des Zweiten Weltkriegs erhebliche Änderungen durch die Besatzungsmächte durchgeführt.[38] Dabei gingen die westlichen Alliierten unterschiedlich vor. Zu den Änderungen gehörte auch die „Entpolizeilichung“, also die Trennung von Polizei und Ordnungsverwaltung und die Übertragung von ursprünglich verwaltungspolizeilichen Gefahrenabwehraufgaben an die Ordnungsverwaltung.[39] Sie wurde in der

---

[34] *Volkmar Götz*, Allgemeines Polizei- und Ordnungsrecht, Göttingen 1970.

[35] Drews hatte sein Lehrbuch mit dem Untertitel „Ein Leitfaden für Verwaltungsbeamte“ versehen (o. Fn. 26), den Wacke anfangs noch (um einen Zusatz erweitert) übernahm (o. Fn. 28).

[36] Trotz der Anpassungen wurde Drews von führenden NS-Verwaltungsrechtlern kritisiert; seine Rolle in der NS-Zeit wird unterschiedlich beurteilt, hierzu und zu seinen Publikationen nach 1933 siehe *Naas*, Entstehung des Preußischen Polizeiverwaltungsgesetzes (Fn. 27), S. 350 ff.; *Andreas Schwegel*, Der Polizeibegriff im NS-Staat. Polizeirecht, juristische Publizistik und Judikative 1931–1944, Tübingen 2005, S. 244 ff.

[37] So auch ausdrücklich Wacke, in: *Drews/Wacke*, Allgemeines Polizeirecht, 6. Aufl. 1952 (Fn. 28), S. VIII.

[38] Zu den Konzepten und Maßnahmen der Besatzungsmächte zur Neuorganisation der Polizei siehe näher *Volkmar Götz*, Die Sorge für die öffentliche Sicherheit und Ordnung, in: Kurt G.A. Jeserich/Hans Pohl/Georg-Christoph von Unruh (Hrsg.), Deutsche Verwaltungsgeschichte, Bd. 5, Stuttgart 1987, S. 426 (427 ff.); *Robert Harnischmacher/Arved Semerak*, Deutsche Polizeigeschichte. Eine allgemeine Einführung in die Grundlagen, Stuttgart u.a. 1986, S. 110 ff.; *Bastian*, Westdeutsches Polizeirecht (Fn. 29), S. 9 ff. (westliche Besatzungszonen); *Hans Boldt/Michael Stolleis*, Geschichte der Polizei in Deutschland (I-IV), in: Hans Lisken/Erhard Denninger (Hrsg.), Handbuch des Polizeirechts. Gefahrenabwehr, Strafverfolgung, Rechtsschutz, 5. Aufl., München 2012, A Rn. 66 ff.

[39] Zur Entpolizeilichung siehe *Götz*, Sorge für die öffentliche Sicherheit und Ordnung

amerikanischen und mit größerer Konsequenz in der britischen Zone durchgeführt, in der französischen Zone wurde darauf verzichtet.

Mit der Entpolizeilichung hat sich Wacke ausführlich beschäftigt.[40] Er unterschied idealtypisch drei „Systeme" des Polizeirechts:[41] Im ersten System sei die Polizeigewalt die „Eigenschaft der gesamten Verwaltung", was nichts anderes bedeute, als dass jeder Verwaltungsbehörde auf ihrem Gebiet polizeiliche Funktionen zukämen; dieses System gehe auf Vorstellungen Otto Mayers zurück und sei in Thüringen mit der Landesverwaltungsordnung von 1926 verwirklicht worden. Das „zweite System" sei dadurch gekennzeichnet, dass der formelle und der materielle Polizeibegriff übereinstimmen würden. Während Wacke unter dem materiellen Polizeibegriff die „Polizeigewalt" (polizeiliches „Eingriffsrecht") verstand, betraf seiner Auffassung nach der formelle Polizeibegriff die „Organisation und Zuständigkeit der als ‚Polizei' bezeichneten Behörden".[42] Dieses System fand Wacke im PrPVG von 1931 realisiert: Hier stehe die materielle Polizeigewalt nur solchen Behörden zur Verfügung, die auch formell Polizei hießen.[43] Daneben beschrieb Wacke noch ein drittes System, das eine „Mischung" beider „Grundsysteme" sei. In diesem „Mischsystem" handelten Polizeibehörden nach Polizeirecht, die anderen Verwaltungsbehörden hätten teilweise ebenfalls Polizeirecht anzuwenden, würden aber nicht als Polizeibehörden bezeichnet. Wacke stellte fest, dass in den Ländern der früheren britischen und amerikanischen Zone größtenteils dieses Mischsystem verwirklicht sei; hier sei die „sogenannte ‚Ordnungsverwaltung'" eingerichtet worden.[44]

Wacke machte deutlich, dass er von diesem (noch bis heute fortbestehenden) Mischsystem nichts hielt, und zwar nicht nur, weil diese Lage „verwirren[d]" sei.[45] Für ihn waren Ordnungsbehörden vor allem „rechtsstaatlich […] *suspekter*" als Polizeibehörden. Unter der Bezeichnung „*Ordnungsverwaltung*" würden sich nicht selten „obrigkeitliche Eingriffe" verbergen, die nicht mehr so leicht als „unzulässige Wohlfahrtsakte" zu erkennen seien. Die Tätigkeit der Ordnungsverwaltung sei „unter der bloßen Maske einer ‚Verwaltungsbehörde' in Wirklichkeit polizeirechtlicher Art", ohne an die „strengen Grundsätze" des polizeilichen Eingriffsrechts gebunden zu sein.[46] Wacke konnte sich hierbei auf Fritz Werner berufen, den damaligen Präsidenten des Bundesverwaltungsge-

---

(Fn. 38), S. 429 ff.; *Boldt/Stolleis*, Geschichte der Polizei in Deutschland (Fn. 38), Rn. 67 ff.; *Drews/Wacke/Vogel/Martens*, Gefahrenabwehr, 9. Aufl. 1986 (Fn. 30), S. 50.

[40] *Drews/Wacke*, Allgemeines Polizeirecht, 7. Aufl. 1961 (Fn. 6), S. 9 f., 14 ff., 21 ff., 482 ff.; ferner *Gerhard Wacke*, Das Frankfurter Modell eines Polizeigesetzes. Zugleich Bericht über den Polizeigesetz-Entwurf für Nordrhein-Westfalen, DÖV 1953, S. 388 (389 f.).

[41] Siehe *Drews/Wacke*, Allgemeines Polizeirecht, 7. Aufl. 1961 (Fn. 6), S. 14 ff.

[42] *Drews/Wacke*, Allgemeines Polizeirecht, 7. Aufl. 1961 (Fn. 6), S. 11.

[43] *Drews/Wacke*, Allgemeines Polizeirecht, 7. Aufl. 1961 (Fn. 6), S. 16.

[44] *Drews/Wacke*, Allgemeines Polizeirecht, 7. Aufl. 1961 (Fn. 6), S. 17 f.

[45] *Drews/Wacke*, Allgemeines Polizeirecht, 7. Aufl. 1961 (Fn. 6), S. 18.

[46] *Drews/Wacke*, Allgemeines Polizeirecht, 7. Aufl. 1961 (Fn. 6), S. 22 f.

richts. Für Werner war die „sog. Entpolizeilichung“ gleichbedeutend mit der „Einebnung der Polizei in die sonstige Verwaltung“; die „nicht mehr von der Verwaltung geschiedene Polizei“ stehe aber in der Gefahr, „die Verpolizeilichung unseres gesamten öffentlichen Lebens zu fördern“.[47] Wacke appellierte deshalb daran, die Ressentiments gegenüber der deutschen Polizei, die im Jahre 1945 noch verständlich gewesen seien und von denen sich die Besatzungsmächte hätten leiten lassen, „endlich“ zu „überwinden“.[48]

Statt des Mischsystems hielt Wacke das System des PrPVG aus rechtsstaatlichen Gründen für das beste: „Es ist offensichtlich, dass dieses (ehrlichste) System rechtsstaatlich den *großen* Vorzug besitzt, am klarsten erkennen zu lassen, wo überall das polizeiliche Eingriffsrecht angewandt werden kann“.[49] Nur unter zwei Voraussetzungen hielt er eine „echte“ Entpolizeilichung – vor allem im Bereich der Wohlfahrtspflege – für sinnvoll: Erstens müssten Spezialgesetze erlassen werden, die die Rechtsmaterie auch inhaltlich speziell regelten. Und zweitens dürften die Freiheitsbereiche des Bürgers nicht eingeengt, sondern müssten präzisiert und gesichert werden. Die gesetzlichen Voraussetzungen für das Handeln der Behörden müssten im Vergleich zur polizeilichen Generalklausel schärfer gestaltet werden.[50] Er sprach insoweit von einer „Entpolizeilichung als rechtsstaatliche Forderung“.[51]

2. *Allgemeines Polizeirecht als gemeindeutsches Polizeirecht*

Gerhard Wacke legte ein Lehrbuch des „allgemeinen“ Polizeirechts vor.[52] Doch was bedeutete „allgemein“? Das allgemeine Polizeirecht enthielt nicht einfach nur die allgemeinen Lehren, einen Allgemeinen Teil, im Gegensatz zu den Regeln des besonderen Polizeirechts, wozu etwa das Gewerbe- und das Baurecht zu zählen wären.[53] Unter „allgemein“ verstand Wacke Anfang der 1950er Jahre das in allen Ländern der Bundesrepublik gemeinsam geltende gemeindeutsche Recht. Er selbst verwendete hierfür in der Regel nicht den Begriff „gemeindeutsch“[54],

---

[47] Siehe *Fritz Werner*, Wandlung des Polizeibegriffs?, DVBl. 1957, S. 806 (809), von *Drews/Wacke*, Allgemeines Polizeirecht, 7. Aufl. 1961 (Fn. 6), S. 23, zitiert. Zu Werner siehe *Horst Sendler*, Fritz Werner zur Erinnerung, NVwZ 1986, S. 366.

[48] *Drews/Wacke*, Allgemeines Polizeirecht, 7. Aufl. 1961 (Fn. 6), S. 23.

[49] *Drews/Wacke*, Allgemeines Polizeirecht, 7. Aufl. 1961 (Fn. 6), S. 16.

[50] *Drews/Wacke*, Allgemeines Polizeirecht, 7. Aufl. 1961 (Fn. 6), S. 482 ff.; ähnlich *Wacke*, Frankfurter Modell eines Polizeigesetzes (Fn. 40), S. 389 f.: echte Entpolizeilichung.

[51] *Drews/Wacke*, Allgemeines Polizeirecht, 7. Aufl. 1961 (Fn. 6), S. 482.

[52] Dies kommt bereits im Titel der Buchs zum Ausdruck (siehe die Nachw. o. Fn. 6, 28).

[53] Zur (zeitgenössischen) Unterscheidung zwischen dem „allgemeinen“ und „besondere[n] Teil des Polizeirechts“ siehe etwa *Pioch*, Polizeirecht, 1950 (Fn. 32), S. XVII.

[54] Wacke benutzte aber den Ausdruck „gemeindeutsch“, den *Friedrich Giese* in einer Rezension (Literatur zum Polizeirecht, JZ 1953, S. 94 [95]) an Stelle von „allgemein“ vorschlug, im Rahmen der Wiedergabe der Positionen seiner Kritiker, siehe *Drews/Wacke*, Allgemeines

sondern sprach von einem „allgemeinen deutschen Polizeirecht“[55] oder von einem „einheitliche[n] gesamtdeutsche[n] *Begriff der Polizei*“[56], wobei dieser einheitliche Polizeibegriff für Wacke gleichbedeutend war mit dem *„materiellen* Teil des Polizeirechts“, der Aufgaben und Befugnisse der Polizei betreffe.[57] Damit stand Wacke in der Tradition des gemeindeutschen Verwaltungsrechts, das bereits Otto Mayer konstruiert hatte.[58] Wacke selbst hat sich auf das historische Vorbild des „allgemeinen Rechts“ des Deutschen Bundes berufen,[59] die Parallelen zwischen Wackes und Otto Mayers Ansatz wurden auch in der zeitgenössischen Literatur gesehen.[60] In diesem Punkt unterschied sich Wackes Lehrbuch signifikant vom Werk Bill Drews', der noch einen Allgemeinen Teil des preußischen Polizeirechts[61] vorgelegt hatte, ohne Anspruch auf eine Darstellung des gesamtdeutschen Rechts.

Einen Bedarf für ein wissenschaftlich „konstruiertes“ gemeindeutsches Polizeirecht schien es nach dem Zweiten Weltkrieg allemal zu geben – zum einen wegen der oft als unbefriedigend empfundenen landesrechtlichen Unterschiede und zum anderen deshalb, weil es in den Ländern nicht immer umfassende geschriebene Rechtsgrundlagen gab, die von der Polizei angewendet werden konnten. Ein Rückgriff auf ein gemeindeutsches Polizeirecht konnte hier Abhilfe schaffen. Im Vorwort der Neubearbeitung von 1952 verwies Wacke auf „die Zeit der heutigen Rechtszersplitterung“. Es müsse „danach gestrebt werden, das Zusammenfassende, allgemein Gültige darzustellen“.[62] Konkret sollte dies bedeuten, dass bei Lücken des einzelnen Landesrechts das allgemeine Poli-

---

Polizeirecht, 7. Aufl. 1961 (Fn. 6), S. 2. Allerdings bezeichnete er das PrPVG als „Ausdruck des gemeinen deutschen Verwaltungsrechts“: ebd., 6. Aufl. 1952 (Fn. 28), S. 250, Fn. 1.

55 *Drews/Wacke*, Allgemeines Polizeirecht, 6. Aufl. 1952 (Fn. 28), S. VIII, 1; ebd., 7. Aufl. 1961 (Fn. 6), S. 1 f., 27.

56 *Drews/Wacke*, Allgemeines Polizeirecht, 6. Aufl. 1952 (Fn. 28), S. 8; ebd., 7. Aufl. 1961 (Fn. 6), S. 9.

57 *Drews/Wacke*, Allgemeines Polizeirecht, 6. Aufl. 1952 (Fn. 28), S. 1; ebd., 7. Aufl. 1961 (Fn. 6), S. 1.

58 Die wissenschaftliche Disziplin des „Deutschen Verwaltungsrechts“, zu der auch Otto Mayer gehörte, kann man (in Anlehnung an die Terminologie „gemeines deutsches Staatsrecht“) „gemeines deutsches Verwaltungsrecht“ nennen, siehe *Stolleis*, Entwicklungsstufen (Fn. 1), Rn. 55; *Christoph Schönberger*, Der „German Approach“. Die deutsche Staatsrechtslehre im Wissenschaftsvergleich, Tübingen 2015, S. 22 f. Zur Wissenschaft des gemeindeutschen Staatsrechts siehe etwa *Carsten Kremer*, Die Willensmacht des Staates. Die gemeindeutsche Staatsrechtslehre des Carl Friedrich von Gerber, Frankfurt a. M. 2008, S. 76 ff.

59 *Drews/Wacke*, Allgemeines Polizeirecht, 7. Aufl. 1961 (Fn. 6), S. V, zur Allgemeinen Deutschen Wechselordnung und zum Allgemeinen Deutschen Handelsgesetzbuch.

60 Siehe *Hans-Ulrich Evers*, Besprechung von Drews/Wacke, Allgemeines Polizeirecht, 7. Aufl. 1961 sowie von Scheer/Trubel, Preußisches Polizeiverwaltungsgesetz, 6. Aufl. 1961, JZ 1964, S. 567 (568): „Parallelen“.

61 Vgl. *Drews*, Preußisches Polizeirecht I, 5. Aufl. 1936 (Fn. 26), S. 1, zur Unterscheidung zwischen dem allgemeinen und besonderen Teil des Polizeirechts (hinzugefügt erst in der 5. Aufl. 1936). Zu Drews' Darstellung des besonderen Teils s. o. Fn. 26.

62 *Drews/Wacke*, Allgemeines Polizeirecht, 6. Aufl. 1952 (Fn. 28), S. VIII.

zeirecht heranzuziehen war. „Die *Anwendung* der Vorschriften eines einzelnen partikularen *Landesrechts darf nicht isoliert vor sich gehen*“, meinte er. Wer polizeirechtliche Fragen zu lösen habe, werde „dann, wenn er auf Zweifelsfragen stößt, den Blick auch auf die Polizeigesetze der anderen Länder und in das Bundespolizeirecht werfen müssen“.[63]

Bei dem allgemeinen deutschen Polizeirecht handelte es sich nach Wacke Anfang der 1950er Jahre um das gemeinsame Landesrecht. 1961 stellte er dann fest, dass es nun „*zweistufig*“ sei, es sei sowohl allgemeines Landes- wie Bundesrecht. Denn der Bund habe mittlerweile die Begriffe des allgemeinen Polizeirechts der Länder übernommen.[64] Das „Ziel“, so Wacke, könne „niemals in einem Streben nach möglichst differenzierten landesrechtlichen Lösungen liegen“. Die „optimale[ ] Regelung“ hinsichtlich des Polizeirechts könne „im Grunde nur eine einheitliche sein“. Und um diese von ihm gefundene Einheitlichkeit zu verstetigen, nahm Wacke an, dass die polizeiliche Generalklausel als „Bestandteil des Verfassungsrechtes“ des Bundes und der Länder zu betrachten sei.[65]

Bemerkenswert ist, wie Wacke methodisch verfuhr. Als Grundlagen des allgemeinen Polizeirechts nannte er die Gesetzgebung und das Gewohnheitsrecht.[66] Deutlich wird allerdings auch, dass für ihn die Bildung dieses allgemeinen Rechts ein wissenschaftlicher Prozess war, wenngleich er die Wissenschaft nicht als eine Rechtsquelle betrachtete, wie dies zum Teil noch im 19. Jahrhundert geschah.[67] Wacke betonte vielmehr, dass die „Wissenschaft“ eine „besondere Verpflichtung“ habe, das „Zusammenfassende, allgemein Gültige“ darzustellen.[68] Er sprach 1961 hinsichtlich des allgemeinen Polizeirechts von einer „wissenschaftliche[n] Grundkonzeption“, die „die neue Auflage“ seines Lehrbuchs „aus den vielfältigen Rechtsfakten erdeutet“.[69] Es waren also keine Rechtsakte, sondern Rechtsfakten, auf die er sich stützen konnte. Näher erläuterte er diesen Prozess der „Erdeutung“ leider nicht.

Der Umstand, dass es im Polizeiorganisationsrecht aufgrund der Eingriffe durch die Alliierten erhebliche Unterschiede gab, etwa infolge der in unterschiedlichem Maße betriebenen „Entpolizeilichung“ (siehe oben 1), hinderte ihn nicht an der Bildung eines allgemeinen deutschen Polizeirechts. Diese Ab-

---

63 *Drews/Wacke*, Allgemeines Polizeirecht, 7. Aufl. 1961 (Fn. 6), S. 41.

64 *Drews/Wacke*, Allgemeines Polizeirecht, 7. Aufl. 1961 (Fn. 6), S. V, 353 f.

65 *Drews/Wacke*, Allgemeines Polizeirecht, 7. Aufl. 1961 (Fn. 6), S. 41, 44, 495.

66 *Drews/Wacke*, Allgemeines Polizeirecht, 6. Aufl. 1952 (Fn. 28), S. 1, 8; ebd., 7. Aufl. 1961 (Fn. 6), S. 1 f., 9; zur Aufgabe der Polizei ebd., S. 24 ff., 36 ff.

67 Siehe *Jan Schröder*, Recht als Wissenschaft. Geschichte der juristischen Methodenlehre in der Neuzeit (1500–1933), 2. Aufl., München 2012, S. 201 f.; *Kremer*, Willensmacht des Staates (Fn. 58), S. 147 f., 176 f.

68 *Drews/Wacke*, Allgemeines Polizeirecht, 6. Aufl. 1952 (Fn. 28), S. VIII.

69 *Drews/Wacke*, Allgemeines Polizeirecht, 7. Aufl. 1961 (Fn. 6), S. V.

weichungen räumte er auch ausdrücklich ein.[70] „Allgemein" war nach seiner Auffassung aber das materielle Recht,[71] von dem er annahm, dass es weitgehend mit dem preußischen Polizeirecht übereinstimmte, wie es im PrPVG und der Rechtsprechung des Preußischen Oberverwaltungsgerichts seinen Niederschlag gefunden hatte. Daher war das preußische Polizeirecht stets Ausgangspunkt seiner Darstellung. Ergänzend nahm er auf Vorschriften der Thüringischen Landesverwaltungsordnung von 1926 Bezug, die er aus seiner Zeit in Jena kannte.[72] Beide Gesetze sind in seinem Lehrbuch von 1952 mit abgedruckt.[73] Doch selbst im Rahmen der Darstellung des Organisationsrechts, wo von Land zu Land vieles unterschiedlich war, erinnerte Wacke daran, dass es ihm auf die Wahrung der *„Rechtseinheit* im Polizeirecht" ankomme, weshalb er diesen Teil nach einheitlichen systematischen Aspekten und nicht nach einzelnen Bundesländern gliederte; hier war ebenfalls „Ausgangspunkt" das „bisherige preußische Polizeirecht".[74]

Wackes Lehre vom allgemeinen deutschen Polizeirecht setzte sich von den meisten zuvor publizierten Stellungnahmen ab, die vor allem aufgrund der Eingriffe der Alliierten in das Organisationsrecht die Besonderheiten des Polizeirechts der einzelnen Länder hervorhoben. So findet sich in Hans-Hugo Piochs Lehrbuch von 1950 für die Zeit nach 1945 der Hinweis, dass die Durchführung der Ziele der Alliierten *„in jeder Zone und in jedem Lande in anderer Form"* erfolgt sei.[75] Auch in der Staatsrechtslehrervereinigung betonte man die Unterschiede und beschäftigte sich auf der Tagung im Oktober 1950 mit dem Polizei- und Ordnungsrecht in den einzelnen Besatzungszonen.[76]

Allerdings war Wackes Ansatz, dass das Preußische PVG Ausdruck eines allgemeinen deutschen Polizeirechts sei, nicht vollkommen neu. Auch zuvor haben Autoren in der Generalklausel des § 14 Abs. 1 PrPVG die Ausprägung eines allgemeinen Prinzips[77] oder in den Grundsätzen des PrPVG einen „Ausdruck

[70] *Drews/Wacke*, Allgemeines Polizeirecht, 6. Aufl. 1952 (Fn. 28), S. VIII, 210f., 232ff.; ebd., 7. Aufl. 1961 (Fn. 6), S. 9f., 478 („Abweichungen").

[71] *Drews/Wacke*, Allgemeines Polizeirecht, 6. Aufl. 1952 (Fn. 28), S. 1; ebd., 7. Aufl. 1961 (Fn. 6), S. V, 1f.

[72] Zu dieser *„persönliche[n] Note von Wacke"* siehe *Hans Peters*, Besprechung von Drews/Wacke, Allgemeines Polizeirecht, 6. Aufl. 1952, ZgesStW 110 (1954), S. 563 (563).

[73] *Drews/Wacke*, Allgemeines Polizeirecht, 6. Aufl. 1952 (Fn. 28), S. 250ff., 272ff.

[74] *Drews/Wacke*, Allgemeines Polizeirecht, 6. Aufl. 1952 (Fn. 28), S. 210; ebd., 7. Aufl. 1961 (Fn. 6), S. 478.

[75] *Pioch*, Polizeirecht, 1950 (Fn. 32), S. 79; ebd., 2. Aufl. 1952 (Fn. 32), S. 79; ähnlich *Blomeyer-Bartenstein/Närger/Olzog/Ruprecht*, Der polizeiliche Eingriff (Fn. 32), S. 197ff.

[76] *Hans Julius Wolff*, Die Gestaltung des Polizei- und Ordnungsrechts insbesondere in der britischen Besatzungszone, VVDStRL 9 (1952), S. 134; *Otto Gönnenwein*, Die Gestaltung des Polizei- und Ordnungsrechts in den Ländern der amerikanischen und französischen Besatzungszone, VVDStRL 9 (1952), S. 181.

[77] Vgl. *Nebinger*, Allgemeines Polizeirecht, 1951 (Fn. 32), S. 11, der hinsichtlich des materiellen Polizeibegriffs (Gefahrenabwehr) auf § 14 PrPVG verwies.

gemeinen deutschen Verwaltungsrechts“[78] gesehen. Selbst Drews war davon ausgegangen, dass die polizeiliche Aufgabe der Gefahrenabwehr nach § 14 PrPVG „mit dem Gemeinen Deutschen Gewohnheitsrecht“ übereinstimme;[79] doch hatte er nie das Ziel verfolgt, eine systematische Darstellung des allgemeinen deutschen Polizeirechts vorzulegen.

Wackes Position wurde zwar von einigen Autoren rezipiert.[80] Und selbst das Bundesverwaltungsgericht ging 1954 (wie schon Wacke) davon aus, dass es einen „in allen deutschen Ländern im wesentlichen übereinstimmend geltenden allgemeinen deutschen Polizeibegriff“ gebe; daraus leitete das Gericht ab, es sei „Aufgabe der Polizei, die nach ihrem pflichtmäßigen Ermessen notwendigen Maßnahmen zu treffen, um von der Allgemeinheit oder dem einzelnen Gefahren abzuwenden, durch die die öffentliche Sicherheit oder Ordnung bedroht“ werde.[81] Doch blieb der Ansatz Wackes nicht ohne Kritik.[82] Vor allem Autoren aus Bayern hielten ihm vor, die Besonderheiten des bayerischen Polizeirechts zu verkennen, das keine Generalklausel kenne.[83] In den polizeirechtlichen Gesamtdarstellungen nach Erscheinen seines Lehrbuchs von 1952 tauchte der Begriff des allgemeinen deutschen Polizeirechts überwiegend nicht auf; außerdem wurde zumeist der Unterschied zwischen dem preußischen und bayerischen

---

[78] *Schneider*, Polizeirecht (Fn. 29), S. 14.

[79] *Drews*, Preußisches Polizeirecht I, 3. Aufl. 1931 (Fn. 26), S. 9; abweichend ebd., 5. Aufl. 1936 (Fn. 26), S. 10 („im Volksbewußtsein fest verwurzelte Beschränkung der Polizei auf die Gefahrenabwehr“).

[80] *Evers*, Besprechung von Drews/Wacke (Fn. 60), S. 568: „Existenz eines allgemeinen deutschen Polizeirechts“; differenzierend *Bochalli*, Besonderes Verwaltungsrecht II, 1959 (Fn. 33), S. 113 (unter Berufung auf Wacke), S. 115; einschränkend aber in der 2. Aufl. 1963, S. 79 (mit Betonung der bayerischen Besonderheiten); *Carl Hermann Ule/Ernst Rasch*, Allgemeines Polizei- und Ordnungsrecht, Köln u. a. 1965, S. V (ohne Bezug auf Wacke): „weitgehende Übereinstimmung des materiellen Polizeirechts in Bund und Ländern“ (allerdings wurde das bayerische Polizeirecht in diesem Band nicht dargestellt); siehe auch *Friauf*, Polizei- und Ordnungsrecht (Fn. 33), S. 146 („im wesentlichen eine einheitliche Rechtslage, auch wenn [...] eines dieser Länder – nämlich Bayern – einen abweichenden systematischen Ansatz [...] gewählt hat“).

[81] BVerwG, NJW 1954, 1133 (1134), zur HeilmittelwerbeVO von 1941 (ohne Bezug auf Wacke).

[82] Krit. etwa *Alfons Galette*, Zur Entwicklung des „Polizei- und Ordnungsrechts“, DVBl. 1955, S. 276 (Teil 1) u. S. 313 (Teil 2), nach dem schon in Preußen kein einheitlicher Polizeibegriff bestanden habe (ebd., S. 278); *[Robert] Nebinger*, Besprechung von Drews/Wacke, Allgemeines Polizeirecht, 6. Aufl. 1952, DÖV 1952, S. 607 („Wunsch der Vater des Gedankens“).

[83] *Ernst Emmerig*, Ein neues Polizeigesetz in Bayern, DÖV 1955, S. 100; *Franz Mayer*, Die Eigenständigkeit des bayerischen Verwaltungsrechts, dargestellt an Bayerns Polizeirecht, München 1958, S. 193 ff., insbes. S. 213 ff. u. 235 ff. zum BayPAG 1954 sowie S. 226 ff. u. 263 ff. zum BayLStVG 1956; *ders.*, Der Rechtswert des Begriffs „Öffentliche Sicherheit und Ordnung“, DVBl. 1959, S. 449 (451 ff.); *Georg Berner*, Wandlungen des Polizeibegriffs seit 1945, DVBl. 1957, S. 810 (814 ff., 819), ohne explizite Nennung Wackes.

Polizeirecht betont.[84] Wacke hat die Kritik stets zurückgewiesen,[85] und auch in der Neuauflage seines Lehrbuchs von 1961 gab er seine Konzeption nicht auf.

Als 1953 eine vom Frankfurter Institut zur Förderung öffentlicher Angelegenheiten beauftragte Kommission unter Leitung von Hans Peters einen Vorschlag für das Modell eines Polizeigesetzes vorlegte,[86] begrüßte Wacke dies ausdrücklich, trotz der Kritik, die er an vielen Einzelaspekten des Vorschlags übte. Auf dem Weg zu mehr Rechtseinheit auch im formellen Polizeirecht bedeute dieses Modellgesetz „eine gute und wichtige Hilfe". Wacke erinnerte an den Deutschen Bund und schlug vor, dass die Länder einen „gemeinsamen Gesetzgebungsrat" einsetzen sollten, um Gesetze vorzubereiten, die dann einheitlich erlassen werden könnten.[87] Die Länder haben am Ende tatsächlich für ein weitgehend einheitliches gemeindeutsches Polizeirecht gesorgt. Die meisten Länder richteten ihre seit 1949 erlassenen Polizeigesetze nach dem PrPVG aus,[88] auch wenn Bayern zunächst einen eigenen Weg ging.[89] Eine weitergehende Vereinheitlichung der deutschen Polizeigesetze brachten der Musterentwurf eines einheitlichen Polizeigesetzes des Bundes und der Länder von 1976/77 (MEPolG)[90] und dessen Umsetzung in das jeweilige Landesrecht[91]. Auch das Bayerische

[84] Siehe (allerdings jeweils ohne explizite Auseinandersetzung mit Wacke) *Scupin*, Polizeirecht (Fn. 33), insbes. S. 612 f., zur Generalklausel; *Turegg/Kraus*, Lehrbuch, 4. Aufl. 1962 (Fn. 33), S. 442 ff., 444 („daß es einen einheitlichen materiellen Polizeibegriff und eine allgemeine polizeiliche Generalklausel für alle Länder [...] nicht gibt"); *Wolff*, Verwaltungsrecht III, 1966 (Fn. 33), insbes. S. 41 ff., zur Generalermächtigung, S. 42 („gilt noch heute ein im wesentlichen gleiches materielles Polizeirecht im Bund und in den Ländern außerhalb Bayerns").

[85] Siehe vor allem die kritische Rezension zu *F. Mayer*, Eigenständigkeit (Fn. 83): *Gerhard Wacke*, Die Eigenständigkeit des bayerischen Polizeirechts. Eine Buchbesprechung, DVBl. 1959, S. 13; ferner *Drews/Wacke*, Allgemeines Polizeirecht, 7. Aufl. 1961 (Fn. 6), S. 2.

[86] Hierzu *Hans Peters*, Ein Modell-Polizeigesetz, DÖV 1953, S. 385. – Zu Peters siehe *Steffen Augsberg*, Hans Peters – Lehrer der Verwaltung (in diesem Band), S. 31.

[87] *Wacke*, Frankfurter Modell eines Polizeigesetzes (Fn. 40), S. 395.

[88] *Ralf Poscher*, Gefahrenabwehr. Eine dogmatische Rekonstruktion, Berlin 1999, S. 172; *Götz*, Sorge für die öffentliche Sicherheit und Ordnung (Fn. 38), S. 447; *German Foerster*, Abschied vom Polizeiverwaltungsgesetz?, Staats- und Kommunalverwaltung 1976, S. 44 (44, 46 f.).

[89] Näher *F. Mayer*, Eigenständigkeit (Fn. 83), S. 193 ff., insbes. S. 213 ff. u. 235 ff. zum BayPAG 1954 sowie S. 226 ff. u. 263 ff. zum BayLStVG 1956; *Bastian*, Westdeutsches Polizeirecht (Fn. 29), S. 232 ff., zum Fehlen einer der Generalklausel des § 14 I PrPVG entsprechenden Regelung im bayerischen Recht.

[90] Zum MEPolG *Gerd Heise/Reinhard Riegel*, Musterentwurf eines einheitlichen Polizeigesetzes mit Begründung und Anmerkungen, 2. Aufl., Stuttgart u. a. 1978; *Ernst Rasch*, Der Musterentwurf eines einheitlichen Polizeigesetzes und seine Verwirklichung, DVBl. 1982, S. 126.

[91] *Matthias Kötter*, Pfade des Sicherheitsrechts. Begriffe von Sicherheit und Autonomie im Spiegel der sicherheitsrechtlichen Debatte der Bundesrepublik Deutschland, Baden-Baden 2008, S. 109, 113; *Franz-Ludwig Knemeyer*, Polizei- und Ordnungsrecht. Lehr- und Arbeitsbuch mit Anleitungen für die Klausur, 11. Aufl., München 2007, Rn. 13; *Drews/Wacke/Vogel/Martens*, Gefahrenabwehr, 9. Aufl. 1986 (Fn. 30), S. 18 ff.; die Unterschiede in der Rezeption des MEPolG betont dagegen *Friedrich Schoch*, Polizei- und Ordnungsrecht, in: ders. (Hrsg.), Besonderes Verwaltungsrecht, 15. Aufl., Berlin/Boston 2013, Kap. 2 Rn. 42.

Polizeiaufgabengesetz wurde 1978 an den Musterentwurf angepasst.[92] Bemerkenswerterweise findet sich im Musterentwurf (und mittlerweile in den Landespolizeigesetzen) nicht nur eine Generalklausel, die dem § 14 Abs. 1 PrPVG nachgebildet ist,[93] sondern auch die aus dem bayerischen Recht stammende Trennung zwischen Aufgabe und Befugnis.[94]

3. Revisibilität des allgemeinen Polizeirechts?

Neben dem Gesetzgeber und der Wissenschaft konnte auch die Rechtsprechung dazu beitragen, ein allgemeines deutsches Polizeirecht zu entwickeln. Eine besondere Rolle hätte hierbei das 1952 neu errichtete[95] Bundesverwaltungsgericht einnehmen können. Schon seine Rechtsprechung zu den allgemeinen Grundsätzen des Verwaltungsrechts hatte einen rechtsvereinheitlichenden Effekt und trug zur Unitarisierung des deutschen Bundesstaats bei.[96] Aus diesem Grund hat sich Wacke mit der Frage der Revisibilität des Polizeirechts näher beschäftigt.[97]

---

[92] *Franz-Ludwig Knemeyer*, Das neue bayerische Polizeirecht, NJW 1979, S. 790; *Volkmar Götz/Max-Emanuel Geis*, Allgemeines Polizei- und Ordnungsrecht, 16. Aufl., München 2017, § 3 Rn. 10; eine andere Struktur als das BayPAG hat dagegen das BayLStVG von 1956 i. d. F. d. Bek. von 1982, das für die sicherheitsbehördliche (ordnungsbehördliche) Gefahrenabwehr Anwendung findet.

[93] *Carsten Schucht*, Generalklausel und Standardmaßnahme. Ein Beitrag zur Bestimmung der Reichweite des Befugnistyps Generalklausel bei nicht typisierten (Standard-)Maßnahmen am Beispiel von Platzverweisung, Aufenthaltsverbot, Wohnungsverweisung, körperlicher Untersuchung, Verbringungsgewahrsam und Meldeauflage, Stuttgart u. a. 2010, S. 48 ff., dort auch zu den (geringfügigen) Unterschieden; *Friedrich Schoch*, Abschied vom Polizeirecht des liberalen Rechtsstaats? – Vom Kreuzberg-Urteil des Preußischen Oberverwaltungsgerichts zu den Terrorismusbekämpfungsgesetzen unserer Tage, Der Staat 43 (2004), S. 347 (348 ff.).

[94] *Drews/Wacke/Vogel/Martens*, Gefahrenabwehr, 9. Aufl. 1986 (Fn. 30), S. 21; zum Trennungsprinzip im BayPAG *F. Mayer*, Eigenständigkeit (Fn. 83), S. 235 ff.; *Bastian*, Westdeutsches Polizeirecht (Fn. 29), S. 235.

[95] Siehe *Jakob Julius Nolte*, Die Eigenart des verwaltungsgerichtlichen Rechtsschutzes. Grund und Grenzen der Anwendung des Zivilprozessrechts im Verwaltungsprozess, Tübingen 2015, S. 31 f.

[96] Hierzu auch *Christoph Schönberger*, „Verwaltungsrecht als konkretisiertes Verfassungsrecht". Die Entstehung eines grundgesetzabhängigen Verwaltungsrechts in der frühen Bundesrepublik, in: Michael Stolleis (Hrsg.), Das Bonner Grundgesetz. Altes Recht und neue Verfassung in den ersten Jahrzehnten der Bundesrepublik Deutschland (1949–1969), Berlin 2006, S. 53 (61 ff.).

[97] *Drews/Wacke*, Allgemeines Polizeirecht, 7. Aufl. 1961 (Fn. 6), S. 353 ff.; *Gerhard Wacke*, Polizeirecht als Bundesrecht. Über die Revisibilität des Polizeirechts und die Zulässigkeit eines Polizeiverwaltungsgesetzes des Bundes, in: Helmut R. Külz/Richard Naumann (Hrsg.), Staatsbürger und Staatsgewalt. Verwaltungsrecht und Verwaltungsgerichtsbarkeit in Geschichte und Gegenwart. Jubiläumsschrift. Zum hundertjährigen Bestehen der deutschen Verwaltungsgerichtsbarkeit und zum zehnjährigen Bestehen des Bundesverwaltungsgerich-

An sich konnte das Bundesverwaltungsgericht über reines Landesrecht nicht entscheiden, die Revision war nur zulässig bei Verletzung von Bundesrecht.[98] Polizeirecht aber war vor allem Landesrecht, daher war das Bundesverwaltungsgericht insoweit grundsätzlich nicht zuständig. Anders war die Rechtslage dann, wenn es in einem Streitfall zugleich auf die Klärung bundesrechtlicher Fragen ankam.[99] Wacke vertrat allerdings die These vom zweistufigen allgemeinen deutschen Polizeirecht, das aus Landes- und Bundesrecht bestehe (oben 2). Daher trat er dafür ein, dass das Bundesverwaltungsgericht auch in Fällen, die an sich nur das Landespolizeirecht betrafen, zuständig sei. Denn da die allgemeinen Begriffe des Polizeirechts auch Bundesrecht seien, sei das allgemeine Polizeirecht revisibel.[100] Das Bundesverwaltungsgericht ist dieser Forderung Wackes jedoch nicht gefolgt. 1970 stellte es klar, dass „die polizeiliche Generalklausel des Landes Baden-Württemberg" „kein Bundesrecht im Sinne des § 137 Abs. 1 VwGO" sei.[101]

Deutlich wird in diesem Zusammenhang, dass Wacke nicht aus Gründen des subjektiven Rechtsschutzes, sondern aufgrund seiner Konzeption des allgemeinen deutschen Polizeirechts für die Revisibilität des Landespolizeirechts eintrat.

IV. Generalklausel und Spezialermächtigungen

Was die Abwehr konkreter Gefahren angeht, gab es im Preußischen PVG neben der Generalklausel (§ 14 Abs. 1 PrPVG) nur wenige Spezialermächtigungen.[102] Aus heutiger Sicht stellt sich die Frage, ob nicht ein modernes Polizeigesetz eine größere Anzahl an Spezialbefugnissen enthalten müsste, die im Einzelnen die Voraussetzungen für das polizeiliche Tätigwerden regeln. Gerade die neuen Bestimmungen des Grundgesetzes stellten im Vergleich zur Weimarer Reichsverfassung höhere Anforderungen an Eingriffe in Grundrechte auf als zuvor. Zu nennen sind etwa die detaillierten Vorgaben zur Beschränkung der Freiheit der Person (Art. 2 Abs. 2 S. 2 u. Art. 104 GG) oder der Unverletz-

---

tes, Bd. 2, Karlsruhe 1963, S. 161 (162 ff.); *ders.*, Anmerkung zu BVerwG, Urt. v. 12.12.1967, Az. I C 112.64, DVBl. 1968, S. 755 (756).

[98] Siehe § 56 I 1 Gesetz über das Bundesverwaltungsgericht v. 23.9.1952 (BGBl. I S. 625), wobei § 56 I 2 eine Ausnahme für bestimmte Verfahrensfehler enthielt; § 137 I VwGO v. 21.1.1960 (BGBl. I S. 17); mit Erlass des VwVfG kam ein neuer Revisionsgrund hinzu, siehe § 137 I Nr. 2 VwGO n. F. (Verletzung einer Norm eines Landes-VwVfG, die wörtlich mit der des BVwVfG übereinstimmt).

[99] Hierzu auch *Drews/Wacke*, Allgemeines Polizeirecht, 7. Aufl. 1961 (Fn. 6), S. 353.

[100] *Drews/Wacke*, Allgemeines Polizeirecht, 7. Aufl. 1961 (Fn. 6), S. 353 ff.; *Wacke*, Polizeirecht als Bundesrecht (Fn. 97), insbes. S. 190 ff.

[101] BVerwG, DVBl. 1970, 504 (505).

[102] §§ 15–17 PrPVG: Verwahrung von Personen, Betreten von Wohnungen, Vorladung von Personen.

lichkeit der Wohnung (Art. 13 GG).[103] Auch das bereits erwähnte Frankfurter Modell eines Polizeigesetzes (oben III 2) sah im Vergleich zum PrPVG weitere Spezialermächtigungen vor. Hans Peters meinte stellvertretend für die Verfasser des Modells: „*Besonders schwerwiegende Eingriffe in die Freiheitssphäre* des Bürgers dürfen nur auf Grund *besonderer*, gesetzlich umrissener Tatbestände vorgenommen werden."[104] Die Landesgesetzgeber reagierten auf diese neue verfassungsrechtliche Lage mit einer stärkeren Verrechtlichung des Polizeirechts. So wurden in die Polizeigesetze neue Regelungen zu Standardbefugnissen aufgenommen, mit denen den Anforderungen der Grundrechte besser entsprochen werden konnte, etwa zum polizeilichen Gewahrsam (vgl. Art. 2 Abs. 2 S. 2 GG, Art. 104 GG) und zum Betreten und zur Durchsuchung von Wohnungen (vgl. Art. 13 GG).[105]

Diese polizeirechtlichen Neuregelungen stellte Wacke im Kapitel „Besondere Eingriffe in die Freiheit" dar und verglich sie mit der früheren preußischen Rechtslage. Die „*starke Verfeinerung des positiv gesetzten Polizeirechts*" sei „angeregt durch die rechtsstaatliche Neubesinnung nach 1945".[106] In seinen Erläuterungen finden sich distanzierende Anmerkungen zum Grundgesetz und zu den polizeigesetzlichen Neuregelungen.[107] Hintergrund hierfür ist Wackes kritische Einstellung zu Spezialklauseln. Er hielt die polizeiliche Generalklausel für „rechtsstaatlich häufig viel unbedenklicher als das Wuchern von Sondergesetzen und Spezialklauseln".[108] „Der Wunsch nach der Spezialklausel übersieht [...] zumeist völlig, daß es heute ihrem Ursprung nach nicht immer die Arbeit der ohnehin belasteten Behörden ist, welche unsere Freiheit bedroht, sondern vielmehr der *Eifer des Gesetzgebers.*" Denn die Spezialklausel ermögliche „regelmäßig" unter für die Behörden „*einfacheren Voraussetzungen*" einen Eingriff als die Generalklausel, die an die „klaren, durch eine viele Jahrzehnte währende Rechtsprechung herauskristallisierten polizeirechtlichen Begriffe der Gefahr und der Polizeipflicht gebunden" sei. Kurzum: „*wo Generalklausel, da polizeirechtlich geschützte Freiheit*; wo Spezialklausel, da recht häufig schärfere Eingriffe".[109] Vor allem lehnte er das Bayerische Polizeiaufgabengesetz (BayPAG) von 1954 mit seinem System der Spezialbefugnisse ab, das ohne eine allgemein gehaltene Generalklausel auskam.[110]

---

[103] Vgl. demgegenüber Art. 114 u. Art. 115 WRV.

[104] *Peters*, Modell-Polizeigesetz (Fn. 86), S. 386.

[105] *Bastian*, Westdeutsches Polizeirecht (Fn. 29), S. 244 ff.

[106] *Drews/Wacke*, Allgemeines Polizeirecht, 7. Aufl. 1961 (Fn. 6), S. 173 ff., Zitat: S. 173.

[107] *Drews/Wacke*, Allgemeines Polizeirecht, 7. Aufl. 1961 (Fn. 6), S. 179, zur Einweisung Suchtkranker und zu Art. 104 GG, S. 186, zur Vorladung und Vorführung.

[108] *Drews/Wacke*, Allgemeines Polizeirecht, 7. Aufl. 1961 (Fn. 6), S. 23.

[109] *Drews/Wacke*, Allgemeines Polizeirecht, 7. Aufl. 1961 (Fn. 6), S. 46 f.; siehe ebd., S. 179: „die Generalklausel läßt den Menschen eben häufig freier als die Spezialklausel".

[110] *Drews/Wacke*, Allgemeines Polizeirecht, 7. Aufl. 1961 (Fn. 6), S. 44 f.; krit. auch ebd.,

Der schon in den 1950er Jahren begonnene Trend der Verrechtlichung der polizeilichen Befugnisse hat sich trotz der Einwände Wackes fortgesetzt. So wurde im MEPolG (1976/77) die Anzahl der Spezialbefugnisse erweitert. In Reaktion auf das Volkszählungsurteil des Bundesverfassungsgerichts (1983), in dem das Recht auf informationelle Selbstbestimmung aus Art. 2 Abs. 1 GG i. V. m. Art. 1 Abs. 1 GG geschaffen wurde,[111] haben Bund und Länder den Vorentwurf zur Änderung des MEPolG (1986) verabschiedet, in den insbesondere gesetzliche Grundlagen für Informationseingriffe aufgenommen wurden.[112] Inzwischen wird aus verfassungsrechtlichen Gründen bei besonders schwerwiegenden Grundrechtseingriffen eine polizeigesetzliche Spezialbefugnis verlangt.[113] In den aktuellen Landespolizeigesetzen findet sich eine Vielzahl von Standardbefugnissen.[114] Und in der Polizeirechtswissenschaft wird teilweise sogar angenommen, dass die Befugnisgeneralklausel nur noch in atypischen Fallgestaltungen anwendbar sei, denn alle typischen Gefahrensituationen seien durch den Gesetzgeber in einer Spezialbefugnis näher zu regeln, die den Vorgaben des Rechtsstaatsprinzips am besten gerecht werden könne.[115] Es bleibt festzuhalten, dass Wackes ablehnende Haltung zu den Spezialklauseln nicht nur aus heutiger Sicht kaum mehr nachvollziehbar ist; sie entsprach schon in der frühen Bundesrepublik nicht mehr der veränderten Rechtslage.

V. Subjektivierung des Polizeirechts

Ein Aspekt der Konstitutionalisierung des Verwaltungsrechts ist die nach 1949 einsetzende „Subjektivierung".[116] Bereits Anfang der 1960er Jahre beobachtete

S. 47, zu den Spezialbefugnissen des BayLStVG, die teilweise auf die Voraussetzung einer Gefahr verzichteten.

[111] BVerfGE 65, 1.

[112] Näher *Michael Kniesel/Jürgen Vahle*, Fortentwicklung des materiellen Polizeirechts. Zum Vorentwurf zur Änderung des Musterentwurfs eines einheitlichen Polizeigesetzes des Bundes und der Länder (VE ME PolG), DÖV 1987, S. 953; *Franz-Ludwig Knemeyer*, Datenerhebung und Datenverarbeitung im Polizeirecht. Zur Fortentwicklung des Polizeirechts durch einen Ergänzungsentwurf zum Musterentwurf eines einheitlichen Polizeigesetzes, NVwZ 1988, S. 193 (196 ff.).

[113] Siehe *Wolf-Rüdiger Schenke*, Polizei- und Ordnungsrecht, 9. Aufl., Heidelberg 2016, Rn. 50.

[114] Aus der umfangreichen Literatur siehe etwa *Schoch*, Polizei- und Ordnungsrecht (Fn. 91), Rn. 260 ff., 331 ff., 345 ff.; *Dieter Kugelmann*, Polizei- und Ordnungsrecht, 2. Aufl., Berlin/Heidelberg 2012, Kap. 6 u. Kap. 7; *Markus Möstl*, Standardmaßnahmen des Polizei- und Ordnungsrechts, Jura 2011, S. 840.

[115] So etwa *Bodo Pieroth/Bernhard Schlink/Michael Kniesel*, Polizei- und Ordnungsrecht mit Versammlungsrecht, 7. Aufl., München 2012, § 7 Rn. 18 ff., 20; *Schoch*, Polizei- und Ordnungsrecht (Fn. 91), Rn. 99; a. A. *Schenke*, Polizei- und Ordnungsrecht (Fn. 113), Rn. 49.

[116] Zur „Subjektivierung des Verwaltungsrechts" siehe *Fritz Ossenbühl*, 40 Jahre Bundesverwaltungsgericht. Bewahrung und Fortentwicklung des Rechtsstaates. Festvortrag, DVBl.

Otto Bachof, dass es zu einer „*‚Subjektivierung' des Staat-Bürger-Verhältnisses*" gekommen sei.[117] Kennzeichnend für die Subjektivierung des Verwaltungsrechts ist vor allem der Umstand, dass in immer mehr Bereichen aus verwaltungsrechtlichen Vorschriften subjektiv-öffentliche Rechte des Einzelnen abgeleitet wurden.[118] Auch im Polizeirecht der frühen Bundesrepublik lässt sich eine solche Subjektivierung feststellen.

1. Generalklausel: Erfordernis eines öffentlichen Interesses?

Nach der Generalklausel in § 14 Abs. 1 PrPVG und den entsprechenden Bestimmungen vieler Landespolizeigesetze hatte die Polizei „von der Allgemeinheit oder dem einzelnen" Gefahren abzuwehren. Obwohl das Gesetz damit zum Ausdruck zu bringen scheint, dass die Polizei auch gerade den Einzelnen vor Gefahren schützen soll, wurde in der Literatur verlangt, dass durch die Gefahr für den Einzelnen ein öffentliches Interesse betroffen werde.[119] Wacke hat dies ebenfalls so gesehen. Begründet wurde dies damit, dass auch beim Schutz des Einzelnen eine Gefahr für die „öffentliche" Sicherheit und Ordnung vorliegen müsse. Ein öffentliches Interesse liege vor, wenn die Betätigung des Einzelnen in die Öffentlichkeit ausstrahle oder er als Mitglied des Publikums erscheine.[120] Dies bedeutete, dass die Polizei beispielsweise bei bloßen Selbstgefährdungen (etwa durch übermäßigen Alkoholkonsum) nicht berechtigt war, einzugreifen.

Allerdings macht dieses Erfordernis des öffentlichen Interesses zugleich deutlich, dass die Polizeirechtswissenschaft einen Individualschutz lediglich mittelbar anerkennen wollte, als „Reflex des Gemeinschaftsschutzes", wie es Werner

---

1993, S. 753 (756); ferner *Schönberger*, „Verwaltungsrecht als konkretisiertes Verfassungsrecht" (Fn. 96), S. 71 ff.; *Wahl*, Herausforderungen und Antworten (Fn. 1), S. 22 ff.; *Tanja Schmidt*, Die Subjektivierung des Verwaltungsrechts. Dargestellt anhand der Entwicklung der Ermessensansprüche innerhalb der ersten zwei Nachkriegsjahrzehnte, Berlin 2006, S. 23 ff.

[117] *Otto Bachof*, Über einige Entwicklungstendenzen im gegenwärtigen deutschen Verwaltungsrecht, in: Külz/Naumann, Staatsbürger und Staatsgewalt II (Fn. 97), S. 3 (11). – Zu Bachof siehe *Matthias Kötter*, Fortbilden, um zu bewahren: Otto Bachof und der Wandel verwaltungsrechtlicher Dogmatik unter dem Grundgesetz (in diesem Band), S. 231.

[118] Grundlegend BVerwGE 1, 159 (161 f.) – Fürsorgeentscheidung.

[119] *Wolff*, Verwaltungsrecht III, 1966 (Fn. 33), S. 50 f.; *Ule/Rasch*, Polizei- und Ordnungsrecht (Fn. 80), § 14 PrPVG Rn. 3. – In § 1 I 1 PolG BW v. 21.11.1955 (GBl. BW S. 249) war sogar explizit geregelt, dass das Handeln der Polizei „im öffentlichen Interesse geboten" sein müsse.

[120] *Drews/Wacke*, Allgemeines Polizeirecht, 6. Aufl. 1952 (Fn. 28), S. 19 f.; ebd., 7. Aufl. 1961 (Fn. 6), S. 59 f. Ähnlich bereits *Drews*, Preußisches Polizeirecht I, 3. Aufl. 1931 (Fn. 26), S. 11 f. In der NS-Zeit hatte das Kriterium des „öffentlichen Interesses" eine besonders wichtige Bedeutung, siehe ebd., 5. Aufl. 1936 (Fn. 26), S. 9; Wacke hat diese von Drews 1936 vorgenommenen Änderungen nicht übernommen.

Frotscher ausdrückte.[121] Eine derartige Konzeption passte aber nicht mehr zu einem Verwaltungsrecht, in dem der Einzelne als Grundrechtsträger und klagendes Rechtssubjekt der Polizei- und Ordnungsverwaltung eigenständig gegenübertrat (dazu sogleich unter 3). Daher verwundert es nicht, dass seit 1970 das Erfordernis des öffentlichen Interesses allmählich aufgegeben wurde.[122]

2. *Opportunitätsprinzip und Haftung bei Nichteinschreiten*

Im Polizeirecht gilt traditionell das Opportunitätsprinzip: Die Polizei- und Ordnungsbehörden haben ein Ermessen. Nach dem Preußischen PVG handelte es sich dabei um „pflichtgemäßes“ Ermessen (vgl. § 14 Abs. 1 PrPVG); damit sollten die Ermessensgrenzen zum Ausdruck gebracht werden.[123] In der Praxis hatten die Zivilgerichte in Amtshaftungsprozessen über Fälle zu entscheiden, in denen die Polizei trotz Vorliegens einer Gefahr untätig blieb. Dabei nahmen das Reichsgericht und seit 1952 auch der Bundesgerichtshof an, dass es unter bestimmten Voraussetzungen eine drittgerichtete Amtspflicht für Polizeibeamte geben könne, einzuschreiten.[124] Eine solche Pflicht lässt sich mit dem Opportunitätsprinzip nicht gut vereinbaren. Der Bundesgerichtshof hat deshalb von einem „beschränkten Opportunitätsprinzip“ gesprochen.[125] Für das Polizeirecht stellte diese Rechtsprechung der Zivilgerichte eine Herausforderung dar. Drews hatte das Reichsgericht in seinem Lehrbuch kritisiert, Wacke hat die entsprechende Passage weitgehend unverändert übernommen. Eine solche Entwicklung, so Drews, werde „zur völligen Lähmung der [...] Entschlußkraft der Polizeibeamten und zum finanziellen Bankrott“ der Polizei führen.[126] Anfang der 1960er Jahre stellte Wacke fest, es sei „zu begrüßen“, dass der Bundesgerichtshof *„nur in krassen Fällen offensichtlichen Versagens* der Polizei eine Amtspflichtverletzung kraft Unterlassung angenommen“ habe.[127] Zu Gunsten des Opportunitätsprinzips verlangte Wacke somit eine Begrenzung der Rechtsschutzmöglichkeiten des Einzelnen.

---

[121] *Werner Frotscher*, Der Schutz der Allgemeinheit und der individuellen Rechte im Polizei- und Ordnungsrecht, DVBl. 1976, S. 695 (697 ff.).

[122] Zur Kritik siehe *Götz*, Polizei- und Ordnungsrecht, 1970 (Fn. 34), S. 33 ff.; *Frotscher*, Schutz der Allgemeinheit (Fn. 121), S. 697 ff.

[123] *Naas*, Entstehung des Preußischen Polizeiverwaltungsgesetzes (Fn. 27), S. 326 f.

[124] Näher hierzu *Bastian*, Westdeutsches Polizeirecht (Fn. 29), S. 248 ff., mit Nachw. zur Rspr.

[125] BGH, VerwRspr 1953, 78 (80).

[126] *Drews*, Preußisches Polizeirecht I, 5. Aufl. 1936 (Fn. 26), S. 134; *Drews/Wacke*, Allgemeines Polizeirecht, 6. Aufl. 1952 (Fn. 28), S. 206; ähnlich bereits *Drews*, Preußisches Polizeirecht I, 3. Aufl. 1931 (Fn. 26), S. 93.

[127] *Drews/Wacke*, Allgemeines Polizeirecht, 7. Aufl. 1961 (Fn. 6), S. 463.

3. *Anspruch auf polizeiliches Einschreiten*

Trotz der Amtshaftungsrechtsprechung hat die Literatur ein subjektives öffentliches Recht auf polizeiliches Einschreiten zunächst beinahe durchgehend abgelehnt.[128] Auch Wacke nahm 1952 (wie schon zuvor Drews) an, ein solcher Anspruch bestehe nur dann, wenn er ausdrücklich normiert sei.[129] Es war das Bundesverwaltungsgericht, das eine Änderung der Dogmatik herbeigeführt hat. In einer „bahnbrechenden Entscheidung" (Ossenbühl) entschied das Gericht im Jahre 1960, dass trotz des Ermessens der Verwaltung dem Bürger ein subjektives öffentliches Recht auf polizeiliches Einschreiten zustehen könne, das gerichtlich einklagbar sei.[130] Es handelte sich um einen baupolizeilichen Fall, Rechtsgrundlage war die Berliner Bauordnung. Das Bundesverwaltungsgericht stellte fest, dass ein Anspruch nur bei „hoher Intensität der Störung oder Gefährdung" in Betracht komme.[131] Otto Bachof stimmte in einer Urteilsanmerkung dem Gericht ausdrücklich zu und verwies zur Begründung auf die Verfassung:

> „Es widerspräche [...] dem Menschenbild des Grundgesetzes und damit der von diesem Bilde bestimmten heutigen Sicht des Verhältnisses von Staat und Bürger, wollte man annehmen, die Polizei solle bei ihrem Einschreiten stets und ausnahmslos nur im Interesse der Allgemeinheit und nicht auch [...] im Interesse der zu schützenden Einzelperson tätig werden."[132]

Wacke hat in seinem Lehrbuch von 1961 auf diese Entscheidung zurückhaltend reagiert. Sie betraf nach seiner Auffassung nur „ein Berliner Landesgesetz (Bauordnung)" und anscheinend nicht das allgemeine Polizeirecht, daher bringe sie „nichts so grundsätzlich Neues".[133] Einen „*Rechtsanspruch*" eines Einzelnen auf polizeiliches Einschreiten lehnte er weiterhin prinzipiell ab. Doch erkannte er nun an, dass ein solcher Anspruch in Ausnahmefällen durchaus bestehen könne. Dabei grenzte er den Anwendungsbereich dieses Anspruchs besonders stark ein; nur in „Fällen *offenkundiger schwerster Gefahren*" sei eine Beschränkung des Opportunitätsprinzips gegeben.[134]

---

[128] Hierzu *Bastian*, Westdeutsches Polizeirecht (Fn. 29), S. 251; allg. zur Debatte über einen Anspruch auf eine bestimmte Ermessensentscheidung nach 1945 *Schmidt*, Subjektivierung des Verwaltungsrechts (Fn. 116), S. 229 ff., auch zur Bedeutung Otto Bachofs.

[129] *Drews/Wacke*, Allgemeines Polizeirecht, 6. Aufl. 1952 (Fn. 28), S. 78; ebenso *Drews*, Preußisches Polizeirecht I, 3. Aufl. 1931 (Fn. 26), S. 41; ebd., 5. Aufl. 1936 (Fn. 26), S. 46.

[130] BVerwGE 11, 95 (96 ff.); hierzu *Ossenbühl*, 40 Jahre Bundesverwaltungsgericht (Fn. 116), S. 756; *Schönberger*, „Verwaltungsrecht als konkretisiertes Verfassungsrecht" (Fn. 96), S. 73 f.; *Schmidt*, Subjektivierung des Verwaltungsrechts (Fn. 116), S. 238 ff.

[131] BVerwGE 11, 95 (97).

[132] *Otto Bachof*, Anmerkung, DVBl. 1961, S. 128 (130).

[133] *Drews/Wacke*, Allgemeines Polizeirecht, 7. Aufl. 1961 (Fn. 6), S. 160, explizit a. A. als *Bachof* in der Urteilsanmerkung (Fn. 132).

[134] *Drews/Wacke*, Allgemeines Polizeirecht, 7. Aufl. 1961 (Fn. 6), S. 160 ff., 163, 463 („in der Regel kein Anspruch"). Siehe auch *Wacke*, Besprechung von Ule/Rasch (Fn. 6), S. 437: Die

Andere Verwaltungsrechtler waren nicht so restriktiv wie Wacke und orientierten sich bei der Auslegung der polizeirechtlichen Ermessensbestimmungen viel stärker am Grundgesetz. Außerdem haben sie die Rechtsprechung des Bundesverwaltungsgerichts nicht auf das Bauordnungsrecht begrenzt. Schon das Bundesverwaltungsgericht hatte betont, dass die Vorinstanz sich auch auf das PrPVG hätte berufen können, und damit klargestellt, dass es um eine Frage des allgemeinen Polizeirechts ging.[135] Innerhalb weniger Jahre hat sich in der polizeirechtlichen Literatur durchgesetzt, dass es einen einklagbaren Anspruch des Bürgers auf polizeiliches Einschreiten geben könne.[136] So hat etwa Hans Julius Wolff im Kapitel über die polizeiliche Generalklausel das Bestehen eines Anspruchs (und nicht nur eines „Rechtsreflex[es]") angenommen, wenn „Individualgüter" verletzt werden; begründet hat er dies ähnlich wie Bachof mit einer „verfassungskonforme[n] Auslegung", die „heute berücksichtigen" müsse, „daß die Generalermächtigungen [...] dieselben persönlichen Rechtsgüter schützen wie das Grundgesetz". Der Anspruch sei auf fehlerfreien Ermessensgebrauch bzw. bei Ermessensschrumpfung (etwa aufgrund einer unmittelbaren Gefährdung besonders wichtiger Rechtsgüter) auf ein bestimmtes Einschreiten gerichtet.[137] Die Grundrechte des Grundgesetzes machten also eine Neuinterpretation der tradierten polizeirechtlichen Generalklausel erforderlich.[138] Götz konnte wenige Jahre später konstatieren, dass die Anerkennung eines subjektiven öffentlichen Rechts des Einzelnen auf fehlerfreie Ermessensausübung bzw. auf ein Einschreiten der Gefahrenabwehrbehörden „zu den bedeutsamsten Fortschritten des rechtsstaatlichen Polizei- und Ordnungsrechtes in den letzten 20 Jahren" gehöre.[139] Und dieser „Fortschritt" konnte dann auch im allgemeinen Verwaltungsrecht aufgegriffen und weiterentwickelt werden.[140] Im Lehr-

---

Frage des Rechtsanspruchs sei „ein Problem, das nach wie vor etwas zurückhaltend beurteilt werden muß".

135 BVerwGE 11, 95 (96).

136 Siehe *Schmidt*, Subjektivierung des Verwaltungsrechts (Fn. 116), S. 244; zur Debatte bis Mitte der 1970er Jahre (sowie zur Begründung eines solchen Anspruchs) siehe *Hans-Uwe Erichsen*, Der Schutz der Allgemeinheit und der individuellen Rechte durch die polizei- und ordnungsrechtlichen Handlungsvollmachten der Exekutive, VVDStRL 35 (1977), S. 171 (210 ff.).

137 *Wolff*, Verwaltungsrecht III, 1966 (Fn. 33), S. 51 f. – Näher zu Wolff siehe *Andreas Funke*, Pedanterie oder Perspektive – Das „Verwaltungsrecht" von Hans J. Wolff (in diesem Band), S. 49.

138 Siehe bereits *W[ilhelm] Henke*, Das subjektive öffentliche Recht auf Eingreifen der Polizei, DVBl. 1964, S. 649 (654).

139 *Götz*, Polizei- und Ordnungsrecht, 1970 (Fn. 34), S. 61 f., dort auch näher zu unterschiedlichen (verfassungsrechtlichen) Begründungen; zum Anspruch des Bürgers siehe auch *Friauf*, Polizei- und Ordnungsrecht, 1969 (Fn. 33), S. 164 f.

140 Hierzu *Schmidt*, Subjektivierung des Verwaltungsrechts (Fn. 116), S. 218 ff., 220, m. Nachw. zur Lit.

buch von Wacke wurde der „Anspruch auf Einschreiten“ allerdings erst seit der Neubearbeitung von Klaus Vogel ausführlich behandelt.[141]

VI. Demokratisierung des Polizeirechts?

Eines der zentralen Ziele der Alliierten bei der Umgestaltung Deutschlands war – neben der Entmilitarisierung, der Entnazifizierung und Dezentralisierung – die Demokratisierung.[142] Auch die Polizei sollte demokratisiert werden. So hat die Militärverwaltung in der britischen Besatzungszone Polizeiausschüsse eingeführt, die unter anderem für die Ernennung der Polizeichefs zuständig waren. Diese Ausschüsse wurden von den Kommunalvertretungen gewählt.[143] Damit übten diese Polizeiausschüsse eine „demokratische Kontrolle“ aus, wie es Wolff in seinem Staatsrechtslehrerreferat von 1950 ausdrückte.[144] Allmählich verschwanden diese Polizeiausschüsse jedoch wieder, aus ihnen wurden in den Ländern Nordrhein-Westfalen, Niedersachsen und Schleswig-Holstein Polizeibeiräte mit nur beratender Funktion und eingeschränktem Aufgabenkreis.[145] Ein anderer Aspekt, der zu einer Stärkung des demokratischen Elements führen sollte, war die Übertragung der Zuständigkeit zum Erlass von Gefahrenabwehrverordnungen an die Kommunalvertretungen (unten 1). Unter dem Stichwort „Demokratisierung“ ist außerdem auf die Ende der 1960er Jahre einsetzende Debatte über ein „demokratisches Verständnis“ des Schutzguts der öffentlichen Ordnung einzugehen (unten 2).

1. *Polizeiverordnungen*

Die amerikanische und die britische Militäradministration sahen durch die Befugnis der Polizei, Verordnungen zu erlassen, den Grundsatz der Gewaltenteilung verletzt. Die Einhaltung des Gewaltenteilungsgrundsatzes war der Militärregierung aus Gründen der Demokratisierung der Polizei ein zentrales Anliegen. Daher wurde der Polizei (der Vollzugspolizei) die Befugnis genommen, Rechtsverordnungen zu erlassen.[146] Nach einer Zeit der Unsicherheit war aller-

---

141 *Vogel*, Gefahrenabwehr I, 8. Aufl. 1975 (Fn. 30), S. 169 ff.

142 *Boldt/Stolleis*, Geschichte der Polizei in Deutschland (Fn. 38), Rn. 67; zur Demokratisierung: *Bastian*, Westdeutsches Polizeirecht (Fn. 29), S. 2 u. 10 f.

143 Zu den Ausschüssen siehe *Boldt/Stolleis*, Geschichte der Polizei in Deutschland (Fn. 38), Rn. 68. Hierzu *Drews/Wacke*, Allgemeines Polizeirecht, 6. Aufl. 1952 (Fn. 28), S. 239 ff.; ebd., 7. Aufl. 1961 (Fn. 6), S. 486.

144 *Wolff*, Gestaltung des Polizei- und Ordnungsrechts (Fn. 76), S. 170. Doch hielt Wolff eine „demokratische Organisation der Gefahrenabwehr“ nicht für möglich, siehe ebd., S. 179.

145 Siehe ebenfalls *Drews/Wacke*, Allgemeines Polizeirecht, 7. Aufl. 1961 (Fn. 6), S. 486 f.

146 Hierzu und zum Hintergrund *Bastian*, Westdeutsches Polizeirecht (Fn. 29), S. 79 ff., 82 f.

dings geklärt, dass in diesen Ländern die Ordnungsverwaltung Gefahrenabwehrverordnungen erlassen konnte.[147]

a) *Verfassungsmäßigkeit der Ermächtigungsgrundlage?*

Nach Inkrafttreten des Grundgesetzes stellte sich die Frage, ob die nach 1949 neu eingeführten landesgesetzlichen Ermächtigungsgrundlagen zum Erlass von Polizeiverordnungen mit den Vorgaben des Art. 80 GG bzw. denen der jeweiligen inhaltsgleichen landesverfassungsrechtlichen Bestimmungen in Einklang standen.[148] Art. 80 GG dient nicht nur der Konkretisierung des Rechtsstaatsprinzips, sondern auch des Demokratieprinzips.[149] Diese Grundgesetzbestimmung war nach überwiegender Auffassung entsprechend (über Art. 28 Abs. 1 GG) auf landesgesetzliche Ermächtigungsgrundlagen anwendbar und somit prinzipiell verfassungsrechtlicher Maßstab; soweit die Landesverfassungen eine dem Art. 80 GG entsprechende eigene Regelung enthielten, war ein Rückgriff auf das Grundgesetz entbehrlich.[150] Die Ermächtigungsgrundlagen waren allerdings in den meisten Ländern Generalklauseln.[151] Ihre Verfassungsmäßigkeit wurde von einigen Autoren bestritten, weil sie nicht bestimmt genug seien und damit gegen Art. 80 Abs. 1 S. 2 GG verstießen.[152] Stattdessen trat man für den Erlass von Spezialermächtigungen ein, wie es der süddeutschen Tradition entsprach.[153] Wacke hat dies abgelehnt und sah keine verfassungsrechtlichen Probleme hinsichtlich der Generalklausel; denn „[j]edes Wort der Ermächtigung" sei „durch eine Fülle gerichtlicher Erkenntnisse [...] in seiner rechtlichen Bedeutung begrenzt und fixiert, stärker als dies auf vielen anderen Rechtsgebieten

---

[147] *Bastian*, Westdeutsches Polizeirecht (Fn. 29), S. 83 ff., 88 f.

[148] Generalermächtigungen zum Erlass von Polizeiverordnungen aus der Zeit vor 1949 (insbes. §§ 24 ff. PrPVG) galten fort (kein Fall des Art. 129 III GG), Art. 80 GG wurde insoweit überwiegend für unanwendbar gehalten; ob Verordnungen, die vor Inkrafttreten des GG erlassen worden waren, fortgalten, richtete sich nach Art. 123 I GG; siehe zu diesen Fragen etwa *Drews/Wacke/Vogel/Martens*, Gefahrenabwehr, 9. Aufl. 1986 (Fn. 30), S. 494 f.

[149] Hierzu *Barbara Remmert*, in: Maunz/Dürig, Grundgesetz. Kommentar, Loseblattausgabe, Stand: 79. Lfg. (Dez. 2016), Art. 80 GG Rn. 7 f.

[150] *Bastian*, Westdeutsches Polizeirecht (Fn. 29), S. 215, m. w. N.

[151] In Baden, Württemberg und Bayern gab es traditionell jedoch keine Generalklausel, wobei später in das PolG BW eine solche Generalklausel aufgenommen wurde, siehe *Drews/Wacke/Vogel/Martens*, Gefahrenabwehr, 9. Aufl. 1986 (Fn. 30), S. 491; zum (bis heute fortbestehenden) bayerischen Modell der Spezialermächtigungen nach dem BayLStVG von 1956 siehe etwa *F. Mayer*, Eigenständigkeit (Fn. 83), S. 269 ff.

[152] *Fritz Gut*, Ordnungsrecht und Polizei, DÖV 1950, S. 704 (705): Die Voraussetzung des Art. 80 I 2 GG sei bei einer solchen Generalklausel „kaum gegeben"; *Rudolf Titzck*, Zur Frage der Verfassungsmäßigkeit der polizeilichen Generalermächtigung zum Erlaß von Rechtsverordnungen, DÖV 1955, S. 453 (454 ff.), zum NdsSOG; siehe auch *Bernhard Wolff*, Die Ermächtigung zum Erlaß von Rechtsverordnungen nach dem Grundgesetz, AöR 78 (1952/53), S. 194 (209), allerdings zum PrPVG („kaum die nötige Bestimmtheit").

[153] *Gut*, Ordnungsrecht und Polizei (Fn. 152), S. 705 (Vorbild: süddeutsche Polizeistrafgesetzbücher).

der Fall“ sei.[154] Nicht nur beispielsweise das Oberverwaltungsgericht für die Länder Niedersachsen und Schleswig-Holstein in Lüneburg, sondern auch andere Vertreter des Fachs sind Wacke ausdrücklich gefolgt.[155] Dass die Generalklauseln hinreichend bestimmt sind, stellte später das Bundesverfassungsgericht in einer Entscheidung von 1980 fest.[156]

b) Zuständigkeit der Kommunalvertretung

In den Flächenländern der ehemaligen britischen und amerikanischen Besatzungszone, in denen nicht mehr die Polizei, sondern die Ordnungsverwaltung Gefahrenabwehrverordnungen erlassen durfte, waren nunmehr auf örtlicher Ebene die Kommunalvertretungen für den Erlass der Verordnungen zuständig, nicht mehr der Bürgermeister oder der Landrat.[157] Dies war in dieser Form im Vergleich zum PrPVG ein Novum und stärkte die demokratischen Elemente in der Polizeiorganisation. Wacke stand nicht nur der aktuellen Rechtsentwicklung in den Bundesländern kritisch gegenüber.[158] Als die Verfasser des Frankfurter Modells eines Polizeigesetzes (oben III 2) diese Rechtsentwicklung in ihr Modellgesetz übernahmen und vorschlugen, dass auf lokaler Ebene nur noch Gemeinde- und Kreisvertretungen Gefahrenabwehrverordnungen erlassen können sollten,[159] hat Wacke diesen Reformvorschlag scharf kritisiert. Er trat stattdessen für den früheren Rechtszustand ein, wie er nach dem PrPVG bestand. Seine Ausführungen machen deutlich, dass er einer Demokratisierung der Eingriffsverwaltung ablehnend gegenüberstand. Seine Kritik stütze er unter anderem auf „praktische Bedenken“. Denn in der Kommunalvertretung säßen auch die Vertreter extremer Parteien, so dass auch „Gegner[ ] des demokratischen Staates“ über Dinge der Staatssicherheit informiert würden. „Auch die Demokratie wird unter den heutigen Verhältnissen ihre Spielregeln nicht über-

---

[154] *Drews/Wacke*, Allgemeines Polizeirecht, 7. Aufl. 1961 (Fn. 6), S. 385 f.; ebd., S. 386, wonach die Generalermächtigung *„den Bürger besser“* schütze als die Spezialklausel; eingehend zur Vereinbarkeit mit Art. 80 GG bereits *Gerhard Wacke*, Verfassung und Polizeiverordnungen, DÖV 1955, S. 456 (457 ff.).

[155] OVG Lüneburg, VerwRspr 1957, 484 (485 f.); *Bochalli*, Besonderes Verwaltungsrecht II, 1959 (Fn. 33), S. 121, Fn. 11; *Wolff*, Verwaltungsrecht III, 1966 (Fn. 33), S. 69, 43 (allg. zur Generalermächtigung); *Friauf*, Polizei- und Ordnungsrecht, 1969 (Fn. 33), S. 200; i. E. ebenso *Götz*, Polizei- und Ordnungsrecht, 1970 (Fn. 34), S. 174 f., allerdings sei die Ermächtigung zum Erlass von Verordnungen zum Schutz der öffentlichen Ordnung nicht vereinbar mit den Bestimmtheitsanforderungen.

[156] BVerfGE 54, 143 (144 f.), zum OBG NRW, mit Verweis auf BVerfGE 14, 245 (253).

[157] Näher *Drews/Wacke*, Allgemeines Polizeirecht, 7. Aufl. 1961 (Fn. 6), S. 418 ff.; ebd., S. 413 ff., zur Rechtslage nach preußischen Recht, dort auch zur Mitwirkung von Selbstverwaltungsorganen beim Erlass von Polizeiverordnungen. Siehe ferner *Bastian*, Westdeutsches Polizeirecht (Fn. 29), S. 216 f.; diese Änderung geht auf Vorstellungen der britischen Besatzungsmacht zurück, siehe ebd., S. 89.

[158] *Drews/Wacke*, Allgemeines Polizeirecht, 7. Aufl. 1961 (Fn. 6), insbes. S. 416, 418 ff.

[159] Zu den vorgeschlagenen Regelungen zum Verordnungsrecht siehe *Peters*, Modell-Polizeigesetz (Fn. 86), S. 387.

spitzen dürfen. Wenn sie im Polizeirecht ihre Gewalt noch wesentlich mehr zerteilt, als dies [...] das immerhin in der Weimarer Zeit erlassene preußische PVG getan hat, so kann sie damit leicht zu weit gehen. [...] [D]ie Hypertrophie der Justizstaatlichkeit [...] könnte im Bereiche der Verwaltung auch einmal ein Gegenstück finden in einer Überspitzung angeblich demokratischer Verfassungsformen dort, wo die Verwaltung nun einmal ausgesprochene Hoheitsverwaltung sein muss und klare Verantwortungsverhältnisse geschaffen werden müssen.«[160]

2. *Öffentliche Ordnung als Schutzgut*

Erhard Denninger, der spätere Mitverfasser des Alternativentwurfs zum MEPolG,[161] vertrat 1968 die These, dass das Polizeirecht der Bundesrepublik „zwar rechtsstaatlich, nicht aber demokratisch durchgebildet sei" und dass es an einer „freiheitlich-*demokratischen* Theorie der Polizei" fehle.[162] Seine Kritik richtete sich besonders gegen das tradierte polizeiliche Schutzgut der öffentlichen Ordnung und dessen Handhabung durch die herrschende Meinung. Die öffentliche Ordnung umfasste nämlich im Anschluss an die Amtliche Begründung zu § 14 PrPVG alle (auch ungeschriebenen) Normen, deren Befolgung „nach der herrschenden allgemeinen Auffassung" zu den unerlässlichen Voraussetzungen gedeihlichen menschlichen und staatsbürgerlichen Zusammenlebens gehört.[163] Doch die Achtung der Meinungen auch der Minderheit verbiete es, so Denninger, die öffentliche Ordnung auf Seiten der Mehrheit zu suchen. Eine demokratische und freiheitliche Haltung werde zumindest in Fragen der geistigen Polizeigüter (etwa Religion, Kunst und Sittlichkeit) auf die „inhaltliche Fixierung" eines „*einheitlichen* Ordnungsbildes" verzichten. Daher plädierte er für ein „demokratisches Verständnis der öffentlichen Ordnung".[164]

---

[160] *Wacke*, Frankfurter Modell eines Polizeigesetzes (Fn. 40), S. 392 f.; Kritik am Frankfurter Modell auch in *Drews/Wacke*, Allgemeines Polizeirecht, 7. Aufl. 1961 (Fn. 6), S. 418.

[161] *Erhard Denninger* u. a., Alternativentwurf einheitlicher Polizeigesetze des Bundes und der Länder, vorgel. v. „Arbeitskreis Polizeirecht", Neuwied/Darmstadt 1979. Denninger hat mit Hans Lisken auch das Handbuch des Polizeirechts (o. Fn. 38) herausgegeben, dessen 1. Aufl. 1992 erschien.

[162] *Erhard Denninger*, Polizei in der freiheitlichen Demokratie, Frankfurt a. M./Berlin 1968, S. 8 f.

[163] So die Definition bei *Drews/Wacke*, Allgemeines Polizeirecht, 7. Aufl. 1961 (Fn. 6), S. 73. Die Amtliche Begründung zu § 14 PrPVG findet sich z. B. bei *Bernhard Scheer/Hans Trubel*, Preußisches Polizeiverwaltungsgesetz vom 1. Juni 1931. Mit Ausführungsbestimmungen und Materialien sowie rechtsvergleichenden Hinweisen auf das geltende Polizeirecht der Länder der Bundesrepublik, 6. Aufl., Hamburg 1961, S. 101 f.

[164] Siehe *Denninger*, Polizei in der freiheitlichen Demokratie (Fn. 162), S. 22 ff., Zitate: S. 31 f., 39.

In Wackes Lehrbuch findet sich im Abschnitt über den „Begriff der öffentlichen Ordnung" keine Bezugnahme auf die Demokratie oder den Schutz von Minderheiten.[165] Sein Schüler Vogel nahm in der Festschrift für Wacke Stellung zu Denningers Forderung und verneinte, dass im Bereich der Generalklausel Raum für eine „besondere ‚demokratische Theorie'" sei.[166] Martens erklärte in der Neubearbeitung von Wackes Lehrbuch ebenfalls die Anknüpfung an Vorstellungen der Mehrheit für unbedenklich, dies sei „im Blick auf das *demokratische* Prinzip gewiß nicht zu beanstanden". Allerdings dürfe aus rechtsstaatlichen Gründen der Schutz von Minderheiten nicht vernachlässigt werden, insofern machten die Grundrechte eine „*restriktive* und *freiheitliche Handhabung*" des Begriffs der öffentlichen Ordnung erforderlich.[167]

Mit seiner Kritik hatte Denninger jedoch eine Debatte ausgelöst, in der ihm nicht wenige Autoren folgten oder selbst eigene kritische Beiträge zu diesem Thema verfassten.[168] Obgleich das damalige Schrifttum überwiegend für die Beibehaltung des Schutzguts eingetreten ist[169] und sich die Innenminister darauf verständigten, im MEPolG (1976/77) nicht auf dieses Schutzgut zu verzichten,[170] wird bis heute über die öffentliche Ordnung diskutiert. Seit den 1980er Jahren wurde dieses Schutzgut aus einigen Landespolizeigesetzen entfernt.[171] Außerdem wurde die Definition der öffentlichen Ordnung inzwischen modernisiert, wobei nun insbesondere betont wird, dass die ungeschriebenen Regeln mit der verfassungsmäßigen Ordnung im Einklang stehen müssen.[172] In der Polizeirechtswissenschaft der ersten beiden Nachkriegsjahrzehnte hatte es freilich keine fundamentalen Bedenken gegen dieses Schutzgut gegeben, Wacke stellte insoweit keine Ausnahme dar. Für eine Debatte über ein „demokratisches Verständnis" der öffentlichen Ordnung schien die Zeit noch nicht reif gewesen zu sein. Es waren stattdessen überwiegend Fragen der Polizeiorganisation und des

---

[165] *Drews/Wacke*, Allgemeines Polizeirecht, 7. Aufl. 1961 (Fn. 6), S. 73 f.

[166] *Klaus Vogel*, Über die Herkunft des Polizeirechts aus der liberalen Staatstheorie, in: ders./Tipke, Verfassung, Verwaltung, Finanzen (Fn. 9), S. 375 (384). Zwar hielt er es für berechtigt, anhand „*rechtsstaatliche[r]* Gesichtspunkte" die traditionelle Interpretation der öffentlichen Ordnung zu kritisieren (ebd., S. 386), doch sah er kein Problem darin, dass auf die „*überwiegende[ ] Mehrheit*" abgestellt werde (ebd., S. 387).

[167] *Martens*, Gefahrenabwehr II, 8. Aufl. 1977 (Fn. 30), S. 132.

[168] Siehe z.B. aus den 1970er Jahren *Götz*, Polizei- und Ordnungsrecht, 1970 (Fn. 34), S. 42 ff.; *Franz-Joseph Peine*, Öffentliche Ordnung als polizeirechtliches Schutzgut, Die Verwaltung 12 (1979), S. 25 (30 ff.).

[169] Siehe neben den in Fn. 166 u. 167 zitierten Äußerungen von Vogel und Martens z.B. *Hans H. Klein*, Zur Auslegung des Rechtsbegriffs der „öffentlichen Sicherheit und Ordnung", DVBl. 1971, S. 233 (235 ff.); *Günter Erbel*, Der Streit um die „öffentliche Ordnung" als polizeirechtliches Schutzgut, DVBl. 1972, S. 475 (478 ff.).

[170] Siehe die allgemeine Begründung in *Heise/Riegel*, Musterentwurf (Fn. 90), S. 17 f.

[171] Hierzu etwa *Götz/Geis*, Polizei- und Ordnungsrecht, 16. Aufl. 2017 (Fn. 92), § 5 Rn. 34.

[172] Siehe etwa die Legaldefinition in § 3 Nr. 2 SOG LSA; weitgehend identisch: § 54 Nr. 2 ThürOBG.

formellen Polizeirechts, bei denen sich nach dem Zweiten Weltkrieg die Frage der Demokratisierung stellte (siehe oben 1).

VII. Ergebnisse

Gerhard Wackes Neubearbeitung von Bill Drews' Polizeirechtslehrbuch avancierte rasch zum polizeirechtlichen Standardwerk der frühen Bundesrepublik. Mit seiner Lehre vom allgemeinen deutschen Polizeirecht leistete er in einer Zeit der „Rechtszersplitterung" (Wacke) nach dem Zweiten Weltkrieg einen wissenschaftlichen Beitrag zur Rechtsvereinheitlichung und knüpfte damit an die Tradition der Systeme der gemeindeutschen Rechtswissenschaft des 19. Jahrhunderts an. Referenzpunkte waren dabei für Wacke vor allem das Preußische Polizeiverwaltungsgesetz von 1931 und die Rechtsprechung des Preußischen Oberverwaltungsgerichts. Während manche die Generalklausel des § 14 Abs. 1 PrPVG mit ihrer liberal-rechtsstaatlichen Begrenzung auf die Gefahrenabwehr für „zu eng" hielten und für eine Ausweitung der Eingriffsbefugnisse plädierten,[173] trat Wacke frühzeitig für die Weitergeltung dieser Regelung ein.

Viel mehr als eine Wiederherstellung des früheren Zustands von 1931 strebte Wacke jedoch nicht an. Für eine Fortentwicklung und Modernisierung des tradierten preußischen Polizeirechts war er nicht aufgeschlossen. Die Vorschriften des Grundgesetzes sowie die Rechtsprechung des Bundesverfassungsgerichts verarbeitete er zwar im Rahmen seiner Darstellung.[174] Doch begrüßte er weder die Schaffung neuer Spezialklauseln, die der Gewährleistung des Grundrechtsschutzes dienen und insbesondere den Anforderungen der Gesetzesvorbehalte der neuen Grundrechte entsprechen sollten, noch verarbeitete er produktiv den immer stärker werdenden Prozess der Subjektivierung des Polizeirechts, der vor allem vom Bundesverwaltungsgericht initiiert wurde. Dass die Generalklausel auch dem Individualinteresse dienen und dass der Einzelne einen Anspruch auf polizeiliches Einschreiten haben könnte, kam für Wacke kaum in Betracht. Die Entpolizeilichung sowie eine Demokratisierung des Polizeirechts lehnte er ab. Erst die einer neuen Generation angehörenden Verwaltungsrechtler Klaus Vogel und Wolfgang Martens haben Wackes Lehrbuch seit Mitte der 1970er Jahre an die aktuelle Entwicklung herangeführt.

---

[173] *Robert Nebinger*, Die Ermächtigung der Polizei und die Bonner Beschlüsse, DÖV 1949, S. 161 (164); zu Nebinger siehe bereits o. Fn. 32.

[174] Siehe z. B. das Kapitel „Einschränkungen" durch Grundrechte: *Drews/Wacke*, Allgemeines Polizeirecht, 6. Aufl. 1952 (Fn. 28), S. 54 ff.; ebd., 7. Aufl. 1961 (Fn. 6), S. 127 ff.

Anna Katharina Mangold

Hans Peter Ipsen: Ein technokratischer Meister der Begriffsprägung*

Leben und Werk des Hamburger Staatsrechtlers Hans Peter Ipsen sind unter mindestens drei Gesichtspunkten für die Verwaltungsrechtsgeschichte der frühen Bundesrepublik von Interesse.

Erstens zeigt sich an Ipsens Person die herausforderungsvolle Situation für die deutsche Staatsrechtslehre in den frühen Jahren der Bundesrepublik, wie nämlich mit eigenem wissenschaftlichem und politischem Tun in der Zeit des Nationalsozialismus umzugehen war. Dabei geht es nicht um moralische Empörung, sondern darum, jene Kontinuitäten in verwaltungsrechtlichem Denken und juristischer Argumentation aufzuzeigen, die aufgrund der ausfallenden Aufarbeitung als nationalsozialistisches Erbe auch das frühe bundesrepublikanische Rechtsverständnis prägen konnten. Ein technokratisches Begriffsverständnis ermöglichte die Kontinuität methodischer Überlegungen. Hans Peter Ipsen wird hier repräsentativ als Vertreter eines solch technokratischen Rechtsverständnisses vorgestellt, das es ihm gestattete, ohne weiteres Federlesen sowohl unter der NS-Herrschaft wie unter der Herrschaft des Grundgesetzes die – vermeintlich – gleichen methodischen Überlegungen anzustellen.[1]

Zweitens hat Hans Peter Ipsen nicht wenige einflussreiche Begriffe entwickelt, die für das öffentlich-rechtliche Denken der frühen Bundesrepublik prä-

---

* Die Autorin dankt für zahlreiche Hinweise, Anregungen und Verbesserungsvorschläge Anuscheh Farahat, Eike Frenzel, Nora Markard, Carsten Kremer, Ulrike Lembke, Benjamin Rusteberg und Rainer Wahl.

[1] Ipsen ließ seine Ausführungen zum Hamburger Staats- und Verfassungsrecht nach dem Kriege unverändert erneut drucken, *Hans Peter Ipsen*, Hamburgs Verfassung und Verwaltung, Hamburg 1956, Vorwort, S. 7 f.: „In seinen Partien, die die Jahre 1933 bis 1951 umfassen, gibt die Arbeit Untersuchungen wieder, die jeweils an Schnittpunkten der Entwicklung selbst – in den Jahren 1936, 1938, 1939, 1948, 1951 – geschrieben [...] wurden [...]. Sie werden hier *ohne jede inhaltliche Änderung* reproduziert, um ihren Charakter als Äußerungen ihrer Zeit in nichts zu beeinträchtigen" (Hervorh. im Original). – Vergleichbar das Vorwort von *Ernst Forsthoff* in seinem bekannten und weit verbreiteten „Lehrbuch des Verwaltungsrechts" (Bd. 1: Allgemeiner Teil, München/Berlin 1950), dort S. VI: „Der Plan des vorliegenden Bandes und die wesentlichen Grundgedanken [...] lagen bereits vor Kriegsausbruch fest [...]. Nahezu die Hälfte des Buches wurde während des Krieges niedergeschrieben. Nach der Kapitulation stellte es sich bald heraus, daß an der Gesamtkonzeption nichts geändert zu werden brauchte. Die Notwendigkeiten und die Fragestellungen, wie sie sich bei einer realistischen und nicht ideologischen Betrachtung ergaben, waren die gleichen geblieben."

gend wurden. Zu nennen sind: Entschädigungsjunktim/Junktimklausel (1952)[2]; Plangewährleistung (1954)[3]; Drittwirkung der Grundrechte (1954)[4] sowie Zwei-Stufen-Theorie (1956)[5]. Ipsen nahm damit pointiert Stellung zu einigen der hochumstrittenen verfassungs- und verwaltungsrechtlichen Fragen jener Jahre und gab ihnen mit seinen Begriffsprägungen eine prägnante Fassbarkeit.

Drittens ließ sein unbestrittener Einfluss auf die technisch-dogmatische Konzeption des Gemeinschaftsrechts, welche 1972 in seinem epochalen Werk „Europäisches Gemeinschaftsrecht" gipfelte, Ipsen auch in diesem Bereich begriffsprägend tätig werden: 1964 bezeichnete er in seinem Abschlussvortrag auf dem Deutschen Juristentag in Karlsruhe die Europäischen Gemeinschaften als „Zweckverbände funktioneller Integration"[6], erfand den „Marktbürger"[7] und gewann für Art. 24 GG die Funktion als „Integrationshebel".[8] Die Bedeutung des Europäischen Gemeinschaftsrechts in Ipsens Arbeiten bereits seit den Gründungsjahren der Gemeinschaften erweist, dass das Europäische Gemeinschaftsrecht die Entwicklung des bundesrepublikanischen Rechts, auch des Verwaltungsrechts und besonders des Wirtschaftsverwaltungsrechts, bereits seit den Nachkriegsjahren und damit fast von Beginn der Bundesrepublik an begleitete, auch wenn heute vielfach der eigentliche Beginn einer „Europäisierung des Verwaltungsrechts" auf die 1980er Jahre datiert wird.[9] Das Gemeinschaftsrecht bildete selbst ein eigenes Verwaltungsrecht aus, mit eigener Dogmatik und Entwicklung.[10] Die Montanunion wurde 1950 gegründet, die Europäische Politische Gemeinschaft und die Europäische Verteidigungsgemeinschaft scheiterten 1954 und wurden 1957 durch die Europäische Wirtschaftsgemeinschaft ersetzt. Schon der zeitliche Zusammenhang legt nahe, den Querbeziehungen zwischen europäischer Integrationsentwicklung mitsamt europäischem Verwaltungs-

---

[2] *Hans Peter Ipsen*, Enteignung und Sozialisierung, VVDStRL 10 (1952), S. 74 (78).

[3] *Hans Peter Ipsen*, Diskussionsbeitrag, VVDStRL 11 (1954), S. 129.

[4] *Hans Peter Ipsen*, Gleichheit, in: Franz Leopold Neumann/Hans Carl Nipperdey/Ulrich Scheuner (Hrsg.), Die Grundrechte, Bd. 2, Berlin 1954, S. 11 (143).

[5] *Hans Peter Ipsen*, Öffentliche Subventionierung Privater, Berlin/Köln 1956, S. 64 f.

[6] *Hans Peter Ipsen*, Der deutsche Jurist und das Europäische Gemeinschaftsrecht, Verhandlungen des 43. Deutschen Juristentags in München 1964, Bd. 2, S. L 14; *ders.*, Europäisches Gemeinschaftsrecht, Tübingen 1972, S. 196 ff.

[7] *Hans Peter Ipsen/Gert Nicolaysen*, Haager Kongreß für Europarecht und Bericht über die aktuelle Entwicklung des Gemeinschaftsrechts, NJW 1964, S. 339 (340). Zur Kontextualisierung: *Thomas Oppermann*, Vom Marktbürger zum EG-Bürger?, in: Gert Nicolaysen/Helmut Quaritsch (Hrsg.), Lüneburger Symposium für Hans Peter Ipsen zur Feier des 80. Geb., Baden-Baden 1988, S. 87 ff.

[8] *Ipsen*, Der deutsche Jurist (Fn. 6), S. L 14.

[9] So etwa *Oliver Lepsius*, Hat die Europäisierung des Verwaltungsrechts Methode?, in: Peter Axer u. a. (Hrsg.), Das Europäische Verwaltungsrecht in der Konsolidierungsphase, Berlin 2010 (Die Verwaltung, Beiheft 10), S. 179 (183).

[10] Siehe die Nachweise bei *Anna Katharina Mangold*, Gemeinschaftsrecht und deutsches Recht. Die Europäisierung der deutschen Rechtsordnung in historisch-empirischer Sicht, Tübingen 2011, S. 213 m. Fn. 148, 217 m. Fn. 166, 223 m. Fn. 201.

recht und innerdeutscher Entwicklung des Verwaltungsrechts nachzugehen. Dazu lädt das Werk Hans Peter Ipsens in besonderer Weise ein.

Dieser Beitrag schildert zunächst Hans Peter Ipsens Biographie (I.), um sodann den Kontinuitäten in Ipsens Arbeiten vom Dritten Reich zur frühen Bundesrepublik nachzuspüren – dabei wird zugleich Ipsens Beitrag zum Europäischen Gemeinschaftsrecht deutlich (II.). Schließlich geht es um die verwaltungsrechtlichen Begriffsprägungen Ipsens, nämlich Plangewährleistung und Zwei-Stufen-Theorie, die eingehender vorgestellt und kontextualisiert werden, als maßgebliche Beiträge zur dogmatischen Formung des Verwaltungsrechts der frühen Bundesrepublik (III.).

I. Leben und Werk

Als Quellen für Hans Peter Ipsens Biographie können zunächst Selbstzeugnisse Ipsens anlässlich des Kolloquiums zu seinem 80. Geburtstag herangezogen werden.[11] Außerdem gibt es einige Texte von Freunden und Schülern in Festschriften und Zeitschriften.[12] Diese sind – dem jeweiligen Anlass entsprechend – sehr wohlwollend gehalten.[13] Kritischer dagegen ist die gründliche und archivarisch informierte Untersuchung von Norman Paech und Ulrich Krampe.[14] Die beiden Autoren einer Untersuchung über die Hamburger Rechts- und Staatswissenschaftliche Fakultät im Nationalsozialismus haben Mitte der 1980er Jahre Hans Peter Ipsen eine exemplarische und ausführliche Studie gewidmet, die Ipsens Verstrickung mit dem NS-Regime zu Tage förderte. Zwar

---

[11] *Nicolaysen/Quaritsch* (Hrsg.), Lüneburger Symposium (Fn. 7), mit Erwiderungen *Ipsens* zu den verschiedenen Beiträgen.

[12] Biographien finden sich bei: *Rolf Stödter*, Hans Peter Ipsen. Leben und Leistung, in: ders., Hamburg, Deutschland, Europa. Festschrift für Ipsen, Tübingen 1977, S. 1–8; *Helmut Quaritsch*, Hans Peter Ipsen zum Gedenken, AöR 123 (1998), S. 1–20. Außerdem: *Torsten Stein*, Laudatio, in: Georg Ress/ Torsten Stein (Hrsg.), Festakt und Ehrenpromotion aus Anlaß des vierzigjährigen Bestehens des Europa-Instituts der Universität des Saarlandes, Privatdruck Saarbrücken 1991, S. 41–44. – Auch der jüngst erschienene Beitrag von *Klaus Stern*, Hans Peter Ipsen (1907–1998), in: Peter Häberle/Michael Kilian/Heinrich Amadeus Wolff (Hrsg.), Staatsrechtslehrer des 20. Jahrhunderts. Deutschland – Österreich – Schweiz, Berlin/ Boston 2015, S. 717 ff., ist in sehr freundlich-freundschaftlichem Ton gehalten.

[13] Erstaunlich unkritisch ist die jüngste Darstellung zu Ipsen bei *Stern*, Ipsen (Fn. 12), S. 717 ff., der weder auf Ipsens längst bekannte aktive Beteiligung am NS-Regime eingeht noch dessen Schrifttum während des Dritten Reiches beleuchtet.

[14] *Norman Paech/Ulrich Krampe*, Hochschulalltag im Faschismus. Die Rechts- und Staatswissenschaftliche Fakultät der Universität Hamburg 1933–1945, DuR 1986, S. 373 ff.; *dies.*, Die Rechts- und Staatswissenschaftliche Fakultät – Abteilung Rechtswissenschaft, in: Eckart Krause (Hrsg.), Hochschulalltag im „Dritten Reich". Die Hamburger Universität 1933–1945, Berlin/Hamburg 1991, S. 867 ff. (zu Ipsen insbes. S. 890–897). – Kritisch auch *Christian Joerges*, Continuities and Discontinuities in German Legal Thought, Law & Critique 14 (2003), S. 297 (305 ff.).

hatte bereits 1962 das Bekanntwerden von Ipsens Tätigkeit in der belgischen Besatzungsverwaltung bei der Staatsrechtslehrervereinigung für einigen Aufruhr gesorgt.[15] Doch, wie Michael Stolleis aus eigener Anschauung beschreibt, konnte Ipsen auch nach dem Beitrag von Paech und Krampe „aufgrund seiner großen persönlichen Autorität eine ausgreifende öffentliche Debatte verhindern und sich auch seine eigene Verdrängung bis zuletzt bewahren".[16]

Hans Peter Ipsen wurde 1907 in Hamburg geboren und verstarb 1998 in Lüneburg, kurz nach seinem neunzigsten Geburtstag. Nach dem Abitur 1926 in Hamburg studierte er an der dortigen Universität zunächst neue Sprachen (Englisch, Französisch und Spanisch), um sich auf den Konsulardienst vorzubereiten, besann sich nach dem Besuch einer Vorlesung zum Römischen Recht des – didaktisch offenbar außerordentlich begabten – Leo Raape[17] jedoch eines Besseren und wandte sich der Rechtswissenschaft zu.[18] Raape engagierte Ipsen, der „Bundesbruder" in derselben Turngesellschaft war, um ihm seine (1931 erschienene) grundlegende Kommentierung des EGBGB (Internationales Privatrecht) für Staudingers Kommentar zu diktieren.[19]

Ipsen promovierte dann jedoch im öffentlichen Recht bei Kurt Perels[20] über den „Widerruf gültiger Verwaltungsakte" (1932), ein Thema, welches aus einem Gutachtenauftrag Perels für die Hamburger Hypothekenbank über den Widerruf einer die Bank begünstigenden Entscheidung entstanden war.[21] In den letzten Wochen bis zu Perels Freitod 1933, mit welchem dieser weiteren Demütigungen durch die Nazis wegen seiner jüdischen Abstammung zuvorkommen wollte, wohnte Ipsen bei seinem Doktorvater und begleitete ihn in dieser letzten Zeit. Für die Betreuung seiner Habilitation wählte sich Ipsen sodann den Sozi-

---

[15] *Michael Stolleis*, Geschichte des öffentlichen Rechts, Bd. 4, München 2012, S. 78. – Stolleis berichtet weiter, dass offenbar Hartwig Bülck in diesem Zusammenhang aus der Vereinigung austrat, und zwar, weil die Informationen über Ipsen „für seinen Geschmack zu indiskret herumgereicht worden waren" (ebd.).

[16] *Stolleis*, GeschÖR IV (Fn. 15), S. 456 mit Fn. 372.

[17] Zu Leo Raape: *Hans Peter Ipsen*, Vorwort, in: ders. (Hrsg.), Festschrift für Leo Raape zu seinem 70. Geb., Hamburg 1948; *Konrad Zweigert*, Leo Raape, in: Rechtswiss. Fak. der Univ. Hamburg (Hrsg.), Lebensbilder Hamburgischer Rechtsgelehrter, Hamburg 1969, S. 77 ff.

[18] *Hans Peter Ipsen*, Zum Vortrag von Rolf Stödter, in: Nicolaysen/Quaritsch (Hrsg.), Lüneburger Symposium (Fn. 7), S. 20 f.; *Quaritsch*, Ipsen (Fn. 12), S. 18. – Quaritsch war zunächst Teilnehmer von Seminaren Ipsens (ebd., S. 4), später dessen Assistent (S. 18).

[19] Ipsen konnte seit seinem 12. Lebensjahr stenographieren und Schreibmaschine schreiben, vgl. *Ipsen*, Zum Vortrag von Stödter (Fn. 18), S. 21; *Quaritsch*, Ipsen (Fn. 12), S. 18. – Zu der EGBGB-Kommentierung Raapes auch *Zweigert*, Leo Raape (Fn. 17), S. 80.

[20] Zu Kurt Perels: *Hans Peter Ipsen*, Kurt Perels, in: Lebensbilder (Fn. 17), S. 69 ff.; *Ipsen*, Zum Vortrag von Stödter (Fn. 18), S. 20 (auch zu diesen letzten Wochen Perels im Jahre 1933).

[21] *Hans Peter Ipsen*, Widerruf gültiger Verwaltungsakte, Hamburg 1932; dazu *ders.*, Zum Vortrag von Peter Selmer, in: Nicolaysen/Quaritsch (Hrsg.), Lüneburger Symposium (Fn. 7), S. 31; *Quaritsch*, Ipsen (Fn. 12), S. 14.

aldemokraten Rudolf Laun,[22] ebenfalls eine Entscheidung, die gegen den Zeitgeist getroffen war. Mit der 1932 begonnenen, 1936 fertiggestellten Arbeit über „Politik und Justiz. Zum Problem justizfreier Hoheitsakte" arbeitete Ipsen allerdings zu einem Thema, wie es „kaum aktueller sein konnte"[23], ging es doch nicht zuletzt auch um die sog. Schutzhaftverfügungen der Gestapo[24].[25] Auf diese Arbeit wird zurückzukommen sein.

Nach seiner Habilitation 1936 wurde Ipsen ein Jahr darauf zunächst Lehrstuhlvertreter. Seine endgültige Berufung zog sich bis 1940 hin, nach Ipsens eigenem Zeugnis aufgrund „negative[r] Gutachten" von NS-Dozenten- und -Studentenbund.[26] Mathias Schmoeckel deutete 1993 in seiner Dissertation über die Großraumtheorie an, die unmittelbare Berufung Ipsens könnte daran gescheitert sein, dass Ipsen Anhänger der Schmittschen Großraumtheorie gewesen sei, der die NS-Stellen wegen ihrer universalistischen Tendenz und vor allem nach dem politischen Fall Carl Schmitts 1936[27] zurückhaltend gegenüberstanden.[28] Ipsen gehörte wie sein Schüler Helmut Quaritsch noch in der Nachkriegszeit zum Kreis um Carl Schmitt.[29] Nach manchen Aktivitäten seitens der Hamburger Fakultät und auf der Grundlage von Gutachten der einschlägig nationalsozialistisch ausgewiesenen Professoren Ernst Rudolf Huber, Werner Weber, Ulrich Scheuner und Heinrich Lange sowie einiger NS-Stellen konnte Ipsen jedenfalls im Februar 1940 sein Ordinariat antreten, und zwar als Nachfolge am Lehrstuhl Kurt Perels', den kurzzeitig zuvor Ernst Forsthoff innegehabt und den Ipsen schon seit dem Wintersemester 1937/38 vertreten hatte.[30]

---

[22] Zu Rudolf Laun: *Rainer Biskup*, Staatsrechtslehrer zwischen Republik und Diktatur: Rudolf Laun (1882–1975), Hamburg 2010; *Rainer Nicolaysen*, Laun, Rudolf, in: Franklin Kopitzsch/Dirk Brietzke (Hrsg.), Hamburgische Biografie, Bd. 5, Göttingen 2010, S. 227–230.

[23] So *Michael Stolleis*, Geschichte des öffentlichen Rechts, Bd. 3, 1999, S. 274. – Ähnlich *Stern*, Ipsen (Fn. 12), S. 718: „in jener Zeit ein offenkundig vermintes Feld".

[24] Wie sich ganz nebenbei und *en passant* ergibt, vgl. *Hans Peter Ipsen*, Politik und Justiz. Zum Problem justizfreier Hoheitsakte, Hamburg 1937, S. 16 mit Fn. 3 und z. B. S. 72.

[25] Sehr wohlwollend zu diesem Werk: *Hans Schneider*, Politik und Justiz, in: Nicolaysen/Quaritsch (Hrsg.), Lüneburger Symposion (Fn. 7), S. 33–35, mit Anm. *Ipsens*, ebd., S. 36 f.; auch *Stern*, Ipsen (Fn. 12), S. 718, findet nichts Kritikwürdiges an der Arbeit, der sich in seiner Bewertung auf Schneider stützt.

[26] *Hans Peter Ipsen*, Zum Vortrag von Hans Schneider, in: Nicolaysen/Quaritsch (Hrsg.), Lüneburger Symposium (Fn. 7), S. 36.

[27] *Reinhard Mehring*, Carl Schmitt. Aufstieg und Fall – eine Biographie, München 2009, S. 378 ff.

[28] *Mathias Schmoeckel*, Die Großraumtheorie, Berlin 1994, S. 140, Fn. 74, und S. 254, Fn. 65. – Zwar ist Ipsens Name an den betreffenden Stellen der Dissertationsschrift nicht explizit genannt (wohl wegen der auch 1993 noch immer nicht ganz unkomplizierten wissenschaftlichen Lage), doch ist der Zusammenhang zu erschließen aus den Einträgen zu Ipsen im Personenregister von Schmoeckels Arbeit.

[29] Das ergibt sich eindrücklich aus *Dorothee Mußgnug/Reinhard Mußgnug/Angela Reinthal* (Hrsg.), Briefwechsel Ernst Forsthoff – Carl Schmitt, Berlin 2007, vgl. Einträge im Personenregister zu Ipsen.

[30] *Paech/Krampe*, Rechts- und Staatswissenschaftliche Fakultät (Fn. 14), S. 892 f.

Während seiner Habilitation und auch danach arbeitete Ipsen ab 1934 in der Hamburger Senatsverwaltung, im Rechtsamt, wo er unter anderem die Gebietsreform des Groß-Hamburg-Gesetzes juristisch begleitete.[31] Bereits seit 1933, also noch vor der Röhm-Säuberung, war Ipsen Bewerber und Anwärter der SA, im Dezember 1935 wurde er Mitglied.[32] 1937 wurde er nach dem Ende des Aufnahmestopps auch Mitglied in der NSDAP.[33] Anfang 1941 wurde Ipsen zum Kommissar für die Kolonialuniversität Antwerpen und die Freie Universität Brüssel ernannt, eine Tätigkeit, die er bis Oktober 1943 ausübte; unter Ipsens Ägide wurden unter anderem der Vorsitzende des Studentenbundes deportiert sowie Mitglieder des Verwaltungsrates der Universität Brüssel festgenommen.[34] Diese Vorkommnisse bereiteten Ipsen nach Kriegsende noch Scherereien, wann immer er in Belgien einreisen wollte.[35] Auch im Reichsjustizministerium war er 1943 und 1944 tätig, um die Neuregelung der Verwaltungsgerichtsbarkeit zu leiten.[36]

Nach dem Krieg erlangte Ipsen trotz vorübergehender Suspendierung rasch seine wichtige Rolle in Fakultät und Universität wieder, nachdem er positive Schreiben von Rudolf Laun und Leo Raape vorlegen konnte, die ihn von jeder nationalsozialistischen Tendenz freisprachen[37] – ein faszinierender Beleg für die oft beschriebene Praxis, dass gerade in der Rechtswissenschaft die sog. „Persilscheine“[38] überaus freizügig ausgestellt wurden. Ipsen blieb denn auch Zeit seines Lebens der Hamburger Universität treu und betreute dort sieben Habilitanden[39] und über 140 Doktoranden.[40] Er betätigte sich als Chronist der

---

[31] Dazu *Hans Peter Ipsen*, Das Gesetz über Groß-Hamburg und andere Gebietsbereinigungen, Zeitschrift der Akademie für Deutsches Recht 1937, S. 104; *ders.*, Die Durchführung des Groß-Hamburg-Gesetzes, Hanseatische Rechts- und Gerichtszeitschrift 1938, Sp. 191.

[32] *Paech/Krampe*, Rechts- und Staatswissenschaftliche Fakultät (Fn. 14), S. 880. – Ipsens „juristischer Zwillingsbruder“ Rolf Stödter war seit Ende 1933 bereits SA-Mitglied, ebd.

[33] *Paech/Krampe*, Rechts- und Staatswissenschaftliche Fakultät (Fn. 14), S. 892.

[34] Ebd., S. 895f.

[35] Mit archivarischen Nachweisen *Joerges*, Continuities and Discontinuities (Fn. 14), S. 306ff.

[36] *Paech/Krampe*, Rechts- und Staatswissenschaftliche Fakultät (Fn. 14), S. 896.

[37] Ebd., S. 912, Fn. 96.

[38] Allgemein zur Praxis der „Persilscheine“ in der Rechtswissenschaft: *Michael Stolleis*, Das Zögern beim Blick in den Spiegel. Die deutsche Rechtswissenschaft nach 1933 und nach 1945, in: Hartmut Lehmann/Otto Gerhard Oexle (Hrsg.), Nationalsozialismus in den Kulturwissenschaften: Fächer, Milieus, Karrieren, Göttingen 2004, S. 11 (16 m. Fn. 19).

[39] Darunter Eberhard Grabitz; zu diesem nun *Anna Katharina Mangold*, Zwischen Vision und Pragmatismus. Eberhard Grabitz und die Europarechtswissenschaft der zweiten Generation, JöR 63 (2015), S. 429ff.– Daneben die Aufzählung bei *Stern*, Ipsen (Fn. 12), S. 731: Helmut Quaritsch, Werner Thieme, Ernst-Werner Fuß, Wolfgang Martens, Gert Nicolaysen und Gisbert Uber.

[40] *Meinhard Hilf*, Begrüßung, in: Fachbereich Rechtswissenschaft der Universität Hamburg (Hrsg.), Hans Peter Ipsen. 1907–1998 [GS Ipsen], Hamburg 2001, S. 3.

Vereinigung deutscher Staatsrechtslehrer,[41] deren Ehrenvorsitzender er sogar im Oktober 1989 wurde[42].

Ipsen war publizistisch ungeheuer aktiv.[43] Sein Freund und „juristischer Zwillingsbruder" Rolf Stödter[44] charakterisierte Ipsens Schaffen folgendermaßen (gewollt oder ungewollt zweideutig):

„[...] in seinem Fall findet sich das Wort von Justus Möser bestätigt: ‚In der Welt wird unendlich mehr durch Dauer, Fleiß und Arbeit als durch das sog. Genie bewirkt.'"[45]

Seine Hauptforschungsgebiete in der Bundesrepublik waren zuvörderst das *Wirtschaftsrecht* in all seinen Bezügen zum Verfassungs- und Verwaltungsrecht[46] sowie damit zusammenhängend – und dafür ist Ipsen bis heute hauptsächlich bekannt – das Europäische Gemeinschaftsrecht[47]. Im *Verfassungsrecht* hat sich Ipsen mit historisch-nachvollziehenden Beobachtungen zu Wort gemeldet, aber auch eine umfangreiche Kommentierung des Gleichheitssatzes in Scheuners Buch „Die Grundrechte" von 1954 vorgelegt.[48] Im ersten seiner zwei Staatsrechtslehrervorträge befasste sich Ipsen mit Enteignung und Sozialisierung,[49] was nahelag, hatte er doch als Gutachter am hessischen Sozialisierungsstreit teilgenommen[50]. In seinem zweiten Staatsrechtslehrervortrag wandte er

---

[41] *Hans Peter Ipsen*, Statistik über 25 Staatsrechtslehrer-Tagungen, AöR 90 (1965), S. 503 ff. sowie die in *ders.*, Staatsrechtslehrer unter dem Grundgesetz, Tübingen 1993, wiederabgedruckten Beiträge aus AöR 97 (1972), S. 375–417; AöR 109 (1984), S. 555–593; AöR 117 (1992), S. 595–643.

[42] *Stolleis*, GeschÖR IV (Fn. 15), S. 504.

[43] Bibliographien finden sich in: *Stödter* (Hrsg.), FS Ipsen (Fn. 12), S. 721–732 (besorgt von Ipsens Sohn *Peter Ipsen*, die Zeit von 1932–1977 umfassend, und unter Auslassung des verräterischen Untertitels der Habilitationsschrift; für diesen Hinweis danke ich Alexandra Kemmerer); *Nicolaysen/Quaritsch* (Hrsg.), Lüneburger Symposium (Fn. 7), S. 97–110 (für die Zeit von 1977–1987).

[44] *Ipsen*, Kurt Perels (Fn. 20), S. 70.

[45] *Stödter*, Ipsen (Fn. 12), S. 7.

[46] *Hans Peter Ipsen*, Berufsausbildungsrecht für Handel, Gewerbe und Industrie, Tübingen 1967; von Ipsen selbst getroffene Auswahl an Beiträgen in: *ders.*, Öffentliches Wirtschaftsrecht, Tübingen 1985.

[47] Epochal und teilweise disziplinbegründend: *Ipsen*, Europäisches Gemeinschaftsrecht (Fn. 6); spätere Beiträge von Ipsen selbst zusammengestellt in: *ders.*, Europäisches Gemeinschaftsrecht in Einzelstudien, Baden-Baden 1984. – Ipsen war 1966 auch Mitbegründer der Zeitschrift Europarecht (EuR).

[48] Von Ipsen selbst getroffene Auswahl an Beiträgen in: *Hans Peter Ipsen*, Über das Grundgesetz, Tübingen 1988 (der Beitrag über den Gleichheitssatz dort auf S. 150–237).

[49] *Ipsen*, Enteignung und Sozialisierung (Fn. 2).

[50] *Hans Peter Ipsen*, Zu Art. 41 der Verfassung des Landes Hessen vom 11.12.1946, Gedrucktes Rechtsgutachten, Hamburg 1952 (23 S.); *ders.*, Der Hessische Sozialisierungsbefehl – nochmals: Zur Auslegung des Art. 41 der Hessischen Verfassung, DÖV 1952, S. 225 ff. – Beim hessischen Sozialisierungsstreit ging es um die Auslegung von Art. 41 der Hess. Landesverfassung, der eine automatische Sozialisierung bestimmter Betriebe der Kohle-, Stahl- und Energieerzeugung vorsah. Auf Antrag der FDP sollte der Hessische Staatsgerichtshof darüber befinden, ob diese Norm nur programmatischen Charakter habe oder die Sozialisierung unmittelbar durch die Verfassung vollzogen worden sei. In diesem Streit wurden allerhand

sich einem seiner absoluten Spezialthemen zu, nämlich der *Subventionierung Privater*;[51] auch hier war er – wie bereits erwähnt – einschlägig ausgewiesen durch seine Begriffsprägung der Zwei-Stufen-Theorie.[52] Seiner Heimatstadt widmete Ipsen 1956 ein umfangreiches Werk über „Hamburgs Verfassung und Verwaltung. Von Weimar bis Bonn".

Ipsens Dissertation über den „Widerruf gültiger Verwaltungsakte" von 1932 unterschied als eine der ersten und grundlegenden Arbeiten klar zwischen dem Widerruf gültiger und der Rücknahme rechtswidriger Verwaltungsakte. Aus dem Eigentumsschutz für günstige Verwaltungsakte als subjektive private Rechte nach Art. 153 WRV leitete Ipsen ab, dass der Widerruf nur gegen Entschädigung und auf gesetzlicher Grundlage möglich sei.[53] Ernst Forsthoff etwa hielt demgegenüber noch lange an der Lehre der freien Widerruflichkeit von Verwaltungsakten fest.[54] Von Ipsens Dissertation heißt es, sie habe die Regelungen des VwVfG über die Widerrufsgründe und die Entschädigungsregeln beim Widerruf nachhaltig geprägt.[55] Daneben trat Ipsen didaktisch mit einem Beitrag zu Verwaltungsakten hervor,[56] der sich an „Beamte und Behördenangestellte" richtete und den Ipsen selbst nicht für wissenschaftlich hielt.[57]

Kennzeichnend für Ipsens Themenwahl war die ausgeprägte Verknüpfung mit der Praxis. Das nahm seinen Anfang bereits in der Dissertation, die wie erwähnt von einem Gutachtenauftrag Kurt Perels' angeregt wurde, und wird weiter belegt durch die zahlreichen Gutachten, die in Ipsens Bibliographien aufgeführt sind und in denen er erstmals bestimmte rechtliche Auffassungen entwickelte.[58] (Gerade in der frühen Bundesrepublik wurden neue Interpretationsideen vielfach zuerst an praktischen Fällen entwickelt.[59]) Ipsen wirkte zudem

Gutachten erstellt, bevor der Staatsgerichtshof sein Urteil fällte, Hess. StGH, Urteil v. 20.07. 1951, Az. P.St. 76, StAnz 1952, S. 516. - Zum zeithistorischen Kontext: *F.*, Sozialisierung leicht gemacht, DIE ZEIT, 12.6.1952, Nr. 24 (abrufbar unter: http://www.zeit.de/1952/24/sozialisierung-leicht-gemacht); zu den juristischen Diskussionen: *Andreas Funke*, Sozialisierung – verdrängte Alternative. Zur Wirtschaftsverfassung des Grundgesetzes, Forum Recht 1999, S. 120–124.

[51] Ausführlicher dazu *Stern*, Ipsen (Fn. 12), S. 720 f.

[52] *Hans Peter Ipsen*, Verwaltung durch Subventionen, VVDStRL 25 (1967), S. 257 ff.

[53] *Ipsen*, Widerruf (Fn. 21), S. 87.

[54] *Ernst Forsthoff*, Lehrbuch des Verwaltungsrechts, 1950 (Fn. 1), S. 201 f., bis zur 5. Aufl., 1955, S. 215 f.: „Vermutung für die freie Widerruflichkeit der Verwaltungsakte". – Änderung dieser Auffassung erst in der 6. Aufl., 1956, S. 232, mit ausdrücklichem Verweis auf Ipsens Dissertationsschrift.

[55] *Peter Selmer*, Zum Widerruf von Verwaltungsakten, in: Nicolaysen/Quaritsch (Hrsg.), Lüneburger Symposium (Fn. 7), S. 28.

[56] *Hans Peter Ipsen*, Verwaltungsakte, mehrmals aufgelegt bis zur 4. Aufl. 1957.

[57] *Quaritsch*, Ipsen (Fn. 12), S. 4: Ipsen habe gesagt, was „für ‚Inspektoren' geschrieben wurde, sei in einem [universitären] Seminar nicht zitierfähig".

[58] Vgl. die Auflistung von veröffentlichten Gutachten bei *P. Ipsen*, Bibliographie (Fn. 43), S. 721–723.

[59] Es wäre, nebenbei bemerkt, wohl ein lohnender Forschungsgegenstand, einmal der Be-

als Beistand der Hohen Behörde der Montanunion und der EWG-Kommission in Verfahren vor dem EuGH,[60] war also auch im Gemeinschaftsrecht stets praxisnah tätig.

II. Kontinuitäten in Ipsens Werk: Vom Recht unter NS-Herrschaft zum Europarecht

In Ipsens Nachdenken über Recht gibt es, so meine streitbare These, Kontinuitäten von der Zeit des Nationalsozialismus zu seinen Beiträgen zum Gemeinschaftsrecht. Ipsens technokratisches Verständnis von Recht ließ ihn NS-Rechtsakte und NS-Rechtspraxis mit einem methodischen Instrumentarium rechtfertigen, das er später auch in seinen Stellungnahmen zum Europäischen Gemeinschaftsrecht weiterverwandte.

Bei einer rechtshistorischen Betrachtung des Verwaltungsrechts der frühen Bundesrepublik, die wie in diesem Sammelband von einzelnen Personen ausgeht, kann und darf der Bezug zur Zeit des Nationalsozialismus nicht außer Acht gelassen werden. Dies aus zwei Gründen:

Zum einen ist noch immer ein Forschungsdefizit zu konstatieren, was das nationalsozialistische Erbe im Recht der frühen Bundesrepublik anbelangt. Das gilt noch ausgeprägter als für das Verfassungsrecht für das Verwaltungsrecht, das ohnedies und insgesamt weit weniger historisch aufgearbeitet ist als das Verfassungsrecht.[61] Jedenfalls sollte einer These von der „Stunde Null" nicht bereits durch das Forschungsdesign das Wort geredet werden, indem nämlich eine angebliche Zäsur 1945 zum Ausgangspunkt genommen wird.[62] Neue Erkenntnisse verspricht vielmehr die Untersuchung von Kontinuitätslinien, und zwar nicht nur die derzeit wieder sehr angesagte Weimarer Traditionslinie,[63]

---

deutung von Gutachten für die Entwicklung der juristischen Dogmatik in der frühen Bundesrepublik nachzugehen.

[60] *Stern*, Ipsen (Fn. 12), S. 728.

[61] Zum Desiderat einer Entwicklungsgeschichte des bundesrepublikanischen Verwaltungsrechts *Christoph Schönberger*, „Verwaltungsrecht als konkretisiertes Verfassungsrecht". Die Entstehung eines grundgesetzabhängigen Verwaltungsrechts in der frühen Bundesrepublik, in: Michael Stolleis (Hrsg.), Das Bonner Grundgesetz. Altes Recht und neue Verfassung in den ersten Jahrzehnten der Bundesrepublik Deutschland (1949–1969), Berlin 2006, S. 53–84, der vor allzu leichtfertig angenommenen Kontinuitäten warnt, S. 54: „Juristische Argumentation unterstellt gerne Kontinuität."

[62] Zu differenziertem Umgang mit der „Stunde Null" mahnt *Stolleis*, GeschÖR IV (Fn. 15), S. 25 ff.

[63] Zur Weimarer Staatsrechtslehre: *Ulrich Jan Schröder/Antje von Ungern-Sternberg* (Hrsg.), Zur Aktualität der Weimarer Staatsrechtslehre, Tübingen 2011; zu Weimar als Argument in der Bundesrepublik: *Christoph Gusy* (Hrsg.), Weimars lange Schatten – „Weimar" als Argument nach 1945, Baden-Baden 2003. – Für das Verwaltungsrecht fehlt es bislang bezeichnenderweise überwiegend an entwicklungsgeschichtlicher Aufarbeitung unter Berücksichtigung von Kontinuitäten und Brüchen. Einige tiefschürfende Bemerkungen zur Rolle des All-

sondern gerade jene zum NS-Recht, die ganz überwiegend ausgeklammert geblieben ist, damals wie heute[64]. In diesem Beitrag zu Ipsen geht es dabei um methodische und gedankliche Kontinuitäten.

Zum anderen fehlt es bei nicht wenigen Protagonisten des frühen bundesrepublikanischen öffentlichen Rechts bislang noch immer an einer Aufarbeitung ihres Wirkens während der NS-Zeit. Das ist nur bei einigen exponierten Personen anders, wie etwa Ernst Forsthoff,[65] Reinhard Höhn,[66] Ernst Rudolf Huber,[67] Otto Koellreutter,[68] Arnold Köttgen,[69] Theodor Maunz[70] und Carl Schmitt[71].[72] Über Ipsen etwa gibt es, wie erwähnt, außer den euphemistischen Lobreden seiner Freunde und Schüler kaum Beiträge, die sein Leben und Werk im historischen Kontext und kritisch würdigen,[73] von einer Monographie (die

---

gemeinen Verwaltungsrechts im Wandel der politischen Systeme aber bei *Stolleis*, GeschÖR IV (Fn. 15), S. 253–256.

[64] Auch hierzu bahnbrechend: *Stolleis*, GeschÖR IV (Fn. 15), S. 172–185 (am Beispiel von Lehrbüchern des Verwaltungsrechts nach Kriegsende); *ders.*, Verwaltungsrechtswissenschaft in der Bundesrepublik Deutschland, in: Dieter Simon (Hrsg.), Rechtswissenschaft in der Bonner Republik, Frankfurt a. M. 1994, S. 227 (227–236), deutlich S. 233: „Eine tiefere Besinnung über die Lage des Fachs blieb aus […]."

[65] Zu Forsthoff nunmehr die umsichtige und sorgfältige Recherche bei *Florian Meinel*, Der Jurist in der industriellen Gesellschaft. Ernst Forsthoff und seine Zeit, Berlin 2011 (2. Aufl. 2012); *ders.*, Ernst Forsthoff and the Intellectual History of German Administrative Law, German Law Journal 8 (2007), S. 777–791.

[66] *Michael Wildt*, Der Fall Reinhard Höhn. Vom Reichssicherheitshauptamt zur Harzburger Akademie, in: Alexander Gallus/Axel Schildt (Hrsg.), Rückblickend in die Zukunft. Politische Öffentlichkeit und intellektuelle Positionen in Deutschland um 1950 und um 1930, Göttingen 2011, S. 254–271; *Andreas Schwegel*, Der Polizeibegriff im NS-Staat. Polizeirecht, juristische Publizistik und Judikative 1931–1944, Tübingen 2005 (zu Höhn bes. S. 214 ff.).

[67] *Ralf Walkenhaus*, Konservatives Staatsdenken. Eine wissenssoziologische Studie zu Ernst Rudolf Huber, Berlin 1997.

[68] *Jörg Schmidt*, Otto Koellreutter 1883–1972. Sein Leben, sein Werk, seine Zeit, Frankfurt a. M. u. a. 1995; *Michael Stolleis*, Koellreutter, Otto, in: Neue Deutsche Biographie, Bd. 12, Berlin 1980, S. 324 f.

[69] *Maximilian Wallerath*, „… Verwaltungsrecht besteht": Arnold Köttgen, in: Joachim Lege (Hrsg.), Greifswald – Spiegel der deutschen Rechtswissenschaft 1815 bis 1945, Tübingen 2009, S. 355 ff.

[70] Für den Verfassungsrechtler Maunz hat die greifbare Kontinuität nationalsozialistischen Gedankenguts in den pseudonymen bundesrepublikanischen Veröffentlichungen ruchbar gemacht *Michael Stolleis*, Theodor Maunz – Ein Staatsrechtslehrerleben, KJ 1993, S. 393–396 (gekürzt in FAZ v. 21.12.1993; wiederabgedr. in: *ders.*, Recht im Unrecht, Frankfurt a. M. 1994, S. 306–317). – Dazu nun ein nachgetragenes aktuelles Fundstück: *Michael Stolleis*, Ein Gang in das Münchner Stadtarchiv, KJ 2014, S. 358 ff.

[71] Aus der überbordenden Literatur nur: *Mehring*, Carl Schmitt (Fn. 27).

[72] Von diesen nennt *Stolleis*, GeschÖR IV (Fn. 15), S. 37, Schmitt, Huber, Höhn und Koellreutter „eindeutige Fälle", „durch ihr Engagement für den Nationalsozialismus weithin bekannt".

[73] Einen ersten Schritt zu einer kritischen Betrachtung bieten *Paech/Krampe*, Rechts- und Staatswissenschaftliche Fakultät (Fn. 14), S. 890 ff., die allerdings Ipsen nur eine exemplarische Fallstudie widmen, und *Joerges*, Continuities and Discontinuities (Fn. 14), S. 297 ff., ebenfalls in weiterem Kontext.

durchaus angemessen wäre) ganz zu schweigen. Besonders im Werk Einzelner aber sind Kontinuitäten viel eher zu vermuten als in einer Globalbetrachtung der gesamten Staatsrechtslehre. Es ist nicht unwahrscheinlich, dass gerade manche Grundüberlegungen „hinübergerettet" wurden.[74] Und auch das Bestreben, Unangenehmes zu verheimlichen oder zu verharmlosen, mag gelegentlich zu Fernwirkungen geführt haben.

1. Das Konzept des justizfreien Hoheitsaktes in „Politik und Justiz" (1937)

Ipsen hat später die Auffassung geäußert, seine Habilitationsschrift sei NS-kritisch gewesen,[75] eine Einschätzung, der ein Kenner des NS-Rechts wie Michael Stolleis nicht zu folgen vermag.[76] Tatsächlich fällt es schwer, bei der Lektüre des Buches aus dem Text Belege für Ipsens Einschätzung zu gewinnen. Im Gegenteil entsteht bei unbefangenem Lesen eher der Eindruck, dass die NS-Ideologie der Einheit von Volk, Staat und Partei hier zu juristischer Blüte gebracht wird.[77] Im ersten Kapitel heißt es (und damit sind auch die Thesen dieser Habilitationsschrift recht gut zusammengefasst):

> „Die Ergebnisse der Untersuchung mit ihren Aussagen über die Einheit der Hoheitsgewalt, die Auflösung trennender Grenzen zwischen Justiz und Exekutive, die Stellung der Justiz und die Unabhängigkeit des Richters und dem Versuch ihrer gesetzlichen Verwirklichung im Qualifikationsverfahren berühren letztlich mit der Existenzfrage des Rechtswertes die Hoheitlichen Grundentscheidungen der politischen Verfassung. Die gezogenen Folgerungen kann nur derjenige billigen, der in seinem Rechtsgefühl überzeugt ist von der Gerechtigkeit der getroffenen Ordnung, und der sicher sein kann, daß auch der justizlose Ausgleich von Rechtsstreitigkeiten ein gerechter sein wird. Daß er in dieser Erwartung nicht enttäuscht wird, kann im neuen Staat jeder annehmen, der ihn bejaht. Wer ihn aber nicht bejaht, hat auch nicht Teil an der deutschen Rechtswissenschaft."[78]

---

[74] Ähnlich *Stolleis*, Verwaltungsrechtswissenschaft (Fn. 64), S. 234: „Viele Autoren versuchten, auf dem Trümmerhaufen die noch ‚brauchbar' erscheinenden Gedanken herauszusuchen und unauffällig weiterzuverwenden."

[75] *Ipsen*, Zum Vortrag von Schneider (Fn. 26), S. 36 f.

[76] *Stolleis*, GeschÖR IV (Fn. 15), S. 456 mit Fn. 372. – Dagegen aber *Stern*, Ipsen (Fn. 12), S. 718, der die Arbeit so charakterisiert: „Es war keine regimetreue Arbeit, die er schrieb, sondern eine juristisch saubere, dogmatisch und methodisch einwandfreie Arbeit, von ‚undekorierter Nüchternheit' (Hans Schneider)."

[77] *Ingo Müller*, Furchtbare Juristen. Die unbewältigte Vergangenheit unserer Justiz, München 1987, S. 238, zählt Ipsen zu den die nationalsozialistische Rechtsordnung mitformenden Personen.

[78] *Ipsen*, Politik und Justiz (Fn. 24), S. 11 f. – Die Parallele zu einer Äußerung Carl Schmitts ist bemerkenswert, vgl. *ders.*, Aufgabe und Notwendigkeit des deutschen Rechtsstandes, DR 1936, S. 181 (184): „Der deutsche Rechtswahrer ist heute der *Mitarbeiter des Führers*. Alle, die von Berufs wegen mit der Anwendung und Wahrung des deutschen Rechts befaßt sind, stehen

Inhaltlich ging es, wie Ipsen selbst ausführte, im Zeitpunkt der Abfassung vor allem um die „richterliche Zuständigkeit zur Entscheidung über *Revolutionsakte*", womit die nationalsozialistische Revolution gemeint war, sowie um „diejenigen Akte, die das Verhältnis von Partei und Staat betreffen oder berühren, also einer dem neuen Staat immanenten politischen Ordnung entstammen".[79] Im Folgenden ging Ipsen auf die Schutzhaftverfügungen sowie die Einziehung kommunistischen Vermögens ein, die als Maßnahmen nach „richtige[r] Auslegung [...] irgendwelchen Rechtsmitteln nicht unterworfen sind".[80] Die Ausführungen zu den konkreten justizfreien Hoheitsakten, um die es eigentlich ging,[81] führen das ganze Panorama der NS-Maßnahmen gegen Juden und politische Feinde vor Augen; mit dem Wissen der Nachgeborenen ist es eine schaurige Lektüre.

Allgemeiner gewendet geht es um das grundlegende verwaltungsrechtliche Problem, ob es Akte der Verwaltung, nämlich der Regierung, geben soll, die nicht justizieller Kontrolle unterfallen.[82] Ipsen behandelte die aufgeworfene Frage auf einem sehr abstrakten Niveau, was ihm ermöglichte, Parallelen zur Geschichte der „actes de gouvernement" (Regierungsakte) herauszuarbeiten, was er im ersten Teil seiner Arbeit mustergültig und gründlich durchexerzierte.[83] Im zweiten Teil nahm er sich sodann in sehr positivistischer und technischer Manier der „justizlosen Hoheitsakte" an,[84] die er folgendermaßen rechtlich behandelt wissen wollte:

„Die Justizlosigkeit des Hoheitlichen beginnt da, wo der hoheitliche Qualifikationsträger – des Staates oder der Partei [sic!] – sie in concreto anordnet. Die normativ bestimmte Grenze der Justiz gegenüber Hoheitsakten – also die Zuständigkeitsordnung der Gerichtsverfassung – gilt nur generell und tritt zurück gegenüber jeder konkreten Qualifikation. Das ist das Wesentliche der Ordnung zwischen normativer und konkreter

in derselben weltanschaulichen Grundhaltung. Nationalsozialistisches Recht und Plan und Wille des Führers können nur von Nationalsozialisten erkannt und gewahrt werden" (Hervorh. im Original).

[79] *Ipsen*, Politik und Justiz (Fn. 24), alle Zitate auf S. 219 (Hervorh. im Original).

[80] Ebd., S. 221. – Hier und auf den folgenden Seiten übernimmt Ipsen ohne weiteres den NS-Jargon vom „staatsfeindlichen Vermögen" und der „Säuberung des Beamtentums" (S. 222), spricht von „politisch Unzuverlässigen" (S. 223), der „nationalsozialistischen Erhebung und Staatserneuerung" (S. 226) usw.

[81] *Ipsen*, Politik und Justiz (Fn. 24), S. 219–227 exemplarisch.

[82] Die Frage – vollständiger – justizieller Kontrolle des Verwaltungshandelns ist mit Art. 19 Abs. 4 GG in der Bundesrepublik nicht zuletzt wegen der Erfahrungen des Dritten Reiches eindeutig entschieden worden. Die Judizialisierung gilt als zentrale Entwicklung des frühen bundesrepublikanischen Verwaltungsrechts, vgl. statt vieler *Rainer Wahl*, Herausforderungen und Antworten. Das Öffentliche Recht der letzten fünf Jahrzehnte, Berlin 2006, S. 34, 39–41.

[83] *Ipsen*, Politik und Justiz (Fn. 24), zur Geschichte: §§ 2–10 (S. 13–80); zur formalen Definition des Regierungsaktes: §§ 12–20 (S. 90–170).

[84] Ebd., §§ 21–33 (S. 171–317).

Zuständigkeitsbestimmung und damit der politischen Begrenzung der Justiz (im Sinne ihrer Aufgabenbestimmung) im neuen Staat."[85]

Hinter der scheinbar neutralen Sprache tritt die vollständige Unterstützung und theoretische Rechtfertigung der Maßnahmen des NS-Regimes klar hervor. Die Lösung Ipsens, ein gesetzlich geordnetes Qualifikationsverfahren vorzusehen,[86] weist auf zwei durchgängige Motive in Ipsens weiterem Schaffen hin, nämlich erstens die Orientierung am positiv gesetzten Recht – das freilich nicht notwendigerweise demokratisches Recht sein muss und keinen inhaltlichen Bindungen unterliegt – sowie zweitens das Vertrauen auf formalisierte Verfahren, in denen die Verwaltung sich allenfalls selbst Grenzen auferlegt.

Dass Ipsen später behauptete, es habe sich um ein NS-kritisches Werk gehandelt, vermag auch mit Blick auf die zeitgenössische Rezeption nicht zu überzeugen. In seinem Buch „The Dual State" von 1941 befasste sich Ernst Fraenkel kritisch mit Ipsens Schrift. „Ipsen", so Fraenkel, „narrows the cardinal problem of recent German constitutional law to mere formalism".[87] Und weiter:

„If Ipsen would acknowledge that the National-Socialist state not only treats friend and foe differently within the same system, but that in reality there are two contradictory systems of domination in contemporary Germany, his whole thesis would be untenable and would serve only to mask the real problem. Thus Ipsen has no choice but to evade the embarrassing question. This is all the more significant since Ipsen reveals exceptional knowledge and intellectual skill and his book is one of the very best that has appeared in National-Socialist Germany."[88]

Ipsen hatte seine Habilitation bereits 1932, also vor der Machtergreifung der Nationalsozialisten, begonnen. Wie er mit den Änderungen seines Gegenstandes durch die (von ihm sogenannte) nationalsozialistische Revolution dann allerdings umging, erweist zwei weitere Charakteristika seiner Arbeitsweise: Die gründliche und sehr belesene, historisch gebildete Befassung mit dem Thema einerseits, der von Fraenkel klar benannte Formalismus, der die eigentlichen Probleme verschleiert, andererseits.

Ipsen war es mit dieser Argumentationstechnik möglich, die seiner Fragestellung der justizlosen Hoheitsakte zugrundeliegende politische Fragestellung (nämlich die Verfolgung von Staatsfeinden) auszublenden und sich auf die – vermeintlich gänzlich unpolitische[89] – Fragestellung der juristischen Qualifikation von Hoheitsakten zu konzentrieren. Ich möchte diesen Zugang „technokratisch" nennen, technokratisch in einem doppelten Sinne: Zum einen in der

[85] *Ipsen*, Politik und Justiz (Fn. 24), S. 276.
[86] Ebd., §§ 30–33 (S. 275–317).
[87] *Ernst Fraenkel*, The dual state, Oxford University Press: New York 1941 (hier zitiert nach Reprint Octagon Books: New York 1969), S. 147.
[88] *Fraenkel*, The dual state (Fn. 87), S. 148.
[89] An dieser Idee eines angeblich unpolitischen, rein technischen Verständnisses hält auch *Stern*, Ipsen (Fn. 12), S. 718 fest, siehe das oben in Fn. 76 wiedergegebene Zitat.

handwerklichen Ausarbeitung – Ipsen beherrschte das Handwerk juristischen Argumentierens meisterlich, wie ja auch Ernst Fraenkel anerkennend bemerkte.[90] Ipsen scheint dabei an die Möglichkeit geglaubt zu haben, sich den politischen Fragestellungen entziehen, die aufgeworfenen Fragen rein technisch-dogmatisch und formalistisch lösen zu können. Zum anderen sind Ipsens Ergebnisse auch inhaltlich technokratisch, weil sie eine im Wesentlichen ungezügelte Herrschaft der Verwaltung begründen helfen. Diese „technokratische" Herangehensweise kennzeichnet auch Ipsens Umgang mit dem politisch ebenfalls hoch umstrittenen und schwierigen Europäischen Gemeinschaftsrecht in dessen Frühphase, wie sogleich zu zeigen sein wird.

Über Ipsens Person hinaus wirft diese Art der Behandlung juristischer Probleme die Frage auf, was denn ein wünschenswerter Umgang mit den immer zugrunde liegenden politischen Fragestellungen im öffentlichen Recht wäre. Es ist interessant zu beobachten, dass gerade die Nationalsozialisten das „formal-juristische Denken" überwinden wollten und „politische Lehrer" einzusetzen trachteten.[91] Vielleicht war dies auch ein Grund dafür, dass Ipsen selbst seine Arbeit für kritisch hielt. Zugleich profitierten aber auch die Nationalsozialisten gerade von einer formalistisch-technokratischen Rechtswissenschaft, welche für jedwede politische Führung einen funktionsfähigen Rechtsapparat bereitstellte. Allgemeiner gesprochen wird jedenfalls sehr deutlich, wie untrennbar Methodenfragen mit unserem Verständnis von „akzeptabler" Rechtswissenschaft verbunden sind.

2. *Vom Kolonial- und Reichsaußenverwaltungsrecht über die Großraumtheorie zum Europäischen Gemeinschaftsrecht*

In einer früheren Arbeit habe ich die Vermutung geäußert und an Hans Peter Ipsen exemplifiziert, dass manch in der NS-Diktatur nicht ganz unbelasteter Öffentlichrechtler sich dem Europäischen Gemeinschaftsrecht zugewandt haben mag, weil das neue Rechtsgebiet ideologisch noch nicht aufgeladen und von

---

[90] Ebd. Der selbst nicht unbelastete Rolf Stödter charakterisiert die Habilitationsschrift folgendermaßen, *Stödter*, Ipsen (Fn. 12), S. 2 f.: Ipsen verbinde „die Fähigkeit zu analytischer Schärfe mit bemerkenswerter Belesenheit und einer großen Kenntnis der Dogmengeschichte". Nach der Doktorarbeit zeige sich wieder „ein untrüglicher Spürsinn für Stärke und Schwäche juristischer Argumente". – Auch hier zeigt sich ein Verständnis von juristischer Argumentation, das den politischen Kontext komplett ausblendet und die Inhalte der Arbeit Ipsens aus dem Jahre 1937 ohne weiteres auch im Jahre 1977 für überzeitliche Qualität loben zu können glaubt.

[91] *Paech/Krampe*, Rechts- und Staatswissenschaftliche Fakultät (Fn. 14), S. 882, mit Verweis auf die Denkschrift des Historikers *Adolf Rein*, Die Idee der politischen Universität, Hamburg, März 1933 (vgl. ebd., S. 881).

jedem Nationalismus weit entfernt gewesen sei.[92] Ich denke immer noch, dass diese Interpretation auf den ersten Blick einiges für sich hat,[93] zumal gerade die Friedensidee im Schuman-Plan von 1950 eines der beherrschenden Motive war[94] und daher eine Beschäftigung mit dem Gemeinschaftsrecht unverdächtig erscheinen ließ. Die Abgrenzung zum Nationalismus des Dritten Reiches mag ein mitbestimmendes Motiv für Ipsen gewesen sein, sich gerade den neu gegründeten Europäischen Gemeinschaften zuzuwenden. Für Ipsen möchte ich nun aber einen weiteren Gesichtspunkt hinzufügen: Ipsens Befassung mit dem Gemeinschaftsrecht weist durchaus inhaltlich-methodische Kontinuitäten zu seiner Arbeit während der NS-Zeit auf.[95] Zum einen lässt sich eine Verbindungslinie vom Kolonialrecht zum Europäischen Gemeinschaftsrecht ziehen, zum anderen war Ipsen Anhänger des Schmittschen Großraumdenkens,[96] das sich in mancherlei seiner Aufsätze zu den Europäischen Gemeinschaften wiederfinden lässt.

a) „Reichsaußenverwaltungsrecht“

Ipsen hielt ab dem Wintersemester 1939/1940 regelmäßig kolonialrechtliche Seminare ab, unter Beteiligung verschiedener Kollegen.[97] Aus seiner eigenen Tätigkeit als Kommissar für die belgischen Kolonialuniversität Antwerpen und die Freie Universität Brüssel von Anfang 1941 bis Oktober 1943 gewann Ipsen zudem Erfahrungen in der Militärverwaltung der besetzten Gebiete.[98] Beide Stränge amalgamierte Ipsen in einem Aufsatz von 1942 im Reichsverwaltungsblatt mit der Großraumtheorie Carl Schmitts[99] zu dem von ihm sogenannten

---

[92] *Mangold*, Gemeinschaftsrecht und deutsches Recht (Fn. 10), S. 250f.

[93] Ähnlich *Stolleis*, Verwaltungsrechtswissenschaft (Fn. 64), S. 230f.: „Für ehemals überzeugte Nationalsozialisten paßte die Europa-Idee sogar besonders gut, bildete sie doch das verbindende Element zwischen Hitlers Kriegspropaganda (‚Kampf dem Bolschewismus‘) und dem Kalten Krieg nach 1945.“

[94] *Mangold*, Gemeinschaftsrecht und deutsches Recht (Fn. 10), S. 32.

[95] Dieses Argument führt für die Großraumtheorie Schmittscher Prägung näher aus: *Christian Joerges*, Europe a Großraum? Shifting Legal Conceptualisations of the Integration Project, in: ders./Navraj Singh Ghaleigh (Hrsg.), Darker legacies of law in Europe, The shadow of National Socialism and Fascism over Europe and its legal traditions, Oxford 2003, S. 167–192 (zu Ipsen S. 181 ff., mit fulminanter Fn. 92).

[96] *Hans Peter Ipsen*, Das Recht des Großraums. Eine vielerörterte Frage sachlich betrachtet und erörtert, Brüsseler Zeitung Nr. 267 v. 26.09.1942, vgl. *Schmoeckel*, Großraumtheorie (Fn. 28), S. 201 m. Fn. 143: Ipsen sah „den Verdienst der Großraumtheorie in der Formulierung einer klaren politischen Forderung nach Zuteilung der Erde in Großräume“.

[97] *Paech/Krampe*, Rechts- und Staatswissenschaftliche Fakultät (Fn. 14), S. 887f. – Untertitel dieser Veranstaltungen waren u. a. „Kolonialrecht und Eingeborenenrecht“ sowie „Afrikanisches Eingeborenenrecht“.

[98] Dazu bereits oben Fn. 34.

[99] *Carl Schmitt*, Völkerrechtliche Großraumordnung mit Interventionsverbot für raumfremde Mächte, Berlin, 1. Aufl. von 1939, 4. Aufl. bereits 1941. – Grundlegend zur Kontextu-

„Reichsaußenverwaltungsrecht"[100] (eine Begriffsschöpfung, derer er sich freilich später auffällig weniger berühmte als seiner anderen[101]).

Schmitt definierte den Großraum so:

„Großraum ist ein aus einer umfassenden gegenwärtigen Entwicklungstendenz entstehender Bereich menschlicher Planung, Organisation und Aktivität. Großraum ist für uns vor allem ein zusammenhängender Leistungsraum."[102]

Das Großraumprinzip verstand Schmitt als „Verbindung von politisch erwachtem Volk, politischer Idee und politisch von dieser Idee beherrschtem, fremde Interventionen ausschließenden Großraum".[103] Der „Gedanke einer völkerrechtlichen Großraumordnung" sei „auf andere Räume, andere geschichtliche Situationen und andere Freund-Feind-Gruppierungen übertragbar",[104] mithin ein allgemeines Prinzip des Völkerrechts, ja eine „Weltdoktrin"[105].

Diese allgemeinen Gedanken Schmitts füllte Ipsen mit Leben. Für die „beginnende Großraumverwaltung" des Deutschen Reiches wollte Ipsen nach der „erfolgreichen Offensive gegen das System des liberalen Verwaltungsrechts"[106] nun „in einer zweiten aufbauenden Aktion die theoretische Rechtfertigung und Grundlegung für den Verwaltungsauftrag [...] geben, mit der die Zukunft den deutschen ‚Verwalter' bedenken wird," und machte sich an „die Vorstellung einer konkreten, nämlich deutschen ‚Reichsaußenverwaltung'".[107] Ob das Reichsaußenverwaltungsrecht seine Rechtsgrundlage – „nach Austilgung der bisherigen staatlichen Lebensform der von ihr erfassten Gemeinwesen" – „nur in der Souveränität des Reiches oder *auch* in anerkannten Normen des Völkerrechts" fände, war für Ipsen dabei „unerheblich".[108] „Notwendige Wirkungsbereiche" des Reichsaußenverwaltungsrechts seien:

„die *außenpolitische Führung* des raumeinbezogenen Gemeinwesens (seine *Verteidigung* mit militärischen Mitteln), die *Aufrechterhaltung* der inneren *Ordnung* und Sicherheit (im nicht nur polizeilich beschränkten Sinne und so, daß das Reich bestimmt, *was* öffentlich sei), die *Wirtschafts- und Verkehrs*-einfügung in den Großraum einschließlich der Sicherung der *Daseinsvorsorge (Forsthoff)* und der Mindestanforderungen einer jeweils angemessenen *Sozial*ordnung, endlich die Durchsetzung der zur völkischen Idee

---

alisierung des Großraumdenkens in der nationalsozialistischen Völkerrechtswissenschaft *Schmoeckel*, Großraumtheorie (Fn. 28).

[100] *Hans Peter Ipsen*, Reichsaußenverwaltungsrecht, RVwBl. 63 (1942), S. 64–67.

[101] *Schmoeckel*, Großraumtheorie (Fn. 28), S. 225, hält Ipsens „Reichsaußenverwaltung" für die „originellste Weiterentwicklung der Großraumtheorie".

[102] *Schmitt*, Großraumordnung (Fn. 99), S. 14.

[103] Ebd., S. 30.

[104] Ebd., S. 30.

[105] Ebd., S. 32.

[106] Das expliziert Ipsen weiter unten, siehe *Ipsen*, Reichsaußenverwaltungsrecht (Fn. 100) S. 65 f.: „Umbruch unseres Verwaltungsdenkens, die Überwindung des Prinzips der Gewaltenteilung und der liberalen ‚Gesetzmäßigkeit' ".

[107] Ebd., S. 65.

[108] Ebd.

unabdingbar gehörigen Mindestanforderung eines *ordre public* (in der Frage der Juden, der Freimaurer und des Parteienpluralismus) […].«[109]

Ipsen definierte die Reichsaußenverwaltung – in wiederum unverkennbar technokratischem Tonfall, der sich gegenüber politischen Implikationen blind stellt – als „die Gesamtheit der nicht-militärischen Hoheitsausübung", die „exekutive, legislative und jurisdiktionelle Funktionen" umfasse. Zu kennzeichnen sei die Reichsaußenverwaltung weiter „durch ihr *Rangverhältnis* zur landeseigenen ‚Verwaltung'", sie habe nämlich „*Vorrang* gegenüber allen Rechtspositionen der landeseigenen Verwaltung".[110] – Das darf, so meine ich, durchaus als Vorüberlegung zum später so heftig umstrittenen Vorrang des Gemeinschaftsrechts gelten.

Ipsen führte weiter aus: „Vornehmste Aufgabe der Reichsaußenverwaltung ist die Durchsetzung des Reichsinteresses unter Anwendung aller denkbaren Hoheitsbefugnisse, und dies (nicht notwendig, aber möglicherweise) ohne auch völkerrechtliche Legitimation".[111] Ein Teilbereich des Reichsaußenverwaltungsrechts war für Ipsen im Übrigen die Kolonialverwaltung, die wiederum gekennzeichnet sei „durch das völkische und zivilisatorische Niveau der von ihr erfaßten Bevölkerung",[112] und hier trägt Ipsens universitäre Lehre offenbar Früchte.

Die Konstruktion des Reichsaußenverwaltungsrechts durch Ipsen charakterisiert *Schmoeckel* treffend:

„Gerade in der scheinbar sauberen juristischen Erfassung, die Normalität simuliert und doch der Politik so viel Handlungsspielraum belassen konnte, liegt etwas geradezu Diabolisches."[113]

a) Die Europäische Wirtschaftsgemeinschaft (EWG) als bloßer „Zweckverband"

Lassen sich aber nun Spuren der von Ipsen im Nationalsozialismus erstmals formulierten Gedanken in seinen Stellungnahmen zum Europäischen Gemeinschaftsrecht wiederfinden? Ich meine, dass dem so ist.

Von Beginn an war Ipsen ein sog. Supranationalist, er ging also davon aus, mit der Gründung der Europäischen Gemeinschaften sei zugleich eine selbstständige, supranationale Rechtsordnung geschaffen worden, wie es auch der EuGH in *Costa/E.N.E.L.* 1964 formuliert hat.[114] Für Ipsen hatte sich, wie er beim Deut-

---

109 *Ipsen*, Reichsaußenverwaltungsrecht (Fn. 100), S. 65 (Hervorh. im Original).

110 Alle Zitate dieses Absatzes: *Ipsen*, Reichsaußenverwaltungsrecht (Fn. 100), S. 66.

111 *Ipsen*, Reichsaußenverwaltungsrecht (Fn. 100), S. 67.

112 Ebd.

113 *Schmoeckel*, Großraumtheorie (Fn. 28), S. 226.

114 EuGH, Rs. 6/64 (Costa/E.N.E.L.), Slg. 1964, 1259 (1269): „Zum Unterschied von gewöhnlichen internationalen Verträgen hat der EWG-Vertrag *eine eigene Rechtsordnung* geschaffen, die bei seinem Inkrafttreten in die Rechtsordnungen der Mitgliedstaaten aufgenom-

schen Juristentag 1964 in Karlsruhe in seinem Schlussvortrag ausführte, „die für deutsche Staatsorgane und deutsche Staatsbürger geltende Rechtsordnung [...] verdoppelt".[115] Nachdem er die „schmerzlich empfundenen Interventionen in die nationale Souveränität" der Besatzungszeit in Erinnerung gerufen hatte,[116] grenzte er diese Erfahrung von der „bereitwilligen, erwartungsvollen Öffnung unserer Staatlichkeit" des Grundgesetzes ab und bezeichnet dann – eine der berühmten Begriffsprägungen Ipsens – Art. 24 Abs. 1 GG als „‚Verfassungshebel' zur Integration".[117] 1963 hatte das Finanzgericht Rheinland-Pfalz in Neustadt den EWG-Vertrag für verfassungswidrig und daher nichtig gehalten, und zwar wegen Verletzung des Grundsatzes der Gewaltenteilung, wegen des mangelnden Grundrechtsschutzes und wegen des verglichen mit Art. 19 Abs. 4 GG allzu geringen Rechtsschutzes.[118] Diese grundsätzlichen Einwände, die den akademischen Meinungskampf um das Europäische Gemeinschaftsrecht in den folgenden Jahren und Jahrzehnten prägen sollten, wischte Ipsen spöttisch vom Tisch und berief sich auf den „sachbegrenzten, nüchternen – ich wage diesen Ausdruck – ‚Zweckverbandscharakter'".[119] Mit diesem Konzept entzog Ipsen, so argumentiert Joerges überzeugend, die Gemeinschaften demokratischer Kontrolle.[120]

Was nun etwaige Grundrechtsverstöße der Gemeinschaftsorgane betrifft, so stellten diese für Ipsen lediglich die Überschreitung von Vertragskompetenzen dar, wofür ja Marktbürgern[121] der Rechtsweg zum Gemeinschaftsgericht offenstehe.[122]

Meine These ist, dass hier jener formalistisch unterscheidende Grundzug wiedererkennbar hervortritt, der schon Ipsens Habilitationsschrift geprägt hatte. Dem substantiellen Argument begegnete er mit einem begrifflich-unterscheidenden, eine Vorgehensweise, die ich oben „technokratisch" genannt habe.[123] Dass für Ipsen Gewaltenteilungsgedanken nicht von ausschlaggebender Bedeutung waren, hatte er ebenfalls bereits im Dienste des NS-Regimes zu be-

---

men worden und von ihren Gerichten anzuwenden ist" (Hervorh. AKM); zu dieser Entscheidung im historischen Kontext *Mangold*, Gemeinschaftsrecht und deutsches Recht (Fn. 10), S. 47 ff.; *dies.*, Costa v ENEL (1964) - On the Importance of Contemporary Legal History, in: Eliana Augusti/Norman Domeier/Fritz Georg von Graevenitz/Markus J. Prutsch (Hrsg.), Inter-Trans-Supra? Legal Relations and Power Structures in History, Saarbrücken 2011, S. 220 ff.

115 *Ipsen*, Der deutsche Jurist (Fn. 6), S. L 5.

116 Ebd., S. L 9.

117 Ebd., S. L 10.

118 Vorlage an das BVerfG nach Art. 100 GG, siehe dazu BVerfGE 22, 134; Anm. *Gert Nicolaysen*, NJW 1964, S. 964 ff.

119 *Ipsen*, Der deutsche Jurist (Fn. 6), S. L 14.

120 *Joerges*, Europe a Großraum? (Fn. 95), S. 190.

121 Eine weitere einflussreiche Begriffsbildung Ipsens, vgl. bereits oben Fn. 7.

122 *Ipsen*, Der deutsche Jurist (Fn. 6), S. L 15.

123 In eine ähnliche Richtung auch *Joerges*, Europe a Großraum? (Fn. 95), S. 190: „As a purposive association, Europe was to deal with questions of ‚technical realization', ie with

gründen vermocht, ebenso wie für ihn das demokratische Prinzip entbehrlich wirkte.[124] So schrieb Ipsen über die „‚Technokraten-Bürokratie' der Gemeinschaften“:[125]

„Offenbar ist hier denn doch das Bemühen wirksam, einer einheitlichen oder vereinheitlichenden Rechtsüberzeugung gerecht zu werden, wenn auch eben mit anderen Mitteln als denen des demokratischen Prinzips der nationalen Verfassungen.“[126]

Die Argumentation vom Zweck her hatte Ipsen bereits in „Politik und Justiz“ erprobt, sie ist auch in seiner Beschreibung des „Reichsaußenverwaltungsrechts“ wirkmächtig. Ganz in diesem Sinne begründete Ipsen den Vorrang des Gemeinschaftsrechts[127] – wie oben angemerkt eine Rechtsfigur, die er bereits für das „Reichsaußenverwaltungsrecht“ entwickelt hatte.

Einer der großen Herausforderer von Ipsens Ansicht, die nach der Kieler Staatsrechtslehrertagung zur sog. Kieler Welle geworden war, dies sei vermerkt, war niemand anderer als Hans Heinrich Rupp, der mit Emphase 1970 in einer Rede vor der deutschen Richterakademie sprach:

„Sie [die EWG] ist nicht nur Herrschaft ohne Herrn, Ausübung von Hoheitsrechten ohne demokratischen Souverän, sondern auch Herrschaft ohne Grundrechte.“[128]

In seiner Antwort bestand Ipsen darauf, es handle sich bei der europäischen Integration um einen rein technischen und ökonomischen Vorgang, der deshalb die Grundrechte gar nicht berühre.[129] 1972 griff Ipsen die Debatte mit Rupp in seinem „Europäischen Gemeinschaftsrecht“ noch einmal auf, ohne seine Meinung freilich zu ändern.[130]

---

administrative tasks that could – and had to be – conveyed to a supranational bureaucracy“ (mit Verweis auf *Ipsen*, Europäisches Gemeinschaftsrecht [Fn. 6], S. 176 ff.).

[124] An dieser Auffassung hielt Ipsen übrigens noch 1992 unbeirrt fest, vgl. *Hans Peter Ipsen*, Die europäische Integration in der deutschen Staatsrechtslehre, in: Jürgen F. Baur/Peter-Christian Müller-Graff/Manfred Zuleeg (Hrsg.), Europarecht, Energierecht, Wirtschaftsrecht. Festschrift für Bodo Börner, Köln u. a. 1992, S. 163–177 (speziell zu Gewaltenteilung und Demokratieprinzip S. 167 f.).

[125] *Ipsen*, Der deutsche Jurist (Fn. 6), S. L 14.

[126] Ebd.

[127] Ebd., S. L 21–L 27. – Nur nebenbei sei angemerkt, dass es einige Aussagen gibt, die sehr an die Großraumtheorie gemahnen: „Das Gemeinschaftsrecht ist aber *nicht deutsches* Recht, es ist Recht aus Gemeinschaftsquelle und von Gemeinschaftsqualität. Sein *Wesen* besteht darin – wie anders auch sollte es sein –, *als Gemeinschaftsrecht im Gesamtgebiet der Gemeinschaft einheitlich und ganzheitlich zu gelten*, und jeder *nationale* Zugriff auf seine Geltung im einzelnen Mitgliedstaat würde diese seine Qualität beseitigen, seinen Charakter als Gemeinschaftsnorm in Verletzung des neuen Gleichheitssatzes nicht nur verleugnen, sondern zerstören. [...] Wir würden sagen [...]: das *Gemeinschaftsrecht* ist *gemeines Recht*“ (ebd., S. L 26 – Hervorh. im Original).

[128] *Hans Heinrich Rupp*, Die Grundrechte und das Europäische Gemeinschaftsrecht, NJW 1970, S. 353 (354).

[129] *Hans Peter Ipsen*, Verfassungsperspektiven der Europäischen Gemeinschaften, Berlin 1970, S. 10.

[130] *Ipsen*, Europäisches Gemeinschaftsrecht (Fn. 6), S. 716 f. – Der ganze Austausch ist nun

b) *Historisierung von Kontinuitäten*

Eine solche Historisierung kann helfen, die technokratischen Wurzeln der Europäischen Gemeinschaften noch einmal in einem anderen Licht zu sehen. Technokratie ist natürlich nicht ausschließlich ein Erbe der NS-Rechtslehre. Auch Jean Monnet träumte ja von einer exekutivischen Gemeinschaft, die möglichst frei sein sollte von parlamentarischer Kontrolle. Die Technokratie bestimmt aber bis zum heutigen Tage die Funktionsweise der Gemeinschaften – die Rede von der „Alternativlosigkeit" ist dafür ein beredtes Beispiel. Was der Blick auf die Kontinuitäten in Ipsens Argumentationen aufzeigen kann, ist die fortbestehende (oder erneute) Missachtung des demokratischen Prinzips, der Gewaltenteilung und der Grundrechte, die auch heute noch zu den wichtigsten Fragen in der Entwicklung des Gemeinschafts- bzw. jetzt Unionsrechts gehören.

III. Ipsens Begriffsbildungen zum bundesrepublikanischen Verwaltungsrecht

Im folgenden Abschnitt geht es nun um die Würdigung von Ipsens Beitrag zur begrifflichen Erfassung einiger zentraler Diskussionen im Öffentlichen Recht der frühen Bundesrepublik.

Ipsen war, dies scheint mir unbestreitbar, ein *Meister der Begriffsprägung*:[131] Im Verfassungsrecht wirkmächtig geworden sind vor allem die sog. „Junktimklausel", ein Begriff, den Ipsen bei seinem ersten Staatsrechtslehrerreferat 1951 geprägt hat,[132] sowie die berühmte „Drittwirkung der Grundrechte", ein Ausdruck, den Ipsen 1954 in seinem Beitrag für das Handbuch der Grundrechte am Beispiel der Interpretation von Art. 3 II GG verwendet hat[133]. Im hiesigen Zusammenhang von größerem Interesse sind indes Ipsens Begriffsprägungen zum Verwaltungsrecht. Es sind dies der Ausdruck „Plangewährleistung"[134] im Planungsrecht (1.) und die „Zwei-Stufen-Theorie"[135] im Subventionsrecht (2.), die eng zusammenhängen und nun kontextualisiert vorgestellt werden.

---

in seinem zeitgenössischen Kontext von dem amerikanischen Historiker Bill Davies nachgezeichnet worden, *Bill Davies*, Resisting the European Court of Justice, West Germany's confrontation with European law, 1949–1979, Cambridge 2012, Ch. 2, S. 80ff.

[131] Ähnlich die Einschätzung bei *Stern*, Ipsen (Fn. 12), S. 717ff., der verschiedentlich Ipsens Begabung zur Begriffsprägung hervorhebt, etwa S. 722 („wußte [sic] durch zupackende und hellsichtige Begriffe – ‚Schlüsselbegriffe' – zu glänzen"), S. 732 („Formulierungskunst").

[132] *Ipsen*, Enteignung und Sozialisierung (Fn. 2), S. 78.

[133] *Ipsen*, Gleichheit (Fn. 4), S. 143.

[134] *Ipsen*, Diskussionsbeitrag (Fn. 3), S. 129.

[135] *Ipsen*, Subventionierung (Fn. 5), S. 64f.

1. Plangewährleistung

1952 ging es in Marburg beim Treffen der Vereinigung der Deutschen Staatsrechtslehrer um „Die staatliche Intervention im Bereich der Wirtschaft"; Referenten waren Ulrich Scheuner und Adolf Schüle. Dabei ging es darum, die NS- und Kriegswirtschaftspolitik mit ihrer „totalen Bewirtschaftung und Verpflichtung der Wirtschaft [...] schrittweise und unter möglicher Wahrung neuer Rechtsstaatlichkeitsanforderungen in das System freier Marktwirtschaft zu überführen".[136] Ipsen sagte in seinem Wortbeitrag:

„1. Planende Wirtschaftsintervention führt zur Annahme einer Pflicht des Staates, der von der Planung betroffenen und zu bestimmten Risiken veranlaßten Wirtschaft gegenüber für eine Innehaltung, Durchführung und ordnungsgemäße Abwicklung des Planes einzustehen. Man mag diese Pflicht als eine Art ‚*Plangewährleistung*' bezeichnen. Aus ihr folgt, daß bei Widerruf, Änderung oder unvorhergesehener Beendigung der Planung ‚Planungsschäden' zu ersetzen sind [...]. Diese Plangewährleistung entspringt der Erkenntnis, daß jede Lenkung und Planung ein *zweiseitiges* Rechtsverhältnis entstehen läßt, dem auf *beiden* Seiten Rechte und Pflichten entwachsen."[137]

Ipsen hatte diesen Gedanken bereits 1950 in einem Rechtsgutachten über Ölmühlen entwickelt.[138] Es ging um einen „komplexen Gesamtzusammenhang" von Maßnahmen, die „Bestandteile des seit 1933 entwickelten und über 1945 hinaus fortgesetzten Wirtschaftslenkungssystems" waren und „insgesamt die Merkmale einer Planung erfüllte[n]", so Ipsen.[139] Hinsichtlich der „Plangewährleistungspflicht" sei er, so Ipsen 1973 selbstbewusst, in seinem Gutachten aus dem Jahre 1950 „noch nicht beschrittene Wege" gegangen.[140] Angesichts der von Forsthoff konstatierten Lückenhaftigkeit des Verwaltungsrechts könne, so Ipsen weiter, „eine Lösung nur aus dem *Rechtsinstitut der Wirtschaftslenkung* selbst gefunden werden".[141]

„Wenn der Staat aus solcher Autorität und Hoheitsgewalt heraus über wesentliche Wirtschaftsfaktoren disponiert und die Wirtschaft solcher Verfügung unterworfen war, muß

---

[136] *Hans Peter Ipsen*, Einleitung: Öffentliches Wirtschaftsrecht unter dem Grundgesetz, in: ders., Öffentliches Wirtschaftsrecht (Fn. 46), S. 5.

[137] *Ipsen*, Diskussionsbeitrag (Fn. 3), S. 129.

[138] *Hans Peter Ipsen*, Plangewährleistung, in: Ernst Forsthoff (Hrsg.), Festschrift für Ernst Rudolf Huber, Göttingen 1973, S. 219–235. – Ipsen hatte im September 1950 ein Rechtsgutachten erstattet „über die Auswirkungen der Liberalisierung der Fettwirtschaft auf die Rechtslage der Ölmühlen", das er der Einfachheit halber in dem Festschriftenbeitrag 1973 wiedergab, mit einer Einleitung und einer Fortführung versehen.

[139] Ebd., S. 221. – Den Ölmühlen ging es nach der „Einstellung des Planungs- und Lenkungsmechanismus" während der Kriegs- und Nachkriegszeit um „Ausgleich der ihnen erwachsenen Schäden", die juristisch zu erstreiten Ipsens Gutachten helfen sollte.

[140] *Ipsen*, Plangewährleistung (Fn. 138), S. 223.

[141] Ebd., S. 226 (Hervorh. im Original): Die Ölmühlen seien Objekt der hoheitlichen Wirtschaftslenkung geworden.

aus dem *Wesen der Lenkung und Planung als Rechtsinstitut* gefolgert werden, daß der Staat den *Planbestand*, solange die Wirtschaft von seinen Auswirkungen in ihren Dispositionen beeinflußt wird, (oder Ersatz für eintretende Schäden) *gewährleistet*. Der staatlichen Autorität muß der Vertrauensschutz der Wirtschaft entsprechen.«[142]

Zur weiteren Begründung für dieses Wesensargument verweist Ipsen auf seine Dissertationsschrift über den „Widerruf gültiger Verwaltungsakte", in der Ipsen bereits 1932 den Gedanken des Vertrauensschutzes allgemein formuliert hatte:

„Der Widerruf von VAen. unterliegt Beschränkungen, wenn der Empfänger im Vertrauen auf ihren Bestand etwas ins Werk gesetzt oder mit einem Unternehmen begonnen hat, dessen Inangriffnahme ohne den Erlaß des VAes. nicht erfolgt wäre."[143]

In seinem Ölmühlen-Gutachten von 1950 führte Ipsen diesen Gedanken des Vertrauensschutzes weiter und verallgemeinerte ihn:

„Dieser Satz hat den Rang eines Rechtssatzes des ungeschriebenen allgemeinen Verwaltungsrechts. Er wird begründet mit der Entstehung einer kraft staatlicher Einwirkung erwachsenen, rechtlich zu schützenden Position, mit dem Hinweis auf die Einheitlichkeit und Unteilbarkeit eines durch staatliches Handeln geschaffenen tatsächlichen und rechtlichen Verhältnisses, endlich damit, daß er durch ständigen verwaltungsgerichtlichen Gebrauch Gewohnheitsrecht geworden ist. Er ist Ausdruck des Prinzips, daß der Einzelne in seinem Vertrauen auf staatliches Handeln, das sein wirtschaftliches Handeln bestimmt hat, geschützt wird."[144]

Ipsen verwies in seinem Gutachten von 1950 noch auf den Rechtsgedanken von Treu und Glauben, der auch „im öffentlichen Recht der Wirtschaftslenkung Respektierung verlangt".[145]

In dem Festschriftenbeitrag von 1973 entwickelte Ipsen die Plangewährleistung weiter und forderte, sie als *„Sanktion für die Verletzung von rechtserheblichen Planungspositionen"* zu begreifen.[146] Er erwog, Plangewährleistung neben der Wirtschaftsplanung auch auf die Raum- und Ausbauplanung zu erstrecken, etwa im Falle heranrückender Bebauung wie im „Schweinemästerfall"[147]. Da von 1952 bis 1973 einige Publikationen zum Plangewährleistungsanspruch erschienen waren, konnte Ipsen bereits „konventionelle" und „progressive" Begründungsversuche unterscheiden: Während die konventionellen Ansätze mit Argumenten aus dem Umkreis von Art. 14 GG operierten, gingen die progressiven Ansätze von einem „Planungsrechtsverhältnis" aus, nämlich dem zwischen Unternehmer und Staat bestehenden Verhältnis und deuteten dieses *„fak-*

[142] *Ipsen*, Plangewährleistung (Fn. 138), S. 227 (Hervorh. im Original).
[143] *Ipsen*, Widerruf (Fn. 21), S. 83.
[144] *Ipsen*, Plangewährleistung (Fn. 138), S. 227.
[145] Ebd., S. 228.
[146] Ebd., S. 232.
[147] OVG Münster, OVGE 11, 250 [1956].

tisch als *Vertragsbeziehung*".[148] Insgesamt freute sich Ipsen, wie aus dem Text deutlich wird, dass seine Begriffsbildung so erfolgreich war.

Neben dem Inhalt, nämlich der Geltendmachung des Vertrauensschutzes im Planungsrecht, wenn auch aus dezidiert wirtschaftsfreundlicher Sicht, ist an dieser Begriffsbildung Ipsens auch die Art der Einführung in die (Verwaltungs-)Rechtswissenschaft interessant: In einem Parteigutachten 1950 entwickelt, in einer Wortmeldung auf der Staatsrechtslehrertagung 1952 in Marburg in die wissenschaftliche Diskussion eingeführt und 1973 in einem Festschriftenbeitrag schließlich noch einmal aufgegriffen, ist der Begriff noch heute gebräuchlich.

2. *Zwei-Stufen-Theorie*

Ebenfalls auf der Marburger Staatsrechtslehrertagung 1952 äußerte sich Ipsen zu Wirtschaftsinterventionen in Form von Subventionen:

> „4. in immer größerem Ausmaß interveniert der Staat mit seinen ‚Wohltaten', indem er einzelnen Wirtschaftszweigen Kredite, Subventionen, Bürgschaften und dergl. zuwendet. Meist handelt der Staat hier nicht, wiewohl er es möchte, als Privatbankier, da er den Interventionsvorgang als *öffentliche* Aufgabe qualifiziert [...]. Hier sind die behördlichen Entscheidungen über das ‚ob' oder ‚ob nicht' der Wohltat-Gewährung, d.h. die Antragsgenehmigungen oder -ablehnungen, als Akte der öffentlichen Hoheitsverwaltung, als *Verwaltungsakte*, anzusehen, und die Verwaltung muß insoweit ihr Verhalten nach dem Prinzip der Gesetzmäßigkeit, nach dem Gleichheitssatz, nach den Grenzen des Ermessens, der Widerruflichkeit, der Verhältnismäßigkeit des Mittels, also, allgemeiner gesprochen, nach den anerkannten Rechtsgrundsätzen des Verwaltungshandelns ausrichten, während nur das nachfolgende sogenannte ‚Erfüllungsgeschäft' [...] zivilrechtlich qualifiziert werden darf."[149]

Von diesen Ausführungen war es nurmehr ein kleiner Schritt zur Bezeichnung dieser Trennung des „Ob" vom „Wie" als „Zweistufigkeit", den Ipsen 1956 in seinem Büchlein „Öffentliche Subventionierung Privater" machte.[150] Ipsen ging davon aus, dass die staatliche Wirtschaftsintervention eine „Synthese von Sozial- und Rechtsstaatlichkeit" bilde.[151] Interessanterweise fußte diese Argumentation Ipsens maßgeblich auf den Überlegungen in seiner Doktorarbeit, während die „justizfreien Hoheitsakte" hier gerade keine Fortsetzung fanden.

Hintergrund der ganzen Subventionsfrage war die allgemeinere, ob die Leistungsverwaltung der Gesetzesbindung unterliege oder ob sie von der Eingriffsverwaltung insoweit grundverschieden sei. Damit aber ging es um eine zentrale

---

[148] *Ipsen*, Plangewährleistung (Fn. 138), S. 233 f.
[149] *Ipsen*, Diskussionsbeitrag (Fn. 3), S. 130.
[150] *Ipsen*, Subventionierung (Fn. 5), S. 64 f.
[151] Ebd., S. 9.

Streitfrage des Verwaltungsrechts der frühen Bundesrepublik. In vorderster Linie stand bekanntlich Hans Heinrich Rupp, der 1965 klar und mit nicht geringer Emphase Stellung bezog:

> „So gesehen läßt sich der Gesetzesvorbehalt als Eingriffsvorbehalt ohne Schwierigkeiten auch auf die leistende Verwaltung ausdehnen. Er bedeutet dann nicht nur, daß der Staat nichts verschenken, d.h. ohne rechtliche = gesetzliche Pflicht vergeben darf [mit Verweis auf Ipsen], sondern, und gerade in erster Linie, daß der Staatsbürger vor einer freiheitswidrigen Bettlergesinnung geschützt werden muß. Deshalb besitzt in diesem Bereich der Grundsatz des ‚volenti non fit injuria' genausowenig Bedeutung wie im Bereich der eingreifenden Verwaltung."[152]

Eine Metapher im Recht, so schreibt *Susanne Baer*, sei als „Bündelung in einem Begriff [...] – auch für die Zwecke der dogmatischen Reduktion – recht praktisch".[153] Für die Zwei-Stufen-Theorie gilt aber eine weitere Beobachtung *Baers*, dass bei alten und gewohnten Metaphern die „bildlichen Gehalte kaum mehr ausgeleuchtet werden",[154] insbesondere die Kontextualisierung weitgehend unterbleibt. Wenn heute in den Klausurfällen der Zugang zu gemeindlichen Einrichtungen begehrt und dann in den Lösungen von der „Zwei-Stufen-Lehre" geschrieben wird, ist regelmäßig der historische Hintergrund, der grundlegende Charakter und die große Brisanz der ursprünglichen Fragestellung kaum mehr bekannt. Allein dafür bereits lohnt sich die Historisierung des Verwaltungsrechts der frühen Bundesrepublik, weil sie nämlich – wie die juristische Zeitgeschichte überhaupt – zu einem besseren Verständnis der geltenden Dogmatik verhilft.[155]

IV. Schluss: Technokratie und Begriffsbildungen

Die hier vorgelegten Rechercheergebnisse erlauben festzuhalten, dass Ipsens Verdienste für das frühe bundesrepublikanische Verwaltungsrecht vor allem in der begrifflichen Fassung einiger zentraler Streitigkeiten bestehen. Ipsen gab sich stets sehr viel Mühe, prägnante Begriffe zu finden, und war sehr stolz, wenn ihm dies gelungen war. Über die für ihn wichtigsten Begriffe hat er sogar kurze Gedichte verfasst[156] (die allerdings durchaus weniger gelungen sind als

---

[152] *Hans Heinrich Rupp*, Grundfragen der heutigen Verwaltungsrechtslehre, Tübingen 1965, S. 142.

[153] *Susanne Baer*, Schlüsselbilder, Typen und Leitbilder als Erkenntnismittel und ihr Verhältnis zur Rechtsdogmatik, in: Eberhard Schmidt-Aßmann/Wolfgang Hoffmann-Riem (Hrsg.), Methoden der Verwaltungsrechtswissenschaft, Baden-Baden 2004, S. 223 (241).

[154] Ebd., S. 242.

[155] Dazu *Wahl*, Herausforderungen und Antworten (Fn. 82), S. 12 ff.: „bleibende Prägungen des heutigen Rechts durch die Anfänge" (S. 13).

[156] Abgedruckt in: *Fachbereich Rechtswissenschaft der Universität Hamburg* (Hrsg.), GS Ipsen (Fn. 40), S. 49–51. Exemplarisch *Ipsen*, „Zweckverband funktioneller Integration"

die Begriffsprägungen selbst). Ipsens Begriffsbildungen sind meisterlich: Er war ein *Meister der Begriffsbildung.*

Die Betrachtung von Ipsens Werk hat aber auch deutlich gemacht, welche Gefahren mit einem technokratischen Verständnis von Rechtswissenschaft – im doppelten Sinne: als handwerkliche Herangehensweise und inhaltlich als Unabhängigkeit der Verwaltung – verbunden sind. Die Kontinuitäten in Ipsens wissenschaftlichem Schreiben von der NS-Zeit zur Bundesrepublik sind für mich frappierend. Umso wichtiger scheint mir, die historische Betrachtung des bundesrepublikanischen Verwaltungsrechts nicht bei einer „Stunde Null" 1945 beginnen zu lassen, sondern die möglichen Kontinuitäten zu Vorarbeiten unter dem NS-Recht bereits in die Forschungsfrage mit einzubeziehen. Das, so denke ich, ist die wichtigste Erkenntnis aus dem Fallbeispiel Hans Peter Ipsen*s*, dieses *technokratischen Meisters der Begriffsbildung.*

(ebd., S. 49): „Gemeinschaft steht für ‚Zweckverband'/Und nicht für Staatlichkeits-Modell/ weil sie prozeßhaft Leut' und Land/zur Einheit führt – ‚funktionell'/Integration mit kleinen Schritten/Betreibend, um als letztes Ziel/Europa wieder einzurücken/Ins weltpolitisches [sic] Kräftespiel."

Jakob Nolte

Carl Hermann Ule: Verwaltung und Verwaltungsgerichtsbarkeit im demokratischen Rechtsstaat

Carl Hermann Ule starb am 16. Mai 1999 im Alter von 93 Jahren. Die Nachrufe beschreiben ihn als einen der „großen Lehrer des Öffentlichen Rechts in Deutschland, der die Entwicklung des Verwaltungsrechts und des Verwaltungsprozessrechts nachhaltig geprägt hat".[1] Er habe „die Entwicklung des Verwaltungsrechts und der Verwaltungsrechtswissenschaft der Nachkriegszeit geprägt wie nur wenige".[2] Von daher liegt es nahe, anhand seines Wirkens einen Blick auf die Verwaltungsrechtswissenschaft der frühen Bundesrepublik zu werfen.

I. Vorgeschichte: Der verhinderte Weg in die Wissenschaft vor 1945

1. *Studium und Referendariat in „politisch bewegten Zeiten"*

Ule begann seinen Weg in die Rechtswissenschaft noch vor dem Nationalsozialismus. Geboren 1907, studierte er noch in der Weimarer Zeit Jura. Sein Studium zwischen 1926 und 1929 fiel in die relativ ruhige Phase der Weimarer Republik, in der sich die wirtschaftliche Lage zu stabilisieren und die Republik zu konsolidieren schien, die sog. Goldenen Zwanziger Jahre. Er war Stipendiat der Studienstiftung des deutschen Volkes und bestand das erste, wie später auch das zweite juristische Staatsexamen glanzvoll. Er wurde 1930 von Otto Koellreutter in Jena promoviert. In seiner Dissertation „Über die Auslegung der Grundrechte" beschäftigte sich Ule mit der Frage, ob und inwiefern die Grundrechte Grenzen für Gesetzgebung und Verfassungsänderungen waren.[3] Er nahm damit zu einer der wesentlichen Diskussionen der Weimarer Staatsrechtslehre über die Interpretation der Weimarer Verfassung Stellung. Bei Abschluss seiner

---

[1] *Detlef Merten*, Carl Hermann Ule †, NVwZ 1999, S. 1319.
[2] *Hans-Werner Laubinger*, Carl Hermann Ule †, NJW 1999, S. 2237.
[3] *Carl Hermann Ule*, Über die Auslegung der Grundrechte, Tübingen 1931.

Dissertation war die Diskussion allerdings schon am Abklingen. Mit seiner zusammenfassenden Arbeit konnte Ule jedenfalls nicht mehr prägend in diese Diskussion eingreifen.[4]

Sein Referendariat absolvierte Ule von 1929 bis 1933 in Pommern zwar in „politisch bewegten Zeiten“, dennoch in – nicht nur räumlicher – Distanz zu den politischen Ereignissen.[5] Ule selbst hat in 1982/83 veröffentlichten Berichten über seine Studien- und Referendarzeit behauptet, er habe schon von Beginn an eine ablehnende Haltung gegenüber dem Nationalsozialismus eingenommen. Tatsächlich war er als Student Mitglied der Deutschen Demokratischen Partei (DDP) und schon kurz nach der Machtübernahme wegen einer Vorlesung, die er während seiner Referendarzeit an der Volkshochschule Stettin gehalten hatte, von der lokalen Presse als „Judengenosse“ beschimpft worden.[6] Darüber hinaus trat seine ablehnende Haltung gegenüber dem Nationalsozialismus nach außen nicht in Erscheinung. Vielmehr arrangierte er sich zunehmend mit dem NS-Regime und trat später auch der NSDAP bei.[7]

2. *Justizdienst und Verwaltungsrechtswissenschaft im Nationalsozialismus*

Ule war stets bemüht, einen Weg in die Wissenschaft zu finden. Er war neben seinem Referendariat als Assistent von Arnold Köttgen in Greifswald tätig, den er schon als Assistenten Koellreutters in Jena kennen gelernt hatte. Nach Abschluss des Referendariats ging Ule in die Justiz, weil sich in der Wissenschaft keine wirtschaftlich tragfähige Perspektive für ihn und seine geplante Familie ergab. 1933 wurde er Land- und Amtsgerichtsrat in Kiel, wo er bis 1935 seine bereits während des Referendariats begonnene Nebentätigkeit als Assistent am dortigen „Institut für Staatsforschung“ unter der Leitung von Fritz Poetzsch-Heffter fortsetzen konnte, die ihm von Koellreutter vermittelt worden war. Die erhoffte Assistentenstelle bei dem gerade nach München berufenen Koellreutter erhielt er indes nicht, angeblich weil Koellreutter dort einen „poli-

[4] *Michael Stolleis*, Geschichte des öffentlichen Rechts in Deutschland, Bd. 3, München 1999, S. 109 ff.

[5] So die Selbstdarstellung *Carl Hermann Ule*, Referendar in politisch bewegten Zeiten, Köln u. a. 1983, S. 40 ff., 46 ff.

[6] Die ablehnende Haltung gegenüber dem Nationalsozialismus sei bereits während seines Studiums durch die Auseinandersetzung mit der Theologie und Philosophie sowie sein politisches Engagement in der DDP entstanden, die er allerdings schon 1932 rechtzeitig vor deren Auflösung nach der Machtergreifung Hitlers wieder verließ (*Ule*, Ein juristisches Studium vor über 50 Jahren, Köln u. a. 1982, S. 45 ff.). Er habe sich stets als Gegner der Nationalsozialisten gefühlt (*ders.*, Referendar [Fn. 5], S. 57). Die Episode aus Stettin ist dargestellt ebd., S. 35.

[7] Dies geschah 1937, als die Beamten und Richter zum Eintritt in die Partei aufgefordert wurden (*Ule*, Referendar [Fn. 5], S. 57).

tischen" Assistenten haben wollte.[8] Ein späterer Wechsel nach Hamburg mit der Möglichkeit der Habilitation an der dortigen Universität scheiterte wohl an der früheren Mitgliedschaft Ules in der DDP.[9] 1938 wechselte Ule als Landgerichtsrat nach München. Dort habilitierte er sich im Mai 1940 unter der Betreuung von Koellreutter. Insbesondere mit Poetzsch-Heffter und Köttgen verband Ule der ausgesprochene Praxisbezug der Rechtswissenschaft, der auch nach dem Krieg prägend für Ules Wirken war.

Im Gefolge Koellreutters schien Ule zeitweise auf dem Weg, zu einem erfolgreichen Vertreter des nationalsozialistischen Verwaltungsrechts zu werden. Ule wählte seine Themen so, dass er sich mit der nationalsozialistischen Ideologie im Recht auseinandersetzen konnte. Die von Koellreutter im Zuge des Umbruchs nach 1933 übernommenen Zeitschriften ermöglichten ihm die Publikation an prominenter Stelle.[10] So erschienen 1934/35 Aufsätze wie über „das besondere Pflichtenverhältnis und der Wandel der Staatsidee",[11] den „Kampf um den Führergrundsatz in der Sozialversicherung"[12] oder die „Führerräte in der deutschen Verwaltung".[13] Seine Habilitationsschrift (veröffentlicht 1940/41) schrieb Ule über „Herrschaft und Führung im nationalsozialistischen Reich".[14]

Die Beiträge lassen regelmäßig Zustimmung zum Nationalsozialismus erkennen. Sie sind aber auch von dem Versuch geprägt, die Auswirkungen der nationalsozialistischen Weltanschauung in den einzelnen Bereichen des Verwaltungsrechts mit den überkommenen juristischen Kategorien rational zu bearbeiten.[15] So versuchte Ule trotz Anerkennung des Führerprinzips und des Führerwillens als Rechtsquelle am Grundsatz der Gesetzmäßigkeit der Verwaltung festzuhalten.[16] Verwaltungsrechtliche Generalklauseln und das Ermessen seien

---

[8] *Ule*, Referendar (Fn. 5), S. 58 f.; *ders.*, Als Richter im Dritten Reich, in: ders., Beiträge zur Rechtswirklichkeit im Dritten Reich, Berlin 1987, S. 140 (144 f.).

[9] *Ule*, Als Richter im Dritten Reich (Fn. 8), S. 149.

[10] Zum Umbruch in den Zeitschriftenredaktionen nach 1933 siehe *Stolleis*, Geschichte, Bd. 3 (Fn. 4), S. 299 ff.

[11] *Carl Hermann Ule*, Das besondere Pflichtenverhältnis und der Wandel der Staatsidee, RVerwBl. 1934, S. 649 ff.

[12] *Carl Hermann Ule*, Der Kampf um den Führergrundsatz in der Sozialversicherung, RVerwBl. 1935, S. 969 ff.

[13] *Carl Hermann Ule*, Führerräte in der deutschen Verwaltung, VerwArch 40 (1935).

[14] Die Habilitationsschrift erschien ebenfalls in dem von Koellreutter herausgegebenen Verwaltungsarchiv: *Carl Hermann Ule*, Herrschaft und Führung im nationalsozialistischen Reich, VerwArch 45 (1940), S. 193–260 und 46 (1941), S. 1–53.

[15] *Birgit von Bülow*, Die Staatsrechtslehre der Nachkriegszeit (1945–1952), Berlin 1996, S. 156 ff.; *Stolleis*, Geschichte, Bd. 3 (Fn. 4), S. 305.

[16] *Ule*, Pflichtenverhältnis (Fn. 11), S. 649 ff.; vgl. *Bülow*, Staatsrechtslehre Nachkriegszeit (Fn. 15), S. 152; zur Diskussion während des Dritten Reichs vgl. *Carl Hermann Ule*, Eine wissenschaftliche Zeitschrift als Spiegel der Verfassungs- und Verwaltungswirklichkeit in ihrer Zeit. Das Reichsverwaltungsblatt 1933–1943, DVBl. 1985, S. 482–504, zitiert nach Wiederabdruck in: ders., Beiträge zur Rechtswirklichkeit im Dritten Reich, Berlin 1987, S. 82–139 (123 ff.).

Stellen, „wo auch ohne ausdrückliche Gesetzesänderung der Geist des neuen Staates im Recht zum Durchbruch" gelangen könne.[17] Was sich im Nachhinein als treffende Analyse der Funktion von Generalklauseln lesen lässt, war 1934 eine Wegweisung, wie am Grundsatz der Gesetzmäßigkeit der Verwaltung festgehalten und dennoch das Verwaltungsrecht im Sinne des Nationalsozialismus angepasst werden konnte. Im selben Sinn sprach er sich für eine Umgestaltung der Verwaltungsgerichtsbarkeit aus, erklärte sie aber nicht für gänzlich überholt, wie etwa die SS-Juristen Reinhard Höhn und Werner Best.[18]

Seine Habilitationsschrift über „Herrschaft und Führung im nationalsozialistischen Reich" konnte „in ihrem Schwanken zwischen Anpassung und Bewahrung weder die Traditionalisten noch die NSDAP" befriedigen.[19] Mit ihr geriet Ule überraschend heftig in die parteiamtliche Kritik.[20] Diese Auseinandersetzung stand im Zusammenhang damit, dass auch sein Lehrer Koellreutter zunehmend umstrittener wurde, weil er hartnäckig am Rechtsstaatsbegriff – freilich in nationalsozialistischer Ausprägung – festhalten wollte.[21] Insofern mag Ule, wie seine Lehrer Koellreutter und Köttgen, zu denjenigen Protagonisten gerechnet werden, die in der Zeit des Nationalsozialismus die Veränderungen im Verwaltungsrecht im Sinne des Nationalsozialismus vorantrieben, aber gleichzeitig versuchten, das Verwaltungs*recht* als Ordnungssystem zu erhalten und die Verwaltung gegen absolute Willkür und gegen das sich ausbreitende Chaos zu verteidigen.[22] Es muss hier dahingestellt bleiben, ob Ule auch deshalb im NS-Staat in der Wissenschaft nicht weiter Karriere machte. Jedenfalls wurde er schon während des Habilitationsverfahrens zum Kriegsdienst einberufen und sodann im Marinejustizdienst eingesetzt, dem er ab 1942 hauptamtlich angehörte. Am Ende des Krieges geriet er in Kriegsgefangenschaft.[23]

---

[17] *Ule*, Pflichtenverhältnis (Fn. 11), S. 654; vgl. *ders.*, Das RVerwBl. 1933–1943 (Fn. 16), S. 126 ff.

[18] *Stolleis*, Geschichte, Bd. 3 (Fn. 4), S. 359.

[19] *Stolleis*, Geschichte, Bd. 3 (Fn. 4), S. 305.

[20] *Hoppe*, C.H. Ule zur Vollendung des 90. Lebensjahres, DVBl. 1997, S. 201 ff.; *Stolleis*, Geschichte, Bd. 3 (Fn. 4), S. 305; *Ule*, Als Richter im Dritten Reich (Fn. 8), S. 165 f. Bereits zuvor war er wegen eines Aufsatzes über die ans Grundeigentum gebundene „dingliche Kirchensteuer" in die Kritik geraten, weil er diese nicht einfach durch eine entgegengesetzte nationalsozialistische Anschauung als abgeschafft ansehen wollte (*ders.*, Dingliche Kirchensteuer für Andersgläubige? Ein Beitrag zum Problem der Anwendung überkommenen Rechts, RVerwBl. 1936, S. 241 ff.); *ders.*, Als Richter im Dritten Reich (Fn. 8), S. 152 f.

[21] *Stolleis*, Geschichte, Bd. 3 (Fn. 4), S. 305, 325 ff., insbesondere 328 f., 334 f.; *Ule*, Als Richter im Dritten Reich (Fn. 8) S. 165 f.

[22] *Frieder Günther*, Denken vom Staat her. Die bundesdeutsche Staatsrechtslehre zwischen Dezision und Integration 1949–1970, München 2004, S. 157 f.; *Stolleis*, Geschichte, Bd. 3 (Fn. 4), S. 359 f. Zu Köttgen s. *Ann-Katrin Kaufhold*, Arnold Köttgen. Berichte aus dem Inneren der Verwaltung (in diesem Band), S. 107 ff.

[23] *Ule*, Als Richter im Dritten Reich (Fn. 8), S. 171 ff.

3. Aus- und Nachwirkungen

Das Ausbleiben einer wissenschaftlichen Karriere vor 1945 machte Ules Karriere im Nachkriegsdeutschland sicher leichter. Sein positivistisch-dogmatisches Rechtsverständnis, das er nie ganz der nationalsozialistischen Ideologie preisgegeben hatte, ermöglichte einen weitgehend reibungslosen Prozess der Umgewöhnung nach 1945. Die noch in der Weimarer Zeit und später in der Zeit des Nationalsozialismus erlernte juristische Arbeitsweise und Methodik ließen sich ohne Weiteres weiter anwenden. Auch die Themengebiete, mit denen sich Ule beschäftigte, sind im Kern dieselben geblieben.[24] Selbst einige Aussagen zu Detailproblemen des Verwaltungsrechts ließen sich, vom ideologischen Ballast befreit, in die Bundesrepublik übertragen. So behandelte Ules Staatsrechtslehrervortrag von 1956 mit dem besonderen Gewaltverhältnis[25] einen Gegenstand, den er bereits 1934 bearbeitet hatte.[26] Ule verwies in seinem Referat auf seine Vorbefassung mit dem Thema. So habe er bereits 1934 vorgeschlagen, den Begriff des besonderen Gewaltverhältnisses durch den des besonderen Pflichtenverhältnisses zu ersetzen, um zu betonen, dass es sich hierbei um ein Rechtsverhältnis handele.[27] Dieser Verweis mag ihm insofern leichtgefallen sein, als Ule in dieser Abhandlung von 1934 abweichend von der nationalsozialistischen Lehre am Grundsatz der Gesetzmäßigkeit der Verwaltung festhalten wollte.

Im Allgemeinen knüpfte Ule in seinen späteren Arbeiten allerdings nicht an die Rechtswissenschaft des Nationalsozialismus an. Er setzte sich durchaus eingehend mit Literatur aus dem Kaiserreich oder der Weimarer Zeit auseinander, die zum Teil auch noch in den dreißiger Jahren veröffentlicht wurde, lehnte aber Übernahmen aus der nationalsozialistischen Zeit ab, weil die „völlig veränderten Verhältnisse der Gegenwart" diese bedeutungslos machten.[28] So lässt sich Ules Position der wohl allgemein geteilten Überzeugung der Verwaltungsrechtswissenschaft der Nachkriegszeit zuordnen, nach der der Nationalsozialismus überwunden sei und das Verwaltungsrecht zu den davor geltenden Prin-

---

[24] Alleine seine staatsrechtliche Dissertation über die Auslegung der Grundrechte (Fn. 3) hatte eine deutlich andere Ausrichtung, an die Ule später nicht mehr maßgeblich anknüpfte.

[25] *Carl Hermann Ule*, Probleme des verwaltungsgerichtlichen Rechtsschutzes im besonderen Gewaltverhältnis, VVDStRL 15 (1957), S. 133 ff., im Weiteren zitiert nach Wiederabdruck in: ders., Verwaltung und Verwaltungsgerichtsbarkeit, Gesammelte Aufsätze und Vorträge 1949–1979, Köln u. a. 1979, S. 249 ff.

[26] *Ule*, Pflichtenverhältnis (Fn. 11), S. 649 ff.

[27] *Ule*, Besonderes Gewaltverhältnis (Fn. 25), S. 260.

[28] So etwa *Carl Hermann Ule*, Die neue Verwaltungsgerichtsbarkeit und das Verhältnis von Justiz und Verwaltung, DRZ 10. Beiheft 1949, zitiert nach Wiederabdruck in: ders., Gesammelte Aufsätze (Fn. 25), S. 1 (22 Fn. 46); *ders.*, Die Lehre vom Verwaltungsakt im Lichte der Generalklausel, in: Recht/Staat/Wirtschaft, Bd. 3, Düsseldorf 1951, S. 260 ff., zitiert nach Wiederabdruck in: ders., Gesammelte Aufsätze (Fn. 25), S. 79; *ders.*, Verwaltungsverfahren und Verwaltungsgerichtsbarkeit, DVBl. 1957, S. 597 ff., zitiert nach Wiederabdruck in: ders., Gesammelte Aufsätze (Fn. 25), S. 297 (299).

zipien zurückkehren müsse.[29] Freilich wurden aus der Zeit dazwischen aber dennoch Lehren gezogen. Die Enttäuschung über die Weimarer Parteiendemokratie und die Erfahrung mit der Staatskrise zu Beginn der 30er Jahre sowie die Abschaffung der normativen Gebundenheit der Verwaltung durch den Nationalsozialismus führten nicht nur bei Ule nach dem Krieg zu einer besonderen Betonung von Rechtsstaatlichkeit, Rechtskontrolle und Rechtsschutz.[30]

Da der Begriff des Rechtsstaates nach 1949 zu einem zentralen Konsensbegriff der neuen Verfassungsordnung unter dem Grundgesetz wurde, fiel es Ule – wie anderen, die am Rechtsstaatsbegriff festgehalten hatten – insgesamt leichter, in seiner wissenschaftlichen Tätigkeit vor und nach 1949 eine gewisse Kontinuität zu sehen, ohne dadurch als nationalsozialistisch belastet zu gelten.[31] Da Ule anders als die herrschende nationalsozialistische Verwaltungsrechtswissenschaft die Ordnungsfunktion des Rechtsstaats gegenüber den Ansprüchen der nationalsozialistischen Ideologie nicht gänzlich aufgegeben hatte, lag für Ule wohl kein Bruch in seinem affirmativen Bekenntnis zum Rechtsstaat nach 1945. Gleiches gilt für die besondere Fixierung auf das rechtsschutzbewehrte subjektive Recht des Einzelnen, das im nationalsozialistischen Verwaltungsrecht dem „Gemeinwohl" im nationalsozialistischen Sinn hatte weichen müssen.[32] Inwiefern das besonders affirmative Bekenntnis zum Rechtsstaat in seinen Publikationen der Nachkriegszeit eventuell auch sein Handeln zur Zeit des Nationalsozialismus kompensieren sollte, mag hier dahinstehen.[33]

---

[29] *Michael Stolleis*, Entwicklungsstufen der Verwaltungsrechtswissenschaft, in: Wolfgang Hoffman-Riem/Eberhard Schmidt-Aßmann/Andreas Voßkuhle (Hrsg.), Grundlagen des Verwaltungsrechts, Bd. 1, München 2006, § 2 Rn. 96; vgl. zu dieser Anknüpfung an vornationalsozialistische Rechtstraditionen unter Übergehung nationalsozialistischer Entwicklungen in der Staatsrechtslehre der Nachkriegszeit auch *Günther*, Denken vom Staat her (Fn. 22), S. 47 f., 207; *Christoph Möllers*, Der vermisste Leviathan. Staatstheorie in der Bundesrepublik, Frankfurt a. M. 2008, S. 101 f.

[30] *Günther*, Denken vom Staat her (Fn. 22), S. 47 ff.; *Christoph Schönberger*, Verwaltungsrecht als konkretisiertes Verfassungsrecht, in: Michael Stolleis (Hrsg.), Das Bonner Grundgesetz. Altes Recht und neue Verfassung in den ersten Jahrzenten der Bundesrepublik Deutschland (1949–1969), Berlin 2006, S. 53 (81 f.); zur persönlichen Enttäuschung am Ende der Weimarer Republik *Ule*, Referendar (Fn. 5), S. 40 ff.

[31] Zur Bedeutung des Rechtsstaatsbegriffs in der Staatsrechtlehre nach 1949 *Günther*, Denken vom Staat her (Fn. 22), S. 91 f.

[32] *Stolleis*, Entwicklungsstufen Verwaltungsgerichtsbarkeit (Fn. 29), § 2 Rn. 81 ff., 108.

[33] Ule distanzierte sich indes nicht von seiner wissenschaftlichen Sozialisierung bei Koellreutter. So setzte er sich nach der Wiedergründung der Staatsrechtslehrervereinigung 1949 aktiv für eine Wiederaufnahme Koellreutters ein, obwohl seine erneute Mitgliedschaft aufgrund seiner Rolle bei der Auflösung der Vereinigung nach 1933 und seines eindeutigen Engagements während des Nationalsozialismus für viele unvorstellbar war (*Günther*, Denken vom Staat her [Fn. 22], S. 69; *Stolleis*, Geschichte, Bd. 3 [Fn. 4], S. 311 ff.; *ders.*, Geschichte des öffentlichen Rechts, Bd. 4, S. 82 ff.). Zum Tode Koellreutters verfasste Ule 1972 im VerwArch einen relativ unkritischen Nachruf (*Carl Hermann Ule*, Otto Koellreutter †, VerwArch Bd. 63 [1972], S. 109–111). Bemerkenswert ist auch Ules Fürsprache für andere Personen mit zweifelhaftem Engagement während des Nationalsozialismus. So verfasste er etwa zum Tode von Hermann Reuß 1982 einen ausgesprochen wohlwollenden Nachruf, in dem er dessen

II. Ule als Verwaltungsrechtswissenschaftler nach 1945

Nach seiner Rückkehr aus der Kriegsgefangenschaft 1947 wurde Ule zunächst Verwaltungsbeamter in der britischen Besatzungszone. Von 1949 bis 1955 war er Richter am Oberverwaltungsgericht Lüneburg, ab 1951 gleichzeitig Honorarprofessor an der Universität Göttingen. Von 1955 bis zu seiner Emeritierung 1972 war er Professor für Öffentliches Recht an der Deutschen Hochschule für Verwaltungswissenschaften in Speyer.[34]

1. Verortung in der Disziplin

Ule trat nach dem Krieg nicht als herausragend politischer Jurist in Erscheinung.[35] Während der großen Debatten um die Staatsgründung der Bundesrepublik war er zunächst noch in Kriegsgefangenschaft, dann als Verwaltungsbeamter unter dem Besatzungsregime mit der Wiedereinführung der Verwaltungsgerichtsbarkeit in der britischen Zone befasst. An den staatsrechtlichen Debatten der Nachkriegszeit beteiligte er sich nicht. Auch an der Entstehung des Grundgesetzes und den Diskussionen in ihrem Umfeld war er, wie die meisten deutschen Staatsrechtslehrer, nicht beteiligt.[36] Lediglich zur Naturrechtsdebatte und der damit verbundenen Frage des Prüfungsmaßstabs des Verfassungsgerichts ist ein Beitrag von ihm aus dem Jahr 1948 zu finden.[37] Nach Erlass des Grundgesetzes gehörte er weder zu denjenigen, die die neue Verfassungsordnung öffentlich überschwänglich begrüßten, noch zu denjenigen, die daran besonders Kritik übten. Er akzeptierte die neue Ordnung vorbehaltlos und reihte sich in die Vielzahl der Staatsrechtslehrer ein, die sich in den Dienst der neuen demokratischen Verfassungsordnung stellten.[38]

Seine Aktivität konzentrierte sich auf die Gebiete des scheinbar unpolitischen Verwaltungs- und Verwaltungsprozessrechts. Für das Wirken auf diesen Gebie-

---

Affirmation des Nationalsozialismus verschleierte, und nannte ihn an anderer Stelle „Verteidiger der letzten Bastionen des Rechtsstaats gegen totalitäre Bedrohung" (*Carl Hermann Ule*, VerwArch 73 [1982], S. 381 ff.; *ders.*, Die neue Verwaltungsgerichtsbarkeit [Fn. 28], S. 22, Fn. 46; vgl. *Peter v. Feldmann*, „Angelegenheiten der Gestapo sind der Nachprüfung durch die Verwaltungsgerichte entzogen ..." – Zu einem Nachruf auf einen deutschen Verwaltungsjuristen, Kritische Justiz 1983, S. 57–64).

[34] Zu den Lebenseckdaten vgl. nur *Hans-Werner Laubinger*, Carl Hermann Ule zum 90. Geburtstag, NJW 1997, S. 567 f.; *ders.*, Ule † (Fn. 2), S. 2237; *Merten*, Ule † (Fn. 1), S. 1319.

[35] *Bülow*, Staatsrechtlehre Nachkriegszeit (Fn. 15), S. 172, 177.

[36] Allgemein zu diesen Diskussionen *Günther*, Denken vom Staat her (Fn. 22), S. 77 ff.; *Möllers*, Leviathan (Fn. 29), S. 31 f.

[37] *Carl Hermann Ule*, Über die Gewissensgebundenheit des Richters, Zentral-Justizblatt für die Britische Zone 1948, S. 261 ff.; vgl. *Bülow*, Staatsrechtslehre Nachkriegszeit (Fn. 15), S. 28, 120 f.

[38] *Günther*, Denken vom Staat her (Fn. 22), S. 81 f.

ten ist er bis heute bekannt.[39] Zum Verwaltungsprozessrecht schrieb er mehrere Standardwerke. Nach dem Kommentar zum BVerwGG von 1952 erschienen 1960 von ihm der erste Kommentar zur gerade erlassenen VwGO und gleichzeitig die erste Auflage des Beck'schen Kurzlehrbuchs zum Verwaltungsprozessrecht, das bis 1987 in neun Auflagen erschien. Diese Standardwerke prägten Generationen von Juristen.[40] Zudem übernahm Ule die Herausgeberschaft zentraler Zeitschriften zum Verwaltungsrecht. Durch seine jahrzehntelange Schriftleitung beim „Deutschen Verwaltungsblatt" (DVBl.) und dem „Verwaltungsarchiv" (VerwArch) saß Ule an einer Schlüsselstelle der Publikationslandschaft des Verwaltungsrechts.[41] Dies begründete eine gewisse Meinungsführerschaft in den „konservativen" verwaltungsrechtlichen Zeitschriften.[42]

In die beiden großen Schulen der Staatsrechtslehre der Nachkriegszeit, die Carl-Schmitt- und die Rudolf-Smend-Schule, lässt sich Ule nicht eindeutig einordnen. Persönlich wird ihm jedenfalls in den 50er Jahren eher eine gewisse Nähe zur Gruppe um Schmitt nachgesagt, in der vergleichbare persönliche Erfahrungen mit dem Nationalsozialismus und der anschließenden Entnazifizierung gemacht worden waren wie in Ules wissenschaftlichem Umfeld. Roman Schnur war Assistent Ules in Speyer, während er sich bei Ernst Forsthoff habilitierte, und so gehörte Ule zusammen mit dem Kern der Schmitt-Gruppe auch zu denjenigen, die Schnur in der Staatsrechtslehrervereinigung protegierten.[43] Eine weitere verbindende Gemeinsamkeit war die Beziehung Ules zu Köttgen, der von der Carl-Schmitt-Schule zumindest geschätzt wurde.[44] Zum engeren Kreis der Schmitt-Schüler kann Ule aber keinesfalls gezählt werden. Ule stand nicht im engeren persönlichen Kontakt zu Schmitt. Seine Tätigkeit als Herausgeber des Deutschen Verwaltungsblattes und des Verwaltungsarchivs hielt jene nicht davon ab, 1968 als Gegengründung zu den etablierten Zeitschriften (und als verwaltungsrechtliches Pendant zu „Der Staat") „Die Verwaltung" ins Leben zu rufen, um nicht „dem Wohlwollen einer bestimmten Clique hoffnungslos ausgeliefert zu sein".[45] Während sich die dogmatisch-normativistische Methodik durchaus mit der Denkweise der Schmitt-Schule vertragen konnte, lagen

[39] *Laubinger*, Ule 90. Geburtstag (Fn. 34), S. 567 f.

[40] *Merten*, Ule † (Fn. 1), S. 1319.

[41] *Stolleis*, Geschichte, Bd. 4 (Fn. 33), S. 91.

[42] *Laubinger*, Ule 90. Geburtstag (Fn. 34), S. 567 f.; *Merten*, Ule † (Fn. 1), S. 1319.

[43] *Günther*, Denken vom Staat her (Fn. 22), S. 120, 122, 149 ff.; zu Forsthoff s. *Florian Meinel*, Die andere Seite des Rechtsstaats. Ernst Forsthoff in der Verwaltungsrechtswissenschaft der frühen Bundesrepublik (in diesem Band), S. 129 ff.

[44] *Günther*, Denken vom Staat her (Fn. 22), S. 157 f.; zu Köttgen s. *Kaufhold*, Arnold Köttgen (Fn. 22), S. 107 ff.

[45] Das Zitat stammt aus dem Briefwechsel von Forsthoff an Schmitt (zitiert nach *Stolleis*, Geschichte, Bd. 4 [Fn. 33], S. 492). Der vorhergehende Satz, dass das „von Ule neu gestartete Verwaltungsarchiv […] als ein Fehlschlag zu erkennen" sei, könnte darauf hindeuten, dass man sich in der Schmitt-Schule zunächst mehr davon versprochen hatte; vgl. auch *Günther*, Denken vom Staat her (Fn. 22), S. 225 ff.

einige von Ules Positionen inhaltlich nicht auf deren Linie, so zum Beispiel sein Rechtsstaatsverständnis, die herausragende Bedeutung des Art. 19 Abs. 4 GG und des subjektiven Rechtsschutzes, die starke Stellung der Verwaltungsgerichtsbarkeit und die dadurch bewirkte engmaschige Verrechtlichung des Verwaltungshandelns.[46] Auch mit Herbert Krügers sehr etatistischer „Allgemeiner Staatslehre" konnte sich Ule nicht recht anfreunden.[47] Das heißt allerdings auch nicht, dass Ule der Smend-Schule zugerechnet werden könnte, die sich gegen die parlamentsgesetzliche Verrechtlichung der Verwaltung fast noch mehr sträubte als die Schmitt-Schule.[48] Ule gehörte also in der Nachkriegszeit zu den Vertretern seines Fachs, auf die die damals stimmungsprägende Dichotomie zwischen Schmitt- und Smend-Schule nicht passt.

2. *Verortung der Disziplin*

Ule steht wie kaum ein anderer Verwaltungsrechtswissenschaftler der frühen Bundesrepublik für die Verbindung von Rechtswissenschaft und Praxis. Ule war sowohl die Gerichts- als auch die Verwaltungs- und Gesetzgebungspraxis aus eigener Tätigkeit bekannt, als er sich in der Nachkriegszeit wieder der Wissenschaft zuwandte. Alle drei Bereiche blieben auch Bezugspunkte seiner wissenschaftlichen Tätigkeit.[49]

a) Bezug zur Gesetzgebung

Erstens wirkte Ule während der ersten Jahrzehnte in der Bundesrepublik wiederholt an Gesetzgebungsprojekten mit. Maßgeblich ist seine Mitwirkung bei der Entstehung der Verwaltungsgerichtsordnung und der Kodifizierung des Verwaltungsverfahrensrechts. Das Projekt einer bundeseinheitlichen Verwaltungsgerichtsordnung dauerte drei Legislaturperioden bis zum Erlass der VwGO 1960. Ule war schon als Mitarbeiter des Zentral-Justiz-Amtes in der

---

[46] Das zeigt sich besonders in *Ules* grundlegender Abhandlung „Über das Verhältnis von Verwaltungsstaat und Rechtsstaat", in: ders., Staats- und verwaltungswissenschaftliche Beiträge, Stuttgart 1957, S. 127 ff.; entsprechend kritisch wandte sich Hans Peter Ipsen im Anschluss an Ules Vortrag auf der Staatsrechtslehrertagung 1956 über die „Probleme des verwaltungsgerichtlichen Rechtsschutzes im besonderen Gewaltverhältnis" (Fn. 25) gegen ein zu weitgehendes Verständnis von Art. 19 Abs. 4 GG (*Hans Peter Ipsen*, VVDStRL 17 [1957], S. 201 f.).

[47] Kritisch etwa *Carl Hermann Ule*, Verwaltung und Bürger, Ruperto Carola 40 (1966), S. 26 ff., zitiert nach Wiederabdruck, in: ders., Gesammelte Aufsätze (Fn. 25), S. 417 (422).

[48] Zu der dahinterstehenden Kontroverse allgemein *Günther*, Denken vom Staat her (Fn. 22), S. 257 ff.

[49] Zu Ules praktischer Tätigkeit bereits oben II. Einen vergleichbaren Bezug zur Praxis kann man auch bei Otto Bachof erkennen; dazu *Matthias Kötter*, Fortbilden, um zu bewahren: Otto Bachof und der Wandel verwaltungsrechtlicher Dogmatik unter dem Grundgesetz (in diesem Band), S. 231 ff.

Arbeitsgemeinschaft der Innenministerien der Länder zur Reform der Verwaltungsgerichtsbarkeit aktiv, dann in der Vereinigung der Verwaltungsgerichtspräsidenten mit dem Thema befasst und später als Professor Mitglied in verschiedenen Arbeitsgruppen des Bundes und der Länder mit Entwürfen zur VwGO beschäftigt. Als Mitglied verschiedener Arbeitsgruppen war er auch am Musterentwurf des Verwaltungsverfahrensgesetzes beteiligt. Zuletzt gilt er als Urheber des sog. „Speyerer Entwurfs" für eine gemeinsame Verfahrensordnung für die öffentlich-rechtlichen Gerichtsbarkeiten (Sozial-, Finanz- und Verwaltungsgerichtsbarkeit), die allerdings nie verwirklicht wurde.[50] Trotz des Scheiterns steht dieser Entwurf exemplarisch für den Anspruch Ules, mit seiner wissenschaftlichen Tätigkeit eine aktive Rolle in Gesetzgebungsprozessen zu spielen.

Diese Mitwirkung bei Gesetzgebungsprozessen begleitete Ule durch eine breite Publikationstätigkeit. Viele seiner Beiträge aus dieser Zeit beziehen sich unmittelbar auf den Erlass der VwGO[51] oder der Verwaltungsverfahrensgesetze[52] oder auf die Erarbeitung der nie verwirklichten gemeinsamen Verfahrensordnung der öffentlich-rechtlichen Gerichtsbarkeiten.[53] Zum Teil sind daraus Monografien entstanden.[54] Ule sah offenbar einen gewissen Unterschied zwischen diesen Beiträgen und grundlegenderen wissenschaftlichen Arbeiten. In einem 1979 herausgegebenen Band versammelte er Aufsätze und Vorträge aus den Jahren 1949–1979 über „Verwaltung und Verwaltungsgerichtsbarkeit", wobei er jene Beiträge, die sich unmittelbar auf die Ausarbeitung einer Kodifizierung bezogen, „bis auf einige grundsätzliche Arbeiten" nicht aufgenommen

---

[50] Der Entwurf eines Verwaltungsgerichtsgesetzes zur Vereinheitlichung der Verwaltungsgerichtsordnung, der Finanzgerichtsordnung und des Sozialgerichtsgesetzes ist veröffentlicht in: Schriftenreihe der Hochschule Speyer, Bd. 40, Berlin 1969; vgl. *Laubinger*, Ule 90. Geburtstag (Fn. 34), S. 567 f.

[51] *Carl Hermann Ule*, Für eine einheitliche Verwaltungsgerichtsordnung!, DVBl. 1950, S. 1 ff. und 41 ff.; *ders.*, Die künftige Verwaltungsgerichtsordnung, JZ 1953, S. 681 ff.; *ders.*, Der Stand des Entwurfs einer Verwaltungsgerichtsordnung, DVBl. 1954, S. 354 ff.; *ders.*, Über Nutzen und Nachteil synoptischer Darstellungen, DVBl. 1954, S. 491 ff.; *ders.*, Die Verwaltungsgerichtsordnung, DVBl. 1960, S. 1 ff.

[52] *Carl Hermann Ule/Martin Sellmann*, Zum Stand der Vereinheitlichung des Verwaltungsverfahrensrechts, DVBl. 1967, S. 837 ff.; *Carl Hermann Ule*, Das Verwaltungsverfahrensgesetz, DVBl. 1976, S. 421 ff., *ders.*, Die Bedeutung des Verwaltungsverfahrensgesetzes für das Bundes-Imissionsschutzgesetz, DVBl. 1976, S. 729 ff.

[53] *Carl Hermann Ule*, Die Vereinheitlichung der gerichtlichen Verfahrensordnungen, DVBl. 1958, S. 691 ff.; *ders.*, Zur Vereinheitlichung der verwaltungsgerichtlichen Verfahrensordnungen, DVBl. 1967, S. 345 ff.; *ders.*, Für ein einheitliches Verwaltungsgerichtsgesetz, NJW 1968, S. 967 ff.; *ders.*, Zur Vereinheitlichung der drei Verwaltungsprozessordnungen, Die Sozialgerichtsbarkeit 1975, S. 473 ff.

[54] *Carl Hermann Ule/Franz Becker*, Verwaltungsverfahren im Rechtsstaat. Bemerkungen zum Musterentwurf eines Verwaltungsverfahrensgesetzes, Köln 1964; *Carl Hermann Ule* (Hrsg.), Entwurf eines Verwaltungsgerichtsgesetzes (Fn. 50); *Carl Hermann Ule/Hans-Werner Laubinger*, Verwaltungsverfahrensrecht, Köln u. a., 1. Aufl. 1977 und 2. Aufl. 1979.

hat.[55] Allerdings sind auch die in dem Band versammelten Beiträge fast durchgehend von einem Bezug auf aktuelle Reformdebatten geprägt.[56] Jedenfalls ist die Themenwahl der verwaltungsrechtswissenschaftlichen Beiträge auch durch seine rechtspolitische Tätigkeit geprägt. Ules wissenschaftliche Publikationstätigkeit und die Beteiligung an der Kodifizierung des Verwaltungsrechts standen also in einem untrennbaren wechselseitigen Zusammenhang, auch wenn die Lektüre seiner Arbeiten nicht immer unmittelbar auf seine aktive Rolle in den großen verwaltungsrechtlichen Gesetzgebungsprojekten der frühen Bundesrepublik schließen lässt.

b) Bezug zur Rechtsprechung

Zweitens blieb Ules Tätigkeit eng verbunden mit der Praxis der Verwaltungsgerichte. Ule war auch noch nach seiner hauptamtlichen Tätigkeit als Richter an vielen Prozessen als Sachverständiger, Gutachter oder Prozessvertreter beteiligt. Nach seiner Emeritierung 1972 war er weiter als Rechtsanwalt tätig.[57] Auch Ules wissenschaftliche Arbeiten standen häufig in Bezug zur Rechtsprechung. Er sorgte für eine ständige Wechselwirkung zwischen Wissenschaft und Spruchpraxis der Gerichte. Er gehörte zu den Autoren, die das Bundesverwaltungsgericht in seiner Anfangsphase in seinen Entscheidungen am meisten zitiert hat.[58] Ule machte seinerseits die Rechtsprechung des Bundesverwaltungsgerichts immer wieder zum Gegenstand seiner Ausführungen. Konkret fand etwa die Entwicklung der Lehre vom Beurteilungsspielraum der Verwaltung unter gegenseitiger Bezugnahme statt.[59] So zog Ule Themen, die bis dahin nur in der Praxis der Gerichte eine Rolle gespielt hatten, in die wissenschaftliche

---

[55] *Ule*, Gesammelte Aufsätze (Fn. 25), S. VII.

[56] Einige dort aufgenommene Arbeiten stellen ausdrücklich einen Beitrag zur Lösung der bei den Kodifikationsvorhaben aufgetretenen Probleme dar, so etwa *Carl Hermann Ule*, Das Bonner Grundgesetz und die Verwaltungsgerichtsbarkeit, Tübingen 1950, zitiert nach Wiederabdruck in: ders., Gesammelte Aufsätze (Fn. 25), S. 45 f.; das ebenfalls im Sammelband abgedruckte Referat auf dem 42. Deutschen Juristentag 1957 kann auch als ein solcher wissenschaftlicher Beitrag zu einer angestrebten Gesetzgebungsreform gezählt werden: *ders.*, Vereinheitlichung der Rechtsprechung? Empfiehlt es sich, die verschiedenen Zweige der Rechtsprechung ganz oder teilweise zusammenzufassen?, Referat für den 42. Deutschen Juristentag, Tübingen 1958, zitiert nach Wiederabdruck in: ders., Gesammelte Aufsätze (Fn. 25), S. 315 ff.

[57] *Laubinger*, Ule 90. Geburtstag (Fn. 34), S. 567 f.; *ders.*, Ule † (Fn. 2), S. 2237; *Merten*, Ule † (Fn. 1), S. 1319.

[58] *Helmuth Schulze-Fielitz*, Notizen zur Rolle der Verwaltungsrechtswissenschaft für das Bundesverwaltungsgericht, Die Verwaltung 36 (2003), S. 421–445, zitiert nach Wiederabdruck in: ders., Staatsrechtslehre als Mikrokosmos, Tübingen 2013, S. 402 (417); bei einer Auszählung aller Entscheidungen der ersten zehn Bände der amtlichen Sammlung kam Ule hinter Hermann v. Mangoldt, Forsthoff, Otto Bachof, Ernst Rudolf Huber und Walter Jellinek an sechster Stelle.

[59] Dazu noch eingehend unten III.4.; vgl. auch *Helmuth Schulze-Fielitz*, Das Bundesverwaltungsgericht als Impulsgeber für die Fachliteratur, in: Eberhard Schmidt-Aßmann u.a.

Auseinandersetzung. Das trug insbesondere zu einer Verwissenschaftlichung des Verwaltungsprozessrechts bei, das bis dahin von Praktikern dominiert war. So gehörte Ule zu denjenigen, die das Verwaltungsprozessrecht in den Fokus der Verwaltungsrechtswissenschaft gerückt haben.[60]

c) Bezug zur Verwaltungspraxis

Drittens steht Ule für die Verknüpfung zwischen Verwaltungsrechtswissenschaft und Verwaltungspraxis. Diese Verknüpfung kommt am wenigsten in Ules Schriften selbst zum Ausdruck. Am meisten wird sie darin deutlich, dass Ule wie kaum ein anderer Staatsrechtslehrer für die Hochschule (heute Universität) für Verwaltungswissenschaften in Speyer steht.[61] Die Hochschule wurde bereits 1947 von der französischen Besatzungsmacht nach dem Vorbild der École Nationale d'Administration (ENA) gegründet. Sie sollte zur Eliteschule des öffentlichen Dienstes werden und hatte ausdrücklich den Anspruch, Theorie und Praxis der Verwaltung miteinander zu verbinden.[62] Sie konnte an frühere Formen der Verwaltungslehre in Deutschland anknüpfen, die das Verwaltungsrecht unter Einbeziehung der Verwaltungswirklichkeit betrachtet hatte. Zu deren Vertretern können auch Ules Lehrer Poetzsch-Heffter und Köttgen gezählt werden. Letzterer war 1951 selbst für kurze Zeit Professor in Speyer.[63] Die Hochschule in Speyer zeichnete sich zunehmend durch eine besondere Nähe zur Bonner Ministerialverwaltung aus, für die auch Ule ein Beispiel ist. Der Praxisbezug der Hochschule für Verwaltungswissenschaften war immer eng verbunden mit Interdisziplinarität. Derselbe wissenschaftliche Anspruch zeigt sich auch am Profil der von Ule herausgegebenen Zeitschriften. Das „Deutsche Verwaltungsblatt" bemühte sich um die Beteiligung von Praktikern und sollte gezielt auch die Verwaltung ansprechen. Das „Verwaltungsarchiv" trägt bis heute den Untertitel „Zeitschrift für Verwaltungslehre, Verwaltungsrecht und Verwaltungspolitik".

(Hrsg.), Festgabe 50 Jahre Bundesverwaltungsgericht, Köln u.a. 2003, zitiert nach Wiederabdruck in: ders., Staatsrechtslehre als Mikrokosmos (Fn. 58), S. 428 (434).

[60] So wurde das Verwaltungsprozessrecht in den 50er Jahren wissenschaftlich attraktiv. Erstmals entstanden auf diesem Gebiet auch Habilitationsschriften. So schrieben *Otto Bachof* (Klage auf Vornahme einer Amtshandlung, Tübingen 1951 – dazu *Kötter*, Fortbilden, um zu bewahren [Fn. 49], S. 231 ff.), *Christian-Friedrich Menger* (System des verwaltungsgerichtlichen Rechtsschutzes, Tübingen 1954) und *Klaus Obermayer* (Verwaltungsakt und innerdienstlicher Rechtsakt, Stuttgart 1956) ihre Arbeiten über verwaltungsprozessuale Themen.

[61] Ule blieb der Hochschule in Speyer von seiner Erstberufung 1955 bis zu seiner Emeritierung 1972 trotz anderer Rufe an juristische Fakultäten treu und war mehrfach deren Rektor; vgl. *Merten*, Ule † (Fn. 1), S. 1319.

[62] *Stolleis*, Geschichte, Bd. 4 (Fn. 33), S. 67.

[63] Zu Köttgen s. *Kaufhold*, Arnold Köttgen (Fn. 22), S. 107 ff.

III. Verwaltung und Verwaltungsgerichtsbarkeit im demokratischen Rechtsstaat – Themen 1949 bis 1977

Grundthema Ules war das Verhältnis von Verwaltung und Verwaltungsgerichtsbarkeit in der rechtsstaatlichen Ordnung des Grundgesetzes.[64]

1. Die Etablierung der Verwaltungsgerichtsbarkeit unter dem Grundgesetz

Über die Stellung der Verwaltungsgerichtsbarkeit als eigenständiger und der ordentlichen Gerichtsbarkeit ebenbürtiger Gerichtszweig sowie dessen Funktion herrschte in der frühen Bundesrepublik recht bald Klarheit. Die entscheidenden Weichen zugunsten der eigenständigen Verwaltungsgerichtsbarkeit waren schon vor Erlass des Grundgesetzes durch Errichtung unabhängiger Verwaltungsgerichte in der britischen Besatzungszone und in den süddeutschen Ländern gestellt. Die Entscheidung wurde durch die Vorgabe des Grundgesetzes zur Errichtung eines Bundesverwaltungsgerichts in Art. 96 Abs. 1 GG (heute Art. 95 Abs. 1 GG) fundiert.

In der Zeit unmittelbar nach Erlass des Grundgesetzes gab es noch einige Fragen zum Verständnis und den Folgen der grundgesetzlichen Regelungen im Hinblick auf das Verhältnis zwischen ordentlicher Gerichtsbarkeit und Verwaltungsgerichtsbarkeit. So behandeln drei frühe Beiträge Ules zwischen 1949 und 1951 die Stellung der Verwaltungsgerichtsbarkeit gegenüber der ordentlichen Justiz.[65] Dabei ging es darum, die Funktionsunterschiede von Verwaltungsgerichtsbarkeit und ordentlicher Justiz zu bestimmen, die gerichtliche Kontrolle der Verwaltung ausschließlich der Verwaltungsgerichtsbarkeit vorzubehalten und die „Übergriffe" der ordentlichen Justiz auf diesem Gebiet abzuwehren.[66] Das Grundgesetz sah zwar ausdrücklich die Errichtung eines obersten Gerichtshofs auf dem Gebiet der Verwaltungsgerichtsbarkeit vor, erzwang aber nicht eine unabhängige Verwaltungsgerichtsbarkeit in den Ländern. Auch Art. 19 Abs. 4 GG garantiert zwar Rechtsschutz gegen die öffentliche Gewalt, aber nicht ausdrücklich eine eigenständige Gerichtsbarkeit. Dennoch sah Ule in den grundgesetzlichen Regelungen sowohl eine Abkehr von einer Verwaltungsrechtsprechung als einer Einrichtung der Verwaltung als auch eine Absage an eine justizstaatliche Lösung, bei der die ordentliche Gerichtsbarkeit Rechtsschutz gegenüber der Verwaltung gewährt. Das Grundgesetz ordne die gesamte

---

[64] So fasste er selbst sein Wirken in dieser Zeit zusammen, vgl. *Ule*, Gesammelte Aufsätze (Fn. 25), S. VII.

[65] *Ule*, Die neue Verwaltungsgerichtsbarkeit (Fn. 28); *ders.*, Grundgesetz und Verwaltungsgerichtsbarkeit (Fn. 56); *ders.*, Verwaltungsakt (Fn. 28).

[66] *Ule*, Gesammelte Aufsätze (Fn. 25), S. VIII.

Verwaltungsgerichtsbarkeit als eigenständige Gerichtsbarkeit der unabhängigen dritten Gewalt zu und beende deren „Schwebezustand zwischen [ordentlicher] Justiz und Verwaltung". Die Verwaltungsgerichtsbarkeit „unserer Zeit" könne „nur als ‚echte' Gerichtsbarkeit, als Bestandteil der rechtsprechenden, der dritten Gewalt, organisiert sein".[67] Noch 1957 schien es allerdings nicht gänzlich abwegig, über eine Vereinigung der Gerichtsbarkeiten nachzudenken. Ule sprach sich auf dem 42. Deutschen Juristentag 1957 vehement gegen eine solche Zusammenlegung von Verwaltungs- und Zivilgerichtsbarkeit aus.[68] Sie ist auch nie erfolgt und scheint heute undenkbar.

Aufbauend auf der Parität der ordentlichen Gerichtsbarkeit und Verwaltungsgerichtsbarkeit begründete Ule ein neues Verständnis des § 13 GVG, das sich später etabliert hat. Durch die Einrichtung einer unabhängigen Verwaltungsgerichtsbarkeit, die aufgrund der Generalklauseln in den Verwaltungsgerichtsgesetzen (heute § 40 VwGO) zur Entscheidung aller öffentlich-rechtlichen Streitigkeiten berufen sei, müsse „bürgerliche Rechtsstreitigkeiten" in § 13 GVG enger verstanden werden als in der Zeit vor 1945, in der die ordentliche Justiz angesichts eines defizitären Verwaltungsrechtsschutzes Rechtsschutzfunktionen auch in diesem Bereich zu übernehmen hatte. Nunmehr müsse § 13 GVG als Pendant zu den Zuständigkeitsgeneralklauseln in den Verwaltungsgerichtsgesetzen gelesen werden.[69] So erreiche man eine einwandfreie Abgrenzung der Gerichtszuständigkeiten alleine danach, ob es sich um eine privatrechtliche oder um eine öffentlich-rechtliche Streitigkeit handele. Das gelte insbesondere auch im Hinblick auf den neuen Art. 19 Abs. 4 GG, der die Zuständigkeit der ordentlichen Gerichte für Rechtsverletzungen durch die öffentliche Gewalt nur subsidiär vorsehe. Diese subsidiäre Rechtswegzuständigkeit liefe vor dem Hintergrund der Generalklauseln in den Verwaltungsgerichtsgesetzen freilich leer.[70]

Eng mit diesen Fragen war auch die Frage der Kompetenz des Bundes zum Erlass einer Verwaltungsgerichtsordnung verbunden. Kurzzeitig war die Zuständigkeit des Bundes für das verwaltungsgerichtliche Verfahren mit dem Argument bestritten worden, dieses gehöre zum allgemeinen Verwaltungsverfahrensrecht, wofür der Bund keine Kompetenz habe. Dem trat Ule bereits zu Be-

[67] *Ule*, Grundgesetz und Verwaltungsgerichtsbarkeit (Fn. 56), S. 45 ff.; *ders.*, Über das Verhältnis von Verwaltungsstaat und Rechtsstaat, Staats- und verwaltungswissenschaftliche Beiträge, Stuttgart 1957, S. 127 ff., zitiert nach Wiederabdruck in: ders., Gesammelte Aufsätze (Fn. 25), S. 205 (246) (dort das wörtliche Zitat); *ders.*, Vereinheitlichung der Rechtsprechung (Fn. 56), S. 342.

[68] *Ule*, Vereinheitlichung der Rechtsprechung (Fn. 56), S. 315 ff.

[69] Die damaligen Regelungen in § 22 der Militärverordnung Nr. 165 bzw. § 22 des Verwaltungsgerichtsgesetzes entsprechen in dieser Hinsicht dem späteren § 40 VwGO.

[70] *Ule*, Die neue Verwaltungsgerichtsbarkeit (Fn. 28), S. 17 ff., 40 ff.; *ders.*, Grundgesetz und Verwaltungsgerichtsbarkeit (Fn. 56), S. 63 ff.

ginn der fünfziger Jahre in verschiedenen Abhandlungen entgegen.[71] Kurz darauf war kaum noch bestritten, dass die Zuständigkeit für „das gerichtliche Verfahren" nach Art. 74 Nr. 1 GG damaliger Fassung (heute Art. 74 Abs. 1 Nr. 1 GG) auch das verwaltungsgerichtliche Verfahren umfasste.[72] Dieses Verständnis vom Umfang des Kompetenztitels setzte die Vorstellung voraus, die Verwaltungsgerichtsbarkeit sei eine den anderen Gerichtsbarkeiten gleichgestellte Gerichtsbarkeit mit einem gerichtlichen Verfahrensrecht.

2. Auf der Suche nach der Eigenart des verwaltungsgerichtlichen Verfahrens

Nachdem die Stellung der Verwaltungsgerichte im Ensemble der Gerichtsbarkeiten und insbesondere die Kompetenz des Bundes zum Erlass einer Verwaltungsgerichtsordnung geklärt waren, richtete sich die Diskussion auf die bundesweite Vereinheitlichung des in den Ländern unterschiedlichen Verwaltungsprozessrechts.[73] In diesem Sinne widmete sich Ule eingehend der Frage nach der adäquaten Gestaltung des verwaltungsgerichtlichen Verfahrens.

a) Das verwaltungsgerichtliche Verfahren zwischen Verwaltungsverfahrens- und Zivilprozessrecht

Ule ging es zunächst darum, durch Unterstreichung der Gemeinsamkeiten der Prozesse die Justizförmigkeit des verwaltungsgerichtlichen Verfahrens zu betonen und insofern von der Verwaltung und dem Verwaltungsverfahren abzugrenzen. Zwar gebe es essentielle Unterschiede zwischen dem Zivil- und dem Verwaltungsprozess. Diese Unterschiede bestünden vor allem in der Ersetzung des Verhandlungsgrundsatzes durch den Untersuchungsgrundsatz und der strukturellen Ungleichheit der Beteiligten. Beides ändere jedoch nichts an der justizförmigen Verfahrensgestaltung. Der Prozess vor den Verwaltungsgerichten könne nicht als Fortsetzung des Verwaltungsverfahrens gesehen werden, sondern sei ein dem Zivilprozess vergleichbares, justizförmigen Regeln gehorchendes Rechtsschutzverfahren.[74]

Dem steht eine ganze Reihe von später, zwischen den Jahren 1957 und 1974 entstandenen Beiträgen gegenüber, die – im Gegensatz dazu – den (funktiona-

[71] *Ule*, Für eine einheitliche Verwaltungsgerichtsordnung! (Fn. 51), S. 1 ff.; *ders.*, Grundgesetz und Verwaltungsgerichtsbarkeit (Fn. 56) S. 48.

[72] *Ule*, Die künftige Verwaltungsgerichtsordnung (Fn. 51), S. 681 ff.; *ders.*, Verwaltungsverfahren und Verwaltungsgerichtsbarkeit (Fn. 28), S. 306.

[73] Vgl. mit weiteren Nachweisen *Jakob Nolte*, Die Eigenart des verwaltungsgerichtlichen Rechtsschutzes, Tübingen 2015, S. 31 ff.

[74] *Carl Hermann Ule*, Zum Verhältnis von Zivilprozeß und Verwaltungsprozeß, DVBl. 1954, S. 137 ff., zitiert nach Wiederabdruck in: ders., Gesammelte Aufsätze (Fn. 25), S. 147 ff.

len) Zusammenhang von Verwaltungsverfahren und Verwaltungsgerichtsbarkeit und damit letztlich die Unterschiede zwischen Zivilprozess und Verwaltungsprozess herausarbeiteten.[75] Die Verwaltungsgerichtsbarkeit stelle zwar einen „gleichwertigen" oder „gleichrangigen", aber nicht „gleichartigen" Zweig der Gerichtsbarkeit dar. Die Etablierung einer der Justiz zugeordneten Verwaltungsgerichtsbarkeit im bundesrepublikanischen Rechtsstaat habe den organischen Zusammenhang zwischen Verwaltungsverfahren und verwaltungsgerichtlichem Verfahren „verdunkelt".[76] Die im 19. Jahrhundert noch einheitliche Rechtsmaterie des öffentlichen Verfahrensrechts, die das Verwaltungsverfahren und das Verwaltungsstreitverfahren umfasst habe, sei durch die Rechtsentwicklung in der frühen Bundesrepublik zerfallen. Zunächst habe die Neuordnung der Verwaltungsgerichtsbarkeit nach rechtsstaatlichen Grundsätzen im Vordergrund gestanden. Diese Spaltung sei durch die Kompetenzordnung des Grundgesetzes vertieft worden.[77] Dennoch bestünden „wechselseitige Beziehungen" zwischen beiden, die in der zu erlassenden bundeseinheitlichen Verfahrensordnung für die Verwaltungsgerichte adäquat zum Ausdruck gebracht werden müssten. Es bestehe ein wechselseitiger Zusammenhang zwischen der Ausgestaltung des Verwaltungsverfahrens und des verwaltungsgerichtlichen Verfahrens.[78]

Einen entscheidenden Zusammenhang sah Ule etwa im Instanzenzug. Werde die Rechtmäßigkeit von Verwaltungshandeln bereits durch ein verwaltungsinternes Überprüfungsverfahren gewährleistet, könne auf mehrere gerichtliche Tatsacheninstanzen verzichtet werden.[79] Die Ansicht, dass ein verwaltungsin-

---

[75] *Ule*, Verwaltungsverfahren und Verwaltungsgerichtsbarkeit (Fn. 28); *ders.*, Vereinheitlichung der Rechtsprechung (Fn. 56); *ders.*, Verwaltungsreform als Verfassungsvollzug, Festschrift 150 Jahre Carl Heymanns Verlag, Köln u. a. 1965, S. 53 ff., zitiert nach Wiederabdruck in: ders., Gesammelte Aufsätze (Fn. 25), S. 383 ff.; *ders.*, Verwaltung und Bürger (Fn. 47); *ders.*, Verwaltungsverfahren und Verwaltungsprozeß. Zur Vereinheitlichung des Verwaltungsverfahrens- und Verwaltungsprozeßrechts, VerwArch 62 (1971), S. 114 ff., zitiert nach Wiederabdruck in: ders., Gesammelte Aufsätze (Fn. 25), S. 517 ff.; *ders.*, Probleme des Verwaltungsverfahrensrechts in der Bundesrepublik Deutschland, Vortrag an der Panteios-Hochschule für politische Wissenschaften 1974, zitiert nach Wiederabdruck in: ders., Gesammelte Aufsätze (Fn. 25), S. 561 ff.; *ders.*, Verwaltung und Verwaltungsgerichtsbarkeit, in: ders., Die Vereinheitlichung der Verwaltungsgerichtsgesetze zu einer Verwaltungsprozeßordnung, Berlin 1978, zitiert nach Wiederabdruck in: ders., Gesammelte Aufsätze (Fn. 25), S. 581 (603). *Ule* hatte freilich bereits in seinem Aufsatz zum „Verhältnis von Zivilprozeß und Verwaltungsprozeß" (Fn. 74) darauf hingewiesen, dass es wegen des Bezuges zum materiellen Recht solche Unterschiede zwischen den Verfahrensarten gebe. Sie rückten aber erst in den folgenden Beiträgen ins Zentrum seiner Betrachtung.

[76] *Ule*, Verwaltungsverfahren und Verwaltungsgerichtsbarkeit (Fn. 28), S. 297 ff.; *ders.*, Verwaltung und Verwaltungsgerichtsbarkeit (Fn. 75), S. 603.

[77] *Ule*, Verwaltungsverfahren und Verwaltungsprozeß (Fn. 75), S. 517 ff.

[78] *Ule*, Verwaltungsverfahren und Verwaltungsgerichtsbarkeit (Fn. 28), S. 297 ff.

[79] Diese Ansicht wiederholte Ule später mehrmals, etwa *Ule*, Verwaltungsreform als Verfassungsvollzug (Fn. 75), S. 405 ff.; *ders.*, Verwaltungsrechtsschutz in den europäischen Staaten und die deutsche Verwaltungsgerichtsbarkeit, DVBl. 1970, S. 225 ff., zitiert nach Wieder-

ternes Kontrollverfahren eine Scharnierfunktion zwischen Verwaltungsverfahren und Verwaltungsgerichtsbarkeit erfülle, hat der Regelung des Vorverfahrens in §§ 68 ff. VwGO Vorschub geleistet. Zu einer abgestimmten Regelung der verschiedenen Rechtsschutzinstanzen im Verwaltungsverfahrens- und Verwaltungsprozessrecht im Sinne Ules kam es allerdings nicht.[80] Später sah Ule dann in der Regelung des Vorverfahrens, die aufgrund seiner Vorschläge Eingang in die VwGO gefunden hatte, de lege lata eine bedeutungsvolle Brücke zwischen Verwaltungsprozess und Verwaltungsverfahren.[81] Der funktionale Zusammenhang zeige sich außerdem in einer Reihe beide Verfahrensarten gleichermaßen dominierender Grundsätze, wie etwa dem Untersuchungsgrundsatz.

Für Ule war es eine immerwährende „Aufgabe der Wissenschaft, auf die *Eigenart* des verwaltungsgerichtlichen Verfahrens, die nicht zuletzt in der Wechselbeziehung zwischen Verwaltungsverfahren und Verwaltungsprozeß besteht, immer wieder hinzuweisen und damit für eine *sachgemäße* Lösung der Probleme einzutreten“.[82]

b) Vereinheitlichung der Gerichtsbarkeiten und Verfahrensordnungen

Mit der Bestimmung der Eigenart des verwaltungsgerichtlichen Rechtsschutzes und der Abgrenzung gegenüber dem Zivilprozess war die Erkenntnis verbunden, dass sich der Finanzprozess und Sozialgerichtsprozess nicht wesentlich vom verwaltungsgerichtlichen Verfahren unterschieden. Das führte Ule zur Forderung der Vereinheitlichung dieser Gerichtszweige. Bereits in seinem Referat auf dem 42. Deutschen Juristentag 1957 über die Möglichkeiten der Vereinheitlichung der Rechtsprechung hielt er nicht nur ein Plädoyer für die Beibehaltung der Trennung von Verwaltungs- und Zivilgerichtsbarkeit, sondern sprach sich gleichzeitig für die Zusammenlegung der Finanz- und Verwaltungsgerichtsbarkeit sowie die Vereinheitlichung von deren Prozessrechten mit dem der Sozialgerichtsbarkeit aus.[83] Dieses Thema wurde in vielen seiner späteren Arbeiten immer wieder aufgegriffen und führte 1969 zu dem von Ule initiierten Speyerer Entwurf einer einheitlichen Verwaltungsgerichtsordnung.[84] In einem Beitrag zum Verhältnis zwischen Verwaltungsverfahren und Verwaltungsprozessrecht (1971) geht er davon aus, dass eine Vereinheitlichung der öffent-

abdruck in: ders., Gesammelte Aufsätze (Fn. 25), S. 471 (481 ff.); *ders.*, Verwaltungsverfahren und Verwaltungsprozeß (Fn. 75), S. 537 ff.; *Ule*, Verwaltung und Verwaltungsgerichtsbarkeit (Fn. 75), S. 599 ff. Entsprechend äußerte er sich auch schon auf der Staatsrechtslehrertagung 1958 bei der Aussprache (VVDStRL Bd. 17 [1959], S. 239 f.).

[80] Vgl. die selbst geäußerte Enttäuschung an der endgültigen Fassung des VwVfG: *Ule*, Probleme des Verwaltungsverfahrensrechts in der Bundesrepublik Deutschland (Fn. 75), S. 578.

[81] *Ule*, Verwaltungsverfahren und Verwaltungsprozeß (Fn. 75), S. 523 ff., 526 ff.

[82] *Ule*, Verwaltungsverfahren und Verwaltungsprozeß (Fn. 75), S. 539.

[83] *Ule*, Vereinheitlichung der Rechtsprechung (Fn. 56), S. 347 f.

[84] Zum Speyerer Entwurf siehe oben Fn. 50.

lich-rechtlichen Prozessrechte bevorstehe.[85] Auch danach wurde Ule nicht müde, seine Forderung nach der Vereinheitlichung der öffentlich-rechtlichen Gerichtsbarkeiten zu wiederholen.[86] Bis heute ist es allerdings weder zu einer Verschmelzung der Gerichtsbarkeiten noch zu einer Vereinheitlichung der Verfahrensordnungen gekommen.

3. Die Kodifizierung des Verwaltungsverfahrensrechts

Neben der Etablierung und Ausgestaltung der Verwaltungsgerichtsbarkeit war die Kodifizierung des allgemeinen Verwaltungsverfahrensrechts ein Hauptthema Ules.

a) Verwaltungsrecht und Verfassungsrecht

Nach Erlass des Grundgesetzes herrschte Streit hinsichtlich der Kodifikation des allgemeinen Verwaltungsverfahrensrechts. Wegen der zwischen Bund und Ländern aufgeteilten Gesetzgebungszuständigkeit im Verwaltungsverfahrensrecht lag jene nicht so auf der Hand wie der Erlass der VwGO. Ule sprach sich dennoch von Beginn an für eine Kodifizierung auch des Verwaltungsverfahrensrechts aus und wiederholte diesen Standpunkt in seinen Beiträgen verschiedentlich. Eine Kodifizierung sei nicht nur im Sinne einer einheitlichen Kanonisierung wünschenswert, sondern verfassungsrechtlich geboten. Die Gewaltenteilung (Art. 20 Abs. 2 S. 2 GG), die Bindung der vollziehenden Gewalt an die Gesetze (Art. 20 Abs. 3 GG) und Art. 80 Abs. 1 GG erlaubten keine wesentliche Verlagerung der gesetzgeberischen Aufgaben auf die Verwaltung und stellten damit das Parlament als gesetzgebende Körperschaft ins Zentrum staatlicher Entscheidungen.[87] Vor diesem Hintergrund sah Ule im Erlass von Verwaltungsverfahrensgesetzen die Erfüllung eines Verfassungsauftrags. Insbesondere dem Grundsatz der Gesetzmäßigkeit der Verwaltung (Art. 20 Abs. 3 GG) könne ohne gesetzliche Regelung des Verwaltungsverfahrens nicht Rechnung getragen werden.[88] Mit dieser Erkenntnis trug Ule zur „Neuentdeckung des

---

[85] *Ule*, Verwaltungsverfahren und Verwaltungsprozeß (Fn. 75), S. 523.

[86] Etwa *Ule*, Verwaltungsrechtsschutz in den europäischen Staaten (Fn. 79), S. 491 f.; *ders.*, Verwaltung und Verwaltungsgerichtsbarkeit (Fn. 75), S. 581 ff.

[87] *Ule*, Verwaltungsstaat und Rechtsstaat (Fn. 67), S. 229 f.

[88] *Ule*, Verwaltungsreform als Verfassungsvollzug (Fn. 75), S. 389 ff., *ders.*, Aussprache Staatsrechtslehrertagung 1958, VVDStRL 17 (1959), S. 225, 229; *ders.*, Verwaltungsreform als Verfassungsvollzug (Fn. 75), S. 383 ff.; *ders.*, Probleme des Verwaltungsverfahrensrechts in der Bundesrepublik Deutschland (Fn. 75), S. 561 ff. Daraus folgte für Ule auch, dass die Grundsätze und Richtlinien der Leistungsverwaltung gesetzlich geregelt sein müssten und nicht von der Verwaltung selbst festgelegt werden könnten (*Ule*, Verwaltung und Bürger [Fn. 47], S. 421 f.).

parlamentarischen Gesetzes" als des zentralen Steuerungs- und Legitimationsinstruments im demokratischen Rechtsstaat bei.[89]

Dabei hatte Ule ausdrücklich das Programm, das Verwaltungsrecht inhaltlich der neuen Verfassungsordnung anzupassen. Der Rechtsstaat des Grundgesetzes war eine neue normative Vorgabe, die es umzusetzen und auszugestalten galt.[90] Verwaltungsverfahrens- und Verwaltungsprozessrecht waren seiner Meinung nach verfassungsrechtlich vorbestimmt, die Gestaltung des Verwaltungsverfahrens mithin Verfassungsvollzug.[91] Ule lehnte das Bonmot von Otto Mayer „Verfassungsrecht vergeht, Verwaltungsrecht besteht" ausdrücklich ab. Vielmehr vertrat er in Anschluss an Fritz Werner die Ansicht, Verwaltungsrecht sei konkretisiertes Verfassungsrecht.[92] Er nahm damit an der Erzählung der „Fortschrittsgeschichte" der Konstitutionalisierung des Verwaltungsrechts unter dem Grundgesetz teil.[93] Während sich die Ansicht der Verfassungsabhängigkeit des Verwaltungsrechts im Grundsatz schon Anfang der sechziger Jahre durchgesetzt zu haben scheint, waren die Auswirkungen auf das Verwaltungsverfahren im Einzelnen noch länger umstritten. In diesem Sinn schrieb Ule über den gesamten Untersuchungszeitraum verteilt mehrere Beiträge über das Verhältnis von Verwaltungsverfahrensrecht und Verfassungsrecht.[94]

Nach Ule waren bestimmte Fragen des Verwaltungsverfahrens durch rechtsstaatliche Grundsätze vorbestimmt und mussten entsprechend diesen Grundsätzen geregelt werden.[95] Das bedeute freilich nicht, dass jede verfahrensrechtliche Regelung verfassungsrechtlich vorgegeben sei. Es gebe ältere Regelungen, die auch unter Geltung des Grundgesetzes fortbestehen könnten. Ebenso gebe

---

[89] *Schönberger*, Verwaltungsrecht als konkretisiertes Verfassungsrecht (Fn. 30), S. 76ff.

[90] Das galt auch für das Sozialrecht. Ule war – einer kurzen Bemerkung auf der Staatsrechtslehrertagung 1969 zufolge – wohl auch der Ansicht, dass das Sozialstaatsprinzip des GG einen materiellen Verfassungsauftrag beinhalte, der Kerne des Sozialrechts schütze und deren gesetzliche Ausgestaltung verlange (*Ule*, Aussprache zum Beratungsgegenstand „Rechtsformen der sozialen Sicherung und des Allgemeinen Verwaltungsrechts", VVDStRL Bd. 28 [1970], S. 249).

[91] Hinsichtlich des Verwaltungsprozessrechts ist das in den bisherigen Ausführungen bereits deutlich geworden. Ule brachte dies 1959 im Zuge der Entstehung der Verwaltungsgerichtsordnung noch einmal explizit zum Ausdruck, *Carl Hermann Ule*, Verfassungsrecht und Verwaltungsprozeßrecht, DVBl. 1959, S. 537ff.

[92] *Ule*, Verwaltungsreform als Verfassungsvollzug (Fn. 75), S. 386; zum Zitat von Fritz Werner und dessen Wirkung auch *Schönberger*, Verwaltungsrecht als konkretisiertes Verfassungsrecht (Fn. 30), S. 53ff.

[93] *Schönberger*, Verwaltungsrecht als konkretisiertes Verfassungsrecht (Fn. 30), S. 56ff.

[94] So schon ausdrücklich 1964 *Ule*, Verwaltungsreform als Verfassungsvollzug (Fn. 75), S. 383ff.; *ders.*, Probleme des Verwaltungsverfahrensrechts in der Bundesrepublik Deutschland (Fn. 75), S. 561ff.

[95] *Ule*, Verwaltungsreform als Verfassungsvollzug (Fn. 75), S. 385; *ders.*, Verwaltung und Bürger (Fn. 47), S. 433f.; *Ule/Becker*, Verwaltungsverfahren im Rechtsstaat (Fn. 54), S. 27; *Ule*, Probleme des Verwaltungsverfahrensrechts in der Bundesrepublik (Fn. 75), S. 568f.; im selben Sinn äußerte sich *Ule* in der Aussprache auf der Staatsrechtslehrertagung 1958 über den zweiten Beratungsgegenstand „Das Verwaltungsverfahren", VVDStRL 17 (1959), S. 225.

es Reformanliegen, die nicht der Anpassung an die neue Verfassungsordnung, sondern der Anpassung an gewandelte Verhältnisse dienten.[96] Dennoch seien entscheidende Aspekte des neuen Verwaltungsverfahrensrechts verfassungsrechtlich vorbestimmt. Diese heute selbstverständlich scheinende Erkenntnis wurde erst von Ule in der Reformdebatte zum Erlass des VwVfG stark gemacht. Bis dahin hatten andere Reformziele die Debatte bestimmt, wie die Vereinfachung und Vereinheitlichung des Verwaltungsverfahrens. Konkrete verfassungsrechtliche Vorgaben bestanden nach Ule etwa beim Recht auf Gehör, dem Recht auf Akteneinsicht, der Geltung des Untersuchungsgrundsatzes und dem Begründungszwang.[97] Die Anwendung von Verfahrensgrundrechten auf das Verwaltungsverfahren entsprach auch dem bereits dargelegten Verständnis Ules vom funktionalen Zusammenhang zwischen Verwaltungsverfahren und Gerichtsverfahren. Sowohl das Verständnis vom funktionalen Zusammenhang der Verfahrensarten als auch die Übertragung der Verfahrensgrundrechte setzten sich noch im Laufe des Untersuchungszeitraums durch.[98]

b) Inhalt der Kodifizierung

Ule machte sich in seinen Beiträgen zu den verfassungsrechtlichen Vorgaben bis in alle Einzelheiten Gedanken über die Ausgestaltung der jeweiligen Institute und Regelungen. Dabei machte er einige Vorschläge, die sich im Gesetzgebungsverfahren durchgesetzt haben.[99] In Anknüpfung an seine These vom funktionalen Zusammenhang zwischen Verwaltungsverfahren und verwaltungsgerichtlichem Verfahren sprach er sich regelmäßig für eine enge Anlehnung an die bestehenden verwaltungsprozessualen Regelungen aus.[100] In diesem Sinn hat Ule die Ausgestaltung einiger Rechtsinstitute im Verwaltungsverfahrensrecht beeinflusst, etwa die Anhörung, die Akteneinsicht und die Begründungspflicht.[101]

Der funktionale Zusammenhang zwischen verwaltungsgerichtlichem Verfahren und Verwaltungsverfahren zog nach Ule noch weitere Folgen für die

---

[96] *Ule*, Verwaltungsreform als Verfassungsvollzug (Fn. 75), S. 386 ff.

[97] *Ule*, Verwaltungsreform als Verfassungsvollzug (Fn. 75), S. 393 ff., 396 ff. 398 ff.; erneut zusammenfassend *ders.*, Probleme des Verwaltungsverfahrensrechts in der Bundesrepublik Deutschland (Fn. 75), S. 569 ff.

[98] So Ule selbst 1971: *Ule*, Verwaltungsverfahren und Verwaltungsprozeß (Fn. 75), S. 533.

[99] So ist etwa die Regelung zu Folgen von Verfahrens- und Formfehlern (heute § 46 VwVfG) entgegen anders lautenden Entwürfen in seinem Sinn so formuliert worden, dass es offensichtlich sein muss, dass die Entscheidung nicht anders hätte ergehen können, wodurch jede ernstzunehmende Möglichkeit einer anderen Entscheidung zur Aufhebung des nur formell rechtswidrigen Verwaltungsaktes führen muss. Dies sei im Sinne der Sicherung rechtsstaatlicher Verfahrensgrundsätze notwendig (*Ule*, Verwaltungsreform als Verfassungsvollzug [Fn. 75], S. 400 ff.).

[100] *Ule*, Verwaltungsverfahren und Verwaltungsprozeß (Fn. 75), S. 528 ff.

[101] Vgl. *Ule*, Probleme des Verwaltungsverfahrensrechts in der Bundesrepublik Deutschland (Fn. 75), S. 561 ff., 572.

Ausgestaltung des Verwaltungsverfahrensrechts nach sich. So konstruierte er den Begriff des Verwaltungsakts von der Rechtsschutzmöglichkeit her. Da der Verwaltungsakt prozessuale Voraussetzung für die Gewährung von Verwaltungsrechtsschutz sei, sei ein Verwaltungsakt mit Außenwirkung stets anzunehmen, wenn er potentiell in Rechte des Betroffenen eingreifen könne. Wenn kein Verwaltungsakt vorliege, greife die subsidiäre Zuständigkeit der ordentlichen Gerichte nach Art. 19 Abs. 4 S. 2 GG ein. Das gelte es zu vermeiden, da sonst die ordentliche Gerichtsbarkeit über Verwaltungsangelegenheiten entscheide.[102] Diese Ansicht, die Außenwirkung von Verwaltungsakten von der Rechtsbeeinträchtigung her zu bestimmen, hat sich freilich nicht durchgesetzt. Um dennoch nicht zu einer Zuständigkeit der ordentlichen Gerichte zu kommen, wird stattdessen Rechtsschutz vor den Verwaltungsgerichten durch nicht verwaltungsaktbezogene Klagearten gewährt.

Das neue Rechtsschutzsystem hatte auch Folgen für die Fehlerlehre. Die ordentliche Gerichtsbarkeit hatte grundsätzlich nicht die Möglichkeit, Verwaltungsakte aufzuheben. Nur nichtige Verwaltungsakte waren in jedem Fall unbeachtlich. Solange es mangels Zuständigkeitsgeneralklausel keine flächendeckende verwaltungsgerichtliche Kontrolle von Verwaltungsakten gab, entschied die Grenze zur Nichtigkeit über den Umfang justizieller Kontrolle. Vor Einführung der neuen Verwaltungsgerichtsbarkeit nach dem Krieg hatten die ordentlichen Gerichte daher häufig die Nichtigkeit von fehlerhaften Verwaltungsakten angenommen, um Rechtsschutz zu ermöglichen. Dies sei, so Ule, durch die Einführung der neuen Verwaltungsgerichtsbarkeit nicht mehr nötig. Mit der umfassenden Anfechtungsmöglichkeit von Verwaltungsakten vor den Verwaltungsgerichten sei der rechtswidrige Verwaltungsakt rechtsstaatlich aufgefangen. Die Kategorie der Nichtigkeit müsse auf offenkundige und schwere Fälle der Rechtswidrigkeit beschränkt werden, die dazu führten, dass ein Verwaltungsakt für alle erkennbar außerhalb der Rechtsordnung stehe.[103] So entwarf Ule vor dem Hintergrund des nun umfassenden verwaltungsgerichtlichen Rechtsschutzes gegen Verwaltungsakte eine neue Nichtigkeitslehre für Verwaltungsakte, die sich zwar nicht in allen Einzelheiten, aber doch im Wesentlichen in den späteren Regelungen der Verwaltungsverfahrensgesetze (etwa § 44 VwVfG) durchgesetzt hat.

Bemerkenswert an alldem ist, wie die Veränderungen im Rechtsschutzsystem Auswirkungen auf die Betrachtung des materiellen Verwaltungsrechts hatten. Eine derartige Konnexität zwischen Prozessrecht und materiellem Recht wäre im Zivilrecht kaum denkbar und liegt an dem insbesondere von Ule herausgearbeiteten funktionalen Zusammenhang von Verwaltungsverfahrensrecht und

---

[102] *Ule*, Verwaltungsakt (Fn. 28), S. 85 f.

[103] *Ule*, Die neue Verwaltungsgerichtsbarkeit (Fn. 28), S. 28 ff.; *ders.*, Verwaltungsakt (Fn. 28), S. 90 ff.

Verwaltungsprozessrecht. So wurde das materielle Recht durch Vorgaben des Prozessrechts bestimmt. Dies führte dazu, dass das Verwaltungsrecht zunehmend vom Rechtsschutz her gedacht wurde.

4. Umfang und Intensität der verwaltungsgerichtlichen Kontrolle

Die Behandlung des Verhältnisses der Verwaltungsgerichtsbarkeit zur Verwaltung führte unmittelbar zu der Frage nach dem Umfang der verwaltungsgerichtlichen Kontrolle und der Kontrolldichte. Dies war ein zentrales Thema der Zeit, das auch Ule in einer Vielzahl von Aufsätzen während des gesamten Untersuchungszeitraums immer wieder beschäftigte. Es klang bereits in einem Beitrag aus dem Jahr 1953 an[104] und wurde dann in einer Reihe von Beiträgen in den fünfziger Jahren ausdrücklich thematisiert.[105] Neue Gedanken dazu finden sich in einem Vortrag aus dem Jahr 1966,[106] die dann in der ersten Hälfte der siebziger Jahre aufgegriffen und vertieft wurden.[107]

Die Diskussion um den Umfang und die Intensität der verwaltungsgerichtlichen Kontrolle hing eng zusammen mit der staatsrechtlichen und staatstheoretischen Diskussion um die Verrechtlichung und Demokratisierung der Verwaltung durch zunehmende Vergesetzlichung, mithin dem Demokratie- und Rechtsstaatsverständnis unter dem Grundgesetz. Sie korrespondiert mit der Rechtsprechung des Bundesverfassungsgerichts zu Art. 19 Abs. 4 GG, der Aufgabe des besonderen Gewaltverhältnisses, der weiten Auslegung der grundrechtlichen Schutzbereiche und damit einhergehend der Ausweitung des Gesetzesvorbehalts. Insbesondere die Ausführungen in einem Aufsatz aus dem Jahr 1957 über das Verhältnis von Verwaltungsstaat und Rechtsstaat können als Kernaussagen Ules bei der Neubestimmung des Rechtsstaatsbegriffs des Grundge-

104 *Ule*, Verwaltungsgerichte überstaatlicher und internationaler Organisationen, DVBl. 1953, S. 491 ff., zitiert nach Wiederabdruck in: ders., Gesammelte Aufsätze (Fn. 25), S. 129 (140 ff.). In diesem Beitrag geht es in erster Linie um die Bestimmung des Charakters der Gerichte dieser Organisationen als Verwaltungsgerichte. Bemerkenswert ist die begriffliche Klarheit im Hinblick auf den unterschiedlichen Charakter von überstaatlichen und internationalen Organisationen und die Funktionen der Gerichtsbarkeiten, insbesondere des Gerichtshofs der Montangemeinschaft und der EVG (des heutigen EuGH). *Ule* knüpfte dabei an einen früheren Aufsatz an (Der Gerichtshof der Montangemeinschaft als europäisches Verwaltungsgericht, DVBl. 1952, S. 65 ff.).

105 *Carl Hermann Ule*, Die Anwendung unbestimmter Rechtsbegriffe im Verwaltungsrecht, in: Forschung und Berichte aus dem öffentlichen Recht. Gedächtnisschrift für Walter Jellinek, München 1955, S. 309 ff., zitiert nach Wiederabdruck in: ders., Gesammelte Aufsätze (Fn. 25), S. 177 ff.; *ders.*, Verwaltungsstaat und Rechtsstaat (Fn. 67); *ders.*, Besonderes Gewaltverhältnis (Fn. 25).

106 *Ule*, Verwaltung und Bürger (Fn. 47).

107 *Ule*, Maßnahmen der Verwaltungsreform und ihrer gerichtlichen Überprüfung, in: Festschrift für Gebhard Müller, Tübingen 1970, S. 529 ff., zitiert nach Wiederabdruck in: ders., Gesammelte Aufsätze (Fn. 25), S. 581 (592 ff.).

setzes und dessen Auswirkungen auf Verwaltung und Verwaltungsgerichtsbarkeit angesehen werden.[108]

a) Umfang der verwaltungsgerichtlichen Kontrolle

Ule stritt von Beginn an für eine im Grundsatz vollumfängliche justizielle Überprüfbarkeit aller Verwaltungsmaßnahmen. Dies sei notwendige Ergänzung der Bindung der Verwaltung an Gesetz und Recht (Art. 20 Abs. 3 GG). Art. 19 Abs. 4 GG gewährleiste, dass jede Maßnahme der Verwaltung der gerichtlichen Überprüfung offenstehe.[109] In Abgrenzung und Abkehr vom sog. Verwaltungsstaat, in dem die Staatsgewalt bei den Verwaltungsbehörden konzentriert sei, verstand Ule den „Staat des Bonner Grundgesetzes [...] als Gesetzgebungs- und Rechtsprechungsstaat".[110] Dem widerspreche nicht, dass die Verwaltungstätigkeit viel umfassender sei als im 19. Jahrhundert, als die Idee des Rechtsschutzes gegen die öffentliche Gewalt geboren worden sei. Vielmehr sei die rechtsstaatliche Struktur des Grundgesetzes dadurch geprägt, dass die Verwaltung trotz und gerade wegen ihres umfassenden Wirkungsbereichs in erster Linie durch Gesetz gesteuert werde und diese Steuerung zur gerichtlichen Überprüfung gebracht werden könne.[111] In diesem Sinne gehört umfassende Rechtskontrolle durch unabhängige Gerichte heute zum Wesen des Rechtsstaats.[112]

Diese Grundsätze entwickelte Ule insbesondere in Auseinandersetzung mit dem besonderen Gewaltverhältnis. Das besondere Gewaltverhältnis sei eine Konstruktion zur Begrenzung der gerichtlichen Kontrolle. Besondere Gewaltverhältnisse seien aber nichts anderes als durch einen besonderen Zweck bedingte besonders enge Rechtsverhältnisse zwischen Staat und Bürger. Auch im Rahmen dieser engen Rechtsverhältnisse könne man durch die öffentliche Gewalt in Rechten verletzt sein, so dass einem der Rechtsweg offenstehen müsse.

---

108 *Ule*, Verwaltungsstaat und Rechtsstaat (Fn. 67), S. 205 ff. Teilweise sind die Überlegungen bereits in dem deutlich früheren Aufsatz (Grundgesetz und Verwaltungsgerichtsbarkeit [Fn. 56], S. 72 ff.) vorformuliert. Zur staatstheoretischen Diskussion vgl. *Möllers*, Leviathan (Fn. 29), S. 59 ff.

109 *Ule*, Grundgesetz und Verwaltungsgerichtsbarkeit (Fn. 56), S. 72 ff.; *Ule*, Verwaltungsstaat und Rechtsstaat (Fn. 67), S. 243 f.

110 *Ule*, Verwaltungsstaat und Rechtsstaat (Fn. 67), S. 218.

111 *Ule*, Grundgesetz und Verwaltungsgerichtsbarkeit (Fn. 56), S. 72 ff.; *ders.*, Verwaltungsgerichte überstaatlicher Organisationen (Fn. 104), S. 143 ff.; *ders.*, Verwaltungsstaat und Rechtsstaat (Fn. 67), S. 205 ff.

112 *Carl Hermann Ule*, Verwaltungsprozessrecht, München 1960, § 2 III., S. 9 ff.; *ders.*, Die Bedeutung der Verwaltungsgerichtsbarkeit in der rechtsstaatlichen Demokratie. Zehn Jahre Verwaltungsgerichtsordnung. Bewährung und Reform, Berlin 1970, S. 20 ff., zitiert nach Wiederabdruck in: ders., Gesammelte Aufsätze (Fn. 25), S. 493 ff. Ein Bereich exekutiver Eigenverantwortung, der der gerichtlichen Überprüfung entzogen ist, wird heute allenfalls noch bei Regierungshandeln und bei Gnadenentscheidungen diskutiert.

In diesem Zusammenhang entwickelte Ule die bis heute gültige beamtenrechtliche Differenzierung zwischen Grund- und Betriebsverhältnis.[113]

b) Intensität der verwaltungsgerichtlichen Kontrolle

Vom Grundsatz des unbeschränkten Umfangs der verwaltungsgerichtlichen Kontrolle unterschied Ule die Intensität der verwaltungsgerichtlichen Kontrolle. Die Bestimmung der Intensität der verwaltungsgerichtliche Kontrolldichte war ein neuralgischer Punkt, an dem unterschiedliche Verständnisse von Rechtsstaat und Gewaltenteilung sichtbar werden. Sie ist eine der zentralen Fragen und daher ein Dauerthema der bundesrepublikanischen Verwaltungs- und Verwaltungsprozessrechtswissenschaft. Die Diskussion dauert bis heute an und geht damit weit über den Untersuchungszeitraum hinaus. Sie behandelt immer wieder neue Facetten der Abgrenzung von verwaltungsgerichtlicher Kontrolle und nichtüberprüfbaren Entscheidungsspielräumen der Verwaltung. Sie wurde von vielen Autoren getragen und ist immer wieder entscheidend von der Rechtsprechung des Bundesverwaltungsgerichts beeinflusst worden. In der rechtswissenschaftlichen Debatte hatte sie einen Höhepunkt auf der Staatsrechtslehrertagung 1975, auf der über „Verwaltungsverantwortung und Verwaltungsgerichtsbarkeit" beraten wurde.[114]

In der Diskussion war Ule zunächst an begrifflicher Klarheit gelegen, indem er zwischen Ermessen und unbestimmten Rechtsbegriffen als unterschiedlichen Phänomenen der Einschränkung der Intensität der verwaltungsgerichtlichen Kontrolle unterschied.[115] Ermessen werde durch eine ausdrückliche Übertragung von Entscheidungsgewalt auf die Verwaltung eingeräumt. Der Ermessensbegriff entpuppe sich mitunter als „trojanische[s] Pferd des rechtsstaatlichen Verwaltungsrechts", wenn er dazu diene, weitere Spielräume der Verwaltung zu konstruieren.[116] Die Dichotomie von Ermessen und unbestimmtem Rechtsbegriff sowie der Grundsatz, dass Spielräume der Verwaltung nur durch ausdrückliche gesetzliche Ermächtigung eingeräumt werden können, setzten sich trotz bis heute anhaltender Kritik weitgehend durch.[117]

---

[113] *Ule*, Verwaltungsakt (Fn. 28), S. 85; *ders.*, Besonderes Gewaltverhältnis (Fn. 25), S. 249 ff. (wobei Ule die Eröffnung des Rechtsschutzes im Einzelnen differenzierter beurteilt als hier dargestellt).

[114] Dokumentiert in VVDStRL 34 (1976). Zur gesamten Diskussion vgl. mit weiteren Nachweisen *Nolte*, Eigenart (Fn. 73), S. 83 ff.

[115] *Ule*, Unbestimmte Rechtsbegriffe (Fn. 105); *ders.*, Aussprache Staatsrechtslehrertagung 1975, VVDStRL 34 (1976), S. 310 f. Dieses Anliegen teilte er mit anderen Autoren, wie etwa Bachof (vgl. *Kötter*, Fortbilden, um zu bewahren [Fn. 49], S. 231 ff.).

[116] *Ule*, Verwaltungsstaat und Rechtsstaat (Fn. 67), S. 238.

[117] Vgl. nur *Matthias Jestedt*, Maßstäbe des Verwaltungshandelns, in: Hans-Uwe Erichsen/Dirk Ehlers (Hrsg.), Allgemeines Verwaltungsrecht, 14. Aufl. Berlin 2010, § 11 Rn. 10 ff. (mit ausdrücklichen Hinweis auf Ule Rn. 12); den „theoretischen Gegensatz" von Ermessens-

Im Ausgangspunkt sah Ule jede Form von Spielräumen für die Verwaltung kritisch. Sei das Handeln der Exekutive nicht hinreichend durch das Gesetz bestimmt, vollziehe sie nicht mehr den Befehl des Gesetzgebers. Dem Gewaltenteilungsgrundsatz und dem Grundsatz der Gesetzmäßigkeit der Verwaltung werde nicht schon durch eine formelle gesetzliche Ermächtigung genügt, sondern das Gesetz müsse das Handeln der Verwaltung inhaltlich vorgeben. Durch Ermessenspielräume der Verwaltung werde auch die Rechtsschutzgarantie aus Art. 19 Abs. 4 GG in Frage gestellt, weil die Maßstäbe des Verwaltungshandelns der gerichtlichen Kontrolle entzogen würden. Demzufolge sprach sich Ule zunächst für eine sehr eingeschränkte Zulässigkeit von Ermessensermächtigungen aus. Für den Erlass belastender Verwaltungsakte genüge eine Ermessensermächtigung grundsätzlich nicht.[118] Das Misstrauen gegenüber jeder Art von Handlungsspielräumen für die Exekutive und die damit verbundene Grundsatzkritik am Verwaltungsermessen lagen in der Zeit.[119] Es konnte sich in dieser radikalen Form allerdings nicht durchsetzen. Auch Ule hielt später nicht daran fest, sondern maß den durch Ermessen eingeräumten Entscheidungsspielräumen der Verwaltung eine eigene Legitimität bei. Der Rechtmäßigkeitskontrolle durch die Gerichte stellte er die zu respektierenden Entscheidungsspielräume der Verwaltung gegenüber.[120] Gerichtliche Kontrolle sei ausschließlich Rechtskontrolle.[121] Dem ist durch die Regelungen in der VwGO, etwa in § 114 VwGO, weitgehend Rechnung getragen worden.[122] Ule unterstrich außerdem die grundsätzliche Beschränkung des verwaltungsgerichtlichen Rechtsschutzes auf nachträglichen, repressiven Rechtsschutz, womit der Verwaltung ein Recht des ersten Zugriffs vorbehalten bleibe.[123]

Eine strukturelle Veränderung durch den Rechtsstaat sah Ule bei der Verwendung unbestimmter Rechtsbegriffe durch den Gesetzgeber. Sie seien bislang eine „Abdankung zugunsten der Verwaltung".[124] Dem trat Ule durch die Forderung nach einer umfassenden gerichtlichen Nachprüfung entgegen. Die

---

entscheidung und unbestimmtem Rechtsbegriff schon selbst relativierend *Ule*, Verwaltungsprozeßrecht (Fn. 112), § 2 I.4., S. 8.

[118] *Ule*, Verwaltungsstaat und Rechtsstaat (Fn. 67), S. 242.

[119] Vgl. *Schönberger*, Verwaltungsrecht als konkretisiertes Verfassungsrecht (Fn. 30), S. 78 ff.

[120] So betonte er etwa in Abgrenzung zum Verwaltungsrechtsschutz in anderen Staaten, dass die deutschen Verwaltungsgerichte den Entscheidungsspielraum der Verwaltung zu respektieren hätten und Zweckmäßigkeitsüberlegungen im Rahmen einer Ermessensausübung ausschließlich der Verwaltung vorbehalten seien (*Ule*, Verwaltungsrechtsschutz in den europäischen Staaten [Fn. 79], S. 475).

[121] *Ule*, Verwaltung und Verwaltungsgerichtsbarkeit (Fn. 75), S. 585, 589 f., 602.

[122] *Ule*, Verwaltungsprozeßrecht (Fn. 112), § 2 III.2., S. 13.

[123] *Ule*, Verwaltungsrechtsschutz in den europäischen Staaten (Fn. 79), S. 477; in diesem Sinne auch schon während der Aussprache auf der Staatsrechtslehrertagung 1959 zum Plan als verwaltungsrechtliches Institut, VVDStRL 18 (1960), S. 201 f., 205, 208.

[124] *Ule*, Verwaltungsstaat und Rechtsstaat (Fn. 67), S. 234.

Verwendung unbestimmter Rechtsbegriffe müsse – im Unterschied zur Ermesseneinräumung – als eine konkrete rechtliche Bindung der Verwaltung verstanden werden, die im Rechtsstaat grundsätzlich auch der verwaltungsgerichtlichen Überprüfung unterliege. Während die Verwendung unbestimmter Rechtsbegriffe in einem unvollkommenen Rechtsstaat ohne gerichtliche Kontrolle der Verwaltung einen Gestaltungsspielraum überlassen habe, so werde dieser Spielraum im Rechtsstaat den Gerichten übertragen.[125] Es sei eine ursprüngliche und legitime Aufgabe der Gerichte, unbestimmte Gesetzesbegriffe zu konkretisieren. Dies unterscheide die Verwaltungsgerichtsbarkeit nicht von anderen Gerichtsbarkeiten.[126]

Trotzdem hielt Ule nicht an der uneingeschränkten Überprüfbarkeit unbestimmter Rechtsbegriffe fest. Eine Besonderheit liege darin, dass vor der Verwaltungsgerichtsbarkeit eine andere Staatsgewalt zur Anwendung des unbestimmten Rechtsbegriffs berufen sei. Folglich sei fraglich, warum die Gerichtsbarkeit statt der zuerst handelnden Verwaltung zu dessen Konkretisierung legitimiert sein solle. Vor diesem Hintergrund trat Ule zum einen für einen Beurteilungsspielraum der Verwaltung bei „unvertretbaren" Prüfungs- und Beurteilungsentscheidungen ein.[127] Zum anderen entwickelte er die sog. Vertretbarkeitslehre bei normativen Begriffen, deren Bestimmung notwendigerweise ein Werturteil voraussetze. Eine auf die Rechtskontrolle beschränkte unabhängige Gerichtsbarkeit sei zu solchen Werturteilen nicht mehr befugt als die Verwaltung. In Ausnahmefällen sollte es den Verwaltungsgerichten daher verwehrt sein, ihr eigenes Werturteil an die Stelle des Urteils der Verwaltungsbehörde zu setzen, wenn dieses ebenso vertretbar war.[128]

Die Vertretbarkeitslehre konnte sich in dieser Form nicht durchsetzen. Ules Beiträge haben die Diskussion und die Entwicklung der Rechtsprechung zu Beurteilungsspielräumen der Verwaltung aber nachhaltig geprägt.[129] Er selbst sah sich in späteren Beiträgen gegen Ende des Untersuchungszeitraums durch die Rechtsprechung jedenfalls teilweise bestätigt.[130] Der Grundsatz der vollen

[125] *Ule*, Unbestimmte Rechtsbegriffe (Fn. 105); zur Problemstellung zuvor bereits *ders.*, Verwaltungsgerichte überstaatlicher Organisationen (Fn. 104), S. 145 f.; *ders.*, Verwaltungsstaat und Rechtsstaat (Fn. 67), S. 234 ff.

[126] *Ule*, Verwaltungsgerichtsbarkeit in der rechtsstaatlichen Demokratie (Fn. 112), S. 502.

[127] Dies vertrat Ule bereits in seinem Vortrag auf der Staatsrechtslehrertagung 1956 (*Ule*, Besonderes Gewaltverhältnis [Fn. 25], S. 281 ff.), allerdings ohne ausdrücklich von der Lehre vom Beurteilungsspielraum zu sprechen, die heute in erster Linie mit Bachof verbunden wird (vgl. *Kötter*, Fortbilden, um zu bewahren [Fn. 49], S. 231 ff.).

[128] *Ule*, Unbestimmte Rechtsbegriffe (Fn. 105), S. 177 ff.; zur Problemstellung zuvor bereits *ders.*, Verwaltungsgerichte überstaatlicher Organisationen (Fn. 104), S. 145 f.; *ders.*, Verwaltungsstaat und Rechtsstaat (Fn. 67), S. 234 ff.

[129] *Laubinger*, Ule 90. Geburtstag (Fn. 34), S. 567 f.; *Schulze-Fielitz*, Das Bundesverwaltungsgericht als Impulsgeber für die Fachliteratur (Fn. 59), S. 434.

[130] *Ule*, Verwaltungsgerichtsbarkeit in der rechtsstaatlichen Demokratie (Fn. 112), S. 504 ff.; *ders.*, Verwaltung und Verwaltungsgerichtsbarkeit (Fn. 75), S. 592 ff.

Überprüfbarkeit aller Tatbestandsbegriffe, inklusive der unbestimmten Rechtsbegriffe, hat sich weitgehend durchgesetzt.[131] Auf der Staatsrechtslehrertagung 1975 fasste Ule indes etwas resigniert zusammen, dass die in der Lehre entwickelten Theorien zur Auflockerung der gerichtlichen Kontrolldichte bei unbestimmten Rechtsbegriffen sich in der Rechtsprechung nur punktuell, etwa im Prüfungs- und Beamtenrecht, durchgesetzt hätten.[132]

IV. Fazit

Ules akademische Prägung war vor dem Krieg abgeschlossen, und er konnte als junger, relativ unbelasteter Verwaltungsrechtswissenschaftler in der Umbruchsituation nach 1945 maßgeblich aktiv sein. Seine Beiträge aus dem Untersuchungszeitraum waren wegweisend für die rechtsstaatliche Durchdringung des Verwaltungsrechts sowie die Bestimmung des Verhältnisses von Verwaltungsgerichtsbarkeit und Verwaltung in der neuen rechtsstaatlichen Ordnung des Grundgesetzes. Der persönliche Lebensweg Ules hat durch die verschiedenen Wechsel zwischen Praxis und Wissenschaft, Krieg und Kriegsgefangenschaft, Zusammenbruch des Dritten Reichs und Wiederaufbau in der Bundesrepublik sowie der damit verbundenen Chance, in erster Reihe am neuen Verwaltungsrecht mitzuwirken, einige Volten geschlagen. Diese Volten haben in seinem juristischen Werk weniger Brüche hinterlassen, als man erwarten könnte.

Dabei verkannte Ule nicht, dass die neue Verfassungsordnung einen prägenden Einfluss auf das Verwaltungsrecht hatte. Seine Beiträge zeigen, wie prägend die neue Verfassungsordnung für das Verwaltungsrecht war. Ule trug mit einer grundgesetzkonformen Bearbeitung des Verwaltungsrechts und einem wertneutralen juristischen Sachverstand zur Konsolidierung der Bundesrepublik als demokratischer Rechtsstaat bei. So kann Ule hinsichtlich seiner Nachkriegsleistungen zu Recht als ein „entschiedener Verteidiger und Förderer einer rechtsstaatlich handelnden und rechtsstaatlich kontrollierten Verwaltung“ bezeichnet werden.[133] Dass das Verwaltungsrecht maßgeblich von der geltenden Verfassungsordnung geprägt und auch verändert wird, hatte Ule allerdings auch schon nach 1933 erkannt. Insofern kann man trotz der durch den System-

---

[131] Eine zwischenzeitlich diskutierte Korrektur durch den Gesetzgeber in der Hinsicht, dass die Verwaltungsgerichte unbestimmte Rechtsbegriffe nur eingeschränkt überprüfen können sollten, wurde von Ule abgelehnt und ist auch nie Gesetz geworden, obwohl die Entwicklung der Rechtsprechung nicht ganz seiner Auffassung vom Verhältnis der Verwaltung und Verwaltungsgerichtsbarkeit bei der Konkretisierung unbestimmter Rechtsbegriffe entsprach (*Ule*, Verwaltung und Verwaltungsgerichtsbarkeit [Fn. 75], S. 592 ff.).

[132] *Ule*, Aussprache Staatsrechtslehrertagung 1975, VVDStRL 34 (1976), S. 310 f.; vgl. *ders.*, Verwaltung und Verwaltungsgerichtsbarkeit (Fn. 75), S. 592.

[133] So *Christian-Friedrich Menger*, Besprechung von Ule, Verwaltung und Verwaltungsgerichtsbarkeit. Gesammelte Aufsätze 1949–1979, DVBl. 1979, S. 125.

wechsel ausgelösten Diskontinuität auch eine gewisse Kontinuität in Ules Werk erkennen.[134]

Ules Hauptthema im Untersuchungszeitraum war das Verhältnis von Verwaltung und Verwaltungsgerichtsbarkeit in der rechtsstaatlichen Ordnung des Grundgesetzes. Ule war ein Verfechter der (zunehmenden) Verrechtlichung der Verwaltung. Dies sah er durch das Rechtsstaatsprinzip und die Bindung der Verwaltung an das Gesetz geboten. In einem Rechtsstaat sei das Gesetz der primäre Steuerungsmechanismus der Verwaltung. Durch die Rechtsschutzgarantie in Art. 19 Abs. 4 GG sei eine gerichtliche Kontrolle der Einhaltung dieser Rechtsbindungen zwingend. Mit der Konkretisierung der Gesetzesbindung der Verwaltung und der Bestimmung des Rechtsschutzes unter dem Grundgesetz leistete Ule einen entscheidenden Beitrag zum heutigen Verständnis des Rechtsstaats und zur Konstitutionalisierung des Verwaltungsrechts.

Langfristig führte die dadurch eingeleitete zunehmende Juridifizierung des Verwaltungshandelns zu einer Fokussierung der Verwaltungsrechtswissenschaft auf die rechtlichen Bindungen. Der „Gesetzgebungs- und Rechtsprechungsstaat" führte zu einer Verwaltungsrechtswissenschaft, die sich in erster Linie mit Gesetzen und der Rechtsprechung beschäftigt. Diese Entwicklung brachte einen enormen Bedeutungszuwachs für die Verwaltungsrechtsprechung, während der Verwaltungsrechtswissenschaft immer mehr die Aufgabe zuwuchs, diese Rechtsprechung vor- und aufzubereiten. Das mag man auch als Reaktion auf die Herabstufung des Verwaltungsrechts im Nationalsozialismus deuten. Durch die Wiederetablierung des Rechts als elementaren Legitimierungs- und Steuerungsmodus von Verwaltungshandeln im Rechtsstaat wurden das Verwaltungsrecht und die durch Recht gesetzten Grenzen ins Zentrum aller Betrachtungen gestellt. Die Rekonstruktion des Rechtsstaats nach dem Krieg führte also zu einer Fixierung auf das Recht und verdrängte damit aufs Neue die durch die nationalsozialistische Rechtswissenschaft für kurze Zeit wiederbelebte Verwaltungslehre.[135] Insofern hat Ule mit seinem verwaltungsrechtswissenschaftlichen Zugang und vor allem mit seinem prägenden Rechtsstaatsverständnis zur Verengung des Fachs zu einem „Verwaltungskontrollrecht" beigetragen, obwohl er selbst angesichts seiner vielseitigen Tätigkeit eine solche Verengung sicher nicht vorgelebt hat.

---

[134] Zur Nützlichkeit der „Umgestaltungserfahrung" aus dem Nationalsozialismus für die Zeit nach 1949 allgemein *Schönberger*, Verwaltungsrecht als konkretisiertes Verfassungsrecht (Fn. 30), S. 61.

[135] *Stolleis*, Entwicklungsstufen der Verwaltungsrechtswissenschaft (Fn. 29), § 2 Rn. 87f., 101.

Matthias Kötter

Fortbilden, um zu bewahren: Otto Bachof und der Wandel verwaltungsrechtlicher Dogmatik unter dem Grundgesetz

I. Otto Bachof: Mann der Vermittlung zwischen Tradition und Fortschritt im öffentlichen Recht

„,*[D]as Neue organisch mit den bewährten Grundsätzen des Deutschen Verwaltungsrechts zu verbinden.*' Ich meine, eben darin besteht auch die Aufgabe der verwaltungsrechtlichen Dogmatik unserer Zeit!"[1] Mit der Betonung der ungebrochenen Aktualität dieses Fritz-Fleiner-Zitats beschloss Otto Bachof sein Referat über die „Dogmatik des Verwaltungsrechts vor den Gegenwartsaufgaben der Verwaltung" auf der Regensburger Tagung der Staatsrechtslehrer des Jahres 1971. Fleiner hatte im „Vorwort zur 8. Auflage seiner ,Institutionen' aus dem Jahre 1928" (Bachof) den starken Einfluss des neuen Verfassungsrechts auf das Verwaltungsrecht hervorgehoben und von der dadurch bedingten Sinnwandlung alter Rechtsinstitute und vom Auftauchen neuer Probleme für die Wissenschaft gesprochen.[2] Wie schon Fleiner sah Bachof die Dogmatik des Verwaltungsrechts fortwährend im Wandel begriffen, der vor allem „ihren im ständigen Fluß befindlichen Gegenständen" geschuldet sei. In diesem Sinne sind Bachofs Einsichten in „Die Dogmatik des Verwaltungsrechts vor den Gegenwartsaufgaben der Verwaltung" zuallererst als Momentaufnahme zu verstehen, als Zustandsbeschreibung und als Standortbestimmung der Wissenschaft vom Verwaltungsrecht zwanzig Jahre nach dem Inkrafttreten des Grundgesetzes und wenige Jahre vor der Verabschiedung der Verwaltungsverfahrensgesetze des Bundes und der Länder.

Seine Einsichten gewann Bachof aus einer zweifachen Rückschau, zunächst auf den Prozess der Konstitutionalisierung des Verwaltungsrechts unter der Geltung des Grundgesetzes. Hier, so Bachof, sei doch einiges erreicht worden: „Wenn man die dogmatische Arbeit der Nachkriegsjahre unvoreingenommen betrachtet, so darf wohl, ungeachtet mannigfacher und sicher auch begründeter

[1] *Otto Bachof*, Die Dogmatik des Verwaltungsrechts vor den Gegenwartsaufgaben der Verwaltung, VVDStRL 30 (1972), S. 193–244 (238).

[2] *Fritz Fleiner*, Institutionen des deutschen Verwaltungsrechts, 8. Aufl., Tübingen 1928, S. V.

Kritik im einzelnen, gesagt werden, daß sie nicht erfolglos war. Es handelt sich m. E. um erheblich mehr als nur um ‚Füll- und Filigranarbeit'" – letzteres eine Erwiderung der Kritik seines Schülers Hans-Heinrich Rupp, die dieser in einem Begleitaufsatz im Deutschen Verwaltungsblatt geäußert hatte.[3] Bachof stellte fest: „Die allgemeinen Lehren sind nicht nur fortentwickelt, sondern in entscheidenden Punkten umgestaltet worden, und zwar im steten Blick auf die Leitidee des sozialen Rechtsstaats und in steter Bemühung um die Lösung konkreter Sachprobleme. Die Bereiche des besonderen Verwaltungsrechts und ihre speziellen Fragestellungen sind in zunehmendem Maße in Angriff genommen worden." An einer Reihe zentraler Fragen insbesondere der Gesetzmäßigkeit der Verwaltung und der Kontrolle ihres Handelns durch die Gerichte hatte Bachof maßgeblich mitgearbeitet. Auf der in seinem Referat ebenfalls präsentierten „Mängelliste" beklagte Bachof ganz zuvorderst das Fehlen einer Kodifikation des allgemeinen Verwaltungsrechts, die wenige Jahre später in der reduzierten Form der Verwaltungsverfahrensgesetze Wirklichkeit werden sollte.

Das „Neue", das die verwaltungsrechtliche Dogmatik mit den bewährten Grundsätzen des Deutschen Verwaltungsrechts organisch verbinden solle, war für Bachof im Grundgesetz und seiner normativen Bedeutung für das Verwaltungsrecht zu finden:

> „Was [...] wirklich neu, erst seit und mit dem Grundgesetz eingetreten ist, das ist die ständige unmittelbare Konfrontation allen Verwaltungshandelns mit der Verfassung, ist die nur noch begrenzte Möglichkeit einer Deckung der Verwaltung durch das einfache Gesetz. [...] Einige Stichworte dazu mögen hier genügen: Art. 1 Abs. 3 GG; richterliches Prüfungsrecht; verfassungskonforme Auslegung. Das *Ausmaß* der Verfassungsabhängigkeit des Verwaltungsrechts ist damit freilich ganz außerordentlich gestiegen."[4]

Die Verfassungsabhängigkeit des Verwaltungsrechts als solche sei keineswegs neu und auch nicht die Einsicht in sie. Die „grundsätzliche Abhängigkeit des Verwaltungsrechts von der Verfassung" sei vielmehr schon Otto Mayer „völlig selbstverständlich" gewesen, dessen Lehrgebäude seinen Ausgangspunkt im gewaltenteilenden Verfassungsstaat finde, von dem er gesagt habe: „Der Inbegriff der Regeln, nach welchen er eingerichtet ist, heißt *Verfassungsrecht*. Wir werden sehen, wie gerade an den damit gegebenen Unterscheidungen innerhalb der obersten Gewalt *unser ganzes Verwaltungsrecht hängt*"[5].

---

[3] *Hans Heinrich Rupp*, Die Dogmatik des Verwaltungsrechts und die Gegenwartsaufgabe der Verwaltung, DVBl. 1971, S. 669.

[4] *Bachof*, Dogmatik des Verwaltungsrechts (Fn. 1), S. 205.

[5] *Otto Mayer*, Deutsches Verwaltungsrecht, Bd. 1, Leipzig 1895, S. 3f., zit. nach *Bachof*, Dogmatik des Verwaltungsrechts (Fn. 1), S. 205 (Hervorhebung der Schlussworte durch Bachof). Damit korrigiert Bachof seine frühere Bewertung, wonach das Werk Mayers im Hinblick auf das Grundgesetz nicht mehr zeitgemäß sei; so *ders.*, Über einige Entwicklungstendenzen im gegenwärtigen deutschen Verwaltungsrecht, erstveröffentlicht in: Staatsbürger und Staatsgewalt, Jubiläumsschrift zum 100-jährigen Bestehen der deutschen Verwaltungsgerichtsbarkeit, Karlsruhe 1963, Bd. 2, S. 3–18, hier zitiert nach dem Wiederabdruck in: ders.

Eine zweite Rückschau richtete Bachof auf die bewährten Grundsätze des deutschen Verwaltungsrechts und damit auf Rechtstraditionen, die bis vor das Ende des 19. Jahrhunderts zurückreichten. In der von Otto Mayer begründeten Lehre von den Rechtsformen hatten sie eine Systematik gefunden,[6] die noch in der Bundesrepublik für das Verwaltungsrecht prägend sein sollte und in der Bachof nach wie vor die Grundlage einer zeitgemäßen Dogmatik des Verwaltungsrechts sah. Das Neue mit den überkommenen verwaltungsrechtlichen Grundsätzen zu verbinden, hieß für Bachof, bewährte Grundsätze und Formen zu prüfen und wo nötig anzupassen, neue Felder und insbesondere die sozialstaatsbezogenen Bereiche zu erschließen, in denen die „dogmatische[...] Unterbilanz der Leistungsverwaltung" am deutlichsten würde, sich den zur Problemlösung notwendigen Korrekturen gegenüber nicht zu verschließen und dazu grundlegende Veränderungen zuzulassen, diese aber mit Augenmaß vorzunehmen, ein der Zeit eigenes Recht und die ihr eigene Dogmatik zu schaffen, „ohne dass man freilich alles unbesehen über Bord werfen sollte, nur weil es einer früheren Zeit entstammt"[7] – hierin sah Bachof die Aufgabe der Verwaltungsrechtswissenschaft seiner Zeit. Das verwaltungsrechtliche System als solches zu verändern, sich statt den Rechtsformen den Aufgaben und Zwecken der Verwaltung zuzuwenden und sozialwissenschaftliche Methoden einzusetzen, wie es Peter Badura im Anschluss an Arnold Köttgen vorgeschlagen hatte,[8] hielt Bachof ebenso wenig für die von seiner Disziplin geforderte Leistung wie die von Rupp geforderte radikale Abkehr von den überkommenen Rechtsformen.[9]

Ohne eine eigenständige Systematik zu begründen, hinterließ Bachof im deutschen Verwaltungsrecht „tiefe dogmatische Spuren" – wie Ferdinand Kirchhof 2014 anlässlich Bachofs 100. Geburtstags schrieb[10] –, besonders im Bereich der Rechtsbindung der Verwaltung und ihrer Kontrolle durch die (Verwaltungs-) Gerichte, wovon die Beiträge zu den Handlungs- und Entscheidungsspielräumen der Verwaltung ebenso wie zur Subjektivierung des

---

u.a. (Hrsg.), Wege zum Rechtsstaat: Ausgewählte Studien zum öffentlichen Recht, Königstein/Ts. 1979, S. 245–262 (247); richtig verstanden enthalte Mayers Satz „Verfassungsrecht vergeht, Verwaltungsrecht besteht" lediglich einen Hinweis auf die unterschiedlichen Geschwindigkeiten, in denen sich beide Rechtsbereiche nach einer Staatsumwälzung veränderten.

6 *Mayer*, Deutsches Verwaltungsrecht (Fn. 5), insbes. §§ 8–11.

7 *Bachof*, Dogmatik des Verwaltungsrechts (Fn. 1), S. 212.

8 *Peter Badura*, Verwaltungsrecht im liberalen und im sozialen Rechtsstaat, Tübingen 1966, S. 22 f.; *Arnold Köttgen*, Deutsche Verwaltung, 3. Aufl., Berlin 1944, S. 141; s. dazu *Michael Stolleis*, Geschichte des öffentlichen Rechts in Deutschland, Bd. 4, München 2012, S. 251, und die Beiträge von *Sebastian Unger*, Der Zweck als Schöpfer des Verwaltungsrechts. Peter Baduras Beitrag zu einer Verwaltungsrechtswissenschaft des sozialen Rechtsstaats (in diesem Band), S. 363–378 (364, 376), und *Ann-Katrin Kaufhold*, Arnold Köttgen. Berichte aus dem Inneren der Verwaltung (in diesem Band), S. 107–128 (115 f.).

9 *Rupp*, Dogmatik des Verwaltungsrechts (Fn. 3), S. 669.

10 *Ferdinand Kirchhof*, Otto Bachof. Forscher und Ersatzgesetzgeber, FAZ v. 2.4.2014.

Staat-Bürger-Verhältnisses zeugen. Diese Themen bestimmten Bachofs Werk vom Beginn der 1950er bis in die 1970er Jahre. Sie sind bis heute Kernthemen der Dogmatik des allgemeinen Verwaltungsrechts. Für seine Schüler war Bachof ein „Mann der Vermittlung – der Vermittlung zwischen Tradition und Fortschritt im öffentlichen Recht und zugleich der Vermittlung zwischen Theorie und Praxis".[11] Vermittlung auch zwischen unterschiedlichen wissenschaftlichen Positionen, die erheblich von seiner eigenen abwichen, wie sie seine Schüler Rupp und Dietrich Jesch vertraten, nicht selten in offenem Widerspruch zu ihrem Lehrer. „Doch Bachof war ein liberaler Mensch, ließ seinen Mitarbeitern freien wissenschaftlichen Lauf, respektierte ihre traditionskritischen Konzeptionen und förderte sie."[12] Die hieraus erwachsene produktive Spannung ist bei der Lektüre von Bachofs Werken oft zu erkennen, sie ermöglichte die Fortentwicklung von Ideen und führte nicht selten zu Selbstkorrekturen.

II. Vor den Gegenwartsaufgaben der Verwaltungsrechtswissenschaft

Die Verwerfungen der ersten Hälfte des 20. Jahrhunderts wurden in Bachofs Biografie deutlich sichtbar. Geboren wurde Bachof 1914 in Bremen als – wie er selbst formulierte – „einziges Kind eines – 1918 im Krieg gefallenen – Rechtsanwalts und einer Mutter, die im Landesvorstand der Deutschen Demokratischen Partei und in der Bremer Bürgerschaft [...] in Wort und Schrift gegen die aufkommenden Nationalsozialisten stritt".[13] Das rechtswissenschaftliche Studium ab 1932, Referendariat und Vorbereitungsdienst u.a. in Genf, Berlin und München, die Promotion in Freiburg 1938 mit einem – wie Rupp es nannte – „nicht von ungefähr politikfernen Thema"[14], nämlich einer Arbeit über die Parochialrechte kirchlicher Anstalten.[15] Noch zu Kriegszeiten war Bachof preußischer Verwaltungsbeamter, unter anderem als stellvertretender Landrat im pommer-

---

[11] *Ludwig Fröhler* u.a., Geleitwort, in: Bachof u.a. (Hrsg.), Wege zum Rechtsstaat (Fn. 5), S. V.

[12] *Hans Heinrich Rupp*, Nachruf: Zum Tod von Otto Bachof (1914 bis 2006), AöR 132 (2007), S. 114–116 (115).

[13] *Otto Bachof*, Memoria: Danke, der nächste bitte!, Rechtshistorisches Journal 19 (2000), S. 542–548.

[14] *Rupp*, Nachruf (Fn. 12), S. 114. Zur Auseinandersetzung Bachofs mit den Anfechtungen in der Zeit des Nationalsozialismus s. *Otto Bachof*, Die „Entnazifizierung", in: Andreas Flitner (Hrsg.), Deutsches Geistesleben und Nationalsozialismus, Tübingen 1965, S. 195–216 (213), hier zitiert nach dem Wiederabdruck in: ders. u.a. (Hrsg.), Wege zum Rechtsstaat (Fn. 5), S. 278–294 (290f.); *ders.*, Eine Dissertation vor 50 Jahren. Die evangelische Diakonie im Kirchenkampf, Freiburger Universitätsblätter 108 (1990), S. 111–120.

[15] *Otto Bachof*, Die parochiale Rechtsstellung der großen Anstalten in den deutschen evangelischen Kirchen, Berlin 1939.

schen Kreis Stolp, dann beim Regierungspräsidenten in Koblenz.[16] Als Soldat der Wehrmacht war Bachof zuletzt in Frankreich eingesetzt, erlebte „die Invasion und die Kämpfe in der Normandie sowie den schrittweisen Rückzug der deutschen Truppen bis zur Kapitulation des Ruhrkessels im Frühjahr 1945".[17] Bachof geriet nicht in Kriegsgefangenschaft. 1946 war er zunächst in einem Stuttgarter Wirtschaftstreuhandbüro angestellt, im Mai 1947 wurde er zum Ministerialrat im Stuttgarter Staatsministerium ernannt. Noch im selben Jahr trat er in die neu geschaffene Verwaltungsgerichtsbarkeit ein, wurde 1948 zum Verwaltungsgerichtsdirektor am Verwaltungsgericht Stuttgart ernannt und ein Jahr später zum Oberverwaltungsgerichtsrat am Württembergisch-Badischen Verwaltungsgerichtshof.

Bachof habilitierte sich 1950 bei Walter Jellinek, der auf seinen Heidelberger Lehrstuhl zurückgekehrt war. Über seinen weiteren Weg als Richter und Professor berichtete Bachof später:

> „Nach einem Jahr Privatdozent wurde ich 1952 ordentlicher Professor in Erlangen und 1955 in Tübingen. Dort war ich 1959 bis 1961 Rektor. In Tübingen bin ich trotz mehrerer auswärtiger Rufe geblieben. Seit meiner Emeritierung 1979 leite ich dort noch eine ‚Forschungsstelle für Verwaltungsrechtsdogmatik'. 1991/92 übernahm ich Vorlesungen beim Wiederaufbau der Juristenfakultät Leipzig. Stets war ich neben meinem Lehramt bis zur Emeritierung 1979 Richter an einem Verwaltungsgerichtshof (München, Stuttgart, Mannheim), ferner 1958 bis 1985 Richter am Staatsgerichtshof (dem Landesverfassungsgericht) Baden-Württemberg. Ich halte eine solche Verbindung von Lehramt und Richteramt für besonders fruchtbar."[18]

Nicht nur Bachof selbst hielt diese Verbindung von Rechtswissenschaftler und Rechtspraktiker, die „Vermittlung zwischen Theorie und Praxis" in seiner Person, für eine wichtige Voraussetzung seines Denkens. Rupp nannte Bachofs Jahre in der Verwaltung und der Gerichtsbarkeit die für sein „weiteres Berufsleben entscheidende[...] und prägende[...] Phase". Auch Kirchhof betonte, Bachofs „administrative Tätigkeit kam ihm in der nachfolgenden akademischen Karriere zugute. Sie hielt seinen Blick wach für das Recht als einsichtige und gerechte Ordnung des Gemeinwesens."[19] Und Hermann Weber meinte sogar, „Bachofs gesamtes Werk wäre nicht denkbar ohne seine langjährige Tätigkeit in der Verwaltung".[20] Nun ist bei der biografischen Deutung eines rechtswissenschaftlichen Werks stets größte Vorsicht geboten.[21] Doch zeigt sich der beson-

---

[16] Zu den Einzelheiten s. *Dieter H. Scheuing*, Otto Bachof (1914–2006), in: Peter Häberle u. a. (Hrsg.), Staatsrechtslehrer des 20. Jahrhunderts, Berlin/Boston 2015, S. 847–865 (850).

[17] Details bei *Hermann Weber*, Otto Bachof, in: Juristen im Portrait. Verlag und Autoren in 4 Jahrzehnten, Festschrift zum 225jährigen Jubiläum des Verlags C.H. Beck, München 1988, S. 109–125 (111).

[18] *Bachof*, Memoria (Fn. 13), S. 544.

[19] *Kirchhof*, Otto Bachof (Fn. 10).

[20] *Weber*, Otto Bachof (Fn. 17), S. 113.

[21] Die zeithistorische Forschung thematisiert die Frage nach der Bedeutung des Biografi-

dere Bezug Bachofs zur Rechts- und v.a. zur gerichtlichen Praxis deutlich bei der Wahl seiner Themen und bei den Beispielen, die er zur Illustration verwendete und die oft seiner eigenen „gerichtlichen Praxis"[22] entnommen waren.

Von den besonderen Möglichkeiten, die ihm seine Position als Richter, Wissenschaftler und Zeitschriftenherausgeber bot, um seine Themen aus drei Richtungen zu befördern, berichtete Bachof anekdotisch:

„Da ich zugleich Mitgründer, Mitherausgeber und Autor der Zeitschrift ‚Die Öffentliche Verwaltung' war, konnte ich zwei bisher unbekannte, von mir aus dem verfassungsrechtlichen Rechtsstaatsgebot abgeleitete und für dringend notwendig erachtete neue Rechtsinstitute durchsetzen: die verwaltungsgerichtliche ‚Verpflichtungsklage' (von mir zunächst ‚Vornahmeklage' genannt) und den ‚Folgenbeseitigungsanspruch'. Dabei berief ‚mein' Gericht sich auf den Autor Bachof, und ‚Bachof' berief sich dann wieder auf das Gericht. Dieses Wechselspiel dauerte nicht lange, bis jene Rechtsinstitute allgemeine Anerkennung gefunden hatten und dann auch in der Verwaltungsgerichtsordnung des Bundes ihren Platz fanden. Mitglied des beratenden Gesetzgebungsausschusses war auch ich. Eine gründliche Erörterung fanden beide Institute in meiner Heidelberger Habilitationsschrift ‚Die verwaltungsgerichtliche Klage auf Vornahme einer Amtshandlung' […]."[23]

Bachofs Habilitationsschrift – „aus der Praxis heraus für die Praxis geschrieben" (Bachof[24]) – fand in „der damaligen Zeit der Entwicklung einer eigenständigen, unabhängigen und umfassenden Verwaltungsgerichtsbarkeit starke Beachtung" und ließ „den Namen Bachofs als führenden Verwaltungs- und Verwaltungsprozeßrechtler schnell rühmlich bekannt werden" (Rupp[25]). Bachof behandelte grundlegende Fragen des bis dahin keineswegs gründlich durchge-

---

schen für die Werksinterpretation v.a. bei der Bewertung von Schriften und Verhalten aus der Zeit des NS, aber auch danach, s. bspw. *Anna-Maria Lösch*, Wie hältst Du's mit der Moral? Das verdammte Andenken an die vertriebenen Staatsrechtslehrer, in: Jakob Nolte u.a. (Hrsg.), Die Verfassung als Aufgabe von Wissenschaft, Praxis und Öffentlichkeit. Festschrift Schlink, Heidelberg u.a. 2014, S. 155–170 (161): „Die analytische Trennung von Werk und Person ist im Rahmen der Wissenschaftsgeschichte so selbstverständlich wie in bald jeder biographischen Darstellung natürlich Werk und Person verschränkt werden. Die Rechtswissenschaft pflegt einen Abwehrreflex gegen alle biographischen Reminiszenzen." Die konfessionelle Prägung und ihre Abbildung im Werk untersuchen die Beiträge in *Pascale Cancik* u.a. (Hrsg.), Konfession im Recht. Auf der Suche nach konfessionell geprägten Denkmustern und Argumentationsstrategien in Recht und Rechtswissenschaft des 19. und 20. Jh., Frankfurt/M. 2009.

[22] *Otto Bachof*, Begriff und Wesen des sozialen Rechtsstaates, VVDStRL 12 (1954), S. 37–84, hier zitiert nach dem Wiederabdruck in: Bachof u.a. (Hrsg.), Wege zum Rechtsstaat (Fn. 5), S. 80–126 (109); *ders.*, Beurteilungsspielraum, Ermessen und unbestimmter Rechtsbegriff im Verwaltungsrecht, Juristenzeitung 1955, S. 97–102, zitiert ebenfalls nach dem Wiederabdruck in: ders. u.a. (Hrsg.), Wege zum Rechtsstaat (Fn. 5), S. 154–171 (162), jeweils mit Verweis auf den „Tankstellen-Fall".

[23] *Bachof*, Memoria (Fn. 13), S. 544. *Otto Bachof*, Die verwaltungsgerichtliche Klage auf Vornahme einer Amtshandlung. Zugleich eine Untersuchung über den öffentlich-rechtlichen Folgenbeseitigungsanspruch nach Aufhebung eines rechtswidrigen Verwaltungsaktes, Tübingen 1951.

[24] So *Bachof*, Die verwaltungsgerichtliche Klage auf Vornahme einer Amtshandlung (Fn. 23), im Vorwort zur 2. Aufl. v. 1968, S. XI.

[25] *Rupp*, Nachruf (Fn. 12), S. 115.

arbeiteten Verwaltungsprozessrechts. Die Frage nach dem subjektiven Recht als Voraussetzung der verwaltungsrechtlichen Klage führte ihn zu der materiell-rechtlichen Frage, ob der Einzelne nach Aufhebung eines ihn belastenden rechtswidrigen Verwaltungsaktes einen öffentlich-rechtlichen, gegebenenfalls mit der Klage durchzusetzenden Anspruch auf Beseitigung der Folgen des aufgehobenen Aktes besitze, ob den Gerichten die Befugnis zuzuerkennen sei, die Behörden des Staates oder sonstiger Träger der öffentlichen Gewalt zu einer Amtshandlung zu verurteilen. Bachof begründete, dass Rechtsschutz des Einzelnen gegen den Staat auch bei der Unterlassung einer rechtlich gebotenen Amtshandlung bestehe, im Falle behördlicher Untätigkeit wie im Falle der ausdrücklichen Ablehnung eines Antrags. Die Untersuchung dieser Fragen erschien ihm

> „um so notwendiger zu sein, als Klagen auf Vornahme einer Amtshandlung in der verwaltungsgerichtlichen Praxis bereits eine erhebliche Rolle spielen, andererseits aber gerade die Neuartigkeit dieser Klageform und die Zurückhaltung des Gesetzgebers bei ihrer positivrechtlichen Ausgestaltung zu zahlreichen Zweifelsfragen Anlaß geben und [...] erhebliche Schwierigkeiten bereiten, die dem Verfasser aus seiner Tätigkeit als Verwaltungsrichter besonders vertraut sind.“[26]

Die auch hier wieder zum Ausdruck kommende Praxisorientierung und -nähe war nicht allein dem besonderen Vorverständnis des Richters und Wissenschaftlers Bachof geschuldet, sondern eine zur damaligen Zeit selbst in der juristischen Grundlagenforschung verbreitete Haltung.[27] Die Konkretisierung des Verwaltungs- und Verwaltungsprozessrechts entlang den Vorgaben des neuen Grundgesetzes legte ein problemorientiertes Vorgehen nahe, insbesondere da eine entsprechende Dogmatik noch nicht existierte.[28] Die Bewertung erfolgte dabei aus der gerichtlichen Kontrollperspektive, was unter dem Eindruck der verwaltungsgerichtlichen Generalklausel in den 1960er Jahren noch verstärkt wurde. Das Verwaltungsrecht war in erster Linie „Verwaltungskontrollrecht“[29], das eine nachträgliche Überprüfung des Verwaltungshandelns am

[26] *Bachof*, Die verwaltungsgerichtliche Klage auf Vornahme einer Amtshandlung (Fn. 23), S. VIII.

[27] *Kirchhof*, Otto Bachof (Fn. 10): „Im Schwerpunkt hat er sich [...] mit dem befasst, was man heute als ‚Grundlagenforschung' bezeichnen würde“, *Bachof*, Dogmatik des Verwaltungsrechts (Fn. 1), S. 198, selbst sprach von der „rechtsdogmatische[n] Praxislehre“.

[28] Mit Bezug zu seinem Lehrer des Römischen Rechts Fritz Pringsheim fragte *Bachof*, Memoria (Fn. 13), S. 545: „Was hatte ich bei Pringsheim gelernt? Dieses: Daß es für die Lösung eines Rechtsstreits auf die Erkenntnis des *Problems* und dessen problemgerechte Lösung ankommt. Das sog. ‚Rechtssystem', an dessen Vollständigkeit die meisten Juristen glauben, läßt sie oft im Stich. Denn kein noch so kluger Gesetzgeber kann alle möglichen Fallkonstellationen vorausdenken, von den in den letzten Jahrzehnten entstandenen neuen Rechtsgebieten (Europarecht, Luftverkehrsrecht, u.v.a.) ganz abgesehen.“ Zum prägenden Einfluss Pringsheims auf Bachof s. a. *Scheuing*, Otto Bachof (Fn. 16), S. 848.

[29] *Günter Püttner*, Entwicklungstendenzen in der Dogmatik des Verwaltungsrechts, in: ders. (Hrsg.), Festschrift Bachof, München 1984, S. 115–129 (127).

Maßstab der Rechtmäßigkeit ermöglichen sollte. Mit dem Fokus auf dem rechtlichen Außenverhältnis standen im Zentrum der Verwaltungsakt und seine Anfechtbarkeit. Doch tendierte das Verwaltungsrecht insgesamt dazu, „als ‚Zweckschöpfung für den Rechtsschutz' zu fungieren".[30] Erst im Laufe der 1970er Jahre sollte es in der Verwaltungsrechtswissenschaft zu einer Verschiebung hin zu einer Handlungsperspektive auf die „Probleme, wie sie sich in der Verwaltung stellen" (Günter Püttner), kommen, aus der die Verwaltung weniger als ein Produkt rechtlicher Vorordnung, sondern als ein vielfach bedingtes Ordnungs- und Handlungssystem erschien.[31] Winfried Brohm, der Mitberichterstatter Bachofs auf der Regensburger Staatsrechtslehrertagung, zielte mit seinem Referat ganz in diese Richtung.[32] Rechtsdogmatik – so heißt es dort – dürfe nicht nur den Rechtsschutz behandeln, sondern müsse „die Voraussetzungen dafür schaffen, daß [der] Prozeß der Entscheidungsbildung optimal verläuft, optimal [...] auch im Sinne der vom Recht intendierten zukünftigen Ordnung", was den Blick auf die Organisation des Entscheidungsprozesses richte.[33] Die beiden Referate brachten die Unterschiedlichkeit der Perspektiven deutlich zum Ausdruck und widersprachen sich inhaltlich nur kaum,[34] was vor allem auf die jeweilige Zuspitzung des Themas durch beide Referenten zurückgehen dürfte. Während Bachof den Blick zurück auf das Erreichte richtete, ging es bei Brohm in erster Linie um den Blick in die Zukunft der Disziplin.

Einige der dogmatischen Debatten, an denen Bachof maßgeblich mitgewirkt hatte, fanden ihren rechtspolitischen Schlusspunkt mit der Verabschiedung der Verwaltungsverfahrensgesetze durch die Länder und den Bund. Bachof hatte sich früh für die Kodifikation ausgesprochen – er war bereits an den Entwürfen für die Verwaltungsgerichtsordnung von 1960 beteiligt gewesen[35] – und schrieb nun auch am Entwurf für ein Verwaltungsrechtsgesetz mit, der dann zum Musterentwurf von 1963/4 werden sollte.[36] Dennoch blieb seine Haltung in dieser

---

[30] *Püttner*, Entwicklungstendenzen (Fn. 29), S. 127.

[31] *Püttner*, Entwicklungstendenzen (Fn. 29), S. 127.

[32] *Winfried Brohm*, Die Dogmatik des Verwaltungsrechts vor den Gegenwartsaufgaben unserer Zeit, VVDStRL 30 (1972), S. 245–312; s. dazu *Anna-Bettina Kaiser*, Winfried Brohm: Dogmatik als „Zukunftswissenschaft" (in diesem Band), S. 345–362 (349 ff.).

[33] *Brohm*, Dogmatik des Verwaltungsrechts (Fn. 32), S. 261, 263.

[34] *Stolleis*, Geschichte des öffentlichen Rechts IV (Fn. 8), S. 250: Bachof „fand sich in der Rolle eines Verteidigers der traditionellen Dogmatik", während Brohm die „Rolle des zukunftsoffenen Modernisierers" übernahm. Ebd., S. 252: „Aber der Konsens überwog bei Weitem." S.a. *Kaiser*, Winfried Brohm (Fn. 32), S. 347 f.

[35] Zur Kodifizierung des verwaltungsgerichtlichen Verfahrens und zur Entstehung der Verwaltungsgerichtsordnung s. *Jakob Nolte*, Die Eigenart des verwaltungsgerichtlichen Rechtsschutzes, Tübingen 2015, S. 31 ff., 37 f.; *ders.*, Carl Hermann Ule: Verwaltung und Verwaltungsgerichtsbarkeit im demokratischen Rechtsstaat (in diesem Band), S. 203–230 (215 ff.); *Stolleis*, Geschichte des öffentlichen Rechts IV (Fn. 8), S. 187 f., 276 f.

[36] *Otto Bachof*, Diskussionsbeitrag, VVDStRL 17 (1959), S. 216, 232. Die Entstehungsgeschichte der Verwaltungsverfahrensgesetze findet sich ausführlich nachgezeichnet bei *Carl Hermann Ule*, Die Kodifizierung des Verwaltungsverfahrensrechts, in: Kurt G. A. Jeserich

Frage stets ambivalent. Noch 1971 wies er auch auf die Einschränkungen hin, die das Gesetz für die Freiheit der Verwaltung zur Verfahrensgestaltung bedeute.[37] Die Gesetzgeber beschränkten sich schließlich auf Regelungen zum Verwaltungsverfahren, eine vollständige Kodifikation des allgemeinen Verwaltungsrechts, insbesondere des Verwaltungsrechtsverhältnisses, wagte man nicht.[38] Berücksichtigung fanden v.a. die Verfahrensgrundsätze, die in den rechtsschutzanfälligen Bereichen und spiegelbildlich zu den gerichtlichen Prüfkategorien entwickelt worden waren,[39] wobei sie auf die Erträge der Dogmatik und der Rechtsprechung zugreifen konnten. Nun zeigte sich, welche Leistungen in den Jahren zuvor erbracht worden waren.[40]

Zeitlich fiel die Kodifikation des Verwaltungsverfahrens mit Bachofs Emeritierung im Jahre 1979 und dem Ende seiner aktiven Publikationstätigkeit zusammen. An den nun beginnenden Debatten und der Auslegung und Kommentierung der neuen Gesetze nahm Bachof nicht mehr aktiv teil. Und auch im Lehrbuch zum „Verwaltungsrecht" – das Hans Julius Wolff begründet hatte und an dem Bachof seit 1973 mitwirkte und das er nach dem plötzlichen Tode Wolffs 1976 zunächst allein weiterführte – arbeitete er die Zäsur nicht mehr auf.[41]

Bachof starb im Januar 2006 einundneunzigjährig in Tübingen.

III. Gesetzmäßigkeit des Verwaltungshandelns: Bindung und Kontrolle

Als Bachof 1962 an die Universität Bern eingeladen war, um einen Vortrag „über einige Entwicklungstendenzen im gegenwärtigen deutschen Verwaltungsrecht" zu halten, hatte dieser nicht weniger als die Transformation des Verwaltungsrechts unter der Einwirkung des Grundgesetzes zum Thema. Schon im einlei-

u.a. (Hrsg.), Deutsche Verwaltungsgeschichte, Bd. 5, Stuttgart 1987, S. 1162–1177; *Wolfgang Kahl*, Das Verwaltungsgesetz zwischen Kodifikationsidee und Sonderrechtsentwicklungen, in: Wolfgang Hoffmann-Riem/Eberhard Schmidt-Aßmann (Hrsg.), Verwaltungsverfahren und Verwaltungsverfahrensgesetz, Baden-Baden 2002, S. 67–134 (70f.); insbes. auch zur Rolle Bachofs *Stolleis*, Geschichte des öffentlichen Rechts IV (Fn. 8), S. 258f.

[37] *Bachof*, Dogmatik des Verwaltungsrechts (Fn. 1), S. 202.

[38] *Stolleis*, Geschichte des öffentlichen Rechts IV (Fn. 8), S. 260

[39] *Püttner*, Entwicklungstendenzen (Fn. 29), S. 128.

[40] *Püttner*, Entwicklungstendenzen (Fn. 29), S. 119; s. bereits *Bachof*, Dogmatik des Verwaltungsrechts (Fn. 1), insbes. S. 237f.

[41] *Hans Julius Wolff/Otto Bachof*, Verwaltungsrecht I, 9. Aufl., München 1974. Für *Püttner*, Entwicklungstendenzen (Fn. 29), S. 116, zählte das Lehrbuch von Wolff und Bachof wie auch „das Werk von *Ernst Forsthoff*, und der Sammelband *Erichsen/Martens*" zur Gruppe der „größeren Lehrbücher[...] aus der Nachkriegszeit, die noch an die ältere Verwaltungsrechtslehre anknüpfen und die lebhafte Fortentwicklung des Verwaltungsrechts bis zu den [...] Kodifikationen wesentlich mitbestimmt haben".

tenden Absatz machte Bachof sich das „oft zitierte Wort des derzeitigen Präsidenten des Bundesverwaltungsgerichts" Fritz Werner zu eigen, wonach das „Verwaltungsrecht [...] ‚konkretisiertes Verfassungsrecht' geworden" sei:

> „Ein umfangreicher Grundrechtskatalog der Verfassung; die Aktualisierung dieser Grundrechtsnormen durch die ausdrückliche Erklärung ihrer unmittelbaren Verbindlichkeit für alle drei Gewalten (Art. 1 Abs. 3 GG); ein stark ausgebautes [...] Rechtsschutzsystem [...], basierend auf der grundgesetzlichen Rechtswegegarantie gegen alle Rechtsverletzungen durch die ‚öffentliche Gewalt' (Art. 19 Abs. 4 GG); schließlich ein umfassendes richterliches Prüfungsrecht gegenüber Gesetzen (Art. 100 Abs. 1 GG): das alles zusammen hat zu jener durchgängigen *Verfassungsabhängigkeit* geführt, die ein Charakteristikum des gegenwärtigen deutschen Verwaltungsrechts ist."[42]

Für die Gerichte – so Bachof weiter – ergebe sich aus ihrer Aufgabe, die Verfassungsbindung der Verwaltung zu kontrollieren, eine ganz besondere Interpretationsfunktion auch im Hinblick auf die Verfassung. Weil „jeder Verwaltungsrechtsfall [...] mindestens potentiell, sehr oft aber auch tatsächlich ein Verfassungsrechtsfall" sei, hätten die „Verwaltungsgerichte [...] an der Interpretation der Verfassung einen ebenso großen Anteil wie die Verfassungsgerichte". Die „entscheidende Rolle, die der Gerichtsbarkeit bei der Konkretisierung des Verfassungsrechts" zukomme, sei damit gekennzeichnet. Die „Arbeit, die die Gerichte auf diesem Gebiet in den vergangenen Jahren geleistet" hätten und weiterhin leisteten, könne „in ihrer praktischen Bedeutung gar nicht hoch genug veranschlagt werden".[43]

In seinem Berner Vortrag konzentrierte sich Bachof auf die Darstellung der veränderten Bedeutung des Gesetzes, insbesondere das gewandelte Verständnis vom Vorbehalt des Gesetzes, die Unterscheidung zwischen dem Gesetz im formellen und im materiellen Sinne, die Bedeutung des Gesetzes für die Leistungsverwaltung und die Erstreckung der Gesetzesbindung auf die so genannten Innenräume der Verwaltung und die dort herrschenden Verhältnisse: „Wurden [...] das Beamtenverhältnis, das Soldatenverhältnis, alle Anstaltsnutzungsverhältnisse usw. als ‚besondere Gewaltverhältnisse' grundsätzlich dem angeblich rechtsfreien Innenraum der Verwaltung zugerechnet, so ist hier schon bald nach dem Kriege ein tiefgreifender Wandel eingetreten." Dieser von Bachof als Verrechtlichungsprozess begriffene Wandel sei vor allem durch die Erstreckung des Verwaltungsaktes auf Akte im nun so genannten Grundverhältnis erreicht worden, wodurch auch der Rechtsschutz auf diese ausgedehnt worden sei. Mit Blick auf den Vorbehalt des Gesetzes folgerte Bachof hieraus: wenn „man den Einzelakten im besonderen Gewaltverhältnis Verwaltungsakteigenschaft – und das heißt: Rechtsaktqualität – zu[erkenne], so müßte es als konsequent erscheinen, auch den das besondere Gewaltverhältnis beherrschenden *Normen* Rechtsquali-

---

[42] *Bachof*, Über einige Entwicklungstendenzen (Fn. 5), S. 246.
[43] *Bachof*, Über einige Entwicklungstendenzen (Fn. 5), S. 246.

tät zuzuerkennen, sie also als ‚Rechtssätze' zu betrachten".[44] Die Judikatur habe sich hier mit der Umdeutung früher als verwaltungsintern angesehener Normen zu auch im Außenverhältnis verbindlichen Rechtssätzen und durch die wenigstens mittelbare Bindungswirkung interner Normen aus einer durch sie bewirkten Selbstbindung der Verwaltung beholfen, wodurch diese Normen weitgehend den Rechtssätzen gleichstehen und de facto Außenwirkung entfalten. So begrüßenswert Bachof diese Rechtsprechung unter dem Gesichtspunkt des Rechtsschutzes fand, so bedenklich hielt er sie im Hinblick auf „die geschlossene Formentypik der Rechtssätze", die damit aus den Angeln gehoben werde.[45]

Dabei war es vor allem das Problem der „angemessenen Neubestimmung des Verhältnisses zwischen Richter, Gesetzgeber und Verwaltung", das Bachof seit den 1950er Jahren immer wieder beschäftigte.[46] Am deutlichsten wird das in einem früheren Beitrag Bachofs aus dem Jahre 1955 zu der Frage, die er für „das gegenwärtig meistbehandelte Thema des deutschen Verwaltungsrechts" hielt, nämlich die Frage nach dem Verhältnis von Ermessen und unbestimmtem Rechtsbegriff.[47] Insbesondere eine Reihe von Entscheidungen des Bundesverwaltungsgerichts hatte Bachof dazu gebracht, sich sehr grundsätzlich zur Notwendigkeit der begrifflichen Unterscheidung von Ermessen und Beurteilungsspielraum und den gesetzlichen Voraussetzungen zu äußern. Bachof entwickelte dabei die bis heute mit seinem Namen verbundene[48] Lehre vom Beurteilungsspielraum, die einen Sonderfall der Rechtsanwendung beschrieb und die er parallel zur gleichzeitig entstandenen und inhaltlich ähnlichen Vertretbarkeitslehre Carl Hermann Ules entwarf.[49]

Ausgangspunkt für Bachofs Kritik an der Praxis wie auch an Teilen des Schrifttums war die unklare Unterscheidung von Handlungsermessen und Beurteilungsermessen, wobei es sich um zwei ganz unterschiedliche Erscheinungen handele. Denn während „es sich bei der Handhabung des Handlungsermessens um eine Willensentscheidung" handele, sei „die Beurteilung des Sachverhalts hinsichtlich seiner Subsumierung unter einen gesetzlichen Tatbestand

[44] *Bachof*, Über einige Entwicklungstendenzen (Fn. 5), S. 255.

[45] *Bachof*, Über einige Entwicklungstendenzen (Fn. 5), S. 256.

[46] *Fröhler* u. a., Geleitwort (Fn. 11), S. VI.

[47] *Bachof*, Beurteilungsspielraum, Ermessen und unbestimmter Rechtsbegriff (Fn. 22), S. 155. Bei Bachof stand nicht die Frage nach der demokratischen Legitimation der Verwaltung im Vordergrund, sondern die rechtsstaatliche Frage nach der Gesetzesbindung. Anders bei *Dietrich Jesch*, Unbestimmter Rechtsbegriff und Ermessen in rechtstheoretischer und verfassungsrechtlicher Sicht, AöR 82 (1957), S. 163–249, und *Hans Heinrich Rupp*, Grundfragen der heutigen Verwaltungsrechtslehre, Tübingen 1965, 2. Aufl. 1991, der die gesamte Ermessenslehre ein rechtsstaatswidriges Relikt nannte.

[48] Vgl. *Hartmut Maurer*, Allgemeines Verwaltungsrecht, 18. Aufl., München 2011, § 7 Rn. 31.

[49] *Carl Hermann Ule*, Zur Anwendung unbestimmter Rechtsbegriffe im Verwaltungsrecht, in: Otto Bachof u. a. (Hrsg.), Gedächtnisschrift für W. Jellinek, München 1955, S. 309–330. Ausführlich zur Vertretbarkeitslehre Ules s. *Nolte*, Carl Hermann Ule (Fn. 35), S. 228.

– auch wenn für diese Beurteilung ein gewisser Spielraum bestehen sollte – stets ein Erkenntnisakt".[50] Das „eigentliche Problem des unbestimmten Rechtsbegriffs" sei nun, „ob und unter welchen Voraussetzungen seine Unbestimmtheit der rechtsanwendenden Behörde einen Spielraum der Sachverhaltsbeurteilung überläßt, bei dessen Einhaltung die auf diese Beurteilung gestützte Entscheidung – sonstige Fehlerfreiheit vorausgesetzt – als rechtmäßig zu gelten hat; und zwar auch dann, wenn das überprüfende Gericht den Sachverhalt anders beurteilt".[51]

Im Ergebnis stellte Bachof fest, dass die Auslegung unbestimmter Rechtsbegriffe und wie das Vorhandensein der der Sachverhaltsbeurteilung zugrunde gelegten Tatsachen gerichtlich nachprüfbar sei. „Versuche zu einer diesbezüglichen Einschränkung des gerichtlichen Überprüfungsrechts sind verfassungswidrig." Bei der Anwendung der unbestimmten Begriffe auf den Sachverhalt sei darauf abzustellen, ob das Gesetz der rechtsanwendenden Behörde einen unüberprüfbaren Beurteilungsspielraum einräume. In jedem Fall unterliege der behördliche Beurteilungsspielraum der gerichtlichen Nachprüfung auf die Einhaltung seiner Grenzen. Die Behörde habe die ihren Schluss begründenden Tatsachen darzulegen, und das überprüfende Gericht habe das Vorhandensein dieser Tatsachen erforderlichenfalls nachzuprüfen. Ferner habe es zu begründen, dass und warum die Behörde sich zu ihrem Schluss für berechtigt halten durfte. Die weitergehende verfassungsrechtliche Frage betraf das Gesetz und die Gesetzgebung selbst: „ob der Gesetzgeber der Behörde durch Verwendung derart subjektiv-wertbezogener Begriffe einen Spielraum eigener Beurteilung einräumen darf".[52] Das sei ausnahmsweise zulässig, wenn und soweit ein hinreichender Grund hierfür vorliege.[53] Die Gerichtsbarkeit sei dann an die gesetzgeberische Entscheidung gebunden. Verfassungsrechtliche Bedenken gegen die Einräumung eines derartigen Beurteilungsspielraums beständen nur, wenn der Gesetzgeber ohne hinreichenden Grund auf eine detaillierte rechtssatzmäßige Bindung der Behörde verzichte. Schweige das Gesetz, dann spreche die Vermutung dagegen, dass ein solcher Spielraum, der einer sorgfältigen Begründung bedürfe, besteht.

Aus Bachofs Sicht war es die verfassungsrechtliche Pflicht des Gesetzgebers, die Grenzen der selbständigen Beurteilung durch die Verwaltung zu bestimmen, an die dann auch der Richter gebunden sei.

---

[50] *Bachof*, Beurteilungsspielraum, Ermessen und unbestimmter Rechtsbegriff (Fn. 22), S. 157.

[51] *Bachof*, Beurteilungsspielraum, Ermessen und unbestimmter Rechtsbegriff (Fn. 22), S. 158.

[52] *Bachof*, Beurteilungsspielraum, Ermessen und unbestimmter Rechtsbegriff (Fn. 22), S. 161.

[53] *Bachof*, Beurteilungsspielraum, Ermessen und unbestimmter Rechtsbegriff (Fn. 22), S. 163.

IV. Subjektivierung des Staat-Bürger-Verhältnisses

Eine weitere zentrale Veränderung in der Dogmatik des Verwaltungsrechts an der Schnittstelle zum Verfassungsrecht, zu der Bachof maßgebliche Impulse gab, war die Anerkennung subjektiver öffentlicher Rechte, von Bachof als „Subjektivierung des Staat-Bürger-Verhältnisses“ bezeichnet.[54] Danach war der Bürger auch jenseits von Eigentum und Freiheit der Person durch Gesetz mit echten eigenen Rechten ausgestattet, zu deren gerichtlicher Durchsetzung gegenüber der Exekutive er in Art. 19 Abs. 4 GG verfassungsrechtlich berechtigt wurde. Für Bachof drückte sich hierin auch ein verändertes Verständnis des Gesetzmäßigkeitsprinzips aus:

> „[D]as Gesetz wird [...] nicht mehr allein oder auch nur vorwiegend als objektive Schranke rechtlichen Dürfens der Verwaltung (mit nur mehr oder minder reflexartigen Auswirkungen auf den Bürger) erachtet, sondern als inhaltliche Bestimmung rechtlichen Müssens; und zwar – und das ist für die ‚Subjektivierung‘ entscheidend – eines rechtlichen Müssens gegenüber dem Bürger, mit der Folge wechselseitiger Rechte und Pflichten. Oder, anders ausgedrückt, mit der Folge der Begründung zahlreicher Rechtsverhältnisse, aus denen subjektive Berechtigungen der Bürger entspringen.“[55]

Bei der Bestimmung eines dem Grundgesetz angemessenen Verständnisses des Verhältnisses von Staat und Bürger lautete die Kernfrage, ob eine objektivrechtlich gewährte und gewollte Begünstigung des öffentlichen Rechts, die durch die Verwaltungsgerichtsgesetze der Länder und Art. 19 Abs. 4 GG klagbar gemacht wurde, ein vollständiges subjektives Rechts darstellte, so dass die individuelle Rechtsposition nicht lediglich eine Reflexwirkung des objektiven Rechts war.[56] Bereits in seiner Habilitationsschrift 1950 hatte Bachof dem Bürger echte subjektive Rechte gegenüber dem Staat zuerkannt, doch sollte er diese schon kurze Zeit später anders begründen, woran sich auch die gewandelte Bedeutung des neuen Grundgesetzes als Argument im Verwaltungsrecht zeigte.

In seiner Habilitationsschrift hatte Bachof deutlich gemacht, dass es zur Begründung subjektiver öffentlicher Rechte nicht genüge, allein auf das Kriterium der Klagemöglichkeit abzustellen. Von der Anfechtungsklage her hatte sich die

---

[54] *Stolleis*, Geschichte des öffentlichen Rechts IV (Fn. 8), S. 256 f.: „Subjektivierung des Verwaltungsrechts“; *Tanja Schmidt*, Die Subjektivierung des Verwaltungsrechts: dargestellt anhand der Entwicklung der Ermessensansprüche innerhalb der ersten zwei Nachkriegsjahrzehnte, Berlin 2006. Vgl. *Hans Michael Heinig*, Subjektive öffentliche Rechte im Verwaltungsverfahren – im Horizont von Grundrechten und Demokratie, in: Werner Heun/Christian Starck (Hrsg.), Grundrechte, Rechtsstaat und Demokratie als Grundlagen des Verwaltungsrechts (Sechstes deutsch-taiwanesisches Kolloquium vom 25. bis 26. April 2014), Baden-Baden 2015, S. 91–108 (93 f.).

[55] *Bachof*, Über einige Entwicklungstendenzen (Fn. 5), S. 251.

[56] *Otto Bachof*, Reflexwirkungen und subjektive Rechte im öffentlichen Recht, in: ders. u. a. (Hrsg.), Gedächtnisschrift für W. Jellinek, München 1955, zitiert nach dem Wiederabdruck in: ders. u. a. (Hrsg.), Wege zum Rechtsstaat (Fn. 5), S. 127–153.

prozessrechtliche Begründung entwickelt, wonach ein subjektives Recht aus einem Individualinteresse und der Befugnis, eine Verwaltungskontrolle auszulösen, bestand, die im Wesentlichen auch auf die Vornahmeklage übertragen wurde.[57] Unter der Geltung der Generalklauseln der neuen Verwaltungsgerichtsgesetze und des Art. 19 Abs. 4 GG, wo ein „Recht" vorausgesetzt werde, hielt Bachof diese Argumentation nun für nicht mehr vertretbar.[58] Als Grundrecht und nicht bloß Prozessrechtsnorm gebiete Art. 19 Abs. 4 GG einen umfassenden Rechtsschutz gegen die öffentliche Gewalt. Das verlange zwar nicht ein außerhalb dieser Vorschrift begründetes subjektives Recht, doch werde dem Bürger überall dort, wo eine der Befriedigung von Individualinteressen dienende Rechtsnorm ein bestimmtes Verhalten der öffentlichen Gewalt verlange und dem Interessenten auch die Rechtsmacht zur Herbeiführung dieses Verhaltens verliehen werde, ein subjektives Recht eingeräumt.[59]

Das blieb nicht ohne Folge für das Verständnis der Verwaltungsgerichtsbarkeit, wie Wilhelm Henke 1968 erläuterte: „[U]nter dem Einfluß Bachofs setzte sich dann die Überzeugung durch, die Vornahme- oder Verpflichtungsklage sei eine Leistungsklage, das Verpflichtungsurteil eine echte Verurteilung zur Leistung im Sinne der zivilprozeßrechtlichen Systematik."[60] Das Verfahren vor den Verwaltungsgerichten – so Henke weiter – sei nun kein bloßes Kontrollverfahren mehr gewesen, vielmehr sei „die Verwaltungsgerichtsbarkeit zur ‚echten' Gerichtsbarkeit, ihr Verfassungsrecht zum echten Prozessrecht geworden", was nicht zuletzt daran erkennbar sei, „daß § 34 südd. VGG zum ersten Mal die Vorschriften der ZPO für entsprechend anwendbar erklärte".[61] War das Verwaltungsstreitverfahren ein echtes Gerichtsverfahren, dann reichte aber auch die überkommene Konzeption des subjektiven öffentlichen Rechts nicht mehr aus, die ganz auf diesen Kontrollverfahrenscharakter zugeschnitten war: „Die Rechtsposition des Klägers konnte nicht länger in einer bloßen Klagebefugnis bestehen. Die ‚Verurteilungsklage' mußte vielmehr vor dem Verwaltungsgericht ebenso wie vor dem ordentlichen Gericht das Mittel zur Durchsetzung eines materiellrechtlichen Anspruchs sein" (Henke).[62]

---

[57] *Bachof*, Die verwaltungsgerichtliche Klage auf Vornahme einer Amtshandlung (Fn. 23), S. 86, 63 f. S. a. *Wilhelm Henke*, Das subjektive öffentliche Recht, Tübingen 1968, S. 130 ff.

[58] *Bachof*, Reflexwirkungen und subjektive Rechte (Fn. 56), S. 141.

[59] *Bachof*, Die verwaltungsgerichtliche Klage auf Vornahme einer Amtshandlung (Fn. 23), S. 78 f., 84; *ders.*, Reflexwirkungen und subjektive Rechte (Fn. 56), S. 141.

[60] *Henke*, Das subjektive öffentliche Recht (Fn. 57), S. 136, mit Verweis auf *Otto Bachof*, Diskussionsbeitrag, 38. DJT, Verhandlungen, 1950, S. D 91 f.

[61] Zur Geschichte des Rückgriffs auf die Regelungen des Zivilprozesses im Verwaltungsstreitverfahren s. *Nolte*, Die Eigenart des verwaltungsgerichtlichen Rechtsschutzes (Fn. 35), S. 21 ff., 27 f., und bereits *Christian-Friedrich Menger*, System des verwaltungsgerichtlichen Rechtsschutzes: eine verwaltungsrechtliche und prozeßvergleichende Studie, Tübingen 1954, S. 17 ff.; *Carl Hermann Ule*, Zum Verhältnis von Zivilprozeß und Verwaltungsprozeß, DVBl. 1954, S. 137–147 (141).

[62] *Henke*, Das subjektive öffentliche Recht (Fn. 57), S. 130 ff.

Bachof begründete diese Annahme schon bald verfassungsrechtlich und nicht mehr prozessual. In seinem Bonner Staatsrechtslehrerreferat 1953 und wieder in seinem Beitrag über „Reflexwirkungen und subjektive Rechte im öffentlichen Recht" in der Gedächtnisschrift für Walter Jellinek 1955 knüpfte er nicht weiter an die extensive Auslegung von Art. 19 Abs. 4 GG an. Vielmehr ging er nun davon aus, dass alle objektivrechtlich „geschützten Interessen bzw. gewollten Begünstigungen [...] von Verfassungswegen *‚subjektive Rechte'*" seien, die sich gerichtlich einklagen ließen. Zur Begründung verwies Bachof auf die „Gesamtkonzeption des GG mit seinem Bekenntnis zum Primat der menschlichen Persönlichkeit und der menschlichen Freiheit, zu ihrem Vorrang vor den Staatsinteressen, mit seiner Sozialstaatserklärung, sowie schließlich mit seiner Tendenz einer durchgängigen Beschränkung und Kontrolle staatlicher Machtäußerung", woraus „auf einen Rechtsschutz aller bislang nur objektivrechtlich geschützten Individualinteressen zu schließen sei".[63] Den „in den Art. 20 I, 28 I 1, 19 IV GG zum Ausdruck gelangten Verfassungsgrundsätzen" widerspreche es ebenso wie „einer freiheitlichen demokratischen Grundordnung überhaupt [...], den Einzelnen in irgendwelchen seiner Beziehungen zur Staatsgewalt als bloßes Objekt der Rechtsordnung, als ‚Rechtsuntertan'[64] zu betrachten, statt als eine zu aktiver Teilhabe an der Verwirklichung der Staats- und Rechtszwecke berufene, mit entsprechender Willensmacht ausgestattete Rechtsperson, als Rechts‚subjekt'".[65] Die Beschränkung auf eine bloße Objektstellung, wie sie sich in der „Versagung eines status activus et positivus" ausdrücke, sei nicht nur „un*demokratisch*" und „un*sozial*". Sie sei zugleich „un*rechtsstaatlich*, weil sie der grundgesetzlich-rechtsstaatlichen Tendenz staatlicher Machtbeschränkung zuwiderläuft, und weil sie den als umfassend gedachten Rechtsschutz gegenüber der öffentlichen Gewalt (Art. 19 IV GG) auszuhöhlen geeignet ist".[66]

Walter Jellinek hatte in einem Diskussionsbeitrag zu Bachofs Bonner Referat gegen die generelle Gleichsetzung von objektivrechtlich gewollter Begünstigung und subjektivem Recht argumentiert, weil der Gesetzgeber nicht gezwungen sei, „bei Begünstigungen statt bloßer Reflexrechte subjektive Rechte zu gewähren", sondern bestimmen könne, ob er subjektive Rechte verleihe oder nicht.[67] Bachof machte deutlich, dass sich aus objektivrechtlich gewährten und gewollten Begünstigungen in aller Regel subjektive Rechte ergäben und der Gesetzgeber nur ganz ausnahmsweise Begünstigungen ohne korrespondierendes

[63] *Bachof*, Reflexwirkungen und subjektive Rechte (Fn. 56), S. 142 f., und bereits *ders.*, Begriff und Wesen des sozialen Rechtsstaates (Fn. 22), S. 120.

[64] Verweis auf *Ernst Rudolf Huber*, Wirtschaftsverwaltungsrecht, 2. Aufl., Bd. 1, Tübingen 1953, S. 678.

[65] *Bachof*, Begriff und Wesen des sozialen Rechtsstaates (Fn. 22), S. 111 f. mit Vw. auf *Bachof*, Die verwaltungsgerichtliche Klage auf Vornahme einer Amtshandlung (Fn. 23), S. 84 f., wo bereits „ähnliche Gedankengänge" entwickelt worden seien.

[66] *Bachof*, Begriff und Wesen des sozialen Rechtsstaates (Fn. 22), S. 112.

[67] *Walter Jellinek*, Diskussionsbeitrag, VVDStRL 12 (1954), S. 84.

Recht gewähren könne, etwa im Ausländerrecht und bei juristischen Personen.[68] Die subjektive Berechtigung erhalte auch keine Einschränkungen, soweit der Gesetzgeber einen Ermessens- oder Beurteilungsspielraum ermögliche. Lediglich der Gegenstand des Rechts verschiebe sich, es bestehe ein Recht auf Einhaltung der gesetzlichen Bindungen, d.h. auf pflichtgemäße und d.h. rechtsfehlerfreie Ermessensausübung.[69]

Die Praxis der Verwaltungsgerichtsbarkeit bestätigte und verstärkte Bachofs Argument. In seiner Fürsorgeentscheidung machte das BVerwG deutlich, dass die Rechtspflicht zur Fürsorge dem Fürsorgeträger nicht nur obliege, sondern dass der Bedürftige einen Rechtsanspruch auf Fürsorge habe, der sich aus der grundgesetzlichen Leitidee der Auffassung über das Verhältnis des Menschen zum Staat ergebe.[70] Und auch sonst in der Rechtsprechung setzte sich die Auffassung durch, dass gewollte Begünstigung und subjektives Recht „nach heutiger Anschauung zusammengehören".[71]

Bachof selbst räumte ein, dass gegen seine Auffassung eingewendet werden könnte, die „durchgehende Subjektivierung des Staat-Bürger-Verhältnisses [...] sei ein bedenklicher Ausdruck einseitig individualistischen Verfassungsverständnisses, das der nachdrücklichen Betonung des Sozialstaatsgedankens (Art. 20 Abs. 1, Art. 28 Abs. 1 S. 1 GG) nicht gerecht werde". Jedoch wäre dies nicht schlüssig, denn „[d]as subjektive Recht [sei] sicher primär Ausdruck und Mittel zur Geltendmachung originärer Individualrechte", doch habe es daneben noch eine zweite, die Gesetzmäßigkeit der Verwaltung sichernde Funktion: Als „rechtstechnische Figur" könne es „sehr wohl auch nutzbar gemacht werden, um die Rechtsordnung als solche, den Grundsatz der Gesetzmäßigkeit der Verwaltung sowie bestimmte *Rechtsinstitutionen* [...] um ihrer selbst willen zu schützen, und es hat heute tatsächlich weitgehend diese Funktion". Bachof schloss daraus, dass die „subjektive Berechtigung und insbesondere das aus ihr fließende Klagerecht [...] dann gewissermaßen nur das ‚Vehikel' zur Auslösung des (objektiven) Rechts- und Institutionenschutzes" seien.[72] Auf Art. 14 GG gestützte Verfassungsbeschwerden dienten demnach immer nur z.T. dem Schutz des Eigentums des Beschwerdeführers und darüber hinaus dem „Schutz der Institution Eigentum als solcher".[73] Ebenso diente der nun gerichtlich anerkannte Anspruch des Bürgers auf Einschreiten der Polizei gegen rechts- und ordnungswidrige Zustände der Sicherung des objektiven Rechts.[74] Die Mitwir-

---

[68] *Bachof*, Reflexwirkungen und subjektive Rechte (Fn. 56), S. 143ff., 146f. Bachof setzte sich hier mit einer ganzen Reihe abweichender Ansichten u.a. von Ernst Rudolf Huber, Ernst Forsthoff, Ernst Friesenhahn und Walter Jellinek auseinander.

[69] *Bachof*, Reflexwirkungen und subjektive Rechte (Fn. 56), S. 135f.

[70] BVerwGE 1, 159.

[71] *Bachof*, Reflexwirkungen und subjektive Rechte (Fn. 56), S. 143.

[72] *Bachof*, Über einige Entwicklungstendenzen (Fn. 5), S. 253f.

[73] *Bachof*, Über einige Entwicklungstendenzen (Fn. 5), S. 254.

[74] Verweis auf BVerwGE 11, 95, mit Anm. *Otto Bachof*, Über Ermessensfreiheit zum bau-

kung der Bürger an der Sicherung der Gesetzmäßigkeit der Verwaltung war dabei streng auf die Reichweite des subjektiven Rechts begrenzt.[75]

V. System und Dogmatik des Verwaltungsrechts

Bachofs Wirken zielte nicht auf die Begründung eines neuen Systems, einer neuen Systematik der verwaltungsrechtlichen Dogmatik, und eine systematische Gesamtschau seines Denkens legte Bachof nicht vor. Seine Arbeiten aus den 1950er und 1960er Jahren, die Habilitationsschrift eingeschlossen, behandelten Einzelfragen. Bachof verfasste keine weitere Monografie, und auch im Lehrbuch „Verwaltungsrecht" verzichtete Bachof auf eine Neuausrichtung. Das Lehrbuch könne dies auch gar nicht leisten, hatte Bachof bereits 1963 mit Verweis auf Ernst Forsthoff erläutert. Forsthoffs Beiträge zur Daseinsvorsorge und zur Leistungsverwaltung hätten ebenfalls nicht dazu geführt, das auf Otto Mayer zurückgehende System des Deutschen Verwaltungsrechts und seine Orientierung an den Rechtsformen in Frage zu stellen. Das Lehrbuch sei „nun einmal, wie Forsthoff zutreffend bemerkt hat, der Tradition stärker verbunden als die Monographie".[76] Das schloss es sicher nicht ganz aus, im Lehrbuch eigene systematische Akzente zu setzen. Aber vielleicht war die Kluft zwischen Bachofs praxisorientiertem Verständnis der verwaltungsrechtlichen Dogmatik und Wolffs analytischem und von Kelsen geprägtem Denken hierfür zu groß.[77]

Der „oft geforderte ‚Neubau des verwaltungsrechtlichen Systems" ist aus Bachofs Sicht „weder erforderlich noch auch nur möglich".[78] Zu diesem Schluss gelangte er in seinem Regensburger Staatsrechtslehrerreferat 1971, in dem er die grundlegenden Fragen nach der Funktion und der Systematik der verwaltungsrechtlichen Dogmatik und den Methoden der Verwaltungsrechtswissenschaft aufwarf. Dabei ließ Bachof eine Vielzahl von fremden Stimmen sprechen – von

polizeilichen Einschreiten bei Verstößen gegen marktbeschränkende Bauordnungsvorschriften, DVBl. 1961, S. 128 ff., und bereits *ders.*, Reflexwirkungen und subjektive Rechte (Fn. 56), S. 137.

75 *Bachof*, Reflexwirkungen und subjektive Rechte (Fn. 56), S. 141: „Nur dort also könnte trotz bestehender Klagemöglichkeit ein subjektives Recht verneint werden, wo der Klageberechtigte kein Eigeninteresse wahrnimmt, sondern – z. B. im Wege einer Popularklage – sich zum Sachwalter fremder Interessen und insbesondere des Gemeininteresses aufzuwerfen ermächtigt ist."

76 *Bachof*, Über einige Entwicklungstendenzen (Fn. 5), S. 247, zitiert *Ernst Forsthoff*, Lehrbuch des Verwaltungsrechts, Bd. 1, München/Berlin 1950, Vorwort, S. VII.

77 Zur Fortführung des Lehrbuchs s. *Scheuing*, Otto Bachof (Fn. 16), S. 856; *Andreas Funke*, Ein Außenseiter, mittendrin. Zur Erfolgsbilanz des neo-kelsenianischen Verwaltungsrechts von Hans Heinrich Rupp (in diesem Band), S. 305–329 (327 f.), der betont, dass Rupp dem analytischen Denken Wolffs sicherlich nicht weniger nah gestanden habe als der Praktiker Bachof.

78 *Bachof*, Dogmatik des Verwaltungsrechts (Fn. 1), S. 229; dazu *Stolleis*, Geschichte des öffentlichen Rechts IV (Fn. 8), S. 251, und *Scheuing*, Otto Bachof (Fn. 16), S. 856.

Hans J. Wolff über Ludwig Raiser, Franz Wieacker, Josef Esser und Klaus König –, die seinen „eigenen Standpunkt“ erkennen lassen sollten.[79] Dass „die Dogmatik im Verwaltungsrecht einen legitimen Platz“ habe, werde bei dem ihm vorgegebenen Thema „mit Recht“ vorausgesetzt.[80] Rechtsdogmatik sei nichts anderes als systematische Rechtswissenschaft.[81] Sie sei „‚ein kontingentes Gefüge [...] von juristischen Sätzen und Regeln, die unabhängig vom Gesetz allgemeine Anerkennung und Befolgung beanspruchen‘ [...], eine heuristische Methode der Entscheidungsfindung, bei der gewisse Begriffsspeicherungen die Möglichkeit angemessener Urteilsbildung eröffnen‘“. Sie habe eine wichtige Entlastungsfunktion für den rechtsanwendenden Juristen. Um diese erfüllen zu können, müsse sie sich ihrer Praxisbezogenheit bewusst und in diesem Sinne „rechtsdogmatische Praxislehre“ (Klaus König[82]) bleiben. Der Wahrheitsgehalt juristischer Dogmen sei stets vorläufig,[83] das System könne nur als ein axiologisches oder teleologisches begriffen werden. Die Dogmatik stellt nur einen Bezug des Verwaltungsrechts dar neben anderen Bezügen wie den historischen, soziologischen und politischen.

Weil die Rechtswissenschaft normative Wissenschaft bleiben müsse, sprach Bachof sich gegen einen Methodensynkretismus aus.[84] Doch hielt er auch nichts von der Idee einer Methodenreinheit im Sinne der Wiener Schule.[85] Zur Bewahrung des gebotenen Wirklichkeitsbezugs komme der Jurist um den Rückgriff und die Verarbeitung der Erkenntnisse anderer Wissenschaften nicht herum; freilich müsse eine unkritische Übernahme solcher Fremderkenntnisse vermieden werden.

Das die Verwaltungsrechtswissenschaft als systematische Wissenschaft kennzeichnende Kriterium sah Bachof in der auf Otto Mayer zurückgeführten Darstellung nach den Rechtsformen, die – darauf hatte Bachof schon 1963 verwiesen – „für Generationen von Juristen eine fast kanonische Bedeutung“ besessen habe und auf der auch unter der neuen Verfassung die führenden Lehrbü-

---

[79] *Bachof*, Dogmatik des Verwaltungsrechts (Fn. 1), S. 198.

[80] *Bachof*, Dogmatik des Verwaltungsrechts (Fn. 1), S. 197.

[81] *Bachof*, Dogmatik des Verwaltungsrechts (Fn. 1), S. 197, mit Verweis auf *Ludwig Raiser*, Wozu Rechtsdogmatik?, DRiZ 1968, S. 98, der nur deshalb am Begriff der Rechtsdogmatik festhalte und nicht stattdessen von systematischer Rechtswissenschaft spreche, weil das als Vorentscheidung im Methodenstreit zwischen Systemdenken und Problemdenken missverstanden werden könnte.

[82] *Klaus König*, Erkenntnisinteresse der Verwaltungswissenschaft, Berlin 1970, S. 75.

[83] Eine oft anzutreffende Ablehnung der Dogmatik beruhe „wohl meist auf einer Verkennung der *Vorläufigkeit* des Wahrheitsgehalts juristischer Dogmen, die ja anders als theologische keine Unumstößlichkeit beanspruchen“; *Bachof*, Dogmatik des Verwaltungsrechts (Fn. 1), S. 198.

[84] *Bachof*, Dogmatik des Verwaltungsrechts (Fn. 1), S. 311.

[85] *Bachof*, Dogmatik des Verwaltungsrechts (Fn. 1), S. 217, wobei die Auseinandersetzung mit *Niklas Luhmann* (Theorie der Verwaltungswissenschaft, Köln 1966, S. 21 f.) hier weitergehend als Absage an eine (system-) theoretisch fundierte Verwaltungslehre insgesamt zu verstehen sein dürfte.

cher aufbauten.[86] Die Rechtsformen bildeten das Kriterium eines inneren Ordnungssystems der verwaltungsrechtlichen Dogmatik, in Abgrenzung zu zeitgenössischen Forderungen bzgl. Aufgaben und Zwecken, die Bachof allenfalls einem äußeren Ordnungssystem zuwies, denn „auf Begriffen, die keine hinreichend bestimmbare rechtliche Aussagekraft besitzen und die eben deshalb keine *Rechts*begriffe sind", lasse sich „ein *Rechts*system nicht errichten".[87] Allerdings hielt Bachof es für notwendig, Mayers Lehre von einigen grundlegenden Vorurteilen und im allgemeinen Bewusstsein der Zeit fest verankerten Fehlinterpretationen zu befreien, wobei er explizit auch eigene frühere Aussagen über das Verwaltungsrecht Mayers revidierte.[88] Dieses lasse sich nicht auf das Verwaltungsrecht des „liberalen Rechtsstaats" i. S. d. rechtlich gebundenen Polizei- und Finanzgewalt reduzieren, der rechtsformenbezogene Ansatz sei nicht als eine starre Fixierung Mayers auf die obrigkeitliche Handlungsform des Verwaltungsakts als des Zentralbegriffs seines Systems begrenzt. Die Infragestellung der überkommenen Dogmatik und des Verwaltungsrechts als solche sei nicht angezeigt, die Verwaltungsrechtswissenschaft stehe keineswegs vor der Umformung ihres Wissenschaftsprogramms.[89]

Stattdessen betonte Bachof den in Mayers Werk immer schon gleichbedeutend angelegten, aber dann weithin in Vergessenheit geratenen Teil über den Staat als Unternehmer und Leistungserbringer. Die staatlichen Aufgaben umfassten „wohl stets – jedenfalls [...] zur Zeit der Entstehung unserer Verwaltungsrechtsdogmatik" auch die Bereiche Daseinsvorsorge und Leistungsverwaltung, die Forsthoff so nachdrücklich ins allgemeine Bewusstsein gehoben habe. Doch, so Bachofs Vermutung, sei der Wohlfahrtsstaat in Deutschland weit mehr das Selbstverständliche und Gegebene gewesen als der Rechtsstaat, der in Deutschland das oft in Frage gestellte und immer wieder zu verteidigende oder neu zu erkämpfende Gut war. Indem das Verwaltungsrecht die starre Einseitigkeit ablege, bei welcher dem Einzelnen immer nur Befehl, Auflage, Zwang entgegentrat, und indem stattdessen „gegeben wie genommen" werde, tue sich ein „neues Gebiet von Rechtsformen der Verwaltung auf", das ähnlich wie das Zivilrecht für die private Wirtschaft das Handeln der öffentlichen Unternehmen – und zwar wieder gesamtheitlich gedacht: aller öffentlichen Güter und Leistungen – nach ihren Bedürfnissen und Zwecken strukturiere. Da auch die Leistungsverwaltung des sozialen Rechtsstaats auf alle elementaren Grundsätze des Rechtsstaats hin angelegt sei und die Verwaltung daher auch in ihren leis-

---

86 *Bachof*, Über einige Entwicklungstendenzen (Fn. 5), S. 246.

87 Das zielte insbes. auf *Badura*, Verwaltungsrecht (Fn. 8), S. 20, der „die Theorie der Verwaltung auf der Basis der nicht weiter auflösbaren Verwaltungszwecke [...] entwickeln" wollte.

88 *Bachof*, Über einige Entwicklungstendenzen (Fn. 5), S. 247.

89 *Bachof*, Dogmatik des Verwaltungsrechts (Fn. 1), S. 199. So aber *Rupp*, Dogmatik des Verwaltungsrechts (Fn. 3), S. 669; *König*, Erkenntnisinteressen (Fn. 82), S. 213.

tenden, lenkenden und verteilenden Aufgabenbereichen auf das rechtsstaatliche Instrumentarium angewiesen sei, müsse eine Verschiebung der Akzente und eine andere Verteilung der Gewichte innerhalb des rechtlichen Systems, also ein kontinuierlicher Umbau und ständige kritische Überprüfung und Fortentwicklung erfolgen.

Eine bedenkenswerte Alternative zum Verwaltungsakt als dem „Zentrum verwaltungsrechtlicher Dogmatik" und zu der mit diesem verbundenen prozessualen Prägung sah Bachof wie viele seiner Zeit im „Rechtsverhältnis".[90] Dieses viel umfassendere Institut gegenüber dem Verwaltungsakt sollte den Ausgangspunkt des verwaltungsrechtlichen Systems bilden, wenn schon ein Begriff, ein Institut eine besondere zentrale Stellung im Verwaltungsrecht einzunehmen verdiene.[91] Allerdings trug Bachof selbst nicht zur Ausarbeitung dieses Begriffs bei.

Die Besinnung auf das überkommene System der Rechtsformen war sicher nicht revolutionär, war in seiner vermeintlichen Rückschrittlichkeit aber durchaus ein mutiges Statement und entsprach der Entwicklung der verwaltungsrechtlichen Praxis. Die Notwendigkeit der Neubestimmung von Funktion und Begriff der Dogmatik des Verwaltungsrechts bzw. seines Allgemeinen Teils,[92] zwischen dem Verfassungsrecht einerseits und den Sonderdogmatiken der neuen Gebiete des besonderen Verwaltungsrechts andererseits war allgemein anerkannt.[93] Auf der Suche nach einer neuen verwaltungsrechtlichen Dogmatik ging es Bachof zuerst darum, die überkommene Lehre vom Vorwurf der Unzeitgemäßheit befreien. Dafür erschien ihm die Modernisierung der Lehre Otto Mayers, einerseits mit Blick auf die durchgängige Verfassungsabhängigkeit des Verwaltungsrechts, andererseits durch die Infragestellung des Verwaltungsakts als Zentralbegriff einer zeitgemäßen Rechtsformenlehre, angezeigt.[94] Nach Bachofs Verständnis waren und sind alle Lehren stets „in erheblichem Maße Ausdruck ihrer Zeit", das heißt, auch „unsere braucht ihr eigenes Recht und ihre eigene Dogmatik – ohne daß man freilich alles unbesehen über Bord werfen sollte, nur *weil* es einer früheren Zeit entstammt".[95]

---

[90] *Bachof*, Dogmatik des Verwaltungsrechts (Fn. 1), S. 231 f., 233 ff. Zur Rechtsverhältnislehre s. *Norbert Achterberg*, Allgemeines Verwaltungsrecht: ein Lehrbuch, Heidelberg 1982, insbes. S. 290 ff., und aus der jüngeren Literatur *Hartmut Bauer*, Verwaltungsverträge, in: Wolfgang Hoffmann-Riem u. a. (Hrsg.), Grundlagen des Verwaltungsrechts, Bd. 2, 2. Aufl., München 2012, § 36 Rn. 103 ff.; *Andreas Funke*, Sozialphilosophische Überhöhungen und sozialwissenschaftliche Hypostasierungen in der Lehre vom Verwaltungsrechtsverhältnis?, in: Ino Augsberg (Hrsg.), Extrajuridisches Wissen im Verwaltungsrecht, Tübingen 2013, S. 35–61 (37, 57).

[91] *Bachof*, Dogmatik des Verwaltungsrechts (Fn. 1), S. 231.

[92] *Stolleis*, Geschichte des öffentlichen Rechts IV (Fn. 8), S. 253.

[93] Vgl. *Stolleis*, Geschichte des öffentlichen Rechts IV (Fn. 8), S. 254.

[94] *Bachof*, Dogmatik des Verwaltungsrechts (Fn. 1), S. 297 (Fn. 10), 308, 312, 319 f.

[95] *Bachof*, Dogmatik des Verwaltungsrechts (Fn. 1), S. 211 f.

VI. „Wege zum Rechtsstaat"

Mit dem Band „Wege zum Rechtsstaat" ehrten Bachofs Schüler ihren Lehrer zu seinem 65. Geburtstag im Jahre 1979. Der Band versammelt eine „Anzahl der wegweisenden Studien [...] aus seiner Feder", die über den langen Zeitraum seines wissenschaftlichen Wirkens zwischen 1951 und 1978 entstanden waren. Wenn sie Bachofs Grundanliegen darin sahen, „zur Verwirklichung des grundgesetzlichen Leitbilds vom sozialen Rechtsstaat beizutragen und gangbare Wege zur Realisierung und Sicherung dieses Rechtsstaats aufzuzeigen", skizzieren sie zugleich das Ziel aller verwaltungsrechtswissenschaftlichen Bemühungen in dieser Frühphase der Bundesrepublik bis in die 1970er Jahre.[96] Gerade Bachof hatte es sich zur Aufgabe gemacht, die Abhängigkeit des Verwaltungsrechts vom neuen Grundgesetz anhand einzelner Fallgestaltungen und Figuren in die Sprache der verwaltungsrechtlichen Dogmatik zu übersetzen, um so „Bewährtes fortzuentwickeln, aber auch Neues aufzunehmen und auszuformen".[97] Die Lehre vom Beurteilungsspielraum wird bis heute mit Bachofs Namen verbunden, die Dogmatik zur Rechtsgeltung im Innenbereich der Verwaltung, zum subjektiven öffentlichen Recht, zum Verwaltungsermessen und zur Stellung des Richters im Verwaltungsprozess verdankt ihm ganz wesentliche Impulse.

Eine „‚Schule' im hergebrachten Sinne" begründete Bachof nicht.[98] Das dürfte allerdings nicht daran gelegen haben, dass seine wissenschaftliche Hinterlassenschaft zu wenig originär war, um schulbildende Kraft entfalten zu können.[99] Vielmehr war es nach dem Eindruck seiner Schüler gar nicht Bachofs Anliegen: „Dafür lebt und achtet er zu sehr geistige Unabhängigkeit und wissenschaftliche Selbständigkeit."[100] Über das fachliche und persönliche Verhältnis Bachofs zu seinen Schülern sagt das nichts aus. So bedankte er sich in seiner Rückschau im Jahr 2000 ganz besonders bei seinen „acht Habilitanden, die sicher einiges von mir gelernt haben; aber ich auch von ihnen".[101] Das Verhältnis Bachofs zu

---

[96] *Stolleis*, Geschichte des öffentlichen Rechts IV (Fn. 8), S. 248, 256 f.; zur Herausbildung einer „rechtsstaatlichen Dogmatik des Polizeirechts" in den 1970er Jahren s. *Matthias Kötter*, Pfade des Sicherheitsrechts. Begriffe von Sicherheit und Autonomie im Spiegel der sicherheitsrechtlichen Debatte der Bundesrepublik Deutschland, Baden-Baden 2008, S. 106 ff.

[97] *Fröhler* u. a., Geleitwort (Fn. 11), S. V.

[98] *Fröhler* u. a., Geleitwort (Fn. 11), S. VI. Die von *Franz Mayer*, Besprechung von: Hans Heinrich Rupp, Grundfragen der heutigen Verwaltungsrechtslehre (1965), DÖV 1966, S. 732 (733), geäußerte Vermutung, dass mit Rupps Habilitationsschrift „die Bachof-Schule weiter an Konturen" gewinne, beruhte insofern auf einer Fehleinschätzung; s. a. *Funke*, Ein Außenseiter, mittendrin (Fn. 77), S. 328.

[99] So die Vermutung von *Funke*, Ein Außenseiter, mittendrin (Fn. 77), S. 328.

[100] *Fröhler* u. a., Geleitwort (Fn. 11), S. VI.

[101] Das waren – chronologisch nach dem Zeitpunkt der Habilitation gereiht – Ludwig Fröhler 1956, Dietrich Jesch 1961, Hans Heinrich Rupp 1963, Gunter Kisker 1967, Detlef Göldner 1976, Jost Pietzcker 1977, Dieter H. Scheuing 1978 und Winfried Brugger 1986. Vgl. *Scheuing*, Otto Bachof (Fn. 16), S. 858.

seinen Schülern war stets von großem Respekt getragen und teilweise sogar freundschaftlich. Aus verwaltungsrechtshistorischer Sicht wäre es besonders reizvoll, Bachofs Beziehung zu dem 1963 verstorbenen Jesch[102] und vor allem auch zu Rupp näher zu betrachten und ihr Zusammen- wie auch ihr Gegeneinanderwirken und den hieraus gewonnenen wissenschaftlichen Ertrag zu untersuchen. Insbesondere an den thesenstarken Beiträgen Rupps arbeitete sich Bachof immer wieder ab, referierte dessen progressive – teilweise radikale – Vorschläge als eine „äußerste Gegenposition"[103], gegenüber der er dann eine moderate Mittelposition einnehmen konnte. Bachof konnte sich so dem neuen Denken öffnen, ohne dafür Bewährtes über Bord werfen zu müssen, konnte die sich unter dem neuen Grundgesetz ergebenden notwendigen Korrekturen der verwaltungsrechtlichen Dogmatik vornehmen und doch jeder Veränderung um der reinen Innovativität willen eine Absage erteilen, um zu bewahren, was sich bewährt hatte.

[102] Jesch war zwischen 1952 und 1959 Mitarbeiter Bachofs in Tübingen und diesem ein „guter und aufrichtiger Freund geworden", s. *Otto Bachof*, Nachruf Dietrich Jesch, AöR 88 (1963), S. 347–349. Zum Verhältnis der beiden als Wissenschaftler s. a. *Ino Augsberg*, Demokratische Aufklärung. Dietrich Jeschs Neubestimmung der Verwaltungsrechtsdogmatik unter dem Grundgesetz (in diesem Band), S. 287–304 (288, 295).

[103] *Bachof*, Dogmatik des Verwaltungsrechts (Fn. 1), S. 195.

Peter Collin

Joseph H. Kaiser: Interessenrepräsentation und Planung im funktional-kooperativen Staat*

I. Einführende Bemerkungen

Wenn man über Joseph H. Kaiser als Protagonisten einer Verwaltungsrechtswissenschaft der frühen Bundesrepublik sprechen will, bedarf dies einiger erklärender Vorbemerkungen. Kaisers Œuvre weist keinen größeren Text auf, den man als rein verwaltungsrechtlich (wenn man hierunter verwaltungsrechtliche Dogmatik versteht) bezeichnen kann. Auch kleinere Beiträge mit primär verwaltungsrechtlichen Bezügen findet man kaum;[1] der Schwerpunkt seiner Arbeit lag eindeutig auf dem Staatsrecht, der Staatstheorie und dem Europarecht. Dennoch soll zur Diskussion gestellt werden, ob Kaiser auch als Verwaltungsrechtler wahrgenommen werden kann, und zwar in dem Sinne, dass sich seine Arbeiten im Feld der theoretischen und programmatischen Grundlagen des Verwaltungsrechts bewegten und von daher auch das Verwaltungsrecht selbst geprägt haben könnten. Inwiefern diese Prägung nur von kurzer Dauer war oder auch über die Zeit der frühen Bundesrepublik hinaus wirkte, soll an späterer Stelle besprochen werden (unten IV u. V).

Folgende Vorgehensweise wurde dafür gewählt: Zunächst werden biographische Aspekte behandelt – dies nur knapp, weil die Person Kaiser vor allem, wie sie in ihren Werken hervorgetreten ist, interessiert.[2] Es folgt der Versuch einer Einordnung: schulenmäßig, rechtspolitisch und methodisch. Anschließend – und dies bildet den Hauptteil des Beitrages – sollen die verwaltungsrechtlich relevanten Schwerpunkte seines Werks erschlossen werden: Interessenrepräsentation und Planung.

---

* Michael Stolleis danke ich für wertvolle Hinweise und Anregungen.

[1] *Joseph H. Kaiser*, Raucher- und Nichtraucherkontroversen in der Verwaltung, DÖV 1978, S. 755–758; DÖV 1979, S. 47–49 (allerdings auch stark rechtspolitisch akzentuiert).

[2] Die Ausführungen zur Biographie stützen sich, soweit nicht anders angegeben, auf *Karl F. Fromme*, Joseph H. Kaiser 75, FAZ vom 15.4.1996, S. 4; *Jürgen Becker*, Zum Tode von Joseph H. Kaiser, AöR 124 (1999), S. 306–307; *ders.*, Gedenkrede, in: Jürgen Becker/Volker Schwarz/Jürgen Schwarze (Hrsg.), Europa, Staat und Gruppenmacht. Seminar zum Gedenken an Joseph H. Kaiser am 17. April 1999, Baden-Baden 2000, S. 11–16.

II. Zur Biographie

Joseph H. Kaiser wurde 1921 in Altenhundem/Westfalen geboren. Im Zweiten Weltkrieg einberufen, erlitt er in der Schlacht vor Moskau schwere Verletzungen, es folgte ein über einjähriger Lazarettaufenthalt, während dessen er mit dem Studium der Rechtswissenschaften begann. Aus dieser Zeit rührt wohl auch der Anfang seiner Bekanntschaft mit Carl Schmitt, dessen Vorlesungen an der Berliner Universität er besucht haben soll.[3] Weitere Stationen seines Studiums waren Marburg, Münster, Tübingen, München und Ann Arbor. 1947 wurde er in Tübingen mit einer von Adolf Merkl betreuten Schrift über „Die politische Klausel der Konkordate"[4] promoviert – das kirchenrechtliche Interesse verfolgte er allerdings später nicht mehr weiter. Die Habilitation erfolgte 1954 unter Ulrich Scheuner in Bonn zur „Repräsentation organisierter Interessen"[5] – darauf wird zurückzukommen sein. Danach war er als Referent im Auswärtigen Amt vor allem mit der europäischen Integration befasst, bevor er 1955 als Zweitplatzierter hinter Hans Schneider (der abgelehnt hatte) auf einen Lehrstuhl für Öffentliches Recht in Freiburg berufen wurde. Hier wirkte er bis zu seiner Emeritierung, einen Ruf nach Wien als Nachfolger seines Doktorvaters Merkl lehnte er ab.

Kaiser pflegte einen auffälligen Lebensstil, dessen eine Ausprägung, seine großzügige Gastfreundschaft und die Opulenz seiner Empfänge, in den Nachrufen der besonderen Erwähnung würdig erschien. Auf der anderen Seite fällt in diesen Nachrufen auf, dass seine Verbundenheit mit seiner westfälischen Heimat und mit der Wiener Fakultät besonders hervorgehoben wird, Bemerkungen zur Verbundenheit mit der Freiburger Fakultät aber unterbleiben. Eine ideale wissenschaftliche Heimat schien ihm diese, jedenfalls eine Zeit lang, nicht geboten zu haben. Darunter, dass Freiburg mit Horst Ehmke und Konrad Hesse zwei Öffentlichrechtler berufen hatte, die nicht nur für eine andere rechtspolitische Richtung standen, sondern auch seine Initiativen, z.B. die zu einer Ehrenpromotion für Ernst Forsthoff, blockierten, schien er gelitten zu haben.[6]

---

[3] So die Erinnerung von *Hans Schneider*, Zur Erinnerung an Joseph H. Kaiser, in: Jürgen Becker/Volker Schwarz/Jürgen Schwarze (Hrsg.), Europa, Staat und Gruppenmacht. Seminar zum Gedenken an Joseph H. Kaiser am 17. April 1999, Baden-Baden 2000, S. 17–20 (20).

[4] *Joseph H. Kaiser*, Die politische Klausel der Konkordate, Berlin 1949.

[5] *Joseph H. Kaiser*, Die Repräsentation organisierter Interessen, Berlin 1956, 2. unveränderte Aufl. 1978.

[6] *Frieder Günther*, Denken vom Staat her. Die bundesdeutsche Staatsrechtslehre zwischen Dezision und Integration 1949–1970, München 2004, S. 224f.

III. Einordnungsversuche

Dies leitet zu der Frage über, in welche rechtswissenschaftliche Strömungen, die insbesondere in den 1950er und 1960er Jahren auch rechtspolitische Strömungen waren, er eingeordnet werden kann. Zunächst lässt er sich ganz klar dem Kreis um Carl Schmitt zuordnen. Neben Roman Schnur, Ernst-Wolfgang Böckenförde und Helmut Quaritsch wird er zur zweiten Generation der Schmitt-Schule gezählt.[7] Schon im Krieg gehörte er – wie erwähnt – zu Schmitts Hörern, seine Dissertation wurde auf Betreiben Schmitts von Hans Schneider gelesen,[8] die Belege für seine Aktivitäten im Schmitt'schen Netzwerk sind zahlreich,[9] vor allem hielt er ihm auch noch persönlich die Treue, als andere Vertreter dieser Gruppe den Kontakt zu Schmitt schon abgebrochen oder jedenfalls stark vernachlässigt hatten. Er war neben Forsthoff der einzige Staatsrechtler, der Schmitt zu seinem 80. Geburtstag besuchte,[10] nach dessen Tode verwaltete er seinen Nachlass[11] und hütete ihn sehr sorgfältig.

Ihn als bedingungslosen Schmitt-Anhänger zu bezeichnen, wäre allerdings nicht nur verkürzt, sondern auch falsch. Zwar findet man in seinen Schriften zahlreiche Bezüge auf das Gedankengut und vor allem auf Schlüsselbegriffe Schmitts,[12] aber diese sind keinesfalls nur affirmativer Natur. Insbesondere teilt er einen zentralen Ansatz in Schmitts Denken nicht, nämlich dessen Ressentiments gegenüber einem pluralisierten staatlich verfassten Gemeinwesen. Kaiser suchte vielmehr – wenn auch unter Wahrung des staatlichen Primats – nach Konzepten zur Integration und natürlich auch Einhegung intermediärer Kräfte, wie später zu erläutern sein wird (unten IV 1). Und auch die in der Schmitt-Schule gepflegte Abstinenz gegenüber – vor allem sozialwissenschaftlichem – Gedankengut angelsächsischer Provenienz[13] vollzog er nicht mit. Im Gegenteil, gerade seine Habilitationsschrift, die in weitem Umfang solche Ansätze einbezog, zeugt von einer intensiven Beschäftigung mit dieser Literatur.

---

[7] *Günther*, Denken vom Staat her (Fn. 6), S. 14; siehe auch *Michael Stolleis*, Geschichte des öffentlichen Rechts in Deutschland, Bd. 4, München 2012, S. 360.

[8] *Günther*, Denken vom Staat her (Fn. 6), S. 120, Fn. 226.

[9] *Günther*, Denken vom Staat her (Fn. 6), S. 120f., 122, 134, 147ff., 224f.

[10] *Günther*, Denken vom Staat her (Fn. 6), S. 312.

[11] *Stolleis*, Geschichte des öffentlichen Rechts (Fn. 7), S. 51, Fn. 195.

[12] So zum Großraum *Joseph H. Kaiser*, Europäisches Großraumdenken. Die Steigerung geschichtlicher Größe als Rechtsproblem, in: Hans Barion u. a. (Hrsg.), Epirrhosis. Festgabe für Carl Schmitt, Tbd. 1.2, Berlin 1968, S. 529–548 (536ff.); zum Begriff des Politischen *ders.*, Die Politische Klausel der Konkordate (Fn. 4), S. 99ff.; zur institutionellen Dimension von Grundrechten *ders.*, Die Verfassung der öffentlichen Wohlfahrtspflege, in: Horst Ehmke u. a. (Hrsg.), Festschrift für Ulrich Scheuner zum 70. Geburtstag, Berlin 1973, S. 241–258 (255); zum Denken in „Konkreten Ordnungen" allgemein *ders.*, Konkretes Ordnungsdenken, in: Helmut Quaritsch (Hrsg.), Complexio Oppositorum, Berlin 1988, S. 319–331; anwendungsbezogen *ders.*, Die Parität der Sozialpartner, Karlsruhe 1973, S. 29ff.

[13] *Günther*, Denken vom Staat her (Fn. 6), S. 128.

An der Art und Weise der Präsentation seiner Gedanken fallen zunächst ein hoher apodiktischer Ton und die Selbstsicherheit vermittelnde Setzung von bedeutungsschweren Begriffen auf. Dabei handelt es sich nicht nur um das Kennzeichen eines bestimmten Stils, vielmehr lässt sich von hier aus auch eine Verbindungslinie zu seinen methodischen Prämissen ziehen. Typisch ist die unmittelbare normative Aufladung sozialer Gegebenheiten, woran sich juristische Überlegungen anschließen.[14] Er emanzipiert sich damit von der Notwendigkeit juristischer Deduktion; aber es handelt sich auch nicht um eine streng sozialwissenschaftliche Vorgehensweise, oft konstatiert er lediglich eine soziale Regelhaftigkeit oder Struktur, deren Existenz er als unmittelbar einleuchtend proklamiert. Schließlich ist auch keine eindeutige rechtsphilosophische Leitlinie erkennbar; Kaiser kokettierte selbst damit, sich nicht einer bestimmten rechtsphilosophischen Richtung zugehörig zu fühlen[15] – auch wenn eine Wertschätzung der Hegel'schen Philosophie deutlich erkennbar ist[16].

Was für Kaiser noch kennzeichnend ist, was er jedoch eher proklamierte als systematisch ausbaute oder vertiefte, war das Beharren auf der Notwendigkeit von Interdisziplinarität. Seine dahingehenden programmatischen Äußerungen zielten letztlich auf einen integrierenden staatswissenschaftlichen Ansatz.[17] Substantielle Bausteine hierfür lieferte er allerdings nicht; sichtbar wird die Einbeziehung nachbarwissenschaftlicher Erkenntnisse, methodische Konsistenz ist dabei jedoch nicht erkennbar. Ein methodischer Ansatz, der sich wie ein roter Faden durch seine Arbeiten, jedenfalls durch die hier interessierenden mit verwaltungsrechtlichem Bezug, zieht, lässt sich allerdings ausmachen: das Denken in „konkreten Ordnungen“, in Teilordnungen mit eigener normativer Dignität[18]

---

[14] Z. B. *Joseph H. Kaiser*, Presseplanung, Frankfurt am Main 1972, S. 15 f. (Nachfragemacht der Kunden als Determinante einer besonders „egalitär-demokratischen“ Ausrichtung des Pressewesens); *ders.*, Parität der Sozialpartner (Fn. 12), S. 37 (konkrete Ordnung des Verhältnisses der Sozialpartner, deren Struktur die Richtung der rechtlichen Behandlung vorgibt); *ders*, Einleitung, in: ders./Franz Mayer/Carl H. Ule (Hrsg.), Recht und System des öffentlichen Dienstes, Baden-Baden 1973, S. 13–25 (14, 21: funktionale Eigenheiten des modernen öffentlichen Dienstes als Leitmaßstab); *ders.*, Welche normativen Anforderungen stellt der Verfassungsgrundsatz des demokratischen Rechtsstaats an die planende staatliche Tätigkeit?, in: Verhandlungen des Fünfzigsten Deutschen Juristentages, Bd. II/1, München 1974, S. I 9–21 (I 10 f.: Ableitung rechtsnormativer Folgen aus der „überlegene[n] Effizienz der Technik“).

[15] *Becker*, Gedenkrede (Fn. 2), S. 12.

[16] *Joseph H. Kaiser*, Prolegomena zu einer Rechtslehre von Gesellschaft und Staat, in: Anton Vögtle/Joseph. H. Kaiser/Robert Heiss/Karl-Otto Kiepenheuer, Die geistige Situation unserer Zeit in den Einzelwissenschaften, Freiburg 1956, S. 47–60 (54, 56): „dessen Aktualität ich höher schätze als die irgendeines anderen Staatsphilosophen“ (kritisch allerdings zu der bei Hegel durchgeführten Trennung von Staat und Gesellschaft).

[17] *Kaiser*, Prolegomena (Fn. 16), S. 47–60 (insb. S. 49); *ders.*, Modi der Integration, in: Ernst von Caemmerer/Hans-Jürgen Schlochauer/Ernst Steindorff (Hrsg.), Probleme des europäischen Rechts. Festschrift für Walter Hallstein zu seinem 65. Geburtstag, Frankfurt am Main 1966, S. 266–274 (271).

[18] Vor allem *Kaiser*, Konkretes Ordnungsdenken (Fn. 12); *ders.*, Rezension zu: Ernst Forsthoff, Der Staat der Industriegesellschaft, DÖV 1971, S. 321; *ders.*, Die Verfassung der

– insofern ist er in der Tat einem Schmitt'schen Ansatz verhaftet –, was es ihm erlaubt, sich bis zu einem gewissen Maße vom positiven Recht zu lösen und normative Aussagen auf von ihm identifizierte Ordnungsgehalte zu gründen.

IV. Thematische Schwerpunkte

1. Interessenrepräsentation

Dies kommt zunächst zum Ausdruck in seiner Habilitationsschrift „Die Repräsentation organisierter Interessen". Sein methodisches Credo formuliert er dort wie folgt:

„Die konstitutionelle Aufgabe dieses Jahrhunderts kann nicht vom Theoretischen her und vor allem nicht durch die Restauration von Theorien gelöst werden. Sie muß von den konkreten Gegebenheiten ausgehen [...] und versuchen, in ihnen die Elemente und Strukturen einer politischen Ordnung zu finden [...]".[19]

Worum geht es Kaiser dabei? Schon in Weimar hatten es keine Staatstheorie und keine Staatsrechtslehre[20] überzeugend vermocht, das Verbandswesen in ein Konzept von Staatlichkeit zu integrieren. Allerdings konzentrierten sich die Vorbehalte gegen außerstaatliche Organisationen auf die Parteien, den Verbänden widmete die Staatsrechtslehre – sieht man von ständestaatlichen Ansätzen ab – nur wenig Aufmerksamkeit. Nachdem in der frühen Bundesrepublik die Parteien als elementare Bestandteile demokratischer Willensbildung anerkannt waren, wandelte sich die „Parteienprüderie" in eine „(Interessen-)Verbandsprüderie".[21] Dies kam besonders in Werner Webers Werk über „Spannungen und Kräfte im westdeutschen Verfassungssystem" von 1951 zum Ausdruck.[22]

öffentlichen Wohlfahrtspflege (Fn. 12), insb. S. 242; auch stark anklingend in *ders.*, Der Geltungsanspruch des Rechts in einer freiheitlichen Industriegesellschaft, in: Peter Badura/Joseph H. Kaiser, Parlamentarische Gesetzgebung und Geltungsanspruch des Rechts, Köln 1987, S. 39–62 (insb. S. 49).

[19] *Kaiser*, Repräsentation organisierter Interessen (Fn. 5), S. 308 f.

[20] Für die demokratische Staatsrechtslehre *Kathrin Groh*, Gesellschaftliche Selbststeuerung? Verbändepluralismus und demokratische Staatslehre in der Weimarer Republik, in: Peter Collin u. a. (Hrsg.), Regulierte Selbstregulierung im frühen Interventions- und Sozialstaat, Frankfurt am Main 2012, S. 33–52; insg. siehe *Stolleis*, Geschichte des öffentlichen Rechts (Fn. 7), S. 367 f.

[21] *Groh*, Gesellschaftliche Selbststeuerung (Fn. 20), S. 51; letzterer Begriff zurückgehend auf *Ernst Fraenkel*, Die repräsentative und die plebiszitäre Komponente im demokratischen Verfassungsstaat (1958), in: ders., Deutschland und die westlichen Demokratien, Frankfurt am Main 1991, S. 153 (203); vgl. *Hans-Detlef Horn*, Verbände, in: Josef Isensee/Paul Kirchhof (Hrsg.), Handbuch des Staatsrechts der Bundesrepublik Deutschland, Bd. 3, 3. Aufl., Heidelberg 2005, § 41 Rn. 1.

[22] *Werner Weber*, Spannungen und Kräfte im westdeutschen Verfassungssystem, Stuttgart 1951, insb. S. 58 ff.

Kaiser erarbeitete in seiner Habilitationsschrift zunächst auf breiter literarischer Grundlage, die französische, englische, amerikanische, italienische und portugiesische Publikationen einschloss, eine historisch angelegte Typologie des Verbandswesens, indem er zwischen dem syndikalistischen, dem ständisch-korporativem und dem Modell der *pressure groups* unterschied. Sodann präsentierte er eine Bestandsaufnahme des Verbandswesens und seiner Adressaten in der Bundesrepublik. Durchaus in Distanz zu Carl Schmitt, der Interessen nicht für repräsentationsfähig hielt, entwickelte Kaiser dann zwar nicht die Theorie, aber doch das Konzept einer pluralistisch, weil durch eine Diversität von repräsentierten Interessen strukturierten Gesellschaft. Von der Ausarbeitung einer allgemeinen normativen Theorie der Integration von Interessenrepräsentation in das staatliche Gemeinweisen nahm er allerdings Abstand und verwies stattdessen auf die faktische Vielgestaltigkeit, die einer institutionellen Lösung mit universalem Geltungsanspruch widerstritt.

Das Werk stieß auf eine eher verhaltene Aufnahme. Frieder Günthers Urteil, dass sich Kaiser mit dieser Arbeit „zwischen alle Stühle" setzte,[23] ist beizupflichten. Es war aber weniger die fehlende Festlegung auf ein bestimmtes Gestaltungsmodell – trotz aller pluralistischen Bekenntnisse blieb Kaiser dem Primat des Staates[24], der das Verbandswesen im Zaume halten musste, verhaftet – als vielmehr die methodisch-konzeptuelle Inkonsistenz, die Kaiser in den Rezensionen zum Vorwurf gemacht wurde. Ehmke[25] und Otto Kirchheimer[26], die der linksliberalen Seite zugeordnet werden können, stießen sich ebenso daran, wie von der anderen Seite Herbert Krüger[27] und Forsthoff[28], dessen Rezension eine kühle Distanz nicht verleugnen konnte – dies trotz gemeinsamer Zugehörigkeit zum Schmitt-Kreis. Die Aufnahme der Arbeit war – trotz anerkennender Worte für die literarische Aufarbeitung des Problems – wenig schmeichelhaft. Allerdings lag Kaiser mit seinem Ansatz insofern richtig, als sich drei auch in seiner Arbeit vertretene Grundpositionen durchsetzten: die Akzeptanz der Verbände als wichtige Elemente gesellschaftlicher Willensbildung,[29] die Beibehaltung der

---

23 *Günther*, Denken vom Staat her (Fn. 6), S. 148.

24 Siehe auch *Kaiser*, Prolegomena (Fn. 16), 59; *ders.*, Die Dialektik der Repräsentation, in: Hans Barion/Ernst Forsthoff/Werner Weber (Hrsg.), Festschrift für Carl Schmitt, Berlin 1959, S. 71–80 (79); deutlich auch in *ders.*, Einige Umrisse des deutschen Staatsdenkens seit Weimar. Ulrich Scheuner zum Gedenken, AöR 108 (1983), S. 5–25 (23 f.).

25 *Horst Ehmke*, Rezension zu: Joseph H. Kaiser, Die Repräsentation organisierter Interessen, Zeitschrift für die gesamte Staatswissenschaft 114 (1958), S. 176–179.

26 *Otto Kirchheimer*, Rezension zu: Joseph H. Kaiser, Die Repräsentation organisierter Interessen, AöR 81 (1956), S. 254–257.

27 *Herbert Krüger*, Rezension zu: Joseph H. Kaiser, Die Repräsentation organisierter Interessen, DÖV 1956, S. 447.

28 *Ernst Forsthoff*, Rezension zu: Joseph H. Kaiser, Die Repräsentation organisierter Interessen, DVBl. 1958, S. 295.

29 Ab Mitte der 1960er Jahre verebbte die diesbezügliche Grundsatzdiskussion, *Günther*, Denken vom Staat her (Fn. 6), S. 298. In der Diskussion zum Vortragsteil „Staat und Verbän-

staatlichen Suprematie – das ging gegen pluralistische Theorien, für die der Staat als Einheitsgarant letztlich keine große Rolle mehr spielte[30] – und der Verzicht auf die Kreation eines verbändespezifischen Rechtsregimes, gar einer verfassungsrechtlichen Regelung,[31] also die Anerkennung als Faktum, aber keine Legitimation durch Regulierung[32].

Wo liegt nun der Bezug der Arbeit Kaisers zu Verwaltungsrecht und Verwaltungsrechtswissenschaft? Erkennbar ist ein solcher zunächst nicht. Kaisers Interesse war staats- und verfassungstheoretischer, vermittelt auch staatsrechtlicher und verfassungsrechtlicher Natur. Dem Verbandswesen als verwaltungsrechtlichem Problem widmete er sich nicht. Zu den von ihm behandelten Verbänden gehörten zwar auch Kammern, welche als mittelbare Staatsverwaltung in verwaltungsrechtlich organisierte Aufgabenzusammenhänge integriert waren. Im Vordergrund standen aber Arbeitgeber- und Arbeitnehmerverbände, Kirchen, Interessenverbände der Landwirtschaft, des öffentlichen Dienstes, der Steuerzahler, der Verbraucher[33] – also durchgehend Organisationen, die nur punktuell in Verwaltungsaufgaben eingebunden waren, so z.B. durch die Entsendung in Gremien. Entscheidend für Kaiser waren dabei nicht die verwaltungsrechtlich geregelten Aktionsformen, sondern solche wie Petitionen, Expertisen, Demonstrationen oder Streiks.[34]

Aber der Grundgedanke einer Pluralisierung gesellschaftlicher Repräsentation durch Interessenrepräsentation ließ sich doch weiterführen und wurde von Kaiser auch weitergeführt, und zwar im Sinne der Herausarbeitung bereichsspezifischer Ordnungsarrangements, die wiederum eine der Logik ihrer Funktionalität angemessene rechtliche Ausgestaltung erheischten. Wesentliche

de" auf der Staatsrechtslehrertagung 1965 (die Referenten waren *Gerhard Leibholz* und der Österreicher *Günther Winkler*) lassen sich in der Prinzipienfrage keine scharfen Frontstellungen mehr ausmachen, VVDStRL 24 (1966), S. 79–124.

[30] Dies war keine Wendung gegen eine bundesdeutsche pluralistische Theorie, die ja erst ab den 1960er Jahren richtig sichtbar wurde; siehe dazu *Stolleis*, Geschichte des öffentlichen Rechts (Fn. 7), S. 365 ff. Ernst Fraenkel, einer ihrer Protagonisten, findet demzufolge auch keine Erwähnung in Kaisers Habilschrift; er hatte auch – ungeachtet schon einiger früherer Ansätze – erst seit Ende der 1950er Jahre mit der Ausarbeitung dieses Themas begonnen; siehe nur *Alexander v. Brünneck*, Ernst Fraenkels Konzept der pluralistischen Demokratie, in: Robert Chr. van Ooyen/Martin H. W. Möllers (Hrsg.), (Doppel-)Staat und Gruppeninteressen. Pluralismus – Parlamentarismus – Schmitt-Kritik bei Ernst Fraenkel, Baden-Baden 2009, S. 15–36 (16 ff.). Die Auseinandersetzung findet vielmehr mit Ansätzen angelsächsischer Provenienz, vor allem mit Harold Laski statt, dessen radikale Pluralismustheorie schon in der Weimarer Zeit Gegenstand kritischer Auseinandersetzungen war; siehe dazu z.B. *Albrecht Dehnhardt*, Dimensionen staatlichen Handelns. Staatstheorie in der Tradition Hermann Hellers, Tübingen 1996, S. 150 f.

[31] Zu Debatte stand dies noch in den 1960er Jahren; siehe *Gerhard Leibholz*, Staat und Verbände, VVDStRL 24 (1966), S. 5–33 (32).

[32] So *Horn*, Verbände (Fn. 21), § 41 Rn. 13, auch ausdrücklich unter Berufung auf Kaiser.

[33] *Kaiser*, Repräsentation organisierter Interessen (Fn. 5), S. 308 f., S. 83 ff.

[34] *Joseph H. Kaiser*, Der politische Streik, Berlin 1955, S. 27 f.

Strukturmerkmale waren: die kollektive Organisation abgrenzbarer Interessen, autonome Prozesse der Willensbildung und Normgenerierung, ein Bezug zu übergreifenden, vom Staat repräsentierten öffentlichen Interessen sowie eine Verschränkung mit staatlicher Gestaltungsmacht, die zwischen staatlich-hierarchischer Eindämmung und Kooperation changieren konnte.[35]

Erstmals fruchtbar gemacht hat dies Kaiser für die Beziehungen zwischen Arbeitgebern und Arbeitnehmern in seinen Schriften zum politischen Streik[36] und zur Parität der Vertragspartner[37] – hier dominierten noch die arbeitsrechtlichen Bezüge. In den verwaltungsrechtlichen Bereich fielen dann aber weitere von Kaiser behandelte Ordnungsarrangements: die freie Wohlfahrt[38] und die Absprachen der Mineralölindustrie[39]. Freilich sollten diese Schriften nicht ihres Kontextes entkleidet und lediglich als wissenschaftliche Ausarbeitungen gelesen werden. Mit der Arbeit zum politischen Streik hatte sich Kaiser in die Auseinandersetzungen darum, ob der DGB mit Streiks auf das Mitbestimmungsgesetz reagieren konnte, eingeschaltet.[40] Die Schrift zur Verfassung der öffentlichen Wohlfahrt entstand aus einem Gutachten, welches er für die Bundesarbeitsgemeinschaft für Freie Wohlfahrtspflege erstellt hatte[41] und in welchem es ihm um eine grundrechtliche Armierung der privaten Wohlfahrt ging. Aber das gemeinsame Grundmuster schimmert überall durch, und der Sprachgebrauch wird zunehmend moderner und uns vertrauter. Der Aufsatz zu den „Industriellen Absprachen im öffentlichen Interesse" von 1971 ordnet diese ein als „hoheitlich-privatwirtschaftliche Kooperation".[42] Die gesellschaftliche Selbstorganisation der Tarifpartner wird in der Schrift zur „Parität" von 1973 verstanden als Grundelement des „funktional-kooperativen Staates".[43]

Von der Diskussion um die Legitimität des Verbandswesens haben sich diese Ausarbeitungen, z.T. auch zeitlich, schon entfernt. Die Debatten dazu waren verebbt, das Problem der Einordnung privater oder halbprivater Wahrnehmung gemeinwohlrelevanter Angelegenheiten und der Klärung des Verhältnisses zu staatlichen Gestaltungsansprüchen stand aber nach wie vor im Raum, wobei die Arbeit von Kaiser allerdings nur noch in sehr begrenztem Maße wahrgenommen wurde.[44] Eine direkte Überlieferungslinie zu den modernen, verstärkt seit

---

[35] Siehe auch *Kaiser*, Modi der Integration (Fn. 17), S. 271.

[36] *Kaiser*, Der politische Streik (Fn. 34).

[37] *Kaiser*, Parität der Sozialpartner (Fn. 12).

[38] *Kaiser*, Die Verfassung der öffentlichen Wohlfahrtspflege (Fn. 12), S. 241–258.

[39] *Joseph H. Kaiser*, Industrielle Absprachen im öffentlichen Interesse, NJW 1971, S. 585–588.

[40] Dazu *Florian Meinel*, Der Jurist in der industriellen Gesellschaft. Ernst Forsthoff und seine Zeit, Berlin 2011, S. 360ff.

[41] *Kaiser*, Die Verfassung der öffentlichen Wohlfahrtspflege (Fn. 12), S. 241, Fn. 1.

[42] *Kaiser*, Industrielle Absprachen (Fn. 39), S. 586.

[43] *Kaiser*, Parität der Sozialpartner (Fn. 12), S. 58.

[44] Bei *Leibholz*, Staat und Verbände (Fn. 31), S. 5–33, wird Kaiser nur als einer unter vielen mit der Verbändeproblematik befassten Autoren ausgewiesen (S. 6); nur in Sammelfußnoten

den 1990er Jahren einsetzenden verwaltungsrechtlichen Debatten um privat-staatliche Kooperation und regulierte Selbstregulierung gibt es nicht. Hierfür ermangelt es auch insofern an Anknüpfungspunkten, als es bei Kaiser an einer systematisch-theoretischen Ausarbeitung fehlte, die für die Theorie oder die Dogmatik des Verwaltungsrechts breite Anschlussmöglichkeiten geboten hätte. Aber in seiner Semantik hat er durchaus spätere wissenschaftliche Entwicklungen antizipiert.

2. *Planung*

Etwas anders gestaltete sich Kaisers Rolle bei dem zweiten seiner verwaltungsrechtlich relevanten Arbeitsschwerpunkte, der hier behandelt werden soll: der „Planung". Im Gedächtnis der Rechtswissenschaft ist der Begriff der „Planung" fest mit dem Namen Kaiser verbunden, was auch der Anlass dafür war, ihn in die Reihe der maßgeblichen Figuren des Verwaltungsrechts der frühen Bundesrepublik aufzunehmen. Aber inwiefern prägte er die Planungsdebatte und in welchem Maße gingen von seiner Beschäftigung mit Planung Impulse für die verwaltungsrechtliche Debatte aus?

Der erste Band der von ihm herausgegebenen Sammelbandreihe „Planung" erschien 1965. Das war nicht das erste Mal, dass die Wissenschaft vom öffentlichen Recht diesem Thema ihre zentrale Aufmerksamkeit widmete. Schon auf der Staatsrechtslehrertagung von 1959 hatten Max Imboden und Klaus Obermayer zum „Plan als verwaltungsrechtliches Institut" referiert, bewegten sich dabei aber noch in den traditionellen Bahnen.[45] Imboden beschränkte sich gänzlich auf die hergebrachten, schon verwaltungsrechtlich ausgeformten Institute der Bau- und Raumplanung. Obermayer griff weiter aus, behandelte auch solche

findet sich Kaiser bei *Winkler*, Staat und Verbände (Fn. 29), S. 34–78 (dort S. 36, Fn. 5, S. 57, Fn. 30). Bei *Gunther Teubner*, Organisationsdemokratie und Verbandsverfassung, Tübingen 1978, wird – soweit ersichtlich – Kaiser nur noch an einer Stelle (S. 64) zitiert, und zwar als zur Gruppe der eher verbändefeindlichen Autoren gehörig; ebenso eingeordnet, wenngleich ausführlicher gewürdigt wird er bei *Rudolf Steinberg*, Pluralismus und öffentliches Interesse als Problem der amerikanischen und deutschen Verbandslehre, AöR 96 (1971), S. 465–505 (477 ff.); eine stärker differenzierende – wenngleich im Ergebnis negative – Beurteilung („eigenen Anspruch [...] nicht eingelöst", „Unzulänglichkeit von Kaisers Verbandstheorie", beides S. 171) in *Steinbergs* – von Hesse betreuter – Freiburger Dissertation, Staatslehre und Interessenverbände, Diss. jur. Freiburg 1971, S. 156 ff. In die von *Steinberg* herausgegebene Aufsatzsammlung Staat und Verbände, Darmstadt 1985, ist kein Beitrag Kaisers aufgenommen worden (aufgenommen wurden Beiträge z. B. von Hans Huber, Werner Weber, Wilhelm Hennis, Gerhard Leibholz, Herbert Krüger und Ulrich Scheuner). Keine Berücksichtigung findet Kaiser auch bei *Ernst-Wolfgang Böckenförde*, Die politische Funktion wirtschaftlich-sozialer Verbände und Interessenträger in der sozialstaatlichen Demokratie, Der Staat 15 (1976), S. 457–483, der sich allerdings bei seinen Literaturangaben auf die „notwendigsten Hinweise" beschränkt (ebd., S. 457, Fn. 1).

[45] So auch *Stolleis*, Geschichte des öffentlichen Rechts (Fn. 7), S. 266.

Pläne wie Wohnungsbauprogramme, Haushaltspläne und wasserwirtschaftliche Rahmenpläne, aber es ging in erster Linie um die Klärung von Rechtsnatur, Verfahrensanforderungen und Rechtsschutzfragen für etablierte oder jedenfalls schon praktizierte Planungsformen. Von der später einsetzenden Planungseuphorie war auf jener Staatsrechtslehrertagung noch nichts zu spüren.

Dies entsprach auch durchaus der bis dahin noch dominierenden Zurückhaltung, Planung als umfassendes Gestaltungsinstrument zu begreifen. Das Modell der östlich der Elbe praktizierten Planwirtschaft und die Erinnerung an nationalsozialistische Planungskonzeptionen geboten eher Distanz als Orientierung.[46] Seit Ende der 1950er Jahre änderte sich jedoch der Zeitgeist. Der Sputnikschock brachte in schmerzlicher Form zu Bewusstsein, dass man sich in einem Systemwettbewerb befand, der eine verstärkte Koordinierung der materiellen und intellektuellen Ressourcen erforderlich machte. Der Sozialstaatsgedanke implizierte die Notwendigkeit stärker zentralisierter Modi administrativer und gubernativer Gestaltung, wie schon Forsthoff Anfang der 1930er Jahre hellsichtig erkannt hatte.[47] Insbesondere mit der Kennedy-Administration meldete ein wissenschaftlich-technokratisches Regierungsverständnis seine Geltungsansprüche an, und jenseits des Rheins forderte das französische Modell der „Planification" zu Auseinandersetzungen heraus.[48]

Ersten noch eher vorsichtigen Diskussionen zu Beginn der 1960er Jahre folgten zunehmend zuversichtlichere und immer weiter ausgreifende Planungskonzepte und Planungsphantasien.[49] Den Geist jener Zeit spiegelt Kaisers Vorwort zum Bd. 1 der Planungsreihe: „Planung ist der große Zug unserer Zeit. Planung ist ein gegenwärtig ins allgemeine Bewusstsein aufsteigender Schlüsselbegriff unserer Zukunft."[50] – Und gleichzeitig prägt er damit selbst den Zeitgeist und noch mehr dessen spätere Wahrnehmung, denn die Wendung von der Planung als „Zug der Zeit" wird zum geflügelten Wort und gibt dem zeitgeschichtlichen Beobachter eine griffige Formulierung an die Hand, mit der er die damalige

[46] *Thomas Würtenberger*, Die Planungsidee in der verfassungsstaatlichen Entwicklung, in: Ivo Appel/Georg Hermes/Christoph Schönberger (Hrsg.), Öffentliches Recht im offenen Staat. Festschrift für Rainer Wahl zum 70. Geburtstag, Berlin 2011, S. 261–279 (273).

[47] *Ernst Forsthoff*, Die Krise der Gemeindeverwaltung im heutigen Staat, Berlin 1932, S. 70.

[48] Hierzu instruktiv *Klaus-Friedrich Kugler*, Entstehung, Hauptprobleme und Grundsätzliches zur Technik der Planifikation unter besonderer Berücksichtigung Frankreichs, in: Wolfgang Fikentscher/Gerhard Hoffmann/Klaus-Friedrich Kugler, Rechtsfragen der Planifikation, Stuttgart 1967, S. 1–25.

[49] Die zeitlichen Abfolgen instruktiv deutlich machend *Michael Ruck*, Ein kurzer Sommer der konkreten Utopie – Zur westdeutschen Planungsgeschichte der langen 60er Jahre, in: Axel Schildt/Detlef Siegfried/Karl Christian Lammers (Hrsg.), Dynamische Zeiten. Die 60er Jahre in den beiden deutschen Gesellschaften, Hamburg 2000, S. 362–401.

[50] *Joseph H. Kaiser*, Vorwort, in: ders. (Hrsg.), Planung I: Recht und Politik der Planung in Wirtschaft und Gesellschaft, Baden-Baden 1965, S. 7. – Nach dem Abflauen der Planungseuphorie wird auch bei Kaiser eine nüchternere Betrachtungsweise sichtbar; siehe *ders.*, Der Geltungsanspruch des Rechts (Fn. 18), S. 46.

Stimmung erfassen kann.[51] Aber worin bestand Kaisers Beitrag darüber hinaus? Dabei ist zwischen Kaiser als Autor und Kaiser als Publikationsorganisator zu unterscheiden.

Sieht man von den zu den einzelnen Sammelbänden gefertigten Vorworten ab, sieht Kaisers Bilanz als Autor wie folgt aus: In Band 1 veröffentlichte er einen Einleitungsbeitrag zu einer „pragmatischen Theorie der Planung".[52] In Band 2 folgt ein Aufsatz zum „Plan als Institut des Rechtsstaats und der Marktwirtschaft",[53] der fünfte Band enthielt einen – für die Planungsthematik allerdings weitgehend irrelevanten – Beitrag „Crisis Management".[54] In der Schriftenreihe Planungsstudien erschien als Band 1 sein 75 Seiten umfassendes Buch „Presseplanung".[55] Daneben stehen einige Veröffentlichungen außerhalb dieses Publikationsprogramms.[56]

Kaisers „Exposé einer pragmatischen Theorie der Planung" bat den Leser zunächst einmal um Verständnis darum, dass eine ursprünglich beabsichtigte umfassende theoretische Ausarbeitung „zurückgestellt" worden sei; zunächst müsse die empirische Basis aufgearbeitet werden.[57] Was folgte, waren Ausführungen zur Einbettung des Planungsgedankens in sozialwissenschaftliche und geistesgeschichtliche Kategorien (Utopie, Ideologie, Nomos) und weitere Ordnungsüberlegungen – all dies ein eher aspekthaftes Abschreiten von Problemen als eine systematische Darstellung.

---

[51] *Stolleis*, Geschichte des öffentlichen Rechts (Fn. 7), S. 267; *Ruck*, Ein kurzer Sommer (Fn. 49), S. 364; *ders.*, Von der Utopie zur Planung. Sozialdemokratische Zukunftsvisionen und Gestaltungsentwürfe vom 19. Jahrhundert bis in die 1970er Jahre, in: Michael Ruck/Michael Dauderstädt, Zur Geschichte der Zukunft. Sozialdemokratische Utopien und ihre gesellschaftliche Relevanz, Bonn 2011, S. 7–77.

[52] *Joseph H. Kaiser*, Einleitung: Exposé einer pragmatischen Theorie der Planung, in: ders. (Hrsg.), Planung I: Recht und Politik der Planung in Wirtschaft und Gesellschaft, Baden-Baden 1965, S. 11–34.

[53] *Joseph H. Kaiser*, Einleitung: Der Plan als Institut des Rechtsstaats und der Marktwirtschaft. Umrisse eines Aktionsmodells, in: ders. (Hrsg.), Planung II: Begriff und Institut des Plans, Baden-Baden 1966, S. 11–28.

[54] *Joseph H. Kaiser*, Crisis Management, in: Helmut Coing/Joseph H. Kaiser (Hrsg.), Öffentlichrechtliche Grundlegung der Unternehmensverfassung (Planung 5), Baden-Baden 1971, S. 347–362. In der Hauptsache befasst sich der Beitrag mit dem Management der Kuba-Krise 1962.

[55] *Kaiser*, Presseplanung (Fn. 14).

[56] Z. B. *Joseph H. Kaiser*, Staatliche Planung in Deutschland, in: Ernst v. Caemmer/Konrad Zweigert (Hrsg.), MPI für ausländisches und internationales Privatrecht. Deutsche Landesreferate zum 7. Internationalen Kongreß für Rechtsvergleichung in Uppsala 1966, Berlin 1967, S. 423–459; *ders.*, Über außerwirtschaftliche Einflüsse auf die Unternehmensplanung, in: Otto Walter Haseloff (Hrsg.), Planung und Entscheidung, Berlin 1970, S. 76–83; *ders.*, Welche normativen Anforderungen (Fn. 14); weitere Beiträge von allerdings eher geringem Umfang listet die Bibliographie in *Jürgen Becker/Volker Schwarz/Jürgen Schwarze* (Hrsg.), Europa, Staat und Gruppenmacht, Baden-Baden 2000, S. 71–93, auf.

[57] *Kaiser*, Einleitung: Exposé einer pragmatischen Theorie der Planung (Fn. 52), S. 12.

In seinem Aufsatz „Der Plan als Institut des Rechtstaats und der Marktwirtschaft" werden die Eckpunkte schon im Titel deutlich. Der Plan als Institut der Marktwirtschaft – und eben nicht der Planwirtschaft – sollte marktkonform sein; die Formulierung sollte – durchaus im Gleichklang mit ähnlichen absichernden Formulierungen jener Zeit[58] – die Vereinbarkeit mit den Ordnungspostulaten einer marktwirtschaftlichen Ordnung verdeutlichen. Der Plan als Institut des Rechtsstaats sollte überschießende Gestaltungsphantasien und auch allzu großzügiges Ausgabeverhalten der öffentlichen Hand in ihre Schranken weisen.[59] Die Entwicklung des Plans als Rechtsinstitut sollte Zuständigkeiten festzurren, Verfahrensgrundsätze und Formen für die Einbeziehung extragubernativen Sachverstands bereitstellen und Grenzen der Ausübung der Plangewalt markieren.[60] Es ging Kaiser also um eine Verrechtlichung von Planung,[61] die zwar die Kompetenz zur Beschränkung von Grundrechten einräumte, gleichzeitig aber auch Vorkehrungen für die Bedingungen ihrer Realisierung installierte – Kaiser zog hier die Parallele zum Institut der Enteignung.[62] Weitergehende rechtliche Leitlinien für ein Planmodell wurden hieraus nicht entwickelt, Kaiser beschränkte sich auf die Skizzierung außerjuristischer Kriterien, die einer juristischen Betrachtungsweise als Anleitung für eine differenzierende Erfassung des Phänomens dienen mochten – nämlich zur präziseren Erfassung dessen, was der rechtlichen Ausgestaltung bedurfte.[63]

In seinem Referat für den 50. Juristentag (1974) über die „Anforderungen des Demokratie- und Rechtsstaatsprinzips an die Entwicklungsplanung" hob er noch einmal das Erfordernis der Entwicklung eines „einheitlichen Planbegriffs" als „dritter Kategorie" neben Norm und Verwaltungsakt hervor. Er betonte, dass über hergebrachte verfassungsrechtliche bzw. verfassungsrechtlich relevante Schlüsselthemen wie Rechtsschutz, Gewaltenteilung und Bestimmtheitsgrundsatz neu nachgedacht werden müsse.[64]

In der schmalen Monographie „Presseplanung" (1972) entfaltete er diese Ansätze etwa nicht in Bezug auf einen bestimmten Wirtschaftssektor, sondern griff sich einige Aspekte heraus, um die private Unternehmensplanung gegen

---

[58] Siehe auch *Joseph H. Kaiser*, Vorwort, in: ders. (Hrsg.), Planung II: Begriff und Institut des Plans, Baden-Baden 1966, S. 7–9 (7).

[59] Hierzu *Ruck*, Ein kurzer Sommer (Fn. 49), S. 374 (so das Motto der List-Gesellschaft für ein Frankfurter Gespräch: „Planung ohne Planwirtschaft").

[60] *Kaiser*, Einleitung: Der Plan als Institut des Rechtsstaats und der Marktwirtschaft (Fn. 53), S. 12–15.

[61] So schon im Ansatz erkennbar bei *Joseph H. Kaiser*, Diskussionsbeitrag, VVDStRL 18 (1960), S. 194.

[62] *Kaiser*, Einleitung: Der Plan als Institut des Rechtsstaats und der Marktwirtschaft (Fn. 53), S. 13.

[63] So z. B. öffentliche und nichtöffentliche Planung, stationäre und strategische Planung, Dimensionen der Planung (Raum, Zeit, Volumen, Verfahren), *Kaiser*, Einleitung: Der Plan als Institut des Rechtsstaats und der Marktwirtschaft (Fn. 53), S. 22 ff.

[64] *Kaiser*, Welche normativen Anforderungen (Fn. 14), S. I 14 ff.

Versuche bzw. Konzeptionen staatlicher Presseplanung, die auf eine Stärkung der Vielfalt der Presselandschaft[65] und auf eine erweiterte Mitarbeiterbeteiligung abzielten, in Schutz zu nehmen. Die Schrift liest sich über weite Strecken wie eine rechtspolitische Stellungnahme und ist auch nicht frei von Polemik, beeindruckt allerdings auch über weite Strecken durch in sich stringente Argumentation und stilistische Souveränität.

Wendet man sich nun Kaiser als Publikationsorganisator zu, ist zu konstatieren, dass es ihm gelang, eine große Reihe namhafter Rechtswissenschaftler des In- und Auslands als Beiträger zu gewinnen. Dies bedeutete auch, in der Sammelbandreihe die Diskussion in ihrer ganzen Breite einzufangen, wozu auf der einen Seite Forsthoff, dem es vor allem um eine am Eigentumsschutz orientierte rechtsstaatliche Einhegung der sozialstaatlichen Planung ging, gehörte,[66] auf der anderen Seite z.B. Hans Peter Ipsen als Befürworter einer starken Normativität des Sozialstaatsprinzips,[67] der sich auch hinsichtlich der verfassungsrechtlichen Zulässigkeit von Planung offener und differenzierter zeigte als Forsthoff und eine elaborierte Typologie der Wirtschaftsplanung entwarf.[68]

Welche Wirkung erzielte nun das Planungsprojekt? Dabei muss unterschieden werden. Zunächst ist festzuhalten, dass das Gesamtvorhaben auf eine durchgehend positive Resonanz stieß. Kaiser wurde attestiert, er habe die Rechtswissenschaft aus ihrem Entwicklungsrückstand befreit und ihre Aufmerksamkeit auf ein so wichtiges, von Sozialwissenschaftlern längst bearbeitetes Feld, gelenkt.[69] Auf Skepsis stieß hingegen sein Ansatz der Entwicklung eines einheitlichen Planbegriffs, und damit letztlich auch sein Versuch, eine spezielle Handlungsform zu kreieren. Sicher reagierte er damit auf ein anerkanntes rechtsdogmatisches Defizit, denn die Einordnung des Planes in die hergebrachte Typologie hoheitlicher Handlungsformen (Verwaltungsakt und Gesetz) brach-

---

[65] Insofern ist dies auch als Reaktion auf den Versuch zu sehen, die Vielfalt der Presse in den objektiven Schutzbereich von Art. 5 GG zu ziehen; siehe z.B. *Ulrich Scheuner*, Pressefreiheit, VVDStRL 22 (1965), S. 1–100 (77).

[66] *Ernst Forsthoff*, Über Mittel und Methoden moderner Planung, in: Joseph H. Kaiser (Hrsg.), Planung III: Mittel und Methoden planender Verwaltung, Baden-Baden 1968, S. 21–38 (insb. S. 22f.). Zur staatsrechtlichen Konstruktion des Verhältnisses von sozialstaatlicher Planung und rechtsstaatlichem Eigentumsschutz bei Forsthoff instruktiv *Meinel*, Der Jurist in der industriellen Gesellschaft (Fn. 40), S. 373ff.

[67] *John Philipp Thurn*, Welcher Sozialstaat? Ideologie und Wissenschaftsverständnis in den Debatten der bundesdeutschen Staatsrechtslehre 1949–1990, Tübingen 2013, S. 36ff.

[68] *Hans Peter Ipsen*, Rechtsfragen der Wirtschaftsplanung, in: Joseph H. Kaiser (Hrsg.), Planung II: Begriff und Institut des Plans, Baden-Baden 1966, S. 63–112.

[69] *Fritz Ossenbühl*, Welche normativen Anforderungen stellt der Verfassungsgrundsatz des demokratischen Rechtsstaates an die planende staatliche Tätigkeit, dargestellt am Beispiel der Entwicklungsplanung, in: Verhandlungen des Fünfzigsten Deutschen Juristentages, Bd. I, München 1974, S. B 1-B 205 (B 19); ähnlich auch *Klaus Stern*, Rezension zu: Joseph H. Kaiser (Hrsg.), Planung I, 1965, AöR 92 (1967), S. 143–147 (144, 147); *Meinhard Schröder*, Planung auf staatlicher Ebene, Berlin 1974, S. 2.

te oftmals Schwierigkeiten mit sich.[70] Gegen Kaisers Versuch, dem durch die Konstruktion einer eigenständigen Handlungsform „Plan" zu begegnen, machte man aber zurecht geltend, dass der Heterogenität planenden Handelns gerade die Einbettung in verschiedene Handlungsformen entsprach; Kaisers Bemühungen, diese Heterogenität begrifflich-konstruktiv zu überwinden, konnten nicht überzeugen; im Übrigen blieb er wohl der Einzige, der einen derartigen Versuch unternahm.[71] Ansonsten griff man etliche Beobachtungen und Unterscheidungen, vor allem die zwischen strategischer (politischer) und stationärer (Verwaltungs-)planung durchaus zustimmend auf,[72] aber zweierlei ist hierbei zu beobachten. Erstens schien die Rezeptionsintensität nicht unwesentlich mit der Zugehörigkeit zur Freiburger Fakultät[73] oder zum Netzwerk um Schmitt bzw. Forsthoff[74] zusammenzuhängen und sie nahm, soweit überschaubar, mit der Zeit ab, erst recht nach dem Einsetzen der Planungsskepsis.[75] Und zweitens fand sie nur wenig Resonanz in der daneben weiter betriebenen Forschung zum schon positiv-rechtlich etablierten Bau- und Raumplanungsrecht.[76]

V. Fazit

Steht man vor der Aufgabe, den Wissenschaftler einer vergangenen Epoche zu würdigen, kann man dies auf zweierlei Weise tun. Man kann seine zeitgenössische Bedeutung herausarbeiten, weniger wichtig ist dann die Wirkung, die seine Arbeit später erzielt. Oder man kann ihn als Vorreiter oder Vordenker einer Entwicklung beschreiben, die ihre Themen und Begriffe erst in einer späteren

---

[70] Siehe hierzu nur *Werner Thieme*, Zur Systematik verwaltungsrechtlicher Handlungsformen, in: Hans Peter Ipsen (Hrsg.), Hamburger Festschrift für Friedrich Schack, Hamburg 1966, S. 157–166 (161).

[71] So *Ossenbühl*, Welche normativen Anforderungen (Fn. 69), S. B 48; ähnlich auch *Martin Oldiges*, Grundlagen eines Plangewährleistungsrechts, Bad Homburg v.d.H. u.a. 1970, S. 42, Fn. 3.

[72] *Willi Blümel*, Raumplanung, vollendete Tatsachen und Rechtsschutz, in: Karl Doehring (Hrsg.), Festgabe für Ernst Forsthoff zum 65. Geburtstag, München 1967, S. 133–161 (135); *Schröder*, Planung auf staatlicher Ebene (Fn. 69), S. 14. Nicht mehr wahrgenommen wurde die Typologie Kaisers hingegen in einer umfassenden Auflistung planungstypologischer Ansätze bei *Christian Brünner*, Politische Planung im parlamentarischen Regierungssystem, Wien/New York 1978, S. 76, Fn. 217.

[73] *Wolfgang Graf Vitzthum*, Parlament und Planung, Baden-Baden 1978, dort v.a. S. 8, 13, 47, 61, 69, 78. Vitzthum hatte sich an der Freiburger Fakultät bei dem bei Kaiser habilitierten Werner von Simson habilitiert.

[74] *Blümel*, Raumplanung (Fn. 72), Bezugnahmen auf Kaiser ebd., z.B. S. 133–161, 135f., 143.

[75] So gut wie keine Bezugnahme findet sich bei *Thomas Würtenberger*, Staatsrechtliche Probleme politischer Planung, Berlin 1979, auch wenn dieser trotz konstatierter Planungsskepsis Kaisers Credo (Planung als „Zug der Zeit") weiter für berechtigt hält (S. 20f.).

[76] *Ernst Forsthoff/Willi Blümel*, Raumordnungsrecht und Fachplanungsrecht, Frankfurt am Main 1970 (wenn auch als Bd. 7 der Planungsstudien erschienen).

Zeit entfaltet. – Bezieht man dies auf Kaiser und die Verwaltungsrechtswissenschaft, muss man wohl unterscheiden:

In der Verbändedebatte, in der er zunächst hervortrat, setzte er vor allem staatstheoretische und staatsrechtliche Akzente. Die seine diesbezüglichen Arbeiten prägenden gedanklichen Muster enthielten aber auch verwaltungsrechtliches Potential. Die Idee, intermediäre Kräfte als unabdingbares Element kooperativer Staatlichkeit zu begreifen, findet sich dann auch in späteren Konzepten des Verwaltungskooperationsrechts und der regulierten Selbstregulierung, auch wenn keine direkte Bezugnahme erkennbar ist. Wesentlich mitbeteiligt an der Schaffung eines Klimas, in welchem man pluralisierter Wahrnehmung von Interessen mit gemeinwohlrelevantem Bezug aufgeschlossener gegenüberstand, war Kaiser aber sehr wohl, und er lieferte hierfür griffige Stichworte.

Die Planungsdiskussion muss in noch stärkerem Maße als die Verbändedebatte als zeitgenössische Diskussion begriffen werden. Denn ihre Intensität und ihre gesellschaftliche Breitenwirkung rührten von technokratisch-zentralistischen und gestaltungsoptimistischen Konzepten her, die in dem Moment an Überzeugungskraft verloren, als krisenhafte Entwicklungen die Grenzen ihrer Praxistauglichkeit zum Vorschein brachten. Kaisers eigene Veröffentlichungen und die in seinen Sammelbänden und seiner Schriftenreihe erschienenen Arbeiten erweisen sich als kritisch-reflektierende, wenngleich teilweise den Zeitgeist weitertragende Begleiter. Auch hier ist bei Kaiser selbst der verwaltungsrechtliche Bezug eher ein mittelbarer. Denn getragen wurde das publizistische Unternehmen zur Planung von Impulsen, die in der staatsrechtlichen und sozialwissenschaftlichen Debatte eine große Rolle spielten, kaum jedoch in der verwaltungsrechtlichen Diskussion.

Die Einschätzung, ob man Kaiser zu den Protagonisten der Verwaltungsrechtswissenschaft der frühen Bundesrepublik zählen kann, hängt somit in starkem Maße davon ab, inwiefern man in ein Projekt mit einer solchen Themenstellung auch übergreifende Großdebatten, welche nur punktuelle Bezüge zum eigentlichen Verwaltungsrecht aufweisen, einbeziehen will.

Eike Michael Frenzel

„Eine Art Marschroute aufzustellen …"

Karl Zeidler und sein unvollendetes Projekt

I. Einleitung

Karl Zeidler ist ein Klassiker der Verwaltungsrechtswissenschaft in der frühen Bundesrepublik, als Vertreter einer Position, die für klare rechtliche Grenzen der Verwaltungstätigkeit und dogmatische Grenzen des Verwaltungsrechts eintrat. Diese Aussage klingt angesichts zweier gegenläufiger Umstände zunächst wenig plausibel: Karl Zeidler verstarb 1962, d.h. noch vor der Halbzeit des hier fokussierten Zeitraums (1949 bis 1977), und zwar im Alter von 39 Jahren. Doch die folgenden Ausführungen sollen diese Aussage untermauern. Diese Untermauerung besteht aus drei verschiedenen Bausteinen, einem inhaltlichen, einem biographischen und einem wissenschaftssoziologischen.

II. Karl Zeidlers Projekt der gesetzmäßigen Verwaltung unter dem Grundgesetz

Bereits die inhaltlichen Schwerpunkte in Bezug auf das Verwaltungsrecht sind gehaltvoll, vom Verfassungsrecht beeinflusst und prospektiv orientiert. Karl Zeidler war insoweit (Mit-)Begründer einer neuen Verwaltungsrechtswissenschaft – trotz oder wegen all der Anbindungen, die ihn prägten: „Wer so lange auf schwankendem Grund gestanden hat, will beitragen gerade zur Festigkeit der neuen Ordnung",[1] und dies tat Zeidler. Er trat für ein demokratisches und rechtsstaatliches, robustes und zukunftsfähiges, schlicht neues Verwaltungsrecht ein, in durchaus kritischer Distanz zu vor der und während der Weimarer Zeit vertretenen Ansichten und deren Hyperrezeption in der Bundesrepublik Deutschland. Dieser Anspruch wird anhand einzelner zentraler Schriften aus der Reihe der ohnehin wenigen Schriften von Karl Zeidler skizziert.

---

[1] *Karl Doehring*, In Erinnerung an Karl Zeidler, in: ders. (Hrsg.), Festgabe für Ernst Forsthoff zum 65. Geburtstag, München 1967, S. 5 (6).

1. *Verschränkung von geltendem Verfassungs- und Verwaltungsrecht*

Die Verschränkung von Verfassungs- und Verwaltungsrecht ist ein Thema, welches sich wie ein roter Faden durch die wesentlichen wissenschaftlichen Publikationen Karl Zeidlers zieht. Durchgehend stritt Zeidler für eine strenge Bindung der Verwaltung an die Verfassung, und zwar über das Maß dessen hinaus, was sich mittel- und langfristig durchsetzte. Einen Höhe- und zugleich Schlusspunkt bildet die Freiburger Antrittsvorlesung im November 1961, die er mit Otto Mayers und Fritz Werners bekannten *dicta* eröffnet. Den Weg dorthin beschritt Zeidler jedoch schon früh und kontinuierlich, was im Folgenden anhand der Dissertation, der Habilitationsschrift und seines Referats auf der Staatsrechtslehrertagung 1960 deutlich werden soll.

Der Bruch mit Traditionen war bereits in der von Walter Jellinek betreuten Dissertation „Der Gesetzesbegriff im Grundrechtsteil des Bonner Grundgesetzes" von 1952[2] und in Zeidlers Zugriff auf dieses Thema angelegt: „Wissenschaftlicher Meinungsstreit aus der Zeit vor Inkrafttreten des Grundgesetzes hatte […] bei den Untersuchungen in den Hintergrund zu treten".[3] Die Arbeit ist dem Thema entsprechend vor allem verfassungsrechtlicher Natur; weil aber das Gesetz – gleich welcher Qualität – jedenfalls Grundlage für das Handeln der Verwaltung ist[4] (wenn nicht sogar das Verwaltungshandeln selbst), ist die verwaltungsrechtliche Tragweite bereits angelegt.

Zunächst kommt in der Arbeit – selbstverständlich – das Erfordernis differenzierender Begriffsbildung zum Ausdruck. Wenig überraschend könne „der Begriff des Gesetzes im Verfassungsrecht verschiedene Bedeutungen haben"[5] – nicht ohne dass Zeidler sich gleichwohl historische Referenzen erlaubt.[6] Zeidler arbeitet mit der herkömmlichen Unterscheidung von formellem Gesetz (in für die Gesetzgebung vorgeschriebener Form zustande gekommen) und materiellem Gesetz (alle Rechtssätze) sowie verschiedenen Kombinationen (nur formell, nur materiell, formell und materiell, formell oder materiell). Sodann prüft Zeidler, in welcher Bedeutung das Wort „Gesetz" im Grundrechtsteil des Grundgesetzes verwendet wird.[7] Was dann folgt, ist Kärrnerarbeit mit dem Grundge-

---

[2] *Karl Zeidler*, Der Gesetzesbegriff im Grundrechtsteil des Bonner Grundgesetzes, Jur. Diss. Heidelberg 1952 (maschinenschr., XI, 155 Seiten); in öffentlichen Bibliotheken in der Bundesrepublik Deutschland sind mittels des Karlsruher Virtuellen Katalogs (KVK) insgesamt nur fünf oder sechs Exemplare nachzuweisen.

[3] *Zeidler*, Gesetzesbegriff (Fn. 2), Vorwort vor S. I.

[4] Und Zeidler hat insoweit die Weimarer Reichsverfassung als mahnendes Beispiel vor Augen, vgl. *Zeidler*, Gesetzesbegriff (Fn. 2), S. 48.

[5] *Zeidler*, Gesetzesbegriff (Fn. 2), S. 42.

[6] *Zeidler*, Gesetzesbegriff (Fn. 2), S. 46 ff.

[7] Wobei Zeidler unter Bezugnahme auf §§ 90 Abs. 1, 91 Abs. 1 S. 1 BVerfGG darauf hinweist – und vor dem Hintergrund, dass Art. 93 Abs. 1 Nr. 4a GG zu dieser Zeit noch nicht

setz[8] und eine Argumentation für eine starke Bindung auch des Parlamentsgesetzgebers an die Grundrechte[9], der der einzige Mittler für Beschränkungen von Grundrechten sein soll: „Nur förmliche Gesetze können [...] Beschränkungen von Grundrechten vornehmen oder dazu ermächtigen“.[10] Für Art. 3 Abs. 1 GG macht Zeidler eine Ausnahme – ebenfalls mit Folgen für die Verwaltung, die alle Rechtsnormen, d.h. Gesetze im weitesten Sinne gleich anwenden müsse.[11] Auch für Art. 14 Abs. 1 GG nimmt Zeidler einen weiten Gesetzesbegriff an.[12] Zeidler kommt zu dem Ergebnis, dass dem Grundrechtsteil kein einheitlicher Gesetzesbegriff zugrunde liegt.[13] Zeidler weitet die Aufgabenstellung im Anschluss, indem er drei Anwendungen überprüft:[14] die Zulässigkeit der Einschränkung von Grundrechten durch Rechtsverordnung, Eingriffe auf der Grundlage vorkonstitutionellen Rechts,[15] etwa gewohnheitsrechtlicher Generalklauseln zugunsten der Polizei, sowie der Bereich des sog. „besonderen Gewaltverhältnisses“ – alle drei Anwendungen haben einen Bezug zum Verwaltungsrecht.[16] Der letzte Abschnitt zum Gewaltverhältnis birgt einen reichhaltigen Apéro, indem Zeidler den Bogen zur Daseinsvorsorge innerhalb und außerhalb von Anstaltsordnungen, zur Leistungsverwaltung, zum Grundrechtsschutz und nicht zuletzt zu *Ernst Forsthoff* spannt. Die Dissertation verschränkt deshalb in ihrer konkreten Ausgestaltung Verfassungs- und Verwaltungsrecht.

Zeidlers Herangehensweise setzt sich in der Habilitationsschrift fort, die von Forsthoff angeregt und betreut und von Zeidler 1958 abgeschlossen wurde: „Maßnahmegesetz und ‚klassisches‘ Gesetz“. Sie erschien 1961.[17] Ging es in der Dissertation auch um die Frage, ob Verwaltungshandeln Gesetz sein könne, wird nun die Frage gestellt, ob „Maßnahme“ eine Handlungsform der Gesetz-

existierte, sehr zu Recht –, dass es auch außerhalb des ersten Kapitels des Grundgesetzes („Grundrechte“) verfassungsmäßig garantierte Rechte gebe, „denen Grundrechtscharakter zukommt“, *Zeidler*, Gesetzesbegriff (Fn. 2), S. 52.

[8] Insbesondere den Art. 104 Abs. 1 S. 1, Art. 2 Abs. 2 S. 3, 13 Abs. 3, Art. 8 Abs. 2, Art. 14 Abs. 3 S. 1, Art. 4 Abs. 3, Art. 5 Abs. 2 GG und ihrer jeweiligen Entstehungsgeschichte, vgl. *Zeidler*, Gesetzesbegriff (Fn. 2), S. 55 ff.

[9] U.a. unter Hinweis auf Art. 1 Abs. 3, Art. 19 Abs. 1 S. 2, Abs. 1, 79 Abs. 3 GG, vgl. *Zeidler*, Gesetzesbegriff (Fn. 2), S. 77 ff.

[10] *Zeidler*, Gesetzesbegriff (Fn. 2), S. 87.

[11] *Zeidler*, Gesetzesbegriff (Fn. 2), S. 87 ff.

[12] *Zeidler*, Gesetzesbegriff (Fn. 2), S. 89 ff.

[13] *Zeidler*, Gesetzesbegriff (Fn. 2), S. 93.

[14] *Zeidler*, Gesetzesbegriff (Fn. 2), S. 94 ff.

[15] Vgl. Art. 123 GG.

[16] Für die erste Variante wenigstens in dem Sinn, dass „auf Grund eines Gesetzes“ bedeutet, dass „die Aktualisierung der Einschränkung des Grundrechtes bei den diesen Ausdruck verwendenden Grundrechtsartikeln stets den Behörden vorbehalten bleiben muß“ (*Zeidler*, Gesetzesbegriff [Fn. 2], S. 113).

[17] *Karl Zeidler*, Maßnahmegesetz und „klassisches“ Gesetz, Karlsruhe 1961 (XV, 228 Seiten).

gebung sei, wenn sie nur in Gestalt eines Gesetzes erlassen werde. Weit ausholend wird die Thematik behandelt und insoweit eine aktuelle Lösung angeboten, als nicht eine weitere Differenzierung oder gar eine Anerkennung eines neuen Instituts eingeführt, sondern die strikte Bindung an Art. 1 Abs. 3, Art. 3 Abs. 1, Art. 19 Abs. 1, Art. 97 Abs. 1, Art. 20 Abs. 1, 30, 70, 83 GG eingefordert wird. Zeidler bricht hier mit Forsthoff, indem er die geltende Verfassung zum Maßstab macht: „Jede neue Verfassung verlangt erneutes Durchdenken geläufiger Begriffe. Dieser Regel ist auch der Gesetzesbegriff unterworfen".[18] Freilich ist die Arbeit im Kern eine verfassungsrechtliche.

Auch Zeidlers Referat auf der Staatsrechtslehrertagung in Köln im Oktober 1960 bewegte sich mit dem Thema „Schranken nichthoheitlicher Verwaltung" im Spannungsverhältnis von Verfassungsrecht und Verwaltungsrecht.[19] Zeidler forderte dort nicht weniger als die Grundrechtsbindung von Verwaltungsträgern im Falle des Handelns in den Formen des Privatrechts, gegen den Widerspruch in der Diskussion[20] und in Abgrenzung zum Erstreferat Walter Mallmanns, der auf die Gesetzesbindung abstellte. Im Zuge dessen wurde auch über Minderheits- und Mehrheitsbeteiligungen der öffentlichen Hand an Unternehmen und die 51/49-Prozent-Verteilung gestritten.[21] Angesichts der Vorleistungen von Zeidler und seiner Überzeugung, das Grundgesetz weitreichend wirken zu lassen, stellte der Vortrag schon keine Überraschung mehr dar – zugleich ist Zeidler an dieser Stelle zeitlos bzw. modern, weil man seine Ausführungen in Argumentationslinien etwa zum Fraport-Fall[22] einfügen könnte. Zeidler forderte, dass „der privatrechtliche Mantel [...] nicht zur Kaschierung der öffentlichen Hand führen" dürfe.[23] Wenn im Bereich nichthoheitlicher Verwaltung die Gesetzmäßigkeit der Verwaltung in Ermangelung inhaltlicher Schranken des einfachen Rechts nicht gelte, ändere dies nichts an der Anforderung der Verfassungsmäßigkeit der Verwaltung.[24]

Zeidler eröffnete sein Referat mit einer Dreiteilung der Verwaltungstätigkeit in einen hoheitlichen, einen erwerbswirtschaftlichen und einen „dazwischenliegenden Raum"[25], eine „‚Übergangszone', in der die Begriffe schlichthoheitli-

---

[18] *Zeidler*, Maßnahmegesetz (Fn. 17), S. 209.

[19] Vgl. etwa den Bericht von *Peter Lerche*, Staatsrechtslehrertagung in Köln, DÖV 1960, S. 900 (901).

[20] Der Widerspruch wurde u. a. historisch, mit dem Wortlaut (Art. 1 Abs. 3 GG: „Gewalt") und der Annahme begründet, dass die Gefährdungslage nicht bestehe, weil der Staat hoheitliche Mittel im nichthoheitlichen Bereich nicht verwenden dürfe.

[21] In der Klarheit und Präzision hob sich Zeidlers Zweitbericht von dem Erstbericht von Walter Mallmann ab.

[22] BVerfGE 128, 226 – *Flughafenverbot/Kümmel* (2011).

[23] *Karl Zeidler*, Schranken nichthoheitlicher Verwaltung, VVDStRL 19 (1961), S. 208 (238); vgl. die Diskussionsbeiträge von *Karl August Bettermann*, VVDStRL 19 (1961), S. 250, und *Günter Dürig*, VVDStRL 19 (1961), S. 251.

[24] *Zeidler*, Schranken nichthoheitlicher Verwaltung (Fn. 23), S. 238.

[25] *Zeidler*, Schranken nichthoheitlicher Verwaltung (Fn. 23), S. 208.

che, pflegende Verwaltung, Daseinsvorsorge oder Verwaltungsprivatrecht beheimatet sind“.[26] Zur Geltung bringt Zeidler in der Folge die Bedenken gegen eine „Einengung des öffentlich-rechtlichen Bindungen unterliegenden Verwaltungsbereichs“.[27] Im Folgenden arbeitet er sich an dem Meinungsstand ab, dass die hoheitliche Verwaltungen den Bindungen des öffentlichen Recht, die fiskalische Verwaltung zusätzlich denjenigen des Zivilrechts und der übrige Bereich nur denen des Zivilrechts unterliege.[28] Zeidler hält den Ursprung dieser Unterscheidung für falsch, dass eine weite verfassungsrechtliche Bindung abzulehnen und auf die Form des staatlichen Handelns abzustellen sei. Das Grundgesetz diene „zumindest auch der Sicherung bestimmter Werte gegenüber der Staatsgewalt […]“,[29] woraus eher eine Vermutung für die umfassende Bindung aller staatlichen Tätigkeit als eine Vermutung für die Freiheit des Fiskus abzuleiten sei. Letztgenannte Vermutung sei jedenfalls beweisbedürftig, und der Beweis sei nicht erbracht worden,[30] weder auf der Grundlage der Fiskuslehre noch aus der Verfassung. Die Bindung aller staatlichen Tätigkeit an Grundrechte ist nach Zeidler die Regel, Modifizierungen sind die verfassungsrechtlich zu begründende Ausnahme. Das Gebot zur Neutralität „berührt die erwerbswirtschaftliche Struktur des Handelns nicht. Es gilt absolut. Deshalb unterliegen Staatsbrauerei, das Volkswagenwerk […] oder die Staatliche Porzellanmanufaktur diesen Bindungen, während die entsprechenden privaten Unternehmen bis zur Grenze der Sittenwidrigkeit hier frei sind“.[31] Erst recht gälten diese Bindungen für fiskalisches Handeln, das nicht nur erwerbswirtschaftlich sei, etwa weil eine Pflichtaufgabe (Straßenbau), eine allgemein umschriebene Aufgabe (Schwimmbadbau) oder eine aus dem Verwaltungsauftrag folgende Aufgabe (Ankauf von Büromaterial) erfüllt werde;[32] zudem werde nicht über erwirtschaftetes Vermögen, sondern über öffentlich-rechtlich aufgebrachtes Vermögen verfügt.[33] Die verfassungsrechtliche Bindung erstreckt Zeidler auch auf von der öffentlichen Hand beherrschte private Unternehmen.[34]

Die drei hier vorgestellten Arbeiten demonstrieren, dass Karl Zeidler Verfassungs- und Verwaltungsrecht gemeinsam behandelte und von einer wechselseitigen Verbindung ausging. Die Überlegungen zu den öffentlich-rechtlichen

[26] *Zeidler*, Schranken nichthoheitlicher Verwaltung (Fn. 23), S. 209 f.
[27] *Zeidler*, Schranken nichthoheitlicher Verwaltung (Fn. 23), S. 212.
[28] *Zeidler*, Schranken nichthoheitlicher Verwaltung (Fn. 23), S. 217.
[29] *Zeidler*, Schranken nichthoheitlicher Verwaltung (Fn. 23), S. 220.
[30] *Zeidler*, Schranken nichthoheitlicher Verwaltung (Fn. 23), S. 221 f.
[31] *Zeidler*, Schranken nichthoheitlicher Verwaltung (Fn. 23), S. 233.
[32] *Zeidler*, Schranken nichthoheitlicher Verwaltung (Fn. 23), S. 234 f.
[33] *Zeidler*, Schranken nichthoheitlicher Verwaltung (Fn. 23), S. 235.
[34] *Zeidler*, Schranken nichthoheitlicher Verwaltung (Fn. 23), S. 251 ff. In der Besprechung eines BGH-Urteils vom 26.10.1961 (DVBl. 1962, 301) verdeutlicht Zeidler anhand eines konkreten Falles, wie fragwürdig die Figuren sind, mit denen die Situationen der Grundrechtsbindung und der Freistellung von Grundrechten einhergehen sollen: Der BGH stellte auf die unmittelbare und die mittelbare Erfüllung öffentlicher Aufgaben ab.

Bindungen von Verwaltungstätigkeit sind zeitlos. Ein Diskurs über – und für – Bindungen läuft Forderungen nach Flexibilisierung und Modernisierung der Verwaltung zuwider, und so werden die Antworten auf Fragen hinsichtlich der Bindungen von Verwaltungstätigkeit weiterhin fragmentarisch, offen und zum Teil ohne Rückanknüpfung an Zeidlers Überlegungen formuliert.

2. *Verwaltung im Bundesstaat*

Die Verbindung zwischen Verfassungs- und Verwaltungsrecht verdeutlicht Zeidler auch am Beispiel der Ausführung von Landesgesetzen durch Bundesbehörden in seiner Heidelberger Antrittsvorlesung im Februar 1960.[35]

Zeidler stellt die Frage der Legitimität hoheitlicher Betätigung der Bundesbehörden auf Gebieten der Landesverwaltung. Neben historischen Beispielen und Beispielen aus der Bundesgesetzgebung nennt Zeidler die insoweit explizite Regelung des schleswig-holsteinischen Helgolandgesetzes von 1953,[36] durch welches die Zuständigkeit einer Bundesbehörde begründet wurde, und die Ausführung von Landeswassergesetzen im Bereich der Bundeswasserstraßen nach Art. 89 Abs. 2 GG – eine Konfliktlage, über welche das Bundesverfassungsgericht im Jahr 1967 entscheiden sollte.[37] Ausgangspunkte dieses Verfahrens waren ab 1960 ergangene Entscheidungen mehrerer Wasser- und Schifffahrtsämter des Bundes über Erlaubnisse oder Genehmigungen von Anlagen an Bundeswasserstraßen in Hessen.[38] Im Juli 1961 bat das Hessische Ministerium für Landwirtschaft und Forsten das Bundesministerium für Verkehr darum, künftig keine Bescheide auf der Grundlage des hessischen Wassergesetzes zu erlassen. Im Mai 1962 rief die Hessische Landesregierung das Bundesverfassungsgericht an.

Zeidler befasst sich also zuvor mit der Frage und entwickelt eine Antwort auf der Grundlage einer Konzeption, die „auf der Einheitlichkeit der Staatsgewalt sowohl des Zentralstaates als auch der der Gliedstaaten sowie auf der parlamentarischen Verantwortung der Regierung beruht".[39] Demnach ist der Vollzug von Gesetzen eines Staates durch eigene Organe die Regel. Der Vollzug von Landesgesetzen durch Bundesbehörden ist begrifflich zwar nicht ausgeschlossen, aber mit spezifischen Anforderungen verknüpft, insbesondere mit Notwendigkeit der Einflussnahme der Länder auf die Bundesorgane und einer ausdrücklichen verfassungsrechtlichen Regelung. Für den Vollzug des Landeswas-

[35] *Karl Zeidler*, Ausführung von Landesgesetzen durch Bundesbehörden, DVBl. 1960, S. 573 ff.

[36] BVerfGE 8, 260.

[37] BVerfGE 21, 312 – *Wasser- und Schifffahrtsverwaltung* (1967).

[38] BVerfGE 21, 312 (313) – *Wasser- und Schifffahrtsverwaltung* (1967).

[39] *Zeidler*, Ausführung von Landesgesetzen durch Bundesbehörden (Fn. 35), S. 577.

sergesetzes reiche aber Art. 89 Abs. 2 GG nicht aus. Es bedürfe vielmehr einer Verfassungsänderung, die den Ländern zudem Aufsichtsbefugnisse gegenüber den Bundesorganen einräumen müsse.

Während der zweite Senat Zeidlers Beitrag in der Entscheidung, für die dieser unmittelbar einschlägig ist, nicht explizit aufnahm,[40] fand er in das Urteil desselben Senats in der Sache Deutschland-Fernsehen Eingang, wenngleich in einer Überhöhung: „Organe des Bundes werden niemals zum hoheitlichen Vollzug von Landesrecht zuständig sein.“[41] Dies kann jedoch nicht darüber hinwegtäuschen, dass Zeidlers Herangehensweise nicht nur grundsätzlich, sondern auch vorausschauend angelegt war und er mögliche Probleme antizipierte, um sie einer sachhaltigen Lösung zuzuführen.

Dass die Frage der Bindung von Bundesbehörden durch Landesgesetze aktuell ist und es gilt, insoweit liebgewonnene Wahrheiten zu hinterfragen und nur ggf. zu bekräftigen, zeigt der nicht abschließend geklärte Rechtsstreit, ob Bundesbehörden auf der Grundlage der Landespressegesetze verpflichtet sind, der Presse Auskünfte zu erteilen.[42]

3. *Zeidlers Verwaltungsrecht im demokratischen Rechtsstaat*

Zeidler dachte das Verwaltungsrecht jedoch auch aus verwaltungsrechtlicher Perspektive, ohne das Verfassungsrecht unscharf erscheinen zu lassen,[43] sondern vielmehr um mit der Verfassung Ernst zu machen.[44] Darin kommt zum Ausdruck, was für eine Verwaltung Zeidler für die Bundesrepublik Deutschland vor Augen hatte: eine von sich aus gesetzmäßig und nicht lediglich rechtmäßig handelnde, eine weder gegenüber Bürgern noch gegenüber den Gerichten von einem Freund/Feind-Schema geleitete, demokratische Verwaltung. Demnach muss die Verwaltung von Anfang an und unabhängig von der Aussicht auf nachträgliche Korrektur auf der Grundlage des Systems der Verletztenklage materiell gesetzmäßig handeln, ohne Aussicht darauf, dass Gesetzgebung bzw. Rechtsprechung gesetzwidrige Maßnahmen durch entsprechende Regelungen

---

[40] BVerfGE 21, 312 – *Wasser- und Schifffahrtsverwaltung* (1967).

[41] BVerfGE 12, 205 (221) – *Deutschland-Fernsehen* (1961).

[42] Vgl. *Eike Michael Frenzel*, Der presserechtliche Auskunftsanspruch – Begründung, Reichweite, Zukunftsfähigkeit, in: Alexander Dix/Gregor Franßen/Michael Kloepfer/Peter Schaar/Friedrich Schoch/Deutsche Gesellschaft für Informationsfreiheit (Hrsg.), Informationsfreiheit und Informationsrecht. Jahrbuch 2013, Berlin 2014, S. 79 ff.

[43] *Konrad Hesse*, Karl Zeidler †, JZ 1962, S. 779 (780): „[…] hat *Karl Zeidler* doch seine eigentliche Aufgabe im Verwaltungsrecht gesehen“.

[44] *Karl Zeidler*, Empfiehlt es sich, die bestehenden Grundsätze über Auskünfte und Zusagen in der öffentlichen Verwaltung beizubehalten? Gutachten für den 44. Deutschen Juristentag, in: Ständige Deputation des Deutschen Juristentages (Hrsg.), Verhandlungen des vierundvierzigsten Deutschen Juristentages Hannover 1962, Bd. I, München 1962, S. 10, 13 f.

bzw. Handhabungen ermöglicht oder hinnimmt. In seiner Freiburger Antrittsvorlesung „Einige Bemerkungen zum Verwaltungsrecht und zur Verwaltung in der Bundesrepublik Deutschland seit dem Grundgesetz"[45] im November 1961 führt Zeidler dies aus, und in seinem Gutachten für den 44. Deutschen Juristentag in Hannover 1962 bringt er dies zur Anwendung.[46]

a) Zeidler legt in den „Bemerkungen" dar, dass das Grundgesetz seiner Meinung nach das überkommene Bild des Verhältnisses von Staat und Bürger als Über-Unterordnung perpetuiere; so verweist er auf Art. 19 Abs. 4 GG und darauf, dass der Rechtsschutz durch Gerichte normativ wie rechtstatsächlich die Verwaltung davon entlaste, den Anspruch der Gesetzmäßigkeit zu verwirklichen. Diese Konzeption basiere „in gleicher Weise auf dem Bild des der Verwaltung ausgelieferten Bürgers wie auf dem mangelnden Vertrauen in die Kontrollgewalt der vom Volk gewählten Parlamente".[47] Und weiter:

„Die Väter [sic!] unserer Verfassung sahen eben die Rechte des Bürgers bei den Gerichten besser aufgehoben, als bei den anderen Verfassungsorganen, und die Gerichte haben den ihnen zugeschobenen Becher der Verantwortung bis zur Neige geleert. Manchmal haben sie sich auch unaufgefordert nachgeschenkt."[48]

Die Verwaltung werde zu wenig in die Pflicht genommen; die Beamtenschaft werde aus der Verantwortung gedrängt; der prozessualen Lösung werde gegenüber der materiellen, inhaltlichen Auseinandersetzung der Vorzug gegeben; es bestehe die Gefahr der Resignation mit der Folge, dass die Verwaltung eventuell ihre Spielräume aus- oder sogar überreize, mit über den Einzelfall hinausgehender Wirkung: Im Falle von Ermessensentscheidungen arrangiere sich der Bürger, aus „Angst, auch im Falle eines obsiegenden Urteils letztlich der Verlierer zu sein, weil man eben in der Zukunft auch auf die Verwaltung in anderer Beziehung angewiesen ist".[49]

Anhand einiger Beispiele verdeutlicht Zeidler seine Ablehnung der Rechtsentwicklung und seinen Ansatz, die Verwaltung in der Bundesrepublik anders aufzustellen: Die Wende von der Gesetzmäßigkeit zur Rechtmäßigkeit des Verwaltungshandelns und die Art und Weise, wie diese gerechtfertigt wird, lehnt er ab. Der Grundsatz von Treu und Glauben sei ein „notwendiges Korrektiv der prinzipiellen Freiheit des Einzelnen im Rechtsverkehr mit anderen. Dem legitimen Egoismus des einzelnen werden durch das Prinzip Barrieren errichtet. Was für den bürgerlichen Rechtsverkehr notwendig ist, das brauchen wir nicht, min-

[45] *Karl Zeidler*, Einige Bemerkungen zum Verwaltungsrecht und zur Verwaltung in der Bundesrepublik Deutschland seit dem Grundgesetz, Der Staat 1 (1962), S. 321 ff.; postum 1963 als Sonderdruck unter dem Titel „Verwaltungsrecht im demokratischen Rechtsstaat" veröffentlicht, Duncker & Humblot, Berlin.

[46] *Zeidler*, Auskünfte und Zusagen (Fn. 44).

[47] *Zeidler*, Bemerkungen zum Verwaltungsrecht (Fn. 45), S. 325.

[48] *Zeidler*, Bemerkungen zum Verwaltungsrecht (Fn. 45), S. 326.

[49] *Zeidler*, Bemerkungen zum Verwaltungsrecht (Fn. 45), S. 332.

destens nicht in gleichem Maße in der Verwaltung.“[50] Ähnlich geht Zeidler mit dem Schutz des Vertrauens auf die Beständigkeit von Verwaltungsentscheidungen ins Gericht: „Das Sichverlassenkönnen auf das, was die Verwaltung an Wohltaten erwiesen hat, wird – allerdings einstweilen noch in sehr engen Grenzen – höher angeschlagen als das Gesetzmäßige des Handelns.“[51] Was würde Zeidler zur ausdifferenzierten Verfahrensfehlerfolgenlehre, Heilung, Unbeachtlichkeit etc. sagen? Zeidler scheut sich „vor einer Auslieferung des gesatzten Rechts, und zwar – das ist das Entscheidende – des demokratisch legitimierten gesetzten Rechts, an ungeschriebenes, vielfach überpositives Recht, das allein im Schoß des Richters gedeiht und nur von ihm gefunden werden kann“.[52]

Zeidler lehnt die Auflösung der Grenze zwischen Privat- und Öffentlichem Recht ab und weist die Übernahme von Figuren aus dem Zivilrecht in das Öffentliche Recht zurück. Mit der Demokratisierung meint Zeidler auch nicht, die Unterscheidung von Staat und Gesellschaft aufzuheben, also etwa die von einer Verwaltungsentscheidung betroffenen Personen zu denjenigen zu machen, die die Entscheidung treffen[53] – die Ausschussverwaltung lehnt er ab:

„Der Beamte ist (dort) an den Mehrheitsbeschluß gebunden. Das wäre nichts besonderes, wenn auch die Verantwortung den Ausschuß, ähnlich wie die Kammern oder die Senate der Gerichte, gemeinsam treffen würde. De jure mag das der Fall sein. De facto ist es anders, denn der Beamte muß die vielleicht gegen seine Überzeugung entstandene Entscheidung vor dem Forum der Verwaltungsgerichte unmittelbar oder vermittelt durch die Landesanwaltschaft vertreten.“[54]

Zeidler beschreibt das Verwaltungsrecht hier als Transmissionsmedium für den Anspruch des Grundgesetzes im Umgang von Staat und Bürger (nicht: im Umgang des Staats mit dem Bürger). Er argumentiert gegen eine Imitation des Privaten durch den Staat, gegen eine Tarnung des Staates als Privater, für ein Aufrechterhalten von Formen.

b) Einen wesentlichen Beitrag für die Verwaltungsrechtsdogmatik leistet Zeidler mit seinem Gutachten für den 44. Deutschen Juristentag, in dessen Rahmen er sich mit staatlichem Informationshandeln beschäftigt. Nachdem sich der 43. Deutsche Juristentag in München mit der Frage beschäftigt hatte, ob sich eine Kodifikation des allgemeinen Teils des Verwaltungsrechts empfehle, wurde für Hannover ein kleinteiliges Thema fokussiert, auch und gerade mit einer Nähe

[50] *Zeidler*, Bemerkungen zum Verwaltungsrecht (Fn. 45), S. 334.
[51] *Zeidler*, Bemerkungen zum Verwaltungsrecht (Fn. 45), S. 334.
[52] *Zeidler*, Bemerkungen zum Verwaltungsrecht (Fn. 45), S. 336.
[53] Vgl. *Günter Dürig*, Diskussionsbeitrag, in: VVDStRL 29 (1971), S. 126 (127): „Wenn Staat und Gesellschaft deckungsgleich werden [...], gehen mal wieder die Lichter aus“.
[54] *Zeidler*, Bemerkungen zum Verwaltungsrecht (Fn. 45), S. 340.

zum Steuerrecht[55] und zum Sozialrecht.[56] Mit seinem Gutachten, dessen Titel auf (vermeintlich) bestehende Grundsätze abstellt, erbringt Zeidler zunächst eine Ordnungsleistung, die rückblickend nicht unterschätzt werden sollte – hier werden Diskussionsgrundlagen geschaffen und Grundsätze zusammengeführt.[57] Zeidler sieht gerade in den Phänomenen von Auskünften und Zusagen Zeichen für die Abkehr vom Modell der vom Staat getrennten Gesellschaft, vom Modell der Negation der Demokratie: Im Bereich dieses Modells „ist für Auskunft und Zusage oder Zusicherung der Verwaltung dem Bürger gegenüber nur geringer Raum. Was der Bürger wissen muß, erfährt er allein aus dem Gesetz und seiner Konkretisierung durch den Verwaltungsakt."[58] Die Verwaltung der Gegenwart habe mit dem überkommenen Modell zwar „weitgehend das Begriffsgerippe noch gemeinsam, ihr Wesen hat sich jedoch grundlegend geändert".[59] Das Selbstverständnis der Verwaltung müsse „besser durch das Stichwort ‚Kundendienst' als durch ‚Herrschaft' charakterisiert"[60] werden.[61]

Zeidler unterscheidet die Auskunft und die Zusage als besonders qualifizierte Auskunft.[62] Darauf folgen Differenzierungen für die Auskunft nach Tatsachen- und Rechtsauskunft gegenüber dem Bürger und Auskunft gegenüber Behörden, Auskunft ohne Antrag oder auf Antrag, Auskunft im Rahmen eines anhängigen Verwaltungsverfahrens oder außerhalb, maschinell oder durch eine Person erteilte Auskunft, schriftliche und mündliche Auskunft, mit und ohne Gewährsvorbehalt, und – ausführlich thematisiert – die gesetzlich geregelten Auskünfte. Die gesetzgebenden Organe müssten sich durchsetzen, nicht die Rechtsprechung, und deshalb sei die gesetzliche Regelung von Auskünften entscheidend.[63]

---

[55] Vgl. *Wilhelm Hartz* (BFH), Referat, in: Ständige Deputation des Deutschen Juristentages (Hrsg.), Verhandlungen des vierundvierzigsten Deutschen Juristentages Hannover 1962, Bd. II, Tübingen 1964, S. D 3 (insbesondere D 3 f., D 15 ff.); vgl. auch *Zeidler*, Auskünfte und Zusagen (Fn. 44), S. 58 ff.; *Alfred Monreal*, Auskünfte und Zusagen von Finanzbehörden, München 1964.

[56] Vgl. *Herbert Langkeit* (BSG), Vorbereiteter Diskussionsbeitrag, in: Ständige Deputation des Deutschen Juristentages (Hrsg.), Verhandlungen des vierundvierzigsten Deutschen Juristentages, Bd. II (Fn. 55), S. D 37 ff.

[57] *Karl Zeidler*, Schlußwort, in: Ständige Deputation des Deutschen Juristentages (Hrsg.), Verhandlungen des vierundvierzigsten Deutschen Juristentages, Bd. II (Fn. 55), S. D 90, in Anspielung darauf, dass das Thema in Ermangelung „bestehender Grundsätze" nicht ganz glücklich gewählt worden sei, allerdings scherzhaft (vgl. S. D 91): „Übernehmen Sie mein Gutachten, dann haben Sie welche"; vgl. zuvor *Hartz*, Referat (Fn. 55), S. D 3 (D 5 f.).

[58] *Zeidler*, Auskünfte und Zusagen (Fn. 44), S. 10.

[59] *Zeidler*, Auskünfte und Zusagen (Fn. 44), S. 10.

[60] *Zeidler*, Auskünfte und Zusagen (Fn. 44), S. 11.

[61] In eigener Deutung zustimmend *Dieter H. Hoffmann*, Diskussionsbeitrag, in: Ständige Deputation des Deutschen Juristentages (Hrsg.), Verhandlungen des vierundvierzigsten Deutschen Juristentages, Bd. II (Fn. 55), S. D 81 (D 81 f.); kritisch *Zeidler*, Schlußwort (Fn. 57), S. D 90 (D 95).

[62] *Zeidler*, Auskünfte und Zusagen (Fn. 44), S. 14.

[63] *Zeidler*, Auskünfte und Zusagen (Fn. 44), S. 21.

Vor Augen stand Zeidler aktuell auch der Endiviensalat-Fall und das entsprechende Urteil des Bundesverwaltungsgerichts vom 28. Februar 1961,[64] und Zeidler lässt keinen Zweifel daran, dass die Entscheidung kritisch zu sehen und eine Auskunft nicht als Verwaltungsakt zu qualifizieren sei.[65] An mehreren Stellen thematisiert Zeidler solche Formen des Informationshandelns ohne vorherigen Antrag,[66] aber dessen Problematik wurde – von Haftungsfragen abgesehen[67] – in der Diskussion zugunsten der Auseinandersetzung über die Rekonstruktion von Zusagen marginalisiert.[68]

Offen und intensiv geführt wurde die Diskussion darüber, wie die Zusage zu rekonstruieren sei – als Verwaltungsakt (so Zeidler[69] bei bindender Wirkung, in Abgrenzung von der Auskunft) oder als öffentlich-rechtlicher Vertrag.[70] In Form eines Anhangs zu Widerruf und Rücknahme von Zusagen wendet sich Zeidler zu diesem Zeitpunkt, quasi in einem *obiter dictum*, gegen einen Vertrauensschutz, der den Anspruch der Gesetzmäßigkeit ausheble und gleichheitswidrig sei.[71] Entsprechend argumentiert Zeidler gegen die Anwendung des Grundsatzes von Treu und Glauben.[72]

Zeidlers Gutachten traf mit den Ausführungen zur Zusage auf ein großes Interesse und ein Forum, das mittelfristig wesentlich von der Kodifikationsleistung durch § 38 VwVfG und §§ 204 ff. AO vorgeprägt wurde – in Bezug auf diesen Aspekt ist durch gesetzgeberisches Handeln Erledigung eingetreten, und die dogmatische Auseinandersetzung knüpfte an diesem Rechtsstand und nicht an Zeidlers *status quo ante* an. Hinsichtlich der Auskunft lief das Gutachten in eine Sackgasse – die Zusage war der dankbare Bezugspunkt für die Diskussion und die Rezeption. Eine kontinuierliche Auseinandersetzung mit der Auskunft wäre wünschenswert gewesen, der Rechtsstand wäre dann heute wohl ein anderer.[73]

---

[64] BVerwGE 12, 87 = DVBl. 1961, 444.

[65] *Zeidler*, Auskünfte und Zusagen (Fn. 44), S. 17 (Fn. 38), 37.

[66] Vgl. auch *Zeidler*, Auskünfte und Zusagen (Fn. 44), S. 54.

[67] Vgl. *Hartz*, Referat (Fn. 55), S. D 3 (24 f.).

[68] *Hubert Kellner* (BVerwG), Referat, in: Ständige Deputation des Deutschen Juristentages (Hrsg.), Verhandlungen des vierundvierzigsten Deutschen Juristentages, Bd. II (Fn. 55), S. D 47.

[69] *Zeidler*, Auskünfte und Zusagen (Fn. 44), S. 47 ff.

[70] Vgl. *Zeidler*, Schlußwort (Fn. 57); *Gerhard Nehlert*, Schlußworte, in: Ständige Deputation des Deutschen Juristentages (Hrsg.), Verhandlungen des vierundvierzigsten Deutschen Juristentages, Bd. II (Fn. 55), S. H 23 (H 24).

[71] *Zeidler*, Auskünfte und Zusagen (Fn. 44), S. 77.

[72] *Zeidler*, Auskünfte und Zusagen (Fn. 44), S. 83 f.

[73] Vgl. *Friedrich Schoch*, Die Schwierigkeiten des BVerfG mit der Bewältigung staatlichen Informationshandelns, NVwZ 2011, S. 193 ff.; *Dietrich Murswiek*, Staatliche Warnungen, Wertungen, Kritik als Grundrechtseingriffe, DVBl. 1997, S. 1021 ff.

4. Hegung der Technik als (Instrument der) Verwaltung

Wirksamkeit und Wirksamwerden des Rechts waren Zeidlers Anliegen auch in Bezug auf die Technisierung, insbesondere der Verwaltung, auf die auch deshalb kurz einzugehen ist, weil Zeidler hier prospektiv agierte und nicht ahnen konnte, wie sich der Bereich entwickeln sollte. Mit Zeidlers Schrift „Über die Technisierung der Verwaltung“[74] verdient der Technisierungs- bzw. Automationsdiskurs, ein verwaltungs(rechts)wissenschaftlicher genannt zu werden. In einer Probevorlesung im Juli 1959 vor der Juristischen Fakultät der Universität Heidelberg behandelte Zeidler den Gesetzesvollzug unter Einschaltung von verschiedenen Maschinen.[75]

In der Schrift „Über die Technisierung der Verwaltung“ wählt Zeidler als Ausgangspunkt, dass das Verwaltungsrecht auf den Menschen angewiesen ist, und zwar auch und gerade auf staatlicher Seite. Als Beispiele nennt Zeidler das Ermessen, dessen Betätigung menschliches Werten voraussetze, und den Verwaltungsakt, der von einer Behörde und in dieser von einer Person erlassen werden müsse; auch könne die Amtshaftung nur an menschliches Verhalten anknüpfen.[76] Das allgemeine Verwaltungsrecht setze „als ‚Geschäftsgrundlage‘ den in der Verwaltung handelnden Menschen“ voraus.[77] Aus dieser Perspektive musste die Einführung einer solchen Technik eine Herausforderung darstellen, die dem Menschen nicht mehr als Hilfsmittel dient, sondern ihn ersetzt.

In der Probevorlesung behandelt Zeidler konkret zu dieser Zeit bekannte Maschinen: Verkehrsampeln im Straßenverkehr, Gebührenzähler im Fernmeldewesen und Rechenmaschinen in der Abgabenverwaltung und für die Sozialversicherung. Zeidler konstatiert, dass die technische Entwicklung die Grundlagen des Verwaltungsrechts belaste.[78] Er wirft die Fragen auf, wie sich die Technisierung auswirkt und welche Folgen technische Fehlleistungen haben. Neuland werde betreten, wenn die Verwaltungsentscheidung sich nicht mehr als Entscheidung eines Amtsträgers darstelle, sondern eine verwaltungsintensive Maschine diese treffe und Kontrolle und Zurechenbarkeit fehlten. Die Entscheidung einer Maschine bzw. deren Offenlegung – im Falle einer Verkehrsampel etwa ein „Dauer-Rot“ in eine Richtung – wird von Zeidler als Verwaltungsfabrikat bezeichnet, das nicht rechtmäßig oder rechtswidrig, sondern nur technisch richtig oder falsch sein könne. Eine ohne konkrete Verantwortung eines Amtsträgers zustande kommende hoheitliche Entscheidung verweise auf eine Lücke des Verwaltungsrechtssystems, und diese Lücke ließe sich „vom Bo-

[74] *Karl Zeidler*, Über die Technisierung der Verwaltung. Eine Einführung in die juristische Beurteilung der modernen Verwaltung, Karlsruhe 1959.
[75] *Karl Zeidler*, „Verwaltungsfabrikat“ und Gefährdungshaftung, DVBl. 1959, S. 681 ff.
[76] *Zeidler*, Technisierung (Fn. 74), S. 5 ff.
[77] *Zeidler*, Technisierung (Fn. 74), S. 10.
[78] *Zeidler*, „Verwaltungsfabrikat“ und Gefährdungshaftung (Fn. 75), S. 681.

den des Rechts und mit seinen Mitteln nur unter entschädigungsrechtlichen Aspekten überbrücken“.[79] Mit Blick auf die programmierte Rechenmaschine in der Steuerverwaltung stellt Zeidler sodann die Frage, ob die Arbeit des Programmierers nach den Kategorien rechtmäßiger/rechtswidriger Gesetzesvollzug beurteilt werden könne (wenngleich auch der Lichtzeichenanlage und dem Gebührenzähler eine Programmierung vorausgehen mag). Zeidler sieht hier jedoch (noch) keine neue Qualität und vergleicht einen Fehler des Programmierers mit einem Fehler einer Schreibkraft oder eines Übersetzers. Den Beweis für die fehlerfreie Berechnung und das Funktionieren der technischen Geräte müsse der Staat erbringen. Zeidler äußert die Sorge, dass das Streben des Gesetzgebers nach Gerechtigkeit durch die Gesetze der Maschine beeinträchtigt werden könne.[80] Für solche Fälle müsse die staatliche Haftung als Gefährdungshaftung greifen, so dass es auf die Unterscheidung von rechtmäßig und rechtswidrig nicht ankomme.[81]

Aus der heutigen Sicht lässt sich dies leichter beurteilen, für Zeidler stellte sich dies schwierig dar[82] – noch dazu mit einem Thema, für das regelmäßig in technischer Hinsicht das Verständnis, aber auch die Bereitschaft fehlte, es insbesondere als Kleinklein konkreter Fragen im Rahmen der Rechtswissenschaft zu behandeln. Hier zeigt sich auch – ohne auf eine Kodifikation des Verwaltungsrechts AT zurückgreifen zu können – Zeidlers Anspruch an die Verwaltungswissenschaft: Der besondere Reiz des Verwaltungsrechts „liegt in der Anpassungsfähigkeit an diese Wirklichkeit. Die Verwaltungswissenschaft ist aufgerufen, diesen Anpassungsprozeß zu lenken und im Verein mit der Praxis unter Kontrolle zu halten“[83] – Kontrolle hier nicht als abwehrend, sondern als beobachtend, durcharbeitend verstanden.

Die Thematik der Technisierung ist nicht so sehr von ihren Ergebnissen her interessant, weil sich hier vieles anders entwickelt hat und es insbesondere (noch) nicht zum Datenstaat[84] gekommen ist, der alles beherrschen würde und zunehmend automatisch entscheiden ließe, ohne sich der demokratischen Kontrolle und Legitimation auszusetzen. Vielleicht krankt die Konzeption des Datenschutzes für die weit überwiegende Zahl von Anwendungen, die nämlich im Privatrechtsverkehr stattfinden, an dieser Fokussierung der Gefährdungen durch den Staat. Wichtig scheint mir zweierlei: Zum einen argumentiert Zeidler für eine Hegung der Technik um des demokratischen Rechtsstaats willen. Zum andern kristallisiert sich bereits hier die Forderung heraus, dass die (neue) Ver-

---

79 *Zeidler*, „Verwaltungsfabrikat“ und Gefährdungshaftung (Fn. 75), S. 683.

80 *Zeidler*, „Verwaltungsfabrikat“ und Gefährdungshaftung (Fn. 75), S. 685.

81 *Zeidler*, „Verwaltungsfabrikat“ und Gefährdungshaftung (Fn. 75), S. 687.

82 Vgl. *Anna-Bettina Kaiser*, Die Kommunikation der Verwaltung, Baden-Baden 2009, S. 122.

83 *Zeidler*, Technisierung (Fn. 74), S. 32.

84 Vgl. auch die Problembeschreibung von *Hanno Kühnert*, Tücken der Computer, FAZ Nr. 131 vom 10. Juni 1969, S. 1.

waltungsrechtswissenschaft für den Realbereich offen sein und Angebote machen muss.[85]

III. Biographisches

Karl Zeidler wurde 1923 in Saatz (heute Tschechien) geboren.[86] Von 1942 bis April 1945 diente er als Soldat an Ost- und Westfront. Nach seiner Entlassung aus britischer Kriegsgefangenschaft arbeitete er in der Landwirtschaft, im Bergbau unter Tage und als Maurer. Sein 1947 begonnenes juristisches Studium (Dillingen/Bamberg) setzte er 1949 in Heidelberg fort. Das erste Examen folgte 1951, die Promotion 1953, das zweite Examen 1954. *Zeidler* trat danach eine Stelle als wissenschaftlicher Assistent in Speyer an. Ab 1. September 1955 arbeitete er als Regierungsassessor in der allgemeinen inneren Verwaltung in Baden-Württemberg. Er wurde dem Landratsamt Mannheim zugeteilt. Ab dem 1. November 1956 war er Regierungsrat und zugleich wissenschaftlicher Mitarbeiter am Bundesverfassungsgericht (Erna Scheffler); zudem leitete er nahezu fünf Jahre[87] Arbeitsgemeinschaften für Gerichtsreferendare und an der Universität Heidelberg Klausurenkurse.[88] 1958 schloss er seine Habilitationsschrift ab, 1959 folgte die Habilitation. Seinen Habilitationsvortrag hielt er zu dem Thema „Rechtsfragen der Technisierung der Verwaltung". Zum 1. Mai 1960 nahm er unter Ablehnung eines Rufs an die Universität Bonn einen Ruf an die Rechts- und Staatswissenschaftliche Fakultät der Albert-Ludwigs-Universität Freiburg an.[89] Er folgte dort Hans Gerber nach, der 1958 emeritiert worden war; Ulrich Scheuner hatte 1960 einen Ruf abgelehnt.

Zeidler „litt unter dem typischen Schicksal unserer Generation, die in den verlorenen Jahren vielleicht viel erfahren hat, aber wenig oder nichts in dieser Zeit für die Erlangung konkreten Wissens in weiterem Sinne leisten konnte", schrieb sein Habilitationsbruder Karl Doehring, der mit Zeidler bereits aus Studienzeiten in Heidelberg verbunden war.[90] Dass dies gesundheitliche Folgen

[85] Vgl. *Andreas Voßkuhle*, Methode und Pragmatik im Öffentlichen Recht, in: ders./Wolfgang Kahl/Detlef Czybulka/Hartmut Bauer (Hrsg.), Umwelt, Wirtschaft und Recht, Tübingen 2002, S. 171 (180): „[...] verlagert sich der Schwerpunkt der Forschungstätigkeit insgesamt mehr und mehr von einer anwendungsbezogenen Interpretationswissenschaft hin zu einer rechtsetzungsorientierten Entscheidungswissenschaft."

[86] Vgl. demgegenüber *Wolfgang Zeidler*, geboren am 2. September 1924 in Hamburg, gestorben am 31. Dezember 1987 bei Meran/Südtirol.

[87] Vgl. *Karl Zeidler*, Diskussionsbeitrag, in: Hochschule für Verwaltungswissenschaften (Hrsg.), Probleme der juristischen Ausbildung in der Verwaltung, Berlin 1963, S. 110.

[88] *Hans Schneider*, Karl Zeidler †, AöR 49 (1963), 96.

[89] Vgl. Universitätsarchiv der Albert-Ludwigs-Universität, Bestand B 0110, Rechts- und Staatswissenschaftliche Fakultät 1863–1989 (bearbeitet von Dagmar Kicherer), Juli 1994, S. 54.

[90] *Doehring*, In Erinnerung an Karl Zeidler (Fn. 1), S. 6.

haben kann – Zeidler wurde nach Aussage von Hans Schneider fünfmal verwundet[91] –, kann hier nicht beurteilt werden. Sein Wandeln zwischen Heidelberg, Speyer, Mannheim, Karlsruhe und Freiburg und zwischen Wissenschaft und Praxis, zwischen Forschung und Lehre ist bezeichnend, auch für die Art und Weise, wie er an Probleme heranging: mit einem starken Realitätsbezug. Das ging so weit, dass er seinem Schüler Winfried Brohm nach dem zweiten Examen ein Praxisjahr als Regierungsassessor abverlangt haben soll.[92] Brohm selbst spricht für die Zeit seiner Tätigkeit bei der Inneren Verwaltung, in der Wirtschaft und als Assistent an der Universität von einem prägenden Einfluss durch Karl Zeidler.[93] In einem Glückwunsch für Egon Schunck zum 70. Geburtstag[94] bringt Zeidler seinerseits seine Bewunderung für dessen Grenzgänge zwischen Praxis und Wissenschaft zum Ausdruck.[95]

Am 26. September 1962 – wenige Tage nach Abschluss des 44. Deutschen Juristentags – brach Zeidler bei einer Veranstaltung zu Problemen der juristischen Ausbildung in der Verwaltung in Speyer zusammen, während er einen Redebeitrag abgab: In diesem teilte er zunächst – aus seiner eigenen Erfahrung schöpfend – seine sehr konkreten Vorstellungen für die Ausbildung von Referendaren in der Verwaltungsstation mit. Sodann forderte er, dass die Verwaltung für die Ausbildung die Aufgabe habe, „eine Art Marschroute aufzustellen ...“.[96] Zeidler starb in Ausübung seiner Berufung als Verwaltungsrechtswissenschaftler.[97] Die Tagung wurde unterbrochen und am nächsten Tag fortgesetzt.[98] Bei der Lektüre des Tagungsbandes in Unkenntnis des Todestages wird man zwar im Inhaltsverzeichnis auf das Ableben hingewiesen, welches man jedoch zunächst der Zeit zwischen Tagung und Drucklegung zuordnen mag. Liest man sodann die Tagungsdokumentation und die Diskussionsbeiträge, wird erst klar, wie jäh Zeidler aus dem Leben und aus der Wissenschaft gerissen wurde. Bei allem Anspruch, Sentiment in der Wissenschaft zu vermeiden – an dieser Stelle muss es angebracht werden können.

---

91 *Schneider*, Karl Zeidler † (Fn. 88), S. 96.

92 *Carl-Eugen Eberle*, Winfried Brohm zum 70. Geburtstag, NJW 2002, S. 738.

93 *Winfried Brohm*, Strukturen der Wirtschaftsverwaltung. Organisationsformen und Gestaltungsmöglichkeiten im Wirtschaftsrecht, Stuttgart u. a. 1969, S. 5.

94 *Karl Zeidler*, DÖV 1960, S. 904.

95 Vgl. auch *Schneider*, Karl Zeidler † (Fn. 88), S. 98; *Doehring*, In Erinnerung an Karl Zeidler (Fn. 1), S. 7.

96 *Zeidler*, Diskussionsbeitrag (Fn. 87), S. 112.

97 Vgl. den Nachruf des Rektors der Hochschule *Hartwig Bülck* am 27. September 1962, in: Hochschule für Verwaltungswissenschaften (Hrsg.), Probleme der juristischen Ausbildung in der Verwaltung, Berlin 1963, S. 216.

98 Die abschließenden Stellungnahmen der beiden Referenten *Hubert Pestenhofer* und *Erwin Less* wurden am folgenden Tag abgegeben, vgl. Hochschule für Verwaltungswissenschaften (Hrsg.), Probleme der juristischen Ausbildung in der Verwaltung, Berlin 1963, S. 112 (Fußnote).

IV. Wissenschaftssoziologisch-methodische Erkenntnisse

Karl Zeidler war – wenn man die Verhinderung während des Krieges sowie seine Berufstätigkeit in der Verwaltung und am Bundesverfassungsgericht berücksichtigt – bis 1959 nicht nur zügig habilitiert worden. Er hatte bis 1962 mit gerade einmal 39 Jahren auch bereits auf der Staatsrechtslehrertagung vorgetragen und ein Gutachten für den 44. Deutschen Juristentag in Hannover 1962 erstellt.[99] Dies ließ auf mehr hoffen, eine Hoffnung, die sich nicht erfüllte. Aber es blieb durch den frühen Tod nicht nur das Werk überschaubar, es wurde – trotz seines Gehalts – auch wenig bis kaum rezipiert, wenn es nicht sogar in Vergessenheit geriet (sieht man einmal von der Reverenz durch Referenz ab). Woran mag das liegen? Drei spezifische Gründe können dafür genannt werden.

1. *Inhaltliche Unvereinbarkeit*

Die Inhalte, die bei Zeidler wiederkehrend in Erscheinung treten, fallen aus der Zeit: die Kritik an der konkreten Ausgestaltung des Grundgesetzes, der Widerstand gegen eine Übermacht der Gerichte, die Thematisierung der Technik, das Einstehen für die strikte Bindung und das umfassende Unter-Rechtfertigungsdruck-Setzen des Staates in jeder Lage. Die Entwicklung des Verwaltungsrechts der Bundesrepublik Deutschland wird anders erzählt, und das Verwaltungsrecht hat sich auch anders entwickelt: Die Kompromisse, die die Verwaltungsverfahrensgesetze in den §§ 45, 46, 48 VwVfG, aber auch die Fachgesetze wie das Baugesetzbuch (vgl. § 214 BauGB) vorsehen, hat und hätte Zeidler nicht befürwortet. Wenn der demokratisch legitimierte Gesetzgeber diese Entscheidungen jedoch trifft, erklärt dies das Verschwinden der Mindermeinung in besonderem Maße. Dies schließt ein Aufleben der Relevanz nicht aus, etwa im Zusammenhang mit der Diskussion von Verwaltungsreformen oder Einzelfragen, die geklärt zu sein schienen.[100]

Wenn Zeidler das Verwaltungs*recht* und den verfassungs*rechtlichen* Anspruch an dieses stark machte und Missstände beklagte, könnte dies auf einen großen blinden Fleck für rechtstatsächliche Gründe hinweisen. In methodischer Hinsicht müsste Zeidler insoweit ein Vorwurf gemacht werden. Dies verbietet sich jedoch, weil Zeidler aufgrund seines Werdegangs und seiner Durchdringung der Materie seine Fragen und – vorsichtigen – Antworten gerade authentisch formulieren konnte. Die Unterscheidungen von Recht und Praxis, von Verwaltungsrecht und Verwaltung und von Lehre und Anwendung sind bei ihm sehr präsent.

---

[99] *Zeidler*, Schranken nichthoheitlicher Verwaltung (Fn. 23); *ders.*, Grundsätze (Fn. 44).
[100] Vgl. BVerwG, Urteil vom 20.2.2013, Az. 6 A 2/12, NVwZ 2013, 1006.

2. Zeidler als Ebracher Grenzgänger

Zeidler stand mit seinen Beobachtungen und Forderungen nicht allein, aber „where you stand depends on where you sit“: Zeidler saß zwischen den Stühlen und wird zu Unrecht einem spezifischen Konservatismus zugeordnet. Bei Karl Zeidler liegt dies insbesondere daran, dass einer seiner Lehrer und Betreuer seiner Habilitation[101] Ernst Forsthoff[102] war. In Ebrach war Zeidler jedoch ein wissenschaftlich und politisch Zugezogener: Der Wechsel von Jellinek zu Forsthoff vollzog sich relativ spät, und immer wieder wird Zeidlers kritische Distanz zu Forsthoff erwähnt. Man teilte durchaus das wissenschaftliche Interesse an aktuellen Fragen, aber mit unterschiedlichen Herangehensweisen und Ergebnissen. Das bedeutet nicht, dass sich Zeidler nicht als Schüler verstehen konnte oder wollte: Die Zuneigung gegenüber Forsthoff ist vorhanden, die Widmung seiner Habilitationsschrift ist mehr als eine Floskel und gleichwohl differenziert.[103] Umgekehrt widmete Forsthoff den Sammelband „Rechtsstaat im Wandel“ (1964) „In memoriam *Karl Zeidler*“.[104] Wilhelm Grewe habilitierte vor Zeidler bei Forsthoff; Karl Doehring, Roman Schnur, Prodromos Dagtoglou, Willi Blümel und Hans Hugo Klein folgten als Habilitationsbrüder nach.[105]

In der Einleitung der Edition des Briefwechsels von Carl Schmitt und Forsthoff wird gerade Zeidler als Beispiel für die konsequente Nutzung der Freiheit genannt, sich bei Forsthoff auch mit Thesen zu habilitieren, „die seiner eigenen Auffassung völlig widersprachen“.[106] Als Forsthoff Schmitt von Zeidlers Habilitation berichtet, merkt er an, Zeidler habe „nun, als mein Schüler, den großen Wunsch, Ihnen in Plettenberg einmal seine Aufwartung zu machen. Wann es dazu kommt, ist noch nicht abzusehen, da er stark beansprucht und auch gesundheitlich etwas labil ist.“[107] Mehrere Gelegenheiten, Schmitt in Freiburg und Plettenberg zu treffen, blieben ungenutzt.[108]

---

[101] Vgl. zu diesem primären Zuordnungskriterium *Helmuth Schulze-Fielitz*, Die deutschen Staatsrechtslehrer der Gegenwart und ihre akademische Herkunft, in: ders., Staatsrechtslehre als Mikrokosmos, Tübingen 2013, S. 453 (459 ff.).

[102] Zeidlers Doktorvater Walter Jellinek war 1955 verstorben.

[103] *Zeidler*, Maßnahmegesetz (Fn. 17), S. VII: „Als äußeres Zeichen meiner Dankbarkeit ist sie Ernst Forsthoff gewidmet“.

[104] Vgl. auch den Hinweis auf den Nachruf von Ernst Forsthoff bei *Schneider*, Karl Zeidler † (Fn. 88), S. 98.

[105] Vgl. *Helmuth-Schulze-Fielitz*, Anhang: Ein Jahrhundert deutsche Staatsrechtslehrer, in: ders. (Fn. 101), Tafel XVIII.

[106] *Reinhard* und *Dorothee Mußgnug*, Einleitung, in: Angela Reinthal/Reinhard Mußgnug/Dorothee Mußgnug (Hrsg.), Briefwechsel Ernst Forsthoff – Carl Schmitt (1926–1974), Berlin 2007, S. 1.

[107] *Ernst Forsthoff*, Brief an Carl Schmitt vom 19. Juli 1959, in: Reinthal/Mußgnug/Mußgnug, Briefwechsel (Fn. 106), S. 146 (Brief Nr. 120).

[108] *Ernst Forsthoff*, Brief an Carl Schmitt vom 22. September 1959, in: Reinthal/Mußgnug/Mußgnug, Briefwechsel (Fn. 106), S. 150 (Brief Nr. 123).

Umgekehrt wurde in mehreren Nachrufen auf Zeidler das Verhältnis zu Forsthoff schlicht verschwiegen[109] – dazu Forsthoff an Schmitt: Es „fällt […] schwer zu glauben, dass das Zufall ist".[110]

3. Bedauern als ungeeigneter Rezeptionsfaktor

Wenn ein Wissenschaftler im Jahr 1962 mit gerade einmal 39 Jahren überraschend verstirbt, ist das tragisch, auch für Lehrer, für Habilitationsgeschwister, für Schüler, für zugeneigte Kollegen. Doch kann das treue, dankbare, ehrende Andenken kaum darin bestehen, sich inhaltlich der wissenschaftlichen Positionen anzunehmen und diese zu fördern. Diese gewinnen durch den frühen Tod nicht an Überzeugungskraft. So überwiegt in den Nachrufen der Bericht über das Geleistete und Bleibende, allerdings nicht prospektiv, sondern retrospektiv. Die Nachrufe auf Karl Zeidler unterscheiden sich nicht von anderen, nur hat das Werk in den anderen Fällen sein Wirken und seine Wirksamkeit bereits erfahren, bei Zeidlers Werk war dies bis zu seinem Tod noch nicht so gewesen. Eine Hyperrezeption des Werks aus persönlicher Verbundenheit wäre eine schlechte wissenschaftliche Praxis, auch im Falle des frühzeitigen Todes, ebenso die Weiterführung des fremden Werks unter eigenem Namen.[111]

V. Was bleibt

Nach einer eklektischen Exegese ausgewählter Werke von Karl Zeidler lässt sich das Bild eines Forschers und Lehrers des Verwaltungsrechts zeichnen, der sich in den späteren Referenzwerken eines sehr kurzen Staatsrechtslehrerlebens mit Fragen des Verwaltungsrechts beschäftigte und dabei konservierende, konservative, auf die normative Kraft der Verfassung setzende Ansichten vertrat. Manche Elemente seines Werks sind zwischenzeitlich überholt, manche erschreckend aktuell. In beiden Fällen lohnt es sich, die Beiträge zu lesen, um den eigenen Fundus zu erweitern und sich immer wieder klar zu machen, dass der Verwaltungsrechtswissenschaft manche Daueraufgaben gestellt werden, für die Wahrheiten formuliert und gepflegt werden müssen, ohne dass diese die letzten Wahrheiten wären. Dieser Beitrag kann daher allenfalls ein Beitrag zur Praxis freundlicher Rezeption des tiefschürfenden Werks von Karl Zeidler sein, auch mit dem Ziel, ihm ein ehrendes Andenken zu bewahren.

---

[109] Vgl. *Egon Schunck*, Karl Zeidler †, DÖV 1962, S. 862; nach Angaben von *Forsthoff* auch im Nachruf der Freiburger Fakultät.

[110] *Ernst Forsthoff*, Brief an Carl Schmitt vom 20. Dezember 1962, in: Reinthal/Mußgnug/Mußgnug, Briefwechsel (Fn. 106), S. 187 (Brief Nr. 169).

[111] Vgl. dazu *Woody Allen*, You Will Meet a Tall Dark Stranger, 2010.

Ino Augsberg

Demokratische Aufklärung

Dietrich Jeschs Neubestimmung der Verwaltungsrechtsdogmatik unter dem Grundgesetz

I.

Dietrich Jeschs immense Bedeutung für das Verwaltungsrecht unter dem Grundgesetz, die insbesondere durch sein Hauptwerk „Gesetz und Verwaltung"[1] begründet wurde, lässt sich aus heutiger Sicht nicht ganz einfach bestimmen. Die Schwierigkeit der Bestimmung beruht allerdings nicht darauf, dass seine Thesen der heutigen Zeit nichts mehr zu sagen hätten. Eher dürfte das Gegenteil zutreffen: Vieles von dem, was Jesch über die Herkunft des klassischen Verwaltungsrechts aus dem Konstitutionalismus des 19. Jahrhunderts und die damit verbundene Notwendigkeit, aufgrund der neuen verfassungsrechtlichen Vorgaben des Grundgesetzes nun auch die verwaltungsrechtliche Dogmatik grundlegend neu auszurichten, dargelegt hat, mag heute fast selbstverständlich erscheinen. Die „Konstitutionalisierung" des Verwaltungsrechts im Sinne seiner zentralen Orientierung am Verfassungsrecht[2] ist juristisches Gemeingut;[3] institutionell findet sie ihren Ausdruck in der Fixierung der Aus-

---

[1] *Dietrich Jesch*, Gesetz und Verwaltung. Eine Problemstudie zum Wandel des Gesetzmäßigkeitsprinzipes, Tübingen 1961.

[2] Vgl. im knappen Überblick etwa *Eberhard Schmidt-Aßmann*, Herausbildung eines modernen Verwaltungsrechts, in: Werner Heun/Frank Schorkopf (Hrsg.), Wendepunkte der Rechtswissenschaft. Aspekte des Rechts in der Moderne, Göttingen 2014, S. 247 ff. (252 ff.); ausführlicher etwa jüngst *Ferdinand Wollenschläger*, Verfassung im Allgemeinen Verwaltungsrecht: Bedeutungsverlust durch Europäisierung und Emanzipation?, VVDStRL 75 (2016), S. 187 ff.; unter besonderer Betonung der Rolle der Grundrechte ferner *Rainer Wahl*, Herausforderungen und Antworten: Das Öffentliche Recht der letzten fünf Jahrzehnte, Berlin 2006, S. 35 ff. Allg. zum Begriff der Konstitutionalisierung *Gunnar Folke Schuppert/ Christian Bumke*, Die Konstitutionalisierung der Rechtsordnung. Überlegungen zum Verhältnis von verfassungsrechtlicher Ausstrahlungswirkung und Eigenständigkeit des „einfachen" Rechts, Baden-Baden 2000, passim, v. a. S. 36.

[3] Vgl. etwa *Dieter Grimm*, Das öffentliche Recht vor der Frage nach seiner Identität, Tübingen 2012, S. 39: „War die Verfassung vorher trotz ihrer Grundrechtskataloge wenig mehr als ein Organisations- und Verfahrensstatut für die Staatsorgane gewesen, in dessen Formen die Staatstätigkeit ablief, ohne sich inhaltlich an ihr auszurichten, so überwölbt sie heute Staat und Gesellschaft, fungiert als Sinnspeicher des Gemeinwesens und Zielwert staatlichen Handelns." Zur Entwicklung näher *Uwe Volkmann*, Der Aufstieg der Verfassung. Beobachtun-

einandersetzungen auf das Bundesverfassungsgericht auch hinsichtlich von Problemstellungen, die man als klassisch verwaltungsrechtlich bezeichnen kann. „Jeder Verwaltungsrechtsfall", so konstatierte Jeschs akademischer Lehrer Otto Bachof[4] bereits 1963, „ist heute mindestens potentiell, sehr oft aber auch tatsächlich, ein Verfassungsrechtsfall"[5]. Bachof hält zugleich aber auch fest, dass diese Perspektive nur wenige Jahre zuvor noch keineswegs selbstverständlich war: Es sei auffällig, so Bachof,

> „wie spät erst dieses ganze System [des tradierten, am Eingriffshandeln orientierten Verwaltungsrechtsverständnisses, I.A.] von der deutschen Lehre in seiner dogmatischen Tragfähigkeit angezweifelt und auf seine Vereinbarkeit mit den veränderten Grundlagen des demokratischen und sozialen Rechtsstaats untersucht worden ist. In der Zeit der Weimarer Republik wurde es unbedenklich beibehalten und noch weiter ausgebaut, und auch unter der Geltung des Grundgesetzes hat es noch etliche Zeit gedauert, bis sich stärkere Zweifel regten. Zu eingehenden Auseinandersetzungen haben erst *E.-W. Böckenförde* und *Dietrich Jesch* ausgeholt."[6]

Genau genommen ist die Vorreiterrolle von Jesch sogar noch singulärer, als es die hier vorgenommene Doppelnennung suggeriert. Nimmt man die an dieser Stelle von Bachof in Bezug genommene Arbeit von Böckenförde über „Gesetz und gesetzgebende Gewalt" näher in den Blick und vergleicht sie mit Jeschs „Gesetz und Verwaltung", zeigt sich eine klare Differenz der beiden Ansätze. Böckenfördes – von Jesch rezensierte und als „ausgezeichnete Arbeit" bestimmte[7] – Untersuchung ist, wie bereits ihr Untertitel „Von den Anfängen der deutschen Staatsrechtslehre bis zur Höhe des staatsrechtlichen Positivismus" ver-

---

gen zum grundlegenden Wandel des Verfassungsbegriffs, in: Thomas Vesting/Stefan Korioth (Hrsg.), Der Eigenwert des Verfassungsrechts. Was bleibt von der Verfassung nach der Globalisierung?, Tübingen 2011, S. 23 ff. Kritisch gegenüber dieser Sichtweise dagegen *Christoph Schönberger*, Der Aufstieg der Verfassung: Zweifel an einer geläufigen Triumphgeschichte, a. a. O., S. 7 ff. Zum Gesamtproblem auch *ders.*, „Verwaltungsrecht als konkretisiertes Verfassungsrecht". Die Entstehung eines grundgesetzabhängigen Verwaltungsrechts in der frühen Bundesrepublik, in: Michael Stolleis (Hrsg.), Das Bonner Grundgesetz. Altes Recht und neue Verfassung in den ersten Jahrzehnten der Bundesrepublik Deutschland (1949–1969), Berlin 2006, S. 53 ff. Energisch die geläufige Lesart der Konstitutionalisierung des (vor allem: Allgemeinen) Verwaltungsrechts in Abrede stellend jüngst *Lothar Michael*, Verfassung im allgemeinen Verwaltungsrecht: Bedeutungsverlust durch Europäisierung und Emanzipation?, VVDStRL 75 (2016), S. 131 ff.

[4] Vgl. zu Bachof den Beitrag von *Matthias Kötter*, Fortbilden, um zu bewahren: Otto Bachof und der Wandel verwaltungsrechtlicher Dogmatik unter dem Grundgesetz (in diesem Band), S. 231 ff.

[5] *Otto Bachof*, Über einige Entwicklungstendenzen im gegenwärtigen deutschen Verwaltungsrecht, in: *ders.*, Wege zum Rechtsstaat. Ausgewählte Studien zum öffentlichen Recht, Königstein/Ts. 1979, S. 245 ff. (246).

[6] *Bachof*, Über einige Entwicklungstendenzen im gegenwärtigen deutschen Verwaltungsrecht (Fn. 5), S. 248.

[7] Vgl. *Dietrich Jesch*, Besprechung zu Ernst-Wolfgang Böckenförde, Gesetz und gesetzgebende Gewalt. Von den Anfängen der deutschen Staatsrechtslehre bis zur Höhe des staatsrechtlichen Positivismus, Berlin 1958, AöR 85 (1961), S. 472 ff.

deutlicht, sehr viel stärker historisch orientiert als der zwar ebenfalls historisch argumentierende, aber konzeptionell von vorneherein auf eine Veränderung der aktuellen Dogmatik zielende Entwurf von Jesch.[8] Allerdings ist auch Böckenfördes primär „immanente Kritik" für die Bestimmung der Gegenwartsfragen insofern aufschlussreich, als sie es, wie Jesch in seiner Besprechung des Buchs positiv hervorhebt, ermöglicht, „die Zeitbedingtheit mancher Lehren aufzuzeigen, die heute vielfach noch unkritisch als logische Kategorien aufgefaßt und benutzt werden."[9] Jesch fügt diesem Lob aber sogleich einige Nachsätze hinzu, die sein eigenes Anliegen ebenso knapp wie präzise zusammenfassen und damit den Unterschied zu Böckenfördes Fragestellung auf den Punkt bringen:

„M. E. hätte sogar die funktionelle Abhängigkeit der heute noch üblichen dualistischen Theorien, wie sie in den Gegenüberstellungen von formellem und materiellem Gesetz, von Verwaltungsverordnung und Rechtsverordnung, von besonderem und allgemeinem Gewaltverhältnis sichtbar werden, von der dualistischen Struktur der konstitutionellen Monarchie mit ihrer Entgegensetzung von Staat und Gesellschaft, noch stärker hervorgehoben werden sollen, wenn sie auch dem Verfasser durchaus bewußt ist. Die Abhängigkeit der staatsrechtlichen Begriffsbildungen von der privatrechtlichen Dogmatik, die Böckenförde als verderblich für die Entwicklung eines staatsrechtlichen Problemen angemessenen Begriffsapparates ansieht [...] und der er die Schuld an dem unnötigen Aufwand (von Geisteskraft und wissenschaftlicher Akribie) auf Scheinprobleme gibt, erscheint mir demgegenüber nicht so schädlich zu sein wie das Arbeiten mit staatsrechtlichen Grundbegriffen, die weder für das parlamentarische Regierungssystem, noch für eine freiheitlich-demokratische Grundordnung, noch für einen Staat, der rechtsstaatlich begrenzten Volkssouveränität geschaffen worden sind."[10]

Jesch vermisst also bei Böckenförde ebenjene Perspektive auf das problematische historische Erbe der überkommenen staats- und verwaltungsrechtlichen Grundbegrifflichkeit, die sein eigenes Werk auszeichnet. Tatsächlich findet sich in Böckenfördes Arbeit ein ausdrücklicher Gegenwartsbezug zur Situation unter dem Grundgesetz nur am Rande. Erst auf der letzten Seite des Werks wird eine entsprechende Perspektive im Sinne des Gegensatzes zwischen dem „nicht aktiv-sozialgestaltenden Staat des 19. Jahrhunderts" und dem modernen Sozialstaat und seiner „eigentümlichen Struktur" angesprochen – aber dann sogleich als Gegenstand der vorgelegten Untersuchung wieder ausgeschlossen.[11] Jesch

---

[8] In seiner Rezension von Böckenfördes Arbeit hebt Jesch deren historische Orientierung sogar positiv hervor: „Diese Beziehung auf die moderne Problematik der Abgrenzung der Staatsfunktionen hat Böckenförde [...] erfreulicherweise nicht dazu verführt, nur das auszusuchen, was für die moderne Dogmatik unmittelbar verwertbar erscheint, und bei der kritischen Würdigung den Maßstab der heute gängigen Fragestellungen anzulegen [...]. Er bemüht sich vielmehr um eine immanente Kritik, vor allem auch in Beziehung auf die jeweilige verfassungsrechtliche Situation" (*Jesch*, Besprechung zu Böckenförde [Fn. 7], S. 474).

[9] *Jesch*, Besprechung zu Böckenförde (Fn. 7), S. 474.

[10] Ebd.

[11] Vgl. *Ernst-Wolfgang Böckenförde*, Gesetz und gesetzgebende Gewalt. Von den Anfängen der deutschen Staatsrechtslehre bis zur Höhe des staatsrechtlichen Positivismus, Berlin

dagegen thematisiert die historische Genese des überkommenen Staats- und Verwaltungsrechtsverständnisses von Anfang an aus der ausdrücklichen Absicht heraus, seine Inadäquanz für die Situation unter den geänderten verfassungsrechtlichen Bedingungen darzulegen und damit die Voraussetzungen einer konzeptionellen „Neuorientierung“ zu schaffen. Theorie und Praxis des Verwaltungsrechts müssten sich, so erklärt bereits das Vorwort von „Gesetz und Verwaltung“ programmatisch, „weithin mit dem um die Jahrhundertwende entstandenen Begriffsapparat begnügen, obwohl niemandem dessen Unzulänglichkeit für unsere grundgesetzliche Ordnung verborgen bleiben kann.“[12] Der entschlossen verwandte Indikativ kann seinerseits zwar nicht verbergen, dass die besagte Unzulänglichkeit eben doch, wie von Bachof erläutert, bis zum Erscheinen von Jeschs Ausführungen weithin verborgen geblieben ist. Seitdem allerdings kann tatsächlich niemand mehr den Befund ignorieren. Das Buch erfüllt also exakt das Programm, das es im Vorwort entwirft.

II.

Ehe ich mich dem Werk und seinem Programm näher zuwende, kurz einige Worte zur Biographie des Autors. Jesch wurde am 4. Juli 1923 in Sebnitz (Sachsen) geboren; sein Vater war Landgerichtspräsident in Chemnitz. Von 1942 an zum Wehrdienst eingezogen, geriet er während des Zweiten Weltkriegs in britische Kriegsgefangenschaft, aus der er 1946 wieder entlassen wurde. Seinen weiteren Werdegang fasste Otto Bachof in dem Nachruf auf seinen Schüler so zusammen:

> „Er hatte dann, durch Zerstörung seines Elternhauses und langjährige widerrechtliche Einkerkerung des Vaters der Heimat beraubt, schwere Jahre durchzumachen. Zunächst Neulehrer am Gymnasium in Chemnitz, konnte er 1948 das durch Werkarbeit finanzierte Rechtsstudium in Erlangen aufnehmen und 1951 mit der Ersten Juristischen Staatsprüfung abschließen. Seit 1952 mein Assistent, ging er 1955 mit mir nach Tübingen, nachdem er im gleichen Jahr die Zweite Juristische Staatsprüfung absolviert und mit seiner von *Rudolf Pohle* angeregten Dissertation über ‚Die Bindung des Zivilrichters an Verwaltungsakte‘ summa cum laude promoviert hatte.“[13]

1958, S. 342: „Freilich darf bei alledem nicht übersehen werden, daß die erwähnten Lehren aus den verfassungsrechtlichen Problemstellungen des 19. Jahrhunderts erwachsen sind und den nicht aktiv-sozialgestaltenden Staat des 19. Jahrhunderts zur unausgesprochenen Voraussetzung haben. Ungelöst bleibt deshalb vor allem die Einordnung der sozialstaatlichen Verteilungs- und Lenkungsmaßnahmen, die heute das Schwergewicht staatlicher Tätigkeit ausmachen und für den Bürger von immer größerer Bedeutung werden. Kündigt sich darin vielleicht eine neue, in der eigentümlichen Struktur des Sozialstaates begründete inhaltliche Staatsfunktion an? Die vorliegende Untersuchung darf diese Frage unerörtert lassen.“

[12] *Jesch*, Gesetz und Verwaltung (Fn. 1), S. VII.

[13] *Otto Bachof*, Nachruf. Dietrich Jesch †, AöR 88 (1963), S. 347 ff. (347 f.). Die Dissertation erschien unter dem von Bachof genannten Titel 1956 im Erlanger Verlag von Palm & Enke.

Bei Bachof erfolgte dann 1959 die Habilitation mit der Schrift über „Gesetz und Verwaltung". Nur ein Jahr später erhielt Jesch einen Ruf an die Universität Marburg. Dort begann er u.a. mit der Arbeit an einem Lehrbuch zum Staatsrecht,[14] das unvollendet bleiben musste: Am 15. Juni 1963, also kurz vor seinem vierzigsten Geburtstag (und damit, wie Bachof in seinem Nachruf hervorhebt, im selben Alter wie der ein Jahr zuvor verstorbene Karl Zeidler[15]), erlag Jesch den Folgen eines Verkehrsunfalls.

Jeschs grundsätzliches Anliegen, dessen Weiterverfolgung sein früher Tod jäh unterbrach, summierte Hubert Görg in seinem Nachruf auf den verstorbenen Marburger Fakultätskollegen wie folgt:

> „Sein Denken war dem positiven Recht zugewendet, weil er seine Aufgabe darin sah, auf diesem für den Alltag des staatlichen Lebens entscheidenden Feld den versteckten Ideologien von gestern und heute entgegenzuwirken."[16]

Diese liberale, durch antiobrigkeitsstaatliche und antitotalitäre Impulse gekennzeichnete Einstellung prägte nicht nur sein wissenschaftliches Werk, sondern ließ Jesch auch öffentlich Stellung beziehen. So gehörte er etwa zu einer Gruppe von 29 Professoren der Staatsrechts- und der Politikwissenschaft,[17] die sich in der sog. „Spiegel-Affäre" in einem Schreiben an den damaligen Bundesratspräsidenten Kiesinger wandten und forderten, dass die verantwortlichen Minister „die Konsequenz aus ihrem wie immer erklärbaren Versagen ziehen" müssten, weil nur auf diese Weise das durch die Affäre erschütterte „Vertrauen des Bürgers zu Parlament und Regierung" wiederhergestellt werden könne.[18]

III.

Jeschs in „Gesetz und Verwaltung" formulierte Kritik an der überkommenen Dogmatik setzt an der Figur des Gesetzesvorbehalts an. Seine Studie unternimmt „den Versuch, die traditionelle Begrenzung des Vorbehaltes gesetzlicher Ermächtigung als Wesenselement der konstitutionellen Monarchie nachzuwei-

---

[14] Vgl. *Bachof*, Nachruf (Fn. 13), S. 348.

[15] Vgl. *Bachof*, Nachruf (Fn. 13), S. 347. Näher zu Zeidlers Leben und Werk den Beitrag von *Eike Michael Frenzel*, „Eine Art Marschroute aufzustellen ...". Karl Zeidler und sein unvollendetes Projekt (in diesem Band), S. 269 ff.

[16] *Hubert Görg*, In memoriam Dietrich Jesch, DÖV 1963, S. 543 f. (543).

[17] Zu der Gruppe gehörten von juristischer Seite aus u.a. auch Otto Bachof, Horst Ehmke, Konrad Hesse und Rudolf Smend; von politologischer Seite waren u.a. noch Theodor Eschenburg, Ossip K. Flechtheim, Ludwig von Friedeburg, Wilhelm Hennis und Eugen Kogon beteiligt.

[18] Die Erklärung wurde gemeinsam mit zwei weiteren im Tenor ähnlichen Erklärungen von Professoren der Universitäten Bonn und Tübingen unter der – dem Text der Bonner Erklärung entnommenen – Überschrift „Dazu können wir nicht schweigen" abgedruckt in: Der Spiegel 48/1962, S. 38.

sen und aus dem Wandel der Verfassungsstruktur auf einen modernen Vorbehaltsbegriff zu schließen, dessen Inhalt und Umfang dann allgemein festgelegt wird."[19] Die in dieser Absicht in den Blick genommene Begrenzung der klassischen Vorbehaltslehre ist eine dreifache: Der Vorbehalt soll sich erstens nur auf die Fälle der Eingriffsverwaltung und nicht ebenso jene der Leistungsverwaltung beziehen. Er soll zweitens nur im sog. allgemeinen, nicht dagegen ebenso im sog. besonderen Gewaltverhältnis gelten. Schließlich soll drittens zur Erfüllung des Vorbehaltserfordernisses eine generalklauselartige Ermächtigung ausreichen. „Entscheidend für die Vereinbarkeit mit dem Vorbehaltsprinzip war allein, daß überhaupt eine Ermächtigung erteilt war."[20]

Das „grundlegende Problem", dem Jesch sich mit dieser dreifachen Fragestellung widmet, ist „das Verhältnis der vollziehenden Gewalt zum formellen Gesetz, d.h. das Verhältnis der Exekutive zur Legislative."[21] In diesem Sinne handelt es sich bei Jeschs Arbeit ebenso wie bei Böckenfördes Dissertation um einen Beitrag zur Frage der „Gewaltengliederung". Während Böckenförde diese Frage aber wiederum primär theoriegeschichtlich angeht,[22] stellt Jesch sie mit Bezug auf das geltende Verfassungs- und Verwaltungsrecht.

Seine methodische Prämisse, mit der er sich die drei genannten gesonderten Problemkreise vornimmt, lautet dabei, dass „eine funktionale Abhängigkeit der Geltung, des Inhaltes und des Umfanges des Gesetzmäßigkeitsprinzipes von der jeweiligen Struktur der speziellen Verfassungsordnung"[23] besteht. Das damit genannte zentrale Konzept der „Verfassungsstruktur", bleibt allerdings trotz der großen methodischen Aufmerksamkeit, die Jesch ihm widmet,[24] solange einigermaßen opak,[25] wie es nur mit Blick auf eine jeweils für sich genommene Verfassung betrachtet wird. Die Bestimmung als „Funktionszusammenhang", die dazu führt, „daß eine isolierte Betrachtung der einzelnen Rechtssätze auszuscheiden hat und die Interpretation aus dem Gesamtzusammenhang unter Berücksichtigung der gegenseitigen Abhängigkeit der einzelnen Elemente erfolgen muß"[26], entfaltet ihre volle methodische Valenz erst aus der komparativen Perspektive auf eine Mehrzahl von Verfassungen und ihre jeweiligen

---

[19] *Jesch*, Gesetz und Verwaltung (Fn. 1), S. 1.

[20] Ebd.

[21] *Jesch*, Gesetz und Verwaltung (Fn. 1), S. 3. Vgl. ebenso etwa *Norbert Achterberg*, Allgemeines Verwaltungsrecht. Ein Lehrbuch, Heidelberg 1982, § 17 Rn. 3: „Hinter dem Prinzip vom Vorbehalt des Gesetzes verbirgt sich vor allem die Frage, in welcher Weise die Verfassung die Kompetenzen von gesetzgebender und vollziehender Funktion abgrenzen und verteilen will".

[22] Vgl. *Böckenförde*, Gesetz und gesetzgebende Gewalt (Fn. 11), S. 20 ff.

[23] *Jesch*, Gesetz und Verwaltung (Fn. 1), S. 66.

[24] Vgl. *Jesch*, Gesetz und Verwaltung (Fn. 1), S. 69 ff.

[25] Vgl. zum Problem auch den Beitrag von *Andreas Funke*, Ein Außenseiter, mittendrin. Zur Erfolgsbilanz des neo-kelsenianischen Verwaltungsrechts von Hans Heinrich Rupp (in diesem Band), S. 305 ff. (v. a. 314 ff.).

[26] *Jesch*, Gesetz und Verwaltung (Fn. 1), S. 72.

Strukturen. Entscheidend ist nicht die Struktur des Grundgesetzes an sich, sondern der Wandel der Struktur, der sich mit dem Inkrafttreten des Grundgesetzes vollzogen hat und den Jesch in Abgrenzung zur Verfassungsstruktur der konstitutionellen Monarchie erläutert, um daraus sodann die Konsequenz für das Gesetzmäßigkeitsprinzip ziehen zu können.[27] Erstaunen mag insofern, dass Jesch der Verfassung der Weimarer Republik keine entsprechende eigene Untersuchung widmen möchte. Er sieht sie nicht als eine relevante, eigens zu untersuchende Zwischenstufe an, weil dort das aus dem Kaiserreich überkommene staatsrechtliche Denken trotz der veränderten konstitutionellen Grundlage kaum verändert fortbestanden habe.[28]

Die neue Verfassungsstruktur des Grundgesetzes ist für Jesch vor allem durch eine Schwächung der Exekutive und eine entsprechende Stärkung der Rolle des Parlaments gekennzeichnet. „Die Verfassungsstruktur der Bundesrepublik Deutschland weist das Parlament als das höchste Staatsorgan aus. Es allein kann bei Schweigen der Verfassung eine Kompetenzvermutung für sich in Anspruch nehmen."[29]

Aus dieser „veränderten Parlament-Exekutive-Relation"[30], die Jesch insbesondere der Sonderregelung des Art. 80 Abs. 1 GG entnimmt,[31] sollen nun „alle modernen Fragen des Gesetzmäßigkeitsprinzipes eindeutig und systematisch aufeinander abgestimmt [...] beantwortet werden können."[32] Das betrifft zunächst die Frage nach der Geltung des Gesetzesvorbehalts auch bei staatlichen Leistungen. Das Ergebnis ist für Jesch evident:

> „Unter der Herrschaft des Grundgesetzes besteht keine Zuständigkeitsvermutung mehr für die Exekutive; sie hat ihre frühere Handlungsfreiheit daher verloren. Sie ist nicht mehr nur konstitutionell beschränkt, sondern empfängt ihre Befugnisse erst aus der Verfassung. Sie ist darüber hinaus nach der Struktur der grundgesetzlichen Ordnung – abgesehen von selbständigen, hier aber nicht interessierenden Regierungsfunktionen – als Verwaltung echte vollziehende Gewalt geworden und damit für alle Handlungsformen abhängig von einer parlamentarischen Ermächtigung, sofern ihr die Verfassung nicht selbst eine ausreichende Kompetenz zuweist. [...] Leistungen und Begünstigungen dürfen von der Verwaltung daher nur noch auf Grund einer parlamentarischen Ermächtigung gewährt werden."[33]

---

[27] Vgl. *Jesch*, Gesetz und Verwaltung (Fn. 1), S. 66 f.

[28] Vgl. *Jesch*, Gesetz und Verwaltung (Fn. 1), S. 6 f. Ursächlich für diese fehlende Perspektivveränderung sei zum einen „das prinzipiell konservative[...] Denken der Juristen" gewesen, zum anderen die „personelle [...] Identität der maßgeblichen Interpreten des Staatsrechts sowohl der konstitutionellen Monarchie wie der neuen parlamentarischen Demokratie. Der Hinweis auf Gerhard Anschütz mag diese Feststellung veranschaulichen" (a. a. O., S. 7).

[29] *Jesch*, Gesetz und Verwaltung (Fn. 1), S. 171.

[30] *Jesch*, Gesetz und Verwaltung (Fn. 1), S. 175.

[31] Vgl. *Jesch*, Gesetz und Verwaltung (Fn. 1), S. 94 f.

[32] *Jesch*, Gesetz und Verwaltung (Fn. 1), S. 175.

[33] *Jesch*, Gesetz und Verwaltung (Fn. 1), S. 205.

Entsprechendes gilt für das zweite Problemfeld der sog. besonderen Gewaltverhältnisse.[34] Auch diesbezüglich konstatiert Jesch, dass es eine „Handlungskompetenz der Exekutive […] nur auf Grund spezieller verfassungsrechtlicher oder gesetzlicher Zuweisung geben [kann].“[35]

Etwas komplexer ist die Beantwortung des dritten Problemfelds, also der Frage der generalklauselartigen Ermächtigungen. Jesch nähert sich dieser von ihm selbst zuvor bereits in mehreren Aufsätzen behandelten[36] und auch im Übrigen in der zeitgenössischen Literatur (insbesondere von Jeschs Lehrer Bachof[37]) viel diskutierten Problematik[38] aus verfassungsrechtlicher Perspektive, nämlich über eine Erläuterung der Funktion der Rechtsweggarantie gemäß Art. 19 Abs. 4 GG. Aus der Möglichkeit und Notwendigkeit richterlicher Kontrolle der administrativen Tätigkeit zieht er dann einen Rückschluss auf die Ausgestaltung der gesetzlichen Grundlage:

> „Das Erfordernis der Meßbarkeit behördlichen Handelns bedingt, daß der Gesetzgeber dem Richter einen Maßstab an die Hand gibt, nach dem er die in Frage stehenden Maßnahmen beurteilen kann. Die Spezifizierung der Ermächtigung muß also der Gesetzgeber selbst vornehmen; es wäre unzulässig, wenn er sie dem Gericht zuschieben würde. Die Aufgabe, die Macht der Exekutive zu begrenzen, ist dem Parlament gestellt; die rechtsprechende Gewalt ist verfassungsrechtlich nur dazu berufen, die Einhaltung der Grenzen zu überwachen. Die Grenzziehung selbst obliegt der Legislative. Der Richter soll messen, nicht erst die Grundlage des Messens finden.“[39]

Im Ergebnis konstatiert Jesch damit einen umfassenden Gesetzesvorbehalt, der sich auf alle drei genannten Sonderbereiche erstreckt und allenfalls in extremen Ausnahmekonstellationen eine eigenständige Befugnis der Verwaltung zur Rechtskonkretisierung anerkennt, die bereits gesetzlich vorprogrammiert ist. Der zeitgenössischen Kritik ging dies teilweise deutlich zu weit: Sie erkannte in dem neuen Ansatz nur die „Legalitätswütigkeit“ und „Legalitätssucht“ einer Generation von „zornigen jungen Juristen“.[40]

---

[34] Vgl. zu dieser Diskussion in den 1950er Jahren, mit Bezug primär auf Carl Hermann Ules Differenzierung zwischen Grund- und Betriebsverhältnis, auch den Beitrag von *Jakob Nolte*, Carl Hermann Ule: Verwaltung und Verwaltungsgerichtsbarkeit im demokratischen Rechtsstaat (in diesem Band), S. 203 ff. (225 f.).

[35] *Jesch*, Gesetz und Verwaltung (Fn. 1), S. 212.

[36] Vgl. *Dietrich Jesch*, Zur Revisibilität unbestimmter Rechtsbegriffe. Zugleich eine Besprechung des Urt. des BVerwG vom 1.7.1955 – V C 30/54 – DÖV 1955, S. 698, DÖV 1956, S. 77 ff.; *ders.*, Unbestimmter Rechtsbegriff und Ermessen in rechtstheoretischer und verfassungsrechtlicher Sicht, AöR 82 (1957), S. 163 ff.

[37] Vgl. *Otto Bachof*, Beurteilungsspielraum, Ermessen und unbestimmter Rechtsbegriff, JZ 1955, S. 97 ff. (wiederabgedruckt in: *ders.*, Wege zum Rechtsstaat [Fn. 5], S. 154 ff.); *ders.*, Ermessen und Sprachgebrauch, JZ 1956, S. 590 ff. Vgl. dazu näher den Beitrag von *Kötter*, Fortbilden, um zu bewahren (Fn. 4), S. 231 ff.

[38] Vgl. etwa *Horst Ehmke*, „Ermessen“ und „unbestimmter Rechtsbegriff“ im Verwaltungsrecht, Tübingen 1961.

[39] *Jesch*, Gesetz und Verwaltung (Fn. 1), S. 226 (Nachweise weggelassen).

[40] Vgl. *Hans Schneider*, Über den Beruf unserer Zeit für Gesetzgebung, NJW 1962, S. 1273.

IV.

In dieser kritischen Sicht erschöpfte sich die Rezeption von „Gesetz und Verwaltung“ aber keinesfalls. Die besondere Bedeutung des Werks entging vielmehr schon Jeschs Zeitgenossen nicht. Bereits die eingangs zitierte Bachof'sche Einschätzung seines Stellenwerts hat dies deutlich gemacht. Sie ist auch nicht nur auf den Stolz des Lehrers auf das vom eigenen Schüler Geleistete zu reduzieren (zumal Bachof sich an anderer Stelle, insbesondere in seinem Staatsrechtslehrerreferat, in der Sache auch recht deutlich von ihm teilweise zu weit gehenden Auffassungen seiner Schüler distanziert hat[41]), sondern lässt sich durchaus verallgemeinern. Christian-Friedrich Menger etwa widmete dem Buch einen ausführlichen Besprechungsaufsatz im „Staat“ und hob darin hervor, „welch' großen Wert das Buch von Jesch für unsere Wissenschaft hat.“[42] Die Berechtigung von Bachofs Einschätzung spiegelt sich auch in der Tatsache wider, dass, wie im Rückblick über zwei Jahrzehnte nach dem ersten Erscheinen von „Gesetz und Verwaltung“ festgestellt werden konnte, das Buch „sicher die meistzitierte verwaltungsrechtliche Monographie dieser Zeit“[43] war – und vermutlich immer noch ist. Offenkundig war es für den Verlag auch ein Verkaufserfolg: Nur wenige Jahre nach dem ersten Erscheinen des Werks musste eine zweite Auflage gedruckt werden; und auch diese ist längst schon wieder vergriffen. Gleichwohl setzte sich Jeschs Ansatz nicht unmittelbar durch. Mit den Worten Michael Stolleis':

> „Vor allem der wichtigste Punkt, dass die Verfassung und das parlamentarische Gesetz nicht nur als Handlungsschranke für die im Übrigen freie Verwaltung, sondern als Legitimationsquelle des Rechts [...] verstanden werden sollten, bereitete der Mehrheit der Verwaltungsrechtler noch Mühe. Es dauerte viele Jahre, bis sich diese Sicht völlig durchgesetzt hatte.“[44]

Diesem Befund einer sich erst langsam verbreitenden Einsicht entspricht es, dass etwa das natürlich eine sehr spezielle Sicht repräsentierende, aber zugleich außerordentlich weit verbreitete Forsthoff'sche Lehrbuch bei der Thematisie-

Zur Gegenkritik *Hans Heinrich Rupp*, Grundfragen der heutigen Verwaltungsrechtslehre. Verwaltungsnorm und Verwaltungsrechtsverhältnis, Tübingen 1965, S. 123 f., Fn. 48.

[41] Vgl. *Otto Bachof*, Die Dogmatik des Verwaltungsrechts vor den Gegenwartsaufgaben der Verwaltung, VVDStRL 30 (1972), S. 193 ff. (195 f., Fn. 7 ff., und 199, Fn. 21) (wiederabgedruckt in: *ders.*, Wege zum Rechtsstaat [Fn. 5], S. 295 ff. [331 ff.]). Vgl. zu diesem Vortrag und seinem Hintergrund näher auch den Beitrag von *Kötter*, Fortbilden, um zu bewahren (Fn. 4), S. 231 ff., sowie, aus der Perspektive des Koreferenten, den Beitrag zu Winfried Brohm von *Anna-Bettina Kaiser*, Winfried Brohm: Dogmatik als „Zukunftswissenschaft“ (in diesem Band), S. 345 ff.

[42] *Christian-Friedrich Menger*, Gesetz und Verwaltung. Bemerkungen zum gleichnamigen Buch von Dietrich Jesch, Der Staat 1 (1962), S. 360 ff. (366).

[43] So *Hermann Weber*, Otto Bachof zum 70. Geburtstag, NJW 1984, S. 472.

[44] *Michael Stolleis*, Geschichte des öffentlichen Rechts in Deutschland, Bd. 4, München 2012, S. 250.

rung des Gesetzesvorbehalts noch in seiner letzten Auflage aus dem Jahr 1973 Jeschs Ansatz gänzlich unerwähnt lässt und stattdessen nur die klassische, eingriffsorientierte Sichtweise reproduziert.[45] Umgekehrt zeigen allerdings die ausdrücklichen Bezugnahmen auf Jesch in der bundesverfassungsgerichtlichen Judikatur, dass seine Pionierrolle bei der Umgestaltung des Vorbehaltsverständnisses hier gesehen und im Sinne einer Primärreferenz gewürdigt wurde.[46] Nicht durchsetzen konnte sich dagegen der Versuch, im Anschluss an Jeschs Unternehmen dessen Grundanliegen noch weiter zur Lehre von einem ausdrücklichen „Totalvorbehalt" auszubauen.[47]

V.

Aus der heutigen Perspektive ist zum Verständnis von Jeschs Werk nicht nur das in positiver Hinsicht Geleistete instruktiv, sondern auch das, was in negativer Hinsicht als Untersuchungsthema ausgespart blieb. Vor dem Hintergrund des eingangs skizzierten mittlerweile üblichen Verständnisses eines „konstitutionalisierten" Verwaltungsrechts ist es bemerkenswert, dass Jesch seine Neuausrichtung des Verwaltungsrechts am Grundgesetz nahezu ausschließlich in demokratietheoretischer Perspektive vollzieht. Das entscheidende Kriterium für ein den veränderten verfassungsrechtlichen Verhältnissen entsprechendes, modernes Verwaltungsrecht ist die Rückbindung des Verwaltungshandelns an den

---

[45] Vgl. *Ernst Forsthoff*, Lehrbuch des Verwaltungsrechts, Bd. 1: Allgemeiner Teil, 10. Aufl., München 1973, S. 79 ff. Forsthoff problematisiert hier sogar die immer noch abwehrrechtlich orientierte bundesverfassungsgerichtliche Position, die den Gesetzesvorbehalt als grundrechtlich fundiert ausweist und daraus das Erfordernis einer präziseren gesetzlichen Grundlage ableitet, als übermäßige Einengung des Verwaltungsermessens. Zu Forsthoffs Ansatz siehe auch den Beitrag von *Florian Meinel*, Die andere Seite des Rechtsstaats. Ernst Forsthoff in der Verwaltungsrechtswissenschaft der frühen Bundesrepublik (in diesem Band), S. 129 ff., sowie allg. umfassend *Christian Schütte*, Progressive Verwaltungsrechtswissenschaft auf konservativer Grundlage. Zur Verwaltungsrechtslehre Ernst Forsthoffs, Berlin 2006.

[46] Vgl. BVerfGE 49, 89 (126) – Kalkar (1978): „Der Grundsatz des Vorbehalts des Gesetzes wird zwar in der Verfassung nicht ausdrücklich erwähnt, seine Geltung ergibt sich jedoch aus Art. 20 Abs. 3 GG (BVerfGE 40, 237 [248]). Das Verständnis dieses Grundsatzes hat sich, insbesondere mit der Erkenntnis auch seiner demokratischen Komponente, in den letzten Jahren gewandelt (siehe dazu Jesch, Gesetz und Verwaltung, 1961, S. 205 f.; Rupp, Grundfragen der heutigen Verwaltungsrechtslehre, 1965, S. 104 ff.; ders, JZ 1977, S. 226 f.; Ossenbühl, Verwaltungsvorschriften und Grundgesetz, 1968, S. 208 ff.; ders, Gutachten B zum 50. Deutschen Juristentag, 1974, S. 155 ff.; Stern, Das Staatsrecht der Bundesrepublik Deutschland, Bd I, 1977, S. 637 ff.; Kisker, NJW 1977, S. 1313 ff.; Listl, DVBl. 1978, S. 12 ff.; Niehues, Schulrecht und Prüfungsrecht, 1976 S. 37 ff.). Heute ist es ständige Rechtsprechung, daß der Gesetzgeber verpflichtet ist, – losgelöst vom Merkmal des ‚Eingriffs' – in grundlegenden normativen Bereichen, zumal im Bereich der Grundrechtsausübung, soweit diese staatlicher Regelung zugänglich ist, alle wesentlichen Entscheidungen selbst zu treffen".

[47] Vgl. in diesem Sinne v. a. *Norbert Achterberg*, Probleme der Funktionenlehre, München 1972, S. 53 ff., 62 ff.; *ders.*, Allgemeines Verwaltungsrecht (Fn. 21), § 17 Rn. 4 ff., v. a. Rn. 12 ff.

Willen des unmittelbar demokratisch legitimierten Gesetzgebers. Spezifisch grundrechtlich fundierte Erwägungen kommen dagegen praktisch nicht vor; lediglich in Gestalt des Rechtsschutzes über Art. 19 Abs. 4 GG – Jesch hatte an der Erläuterung dieser Vorschrift durch Günter Dürig im führenden Grundgesetz-Kommentar, den Dürig selbst gemeinsam mit Theodor Maunz herausgab, entscheidend mitgearbeitet[48] – spielt die subjektive Dimension des Verfassungsrechts in die Konzeption hinein, dient dabei aber weitgehend nur als Verstärkungsmechanismus für die allgemeine Parlamentszentrierung. Die Verankerung des Verwaltungsrechts in subjektiven Rechten des Einzelnen spiegelt in dieser Sicht offenbar noch das Grundmuster des liberalen Rechtsstaats des 19. Jahrhunderts wider, das unter den neuen Verhältnissen zwar natürlich nicht aufgegeben werden soll, aber doch für diese offensichtlich zumindest nicht charakteristisch ist.

Besonders deutlich wird diese aus heutiger Sicht erstaunliche Leerstelle in Jeschs Verfassungsverständnis[49] angesichts seiner Neubewertung des besonderen Gewaltverhältnisses, das unter den geänderten Bedingungen nicht mehr als verfassungs-, sondern nur noch als verwaltungsrechtliche Kategorie sinnvoll sein soll. Zu diesem verwaltungsrechtlichen Gebrauch aber rechnet Jesch ausdrücklich die Möglichkeit, „aus der speziellen verwaltungsrechtlichen Struktur eines besonderen Gewaltverhältnisses immanente Schranken der Grundrechtsausübung“[50] abzuleiten. Dass dieser Grundrechtsbezug für sich genommen bereits eine hinreichende Legitimation für eine verfassungsrechtliche Klassifizierung darstellen könnte, wird als Problem nicht einmal erwähnt, geschweige denn ausführlicher diskutiert.

Vor diesem Hintergrund wird auch verständlich, wieso Jesch im Zuge der vollzogenen Demokratisierung die Differenz zwischen Staat und Gesellschaft

---

48 Vgl. *Günter Dürig*, Kommentierung zu Art. 19 Abs. IV Grundgesetz, in: Theodor Maunz/ders. (Hrsg.), Grundgesetz. Kommentar, Bd. 1, Loseblatt, München (Stand: 1958); auszugsweise wiederabgedruckt in: *ders.*, Gesammelte Schriften 1952–1983, hrsg. v. Walter Schmitt Glaeser und Peter Häberle, Berlin 1984, S. 197, wo es in der ersten Fußnote heißt: „An dieser Stelle ist Herrn Assessor Dr. *Dietrich Jesch*, Tübingen, für seine wertvolle Mitarbeit bei der Erläuterung des Art. 19 IV GG zu danken.“ Dazu auch *Bachof*, Nachruf (Fn. 13), S. 348 und 351 (wo die Mitarbeit im Rahmen von Jeschs Bibliographie vermerkt wird). *Görg*, In memoriam Dietrich Jesch (Fn. 16), S. 543, formuliert insofern noch deutlicher: Die Kommentierung stamme „wesentlich aus seiner Feder“.

49 Vgl. etwa die allgemeine Problemdarstellung bei *Stolleis*, Geschichte des öffentlichen Rechts in Deutschland, Bd. 4 (Fn. 44), bei der der Abschnitt über die „Auswirkungen auf das Verwaltungsrecht“ (a. a. O., S. 247 ff.), in dessen Rahmen die Relevanz von Jeschs Werk prominent herausgestellt wird (a. a. O., S. 249 f.), unmittelbar auf den Abschnitt über „Die Aktivierung der Grundrechte“ (a. a. O., S. 216 ff.) folgt. Ähnlich auch die Erklärung von *Wahl*, Herausforderungen und Antworten (Fn. 2), S. 35: „Neu ist das Verwaltungsrecht nach 1949, weil es ein rechtsstaatlich und zugleich grundrechtsgeprägtes Verwaltungsrecht ist.“ Kritisch gegenüber diesem Beschreibungsmodell *Michael*, Verfassung im allgemeinen Verwaltungsrecht (Fn. 4).

50 *Jesch*, Gesetz und Verwaltung (Fn. 1), S. 212.

als obsolet betrachtet[51]: „Es gibt keine Gesellschaft mehr ohne Staat und der Staat kann nicht mehr ohne die Gesellschaft gedacht werden. Die Gesellschaft hat sich des gesamten Staatsapparates bemächtigt."[52] Während hier zunächst die klassische Dichotomie zur Seite der Gesellschaft hin aufgelöst zu werden scheint, wechselt nur wenige Zeilen später die Richtung, die die Aufhebung der Differenz einschlägt. Nun ist es nicht mehr die Gesellschaft, die sich den Staat einverleibt; vielmehr ist von einer „Integration der Gesellschaft in den Staat"[53] die Rede. Diese Unentschiedenheit bezüglich der Richtung des Integrationsprozesses bildet kein bloßes Defizit einer im Detail zu unscharf bleibenden Analyse; sie ist vielmehr für die Gesamtkonzeption bezeichnend: Beide Perspektiven sind austauschbar, weil ein Gegenüber so oder so nicht länger existieren soll; weder ein staatlicher noch ein gesellschaftlicher Eigenbereich bleiben bestehen. Wiederum fehlen Erwägungen völlig, die eine fortwirkende Relevanz einer dem unmittelbaren Zugriff der staatlichen Hoheitsgewalt entzogenen Zone auch gegenüber einer durch die Volkssouveränität vergemeinschafteten politischen Sphäre wenigstens diskutieren würden. Jeschs Konzeption scheint hier vielmehr dem Vorwurf zu entsprechen, den bereits Otto Mayer gegen Rousseau geltend machte: Es werde eigentlich nur die Person des Souveräns ausgetauscht, im Übrigen aber die Struktur der Machtausübung nicht verändert.[54]

Dürfte dies auch zu weit gehen, so bleibt doch zu konstatieren, dass in dem allgemeinen Konflikt Rechtsstaatlichkeit vs. Demokratie[55] Jesch offenkundig aufgrund seiner negativen Orientierung am 19. Jahrhundert und aus der Intention heraus, das Neuartige der grundgesetzlichen Ordnung zu bestimmen, der

---

[51] Vgl. zu dieser Differenz als Produkt des Konstitutionalismus auch *Ernst-Wolfgang Böckenförde*, Die verfassungstheoretische Unterscheidung von Staat und Gesellschaft als Bedingung der individuellen Freiheit, Rheinisch-Westfälische Akademie der Wissenschaften, Vorträge G 183, Opladen 1973, passim, v.a. S. 18ff.; zum ganzen ferner *Hans Heinrich Rupp*, Die Unterscheidung von Staat und Gesellschaft, in: Josef Isensee/Paul Kirchhof (Hrsg.), Handbuch des Staatsrechts der Bundesrepublik Deutschland, Bd. 2, 3. Aufl., Heidelberg 2004, § 31.

[52] *Jesch*, Gesetz und Verwaltung (Fn. 1), S. 173 (Nachweise weggelassen).

[53] Ebd.

[54] Vgl. *Otto Mayer*, Deutsches Verwaltungsrecht, Bd. 1, 3. Aufl., Berlin 1923 (Nachdruck Berlin 1961), S. 4, Fn. 6. Zum Problem im Bezug speziell auf Frankreich und mit Verweis auf die problematische theologische Komponente dieses Souveränitätsverständnisses auch *Clemens Pornschlegel*, „Les princes sont des dieux". Zum Religionsbegriff des französischen Staates, in: *ders.*, Nach dem Poststrukturalismus. Französische Fragen der 1990er und 2000er Jahre. Essays zu Gilles Châtelet, Maurice G. Dantec, Mara Goyet, Claude Lefort, Pierre Legendre, Olivier Rolin, Alain Supiot, Wien/Berlin 2014, S. 101ff. (112): „Das Volk als der neue Souverän hat die alten königlichen Attribute nicht zerstört, sondern er hat sie sich angeeignet. In Frage gestellt wurde die (quasi-göttliche) Souveränität zu keiner Sekunde." Allg. zur komplexen, Wandel wie Fortbestand einschließenden Transformation politischer Theologie im Übergang von Monarchie zu Demokratie *Eric L. Santner*, The Royal Remains. The People's Two Bodies and the Endgames of Sovereignty, Chicago/London 2011.

[55] Vgl. aus jüngerer Zeit etwa *Chantal Mouffe*, Das demokratische Paradox, Wien/Berlin 2010, S. 87ff., mit Bezug auf die entsprechenden Positionen von Habermas einer- und Rawls andererseits.

möglichen fortdauernden Bedeutung auch und gerade des rechtsstaatlich-grundrechtlichen Gedankens kaum Aufmerksamkeit schenkt. Eine Perspektive, die die Dichotomie von Staat und Gesellschaft nicht bloß als Überbleibsel des vergangenen bürgerlichen Zeitalters versteht, sondern sie als Exempel für einen „Hiatus" nimmt, „der der Umstellung der gesellschaftlichen Entwicklung von der Erhaltung von Einheit auf Differenz geschuldet ist"[56], bleibt seiner Konzeption fremd.

VI.

Es ist daher kein Zufall, dass eine in jüngerer Zeit zu beobachtende gewisse „Jesch-Renaissance" vor allem von solchen Autoren betrieben wird, die ihrerseits für eine stärkere Beachtung nicht allein des allgemein-konstitutionellen (verstanden vor allem im Sinne von: grundrechtlich-rechtsstaatlichen) Moments im Verwaltungsrecht plädieren, sondern über diesen Aspekt als Primärbezugspunkt hinausgehen wollen. Namentlich Oliver Lepsius, der „Gesetz und Verwaltung" eine Relektüre gewidmet hat, die dessen Status als „Meilenstein in der Entwicklung der deutschen Verwaltungsrechtswissenschaft" betont,[57] steht für einen ausdrücklichen Paradigmenwechsel, der das Öffentliche Recht nicht mehr um die fundamentale Kategorie Staat,[58] aber auch nicht mehr um die Kategorie Verfassung herum zentrieren möchte, sondern eine Neuausrichtung am Demokratiekonzept vornimmt.[59] In eine ähnliche, wenngleich weniger programmatisch ausgestaltete Richtung zielen die Arbeiten von Christoph Möllers, der sich auf Lepsius als seinen „Lehrer der Demokratie" beruft.[60] Möllers hat einen seiner Aufsätze ausdrücklich der Erinnerung an Jesch gewidmet[61] und dessen Werk als „bahnbrechend" qualifiziert.[62]

Eine moderne, demokratietheoretisch inspirierte Generation von Verfassungs- und Verwaltungsrechtlern hat also Jesch als Vorreiter entdeckt und un-

[56] *Karl-Heinz Ladeur*, Staat und Gesellschaft. Von der liberalen zur postmodernen Gesellschaft, in: Otto Depenheuer/Christoph Grabenwarter (Hrsg.), Verfassungstheorie, Tübingen 2010, § 18, S. 599 ff. (632).

[57] Vgl. *Oliver Lepsius*, Wiedergelesen: Dietrich Jesch, Gesetz und Verwaltung, 1961, JZ 2004, S. 350 f. (350).

[58] Vgl. zu dieser Perspektive – und ihrer Kritik – *Christoph Möllers*, Staat als Argument, 2. Aufl., Tübingen 2011.

[59] Vgl. programmatisch *Oliver Lepsius*, Rechtswissenschaft in der Demokratie, Der Staat 52 (2013), S. 157 ff.

[60] Vgl. *Christoph Möllers*, Demokratie – Zumutungen und Versprechen, Berlin 2008, S. 125.

[61] Vgl. *Christoph Möllers*, Theorie, Praxis und Interdisziplinarität in der Verwaltungsrechtswissenschaft, VerwArch 93 (2002), S. 22 ff. (22).

[62] Vgl. *Christoph Möllers*, Der vermisste Leviathan. Staatstheorie in der Bundesrepublik, Frankfurt a. M. 2008, S. 50, Fn. 44.

ternimmt es, seine frühen Intentionen und Intuitionen für die heutige Zeit weiterzuentwickeln.[63] Als eine derartige Fortführung des Jesch'schen Ansatzes kann man etwa Lepsius' Vorgehen einordnen, die verbreitete Diagnose eines Verlusts der Steuerungskraft des parlamentarischen Gesetzes[64] in Abrede zu stellen und stattdessen auf dessen Relevanz gerade im modernen Gemeinwesen zu insistieren.[65] Die demokratietheoretische Sichtweise kommt ferner auch in einer spezifischen Institutionenkritik zum Ausdruck: Lepsius betont gegenüber der verbreiteten Tendenz, politische Fragestellungen aufgrund ihres latenten Verfassungsbezugs dem Bundesverfassungsgericht zur Entscheidung zuzuweisen, die Eigenlogik des politischen Prozesses und die daraus resultierende Notwendigkeit parlamentarischer Entscheidungen.[66] Das Grundgesetz, sekundiert Möllers, dürfe nicht zum „Politikersatz" mutieren.[67] Gerade Auseinandersetzungen über unterschiedliche Demokratieverständnisse seien nicht vorschnell zugunsten eines bestimmten durch das Bundesverfassungsgericht festgelegten Idealmodells zu entscheiden.[68] Überzeugender sei es vielmehr, „dem demokratischen Prozess selbst die Definitionsmacht über die Angemessenheit bestimmter demokratischer Regeln zu geben."[69]

Das Bundesverfassungsgericht blieb dagegen, Lepsius zufolge, gegenüber Jeschs Projekt der Demokratisierung des Verwaltungsrechts „auf halbem Wege stecken", weil es, statt seine Rechtsprechung zu Art. 80 Abs. 1 S. 2 GG als einer „zentrale[n] Spezifikation des Gesetzesvorbehalts" zu schärfen,

---

[63] Dass Jesch diesen emphatischen Einordnungen zum Trotz immer noch nicht im *mainstream* der „juristischen Klassiker" angekommen ist, zeigt ein jüngeres Sammelwerk mit 67 Einzelportraits zu „Staatsrechtslehrern des 20. Jahrhunderts" (Peter Häberle/Michael Kilian/Heinrich Amadeus Wolff [Hrsg.], Staatsrechtslehrer des 20. Jahrhunderts. Deutschland – Österreich – Schweiz, Berlin/Boston 2015), in dem Jesch keine eigenständige Erwähnung findet. Kritisch dazu *Florian Meinel*, Unser Jahrhundert, Der Staat 54 (2015), S. 231 ff. (232).

[64] Vgl. zu dieser These etwa die Beiträge in Dieter Grimm (Hrsg.), Wachsende Staatsaufgaben – sinkende Steuerungsfähigkeit des Rechts, Baden-Baden 1990.

[65] Vgl. *Oliver Lepsius*, Steuerungsdiskussion, Systemtheorie und Parlamentarismuskritik, Tübingen 1999, passim.

[66] Vgl. *Oliver Lepsius*, Die maßstabsetzende Gewalt, in: *Matthias Jestaedt u. a.*, Das entgrenzte Gericht. Eine kritische Bilanz nach sechzig Jahren Bundesverfassungsgericht, Berlin 2011, S. 159 ff. (209 ff.), mit einer Wendung speziell gegen die ausschließlich rechtsstaatliche und nicht demokratietheoretische Begründung des Verhältnismäßigkeitsprinzips.

[67] Vgl. *Christoph Möllers*, Das Grundgesetz. Geschichte und Inhalt, München 2009, S. 115 ff. Ähnlich *Dieter Grimm*, Ursprung und Wandel der Verfassung, in: *ders.*, Die Zukunft der Verfassung II. Auswirkungen von Europäisierung und Globalisierung, Frankfurt a. M. 2012, S. 11 ff. (33): Verfassungsrecht solle Politik nur kanalisieren und rationalisieren, aber nicht erübrigen; eine vollständig verrechtlichte Politik sei als bloßer Verfassungsvollzug nur noch Verwaltung.

[68] Vgl. *Christoph Möllers*, Legalität, Legitimität und Legitimation des Bundesverfassungsgerichts, in: *Jestaedt u. a.*, Das entgrenzte Gericht (Fn. 66), S. 281 ff. (395).

[69] *Möllers*, Legalität, Legitimität und Legitimation des Bundesverfassungsgerichts (Fn. 68), S. 337.

> „mit der Wesentlichkeitslehre und dem Parlamentsvorbehalt wenig konturierte Kompensationsstrategien [entwickelte], die der Sache nach die Verwässerung des Art. 80 Abs. 1 Satz 2 GG rückgängig machen sollten, in der Praxis aber dem Gesetzesvorbehalt keine klaren demokratischen Konturen verliehen."[70]

Der Rechtsprechung des Bundesverfassungsgerichts hält Lepsius ferner nicht nur einen zu starken Akzent auf grundrechtlichen Problemen vor, der die organisations- und insbesondere kompetenzrechtliche Dimension des Grundgesetzes (und damit letztlich wiederum wie bei Jesch: die zentrale Frage der Gewaltengliederung[71]) vernachlässige.[72] Er erkennt vielmehr auch im Bereich der Grundrechtsjudikatur selbst mit Blick insbesondere auf die Jugendsekten- und die Glykolwein-Entscheidung des Bundesverfassungsgerichts einen problematischen Trend:

> „Über den Topos der Staatsleitung wird wieder eingeführt, was *Jesch* und auch das Gericht lange beseitigen wollten: vorbehaltsfreies Staatshandeln – nun sogar im Bereich der eingreifenden Verwaltung."[73]

Lepsius schreckt in seiner Bewertung dieser jüngeren Rechtsprechung vor schwerstem Geschütz nicht zurück: „Offenbar pflegt das Gericht die konstitutionelle Tradition und haucht dem 19. Jahrhundert neues Leben ein."[74] Sein Fazit hinsichtlich der gegenwärtigen Jesch-Rezeption ist daher scheinbar ernüchternd: „Das Modell *Jeschs* scheint aus der Mode gekommen. Wenn er mit seiner demokratischen Herleitung des Gesetzesvorbehalts aus dem Grundgesetz recht hat, wofür nach wie vor gute Gründe sprechen, bedeutet sein Buch ein unerfülltes verfassungsrechtliches Legat für das Verwaltungsrecht."[75] Lepsius und in seinem Gefolge Möllers und andere treten an, dieses Legat zu übernehmen und wieder mit Leben zu erfüllen.

Sie müssen sich dabei dann mit der Kritik auseinandersetzen, die gegenüber der Jesch'schen Parlamentsfixierung auf der eigenständigen Funktion und auch demokratischen Legitimation der Exekutive beharrt und dementsprechend eine komplexere Figur der Gewaltengliederung ins Feld führt.[76] Wer an Jesch anschließen möchte, muss sich mit seiner Einordnung der Exekutive als der „vollziehenden Gewalt im strengen Sinne des Wortes"[77], die praktisch keinen eigenen

[70] *Lepsius*, Wiedergelesen: Dietrich Jesch, Gesetz und Verwaltung (Fn. 57), S. 350 f.

[71] Vgl. zum Problem allg. *Christoph Möllers*, Gewaltengliederung. Legitimation und Dogmatik im nationalen und internationalen Rechtsvergleich, Tübingen 2005.

[72] Vgl. *Lepsius*, Die maßstabsetzende Gewalt (Fn. 66), S. 221 ff.

[73] *Lepsius*, Wiedergelesen: Dietrich Jesch, Gesetz und Verwaltung (Fn. 57), S. 351, mit Bezug auf BVerfGE 105, 252 – Glykolwein (2002) und BVerfGE 105, 279 – Jugendsekten (2002).

[74] Ebd.

[75] Ebd.

[76] Vgl. so etwa *Fritz Ossenbühl*, Vorrang und Vorbehalt des Gesetzes, in: Josef Isensee/Paul Kirchhof (Hrsg.), Handbuch des Staatsrechts der Bundesrepublik Deutschland, Bd. 5, 3. Aufl., Heidelberg 2007, § 101 Rn. 23.

[77] *Jesch*, Gesetz und Verwaltung (Fn. 1), S. 171.

Handlungsspielraum gegenüber dem dominierenden parlamentarischen Gesetzesbefehl haben soll, beschäftigen und dementsprechend die Frage stellen, ob die klassisch konditionale Fremdprogrammierung der Verwaltung durch den Gesetzgeber auch in hochkomplexen und sich dabei beständig dynamisch wandelnden Regelungsfeldern noch gelingen kann.[78] Entsprechende Zweifel mag man – wie Lepsius – mit guten Gründen selbst in Zweifel ziehen und die angebliche Komplexitätszunahme als bloßen Effekt einer nicht qualitativ, sondern nur quantitativ veränderten, nämlich vervielfältigten Aufgabenwahrnehmung des Gesetzgebers beschreiben.[79] Insbesondere vor dem Hintergrund der kognitiven Herausforderungen der modernen Gesellschaft mag man aber auch Bedenken anmelden gegenüber der parlamentarischen Fähigkeit, das erforderliche Regelungswissen noch zentral akkumulieren zu können, und dementsprechend für zunehmend dezentral organisierte – und das heißt: an die zuständigen Behörden vor Ort delegierte – Entscheidungsverfahren plädieren.[80] Eine spezifische Pointe gewinnt ein entsprechender Ansatz insbesondere dann, wenn man die erweiterten Handlungsspielräume der Verwaltung nicht nur als funktional-pragmatische Notwendigkeit ausweist,[81] sondern in normativer, auf die Legitimation staatlichen Handelns gerichteter Perspektive auf den demokratischen Eigenwert des administrativen Handelns im allgemeinen[82] und derartig stärker zerstreuter Wissensgenerierungs- und Entscheidungsprozesse im besonderen[83] verweist.[84]

---

[78] Vgl. dazu die Beiträge in Grimm (Hrsg.), Wachsende Staatsaufgaben – sinkende Steuerungsfähigkeit des Rechts (Fn. 64); prägnant zu der Grundthese der gestiegenen Komplexität der Gesellschaft und der daraus resultierenden Erforderlichkeit, bei der Gesetzgebung eine gewisse Umstellung von Konditional- auf Finalprogramme zu vollziehen, insbesondere Grimms eigenen Beitrag: Der Wandel der Staatsaufgaben und die Krise des Rechtsstaats, in: a. a. O., S. 291 ff. (v. a. 299 f.).

[79] Vgl. *Lepsius*, Steuerungsdiskussion, Systemtheorie und Parlamentarismuskritik (Fn. 65), S. 13 f.

[80] Vgl. zum Problem im Überblick *Ino Augsberg*, Konzepte rechtlicher Steuerung und die Verteilung von Wissen im Bereich der Administrative, in: Hans Christian Röhl/Hans-Heinrich Trute (Hrsg.), Wissen/Nichtwissen in Organisationen und Netzwerken, Tübingen 2017 (i. E.); ausführlich *ders.*, Informationsverwaltungsrecht. Zur kognitiven Dimension der rechtlichen Steuerung von Verwaltungsentscheidungen, Tübingen 2014.

[81] Vgl. zum methodischen Problem einer solchen Schlussform *Jesch*, Gesetz und Verwaltung (Fn. 1), S. 55. Deutliche Gegenkritik hierzu allerdings bereits bei *Rupp*, Grundfragen der heutigen Verwaltungsrechtslehre (Fn. 40), S. 141: „alles Recht ist nur verständlich als soziales Phänomen, als Gebilde und Regulator sozialen Lebens. Soll das Recht nicht zu einem starren und toten Paragraphengerippe werden, so bedarf es ständiger Kommunikation mit der sich dynamisch fortentwickelnden sozialen Wirklichkeit und ihrer Probleme. Erst von hier aus empfängt es dauernd neue Impulse und Deutungen und wandelt sich solchermaßen in einem unendlichen Prozeß mit der sozialen und politischen Umwelt, in die es jeweils eingebettet ist."

[82] Vgl. etwa *Hans-Heinrich Trute*, Die demokratische Legitimation der Verwaltung, in: Wolfgang Hoffmann-Riem/Eberhard Schmidt-Aßmann/Andreas Voßkuhle (Hrsg.), Grundlagen des Verwaltungsrechts, Bd. 1, 2. Aufl., München 2012, § 6.

[83] Vgl. *Augsberg*, Informationsverwaltungsrecht (Fn. 80), v. a. Kap. 2.

[84] Vgl. demgegenüber aber auch gerade zum epistemischen Mehrwert des klassisch demokratisch durch das Parlament als Gesetzgeber geschaffenen Gesetzes grundlegend *Oliver*

Damit würde die Jesch'sche Grundintention einer Demokratisierung der Verwaltung beibehalten, aber der Weg zu ihrer Umsetzung modifiziert.

VII.

Unabhängig davon, ob man in diesem erweiterten Verständnis oder im demgegenüber engeren Lepsius'schen Sinne von einer aktuellen Relevanz des Ansatzes von Jesch ausgeht, stellt sich ferner die Frage nach einer Einbindung auch der grundrechtlichen Problemdimension, das heißt die Verknüpfung der demokratischen und der rechtsstaatlichen Perspektive. Bemerkenswerterweise muss man für eine solche Perspektiverweiterung des Jesch'schen Programms nicht weit suchen: Eine entsprechende Ergänzung um das in „Gesetz und Verwaltung" kaum thematisierte grundrechtliche Problemfeld findet sich bereits bei Jeschs Tübinger Habilitationskollegen Hans Heinrich Rupp.[85] Dessen nur ein Jahr nach Jeschs Arbeit eingereichte und wenige Jahre nach „Gesetz und Verwaltung" erschienene Schrift über die „Grundfragen der heutigen Verwaltungsrechtslehre"[86] hebt zwar bereits im Vorwort hervor, wie viel die Untersuchung dem früheren Werk verdankt.[87] Zugleich geht die Schrift aber an entscheidender Stelle über Jeschs insoweit engeren Ansatz hinaus. Die Schrift behandelt mit ihrer zentralen Fokussierung auf das Verhältnis Bürger-Staat genau die Dimension des Verwaltungshandelns, die bei Jesch im Zuge der demokratietheoretischen Hochzonung des Problemfelds aus dem Blick geraten war. In grundsätzlich paralleler methodischer Perspektive unternimmt Rupp es in seinem Werk,

> „Überliefertes in dauernder historischer Reflexion für das Gegenwärtige zu erschließen und eine Brücke zu schlagen zwischen dem Verwaltungsrecht des historischen monarchischen Prinzips und der Verfassungsordnung des Grundgesetzes, einer Verfassungsordnung, die nicht nur rechtsstaatlich und demokratisch ist, sondern zugleich die Würde des Menschen zum obersten unantastbaren Konstitutionsprinzip erkoren hat."[88]

Lepsius, Die erkenntnistheoretische Notwendigkeit des Parlamentarismus, in: Martin Bertschi u.a. (Hrsg.), Demokratie und Freiheit, Stuttgart 1999, S. 123 ff.; ähnlich *Steffen Augsberg*, Gesellschaftlicher Wandel und Demokratie: Die Leistungsfähigkeit der parlamentarischen Demokratie unter Bedingungen komplexer Gesellschaften, in: Hans Michael Heinig/Jörg Philipp Terhechte (Hrsg.), Postnationale Demokratie, Postdemokratie, Neoetatismus. Wandel klassischer Demokratievorstellungen in der Rechtswissenschaft, Tübingen 2013, S. 27 ff. (37 ff.).

[85] Vgl. zu Rupp näher den Beitrag von *Funke*, Ein Außenseiter, mittendrin (Fn. 25), sowie Rupps eigene Darstellung von seinem Werk und dessen Rezeption: *Hans Heinrich Rupp*, Bemerkungen zur Entwicklung der deutschen Verwaltungslehre und des Verwaltungsrechts unmittelbar nach 1946 (in diesem Band), S. 381 ff.

[86] Vgl. zu dem bereits in diesem Titel anklingenden neo-kelsenianischen Ansatz von Rupp den Beitrag von *Funke*, Ein Außenseiter, mittendrin (Fn. 25), S. 311 ff.

[87] Vgl. *Rupp*, Grundfragen der heutigen Verwaltungsrechtslehre (Fn. 40), S. VII.

[88] *Rupp*, Grundfragen der heutigen Verwaltungsrechtslehre (Fn. 40), S. 14.

Im Rückgriff auf das von Jesch weitgehend außer Acht gelassene klassisch liberal-rechtsstaatliche Eingriffsabwehrdenken und im Anschluss an die Statuslehre Georg Jellineks hebt Rupp die „subjektive Komponente des Gesetzmäßigkeitsprinzips" hervor, der gemäß der einzelne Bürger „nicht nur als Objekt der Verwaltungsrechtssätze, sondern als mit einem eigenen Schutzbereich gegenüber der Verwaltung ausgestattetes Subjekt zu denken"[89] ist.[90] Damit wird das Grundgesetz nun in seinem vollen, sowohl individualrechtlich wie demokratisch bestimmten Gehalt herangezogen und zur „Neuorientierung und Neubesinnung"[91] der Verwaltungsrechtsdogmatik genutzt.[92]

Aber noch dort, wo sie kritisch über ihn hinausgeht, bleibt Rupps Arbeit jener grundsätzlichen Perspektiverweiterung verpflichtet, die Dietrich Jesch als „Vorkämpfer" für die Verwaltungsrechtswissenschaft in der Bundesrepublik geleistet hat.[93]

---

[89] *Rupp*, Grundfragen der heutigen Verwaltungsrechtslehre (Fn. 40), S. 110.

[90] Vgl. zu Rupps allgemeinem methodischen Ansatz näher den Beitrag von *Funke*, Ein Außenseiter, mittendrin (Fn. 25), S. 309 ff.

[91] *Rupp*, Grundfragen der heutigen Verwaltungsrechtslehre (Fn. 40), S. VII.

[92] Vgl. dazu allerdings auch die Kritik Jürgen Schwabes, der bei Rupp nicht nur ein Missverständnis des Jellinek'schen Ansatzes, sondern ganz allgemein eine „bemerkenswerte Indolenz gegenüber den Grundrechten als Quelle subjektiver öffentlicher Rechte" erkennen will: „Die Grundrechte werden zwar kurz als die ‚subjektiv-öffentlichen status par excellence' bezeichnet, spielen aber ansonsten keinerlei Rolle. Den status konstituieren vielmehr ausschließlich die ‚Verwaltungsgesetze'" (*Jürgen Schwabe*, Mißdeutungen um das „Elfes-Urteil" des BVerfG und ihre Folgen, DÖV 1978, S. 623 ff. [629]; das Binnenzitat aus *Rupp*, Grundfragen der heutigen Verwaltungsrechtslehre [Fn. 40], S. 176, Fn. 224).

[93] Vgl. *Rupp*, Grundfragen der heutigen Verwaltungsrechtslehre (Fn. 40), S. VII: Die „Arbeit [konnte] aufbauen [...] auf dem gedankentiefen Werk DIETRICH JESCHS über ‚Gesetz und Verwaltung', das wie kein anderes der vorliegenden Arbeit seinen Stempel aufgedrückt hat und aus dem, sei es in Zustimmung, sei es in Kritik, reicher Gewinn gezogen wurde.

In tiefer Dankbarkeit sei dieses Buch dem Andenken des toten Freundes und Vorkämpfers gewidmet."

Andreas Funke

Ein Außenseiter, mittendrin

Zur Erfolgsbilanz des neo-kelsenianischen Verwaltungsrechts von Hans Heinrich Rupp

Vor 25 Jahren veröffentlichte Hans Heinrich Rupp, kurz vor seiner Emeritierung stehend, die zweite Auflage seiner Habilitationsschrift „Grundfragen der heutigen Verwaltungsrechtslehre. Verwaltungsnorm und Verwaltungsrechtsverhältnis“.[1] Er versah das Buch mit einem Vorwort, das in gewisser Hinsicht eine Schlussbilanz darstellt: Welche der Thesen aus der 1965 in der Erstauflage erschienenen Arbeit hatten sich durchgesetzt, welche nicht?[2]

Die Bilanz blickte nicht nur zurück: Freimütig warf Rupp die Frage auf, ob „die Gesamtkonzeption der Arbeit nicht überholt“ ist. Um diese Überlegung zu veranschaulichen, verwies Rupp auf die in den 1980er Jahren verstärkt geführte staatstheoretische Diskussion um grundlegende Veränderungen des modernen Staates. Stellten Diagnosen wie die einer Ausweitung der Staatsaufgaben oder einer Zunahme von Privatisierung, so Rupp, die „überkommene[n] Verwaltungsrechtsdogmatik“ in Frage?[3] Er verneinte dies letztlich: Vieles sei gar nicht so neu, und auch heute noch erlebe der Bürger den Staat „in durchaus klassischer Weise als Hoheitsträger“.[4] Doch in etwa zu der Zeit, als die Neuauflage der *Grundfragen* erschien, nahm ein Projekt seinen Anfang, dessen Teilnehmer Rupps Befund sicherlich skeptisch gegenüberstanden. Hervorgegangen aus Tagungen, erschienen ab 1993 die „Schriften zur Reform des Verwaltungsrechts“,

---

[1] Biographische Eckdaten: Geboren 1926. Promotion 1953 in Mainz („Die ärztlichen Berufskörperschaften“; Berichterstatter: Karl Maria Hettlage, Otto Wegner). Habilitation 1962 in Tübingen bei Otto Bachof. 1964 Professur für öffentliches Recht in Marburg, 1968–1993 Lehrstuhl für Öffentliches Recht und Staatslehre in Mainz. – Ich danke Prof. Dr. Steffen Augsberg für kritische Lektüre.

[2] *Hans Heinrich Rupp*, Grundfragen der heutigen Verwaltungsrechtslehre. Verwaltungsnorm und Verwaltungsrechtsverhältnis, 2. Aufl., Tübingen 1991, S. VII-X. Die Bilanz deckt sich weitgehend mit dem Vortrag Rupps am 4.3.2013 in Mainz, siehe *Hans Heinrich Rupp*, Bemerkungen zur Entwicklung der deutschen Verwaltungslehre und des Verwaltungsrechts unmittelbar nach 1946 (in diesem Band), S. 381.

[3] Anknüpfend an *Dieter Grimm* (Hrsg.), Wachsende Staatsaufgaben – sinkende Steuerungsfähigkeit des Rechts, Baden-Baden 1990.

[4] *Rupp*, Grundfragen (Fn. 2), S. IX. Rupp knüpft an eine Diagnose von Claus Offe an (*Claus Offe*, Die Staatstheorie auf der Suche nach ihrem Gegenstand, Jahrbuch zur Staats- und Verwaltungswissenschaft 1 [1987], S. 309).

die bis zum Jahr 2004 in insgesamt 10 Bänden ausloteten, wie das Verwaltungsrecht modernisiert werden könnte. Nach dem Erscheinen des letzten Bandes präsentierte das Handbuch zu den „Grundlagen des Verwaltungsrechts" eine konsolidierende Gesamtschau dieses Projekts.[5] Abgeschlossen ist es längst nicht: Einer der maßgeblichen Protagonisten des Projekts, Eberhard Schmidt-Aßmann, legte vor drei Jahren ein Buch vor, das unter dem von Rupp auch in Anspruch genommenen Begriff der „Verwaltungsrechtlichen Dogmatik" ausdrücklich nur eine „Zwischenbilanz" zieht.[6]

Wer das Vorwort der Neuauflage der *Grundfragen* liest, bekommt so den Eindruck eines merkwürdigen Nebeneinanders von zwei völlig unterschiedlichen verwaltungsrechtswissenschaftlichen Konzepten. Und dies nicht zum ersten Mal: Schmidt-Aßmann verweist in seiner eben erwähnten Monographie auf Winfried Brohms Vortrag über die „Dogmatik des Verwaltungsrechts vor den Gegenwartsaufgaben der Verwaltung", den Brohm im Jahre 1971 auf der Regensburger Staatsrechtslehrertagung gehalten hatte. Das Referat bildet anerkanntermaßen einen der wichtigsten Ausgangspunkte des Projekts einer Reform des Verwaltungsrechts.[7] Das eben erwähnte Nebeneinander lässt sich auch auf dieser Tagung beobachten. Neben Brohm trug auch Otto Bachof vor, der akademische Lehrer Rupps. Einer der traditionellen Begleitaufsätze zur Staatsrechtslehrertagung stammte von Rupp; der Aufsatz erschien pünktlich im Septemberheft des Deutschen Verwaltungsblattes.[8] Hier stellte Rupp noch einmal seinen in den frühen 1960er Jahren entworfenen, mit seinen geistigen Wurzeln aber viel weiter zurückreichenden Ansatz mit kräftigen Worten heraus. Bachof äußerte sich in seinem Referat kritisch zu Rupp, was Rupp wiederum zu einer Diskussionsbemerkung veranlasste, die trotz äußerlich höflicher Rhetorik recht scharf formuliert wurde.[9] Doch für die Rezeption der Tagung war diejenige Linie wichtiger, die zwischen den Referaten von Bachof und Brohm gezogen werden konnte. Während Bachof in der Wahrnehmung der folgenden Jahre für

---

[5] Von Bd. 1: *Wolfgang Hoffmann-Riem/Eberhard Schmidt-Aßmann/Gunnar Folke Schuppert* (Hrsg.), Reform des allgemeinen Verwaltungsrechts, Baden-Baden 1993, bis Bd. 10: *Eberhard Schmidt-Aßmann/Wolfgang Hoffmann-Riem* (Hrsg.), Methoden der Verwaltungsrechtswissenschaft, Baden-Baden 2004. Dann: *Wolfgang Hoffmann-Riem/Eberhard Schmidt-Aßmann/Andreas Voßkuhle* (Hrsg.), Grundlagen des Verwaltungsrechts, Bd. 1, München 2006, Bd. 2, München 2008, Bd. 3, München 2009 (mittlerweile sind alle drei Bände in zweiter Auflage erschienen).

[6] *Eberhard Schmidt-Aßmann*, Verwaltungsrechtliche Dogmatik. Eine Zwischenbilanz zu Entwicklung, Reform und künftigen Aufgaben, Tübingen 2013.

[7] *Winfried Brohm*, Die Dogmatik des Verwaltungsrechts vor den Gegenwartsaufgaben der Verwaltung, VVDStRL 30 (1972), S. 245.

[8] *Hans Heinrich Rupp*, Die Dogmatik des Verwaltungsrechts und die Gegenwartsaufgaben der Verwaltung, DVBl. 1971, S. 669.

[9] *Otto Bachof*, Die Dogmatik des Verwaltungsrechts vor den Gegenwartsaufgaben der Verwaltung, VVDStRL 30 (1972), S. 193 (195, Fn. 8); *Hans Heinrich Rupp*, Diskussionsbemerkung, VVDStRL 30 (1972), S. 339.

die Vergangenheit stand, lotete Brohm mit großem Gespür die Potentiale einer erneuerten Verwaltungsrechtswissenschaft aus.[10] Der kritische Beitrag Rupps rückte hingegen in den Hintergrund.

Offenbar kann man also bei der Beurteilung des Standes der verwaltungsrechtlichen Dogmatik durchaus gegensätzliche Perspektiven einnehmen. Diese Wahrnehmung soll den folgenden Beitrag leiten. Ich werde zuerst Rupps verwaltungsrechtsdogmatischen und rechtstheoretischen Ansatz näher erläutern (I), seine eigene Erfolgsbilanz zunächst vorstellen (II), dann anhand zweier Beispiele diskutieren (III), knappe Hinweise auf Rupps Wirkungsgeschichte geben (unter IV), auf eine Grenze seines Systems hinweisen (unter V) und ein Fazit ziehen (unter VI).

I. Rupps Konzept

Im Titel dieses Beitrags ist von einem neo-kelsenianischen Verwaltungsrecht die Rede. Mit dieser Referenz soll nicht behauptet werden, Rupp hätte sich einige Grundannahmen der Reinen Rechtslehre Hans Kelsens zurechtgelegt und diese dann im Verwaltungsrecht gewissermaßen durchdekliniert. So einfach liegen die Dinge nicht. Kelsen prägte ebenso wie sein kongenialer Partner Adolf Merkl ohne Zweifel sehr stark Rupps Denken, aber auf eine sehr subtile Weise. Auch sind noch einige weitere Einflüsse zur Kenntnis zu nehmen.

Rupps verwaltungsrechtlichen Arbeiten liegt ein Konzept zugrunde, das durch bestimmte Leitfragen und einige methodische Weichenstellungen geprägt ist. Recht klar lassen sich dabei einige gesellschaftstheoretische, sozialphilosophische, rechtstheoretische und schließlich verwaltungsrechtsdogmatische Grundannahmen identifizieren. Über die Jahre seines Schaffens hat sich das Konzept kaum verändert; es wurde allenfalls präzisiert und ausgebaut.

1. Das Grundmotiv

Was hat Rupp überhaupt wissenschaftlich bewegt? Richten wir diesen Suchscheinwerfer auf seine Schriften, fällt relativ bald ein sehr starkes Grundmotiv auf. Es findet sich etwa in dem erwähnten Begleitaufsatz zur Staatsrechtslehrertagung 1971. Hier stellt Rupp zwei Zugänge zu dem Thema – noch einmal: „Die Dogmatik des Verwaltungsrechts und die Gegenwartsaufgaben der Verwaltung" – gegenüber, und er schildert, welcher Zugang seiner Auffassung nach den Vorzug verdient. Wenn nur die Dogmatik des Verwaltungsrechts in Frage

[10] Zu Brohm siehe *Anna-Bettina Kaiser*, Winfried Brohm: Dogmatik als „Zukunftswissenschaft" (in diesem Band), S. 345 (347).

gestellt werde, könnten nur kleinere Reparaturarbeiten durchgeführt werden. Stattdessen bedürfe aber das Verwaltungsrecht selbst der Infragestellung. Rupp registriert ein, wie er es nennt, „verfassungsstrukturelles Elementarproblem“: „Zu lange schon hat die deutsche Staats- und Verwaltungsrechtslehre die Umwandlung der Demokratie in einen Verwaltungsstaat der Technokratie zum großen Teil nicht nur hingenommen, sondern mit wissenschaftlichem Rankenwerk geschmückt.“[11] Rupp sieht demgegenüber die Zeit gekommen, die „anspruchsvolle Strategie einer systemimmanenten Ausschöpfung und Aktivierung des demokratischen Potentials ins Werk zu setzen“.[12] So verwandelt sich der Begleitaufsatz zur Staatsrechtslehrertagung, thematisch auf die „Dogmatik des *Verwaltungsrechts* vor den Gegenwartsaufgaben der Verwaltung“ gerichtet, in einen Aufsatz über den *Verfassungs*grundsatz der parlamentarischen Demokratie: über den verfassungsrechtlichen Gehalt dieses Grundsatzes, über seine Funktionsbedingungen und eben über die Anforderungen, die sich aus ihm für die Verwaltung ergeben. Und das ist Rupps großes Thema: Wie kann das – politisch wie wissenschaftlich – gesicherte Verwaltungsrecht des bürgerlichen Rechtsstaats demokratisch fortgeschrieben werden? Wie kann es den Anforderungen des sozialen Rechtsstaats angepasst werden?

Dieses Thema deutete sich in Rupps Schriften schon früh an.[13] Vor allem prägte es die Habilitationsschrift, die im Folgenden im Mittelpunkt stehen wird. Rupp schloss gerade mit dieser Arbeit an die Arbeiten Dietrich Jeschs an, dessen Projekt vielleicht noch radikaler darauf gerichtet war, den Gehalt des Demokratieprinzips für die Verwaltung auszuloten.[14] Nach der Einschätzung der Forschergemeinde hat Rupp sein Ziel erreicht, indem seine Habilitationsschrift „bahnbrechend dazu beitrug, die Verwaltungsrechtslehre von ihrem vorkonstitutionellen Kopf auf die Füße der parlamentarischen Demokratie zu stellen“.[15] Aber was heißt das, und vor allem: Stimmt es?

2. *Leitfragen*

Das vorstehend skizzierte Thema lässt sich nun in mehrere Leitfragen zerlegen, die zugleich die Architektur der Habilitationsschrift Rupps prägen. Die Fragen lauten:

[11] *Rupp*, Gegenwartsaufgaben (Fn. 8), S. 671.

[12] *Rupp*, Gegenwartsaufgaben (Fn. 8), S. 671.

[13] Siehe *Hans Heinrich Rupp*, Die Beseitigungs- und Unterlassungsklage gegen Träger hoheitlicher Gewalt, DVBl. 1958, S. 113; *Hans Heinrich Rupp*, Verwaltungsakt und Vertragsakt, DVBl. 1959, S. 81.

[14] Dazu *Ino Augsberg*, Demokratische Aufklärung. Dietrich Jeschs Neubestimmung der Verwaltungsrechtsdogmatik unter dem Grundgesetz (in diesem Band), S. 287.

[15] *Friedhelm Hufen*, Hans Heinrich Rupp zum 80. Geburtstag, JZ 2006, S. 294 (295).

1. Wie kann die rechtliche Struktur des staatlichen Innenbereichs beschrieben werden (*Grundfragen*, I. Hauptteil)? Diese Frage ist darauf gerichtet, Rechtsbeziehungen zwischen Organen untereinander und zu Organwaltern zu beschreiben.
2. Was bedeutet der Grundsatz der Gesetzmäßigkeit der Verwaltung (*Grundfragen*, II. Hauptteil)? Hier können im Wesentlichen zwei Fragenkomplexe identifiziert und unterschieden werden:
   - In objektiver Hinsicht: Welche Bedeutung und welche Reichweite hat der Vorbehalt des Gesetzes?
   - In subjektiver Hinsicht: Welche Abwehr- und Beseitigungsansprüche resultieren aus einer Gesetzesverletzung und wie verhält es sich mit Ansprüchen auf Gesetzeserfüllung?
3. Wie ist (deliktische) Staatshaftung möglich (*Grundfragen*, III. Hauptteil[16])? Hierbei ist die rechtliche Konstruktion von Art. 34 GG i. V. m. § 839 BGB betroffen.

Es fällt auf, dass diese Leitfragen zunächst keinen sonderlich engen Bezug zum Demokratieprinzip haben. Einzig die Frage nach dem Vorbehalt des Gesetzes wird, so durfte und darf vermutet werden, dorthin führen.

3. *Methoden*

Während der für Rupp in verschiedener Hinsicht wichtige Dietrich Jesch in seiner Habilitationsschrift den sachlichen Darlegungen ein längeres Methodenkapitel voranstellt, kommt Rupp gleich zur Sache. Gleichwohl lassen sich auch bei Rupp bestimmte methodische Strategien ausmachen. Zum einen handelt es sich dabei um die Verwendung markanter analytischer Instrumente (unter a), zum anderen um die Verwendung einer eher allgemeinen Figur, der „Verfassungsstruktur" (unter b).

a) Analytische Instrumente

Bei den analytischen Instrumenten sind vor allem die Statuslehre Georg Jellineks und die Reine Rechtslehre Hans Kelsens bzw. Adolf Merkls zu nennen.

[16] Dieser Abschnitt wurde im Habilitationsverfahren von den Tübinger zivilrechtlichen Professoren im Jahre 1961 abgelehnt. Rupp reichte die Schrift ohne diesen Abschnitt ein Jahr später wieder ein (Rupp am 4.3.2013 in Mainz). Der Abschnitt wurde in der 2. Auflage der *Grundfragen* (1991) mit aufgenommen.

aa) Die Statuslehre Jellineks

Rupp geht von einer recht ungewöhnlichen entwicklungsgeschichtlichen Grundthese aus: Der Gedanke subjektiver Rechte, so wie sie von Georg Jellinek in seiner Statuslehre konzipiert wurden,[17] sei für die Beziehungen zwischen Staat und Bürger und für das materielle Verwaltungsrecht noch nicht fruchtbar gemacht geworden, „zumindest nicht im Sinne einer Durchdringung, Umformung und neuen Systematisierung".[18] Rupp beklagt, Otto Mayers Lehre vom Verwaltungsakt beherrsche das ganze verwaltungsrechtliche Denken und es werde demgegenüber die Frage nach subjektiven Rechten des Bürgers vernachlässigt.

Diese These verdient eine nähere Betrachtung. Es ist heutzutage üblich, im verwaltungsrechtlichen Denken einen rechtsaktbezogenen und einen verhaltensbezogenen Ansatz zu unterscheiden.[19] Rupps Befund unterläuft diese Zweiteilung. Rupp grenzt sich von *beiden* Richtungen ab. Er zieht eine Linie, die bei Georg Jellinek ihren Anfang nimmt und die im Prinzip so charakterisiert werden kann, dass ihre Protagonisten versuchen, mit Jellineks ingeniösem Instrumentarium und in seinem Geist dasjenige System des Verwaltungsrechts zu entwerfen, das Georg Jellinek selbst – und auch sein Sohn Walter[20] – nie geschrieben hat. In diese Tradition kann z. B. Hans J. Wolff ebenfalls eingeordnet werden.[21]

Doch was heißt es konkret, in verwaltungsrechtsdogmatischer Hinsicht an Georg Jellinek anzuknüpfen? Rupp: „Alle Rechtsnormen sind subjektsbezogen."[22] Sie begründen „subjektive Korrespondenzverhältnisse". Dabei soll aber, so Rupp, zunächst die Frage offenbleiben, „ob alles Recht überhaupt nur als Beziehung von rechtsunterworfenen Rechtssubjekten zueinander erfaßbar und beim Fehlen dieser Relation Recht schlechthin undenkbar sei",[23] wie Jellinek behauptet hatte. Rupp bezieht sich dabei auf Jellineks berühmten Satz: „Alles Recht ist Beziehung von Rechtssubjekten."[24] Von Jellinek ausgehend, arbeitet Rupp in der Einleitung zu seiner Schrift die Struktur des Rechtsverhältnisses

---

[17] *Georg Jellinek*, System der subjektiven öffentlichen Rechte, 2. Aufl., Tübingen 1905, Abschn. VIII.

[18] *Rupp*, Grundfragen (Fn. 2), S. 112.

[19] *Schmidt-Aßmann*, Dogmatik (Fn. 6), S. 14 (im Anschluss an Christian Bumke); siehe dazu auch *Andreas Funke*, Perspektiven subjektiv-rechtlicher Analyse des öffentlichen Rechts, JZ 2015, S. 369.

[20] Siehe dazu *Ino Augsberg*, „Groß Neues ist ja nicht nachzutragen". Walter Jellineks „Verwaltungsrecht" in der frühen Bundesrepublik (in diesem Band), S. 11.

[21] Siehe dazu *Andreas Funke*, Pedanterie oder Perspektive – Das „Verwaltungsrecht" von Hans J. Wolff (in diesem Band), S. 49. Zu Fortwirkungen bis in die Gegenwart siehe unten, S. 328.

[22] *Rupp*, Grundfragen (Fn. 2), S. 15.

[23] *Rupp*, Grundfragen (Fn. 2), S. 17.

[24] *Jellinek*, System (Fn. 17), S. 10.

heraus. Diese Ausarbeitung dient ihm als Grundlage für die weiteren Überlegungen, insbesondere zum Innenrecht. In der starken Hervorhebung der Figur des Rechtsverhältnisses liegt vielleicht eine kleine Abweichung vom System Jellineks. Die Figur nimmt zwar auch bei Jellinek strukturell eine zentrale Rolle ein – das subjektive öffentliche Recht wird als ein Element von Rechtsverhältnissen beschrieben[25] –, bleibt aber operativ eher im Hintergrund. Rupp hingegen holt sie aus dem Halbdunkel heraus.

bb) Die Reine Rechtslehre

Dass Rupp sich Kelsen und Merkl „zu tiefem Dank verpflichtet fühlt", bekennt er in der Einleitung zu den *Grundfragen* ausdrücklich.[26] Dem aufmerksamen Beobachter mag natürlich die selbstbewusste Analogie des Titels zu Kelsens aus dem Jahre 1911 stammender Habilitationsschrift „Hauptprobleme der Staatsrechtslehre, entwickelt aus der Lehre vom Rechtssatze" auffallen.[27] Rupp will den Zustand überwinden, dass die Lehren von Kelsen und Merkl in Deutschland kaum zur Kenntnis genommen werden. Er sieht darin nicht nur eine Frage seiner eigenen Forschungsorientierung, sondern ein wissenschaftliches Programm für die gesamte Disziplin. Aber auf seltsam gewundene Weise: Denn wer erwarten würde, dass nun ein Verwaltungsrecht auf Kelsen-Merkl'scher Grundlage entworfen werden solle, geht fehl. Rupp weist nämlich darauf hin, dass Kelsens Ablehnung des subjektiven öffentlichen Rechts die obrigkeitsstaatliche Linie des von Otto Mayer ausgehenden Verwaltungsrechtsdenkens gerade *stützt*.[28] Nur werde dieser Zusammenhang in Deutschland nicht zur Kenntnis genommen:

> „Bei diesem Stand der Dinge sieht sich jedes Bemühen, dem Problem der subjektiven öffentlichen Rechte eine rechtstheoretisch tragfähige Basis zu sichern, gezwungen, sich mit der Wiener Rechtsschule auseinanderzusetzen und die Abneigung, die in Deutschland gegen ihre Lehren besteht, zu überwinden."[29]

Die Reine Rechtslehre soll rezipiert werden, aber zunächst vor allem, um zu zeigen, dass und warum die herrschende Auffassung fehl geht. Die *Kritik* an der Lehre von Kelsen und Merkl soll den entscheidenden Ertrag bringen, nicht die Lehre selbst. Erst in einem zweiten Schritt kommt der Reinen Rechtslehre eine positive, konstruktive Funktion bei der Begründung der Doktrin zu. Rupp will

---

[25] *Jellinek*, System (Fn. 17), S. 41 ff.

[26] *Rupp*, Grundfragen (Fn. 2), S. 13. Zur positiven Wirkung Kelsens für Rupp siehe auch dessen längere referierte Stellungnahme in *Matthias Jestaedt* (Hrsg.), Hans Kelsen und die deutsche Staatsrechtslehre, Tübingen 2013, S. 128–130. Auf der Tagung, die der Band dokumentiert, bekannte sich Rupp als „Kelsenianer"; diese Äußerung ist in dem Band leider nicht enthalten.

[27] Ein solcher Beobachter ist Steffen Augsberg, dem ich für den Hinweis danke.

[28] *Rupp*, Grundfragen (Fn. 2), S. 12.

[29] *Rupp*, Grundfragen (Fn. 2), S. 12.

also gewissermaßen mit Kelsen über Kelsen hinaus. Wenn behauptet wird, Rupp würde – wie Jesch – aus der Reinen Rechtslehre rechtliche Aussagen über den Gesetzesvorbehalt und die verwaltungsgerichtliche Kontrolle ableiten, die gar keine Stützung in der Theorie finden könnten, so wird dies Rupps verwickelter Art der Rezeption nicht ganz gerecht.[30] Rupp begründet seine Theorie weithin gewissermaßen gegen Kelsen, aber von ihm ausgehend. In elementaren Fragen weicht Rupp von Kelsen und Merkl ab. Konkret: Rupp bestimmt das Rechtsverhältnis durchaus konventionell als das „von der Rechtsordnung geschaffene Verhältnis der normunterworfenen Subjekte zu einander".[31] Von Kelsens Auffassung des Rechtsverhältnisses als einer Beziehung zweier Tatbestände zueinander[32] – basierend auf seiner Auflösung der Rechtssubjektivität als solcher – liegt das meilenweit entfernt. Wie noch zu zeigen ist, schließt sich Rupp des Weiteren Kelsens Vorstellung, die richterliche Entscheidung sei auch ein Akt der Rechtsetzung, nicht an.[33] Schließlich lehnt er auch Kelsens (frühe) Lehre von der Unmöglichkeit staatlichen Unrechts ab.[34] Rupp war, so lässt sich sagen, Kelsenianer, so wie Hans J. Wolff ein Kelsenianer war: Inspiriert, aber auch irritiert vom strengen Normativismus, ging er eigene Wege. Als *positiv* fruchtbar erwies sich insbesondere die mit der Stufenbaulehre gegebene Möglichkeit, auf den Einzelfall bezogene staatliche Akte wie den Verwaltungsakt als individuelle Rechtsnorm konstruktiv einzufangen und so zu einem normativen Systembestandteil des Verwaltungsrechts zu formen.

Dabei ist es nicht einfach, die Bedeutung zu bestimmen, die einer – kritischen oder affirmativen – Rezeption Kelsens in den 1950er und 1960er Jahren überhaupt zukam. War das ungewöhnlich? In der Rechtsphilosophie war Kelsen nach 1945 lange Zeit, um es vorsichtig zu formulieren, nicht sonderlich populär.[35] Für die Staatsrechtslehre gilt wohl das Gleiche.[36] Rupp selbst gab sich unbefangen.[37] Die Frage nach den Bedingungen einer Kelsen-Rezeption ist alles andere als leicht zu beantworten, vor allem weil eine darauf ausgerichtete Un-

---

30 *Christoph Schönberger*, „Verwaltungsrecht als konkretisiertes Verfassungsrecht", in: Michael Stolleis (Hrsg.), Das Bonner Grundgesetz, Berlin 2006, S. 53 (79 Fn. 120); *Frieder Günther*, „Jemand, der sich schon vor fünfzig Jahren selbst überholt hatte", in: Jestaedt (Hrsg.), Kelsen (Fn. 26), S. 67 (82).

31 *Rupp*, Grundfragen (Fn. 2), S. 16.

32 *Hans Kelsen*, Reine Rechtslehre. Einleitung in die rechtswissenschaftliche Problematik, Leipzig/Wien 1934, S. 60.

33 *Rupp*, Grundfragen (Fn. 2), S. 193.

34 *Rupp*, Grundfragen (Fn. 2), S. 290.

35 *Horst Dreier*, Rezeption und Rolle der Reinen Rechtslehre. Festakt aus Anlass des 70. Geburtstags von Robert Walter, Wien 2001, S. 28 ff.

36 *Frieder Günther*, „Jemand, der sich schon vor fünfzig Jahren selbst überholt hatte", in: Jestaedt (Hrsg.), Kelsen (Fn. 26), S. 67 ff.; andere Beiträge in dem Band, aus dem der Beitrag stammt, sehen die Dinge allerdings differenzierter.

37 Siehe den kurzen (referierten) Hinweis aus der Diskussion, bei *Matthias Jestaedt* (Hrsg.), Hans Kelsen und die deutsche Staatsrechtslehre, Tübingen 2013, S. 138.

tersuchung hinreichend sensibel für die verschiedenen Forschungsbereiche sein müsste, in denen Kelsen sich bewegte. Die Reine Rechtslehre wurde in der Staatsrechtslehre und in der Rechtsphilosophie sicherlich in unterschiedlichem Umfang und unter anderem Blickwinkel aufgegriffen; bei der Staatsrechtslehre wäre zudem zwischen Verfassungs- und Verwaltungsrecht zu unterscheiden. Dass Hans Kelsen in den 1950er und 1960er Jahren in der deutschen Staatsrechtslehre *nicht* rezipiert wurde, scheint mir eine zu starke Aussage zu sein.[38] Zitationsgewohnheiten spielen für diese Einschätzung nicht einmal die Hauptrolle. Vor allem wäre es erforderlich, das Wirken des normativistischen Denkens der Reinen Rechtslehre unter der Oberfläche der gängigen Doktrinen zu erkunden. Ein Beispiel ist das verwaltungsrechtswissenschaftliche Konzept Hans J. Wolffs, das der Reinen Rechtslehre viele Anregungen verdankte. In Vermittlung über ein in jener Zeit führendes Lehrbuch zum Verwaltungsrecht sickerte so doch auch Kelsens Denken in den Mainstream ein.[39] Ob es andere Beispiele gibt, wäre weitere Forschung wert.

cc) Beispiel: der Begriff der Verwaltung

Auf der Grundlage seiner analytischen Instrumente findet Rupp nun einen spezifischen Zugriff auf das Verwaltungsrecht. Die Verwaltung, der Gegenstand des Verwaltungsrechts, ist ihm nicht Schöpferin objektiven Rechts, sondern eine „Beteiligte[n] normbestimmter subjektiver Rechtsrelationen, in welchen subjektive Rechte und Pflichten beheimatet sind".[40] Wir finden hier, in dieser schlichten Definition, alles beisammen: eine umfassende Bindung der Verwaltung an höherrangiges Recht, einen engen, rein juristischen Begriff des Rechtsverhältnisses, und damit verknüpft eine Ausrichtung der Rechtsdogmatik an subjektiven Rechtspositionen, und zwar an Rechtspositionen der Einzelnen wie des Staates.

---

38 Anders *Frieder Günther*, „Jemand, der sich schon vor fünfzig Jahren selbst überholt hatte", in: Jestaedt (Hrsg.), Kelsen (Fn. 26), S. 67 (69), der eine „ausgebliebene Rezeption des Werks" Kelsens damit erklären möchte, dass in den Jahren 1951–1970 in der Staatsrechtslehrervereinigung keine Auseinandersetzung mit einer Position Kelsens erfolgt sei. Diese Einschätzung übergeht schon formal den Umstand, dass beide in den Fußnoten im gleichen Maße präsent und abwesend sind wie andere Autoren aus der Weimarer Zeit auch. Insbesondere scheint mir in den verwaltungsrechtlichen Vorträgen der Vereinigung Merkls „Allgemeines Verwaltungsrecht" (1927) sehr häufig zitiert zu werden. Zum geltenden Staats- und Verwaltungsrecht hat Kelsen nun einmal schlicht nichts publiziert (ähnlich die Einschätzung von *Christoph Schönberger*, Kelsen-Renaissance?, in: Jestaedt [Hrsg.], Kelsen [Fn. 26], S. 207 [215 ff.]). Vielleicht treffender ist die Einschätzung Jeschs, man habe in der deutschen Rechtswissenschaft eine „etwas befremdliche Mauer" um Kelsen errichtet (*Dietrich Jesch*, Besprechung zu: Hans Kelsen, Reine Rechtslehre [1960], DÖV 1961, S. 435 [435]).

39 Siehe *Funke*, Pedanterie oder Perspektive (Fn. 21), S. 59 ff.

40 *Rupp*, Grundfragen (Fn. 2), S. 13.

b) Interpretatives Instrument: die „Verfassungsstruktur"

Dietrich Jesch und Rupp waren seit der gemeinsamen Assistentenzeit in Tübingen persönlich eng verbunden.[41] Jesch war über die Freundschaft hinaus auch in der Sache ein wichtiger Einfluss, in mehrfacher Hinsicht:[42] Wie Jesch geht Rupp historisierend vor, indem er die rechtlichen, politischen und sozialen Rahmenbedingungen der Lehre des Vorbehalts des Gesetzes herausarbeitet, so dass er diese Lehre in die Zeit stellen und unter den Bedingungen des westdeutschen, vom Grundgesetz überformten Nachkriegsdeutschland fortschreiben kann. Vorsichtig übernimmt Rupp aber auch Jeschs Begriff der Verfassungsstruktur. Verfassungsstruktur ist nach Jesch die rechtliche Struktur des Staates.[43] Die Figur ähnelt den verfassungsgestaltenden Grundentscheidungen Hans J. Wolffs, ist aber stärker normativ ausgeprägt: Es handelt sich um „ein Normengefüge, ein Gefüge von geschriebenen und ungeschriebenen Rechtssätzen".[44] Wolffs Grundentscheidungen sind politische Grundwertungen, denen noch nicht die Qualität von Rechtssätzen zukommt, die aber als Rechtsquellen fungieren.[45] Funktionell gesehen steht die Verfassungsstruktur den Grundentscheidungen jedenfalls insofern gleich, als beide bei der Interpretation des Rechts, insbesondere in schwierigen Fällen, leitenden Charakter haben können.

Anders als die Wolff'sche Figur dient der Begriff der Verfassungsstruktur Rupp und Jesch sogar ausschließlich der Interpretation. Die Verfassungsstruktur ist ein „Funktionszusammenhang", was bedeutet, dass die einzelnen Elemente der Verfassung nicht isoliert betrachtet werden dürfen, sondern dass ein Gesamtzusammenhang herzustellen ist, der auch die gegenseitige Abhängigkeit der Elemente berücksichtigt.[46] Wie Jesch selbst schreibt, wird damit eigentlich nur das Prinzip der systematischen Interpretation zum Ausdruck gebracht. Als

---

[41] Beide gehörten in Tübingen zu einem Kreis von Assistenten, der keinen Schulzusammenhang formte, aus dem aber eine Reihe von späteren Professoren und Praktikern hervorging. Nach einer Einschätzung von Peter Häberle aus dem Jahre 1991 bildete der Kreis „ein Kraftfeld der 60er Jahre, das bis heute in der deutschen Staatsrechtslehre große Ausstrahlung entfaltet" (*Peter Häberle*, Laudatio auf H.H. Rupp, Die Verwaltung 24 [1991], S. 355 [360]). Rupp selbst hat kurz darüber berichtet und nennt als Mitglieder des Kreises neben sich selbst: Jesch, Walter Rudolf, Ludwig Renck, Walter Schmitt Glaeser, Gunter Kisker, Klaus Schlaich, Fritz Kübler, Lothar Freund, Karl-Heinrich Hall und Hartmut Maurer (*Hans Heinrich Rupp*, Abschied von Tübingen und Marburg, in: Max-Emanuel Geis/Dieter Lorenz [Hrsg.], Staat, Kirche, Verwaltung, München 2001, S. 1203 [1203]).

[42] *Dietrich Jesch*, Gesetz und Verwaltung. Eine Problemstudie zum Wandel des Gesetzmäßigkeitsprinzipes, 2. Aufl., Tübingen 1968.

[43] *Jesch*, Gesetz und Verwaltung (Fn. 42), S. 72.

[44] *Jesch*, Gesetz und Verwaltung (Fn. 42), S. 72.

[45] *Hans J. Wolff*, Rechtsgrundsätze und verfassunggestaltende Grundentscheidungen als Rechtsquellen, in: Otto Bachof u. a. (Hrsg.), Forschungen und Berichte aus dem öffentlichen Recht, München 1955, S. 33 (48, 50). Siehe dazu *Funke*, Pedanterie oder Perspektive (Fn. 21), S. 69 ff.

[46] *Jesch*, Gesetz und Verwaltung (Fn. 42), S. 72.

substantielle Festlegung geht die Benennung einer Verfassungsstruktur aber auch über das geschriebene Recht und dessen Zusammenhang hinaus.

Bei der Bestimmung der Verfassungsstruktur des Grundgesetzes gelangt Rupp zu einem anderen Ergebnis als Jesch. Jesch folgert aus einer Analyse der Gewaltengliederung, so wie sie im Grundgesetz angelegt ist, dass das Parlament „das höchste Staatsorgan" ist.[47] Rupp hält Jesch vor, die Verfassungsstruktur auf das demokratische Prinzip zu reduzieren.[48] In seiner Stellungnahme zum Vorbehalt des Gesetzes stellt er dem demokratischen Prinzip das Fortdauern liberal-rechtsstaatlicher Elemente an die Seite.[49] Das ist augenscheinlich die ausgewogenere Sicht. Jeschs Vorgehen bildet so in gewisser Hinsicht eine Parallele zu Wolffs Handhabung der „verfassungsgestaltenden Grundentscheidungen" unter dem Grundgesetz – Wolff ging ebenfalls einseitig vor, indem er das Demokratieprinzip vernachlässigte.[50]

Allerdings geht Rupp an sich weniger sorgfältig als Jesch vor. Er verweist recht pauschal auf das Grundgesetz.[51] Gleichwohl offenbart gerade die Analyse, die Jesch vornimmt, die Schwäche der Figur der Verfassungsstruktur: Jeschs Analyse läuft auf den einen Satz hinaus, dass das Parlament das höchste Staatsorgan ist. Dieser Satz dient wiederum als Vehikel für das Ziel, konkrete Aussagen über den Inhalt des Grundgesetzes zu gewinnen. Es ist deshalb Rupp sicherlich recht zu geben, wenn er Jesch vorhält, unter dem Deckmantel des Begriffs der Verfassungsstruktur Merkls rechtspolitische Forderung nach einem Totalvorbehalt des Gesetzes zu einer rechtlichen Forderung zu verwandeln.[52]

4. *Rupps Inszenierung: der Außenseiter*

Dietrich Jesch war für Rupp „Freund und Vorkämpfer[s]".[53] Die Terminologie ist ungewöhnlich: Vorkämpfer wofür? Warum musste „gekämpft" werden, gegen wen? Vermutlich ist das erwähnte Projekt einer Demokratisierung der Verwaltungsrechtslehre gemeint. Das Pathos, das in solchen Formulierungen steckt, ist auch in vielen anderen Äußerungen Rupps anzutreffen. Es handelt sich hierbei um eine durchaus bemerkenswerte Inszenierung. Diese Einschätzung ist nicht kritisch gemeint: Jeder Verfasser eines wissenschaftlichen Beitrages muss sich für eine bestimmte Form der Präsentation seines Anliegens entscheiden, die unter anderem durch die narrative und rhetorische Begleitung der

---

47 *Jesch*, Gesetz und Verwaltung (Fn. 42), S. 99.
48 *Rupp*, Grundfragen (Fn. 2), S. 130. Siehe dazu ebenfalls bereits oben S. 308.
49 *Rupp*, Grundfragen (Fn. 2), S. 138.
50 Siehe dazu *Funke*, Pedanterie oder Perspektive (Fn. 21), S. 73.
51 *Rupp*, Grundfragen (Fn. 2), S. 138.
52 *Rupp*, Grundfragen (Fn. 2), S. 130.
53 *Rupp*, Grundfragen (Fn. 2), Vorwort 1. Aufl., S. XI.

substantiellen Äußerungen bestimmt wird. Bei Rupp ist nur die Art der Inszenierung ungewöhnlich. Er sieht sich selbst als Außenseiter. Natürlich zählt Rupp sich zu den „zornigen jungen Juristen“, über deren vorbehaltlose, engagierte Identifizierung mit der Verfassung sich Hans Schneider in einem NJW-Aufsatz aus dem Jahre 1962 wundert.[54] Im Schlusswort zu seinem Staatsrechtslehrer-Referat von 1968 gibt Rupp sich erstaunt darüber, dass seine Thesen „weithin auf Zustimmung gestoßen sind“, und dankt verwundert den Kollegen, „daß sie mich überraschenderweise diesmal in ihrer Kritik geschont haben“.[55] Auf der Regensburger Tagung von 1971 beklagt er, er sei es „gewohnt, als ‚Buhmann‘ aufgebaut und falsch zitiert zu werden“.[56] Dieses Selbstbild kann aber auf der Grundlage der vorliegenden Veröffentlichungen, die sich mit Rupp beschäftigen, nicht bestätigt werden. Die Rezensionen seiner Habilitationsschrift fallen außerordentlich wohlwollend aus.[57] Sie würdigen die Originalität seiner Gedanken; das rechtsstaatliche und demokratische Anliegen wird geteilt. Gegen einzelne Thesen werden vorsichtig Einwände vorgebracht. Unfaire Bemerkungen sind mir weder in den Rezensionen noch in anderen Schriften, die sich mit Rupps Thesen beschäftigen, aufgefallen.

Rupp stellt der Verwaltungsrechtslehre seiner Zeit ein schlechtes Zeugnis aus. Stimmt eigentlich der Befund, der dieses Urteil trägt?[58] Die Frage ist sehr schwer zu beantworten. Sie hängt zweifellos stark von individuellen Wahrnehmungen und Einschätzungen ab. Fritz Werner, zu jener Zeit Präsident des Bundesverwaltungsgerichts, meinte, Rupps Vorwürfe ähnelten „mitunter dem Kampf an [sic!] einem Phantom“.[59] Rupps Themenwahl ist jedenfalls alles andere als ungewöhnlich. Er war nicht der Erste, der das Thema des Gesetzesvorbehalts unter dem Grundgesetz erneut aufgriff. Im Jahr des Erscheinens seiner Habilitationsschrift widmete sich auch die Staatsrechtslehrervereinigung dem Thema „Ge-

---

[54] *Hans Schneider*, Über den Beruf unserer Zeit für Gesetzgebung, NJW 1962, S. 1275 (1275); Bezugnahme darauf bei *Rupp*, Grundfragen (Fn. 2), S. 123 Fn. 48.

[55] *Hans Heinrich Rupp*, Schlußwort, VVDStRL 27 (1969), S. 243 (244).

[56] *Rupp*, Diskussionsbemerkung (Fn. 9), S. 339.

[57] *Fritz Haueisen*, Besprechung von: Hans Heinrich Rupp, Grundfragen der heutigen Verwaltungsrechtslehre (1965), NJW 1966, S. 1256; *Franz Mayer*, Besprechung von: Hans Heinrich Rupp, Grundfragen der heutigen Verwaltungsrechtslehre (1965), DÖV 1966, S. 732; *Hans Spanner*, Besprechung von: Hans Heinrich Rupp, Grundfragen der heutigen Verwaltungsrechtslehre (1965), VerwArch 57 (1966), S. 192; *Fritz Werner*, Besprechung von: Hans Heinrich Rupp, Grundfragen der heutigen Verwaltungsrechtslehre (1965), JZ 1966, S. 813; *Hermann Lehne*, Rezension zu: Hans Heinrich Rupp, Grundfragen der heutigen Verwaltungsrechtslehre (1965), JBl. Saar 1966, S. 200. Bei *Häberle*, Laudatio (Fn. 41), S. 356, werden auch zwei Rezensionen aus dem Ausland erwähnt.

[58] Allgemein zur Situation und Entwicklung der Verwaltungsrechtslehre nach 1945: *Michael Stolleis*, Geschichte des öffentlichen Rechts in Deutschland, Bd. 4, München 2012, S. 247 ff., dabei S. 249 f. speziell zu Jeschs und Rupps Projekt; *Christoph Schönberger*, „Verwaltungsrecht als konkretisiertes Verfassungsrecht“, in: Michael Stolleis (Hrsg.), Das Bonner Grundgesetz, Berlin 2006, S. 53.

[59] *Werner*, Besprechung (Fn. 57), S. 813.

setzgeber und Verwaltung“ (Referenten waren Klaus Vogel und Roman Herzog); die Beiträge weisen die zahlreich erschienene Literatur zu dem Themenkomplex nach. Rupps einzelne Thesen waren nicht revolutionär. Gerade seine – wie gezeigt: vergleichsweise zurückhaltende – Auffassung zur Reichweite des Vorbehalts des Gesetzes hatte Vorläufer. Ein scharfer Kontrast zum Stand der Dogmatik entsteht vielleicht allenfalls aus einer Gesamtschau seiner kritischen Thesen.

Auch unter dem Aspekt der Anbindung an die Strukturen und Institutionen des Fachs kann Rupp nicht als Außenseiter angesehen werden. 1972, im Jahr nach der Regensburger Tagung, wurde Rupp – zu diesem Zeitpunkt 46 Jahre alt – in den Vorstand der Staatsrechtslehrervereinigung gewählt. In den Jahren 1984–1986 fungierte er sogar als Vorstandsvorsitzender. In zahlreichen Festschriften ist er mit Beiträgen vertreten. Im 1987 erstmals erschienenen „Handbuch des Staatsrechts“, das die breite Mitte der deutschen Staatsrechtslehre repräsentierte, wirkte Rupp direkt beim ersten Band mit; er schrieb über „Staat und Gesellschaft“.

Also: ein Außenseiter? Um diese Frage zu beantworten, sind sein wissenschaftliches Schaffen und dessen Wirkung näher zu untersuchen.

II. Rupps Erfolgsbilanz: ein Überblick

Die Rupp’sche Schlussbilanz hat, kaufmännisch gesprochen, eine Liste von Haben- und eine Liste von Soll-Positionen.[60] Seiner Selbsteinschätzung zufolge können die Kernthesen der Habilitationsschrift wie folgt zugeordnet werden:

1. *Haben: „anerkannt ist inzwischen“*

(1) Der rechtsstaatliche bzw. grundrechtliche Gesetzesvorbehalt erstreckt sich auf die Leistungsverwaltung und auf das besondere Gewaltverhältnis.

(2) Die staatlichen Innenbeziehungen, die durch Verwaltungsvorschriften und Weisungen bestimmt werden, sind nicht Nicht-Recht, sondern Recht besonderer Art, nämlich Innenrecht.

(3) Die Verfassung ist nicht Schranke, sondern Quelle und Legitimation des Verwaltungshandelns.

(4) Das Verhältnis von Bürger und Verwaltung ist vom grundrechtlichen Freiheitsstatus des Bürgers geprägt, dessen Verletzung den allgemeinen Reaktions- und Beseitigungsanspruch auslöst (der besonderer Begründung bedarf).

---

[60] Vgl. Fn. 2. Die in den beiden folgenden Überschriften verwendeten Zitate stammen aus dem Vorwort zur 2. Aufl. der „Grundfragen“.

(5) Die Qualifizierung einer Handlung als rechtswidrig hängt vom jeweiligen Rechtskreis ab. Das Rechtswidrigkeitsurteil ist relativ.

2. *Soll: „nicht durchgesetzt hat sich"*

(6) Der Unterschied zwischen Ermessen, unbestimmtem Rechtsbegriff und bestimmtem Rechtsbegriff ist nur gradueller, nicht prinzipieller Art.
(7) Funktion der verwaltungsgerichtlichen Klage ist die Durchsetzung subjektiver Rechte, nicht (wie etwa bei Rudolf von Gneist) die Durchsetzung des objektiven Gesetzmäßigkeitsprinzips. Das mit der Klage verfolgte subjektive öffentliche Recht kann nicht zugleich Prozessvoraussetzung seiner selbst sein.

3. *Eine Leerstelle*

Rupps Bilanzierung kann in den meisten Punkten umstandslos beigepflichtet werden. Die Thesen 2 und 4 könnten differenzierter betrachtet werden, wofür dieser Beitrag jedoch nicht der richtige Ort ist. Auf die Thesen 1 und 6 wird vertieft eingegangen, die Problematik der These 7 zumindest angezeigt (unter III).

Aufschlussreich ist, welcher Punkt nicht in die Bilanz eingestellt wurde. Es sei noch einmal an den eingangs dieses Beitrags erwähnten Verweis Rupps auf die Diskussion um einen Wandel der Staatlichkeit erinnert. Die daran geknüpfte verwaltungsrechtliche Debatte blendet Rupp erstaunlicherweise weitgehend aus, obwohl er davon ausgeht, dass im Jahre 1991 die Rahmenbedingungen für das Verwaltungsrecht andere seien als Anfang der 1960er Jahre.[61] Im Vergleich zum demokratischen Pathos seines Begleitaufsatzes zur Staatsrechtslehrertagung von 1971 scheint Rupp gut 20 Jahre später resigniert zu haben. Eine verwaltungsrechtswissenschaftliche Herausforderung sieht Rupp im Wandel des Staates nicht. Die neue, „auf Konfliktbewältigung angelegte[r] Dogmatik" solle die Leistungsfähigkeit der Verwaltung nicht überschätzen. Es bleibt beim Verwaltungsrecht der 1960er Jahre.

Aufmerksam registriert Rupp also die Veränderungen in der Verwaltungswirklichkeit und in der Theorie, doch bleiben seine Bemerkungen defensiv, wirken fast trotzig. Weder erfolgt eine klare Zurückweisung, noch wird aufgezeigt, wie neuere theoretische Entwicklungen integriert werden könnten. Sicherlich, als Rupp 1991 das Vorwort zur 2. Auflage der *Grundfragen* verfasste, befand

---

[61] *Rupp*, Grundfragen (Fn. 2), S. VIII.

sich vieles noch im Fluss.[62] Nur zum Vergleich: Wilhelm Henke, auch ein Rechtsverhältnistheoretiker, hatte 1992 in seinem Aufsatz zum „Wandel der Dogmatik des öffentlichen Rechts" sogar versucht, den aufkeimenden Steuerungsansatz in seine Vorstellung von verwaltungsrechtlicher Dogmatik einzubauen.[63] Rupp begnügt sich damit, den Unterschied zu markieren. Für ein Vorwort ist dies letztlich verständlich. Aber auch an anderer Stelle ist Rupp auf die Problematik nicht mehr eingegangen.

III. Drei Beispiele

1. Die Reichweite des Vorbehalts des Gesetzes

Es ist an sich erstaunlich, dass Rupp in seinen *Grundfragen* das Thema von Jeschs Habilitation, ein zeitgemäßes Verständnis des Gesetzmäßigkeitsprinzips, wieder aufgreift.[64] Offensichtlich haben ihn dessen starke Thesen nicht überzeugt. Von Jeschs Auffassung zum Vorbehalt des Gesetzes, die auf einen Totalvorbehalt hinausläuft, weicht Rupp in einer differenzierten Stellungnahme ab.

Jesch hatte aus dem Wandel der Verfassungsstruktur, der mit dem Übergang von der konstitutionellen Monarchie zur parlamentarischen Demokratie des Grundgesetzes einherging, kurzerhand gefolgert, dass Leistungen und Begünstigungen von der Verwaltung nur noch aufgrund parlamentarischer Ermächtigung gewährt werden dürfen.[65] Es bestehe keine Zuständigkeitsvermutung mehr zugunsten der Verwaltung. Also: Totalvorbehalt des parlamentarischen Gesetzes. Rupp lehnt dies ab, und zwar im Wesentlichen auf der Grundlage von zwei Überlegungen. Er geht zunächst von einem gewandelten soziologischen Befund aus. Freiheitsbedrohungen erwüchsen im Leistungsstaat nicht nur aus Eingriffen, sondern auch aus der Versagung von Leistungen. Weil die Funktion des Gesetzesvorbehalts der Freiheitsschutz sei und weil der Staatsbürger vor einer „freiheitswidrigen Bettlergesinnung geschützt werden" müsse, sei der Gesetzesvorbehalt auch auf die Leistungsverwaltung zu erstrecken.[66] Aber das be-

---

[62] Siehe Fn. 5. Rupp wirkte in den 10 Bänden zur „Reform des Verwaltungsrechts" nicht als Autor mit und hat dort kaum Spuren hinterlassen. Der erste Band enthält einen Beitrag von Klaus Lange zu „Innenrecht und Außenrecht", der Rupp pflichtschuldig in einer Fußnote erwähnt. Auch in Schmidt-Aßmanns Zwischenbilanz taucht Rupp nur in einer Fußnote auf, erneut zum Innenrecht.

[63] *Wilhelm Henke*, Wandel der Dogmatik des subjektiven öffentlichen Rechts, JZ 1992, S. 541.

[64] Jesch schloss seine Arbeit im Jahre 1960 ab, Rupp 1961/62.

[65] *Jesch*, Gesetz und Verwaltung (Fn. 42), S. 205.

[66] *Rupp*, Grundfragen (Fn. 2), S. 142. Gleiche Argumentation schon bei *Rupp*, Verwaltungsakt (Fn. 13).

deutet nicht einen Totalvorbehalt des *parlamentarischen* Gesetzes. Denn nun kommt die zweite Überlegung ins Spiel. Sie setzt am Stufenbau des Rechts an. Innerhalb der Rechtsordnung lässt sich nach der Stufenbaulehre jeder Rechtsakt auf höherrangiges Recht zurückführen. So gesehen, ist die Forderung eines Gesetzes für Leistungen eine Frage der inhaltlichen Bestimmtheit des parlamentarischen Gesetzes: Sind wirklich je spezifische parlamentsgesetzliche Leistungsermächtigungen erforderlich (so Jesch) oder reicht eine parlamentsgesetzliche Globalermächtigung aus? Rupp äußert sich dazu zurückhaltend. Ihm kommt es zunächst einmal darauf an zu zeigen, dass eine allein demokratische Verortung des Gesetzesvorbehalts in die Irre führt.

Ist es somit richtig, den Posten „Vorbehalt des Gesetzes und Leistungsverwaltung" (Nr. 1, siehe unter II 1) auf der Habenseite zu verbuchen? Die Erstreckung des Vorbehalts des Gesetzes auf die Leistungsverwaltung ist bis heute nicht wirklich geklärt. Die Diskussion ist allenfalls durch eine recht einheitliche Rechtsprechung beruhigt worden. Entscheidend ist die Stellungnahme zu einem Detail, das Rupp in seiner grundsätzlichen Stellungnahme nur peripher behandelt: ob bei der Vergabe von Subventionen die im Haushaltsgesetz enthaltene Ausgabeermächtigung ausreicht.[67] Die Rechtsprechung bejaht dies für den „Normalfall" einer Subventionierung, d.h. für diejenigen Subventionen, die neben dem Subventionsempfänger keine weiteren Personen grundrechtlich besonders berühren. Ein solcher Normalfall löst den Vorbehalt des Gesetzes gar nicht aus.[68] Rupp gelangt zum gleichen Ergebnis, doch mit der Maßgabe, dass der Vorbehalt des Gesetzes gilt, wobei jedoch auch einfache parlamentarische Ermächtigungen ausreichen können.[69] So ist es letztlich nur ein Zungenschlag, der den Unterschied zwischen der Auffassung Rupps und der überwiegenden Auffassung ausmacht.

2. *Ermessen und unbestimmter Rechtsbegriff*

Dem Problem des Ermessens nähert sich Rupp in den *Grundfragen*, indem er ältere Theorien zum Strukturunterschied von richterlicher Entscheidung – nämlich verstanden als bloße Rechtsanwendung – und Verwaltungsentscheidung – keine Rechtsanwendung, und im Bereich des Ermessens sogar „rechtsfrei" – gegenüberstellt. Mit großer gedanklicher Souveränität jongliert Rupp im Fortgang mit zwei möglichen stufenbautheoretischen Revisionen der traditionellen Sicht. Der letztlich von Rupp verworfene Weg wäre es, den vermeintlichen Strukturunterschied unter Rekurs auf Merkl und Kelsen wie folgt zurück-

---

67 Vgl. *Hartmut Maurer*, Allgemeines Verwaltungsrecht, 18. Aufl., München 2011, § 6 Rn. 19ff.

68 BVerwGE 90, 112 (126).

69 So verstehe ich die knappen Äußerungen in *Rupp*, Grundfragen (Fn. 2), S. 145.

zuweisen: Auch der Verwaltungsakt hat, auf der Grundlage einer rechtlichen Ermächtigung, rechtserzeugende Wirkung; Ermessen ist keine Besonderheit der Verwaltung, weil jede Rechtserzeugung nicht vollständig durch die Rechtserzeugungsnorm determiniert werden kann.[70] Rupp überzeugt das nicht. Er dreht gewissermaßen den Spieß um: Auf der Grundlage der eben skizzierten Sicht gäbe es im Bereich des Ermessens gar kein subjektives Recht gegenüber der Verwaltung,[71] sei es auf eine normgemäße Regelung, sei es aus der Verletzung resultierend.[72] Rupp wählt eine andere Deutung: Die Ausübung von Verwaltungsermessen sei vielmehr das Gleiche wie Rechtsanwendung, also nicht Rechtsetzung. Ergänzend dazu konzipiert Rupp auch die richterliche Entscheidung als Rechtsanwendung. Sie sei weder als nur logischer Subsumtionsvorgang zu verstehen noch als rein subjektiver Setzungsakt, sondern als durchaus schöpferische Erkenntnisleistung. Zeitbedingt verweist er zur Erklärung dieser Eigenschaften vor allem auf den topischen Ansatz Theodor Viehwegs.[73] Eine Ermessensnorm ist auf dieser Grundlage – Ermessensausübung als Rechtsanwendung – eine offen gefasste, „aber kraft rechtlicher Erkenntnis schließbare Regelung".[74] Ein Beispiel (zur Frage des Beurteilungsspielraums): Ein Prüfer ringt um die auch rechtlich richtige Entscheidung und möchte nicht etwa im Rahmen einer Spielraumermächtigung ein Ergebnis festsetzen.[75] Auf der Grundlage einer solchen Deutung des Ermessens sind dann in der Tat, wie in der Rupp'schen Erfolgsbilanz benannt, die Unterschiede zwischen bestimmtem bzw. unbestimmtem Rechtsbegriff und Ermessen nicht mehr qualitativer Art.

Ich bin auf das Problem des Ermessens aus mehreren Gründen ausführlich eingegangen. Erstens ist Rupps Bilanz interessanterweise nicht konsistent: Im 1991er Vorwort steht es auf der Verlustseite, im Jahr 2013 hat er hingegen die Meinung vertreten, seine Ergebnisse hätten sich durchgesetzt und ohnehin werde über das Thema nur noch wenig geredet.[76] Ich denke, beides trifft nicht zu. Rupps „Einheitslösung" hat zwei Fronten: auf der einen Seite diejenige Einheitslösung, die sowohl Rechtsprechung als auch Ermessensausübung als (teil-

---

[70] So in etwa heutzutage das Konzept von *Matthias Jestaedt*, Maßstäbe des Verwaltungshandelns, in: Hans-Uwe Erichsen/Dirk Ehlers (Hrsg.), Allgemeines Verwaltungsrecht, 14. Aufl., Berlin 2010, § 11 (siehe Rn. 9, 32).

[71] *Rupp*, Grundfragen (Fn. 2), S. 200.

[72] *Rupp*, Grundfragen (Fn. 2), S. 206.

[73] *Theodor Viehweg*, Topik und Jurisprudenz, 2. Aufl., München 1963 (5. Aufl. 1974). Siehe dazu *Agnes Launhardt*, Topik und rhetorische Rechtstheorie. Eine Untersuchung zu Rezeption und Relevanz der Rechtstheorie Theodor Viehwegs, Frankfurt a. M. u. a. 2010.

[74] *Rupp*, Grundfragen (Fn. 2), S. 200.

[75] *Hans Heinrich Rupp*, „Ermessen", „unbestimmter Rechtsbegriff" und kein Ende, in: Walther Fürst/Roman Herzog/Umbach Dieter C. (Hrsg.), Festschrift für Wolfgang Zeidler, Berlin u. a. 1987, Bd. 1, S. 455 (466). Das Beispiel wurde von Rupp eindringlich erläutert bei seinem Vortrag am 4.3.2013 in Mainz.

[76] Siehe *Rupp*, Bemerkungen (Fn. 2), S. 383.

weise) Rechtsetzung ansieht,[77] auf der anderen Seite die immer noch herrschenden Trennungslösungen, die auf die Unterschiede von Tatbestand und Rechtsfolge und demnach auf die Unterschiede von Rechtsetzung und Rechtsanwendung hinweisen. Die Unterscheidung zwischen Beurteilungsspielraum und Ermessen gilt nach überwiegender Auffassung als eine kategoriale.[78] Demnach wären auch Ermessensausübung und die gerichtliche Rechtsanwendung (in schwierigen Fällen) kategorial zu unterscheiden.[79] Dass die Fragen von Beurteilungsspielraum und Ermessen nicht gelöst sind, zeigt im Übrigen das Regulierungsrecht mit der strittigen Figur eines Regulierungsermessens.[80]

3. *Das subjektive öffentliche Recht*

Die Zuordnung der These 7 (siehe unter II) erstaunt: Warum geht Rupp davon aus, es sei nicht anerkannt worden, dass die verwaltungsgerichtliche Klage der Durchsetzung subjektiver Rechte diene? Die Zäsur, die das Grundgesetz mit Art. 19 Abs. 4 GG zog, wird doch gerade als Entscheidung für einen subjektiven Rechtsschutz angesehen.[81] Aber Rupp sieht genauer hin: Das „süddeutsche“ Modell, das gemeinhin als Vorbild für das subjektive Rechtsschutzmodell der VwGO angesehen wird, ist aus seiner Sicht nicht konsequent genug, nicht wirklich „subjektiv“. Denn es behandelt die Frage der Rechtsverletzung ebenso wie das „objektive“ Modell etwa Rudolf von Gneists allein als Prozessvoraussetzung.[82] Das herrschende Verständnis der Klagebefugnis nach Art. 42 Abs. 2 VwGO führe dieses Denken fort. Damit werde nicht hinreichend deutlich, dass die Klagen der Durchsetzung materiell-rechtlicher Ansprüche dienten.

Dieses Verständnis hat Rupp in einer Reihe von Arbeiten nach dem Erscheinen der Habilitationsschrift immer wieder verteidigt.[83] Dabei sah Rupp sich mit

---

[77] Siehe Fn. 70.

[78] *Maurer*, Allgemeines Verwaltungsrecht (Fn. 67), § 7 Rn. 55; jüngst aus der Ausbildungsliteratur: *Martin Kment/Sebastian Vorwalter*, Beurteilungsspielraum und Ermessen, JuS 2015, S. 193.

[79] *Ralf Poscher*, Geteilte Missverständnisse. Theorien der Rechtsanwendung und des Beurteilungsspielraums der Verwaltung – zugleich eine Kritik der normativen Ermächtigungslehre, in: Ivo Appel/Georg Hermes/Christoph Schönberger (Hrsg.), Öffentliches Recht im offenen Staat, Berlin 2011, S. 527 (538).

[80] Vgl. *Markus Ludwigs*, Das Regulierungsermessen als Herausforderung für die Letztentscheidungsdogmatik im Verwaltungsrecht, JZ 2009, S. 290; *Klaus F. Gärditz*, „Regulierungsermessen“ und verwaltungsgerichtliche Kontrolle, NVwZ 2009, S. 1005.

[81] Pars pro toto: *Jakob Nolte*, Die Eigenart des verwaltungsgerichtlichen Rechtsschutzes. Grund und Grenzen der Anwendung des Zivilprozessrechts im Verwaltungsprozess, Tübingen 2015, S. 46 ff.

[82] *Rupp*, Grundfragen (Fn. 2), S. 153 ff. Vertiefend zu der Abgrenzung *Markus Fischer*, Die verwaltungsprozessuale Klage im Kraftfeld zwischen materiellem Recht und Prozessrecht, Frankfurt a. M./New York 2011, S. 25 ff.

[83] Siehe etwa *Hans Heinrich Rupp*, Zur neuen Verwaltungsgerichtsordnung: Gelöste und

dem Umstand konfrontiert, dass der Mainstream des Verwaltungsrechts schon gar nicht richtig empfänglich war für die Problemstellung, die er entwarf. Der weit verbreiteten Auffassung, das Erfordernis der Klagebefugnis diene dem Ausschluss von Popularklagen, steht Rupps Auffassung diametral entgegen. Sie führt zu einer Revision elementarer verwaltungsprozessualer Konzepte.[84] Betroffen sind die Funktion des Verwaltungsprozesses ebenso wie die Sachentscheidungsvoraussetzungen und Begründetheitsanforderungen einzelner Klagearten. Diese Revision war 1991 nicht und ist bis heute nicht mit allgemeiner Anerkennung geleistet worden. Die Verbuchung der These 7 auf der Sollseite der Rupp'schen Schlussbilanz ist mithin berechtigt.

IV. Anmerkungen zum Vorgehen Rupps: die Rolle der Verfassung

Zwei Anmerkungen sollen vertieft der Frage nachgehen, was genau die Rolle ist, die dem Grundgesetz im Rupp'schen Verwaltungsrechtsdenken zukommt.

1. Die Grundrechte

Wie bereits erwähnt, besteht ein grundlegender Unterschied zwischen den Konzeptionen Jeschs und Rupps darin, dass Jesch sich auf das Demokratieprinzip beschränkt, während Rupp rechtsstaatliche und damit auch grundrechtlich motivierte Überlegungen einbringt.[85] Das bedarf der Erläuterung und Präzisierung. Um die drei Leitfragen, die vorstehend eingeführt wurden (siehe oben I 2), zu beantworten, aktiviert Rupp die Grundrechtsbindung jedenfalls weder beim Innenrecht noch beim Staatshaftungsrecht. Im Mittelpunkt stehen in beiden Zusammenhängen Fragen der juristischen Konstruktion. Anders ist dies beim Verhältnis des Bürgers zur Verwaltung. Auch hier ist der Textbefund bei den *Grundfragen* allerdings mager. Und es sollte hellhörig machen, dass in einer kleinen Kontroverse zwischen Rupp und Jürgen Schwabe, ausgetragen im Jahr 1974, Rupp sich – neben Wilhelm Henke – „eine bemerkenswerte Indolenz gegenüber den Grundrechten als Quelle subjektiv [sic!] öffentlicher Rechte" vor-

---

ungelöste Probleme, AöR 85 (1960), S. 301 ff.; *Hans Heinrich Rupp*, Kommentare zur Verwaltungsgerichtsordnung, AöR 88 (1963), S. 479; *Hans Heinrich Rupp*, Kritische Bemerkungen zur Klagebefugnis im Verwaltungsprozeß, DVBl. 1982, S. 144; *Hans Heinrich Rupp*, Unsicherheiten zum Thema des subjektiven öffentlichen Rechts, in: Michael Brenner/Peter-Michael Huber/Markus Möstl (Hrsg.), Der Staat des Grundgesetzes – Kontinuität und Wandel, Tübingen 2004, S. 995; *Hans Heinrich Rupp*, Ungeschriebene Grundrechte unter dem Grundgesetz, JZ 2005, S. 157. Anknüpfend und weiterführend: *Funke*, Perspektiven (Fn. 19).

[84] Dazu umfassend *Fischer*, Klage (Fn. 82).

[85] Vgl. *Augsberg*, Demokratische Aufklärung (Fn. 14), S. 287 (303).

halten lassen musste.[86] Rupp würde, so Schwabe, die von ihm so stark hervorgehobenen Abwehr- und Reaktionsrechte letztlich aus dem Verwaltungsgesetz selbst, nicht aber aus den Grundrechten ableiten.

Und das stimmt durchaus, wie Rupp unumwunden zugibt. Doch Rupp hält Schwabe entgegen: „Der unvermittelte Rückgriff auf Verfassung und Grundrechte ist im Verwaltungsrecht zwar beliebt, aber methodisch wie sachlich verfehlt."[87] Der Kern der Rupp'schen Überlegung ist gewissermaßen präkonstitutionell. Die Statuslehre Jellineks „stellt ein methodisches Prinzip zur Verfügung".[88] Es habe Jellinek dazu gedient, aus dem Verwaltungsgesetz den Status der Freiheit als Freiheit von ungesetzlichem Zwang abzuleiten. Auf der Grundlage von Art. 1 Abs. 3 GG könne man aber auch noch den spezifischen grundrechtlichen Status als Freiheit von verfassungswidrigem Zwang verstehen.[89] Damit meint Rupp den Status, den der oder die Einzelne kraft Verfassung gegenüber der Verwaltung sowie vor allem gegenüber dem Gesetz hat. Die grundrechtliche Dimension bringt also insofern etwas Neues, als nicht mehr nur kraft Gesetzes gegenüber einer Verwaltungsmaßnahme ein Status besteht. Pointierend wie provozierend schiebt Rupp noch die Bemerkung hinterher: „Auch das ‚subjektive Recht' ist nicht auf grundrechtlichem Boden geboren."[90] Beides, einfachgesetzlicher wie verfassungsrechtlicher Status, ist ohne Zweifel mehr als die hilflose spätkonstitutionalistische Feststellung, Grundrechte seien nur eine „kasuistisch gefaßte Darlegung des Prinzips des Gesetzmäßigkeit der Verwaltung".[91] Aber es zeigt, dies scheint mir für die Fragestellung, welche Bedeutung der Verfassung für die verwaltungsrechtliche Systembildung zukommt, wichtig zu sein, dass das neue Element der unmittelbaren Grundrechtsbindung der staatlichen Gewalt jedenfalls von Rupp strukturanalog zum alten Verwaltungsrecht erfasst wurde.

2. *Die Funktion der „Verfassungsstruktur"*

Wie schon gezeigt, übernimmt Rupp von Jesch die methodische Figur der Verfassungsstruktur (siehe oben I 3 b).

---

[86] *Jürgen Schwabe*, Mißdeutungen um das „Elfes-Urteil" des BVerfG und ihre Folgen, DÖV 1973, S. 623 (629).

[87] *Hans Heinrich Rupp*, Grundrechtlicher Freiheitsstatus und ungesetzlicher Zwang, DÖV 1974, S. 193 (194).

[88] *Rupp*, Freiheitsstatus (Fn. 87), S. 194.

[89] *Rupp*, Freiheitsstatus (Fn. 87), S. 194. Gleicher Tenor bei *Hans Heinrich Rupp*, Kommentare zur Verwaltungsgerichtsordnung, AöR 88 (1963), S. 479 (484 f.).

[90] *Rupp*, Freiheitsstatus (Fn. 87), S. 194.

[91] *Gerhard Anschütz*, Die Verfassungs-Urkunde für den Preußischen Staat vom 31. Januar 1850. Ein Kommentar für Wissenschaft und Praxis, Bd. 1, Berlin 1912, S. 98; im gleichen Sinne noch *Hans Kelsen*, Allgemeine Staatslehre, Berlin 1925, S. 155.

Ich halte es für bemerkenswert, dass man letztlich nicht nur Jesch, sondern auch Rupp einen nicht ganz korrekten Umgang mit dem Topos der Verfassungsstruktur vorhalten kann. Während Jesch, wie schon gezeigt, recht einseitige Schlüsse aus der Anwendung der Figur zieht, aber immerhin eine Analyse des Grundgesetzes versucht, begnügt Rupp sich mit pauschalen Verweisen auf das Grundgesetz. Vor allem der Umstand, dass das Grundgesetz auch den Fortbestand liberal-rechtsstaatlicher Elemente verbürge, ist ihm wichtig. Rupp setzt sich damit mehr als Jesch dem Vorwurf aus, den Topos der Verfassungsstruktur als Hülse für philosophische Annahmen und für politische Wertungen zu gebrauchen. Diese Annahmen werden aber bei Rupp nicht deutlich expliziert. Rupp gibt nur Hinweise: In seinem Beitrag zu „Staat und Gesellschaft" im Handbuch des Staatsrechts muss er zwangsläufig das Spannungsfeld von Herrschaft und individueller Freiheit abstecken.[92] Staat und Gesellschaft versteht Rupp als Inbegriff unterschiedlicher Funktions- und Ordnungsstrukturen. Der Staat bedarf rechtlicher Ermächtigung, die Gesellschaft ist frei und autonom. Die eigene philosophische Position Rupps bleibt aber dunkel. Das Thema wird abgearbeitet unter Verweis auf einen übergreifenden, unhinterfragten Gedanken, den der freiheitlichen Demokratie. Der Sache nach, in ihrer Verwendung, kann die Figur der Verfassungsstruktur damit nicht mehr nur rein positiv-rechtlich aufgefasst werden. Rupp transportiert mit ihr ein bestimmtes Verständnis von Rechtsstaat und Demokratie in die juristische Konstruktion, das weder handfest mit dem positiven Verfassungsrecht abgeglichen noch offen als metarechtlich ausgewiesen wird.

Natürlich fragt sich, ob bei den Prinzipien des Rechtsstaats und der Demokratie eine rein rechtsimmanente Inhaltsbestimmung *möglich* ist. Die Grenze zwischen Sozialphilosophie und juristischer Interpretation ist gerade bei diesen Staatsstrukturprinzipien nur sehr schwer zu ziehen. Heutzutage sind viele problematische Inhaltsbestimmungen weitgehend konsentiert,[93] aber dieser Umstand ist das Ergebnis eines langen Prozesses. Rupps Vorgehen kann nicht einfach als Verschleierung kritisiert werden. Offensichtlich kommt in diesem Zusammenhang eine kelsenianisch geprägte Wissenschaftsauffassung zum Tragen, die ideologische Elemente aus der Rechtswissenschaft zu verbannen sucht.[94] Das Geschäft der Dogmatik wird allein als analytische Systembildung verstan-

[92] *Hans Heinrich Rupp*, Die Unterscheidung von Staat und Gesellschaft, in: Josef Isensee/Paul Kirchhof (Hrsg.), Handbuch des Staatsrechts der Bundesrepublik Deutschland, Bd. 1, Heidelberg 1987, § 28 Rn. 29 ff.; insoweit identisch mit *Hans Heinrich Rupp*, Die Unterscheidung von Staat und Gesellschaft, in: Josef Isensee/Paul Kirchhof (Hrsg.), Handbuch des Staatsrechts der Bundesrepublik Deutschland, 3. Aufl., Heidelberg 2004, § 31 Rn. 29 ff.

[93] Wie schwierig die Grenzziehung sein kann, hat die republikanische Staatsphilosophie der Lissabon-Entscheidung des BVerfG gezeigt (BVerfGE 123, 269).

[94] Vgl. nur *Horst Dreier*, Hans Kelsens Wissenschaftsprogramm, in: Helmuth Schulze-Fielitz (Hrsg.), Staatsrechtslehre als Wissenschaft, Berlin 2007, S. 81 (82 ff.).

den. Gerade der Konzentration auf dieses Projekt verdanken wir vielleicht sogar die analytischen Glanzleistungen der *Grundfragen*.

V. An der Systemgrenze: Europarecht

Rupp wandte sich früh dem europäischen Gemeinschaftsrecht zu.[95] Sein Interesse an wirtschaftsverwaltungsrechtlichen Fragen dürfte ein wichtiger Grund dafür gewesen sein. Der Entwicklung der Rechtsprechung stand er außerordentlich kritisch gegenüber. Seine Kritik ist Methodenkritik, die im Prinzip von völliger Verständnislosigkeit gekennzeichnet ist. Sie richtet sich zum einen gegen das BVerfG: Dem Solange II-Beschluss, der Rücknahme der verfassungsgerichtlichen Kontrolle gegenüber sekundärem Gemeinschaftsrecht, attestiert Rupp wie auch dem Solange I-Beschluss, nur schwer an juristischen Maßstäben messbar zu sein.[96] Fast schon entsetzt fragt er, ob „die Methode [...] noch eine solche der Rechtswissenschaft" ist.[97] Zum anderen wendet Rupp sich gegen die Rechtsprechung des EuGH und kritisiert sowohl ganz allgemein dessen fehlendes Methodenbewusstsein[98] als auch konkret die Rechtsprechung zur unmittelbaren Wirkung von Richtlinien. Dabei geht es um die Frage, welche Position dem Einzelnen aus der unmittelbaren Wirkung erwachsen kann. Unter bestimmten Voraussetzungen können die Einzelnen sich bekanntlich auf die Richtlinie, so der EuGH, „berufen".[99] Auf das Bestehen subjektiver Rechte kommt es dabei tatbestandsmäßig nicht an. Diese Figur, aus dem französischen Recht stammend und heute wohl noch mehr als damals prägend für das Europäische Verwaltungsrecht, bleibt Rupp völlig fremd. In seinen Augen – daran vorbeigehend, dass die unmittelbare Wirkung von Amts wegen geprüft wird – handelt es sich um „eine dem Rechtsstaat bisher unbekannte Normgeltung nach eigenem Geschmack".[100] Rupp kann darin nur das gerade von ihm überwunde-

---

[95] Siehe *Hans Heinrich Rupp*, Die Grundrechte und das europäische Gemeinschaftsrecht, NJW 1970, S. 353.

[96] *Hans Heinrich Rupp*, Anmerkung (zu BVerfG, 22.10.1986, 2 BvR 197/83 – Solange II), JZ 1987, S. 241 (241).

[97] *Rupp*, Anmerkung (Fn. 96), S. 242.

[98] *Hans Heinrich Rupp*, Nationaler Grundrechtsschutz in den Europäischen Gemeinschaften, in: Die Grundrechte in der europäischen Gemeinschaft [Schriftenreihe des Arbeitskreises Europäische Integration e.V., Bd. 2], Baden-Baden 1978, S. 9 (13 ff.). Siehe dazu auch *Andreas Funke*, Denken in Entwicklungen. Gewißheitsverluste durch Europäisierung und Internationalisierung?, in: ARSP-Beiheft zur Tagung der Internationalen Vereinigung für Rechtsphilosophie (Deutsche Sektion) „Evolution – Entwicklung – Epigenesis des Rechts" 2012, i. E.

[99] Überblick: *Matthias Ruffert*, in: Christian Calliess/Matthias Ruffert (Hrsg.), EUV, AEUV, 4. Aufl., München 2011, Art. 288 AEUV Rn. 66 ff.

[100] *Hans Heinrich Rupp*, Verfassungsprobleme auf dem Weg zur Europäischen Union, ZRP 1990, S. 1 (3).

ne alte Denken von Gneists sehen, das subjektive öffentliche Rechte nicht kennt. Eine Integration dieser Fragen in sein System hat Rupp nicht versucht.

Aber Rupps Kritik setzt noch tiefer an. Nicht nur das rechtsverhältnisbasierte, normativistische System des Verwaltungsrechts sieht er in Gefahr, sondern das kontinentale europäische Rechtsdenken. In manchen Gerichtsentscheidungen des Europäischen Gerichtshofs sieht er nur noch bloße Festsetzungen von Interpretationen der Verträge. Das genügt ihm nicht. Es darf nicht „auf die Frage nach dem materialen und interpretatorischen Warum schlicht die Antwort des kompetenzrechtlichen Darum gegeben" werden.[101] Erneut zeigt sich, dass Rupp bei der Deutung der gerichtlichen Entscheidung kein Kelsenianer ist.

VI. Wirkung

Um die Wirkung Rupps zu beurteilen, muss zunächst ein Vorbehalt angebracht werden. Sein Schaffen überschreitet in zeitlicher Hinsicht deutlich den Untersuchungszeitraum, den dieser Sammelband in den Blick nimmt. Rupp hat auch nach 1977 wichtige Beiträge zum Staats-, Verwaltungs- und Europarecht veröffentlicht; er schreibt bis in die jüngste Zeit. Sein Schaffen kann an dieser Stelle nicht insgesamt in den Blick genommen werden.[102] Dass eine Beurteilung gleichwohl möglich ist, ergibt sich allerdings daraus, dass Rupps rechtsphilosophische, gesellschaftstheoretische, rechtstheoretische und vor allem verwaltungsrechtsdogmatische Grundüberzeugungen mit der Habilitationsschrift und den in ihrem Umfeld entstandenen Aufsätzen im Großen und Ganzen abgeschlossen waren.

„Schüler" im Sinne von jüngeren Wissenschaftlern, die wissenschaftliche Grundüberzeugungen ihres Lehrers fortführen, hatte Rupp nicht. Er betreute federführend zwei Habilitanden, Henning von Olshausen und Friedrich von Zezschwitz, die eigene Wege gingen.[103] Ein Lehrbuch hat Rupp erstaunlicherweise nicht verfasst – es wäre hochinteressant gewesen, ein „Allgemeines Verwaltungsrecht" oder ein „Wirtschaftsverwaltungsrecht" zu lesen, das Rupp auf der Grundlage seiner verwaltungsrechtswissenschaftlichen Überzeugungen verfasst hätte, mit dem durch das Format erzeugten Zwang zur kohärenten Darstellung. Eigentlich wäre Rupp durchaus ein Kandidat dafür gewesen, das Verwaltungsrechtslehrbuch von Hans J. Wolff weiterzuführen.[104] Wolffs analytischem, von Kelsen geprägtem Denken stand Rupp sicherlich nicht weniger

---

[101] *Rupp*, Nationaler Grundrechtsschutz (Fn. 98), S. 15.

[102] Schöner, aber auch schon wieder veralteter Überblick: *Häberle*, Laudatio (Fn. 41).

[103] Mitbetreut hat er zudem die Habilitation von Karl-Heinrich Friauf, die formale Verantwortung hierfür lag jedoch bei dem Strafrechtler Erich Schwinge (*Helmuth Schulze-Fielitz*, Staatsrechtslehre als Mikrokosmos, Tübingen 2013, S. VIIb).

[104] Siehe dazu *Funke*, Pedanterie oder Perspektive (Fn. 21), S. 85.

nah als sein Lehrer Otto Bachof. Doch mit der kleinteiligen Begriffsarbeit des Lehrbuchs hätte er sich kaum anfreunden können. Vor allem aber stand die Vernachlässigung des Demokratieprinzips, die Wolffs Lehrbuch prägte,[105] Rupps eigener Auffassung geradezu diametral entgegen.

In einer Rezension der *Grundfragen* war davon die Rede, damit gewinne die Bachof-Schule weiter an Konturen.[106] Diese Vermutung hat sich wohl nicht bestätigt. Bachof hatte eine Reihe von Schülern, deren wissenschaftliche Charakteristika nur schwer auf einen Nenner zu bringen sind; vielleicht war auch Bachofs wissenschaftliche Hinterlassenschaft letztlich zu wenig originär, um überhaupt schulbildende Kraft entfalten zu können.

Es können gleichwohl zwei Wirkungsstränge benannt werden, die von Rupp ausgingen. Zum einen ist es offensichtlich, dass die Rechtsverhältnislehre in ihren verschiedenen Ausprägungen ein Projekt war, das einige zentrale Intentionen Rupps fortführte und ihm in der Sache viele Anregungen verdankte.[107] Einen anderen Wirkungsstrang würde ich in dem verwaltungsrechtlichen Denken sehen, wie etwa Wolf-Rüdiger Schenke es vertritt.[108] Dies gilt insbesondere für die große systembildende Rolle, die Schenke den Aufhebungs- und Beseitigungsansprüchen einräumt. Sie dürfte auch auf den Einfluss Rupps zurückzuführen sein.

War Rupp nun ein Außenseiter? Einerseits sehen wir den anerkannten – und vor allem: integrierten – Staatsrechtslehrer (siehe oben I 4). Andererseits muss, auch wenn der Saldo der Schlussbilanz positiv ist, fraglich bleiben, ob Rupps Konzeption des subjektiven öffentlichen Rechts wirklich in der Mitte des deutschen Verwaltungsrechtsdenkens angekommen ist. Sonst hätte er sich schließlich nicht veranlasst gesehen, gerade dieses Thema, nur leicht variiert, immer wieder aufzugreifen.[109] So führt die Beschäftigung mit Rupp in die Gegenwart: Es ist meines Erachtens eine offene – und wichtige – Frage, ob die Art des Rupp'schen verwaltungsrechtlichen Denkens, ja des gesamten, von Georg Jellinek ausgehenden Entwicklungsstrangs, heute noch zur Grundlage der Verwaltungsrechtswissenschaft gemacht werden kann. Ist der Problemhorizont eines solchen Ansatzes vielleicht zu begrenzt? Die Verdienste jedenfalls bleiben: Rupp hat gezeigt, dass die Tätigkeit der Verwaltung als durchgehend rechtlich

---

[105] Siehe dazu *Funke*, Pedanterie oder Perspektive (Fn. 21), S. 73 ff.

[106] *Mayer*, Besprechung (Fn. 57), S. 733.

[107] Zur Rechtsverhältnislehre siehe *Andreas Funke*, Sozialphilosophische Überhöhungen und sozialwissenschaftliche Hypostasierungen in der Lehre vom Verwaltungsrechtsverhältnis?, in: Ino Augsberg (Hrsg.), Extrajuridisches Wissen im Verwaltungsrecht, Tübingen 2013, S. 35.

[108] Siehe nur *Wolf-Rüdiger Schenke*, Rechtsschutz bei normativem Unrecht, Berlin 1979, mit der Abwendung von einer Orientierung an Rechtsakten (S. 55 ff.) und einer Hinwendung zu subjektiven öffentlichen Rechten (S. 58 ff.), die sich ganz maßgeblich auf Rupp bezieht (natürlich auch kritisch).

[109] Siehe oben Fn. 83.

geprägt aufgefasst werden kann, ohne dass dabei antiquierten, womöglich ohnehin nie vertretenen Auffassungen von einer schlichten Subsumtionstätigkeit der Verwaltung zu huldigen wäre. Die Auffassung, die diese systematische Klarheit hervorbringt, ist zugleich historisch aufgeklärt: Rupp ist sich bewusst, dass auch die juristische Methode in der Zeit steht und dass sie auf verschiedene Weise interpretiert werden kann.[110] Die Kritik am verwaltungsrechtlichen System ist Teil der Arbeit an diesem System.

[110] Näher dazu *Funke*, Denken in Entwicklungen (Fn. 92).

Steffen Augsberg

Hans F. Zacher und die „Entdeckung" des Sozialrechts

I. Einleitung: Hans Zacher als Erlebnis

Von Gustav Radbruch stammt die vielzitierte Aussage, nichts vermöge „den jungen Juristen seiner Wissenschaft besser seelisch nahe zu bringen, als die Lektüre der Biographien großer Juristen"[1]. Das kann man in dieser Zuspitzung getrost als unzutreffend bezeichnen. Denn selbst wenn das konkrete Publikum (die Mitglieder des für diesen Band verantwortlich zeichnenden Forschungsnetzwerks) allenfalls mit sehr viel gutem Willen noch als „junge" Juristinnen und Juristen einzustufen sind, läßt sich doch an ihnen feststellen, um wieviel intensiver gegenüber allem Angelesenen das persönliche Erleben und die direkte Interaktion wirken. Gemeint ist damit der im Anhang dokumentierte[2] – wenn auch in Schriftform notwendig leider nur einen unvollständigen Eindruck vermittelnde[3] – Vortrag, zu dem sich Hans Zacher auf eine entsprechende Anfrage hin freundlicherweise sofort bereiterklärt hatte.[4] In zwei (schon für sich gesehen: ebenso informativen wie unterhaltsamen) Telefongesprächen hatte ich mich vorab mit ihm hinsichtlich einer ungefähren thematischen Zuspitzung abgestimmt, und wir waren dahingehend übereingekommen, daß es aus Sicht des Forschungsnetzwerks am interessantesten wäre, wenn er seine Erfahrungen mit dem Verwaltungsrecht der frühen Bundesrepublik schilderte und dabei namentlich auf eine mögliche Prägung durch das neue Verfassungsrecht einginge.

---

[1] *Gustav Radbruch*, Einführung in die Rechtswissenschaft, 7./8. Aufl. 1929, in: ders., Gesamtausgabe, Bd. 1, Heidelberg 1987, S. 211 (401). Siehe hierzu etwa auch schon *Steffen Augsberg/Andreas Funke*, Warum eigentlich „Kölner Juristen"? – statt einer Einleitung, in: dies. (Hrsg.), Kölner Juristen. Beiträge zu einer Ringvorlesung an der Universität zu Köln, Sommersemester 2010 und Wintersemester 2010/2011, Tübingen 2013, S. 1 (2).

[2] Siehe *Hans F. Zacher*, Zur „Konstitutionalisierung" des Verwaltungsrechts in der frühen Bundesrepublik (in diesem Band), S. 387 ff.

[3] Vgl. zu Unterschieden des gesprochenen und des geschriebenen Wortes etwa *Steffen Augsberg*, Questa sera si recita a soggetto. Anmerkungen zu juristischen Vorträgen und zur juristischen Vortragstechnik, in: Andreas Funke/Konrad Lachmayer (Hrsg.), Formate der Rechtswissenschaft, Weilerswist 2017, S. 77 ff.

[4] Nur als Randnotiz: Wie stark Zachers Intellekt, aber eben auch Charme und Charisma selbst aus der Ferne beeindrucken, war erkennbar, als im Zuge der Transkription des Vortrags eine Mitarbeiterin meines Lehrstuhls sich die Videoaufzeichnung ansah und kurze Zeit später das gesamte Lehrstuhlteam sich um den Computer versammelt hatte und gebannt der Erzählung lauschte.

Dementsprechend nimmt in seinem Vortrag die Frage der Konstitutionalisierung des Verwaltungsrechts großen Raum ein und bildet ein durchgehendes, immer wieder aufgenommenes Motiv. Der Erkenntnisgewinn geht aber über die diesbezüglichen scharfen Einzelbeobachtungen und klaren Bewertungen hinaus; Zacher gelingt es vielmehr, auf relativ knappem Raum ein umfassendes Panorama des seinerzeitigen Verwaltungsrechtsdenkens in Wissenschaft und Praxis zu erschaffen. Seine Ausführungen verdeutlichen in der zeitlichen Distanz noch einmal die Schwierigkeiten, v. a. aber die Leistungen dieser „Pionierjahre". Mit feinem Gespür für die konkreten Herausforderungen, Errungenschaften und Defizite beschreibt er die spezifische Übergangssituation einerseits wohlwollend, andererseits aber nicht schlicht verklärend oder beschönigend. Der Rückblick beinhaltet keine grundsätzliche Kritik, weist aber immer wieder auf charakteristische blinde Flecken bei den damaligen handelnden Personen hin und verdeutlicht damit, daß vieles, was heute als selbstverständlich hingenommen wird, erst vor relativ kurzer Zeit „erarbeitet" wurde.

Zacher erwies sich in diesem Vortrag und der sich anschließenden Diskussion, zumal aber auch in einem (an sich nicht eingeplanten, aber angesichts des erkennbaren weiteren „Gesprächsbedarfs" von ihm spontan wahrgenommenen) „Kamingespräch", als überaus aufmerksamer und kluger Beobachter, Erzähler und Interpret nicht nur der den Vortrag bestimmenden Frühzeit der Bundesrepublik, sondern auch der dorthin führenden geschichtlichen Ereignisse sowie der anschließenden Entwicklungen einschließlich aktueller Diskussionen.[5] In beeindruckender Manier führte er vor, wie sehr die Beschäftigung mit den Problemen der Gegenwart von der Kenntnis der Vergangenheit profitiert. Neben dem intellektuellen Erlebnis stand aber auch eine – unerwartete – emotionale Komponente: In Erinnerung geblieben sind eben nicht nur die luziden Analysen, sondern auch und gerade persönlicher gehaltene, berührende Perspektiven, etwa mit Blick darauf, wie sich selbst dort, wo schon aus religiösen Gründen eine klare Abwehrhaltung vorherrschte, der Schatten des NS-Herrschaft über (auch: familiäre) Nahbeziehungen legte. Umgekehrt kam das humoristische Talent Zachers namentlich in der Geschichte seiner Berufung an die Universität des Saarlandes, aber auch in manch anderer augenzwinkernd vorgetragener Anekdote bestens zum Tragen.[6] Insgesamt liegt damit ein sehr persönlich gehaltener, nicht notwendig repräsentativer, aber eben doch ausgesprochen illustrativer Bericht vor, der uns zwar (noch) nicht das Werk, wohl aber den Menschen und Wissenschaftler Hans Zacher näherbringt und zugleich anschaulich vermittelt, wie die Juristen der Nachkriegszeit auf die neue Rechtslage reagierten. Hans

[5] Vgl. *Ulrich Becker*, Nachruf: Zum Tod von Hans F. Zacher, JZ 2015, S. 460: „Hans Zacher war ein wunderbarer Vermittler seines Wissens und ein inspirierender Gesprächspartner."

[6] Vgl. *Peter Lerche*, Hans Zacher zum 75. Geburtstag, NJW 2003, S. 1853: „*Zacher* kann befreiend und warmherzig lachen und bleibt doch immer nachdenklich."

Zacher hatte für den Abdruck dieses – von uns zu diesem Zwecke aufgezeichneten – Vortrags großzügigerweise sein Placet gegeben; sein plötzlicher Tod hat es indes verhindert, daß er den Text noch einmal selbst durchsehen und gegebenenfalls ergänzen oder an der einen oder anderen Stelle modifizieren konnte. Die hier veröffentlichte Fassung ist deshalb um größtmögliche Präzision der Wiedergabe bemüht; sie verzichtet bewußt weitestgehend auf Anpassungen und nimmt nur in ganz wenigen Ausnahmefällen eine gewisse sprachliche „Glättung" vor. I.ü. gilt hier tatsächlich das gesprochene Wort!

Die nachfolgend angestellten Überlegungen verstehen sich als bloße Ergänzung der von Zacher in dem hier abgedruckten Vortrag selbst eingenommenen Perspektive.[7] Dem bescheidenen, persönliche Erfahrungen und Erfolge eher mit ironischer Distanz referierenden und auf die noch ganz junge Bundesrepublik fokussierten Zeitzeugenbericht wird damit eine den zeitlichen Horizont etwas nach hinten verschiebende und zugleich die enormen wissenschaftlichen Leistungen Hans Zachers stärker würdigende Darstellung zur Seite gestellt. In diesem Sinne beschränken sich die nachstehenden Ausführungen auf einige knappe biographisch-bibliographische Aspekte (dazu II.), um sodann Zachers Rolle im Prozeß der Ausdifferenzierung und Weiterentwicklung der Verwaltungsrechtswissenschaft, namentlich mit Blick auf die Bearbeitung des Sozialrechts als einer eigenständigen Materie und die Öffnung desselben gegenüber interdisziplinären und internationalen Kontakten und Erkenntnissen, näher zu würdigen (dazu III.). Ein kurzes Fazit beschließt den Beitrag (dazu IV.).

II. Biographisch-bibliographischer Überblick

„Die Persönlichkeit Zachers und seine Biographie sind außergewöhnlich, sein Lebenswerk ist immens. Dazu ist bereits viel geschrieben worden."[8] An dieser Stelle soll deshalb keine weitere ausführliche biographische Nacherzählung erfolgen. Gerade weil sich die nachfolgenden Ausführungen aber auf einen (wenn auch gewichtigen) Teilbereich von Zachers Werk und Wirken konzentrieren, scheint es angebracht, in einem Zwischenschritt einige kurze Anmerkungen zu weiteren relevanten Daten seines ereignis- und erfolgreichen Lebens einzuschieben.[9] Geboren am 22. Juni 1928 in Erlach am Inn, besuchte Hans Zacher zu-

---

[7] Vgl. als autobiographische Betrachtungen schon *Hans F. Zacher*, Sechs Jahrzehnte Rechtsgeschichte, in: *ders.*, Abhandlungen zum Sozialrecht II, Heidelberg 2008, S. 675 ff.; *ders.*, Mein 20. Jahrhundert im Recht, Rechtshistorisches Journal 19 (2000), S. 682 ff.; *ders.*, Sozialrechtswissenschaft – eine Notwendigkeit im sozialen Rechtsstaat, in: Christoph Schneider (Hrsg.), Forschung in der Bundesrepublik Deutschland – Beispiele – Kritik – Vorschläge, Weinheim 1983, S. 277 ff.

[8] *Ulrich Becker/Franz Ruland*, Einleitung, in: *Zacher*, Abhandlungen zum Sozialrecht II (Fn. 7), S. VII.

[9] Vgl. zum folgenden etwa *Ulrich Becker*, Hans F. Zacher und die rechtliche Ordnung des

nächst dort bis 1939 die Volksschule, anschließend bis 1944 die Oberschule in Simbach. Die Schulausbildung – gegen Kriegsende unterbrochen durch den Einsatz als Flakhelfer, Arbeitsdienst und Gefangenschaft – schloß er 1947 mit dem Abitur ab; anschließend studierte er Rechtswissenschaften in Bamberg, Erlangen und München. 1952 erfolgte unter Betreuung von Hans Nawiasky[10] die summa cum laude bewertete Promotion zum Dr. jur. mit einer Schrift zur „Erneuerung des parlamentarischen Systems in Deutschland nach dem 2. Weltkrieg". Nachdem er ebenfalls von Nawiasky zwar das – in gewisser Weise schicksalhafte, jedenfalls das weitere wissenschaftliche Werk prägende – Habilitationsthema „Das Verfassungsrecht der sozialen Intervention des Staates nach dem Grundgesetz und der Bayerischen Verfassung" vorgeschlagen bekommen hatte, allerdings sich für ihn keine freie Stelle an der Universität fand, arbeitete Zacher nach dem Assessorexamen von 1955 bis 1963 als Beamter in der Bayerischen Staatsverwaltung, beim Bayerischen Verwaltungsgerichtshof sowie beim Bundesverfassungsgericht. Mit der parallel zu dieser praktischen Tätigkeit angefertigten Schrift „Das Verfassungsrecht der sozialen Intervention" erfolgte 1962 die Habilitation in München. Zacher unterzieht in diesem Werk das in der Frühzeit der Bundesrepublik in der Staats- und Verwaltungsrechtslehre auf Basis divergierender ideologischer Präferenzen und verfassungstheoretischer Grundannahmen hochumstrittene Sozialstaatsprinzip[11] einer gründlichen und umfassenden Analyse und präsentiert eine hieran orientierte systematische Ordnung des geltenden Sozialrechts. „Dabei ging es ihm um die verfassungsrechtlichen Vorgaben, die den Leistungsstaat steuern, und um das Verhältnis

---

Sozialen, JöR 64 (2016), S. 663 ff.; *ders.*, Nachruf (Fn. 5), S. 460 f.; *ders.*, Hans F. Zacher zum 80. Geburtstag, NJW 2008, S. 1932 f.; *ders./Ruland*, Einleitung (Fn. 8), S. VII ff.; *Eberhard Eichenhofer*, Hans F. Zacher zum 80. Geburtstag, Die Sozialgerichtsbarkeit 2008, S. 347 f.; *Franz-Xaver Kaufmann*, Denker des Sozialstaats: Hans F. Zacher 80 Jahre, ZSR 54 (2008), S. 419 ff.; *Lerche*, Hans Zacher zum 75. Geburtstag (Fn. 6), S. 1853; *Hans-Jürgen Papier*, Hans Zacher zum 65. Geburtstag, AöR (1993), S. 321 ff.; *Franz Ruland*, Hans F. Zacher (1928–2015), NZS 2015, S. 241 ff.; *ders.*, Hans F. Zacher zum 70. Geburtstag, NJW 1998, S. 1926 f.; *ders.*, Hans F. Zacher – Zu Person und Werk, in: ders./Bernd v. Maydell/Hans-Jürgen Papier (Hrsg.), Verfassung, Theorie und Praxis des Sozialstaats. Festschrift für Hans F. Zacher zum 70. Geburtstag, Heidelberg 1998, S. XVII ff.; *ders.*, Hans F. Zacher zum 65. Geburtstag, NZS 1993, S. 251 ff.; *Stephan Rixen*, Staatsrecht des Sozialen: Hans F. Zachers wissenschaftliches Lebensthema. Eine Würdigung anhand der Diskussionsbeiträge auf den Tagungen der Staatsrechtslehrervereinigung, JöR 64 (2016), S. 679 ff.; *Michael Stolleis*, Hans F. Zacher und die Begründung des Sozialrechts, JöR 64 (2016), S. 673 ff.

[10] Vgl. zu ihm *Hans F. Zacher*, Hans Nawiasky (1880–1961). Ein Leben für Bundesstaat, Rechtsstaat und Demokratie, in: Helmut Heinrichs u. a. (Hrsg.), Deutsche Juristen jüdischer Herkunft, München 1993, S. 677 ff.; *ders.*, Hans Nawiasky. Ein Leben für Bundesstaat, Rechtsstaat und Demokratie, in: Hans Spanner u. a. (Hrsg.), Festgabe für Theodor Maunz zum 70. Geburtstag, München 1971, S. 477 ff.

[11] Vgl. hierzu etwa *Michael Stolleis*, Geschichte des öffentlichen Rechts in Deutschland, Bd. 4, München 2012, S. 280 ff.; ausführlich *John Philipp Thurn*, Welcher Sozialstaat? Ideologie und Wissenschaftsverständnis in den Debatten der bundesdeutschen Staatsrechtslehre 1949–1990, Tübingen 2013.

zwischen dem Sozialstaat, dessen Institutionen und der Verfassung. Es ist dies das Grundthema seines Interesses, das er in zahlreichen Arbeiten grundsätzlich, aber auch in wichtigen Details immer wieder voranbringt."[12] Auf Basis dieser nicht nur umfangreichen,[13] sondern gewichtigen Schrift erfolgte 1963 ein Ruf auf eine ordentliche Professur für Staats-, Verwaltungs- und Kirchenrecht an der Universität des Saarlandes. Von dort wechselte er 1971 auf einen Lehrstuhl für öffentliches Recht, insbesondere Deutsches und Bayerisches Staats- und Verwaltungsrecht, an der Ludwig-Maximilians-Universität München. Ungeachtet der in den beiden Denominationen zum Ausdruck kommenden, der Sache nach zutreffenden breiten Forschungs- und Lehrtätigkeit Zachers[14] war zu diesem Zeitpunkt bereits eine klare Fokussierung auf das Sozialrecht erkennbar.[15] In München führte Zacher indes nicht nur seine verfassungsrechtsbezogenen sozialrechtlichen Forschungen fort, sondern erweiterte seine Forschungsinteressen und -aktivitäten insbesondere in den Bereich der Internationalisierung und Rechtsvergleichung hinein. Ab 1976 leitete er eine von der Max-Planck-Gesellschaft finanzierte Projektgruppe für internationales und vergleichendes Sozialrecht.[16] 1980 wurde er (Gründungs-)Direktor des neuen Max-Planck-Instituts für ausländisches und internationales Sozialrecht.[17] 1990 wählte der Senat der Max-Planck-Gesellschaft ihn – als ersten Geisteswissenschaftler überhaupt – zum Präsidenten der Gesellschaft. Seine bis 1996 dauernde Amtszeit war geprägt von der gewaltigen Aufgabe, die in den beiden deutschen Teilstaaten entstandenen institutionellen Strukturen zu einer gemeinsamen (außeruniversitären) Forschungslandschaft zusammenzuführen. Unter Zachers Präsidentschaft gelang es, einerseits schmerzhafte Einschnitte durchzusetzen und andererseits insgesamt 18 neue Max-Planck-Institute aufzubauen. 1996 kehrte er als Emeritus an „sein" MPI zurück und setzte dort seine überaus produktive Forschungstätigkeit fort. Sein Nachfolger im Amt des Institutsdirektors, Ulrich Becker, beschreibt dieses Wirken im Unruhestand wie folgt:

---

[12] *Becker/Ruland*, Einleitung (Fn. 8), S. IX.

[13] Vgl. *Stolleis*, Geschichte des öffentlichen Rechts in Deutschland IV (Fn. 11), S. 545.

[14] Vgl. nicht exemplarisch, aber doch mit anekdotischer Evidenz: *Hans F. Zacher*, Der Kampf um das reine Bier, Bayerische Staatszeitung 1955, S. 8; *ders.*, Rechtsfragen des süddeutschen Süßbierstreites, BayVBl. 1955, S. 203 ff.

[15] Vgl. etwa *Hans F. Zacher*, Soziale Gleichheit, AöR 93 (1968), S. 341 ff.; *ders.*, Das Sozialstaatsprinzip in der Rechtsprechung des Bundesverfassungsgerichts, BayVBl. 1969, S. 113 ff.; *ders.*, Zur Rechtsdogmatik sozialer Umverteilung, DÖV 1970, S. 3 ff.

[16] Vgl. hierzu *Hans F. Zacher*, Projektgruppe für internationales und vergleichendes Sozialrecht, Vierteljahresschrift für Sozialrecht 1975, S. 388 ff.; *ders.*, Projektgruppe für Internationales und Vergleichendes Sozialrecht, Die Sozialgerichtsbarkeit 1975, S. 469 f.

[17] Vgl. hierzu *Hans F. Zacher*, Das Max-Planck-Institut für ausländisches und internationales Sozialrecht, in: Bernhard Pfister/Michael R. Will (Hrsg.), Festschrift für Werner Lorenz zum siebzigsten Geburtstag, Tübingen 1991, S. 847 ff.; *ders./Bernd Schulte*, Der Aufbau des Max-Planck-Instituts für ausländisches und internationales Sozialrecht, Vierteljahreszeitschrift für Sozialrecht 1981, S. 165 ff.

„Es gelang ihm, seinen Rat anzubieten, ohne sich in die Belange der neuen Institutsleitungen einzumischen, aber auch ohne in grundlegenden Fragen seine eigene Position zu verhehlen. Besonders bewundernswert war seine nie ermüdende Bereitschaft, sich – trotz der vielen und vielfältigen Aufgaben, die sich weiterhin stellten – mit Wissenschaftlern aller Generationen über deren sozialrechtliche Projekte auszutauschen.“[18]

Am 18. Februar 2015 ist Hans Zacher überraschend plötzlich verstorben, nachdem er noch kurz zuvor in seinem Neujahrsgruß an Freunde und Familie verschmitzt Pläne für die Zukunft vorgestellt hatte.

III. Hans Zachers (bleibende) Bedeutung für das Sozialrecht als eigenständiger Teilbereich des Verwaltungsrechts

Zachers lebenslange Auseinandersetzung mit dem Sozialrecht ist, wie erwähnt, in ihrem Ausgangspunkt zu verstehen vor dem Hintergrund einer zeitgeschichtlichen Kontroverse über die Bedeutung der Bezugnahme des Grundgesetzes auf den „Sozialstaat“. Ergänzend ist an die „in der ersten Phase der Prosperität der Bundesrepublik“ zunehmende Bedeutung nicht nur der Leistungsverwaltung allgemein, sondern zumal der Umverteilung zugunsten Hilfsbedürftiger zu erinnern; „nun befestigte der umverteilende Sozialstaat die politische Stabilität. Ein ‚nur‘ formaler Rechtsstaat schien nicht nur veraltet, sondern gefährlich.“[19] Das Interesse am Sozialen, am Sozialstaat und dem dieses im wesentlichen verwirklichenden Sozialrecht hat bei Zacher eine „schier unermeßlich[e]“[20] Anzahl wissenschaftlicher Arbeiten hervorgebracht.[21] Aber nicht aufgrund dieser – in sich schon überaus eindrucksvollen – Quantität, sondern wegen der Qualität, Originalität und Prägekraft seiner Schriften kann Zachers Bedeutung für das Sozialrecht und die Sozialrechtswissenschaft kaum überschätzt werden. Er gilt zu Recht als „einer der wichtigsten Wegbereiter der Sozialrechtswissenschaft“[22] oder sogar als „Begründer der Sozialrechtswissenschaft nach dem Zweiten Weltkrieg“[23], als „Personifizierung sozialrechtlicher Relevanz im Diskursraum der Wissenschaft vom öffentlichen Recht“[24] als „Do-

[18] *Becker*, Nachruf (Fn. 5), S. 460.

[19] *Stolleis*, Geschichte des öffentlichen Rechts in Deutschland IV (Fn. 11), S. 283.

[20] *Papier*, Hans Zacher zum 65. Geburtstag (Fn. 9), S. 322.

[21] Vgl. dazu zusammenfassend *Hans F. Zacher*, Das soziale Staatsziel, in: Josef Isensee/Paul Kirchhof (Hrsg.), Handbuch des Staatsrechts der Bundesrepublik Deutschland, Bd. 2, 3. Aufl., Heidelberg 2004, § 28, S. 659 ff.; ferner etwa schon *ders.*, Der Sozialstaat als Aufgabe der Rechtswissenschaft, in: Gerhard Lüke/Georg Ress/Michael R. Will (Hrsg.), Rechtsvergleichung, Europarecht und Staatenintegration. Gedächtnisschrift für Leontin-Jean Constantinesco, Köln 1983, S. 943 ff.

[22] *Ruland*, Hans F. Zacher (1928–2015) (Fn. 9), S. 241.

[23] *Becker*, Nachruf (Fn. 5), S. 460.

[24] *Rixen*, Staatsrecht des Sozialen (Fn. 9), S. 680.

yen"[25] und „elder statesman"[26] des Fachs. Ohne seinen Einfluß sähen das Sozialrecht und die Sozialrechtswissenschaft sicherlich gänzlich anders aus. An vier Punkten läßt sich dies kurz verdeutlichen: Zunächst anhand seiner wissenschaftlichen Verdienste um die Systematisierung und Ordnung der durch eine überaus unübersichtliche Stoffülle gekennzeichneten Materie (dazu 1.), ferner durch seine wichtige praktische Rolle sowohl mit Blick auf die Institutionalisierung der Sozialrechtswissenschaft (dazu 2.) als auch im Kontext der Sozialgesetzgebung (dazu 3.). Schließlich ist in methodischer Hinsicht auf die von ihm maßgeblich vorangetriebene Öffnung gegenüber europäischen und internationalen Einflüssen, aber auch nachbarwissenschaftlichen Erkenntnissen hinzuweisen (dazu 4.).

1. Zur Entstehung einer verfassungsorientierten, systematisch denkenden Sozialrechtswissenschaft

Schon mit der – allerdings erst sehr spät veröffentlichten – Habilitationsschrift[27] und den auf ihr aufbauenden Veröffentlichungen nahm Zacher maßgeblichen Einfluß auf das Verständnis des Sozialstaatsgedankens und seiner konkreten Auswirkungen auf das positive Recht. „Die inzwischen allgemein anerkannte Interpretation von Sozialstaatlichkeit als Staatsziel umfassend und auf Dauer begründet zu haben, ist das Hauptverdienst Zachers im Kontext seiner weitreichenden sozialpolitischen Wirksamkeit."[28] Aber eine abschließende Einordnung und Festlegung ist damit eben nicht verbunden; im Gegenteil werden gerade die Dynamik und „Zukunftsoffenheit" als Kerncharakteristika des Sozialstaats betont und mit diesem die fortwährende Aufgabe verbunden, sich (immer wieder) auf neue Entwicklungen einzustellen, „neue soziale Probleme wahrzunehmen und alte Festschreibungen von daher zu relativieren."[29] Zacher versteht das Sozialstaatsprinzip deshalb als gleichermaßen voraussetzungsvolles[30] wie

---

[25] *Kaufmann*, Denker des Sozialstaats (Fn. 9), S. 419; *Becker/Ruland*, Einleitung (Fn. 8), S. VIII.

[26] *Becker/Ruland*, Einleitung (Fn. 8), S. VIII.

[27] *Hans F. Zacher*, Sozialpolitik und Verfassung im ersten Jahrzehnt der Bundesrepublik Deutschland (1961), Berlin 1980.

[28] *Kaufmann*, Denker des Sozialstaats (Fn. 9), S. 420.

[29] *Zacher*, Das soziale Staatsziel (Fn. 21), § 28 Rn. 24. Siehe auch *ders.*, § 26 Sozialstaat. Das große Paradoxon, die endlose Komplexität und die Illusion der Eindeutigkeit und der Endlichkeit, in: Hanno Kube u.a. (Hrsg.), Leitgedanken des Rechts. Paul Kirchhof zum 70. Geburtstag, Heidelberg 2013, S. 285 ff.

[30] Zum Verhältnis zur Marktwirtschaft vgl. etwa *Hans F. Zacher*, Individuelle und soziale Sicherung gegen Notfälle des Lebens in der sozialen Marktwirtschaft, Zeitschrift für die gesamte Versicherungswissenschaft 1973, S. 135 ff.; *ders.*, Soziale Sicherung in der sozialen Marktwirtschaft, Vierteljahresschrift für Sozialrecht 1973, S. 97 ff.; *ders.*, Sozialrecht und soziale Marktwirtschaft, in: Wolfgang Gitter/Werner Thieme/ders. (Hrsg.), Im Dienst des So-

variables, nicht durch Verfassungsinterpretation schlicht zu erschauendes, sondern als demokratisch-rechtsstaatlich gesteuerter politischer Prozeß zu konzipierendes Phänomen.[31] Er hebt die Bedeutung gesetzlicher Konkretisierungen hervor, weist aber zugleich auf die „Dialektik zwischen normativem und institutionellem Ansatz" hin und betont die Rolle der „Organisationen und Verfahren, welche die Sozialpolitik (formulieren und) realisieren".[32] Dieses dynamische und polyperspektivische Verständnis ermöglicht es, einerseits eine verfassungsnormativ angeleitete Systematisierung des Sozialrechts zu unternehmen, dessen „Anatomie"[33] und „Grundtypen"[34] zu präsentieren und seine Dogmatik zu entwickeln[35], und zugleich den hier zu beobachtenden steten Wandel nicht als Problem, sondern als sachadäquat zu erfassen.[36] Gerade weil das Sozialrecht sich nach wie vor wie kaum ein anderes Rechtsgebiet im Fluß befindet, kontinuierlicher rechtspolitischer Umgestaltungsabsicht ebenso unterliegt wie der Beeinflussung durch gesellschaftspolitische Diskussionen, kommt grundlegenden Ordnungsstrukturen und prinzipiellen Orientierungsmustern eine solche Bedeutung zu. Zachers Verdienste gehen insoweit über die vorgenannten, besonders gründlichen, die verfassungsnormativen Vorprägungen ernst nehmenden, aber nicht überbewertenden Analysen hinaus.[37] Zwei Beispiele hierzu: Für Zacher bildet angesichts der „Verworrenheit des Sozialrechts" die „wissenschaftliche Systemsuche eine dringende Aufgabe im Dienst des Sozialstaats und des Sozialrechts"[38]. In diesem Sinne ist es ihm in der Tat gelungen, das traditionelle, unübersichtliche und durch Kontingenz gekennzeichnete „Dickicht an Rege-

---

zialrechts. Festschrift für Georg Wannagat zum 65. Geburtstag, Köln 1981, S. 715 ff.; *ders.*, Entstehung, Wandel und Fehlentwicklung des Sozialstaats in der Bundesrepublik Deutschland, in: Klaus Weigelt (Hrsg.), Die soziale Marktwirtschaft erneuern. Arbeit – soziale Sicherung – Familie, Mainz 1986, S. 27 ff. Siehe auch *ders.*, Diskussionsbeitrag, VVDStRL 69 (2010), S. 127 f.

[31] Vgl. insbesondere *Hans F. Zacher*, Was können wir über das Sozialstaatsprinzip wissen?, in: Rolf Stödter/Werner Thieme (Hrsg.), Hamburg – Deutschland – Europa. Festschrift für Hans-Peter Ipsen, Tübingen 1977, S. 207 ff. Siehe zum Ganzen auch *Thurn*, Welcher Sozialstaat? (Fn. 11), S. 143 ff., 425 ff.

[32] *Zacher*, Das soziale Staatsziel (Fn. 21), § 28 Rn. 72 ff.

[33] Vgl. *Hans F. Zacher*, Die Anatomie des Sozialrechts, Die Sozialgerichtsbarkeit 1982, S. 329 ff.

[34] Vgl. *Hans F. Zacher*, Grundtypen des Sozialrechts, in: Walther Fürst/Roman Herzog/Dieter C. Umbach (Hrsg.), Festschrift für Wolfgang Zeidler, Berlin 1987, Bd. 1, S. 571 ff.

[35] *Hans F. Zacher*, Entwicklung einer Dogmatik des Sozialrechts (2006), in: *ders.*, Abhandlungen zum Sozialrecht II (Fn. 7), S. 331 ff.; siehe auch *ders.*, Sozialrecht und Rechtsdogmatik, in: Christoph Engel/Wernhard Möschel (Hrsg.), Recht und spontane Ordnung. Festschrift für Ernst-Joachim Mestmäcker zum achtzigsten Geburtstag, Baden-Baden 2006, S. 530 ff.

[36] Vgl. etwa *Hans F. Zacher*, Das Sozialrecht im Wandel von Wirtschaft und Gesellschaft, Vierteljahresschrift für Sozialrecht 1979, S. 145 ff.

[37] Vgl. hierzu auch *Stolleis*, Hans F. Zacher und die Begründung des Sozialrechts (Fn. 9), S. 673 ff.

[38] *Zacher*, Grundtypen des Sozialrechts (Fn. 34), S. 571.

lungen […] wissenschaftlich, d.h. systematisch zu durchdringen"[39]. So setzte er etwa an die Stelle der überkommenen, in sich nicht stimmigen Differenzierung von Sozialversicherung, Versorgung und Fürsorge eine systematisch überzeugendere Trias von Vorsorge-, Entschädigungs- sowie Förderungs- und Hilfssystemen, die heute „als Allgemeingut der Sozialrechtswissenschaft betrachtet werden" kann.[40] Ergänzt und fundiert werden solche dogmatischen Arbeiten durch Publikationen, die stärker theoretisch und rechtsphilosophisch ausgerichtet sind und etwa nach dem Verhältnis von Sozialrecht und Gerechtigkeit fragen.[41] Beides verdeutlicht, daß Zachers sozialrechtlichen Schriften eben nicht der für dieses Rechtsgebiet bisweilen typische Charakter des Kleinteiligen und Ephemeren anhaftet:

> „Die Details waren ihm zwar geläufig, aber sie waren nie sein Anliegen. Ihm ging es um das Grundsätzliche, um die Richtung, in die sich bestimmte Entwicklungen seiner Auffassung nach hin bewegen und bewegen sollten. Er hat, indem er sozusagen von oben auf das System der sozialen Sicherung schaute, Defizite aufgespürt und neue Entwicklungen vorhergesehen. […] Die sozialrechtlichen Details sind immer wieder geändert worden. Das Grundsätzliche hat seinen Wert behalten. Deshalb sind Zachers Beiträge nicht nur als rechtshistorische Dokumente ihrer Zeit von hoher Bedeutung; sie haben zudem durch den Zeitablauf nur wenig an Aktualität eingebüßt."[42]

2. *Institutionalisierung der Sozialrechtswissenschaft*

Gesondert erwähnens- und hervorhebenswert sind ferner Zachers Verdienste um die Verbindung und den Austausch von sozialrechtlicher Wissenschaft und Praxis. 1965 war er – gemeinsam mit dem Senatspräsidenten beim Bundessozialgericht Walter Bogs[43] und dem Bundessozialgerichtspräsidenten Georg Wannagat[44] – Mitbegründer des Deutschen Sozialgerichtsverbandes (später: Deutscher

---

[39] *Ruland*, Hans F. Zacher (1928–2015) (Fn. 9), S. 242.

[40] *Papier*, Hans Zacher zum 65. Geburtstag (Fn. 9), S. 323; ähnlich *Ruland*, Hans F. Zacher zum 65. Geburtstag (Fn. 9), S. 252 f.; vgl. aus der Ausbildungsliteratur etwa *Raimund Waltermann*, Sozialrecht, 11. Aufl., Heidelberg 2015, Rn. 78 ff.

[41] Vgl. *Hans F. Zacher*, Sozialrecht und Gerechtigkeit, in: Arthur Kaufmann/Ernst-Joachim Mestmäcker/ders. (Hrsg.), Rechtsstaat und Menschenwürde. Festschrift für Werner Maihofer zum 70. Geburtstag, Frankfurt/Main 1988, S. 669 ff.

[42] *Becker/Ruland*, Einleitung (Fn. 8), S. VIII. Ähnlich *Papier*, Hans Zacher zum 65. Geburtstag (Fn. 9): „Auch in den ‚Niederungen' des materiellen Sozialrechts ist Zacher stets der vom Erkenntnisinteresse an den übergreifenden Zusammenhängen und von der Lust am Systematisieren geleitete Wissenschaftler geblieben."

[43] Für *Zacher* der „wahre Gründervater der deutschen Sozialrechtswissenschaft", vgl. *Hans F. Zacher*, Sozialstaat und Rechtsschutz (2006), in: *ders.*, Abhandlungen zum Sozialrecht II (Fn. 7), S. 309 (311); siehe auch *ders.*, Gratulation für Walter Bogs, Vierteljahresschrift für Sozialrecht 1974, S. 99 ff.

[44] Vgl. knapp *Hermann Heußner*, Georg Wannagat tritt in den Ruhestand, NZA 1984, S. 29 f.; *Hans F. Zacher*, Georg Wannagat zu seinem besonderen Geburtstag, Die Sozialge-

Sozialrechtsverband), für den er zudem von 1974 bis 1988 als stellvertretender Vorsitzender, von 1988 bis 1990 als Vorsitzender und ab 1991 als Ehrenvorsitzender fungierte. 2006 hat Zacher diese Pionierzeit noch einmal rekapituliert und reflektiert und an das damals bestehende, die Verbandsgründung zumindest mitmotivierende „Defizit wissenschaftlicher Erarbeitung des Rechts, für das die Sozialgerichtsbarkeit zuständig war", erinnert.[45] Bezeichnenderweise thematisierte er selbst damals in seinem Vortrag die „Spannung zwischen der Sonderung des Rechtsbereichs der Sozialgerichtsbarkeit und seiner Verflochtenheit";[46] hier zeigen sich mithin erneut Grundmotive seiner Forschung und Bausteine seiner Rolle im Prozeß der Ausdifferenzierung des Verwaltungsrechts: Die basale Zielsetzung, das Sozialrecht als eigenständige Materie zu etablieren, deren besondere Bereichsdogmatik sich aber gerade nicht durch die (bloße) Trennung vom sonstigen öffentlichen Recht, sondern im Gegenteil aus dem Rückbezug auf grundlegende Prinzipien erschließt, und – parallel und in Ergänzung hierzu – die gleichzeitige Differenzierung und Engführung der diesbezüglichen, aufeinander bezogenen, aber doch unterschiedlichen Funktionen von Wissenschaft und Praxis.[47]

3. *Kodifikation des Sozialrechts*

Als „dritte Säule" des Beitrags, den Hans Zacher für die Entwicklung des Sozialrechts und der Sozialrechtswissenschaft in der Bundesrepublik geleistet hat, können – neben der wissenschaftlichen, im engeren Sinne dogmatischen Forschungs- und Lehrtätigkeit und dem praktischen Engagement in zahlreichen einschlägigen nationalen und internationalen Vereinigungen – seine rechtspolitischen Aktivitäten angesehen werden. Zacher war nicht nur ein in vielen Spezialfragen zu Rate gezogener Experte und Gutachter, sondern er saß auch lange Zeit im Wissenschaftlichen Beirat des Bundeswirtschaftsministeriums. Maßgeblichen Einfluß nahm er zudem und vor allem auf den Prozeß der Kodifikation des Sozialrechts, den er als Mitglied und zeitweise auch als Vorsitzender der Sozialgesetzbuch-Kommission aktiv begleitet und mitgeprägt hat.[48] Dabei wurde relativ rasch Einigkeit erzielt, eine umfassende Neuordnung des gesamten Sozialrechts mit der Zielsetzung, dieses „noch funktionaler, noch gerechter,

---

richtsbarkeit 2006, S. 329 ff.; *ders.*, Georg Wannagat †, Zeitschrift für ausländisches und internationales Arbeits- und Sozialrecht 2006, S. 398 ff.; siehe auch die Beiträge in: Gitter/Thieme/ders. (Hrsg.), Im Dienst des Sozialrechts (Fn. 30).

[45] Vgl. *Zacher*, Sozialstaat und Rechtsschutz (Fn. 43), S. 309 ff., das Zitat dort, S. 310.

[46] Vgl. *Zacher*, Sozialstaat und Rechtsschutz (Fn. 43), S. 309 (312 f.).

[47] Vgl. zu letzterem aus methodischer Sicht *Hans F. Zacher*, Grundfragen theoretischer und praktischer sozialrechtlicher Arbeit, Vierteljahresschrift für Sozialrecht 1976, S. 1 ff.

[48] Vgl. etwa *Hans F. Zacher*, Zum Sozialgesetzbuch. Stand und Probleme der Kodifikation des Sozialrechts, Archiv für Wissenschaft und Praxis der sozialen Arbeit 5 (1974), S. 1 ff.

noch ‚sozialer', zu gestalten, zu ordnen, zu vermitteln, ihm einen neuen Anfang in die Zukunft des sozialen Rechtsstaats hinein zu geben", sei überambitioniert, unrealistisch und nicht durchführbar.[49] Statt dessen wurde bekanntlich (nur) eine „Kodifikation bei begrenzter Sachreform" angestrebt.[50] Dennoch handelte es sich um eine gewaltige Aufgabe, weil die ungeheure und weitgehend ungeordnete Vielfalt sozialrechtlicher Normen wenn nicht inhaltlich verändert, dann doch systematisch geordnet und die einzelnen Teilbereiche neu aufeinander bezogen werden sollten. Insofern läßt sich aus heutiger Sicht sicher über den grundsätzlich illusorischen Charakter dieses Projekts, vielleicht sogar die Naivität einer Kodifikationsidee insgesamt,[51] v.a. aber seinen konkreten Erfolg oder Mißerfolg trefflich streiten. Auch Zacher selbst sieht retrospektiv manches kritisch und bedauert namentlich die theoretisch-methodischen Defizite, die Politisierung und die Verknüpfung mit akuten Sachproblemen und entsprechenden Reformbestrebungen, die aus seiner Sicht eine (weitere) Systematisierung erschwert oder gar verhindert haben:

„Daß dem Vorgehen der Kodifikation das Rückgrad (sic!) einer leistungsfähigen Theorie so dezidiert verweigert wurde, kennzeichnet ihre Erträge bis heute. Sie blieb dem steten Wandel des Sozialen und den wechselnden Winden der Politik mehr ausgesetzt, als einer Kodifikation guttun kann."[52]

Dessen ungeachtet bleibt aber nicht nur die intellektuelle Leistung bewundernswert, sondern es ist – bei allen berechtigten Klagen im Detail – wohl auch davon auszugehen, daß sich dieses enorm anspruchsvolle „Vorhaben" in der Praxis im großen und ganzen bewährt hat und gerade in einer rechtsvergleichenden Bewertung seine Vorzüge erkennbar sind.[53]

---

[49] *Hans F. Zacher*, Das Vorhaben des Sozialgesetzbuchs (1995), in: *ders.*, Abhandlungen zum Sozialrecht II (Fn. 7), S. 361 (367).

[50] Vgl. *Zacher*, Das Vorhaben des Sozialgesetzbuchs (Fn. 49), S. 367; siehe auch *ders.*, Die Kodifikation des deutschen Sozialrechts in historischer und rechtsvergleichender Sicht (2001), in: *ders.*, Abhandlungen zum Sozialrecht II (Fn. 7), S. 379 (389f.).

[51] Vgl. allgemein hierzu etwa *Ivo Appel*, Zur Aktualität der Kodifikationsidee. Anmerkungen am Beispiel des Umweltgesetzbuchs als Dauerprojekt, in: Arnd Koch/Matthias Rossi (Hrsg.), Kodifikation in Europa, Frankfurt/Main 2012, S. 1 ff.; *Andreas Voßkuhle*, Kodifikation als Prozeß. Zur Bedeutung der Kodifikationsidee in heutiger Zeit unter besonderer Berücksichtigung der Arbeiten an einem Umweltgesetzbuch, in: Hans Schlosser (Hrsg.), Bürgerliches Gesetzbuch 1896–1996, Heidelberg 1997, S. 77 ff.

[52] *Zacher*, Das Vorhaben des Sozialgesetzbuchs (Fn. 49), S. 369.

[53] Vgl. *Zacher*, Die Kodifikation des deutschen Sozialrechts (Fn. 50), S. 388 ff.

4. *Internationalisierung und Interdisziplinarität sozialrechtlicher Forschung*

Das schlägt den Bogen zu einem vierten Aspekt. Zachers besondere wissenschaftliche Spezialisierung und das diese unterstützende institutionelle Engagement sind gewiß als Ausdruck eines tiefgehenden, lebenslang aufrechterhaltenen Interesses am Gesamtphänomen des „Sozialen" zu verstehen.[54] Es leuchtet deshalb ungemein ein, daß seine wissenschaftliche Neugierde nicht an disziplinären und Landesgrenzen endete.[55] „Weit stärker als andere Sozialrechtler bleibt Zacher sich der Offenheit des Sozialrechts im Hinblick auf die gesellschaftlichen Gegebenheiten und Veränderungen bewusst. Er betont deshalb auch das Erfordernis interdisziplinärer Orientierung, und zwar sowohl innerhalb der Rechtswissenschaft, wo er vor allem Zusammenhänge zwischen Wirtschaftsrecht und Sozialrecht herausgearbeitet hat, als auch im Verhältnis zu den nicht-juristischen Sozialwissenschaften."[56] Indes zeichnet es nicht nur seine eigene Forschung aus, daß sie schon zu einem sehr frühen Zeitpunkt international vergleichende und interdisziplinäre Perspektiven miteinbezieht und u.a. auch deshalb im In- und Ausland intensiv und rasch rezipiert wurde und auch in den Nachbardisziplinen, namentlich bei Historikern, Ökonomen und anderen Sozialwissenschaftlern, breite Aufmerksamkeit erfuhr und erfährt.[57] Zacher liefert damit zugleich ein Beispiel für die sich entwickelnde Sozialrechtswissenschaft insgesamt.

Das gilt in noch viel stärkerem Maße für die zweite entscheidende methodische Weichenstellung, nämlich die Einbeziehung nicht nur inter- und supranationaler Ingerenzen,[58] sondern zumal rechtsvergleichender Forschung. Gerade weil es sich beim Wohlfahrtsstaat ursprünglich um ein nationales Projekt handelte, war es Zacher schon früh ein Anliegen, den Wechselwirkungen nachzu-

---

[54] So auch *Becker*, Hans F. Zacher zum 80. Geburtstag (Fn. 9), S. 1932f.; näher hierzu *Rixen*, Staatsrecht des Sozialen (Fn. 9), S. 681 ff. *Zacher* spricht vom Sozialen als seinem „wissenschaftlichen Lebensthema", siehe seinen Diskussionsbeitrag in VVDStRL 69 (2010), S. 127.

[55] Deutlich *Zacher*, Grundtypen des Sozialrechts (Fn. 34), S. 572: „Um Spezifisches hervorheben zu können, müssen wir also fragen, wie gesellschaftliche Beziehungen und wie Gemeinwesen beschaffen sind oder beschaffen sein sollen, die ‚sozial' genannt werden dürfen. *‚Sozialrecht' läßt sich nur von einem politischen ‚Sozial'-Begriff her definieren*" (Hervorhebung i.O.).

[56] *Kaufmann*, Denker des Sozialstaats (Fn. 9), S. 421.

[57] Vgl. *Becker*, Hans F. Zacher zum 80. Geburtstag (Fn. 9), S. 1932f.; *ders.*, Nachruf (Fn. 5), S. 460.

[58] Vgl. etwa *Hans F. Zacher*, Einführungsreferat aus sozialrechtlicher Sicht, in: Bernd Schulte/ders. (Hrsg.), Wechselwirkungen zwischen dem Europäischen Sozialrecht und dem Sozialrecht der Bundesrepublik Deutschland, Berlin 1991, S. 11 ff.; *ders.*, Wird es einen europäischen Sozialstaat geben?, EuR 2002, S. 147 ff. Siehe zur Beeinflussung durch das Recht der Europäischen Gemeinschaft (jetzt: Union) auch *Becker/Ruland*, Einleitung (Fn. 8), S. XI m.w.N.: „Daher ist es für Zacher entscheidend, dass die Gemeinschaft und die Mitgliedstaaten ein harmonisches, produktives und entwicklungsoffenes Ganzes bilden."

spüren, die sich etwa aus individuellen und kollektiven Interaktionen ergeben.[59] Das zeigt sich namentlich an der Bewältigung des „sozialen Einschlusses", also von Integration. Hier korrespondiert einer frühen Sensibilität für die Bedeutung des Themas in inhaltlicher Hinsicht eine wohltuend abgewogene, nüchterne Sicht, die es auch mit Blick auf die aktuellen, weiterhin teilweise reichlich überhitzten Debatten wert ist, in Erinnerung gerufen zu werden.[60]

Die im strengeren Sinne rechtsvergleichende Perspektive steht ersichtlich in einer engen Verbindung zur interdisziplinären. Entscheidend ist insoweit die Einsicht, daß das gegebene sozialrechtliche Regelungsmaterial (auch, wenn nicht primär) situativ, aus lokalen und historischen Kontingenzen und den daran anschließenden sozialpolitischen Entscheidungen heraus zu erschließen ist. Deshalb lag es nahe, eine vergleichende Perspektive einzunehmen und die abweichenden Problemlösungsmodelle zu studieren, die unter anderen sozialen Umständen entstanden sind. Auch hier geht es wieder darum, ein weites Feld – noch deutlich weiter als das ja schon für sich gesehen nicht gerade unterkomplexe nationale Sozialrecht – systematisch zu erschließen, unterschiedliche Ansätze zu rekonstruieren und auf diese Weise zugleich Erkenntnisgewinne auch für die Behandlung des „Eigenen" zu erzielen. Charakteristischerweise bezieht diese Rechtsvergleichung, für die Zacher auch methodische Basisarbeit geleistet[61] und der er mit dem Max-Planck-Institut für ausländisches und internationales Sozialrecht eine institutionelle Heimstatt errichtet hat, dabei nicht nur die klassischen Industrienationen des „Westens" mit ein, sondern berücksichtigt auch sozialistische Staaten[62] sowie Entwicklungsländer[63],

[59] Vgl. exemplarisch *Hans F. Zacher*, Die Bundesrepublik Deutschland als Sozialstaat: eine Geschichte des sozialen Einschlusses in Zeichen von Nationalisierung und Internationalisierung, Zeitschrift für ausländisches und internationales Arbeits- und Sozialrecht 2002, S. 193 ff.; *ders.*, Pluralität der Gesellschaft als rechtspolitische Aufgabe, Der Staat 9 (1970), S. 161 ff.

[60] Vgl. *Hans F. Zacher*, Deutschland den Deutschen? Die wechselvolle Geschichte des sozialen Einschlusses im Deutschland des 19. und 20. Jahrhunderts, in: Michael Brenner/Peter Michael Huber/Markus Möstl (Hrsg.), Der Staat des Grundgesetzes – Kontinuität und Wandel. Festschrift für Peter Badura zum siebzigsten Geburtstag, Tübingen 2004, S. 639 (640): „Die Problematik ist voller Unterschiede und Widersprüche. Zu vielfältig sind die Sachverhalte. Zu ungleich ist das Wissen über sie. Und zu verschieden sind die Leitbilder und Interessen, von denen her sie bewertet werden. Die Komplexität ist groß. Die Reaktion der öffentlichen Diskussion jedoch ist Vereinfachung."

[61] Vgl. etwa *Hans F. Zacher*, „Einleitung" und „Vorfragen zu den Methoden der Sozialrechtsvergleichung", in: ders. (Hrsg.), Methodische Probleme des Sozialrechtsvergleichs, Berlin 1977, S. 7 ff.

[62] Vgl. etwa *Hans F. Zacher*, Sozialrecht in sozialistischen Ländern Osteuropas, Jahrbuch für Ostrecht 23 (1982), S. 331 ff.

[63] Vgl. etwa *Hans F. Zacher*, Sozialrecht und Sozialpolitik in den Ländern der Dritten Welt, Vierteljahresschrift für Sozialrecht 1983, S. 1 ff.; *ders.*, Traditionelle Solidarität und moderne soziale Sicherheit – ein sozialpolitisches Dilemma der Entwicklungsländer, in: Landwirtschaftliche Sozialversicherung und Internationale Beziehungen. Festschrift für Kurt Noell, Kassel 1986, S. 37 ff.; *ders.*, Die Entwicklungsländer-Forschung in den ersten Jahr-

„obwohl diese wegen des dünnen sozialrechtlichen Substrats und der kulturellen und institutionellen Eigenheiten von Modernisierungsprozessen bis heute mit ganz eigenen Schwierigkeiten verbunden sind. Von Beginn an wurden [zudem] in dem neuen Forschungsumfeld Grundlagenfragen mit sachthematischen Aspekten verbunden und etwa auf bestimmte schutzbedürftige Gruppen, auf besondere soziale Situationen oder auf Faktoren sozialer Gestaltung und Leistung bezogen.“[64]

IV. Fazit

Im Vorstehenden konnte ersichtlich nicht eine auch nur annähernd umfassende Würdigung des gleichermaßen tief- wie weitgreifenden Werkes von Hans Zacher erfolgen. Deutlich werden sollte aber, daß seine spezifische Neugier und die daraus erwachsende Originalität und Innovationskraft seines Denkens in ganz ungewöhnlichem und erstaunlichem Maße zur „Personalisierung“ eines ganzen Rechtsgebiets beigetragen haben. Hans Zacher hat, das hätte er sicher als erster hervorgehoben, natürlich nicht „im Alleingang“ das Sozialrecht als wissenschaftliche Teildisziplin des Verwaltungsrechts etabliert. Seine Rolle in diesem Ausdifferenzierungsprozeß ist aber außerordentlich bedeutsam, und seine Stellungnahmen sind aufgrund ihres spezifischen Zuschnitts, der eingesetzten Methode und seines scharfen Sensoriums für (noch) unzureichend behandelte Problembereiche[65] so grundlegend, daß sie weiterhin Gewicht haben und Beachtung finden werden.[66] So sind nicht nur in der Vergangenheit, sondern auch in der Zukunft Sozialrecht und Sozialrechtswissenschaft mit Zacher verbunden und ihm verpflichtet.

Am Ende sei eine persönliche Anmerkung gestattet: Die Begegnung mit Hans Zacher bildet für mich den großen, in dieser Form unvorhergesehenen, Glücksfall dieses Forschungsprojekts. Sein Charme, seine Freundlichkeit, Nachdenklichkeit und, ja, „Wahrhaftigkeit“[67] bleiben eine Inspirationsquelle auch dort, wo kein Anschluß an das wissenschaftliche Werk im engeren Sinne erfolgt.

---

zehnten des Max-Planck-Instituts für ausländisches und internationales Sozialrecht, Zeitschrift für ausländisches und internationales Arbeits- und Sozialrecht 2008, S. 1 ff.

[64] *Becker*, Nachruf (Fn. 5), S. 460.

[65] Vgl. hierzu etwa *Rixen*, Staatsrecht des Sozialen (Fn. 9), S. 682 m. w. N.

[66] Vgl. treffend *Lerche*, Hans Zacher zum 75. Geburtstag (Fn. 6), S. 1853: „Zacher verfügt über die Begabung, in zersplitterten, schwer übersichtlichen Rechtsgebieten anhand genauer Aufschließung des Materials und unter oft mühsamer Aufdeckung der historischen Zusammenhänge, sachlichen Verschränkungen und internationalen Bezüge den Fortschritt zu bahnen. Das führt zu neuen Systematiken, methodischen Einsichten und inhaltlich-programmatischen Gewinnen.“

[67] *Lerche*, Hans Zacher zum 75. Geburtstag (Fn. 6), S. 1853.

Anna-Bettina Kaiser

Winfried Brohm: Dogmatik als „Zukunftswissenschaft"*

Winfried Brohm (1932–2012) war *prima facie* kein Staatsrechtslehrer der ersten Reihe. Im kürzlich erschienenen Sammelband „Staatsrechtslehrer des 20. Jahrhunderts" ist ihm dementsprechend kein Eintrag gewidmet.[1] Doch gäbe es im Öffentlichen Recht einen Zitationsindex, so könnte man sicher sein, Brohms Staatsrechtslehrerreferat zum Thema „Die Dogmatik des Verwaltungsrechts vor den Gegenwartsaufgaben der Verwaltung"[2] bis heute unter den meistzitierten Schriften seiner Zeit zu finden. Tatsächlich kommt kaum eine Monographie zur Methode im Öffentlichen Recht, kaum ein Grundlagenaufsatz, der die Frage nach der Bedeutung von Dogmatik im Gegensatz zu den Grundlagenfächern stellt, ohne Reverenz vor dem Brohm'schen Text aus.[3] So steht dieses Referat auch im Mittelpunkt des vorliegenden Beitrags (I). Anschließend soll ein Überblick über Brohms weitere verwaltungs(rechts)wissenschaftliche Beiträge gegeben werden (II), bevor auf seinen baurechtlichen Forschungsschwerpunkt eingegangen wird (III). Der Schluss (IV) widmet sich noch einmal Brohms (späten) Überlegungen zur Dogmatik.

I. Über die Abhängigkeit der Dogmatik von sozialwissenschaftlicher Forschung: Brohms Referat auf der Regensburger Tagung der Staatsrechtslehrer 1971

Die frühen 70er-Jahre waren eine Zeit der großen Verunsicherung in der Staatsrechtslehre.[4] Die 68er hatten die Vorlesungen vieler konservativer Staatsrechts-

* Ich danke meiner Mitarbeiterin Almut Neumann, LL.M. (LSE), für wertvolle Recherchen.

[1] *Peter Häberle/Michael Kilian/Heinrich Amadeus Wolff* (Hrsg.), Deutsche Staatsrechtslehrer des 20. Jahrhunderts. Deutschland – Österreich – Schweiz, Berlin/Boston 2015. S. aber die kritische Besprechung von *Florian Meinel*, Unser Jahrhundert, Der Staat 54 (2015), S. 231 (235, 237), im Hinblick auf die getroffene Auswahl der Staatsrechtslehrer.

[2] *Winfried Brohm*, Die Dogmatik des Verwaltungsrechts vor den Gegenwartsaufgaben der Verwaltung, VVDStRL 30 (1972), S. 245 ff.

[3] S. die Nachweise in Fn. 34. Auch Brohms akademischer Schüler, *Carl-Eugen Eberle*, Winfried Brohm zum 70. Geburtstag, NJW 2002, S. 738, hebt das Staatsrechtslehrerreferat als Brohms zentrale wissenschaftliche Leistung hervor („großer wissenschaftlicher Wurf").

[4] S. die Schilderung von *Bernhard Schlink*, Sommer 1970. Kleine Bewältigung einer klei-

lehrer gestört, der damalige Vorsitzende der Staatsrechtslehrervereinigung, Hans Schneider, war gar „ausfallend beschimpft“ worden, woraufhin er handgreiflich wurde.[5] Die Hochschulen hatten sich verändert. Auch in Politik und Wirtschaft hielten zahlreiche Neuerungen Einzug. Ernst Forsthoff schrieb daraufhin mit seinem „Staat der Industriegesellschaft“ einen Abgesang auf die Bundesrepublik und brachte damit vermutlich die Stimmung der meisten (älteren) Staatsrechtslehrer auf den Punkt.[6] Diese konnten sich nicht einmal mehr innerhalb der Vereinigung sicher fühlen, forderten doch die beiden „‚zornigen‘ jungen Juristen“[7] Dietrich Jesch und Hans Heinrich Rupp[8] mit provokanten Thesen ihre Lehrergeneration heraus. Auf diese Weise machte sich der große gesellschaftliche Umbruch auch in der Staatsrechtslehre bemerkbar.

Dieses Gefühl einer tiefgreifenden Veränderung, das gerade auch in der Staatsrechtslehrervereinigung herrschte, lässt sich gut an der Überfülle von Fragen ablesen, die der Vorstand der Staatsrechtslehrervereinigung[9] den beiden verwaltungsrechtlichen Referenten des Jahres 1971 – Otto Bachof und Winfried Brohm – mit auf den Weg gegeben hatte:

> „Unter den rund 40 Stichworten […] fehlen weder die Systemtheorie noch die Entscheidungstheorie, weder die Automatisierung noch die Datenverarbeitung, erscheinen die Demokratisierung wie das Verhältnis zu den Sozialwissenschaften, finden sich die Grenzziehung zwischen öffentlichem und privatem Recht, aber auch sehr viel speziellere Dinge wie Stabilitätsgesetz, konzertierte Aktion, Diskontsatzpolitik und Dienstpostenbewertung.“[10]

---

nen Vergangenheit, Merkur 57 (2003), S. 1121, die mit dem passenden Satz beginnt: „1970 war ein Jahr des Umbruchs“.

5 *Angela Reinthal/Reinhard Mußgnug/Dorothee Mußgnug* (Hrsg.), Briefwechsel Ernst Forsthoff – Carl Schmitt 1926–1974, Berlin 2007, S. 308, 514 f.; s. ausführlich *Schlink*, Sommer 1970 (Fn. 4), S. 1123 und passim.

6 S. dazu *Anna-Bettina Kaiser*, Die ‚Entdeckung‘ der Kooperation von Staat und Gesellschaft in der Wissenschaft des Öffentlichen Rechts seit den 1960er Jahren, Rg 17 (2010), S. 127 (131). S. ferner über Ernst Forsthoff den Beitrag von *Florian Meinel*, Die andere Seite des Rechtsstaats. Ernst Forsthoff in der Verwaltungsrechtswissenschaft der frühen Bundesrepublik (in diesem Band), S. 129.

7 *Hans Schneider*, Über den Beruf unserer Zeit für Gesetzgebung, NJW 1962, S. 1273 (1275); dazu auch *Michael Stolleis*, Geschichte des öffentlichen Rechts in Deutschland, Bd. 4, München 2012, S. 250 m. Fn. 205.

8 *Ino Augsberg*, Demokratische Aufklärung. Dietrich Jeschs Neubestimmung der Verwaltungsrechtsdogmatik unter dem Grundgesetz, und *Andreas Funke*, Ein Außenseiter, mittendrin. Zur Erfolgsbilanz des neo-kelsenianischen Verwaltungsrechts von Hans Heinrich Rupp – beide Beiträge in diesem Band, S. 287, 305.

9 Dem Vorstand gehörten damals neben dem erwähnten Hans Schneider noch Hans F. Zacher und Alexander Hollerbach an.

10 *Otto Bachof*, Die Dogmatik des Verwaltungsrechts vor den Gegenwartsaufgaben der Verwaltung, VVDStRL 30 (1972), S. 193 (194).

Mit Otto Bachof (1914–2006)[11] hatte man einen hochangesehenen Vertreter der älteren Generation gewonnen, der zwar bereits 1953 vor der Vereinigung vorgetragen hatte,[12] dem aber offenbar Gelegenheit gegeben werden sollte, die von ihm maßgeblich mitgeprägte[13] verwaltungsrechtliche Dogmatik der frühen Bundesrepublik gegen die Angriffe insbesondere seiner eigenen Schüler Jesch[14] und Rupp zu verteidigen. Gerade Rupp (*1926) spielte auf der Tagung insofern eine hervorgehobene Rolle, als er den sog. Begleitaufsatz zum Thema seines akademischen Lehrers geschrieben und darin einmal mehr zum Rundumschlag ausgeholt hatte.[15] Große Teile der deutschen Verwaltungsrechtsdogmatik entstammten seiner Ansicht nach der „Rumpelkammer der deutschen Verfassungsgeschichte“ und müssten endlich verabschiedet werden.[16] Während Bachof – wie vermutet – denn auch große Teile seines Vortrags der Verteidigung des

---

[11] *Matthias Kötter*, Fortbilden, um zu bewahren: Otto Bachof und der Wandel verwaltungsrechtlicher Dogmatik unter dem Grundgesetz (in diesem Band), S. 231.

[12] Zum Thema „Begriff und Wesen des sozialen Rechtsstaates“ (VVDStRL 12 [1954], S. 37 ff.). Nur in 15 Fällen haben Staatsrechtslehrer zweimal vor der Vereinigung vorgetragen, es handelt sich um Walter Jellinek, Erich Kaufmann, Ernst von Hippel, Arnold Köttgen, Gerhard Leibholz, Hans Schneider, Hans Peter Ipsen, Ulrich Scheuner, Werner Weber, Jochen Abr. Frowein, Josef Isensee, Christian Starck, Christian Tomuschat, Heinz Schäffer und Theo Öhlinger.

[13] Das Lehrbuch von *Hans Julius Wolff*, Verwaltungsrecht, Bd. 1, 1. Aufl., München 1956, führte Bachof aber erst ab der 9. Aufl. 1974 fort, Band 2 ab der 4. Aufl. 1978.

[14] S. *Dietrich Jesch*, Gesetz und Verwaltung. Eine Problemstudie zum Wandel des Gesetzmäßigkeitsprinzipes, 2. Aufl., Tübingen 1968, der bereits im Vorwort seiner Habilitationsschrift festhält: „Die Grundlagen unserer Staatsordnung haben in diesem Jahrhundert in schneller Folge gewechselt. [...] Diese Situation macht es verständlich, daß es der deutschen Staatsrechtslehre bisher nicht gelungen ist, ein der freiheitlich-demokratischen Verfassungsstruktur adäquates begriffliches Rüstzeug zur Verfügung zu stellen, das geeignet wäre, die drängenden Fragen unseres Staats- und Verwaltungsrechtes dogmatisch auch nur einigermaßen exakt zu lösen“.

[15] *Hans Heinrich Rupp*, Die Dogmatik des Verwaltungsrechts und die Gegenwartsaufgabe der Verwaltung, DVBl. 1971, S. 669: Die „in dem Thema zum Ausdruck kommende Fragestellung [erscheint] nur dann sinnvoll, wenn sie im Sinne einer Infragestellung nicht nur der *Dogmatik* des Verwaltungsrechts, sondern des *Verwaltungsrechts* selbst gedeutet wird“.

[16] *Hans Heinrich Rupp*, Einige wichtige Entscheidungslinien in der Rechtsprechung des Zweiten Senats des Bundesverfassungsgerichts, in: Bundesverfassungsgericht (Hrsg.), Das Bundesverfassungsgericht 1951–1971, 2. Aufl., Karlsruhe 1971, S. 121 (152). Als weitere zeitgenössische Kritiker der Verwaltungsrechtslehre nennt *Bachof*, Dogmatik (Fn. 10), S. 199, Fn. 22 ff.: *Franz Mayer*, Allgemeines Verwaltungsrecht, Stuttgart 1970, S. 18 f.; *Karl Heinrich Friauf*, Grundfragen der heutigen Verwaltungsrechtslehre, Der Staat 9 (1970), S. 223; *Walter Schmidt*, Die Programmierung von Verwaltungsentscheidungen, AöR 96 (1971), S. 321 ff.

Hinzu kamen jene, die Kritik an der Dogmatik übten: *Bachof*, Dogmatik (Fn. 10), S. 198, Fn. 18, nennt *Egon Schneider*, Der Kommentar, DRiZ 1968, S. 47 ff. und *Theo Rasehorn*, Von der Klassenjustiz zum Ende der Justiz, KJ 1969, S. 273 (277 ff.). Dagegen *Ludwig Raiser*, Wozu Rechtsdogmatik? Antwort auf Egon Schneider, DRiZ 1968, S. 98 und *Josef Esser*, Vorverständnis und Methodenwahl in der Rechtsfindung, Frankfurt a. M. 1970, S. 99 m. Fn. 66. Schon damals wurde etwa bemängelt, dass „ihre Einseitigkeit zur Vernachlässigung anderer Bezüge des Verwaltungsrechts – besonders seiner historischen, soziologischen und politischen – geführt“ habe, so die Zusammenfassung von *Bachof*, Dogmatik (Fn. 10), S. 199.

Erreichten und damit dem Blick zurück widmete, erwies sich Brohm als ideale Besetzung, um den Blick nach vorn zu wagen, ohne jedoch wie Rupp die verwaltungsrechtliche Dogmatik grundsätzlich in Frage zu stellen:

Brohm,[17] geb. in Karlsruhe, hatte in Heidelberg Rechtswissenschaft und auch drei Semester Volkswirtschaftslehre studiert und wurde im Jahr 1958 zu „Vollzugsnormen und Rechtsschutz im Baurecht" unter der Betreuung von Forsthoff promoviert.[18] Die Habilitationsschrift hatte er nach einem Jahr in der Praxis zunächst beim Forsthoff-Schüler Karl Zeidler[19] in Freiburg begonnen; nach dessen frühem Tod hatten sich mit Horst Ehmke, Konrad Hesse und Martin Bullinger verschiedene Freiburger Professoren aus dem Öffentlichen Recht seiner angenommen,[20] wobei Bullinger als der Betreuer der Habilitationsschrift „Strukturen der Wirtschaftsverwaltung"[21] (1967) gelten kann.[22] Damit gehörte Brohm zu den wenigen, die nicht nur beide Qualifikationsschriften im Verwaltungsrecht verfertigt, sondern sich damals weitgehend unbearbeitete Gebiete aus dem Besonderen Teil des Verwaltungsrechts erschlossen hatten.[23] 1969 war er bereits als ordentlicher Professor an die neugegründete Reformuniversität Bielefeld berufen worden, um dort parallel zu Ernst-Wolfgang Böckenförde, Jochen Abr. Frowein und Willi Blümel zu wirken;[24] überliefert sind gemeinsame Lehrveranstaltungen mit Franz-Xaver Kaufmann und Niklas Luhmann.[25] Es war wohl niemand besser geeignet als Brohm, zu den „Gegenwartsaufgaben im Verwaltungsrecht" zu sprechen.

---

[17] S. zum Folgenden *Eberle*, Brohm (Fn. 3). Weitere Einzelheiten zu Brohms Lebenslauf sind dem unveröffentlichten Manuskript von *Carl-Eugen Eberle*, Erinnerungen an Winfried Brohm. Referat im Rahmen des Gedächtnissymposiums für Winfried Brohm am 26. Juni 2015 an der Universität Konstanz, entnommen.

[18] Erschienen unter dem Titel „Rechtsschutz im Bauplanungsrecht. Gesetz – Verbindliche Planung – Nachbarrechte", Stuttgart 1959 (103 Seiten), m. Rezensionen von *Johann Mang*, BayVBl. 1960, S. 131, und *Richard Naumann*, DÖV 1960, S. 807 f.

[19] *Eike Michael Frenzel*, „Eine Art Marschroute aufzustellen ...". Karl Zeidler und sein unvollendetes Projekt (in diesem Band), S. 269.

[20] *Eberle*, Brohm (Fn. 3); diese Mischung ist gleichzeitig ein Beleg, dass sich insoweit der Schulenstreit zwischen Schmitt- und Smend-Schule nicht ausgewirkt hat, s. auch *Frieder Günther*, Denken vom Staat her. Die bundesdeutsche Staatsrechtslehre zwischen Dezision und Integration 1949–1970, München 2004, S. 211 ff.

[21] *Winfried Brohm*, Strukturen der Wirtschaftsverwaltung. Organisationsformen und Gestaltungsmöglichkeiten im Wirtschaftsverwaltungsrecht, Stuttgart u. a. 1969; s. auch die Rezension von *Wilhelm Reuß*, DVBl. 1970, S. 396 f.

[22] S. zu Brohm auch *Helmuth Schulze-Fielitz*, Die deutschen Staatsrechtslehrer der Gegenwart und ihre akademische Herkunft, in: ders., Staatsrechtslehre als Mikrokosmos, Tübingen 2013, S. 453 (461 f.): Bei Bullinger hatte Brohm mehrere Jahre als Assistent gewirkt; im Habilitationsverfahren wirkte allerdings Hesse als Erstgutachter.

[23] Zum Vergleich: Die Habilitationsschrift von *Eberhard Schmidt-Aßmann*, Grundfragen des Städtebaurechts, stammt aus dem Jahr 1971 (veröffentlicht 1972 in Göttingen).

[24] Zur Fakultät s. *Stolleis*, Geschichte IV (Fn. 7), S. 418 f.

[25] *Eberle*, Brohm (Fn. 3).

Erste Besonderheit des Brohm'schen Mitberichts auf der auch durch das Referat von Peter Häberle[26] berühmt gewordenen Staatsrechtslehrertagung in Regensburg war, dass er sich – im Gegensatz zu Bachof[27] – in einem ersten Schritt überhaupt ernsthaft auf die Frage einließ, was unter Dogmatik zu verstehen sei und welche Bedeutung ihr zukomme. Diese Frage war umso wichtiger, als die Staatsrechtslehre nach dem großen Methodenstreit der Weimarer Zeit[28] über eine solche Grundsatzfrage kaum mehr reflektiert hatte.[29] Nur vereinzelt waren im Öffentlichen Recht theoretische Fragestellungen aufgegriffen worden[30] – die eigentlichen Auseinandersetzungen über die Grundlagen aber fanden im Zivilrecht statt,[31] das zu jener Zeit einen Höhepunkt der theoretischen Reflexion durchlebte. Allerdings ist hinzuzufügen, dass die Regensburger Tagung trotz ihres Grundlagenschwerpunkts heute ironischerweise als Beginn der Dogmatikdominanz der heutigen Verwaltungsrechtswissenschaft (auf Kosten der Grundlagen) gilt.[32] In der Tat geriet durch diese Tagung der Begriff der Dogmatik in den Fokus der Staatsrechtslehre.

In seiner berühmt gewordenen Definition begreift Brohm Rechtsdogmatik „als ein innersystematisch erarbeitetes Gefüge juristischer Begriffe, Institutio-

---

[26] *Peter Häberle*, Grundrechte im Leistungsstaat, VVDStRL 30 (1972), S. 43 ff.; *Häberle* hatte in diesem Referat den „status activus processualis" entwickelt, also gewissermaßen die Verfahrensdimension der Grundrechte. Dazu *Anna-Bettina Kaiser*, Die Kommunikation der Verwaltung. Diskurse zu den Kommunikationsbeziehungen zwischen staatlicher Verwaltung und Privaten in der Verwaltungsrechtswissenschaft der Bundesrepublik Deutschland, Baden-Baden 2009, S. 148 ff.; *Andreas Voßkuhle/Thomas Wischmeyer*, Der Jurist im Kontext. Peter Häberle zum 80. Geburtstag, JöR 63 (2015), S. 401 (417 ff.).

[27] Zwar nahm auch *Bachof*, Dogmatik (Fn. 10) kurz zum Begriff der Dogmatik Stellung (S. 194 ff.), ging dann aber schnell zu den Sachthemen über (S. 199 ff.).

[28] S. statt aller *Michael Stolleis*, Geschichte des öffentlichen Rechts in Deutschland, Bd. 3, München 1999, S. 153 ff.

[29] Eine Ausnahme stellen die Referate von *Peter Schneider* und *Horst Ehmke* zum Thema „Prinzipien der Verfassungsinterpretation" aus dem Jahr 1961 dar, VVDStRL 20 (1962), S. 1 ff. bzw. 53 ff.

[30] S. insbesondere *Friedrich Müller*, Normstruktur und Normativität. Zum Verhältnis von Recht und Wirklichkeit in der juristischen Hermeneutik, entwickelt an Fragen der Verfassungsinterpretation, Berlin 1966; *Martin Kriele*, Theorie der Rechtsgewinnung entwickelt am Problem der Verfassungsinterpretation, Berlin 1967.

[31] Man denke an *Josef Esser*, Grundsatz und Norm in der richterlichen Fortbildung des Privatrechts. Rechtsvergleichende Beiträge zur Rechtsquellen- und Interpretationslehre, Tübingen 1956; *ders.*, Vorverständnis (Fn. 16); *Theodor Viehweg*, Zwei Rechtsdogmatiken, in: Ulrich Klug (Hrsg.), Philosophie und Recht. Festschrift zum 70. Geburtstag von Carl August Emge, Wiesbaden 1960, S. 106 ff.; *ders.*, Topik und Jurisprudenz, 2. Aufl., München 1963; *Ludwig Raiser*, Wozu Rechtsdogmatik?, DRiZ 1968, S. 98; *Claus-Wilhelm Canaris*, Systemdenken und Systembegriff in der Jurisprudenz entwickelt am Beispiel des deutschen Privatrechts, Berlin 1969; *Franz Wieacker*, Zur praktischen Leistung der Rechtsdogmatik, in: Rüdiger Bubner/Konrad Cramer/Reiner Wiehl (Hrsg.), Hermeneutik und Dialektik. Festschrift für Hans-Georg Gadamer, Bd. 2, Tübingen 1970, S. 311 ff.

[32] *Oliver Lepsius*, Kritik der Dogmatik, in: Gregor Kirchhof/Stefan Magen/Karsten Schneider (Hrsg.), Was weiß Dogmatik?, Tübingen 2012, S. 39 (49).

nen, Grundsätze und Regeln [...], die als Bestandteil der positiven Rechtsordnung unabhängig von einer gesetzlichen Fixierung allgemein Anerkennung und Befolgung beanspruchen".[33] Bis heute ist diese Definition gebräuchlich.[34] Ein-

---

[33] *Brohm*, Dogmatik (Fn. 2), S. 246.

[34] *Jan Harenburg*, Die Rechtsdogmatik zwischen Wissenschaft und Praxis, Stuttgart 1986, insb. S. 1 m. Fn. 2, S. 8 m. Fn. 46f., S. 9 m. Fn. 55, S. 107 (dort teilweise Abgrenzung von Brohm); *Maximilian Herberger*, Rangstufen der Rechtsdogmatik im Hinblick auf deren Bedeutung für die Gesetzgebung, in: Okko Behrends/Wolfram Henckel (Hrsg.), Gesetzgebung und Dogmatik, Göttingen 1989, S. 67 (67 m. Fn. 1); *Horst Dreier*, Merkls Verwaltungsrechtslehre und die heutige deutsche Dogmatik des Verwaltungsrechts, in: Robert Walter (Hrsg.), Adolf J. Merkl. Werk und Wirksamkeit, Wien 1990, S. 55 (57 m. Fn. 12, 58 m. Fn. 20); *Helmuth Schulze-Fielitz*, Verwaltungsrechtsdogmatik als Prozess der Ungleichzeitigkeit, Die Verwaltung (27) 1994, S. 277 (278 m. Fn. 3); *Andreas Voßkuhle*, Methode und Pragmatik im Öffentlichen Recht, in: Hartmut Bauer/Detlef Czybulka/Wolfgang Kahl/Andreas Voßkuhle (Hrsg.), Umwelt, Wirtschaft und Recht, Tübingen 2002, S. 171 (174 m. Fn. 14: „Standortbestimmung der Verwaltungsrechtswissenschaft bzw. der Verwaltungslehre"); *Wolfgang Hoffmann-Riem*, Methoden einer anwendungsorientierten Verwaltungsrechtswissenschaft, in: Eberhard Schmidt-Aßmann/Wolfgang Hoffmann-Riem (Hrsg.), Methoden der Verwaltungsrechtswissenschaft, Baden-Baden 2004, S. 9 (18 m. Fn. 32); *Walter Krebs*, Die Juristische Methode im Verwaltungsrecht, in: ebd., S. 209 (213 m. Fn. 20); *Eberhard Schmidt-Aßmann*, Das allgemeine Verwaltungsrecht als Ordnungsidee. Grundlagen und Aufgaben der verwaltungsrechtlichen Systembildung, 2. Aufl., Berlin u. a. 2006, S. 4 m. Fn. 11; *Ivo Appel*, Das Verwaltungsrecht zwischen klassischem dogmatischen Verständnis und steuerungswissenschaftlichem Anspruch, VVDStRL 67 (2008), S. 226 (insb. 233 m. Fn. 16, s. a. 231 m. Fn. 12); *Martin Eifert*, Das Verwaltungsrecht zwischen klassischem dogmatischen Verständnis und steuerungswissenschaftlichem Anspruch, VVDStRL 67 (2008), S. 286 (insb. 302 m. Fn. 75, s. a. 290 m. Fn. 12); *Friedrich Schoch*, Die Rolle der Rechtsdogmatik bei der Privatisierung staatlicher Aufgaben, in: Rolf Stürner (Hrsg.), Die Bedeutung der Rechtsdogmatik für die Rechtsentwicklung, Tübingen 2010, S. 91 (99 m. Fn. 37); *Andreas Voßkuhle*, Neue Verwaltungsrechtswissenschaft, in: Wolfgang Hoffmann-Riem/Eberhard Schmidt-Aßmann/ders. (Hrsg.), Grundlagen der Verwaltungsrechtswissenschaft, Bd. 1, 2. Aufl., München 2012, § 1 Rn. 7 m. Fn. 30; *Christoph Möllers*, Methoden, in: ebd., § 3 Rn. 35 m. Fn. 272 u. 277, Rn. 47 m. Fn. 361; *Martin Eifert*, Zum Verhältnis von Dogmatik und pluralisierter Rechtswissenschaft, in: Gregor Kirchhof/Stefan Magen/Karsten Schneider (Hrsg.), Was weiß Dogmatik?, Tübingen 2012, S. 79 (80f. m. Fn. 5, 84 m. Fn. 20); *Bernd Grzeszick*, Steuert die Dogmatik?, in: ebd., S. 97 (97 m. Fn. 1); *Gregor Kirchhof/Stefan Magen*, Dogmatik: Rechtliche Notwendigkeit und Grundlage fächerübergreifenden Dialogs – eine systematisierende Übersicht, in: ebd., S. 151 (160f. m. Fn. 48); *Anna-Bettina Kaiser*, Multidisziplinäre Begriffsverwendungen. Zum verwaltungsrechtswissenschaftlichen Umgang mit sozialwissenschaftlichen Konzepten, in: Ino Augsberg (Hrsg.), Extrajuridisches Wissen im Verwaltungsrecht, Tübingen 2013, S. 99 (107).

Eine Bezugnahme auf das Brohm'sche Referat ohne die Übernahme von dessen Dogmatik-Definition findet sich etwa bei *Christian Starck*, Rechtsdogmatik und Gesetzgebung im Verwaltungsrecht, in: Okko Behrends/Wolfram Henckel (Hrsg.), Gesetzgebung und Dogmatik, Göttingen 1989, S. 106 (108 m. Fn. 10; auf S. 106 m. Fn. 1 wird insb. die Wieacker'sche Definition übernommen); *Christian Bumke*, Die Entwicklung der verwaltungsrechtswissenschaftlichen Methodik in der Bundesrepublik Deutschland, in: Eberhard Schmidt-Aßmann/Wolfgang Hoffmann-Riem (Hrsg.), Methoden der Verwaltungsrechtswissenschaft, Baden-Baden 2004, S. 73 (97: Würdigung der „innovative[n] Momente" im Brohm'schen Dogmatik-Referat); *Thomas Vesting*, Nachbarwissenschaftlich informierte und reflektierte Verwaltungsrechtswissenschaft – „Verkehrsregeln" und „Verkehrsströme", in: ebd., S. 253 (253f. m. Fn. 1: Brohms Referat als früher Diskussionsbeitrag zum „Charakter der Verwaltungs-

gegangen sind in sie Überlegungen von Theodor Geiger und Theodor Viehweg,[35] wobei die Definition entgegen Brohms eigenen Angaben vor allem und fast wörtlich auf Franz Wieackers Definition zurückgeht.[36] Die Rechtstheorie versteht Brohm im Anschluss an Wieacker und Josef Esser als Metatheorie gegenüber der Rechtsdogmatik.[37] Dabei erfasse der Dogmatikbegriff sowohl das „Erarbeiten“ der Rechtsbegriffe wie das „Ergebnis dieser Arbeit“.[38] Insgesamt wird man konstatieren müssen, dass Brohms Dogmatikdefinition nicht innovativ war – schon die Bachof'sche Dogmatikdefinition unterscheidet sich wenig vom Brohm'schen Ansatz.[39] Aber Brohm kommt das Verdienst zu, Dogmatik als interessantes Thema erkannt und für den Anschluss an die Diskussion der Zivilisten[40] gesorgt zu haben.

---

rechtswissenschaft“); *Rainer Schröder*, Verwaltungsrechtsdogmatik im Wandel, Tübingen 2007, S. 109f. m. Fn. 51ff. (Brohm als Wegbereiter eines „Methodenwandel[s] in der Planungsrechtsdogmatik“, S. 109); *Rainer Wahl*, Rechtsdogmatik und Rechtspolitik im Öffentlichen Recht, in: Rolf Stürner (Hrsg.), Die Bedeutung der Rechtsdogmatik für die Rechtsentwicklung, Tübingen 2010, S. 121 (124 m. Fn. 6: das Brohm'sche Referat als grundlegende Referenz für das Nachdenken über Dogmatik im Öffentlichen Recht); *Lepsius*, Kritik (Fn. 32), S. 40 m. Fn. 3 (das Brohm'sche Dogmatikverständnis als eine der klassischen Definitionen von Dogmatik); *Hans Christian Röhl*, Öffnung der öffentlich-rechtlichen Methode durch Internationalität und Interdisziplinarität, VVDStRL 74 (2015), S. 7 (11 m. Fn. 14: die Brohm'sche Definition im Kontrast zur „klassischen Dogmatik“).

35 *Theodor Geiger*, Vorstudien einer Soziologie des Rechts, Kopenhagen 1947, S. 9, geht von Recht als sozialem „Ordnungsgefüge“ aus. *Viehweg*, Rechtsdogmatiken (Fn. 31), S. 111ff., hält ein „direktive[s] Gesamtgefüge, welches denknotwendig über die jeweils gültigen Gesetze oder ihre Äquivalente hinausgreift“, für juristisches Denken für erforderlich (S. 106) und definiert daher die (von ihm präferierte, S. 114) Rechtsgrundsatz-Dogmatik (in Abgrenzung zur geschichtsphilosophischen Rechtsdogmatik, S. 108ff.) als eine „mehr oder weniger große Menge verträglicher Rechtsgrundsätze, die innerhalb eines größeren Kulturkreises weitgehend einheitlich als verbindlich gelten“.

36 Vgl. *Brohm*, Dogmatik (Fn. 2), S. 247, Fn. 3 einerseits und *Wieacker*, Rechtsdogmatik (Fn. 31), S. 319 andererseits. Dort heißt es: Rechtsdogmatiken seien „ein kontingentes Gefüge (‚Lehrgebäude‘) von juristischen Sätzen und Regeln, die unabhängig vom Gesetz allgemeine Anerkennung und Befolgung beanspruchen“. Freilich bezieht sich Wieacker selbst auch auf Viehweg und andere.

37 *Brohm*, Dogmatik (Fn. 2), S. 247, Fn. 3; *Wieacker*, Rechtsdogmatik (Fn. 31), S. 311ff.

38 *Brohm*, Dogmatik (Fn. 2), S. 247, Fn. 3. So ebenfalls *Esser*, Vorverständnis (Fn. 16), S. 88: „Die Erarbeitung innersystematischer Beurteilungsmerkmale in einem Ordnungssystem und ihre Ergebnisse können wir als Dogmatik bezeichnen“.

39 So schließt sich auch Bachof an die Dogmatikverständnisse von Wieacker und Esser an (*Bachof*, Dogmatik [Fn. 10], S. 197 m. Fn. 14), auf die auch Brohm Bezug nimmt (*Brohm*, Dogmatik [Fn. 2], S. 246, Fn. 3). Bachofs Definition von Dogmatik als „systematische Rechtswissenschaft“ (*Bachof*, Dogmatik [Fn. 10], S. 197) ähnelt dem „innersystematisch erarbeitete[n] Gefüge juristischer Begriffe [etc.]“ der Brohm'schen Definition, und Bachof bezieht sich sogar explizit auf die Brohm'sche Habilitationsschrift (s.o. Fn. 21), wenn er vor den Gefahren einer zu großen Differenzierung innerhalb der Rechtsdogmatik warnt (ebd., S. 198, Fn. 16).

40 S. die Nachweise in Fn. 31.

Die Dogmatik übernimmt bei Brohm vier Funktionen. Zum einen werde die Praxis bei der Rechtskonkretisierung entlastet (Entlastungsfunktion).[41] Auch insoweit konnte Brohm auf Vorarbeiten von Esser zurückgreifen.[42] Zum anderen führe die Rationalisierungsfunktion zur Kanalisierung und Reduzierung von subjektiven Wertungen bei der Entscheidungsfindung.[43]

Weil die Dogmatik zum System tendiere, innere Zusammenhänge darlege, ohne dass von einem geschlossenen System ausgegangen werden müsse, könne weiter von einer Systematisierungsfunktion gesprochen werden.[44] Schließlich ermögliche die Dogmatik dem Rechtsanwender eine größere Freiheit, so dass sich dieser leichter vom Wortlaut der Norm lösen könne (Flexibilisierungsfunktion).[45]

Eine der Fragen, die Brohm am meisten umtrieb und die er auch später immer wieder aufgreifen sollte, war diejenige nach der Aktualisierung von Dogmatik. Wie kann (von der Wissenschaft betriebene) Dogmatik der gesellschaftlichen Wirklichkeit angepasst, mithin aktuell gehalten werden? Rupp hatte die Frage im Begleitaufsatz bereits in einem radikalen Sinne beantwortet: Große Teile der Verwaltungsrechtsdogmatik, die wie der Verwaltungsakt aus dem obrigkeitsstaatlichen 19. Jahrhundert stammten, seien unter dem Grundgesetz nicht mehr tragbar. Dagegen hatte Bachof umgekehrt den bleibenden Wert der alten Rechtsfiguren verteidigt. Einen dritten, zukunftsweisenden Weg aber formulierte Brohm: Die Dogmatik sei „‚Zukunftswissenschaft'",[46] sie müsse sich an immer neuen Herausforderungen bewähren, daher bedürfe es einer fortlaufenden Rückkopplung zwischen Realbereich und Dogmatik, um diese fortzuentwickeln. Bemerkenswert ist insoweit, dass Brohm anders als Rupp die neuen Herausforderungen weniger in der Notwendigkeit der Konstitutionalisierung sah, sondern in den sich entwickelnden neuen Gebieten des Besonderen Verwaltungsrechts wie der wachsenden Leistungsverwaltung und den zahlreichen Einzelproblemen, die die alten Institute zu sprengen schienen. Eine derartige

---

41 *Brohm*, Dogmatik (Fn. 2), S. 247. Ebenso (mit demselben Begriff) *Bachof*, Dogmatik (Fn. 10), S. 198.

42 Ähnlich *Esser*, Vorverständnis (Fn. 16), S. 88 f., wenn er die „pragmatischen Vorteile" (S. 88) der Dogmatisierung hervorhebt; ebenso *Canaris*, Systemdenken (Fn. 31), S. 83, der vor einer möglichen Überforderung von Richtern innerhalb eines zu „bewegliche[n] System[s]" warnt. *Arnold Gehlen*, Urmensch und Spätkultur. Philosophische Ergebnisse und Aussagen, 2. Aufl., Frankfurt a. M./Bonn 1964, S. 43, hatte die „allen Institutionen wesenseigene Entlastungsfunktion" postuliert.

43 *Brohm*, Dogmatik (Fn. 2), S. 248.

44 *Brohm*, Dogmatik (Fn. 2), S. 248 m. Fn. 11; ähnlich *Esser*, Vorverständnis (Fn. 16), S. 88.

45 *Brohm*, Dogmatik (Fn. 2), S. 248, im Anschluss an *Wieacker*, Rechtsdogmatik (Fn. 31), S. 318 f.

46 *Brohm*, Dogmatik (Fn. 2), S. 251. Allerdings hatte bereits *Werner Maihofer*, Realistische Jurisprudenz, in: Günther Jahr/Werner Maihofer (Hrsg.), Rechtstheorie. Beiträge zur Grundlagendiskussion, Frankfurt a. M. 1971, S. 427 (430), von der „*Rechtswissenschaft als Zukunftswissenschaft*" gesprochen.

Fortentwicklung der Dogmatik sei allerdings nicht ohne die Einbeziehung der Sozialwissenschaften denkbar. Zwar sei die Dogmatik einerseits „Normwissenschaft", doch schließe das andererseits die Einbeziehung faktischer Gegebenheiten nicht aus, weil Normen „ihren Sinngehalt erst aus dem jeweiligen Sachverhalt [erfahren], der seinerseits in seinen relevanten Daten wiederum von der Norm bestimmt wird."[47] Dementsprechend siedelt Brohm die Dogmatik zwischen Gesetz und Konkretisierung im Einzelfall an. Das entspricht noch dem „Hin- und Herwandern des Blickes" von Karl Engisch,[48] doch zielt Brohm über dieses Bild hinaus, geht es bei ihm bald nicht mehr nur um den Sachverhalt, sondern um die soziale Wirklichkeit überhaupt. Dabei sei nicht nur die Dogmatik im Hinblick auf die sich verändernde soziale Wirklichkeit fortzuentwickeln, sondern es sei auch umgekehrt darauf zu achten, welche Wirkung die gefundene Auslegung entfalte.[49] Nie zuvor war im Öffentlichen Recht die Einbeziehung der Sozialwissenschaften so prominent gefordert worden wie in diesem Referat,[50] wobei sich Bachof in seinem Referat ebenfalls aufgeschlossen gegenüber sozialwissenschaftlichen Erkenntnissen gezeigt hatte.[51] Aber auch an dieser Stelle entwickelt Brohm keine revolutionären Thesen. Selbst eine zukunftsgerichtete Dogmatik sei immer auf den Rückbezug zur positivierten Rechtsordnung angewiesen, andernfalls handele es sich um von der Dogmatik zu trennende Rechtspolitik.

Im zweiten Hauptteil seines Referats legte Brohm dar, wie eine solche zukunftsgerichtete Dogmatik, gerade auch im Allgemeinen Teil des Verwaltungsrechts, aussehen könnte. Dass die Dogmatik aber dringend modernisiert werden müsse, stand für Brohm angesichts von bislang wissenschaftlich unterbelichteten Verwaltungsrechtsbereichen wie der Leistungsverwaltung, dem schlichten Verwaltungshandeln und vor allem der Planung mit ihrer Finalprogrammierung außer Frage. Auch war das Verwaltungsverfahrensgesetz noch nicht erlassen,[52] was Brohm die zusätzliche Freiheit gab, Vorschläge zum noch

[47] *Brohm*, Dogmatik (Fn. 2), S. 249f.

[48] *Karl Engisch*, Logische Studien zur Gesetzesanwendung, 3. Aufl., Heidelberg 1963, S. 15.

[49] *Brohm*, Dogmatik (Fn. 2), S. 250f.: Der Normanwender müsse wissen, „bei welcher Auslegung er in der sozialen Wirklichkeit die Wirkung erzielt, die das Gesetz bezweckt".

[50] Das kommt auch in der Aussprache zum Ausdruck. So hebt *Werner Thieme*, Redebeitrag, VVDStRL 30 (1972), S. 340, hervor: „Aber das Neue, das uns Herr Brohm heute gezeigt hat, scheint mir zu sein, daß unter Umständen auch die Sozialwissenschaften Hilfe leisten können"; ähnlich *Prodromos Dagtoglou*, Redebeitrag, ebd., S. 341.

[51] *Bachof*, Dogmatik (Fn. 10), Leitsatz 14.

[52] Zwar hatte die Bundesregierung unter Brandt bereits am 21.9.1970 einen Entwurf für ein VwVfG in den Bundestag eingebracht (BT-Drucks. VI/1173), das jedoch wegen der Neuwahlen 1972 nicht verabschiedet wurde. Am 18.7.1973 legte die neue Bundesregierung unter Schmidt dann einen neuen Entwurf vor (BT-Drucks. VII/910), der nach Modifikationen am 29.5.1976 als VwVfG verkündet wurde (BGBl. I 1253) und gem. § 103 VwVfG a. F. am 1.1.1977 in Kraft trat.

flexiblen Allgemeinen Teil des Verwaltungsrechts zu unterbreiten. Dabei erinnern einige seiner Vorstöße an Forderungen, die ungefähr drei Jahrzehnte später die Neue Verwaltungsrechtswissenschaft wieder aufstellen sollte:

An erster Stelle ist Brohms Forderung nach einer *Abkehr von der Verwaltungsaktzentriertheit* zu nennen. An diesem Beispiel lässt sich sehr gut die Brohm'sche Position bestimmen. Weder schließt er sich den allzu progressiven Forderungen Rupps an, den Verwaltungsakt als überkommenes Institut aus dem 19. Jahrhundert in Frage zu stellen,[53] noch meint er, das alte System um jeden Preis verteidigen zu müssen.[54] Vielmehr analysiert er nüchtern die Stärken und Schwächen des Instituts. So beobachtet er die Tendenz der Rechtsprechung, einzelne Merkmale des Verwaltungsakts überzustrapazieren, um aus sämtlichen Akten der Verwaltung Verwaltungsakte zu konstruieren. Als Alternative schlägt er nicht nur vor, zukünftig auf den *Entscheidungsbegriff* als Oberbegriff zum Verwaltungsakt abzustellen, sondern auch das Verfahrens- und Organisationsrecht stärker in den Blick zu nehmen.[55] Statt einer punktuellen Betrachtung, die durch den Verwaltungsrechtsschutz noch verstärkt werde, sei eine prozesshafte Betrachtung angezeigt, die auch dauerhafte Verwaltungs-Bürger-Kontakte berücksichtigen könne. (Eben diese Aufwertung des Verfahrens- und Organisationsrechts aber ist bis heute die Forderung der modernen Verwaltungsrechtswissenschaft.[56]) Auch Brohms Anregung, eine Entscheidung – etwa einen Verwaltungsakt – als Informationsverarbeitungsprozess zu verstehen,[57] ist aktueller denn je.[58] Tatsächlich hatte sich Brohm – wie vom Vorstand erhofft – auf Entscheidungs- und Systemtheorie eingelassen und entsprechende Schlussfolgerungen für die Dogmatik gezogen.

Als zukunftsweisend erwies sich auch Brohms Akzentuierung der *Gestaltungsfunktion der Verwaltung*.[59] Während die Gerichte und die Wissenschaft Verwaltung zu Unrecht überwiegend als „Vollziehung" wahrnähmen, gerieten andere wichtige Funktionen der Verwaltung in den Hintergrund. Ihre gestalte-

---

[53] *Rupp*, Dogmatik des Verwaltungsrechts (Fn. 15), S. 670.

[54] So tendenziell *Bachof*, Dogmatik (Fn. 10), S. 230 ff., wobei relativierend hinzuzufügen ist, dass sich auch Bachof aufgeschlossen zeigte, wenn er den Begriff des Rechtsverhältnisses aufwerten wollte (S. 231).

[55] *Brohm*, Dogmatik (Fn. 2), S. 254 ff.

[56] *Voßkuhle*, Neue Verwaltungsrechtswissenschaft (Fn. 34), § 1 Rn. 1 ff. (insb. ab Rn. 9 ff.).

[57] *Brohm*, Dogmatik (Fn. 2), S. 276.

[58] S. *Thomas Vesting*, Die Bedeutung von Information und Kommunikation für die verwaltungsrechtliche Systembildung, in: Wolfgang Hoffmann-Riem/Eberhard Schmidt-Aßmann/Andreas Voßkuhle (Hrsg.), Grundlagen der Verwaltungsrechtswissenschaft, Bd. 2, 2. Aufl., München 2012, § 20 Rn. 2. Vgl. aber *Schulze-Fielitz*, Was macht die Qualität öffentlich-rechtlicher Forschung aus?, in: ders., Mikrokosmos (Fn. 22), S. 298 (362 f.), der eben diesen Vorschlag Brohms als Grund dafür ansieht, dass dessen innovativem Staatsrechtslehrerreferat nur eine „geringe Langzeitwirkung" zugekommen sei. – Dieser Beitrag geht dagegen umgekehrt von einer großen Langzeitwirkung aus, s. o. Fn. 34.

[59] *Brohm*, Dogmatik (Fn. 2), S. 254.

rischen Aufgaben würden übersehen. Brohm war aber aus verschiedenen Gründen für diese Aufgaben sensibilisiert. Zum einen mag es die Forsthoff'sche Prägung gewesen sein, die Brohm schon früh den ex-ante-Blick der Verwaltung statt den ex-post-Blick der Verwaltungsgerichte gelehrt hatte. Zum anderen hatte er sich intensiv mit Planung beschäftigt, also einer Kategorie, die nicht mehr zur überkommenen Vollzugsvorstellung von Verwaltung passen wollte. Und schließlich mag auch Brohms eigene Erfahrung in der Praxis in das Referat eingegangen sein, die vermutlich wenig mit dem Bild von Verwaltung übereinstimmte, das man sich in der Verwaltungsrechtswissenschaft gemacht hatte. Wer die aktuellen Diskussionen kennt, dem fällt bei der Betonung der Gestaltungsfunktion der Verwaltung sogleich die in dieselbe Richtung zielende Forderung der Neuen Verwaltungsrechtswissenschaft ein, statt der Gerichtsperspektive als Wissenschaftler auch die Steuerungsperspektive der Verwaltung einzunehmen. Dass diese Forderung immer noch aktuell ist, zeigt einmal mehr die Beharrungskräfte der traditionellen Verwaltungsrechtswissenschaft, die von vornherein die Gerichtsperspektive eingenommen hatte und davon bis heute nur schwer ablassen kann.

Freilich waren auch einige von Brohm diskutierte Themen zeitgebunden (so die Problematik der Allgemeinverfügungen, inzwischen über § 35 VwVfG weitgehend geklärt), ohne dass man in allen Fällen sagen könnte, heute befriedigende Lösungen gefunden zu haben – man denke an die noch immer angewandte Zweistufentheorie; den herkömmlichen Kriterien für die Unterscheidung zwischen Öffentlichem Recht und Zivilrecht stand Brohm ohnehin skeptisch gegenüber und plädierte für eine funktionale Unterscheidung.[60] Im Streit um Entscheidungsspielräume der Verwaltung nahm er zugunsten der Verwaltung Stellung. Der insbesondere von Rupp und Jesch geforderten vollen gerichtlichen Überprüfung der Spielräume stellt er das funktionale Argument entgegen, die Exekutive sei personell und organisatorisch schlicht besser zur Entscheidung solcher Fragen geeignet.[61] Dementsprechend seien Beurteilungsspielräume auszuweiten. Eine „zu weit gehende ‚Verrechtlichung' für die Verwaltung [wirke] tödlich", so legte er einige Jahre später nach.[62] Aus solchen Äußerungen wird einmal mehr deutlich, wie sehr Brohm – als Forsthoff-Schüler – von der Verwaltung her dachte.

Auch Brohms Referat kam nicht ohne Thematisierung der damals so intensiv diskutierten Betroffenenbeteiligung aus, die Häberle auf derselben Tagung mit dem *status activus processualis* in das Zentrum seines Vortrags gerückt hatte. Brohm zeigte sich aufgeschlossen, wenn er forderte, die Rechtsdogmatik habe

---

[60] *Brohm*, Dogmatik (Fn. 2), S. 263 ff.

[61] *Brohm*, Dogmatik (Fn. 2), S. 278.

[62] *Winfried Brohm*, Die Konkurrentenklage, in: Hans-Uwe Erichsen/Werner Hoppe/Albert v. Mutius (Hrsg.), System des verwaltungsgerichtlichen Rechtsschutzes. Festschrift für Christian-Friedrich Menger zum 70. Geburtstag, Köln u. a. 1985, S. 235 (239).

„diesen Gegebenheiten Rechnung zu tragen, indem sie die Möglichkeiten eigenständiger demokratischer Legitimation entsprechend weit faßt".[63] Die allermeisten Staatsrechtslehrer hätten sich mit einem solchen Satz, der uns heute selbstverständlich erscheinen mag, schwer getan.[64] In dieselbe Richtung zielend hob Brohm „Information und rechtliches Gehör, Begründungszwang und Akteneinsichtsrecht", später als Kommunikationsmuster in ihrer Bedeutung wiederentdeckt,[65] als zentrale Bausteine der verwaltungsrechtlichen Dogmatik hervor.[66]

Wie weit sich Brohm auf der einen Seite mit seinem Referat vom damaligen Mainstream der Staatsrechtslehre entfernt hatte, lässt sich an der Aussprache nach den Referaten ablesen. Als Erster meldete sich Hans Peter Ipsen zu Wort, der aus dem Pausengespräch berichtete, „Herr Brohm habe [auf viele] schockierend gewirkt".[67] Auch wenn sich Ipsen selbst von der Meinung der anderen distanzierte, so wird doch deutlich, dass die meisten Staatsrechtslehrer von den zahlreichen Ideen Brohms überfordert waren. Auf der anderen Seite schien aber auch klar, dass man mit der Bachof'schen Verteidigung des *status quo* nicht weiterkommen würde. So fanden sich – gemessen an den Beiträgen in der Aussprache – am Ende doch mehr Unterstützer für das Brohm'sche Plädoyer einer Evolution des Systems als für den traditionellen Vortrag Bachofs.

II. Von der „Renaissance der Verwaltungswissenschaft" und der „Dominanz der Verwaltungs*rechts*wissenschaft" – auch in Brohms Werk

Nach dem überzeugenden Referat auf der Regensburger Tagung erfolgte 1972 eine nachträgliche Ausweitung der Venia auf „Verwaltungswissenschaften".[68] Bereits ein Jahr später nahm Brohm einen Ruf an die Universität Konstanz an – eine weitere Reformuniversität,[69] deren interdisziplinäre Ausrichtung ihn reizte und deren Einstufige Juristenausbildung er aktiv mitgestaltete;[70] spätere

63 *Brohm*, Dogmatik (Fn. 2), S. 270, Fn. 69.

64 S. zum Kontext der Partizipationsdebatte *Kaiser*, Kommunikation (Fn. 26), S. 136 ff.

65 *Rainer Pitschas*, Allgemeines Verwaltungsrecht als Teil der öffentlichen Informationsordnung, in: Wolfgang Hoffmann-Riem/Eberhard Schmidt-Aßmann/Gunnar Folke Schuppert (Hrsg.), Reform des Allgemeinen Verwaltungsrechts, Baden-Baden 1993, S. 219 ff.; dazu *Kaiser*, Kommunikation (Fn. 26), S. 136 ff.

66 *Brohm*, Dogmatik (Fn. 2), S. 279.

67 *Hans Peter Ipsen*, Aussprache und Schlussworte, VVDStRL 30 (1972), S. 313.

68 *Eberle*, Brohm (Fn. 3), sowie *ders.*, Erinnerungen (Fn. 17).

69 *Stolleis*, Geschichte IV (Fn. 7), S. 439 f.

70 *Winfried Brohm*, Das Vertiefungsstudium im Schwerpunkt Verwaltung und Finanzen, in: Rolf Stürner (Hrsg.), Konstanzer Juristenausbildung – eine Bilanz, Konstanz 1981, S. 60 ff.; zuvor bereits *ders.*, Curriculum-Reform im Einphasenmodell. Bielefelder Überlegungen zur zukünftigen Juristenausbildung, JZ 1973, S. 18 ff.

Rufe an die Universität Marburg (1979) und an die Hochschule für Verwaltungswissenschaften in Speyer (1985) lehnte er ab.[71] An der Universität Konstanz habilitierten sich denn auch seine beiden akademischen Schüler Carl-Eugen Eberle und Michael Dolderer.

Und tatsächlich beschäftigte sich Brohm immer wieder mit verwaltungswissenschaftlichen Fragestellungen und ließ sich mit einem Beitrag zum informellen Verwaltungshandeln auch auf die – heute von der Neuen Verwaltungsrechtswissenschaft wieder geforderte[72] – (Konstanzer) Rechtstatsachenforschung ein.[73] Bereits in seiner Habilitationsschrift hatte er das damals in der Rechtswissenschaft noch weitgehend unbekannte informelle Handeln der Verwaltung thematisiert und „Richtlinien, Informationen, Warnungen und andere[ ] Formen der ‚moral persuasion‘“ wohl als Erster zu kategorisieren versucht.[74] Zu Recht konnte Brohm, der später erneut auf dieses Thema zurückkam,[75] sich damit als Entdecker des informellen Verwaltungshandelns für verwaltungsrechtswissenschaftliche Zusammenhänge bezeichnen.[76]

Weitere bedeutende Beiträge mit verwaltungswissenschaftlichem Schwerpunkt betrafen die Beratung des Staates durch Sachverständige bzw. die Einbeziehung Privater in die Erfüllung von Aufgaben der Verwaltung,[77] die verschiedenen Reformen der Verwaltung[78] sowie zuletzt Fragen der Mediation[79]. In

---

[71] *Eberle*, Erinnerungen (Fn. 17), berichtet überdies von erfolglosen Versuchen der Rechtswissenschaftlichen Fakultät in Freiburg i. Br., Brohm zu gewinnen.

[72] *Voßkuhle*, Neue Verwaltungsrechtswissenschaft (Fn. 34), Rn. 30.

[73] *Winfried Brohm*, Gesetzesvollzug als Handelsobjekt? Zur Notwendigkeit der Rechtstatsachenforschung auf dem Gebiet des informellen Verwaltungshandelns, in: Wolfgang Heinz (Hrsg.), Rechtstatsachenforschung heute, Konstanzer Schriften zur Rechtstatsachenforschung, Bd. 1, Konstanz 1986, S. 103 ff.

[74] *Brohm*, Wirtschaftsverwaltung (Fn. 21), S. 233. S. auch im Einzelnen S. 234 ff.

[75] *Winfried Brohm*, Rechtsstaatliche Vorgaben für informelles Verwaltungshandeln, DVBl. 1994, S. 133 ff.

[76] Diese Auskunft verdanke ich Brohms Konstanzer Fakultätskollegen Wolfgang Heinz (vgl. auch o. Fn. 73). Die Schrift von *Eberhard Bohne*, Der informelle Rechtsstaat. Eine empirische und rechtliche Untersuchung zum Gesetzesvollzug unter besonderer Berücksichtigung des Immissionsschutzes, Berlin 1981, die allgemein als Ausgangspunkt des Diskurses um informelles Verwaltungshandeln gilt, erschien wesentlich später.

[77] *Winfried Brohm*, Sachverständige und Politik. Rechtsfragen der Beratung in der Wirtschafts- und Sozialpolitik der BRD, in: Roman Schnur (Hrsg.), Festschrift für Ernst Forsthoff zum 70. Geburtstag, München 1972, S. 37 ff.; *ders.*, Sachverständige Beratung des Staates, in: Josef Isensee/Paul Kirchhof (Hrsg.), Handbuch des Staatsrechts der Bundesrepublik Deutschland, Bd. 2, 1. Aufl., Heidelberg 1987 (2. Aufl. 1998), § 36. S. auch die Rezeption vieler Brohm'scher Überlegungen durch *Andreas Voßkuhle*, der den gleichlautenden Handbuchbeitrag in der 3. Aufl., Bd. 3, § 43, übernahm.

[78] *Winfried Brohm*, The Mechanics of Administrative Reforms, in: Rudolf Bernhardt/Ulrich Beyerlin (Hrsg.), Reports on German Public Law and Public International Law, Heidelberg 1986, S. 73 ff.; *ders.*, Funktionsbedingungen für Verwaltungsreformen, Die Verwaltung 21 (1988), S. 1 ff.

[79] *Winfried Brohm*, Alternativen zum einseitigen hoheitlichen Verwaltungshandeln. 11 Thesen zur „Mediation“, in: Wolfgang Hoffmann-Riem/Eberhard Schmidt-Aßmann (Hrsg.),

vielem war Brohm weitsichtig, man denke an die von ihm frühzeitig angesprochene Abhängigkeit des Staates von Sachverstand als Voraussetzung einer rationalen staatlichen Aufgabenerledigung.[80] Immer wieder wies er auf die grundsätzliche Bedeutung der Verwaltungswissenschaft für die Verwaltungsrechtswissenschaft hin: Eine Rechtswissenschaft ohne Verwaltungswissenschaft laufe „Gefahr, die soziale Wirklichkeit und eine daran orientierte Rechtsfortbildung zu verfehlen".[81]

Wenn Brohm eine „Renaissance der Verwaltungswissenschaft" herbeizuschreiben suchte, gleichzeitig aber auch eine „Dominanz der Verwaltungs*rechts*wissenschaft" beklagte,[82] gab er freilich nicht nur über sein Fach, sondern auch über sein eigenes Werk Auskunft. Von seinen rund 130 Publikationen[83] sind die meisten doch dogmatischer Natur und lassen sich in erster Linie dem Allgemeinen Verwaltungs- und Verwaltungsprozessrecht,[84] dem Planungs- und Baurecht,[85] dem Wirtschaftsverwaltungsrecht[86] sowie in zweiter Linie dem Verfassungsrecht[87] zuordnen. Dem Baurecht widmete sich Brohm überdies 14

Konfliktbewältigung durch Verhandlungen. Informelle und mittlerunterstützte Verhandlungen in Verwaltungsverfahren, Bd. 1, Baden-Baden 1990, S. 253 ff.; *ders.*, Beschleunigung der Verwaltungsverfahren – Straffung oder konsensuales Verwaltungshandeln? Zugleich ein Beitrag zu den Voraussetzungen der „Mediation" in den USA und den strukturellen Unterschieden zwischen amerikanischem und deutschem Recht, NVwZ 1991, S. 1025 ff.

80 *Brohm*, Sachverständige und Politik (Fn. 77), S. 37.

81 *Winfried Brohm*, Art. Verwaltungswissenschaft, in: Görres-Gesellschaft (Hrsg.), Staatslexikon, Bd. 5, 7. Aufl., Freiburg 1989, Sp. 758 (759).

82 *Brohm*, Art. Verwaltungswissenschaft (Fn. 81), Sp. 760.

83 Eine Bibliographie findet sich in der Festschrift für Brohm zum 70. Geburtstag: *Carl-Eugen Eberle/Martin Ibler/Dieter Lorenz* (Hrsg.), Der Wandel des Staates vor den Herausforderungen der Gegenwart, München 2002, S. 771 ff.

84 *Winfried Brohm*, Verwaltungsvorschriften und besonderes Gewaltverhältnis, DÖV 1964, S. 238 ff.; *ders.*, Die Selbstverwaltung der Gemeinden im Verwaltungssystem der Bundesrepublik, DVBl. 1984, S. 293 ff.; *ders.*, Situative Gesetzesanpassung durch die Verwaltung, NVwZ 1988, S. 794 ff.; *ders.*, Ermessen und Beurteilungsspielraum im Grundrechtsbereich, JZ 1995, S. 369 ff.

85 Dazu sogleich gesondert unter III.

86 Den Auftakt machte seine Habilitationsschrift: *Brohm*, Wirtschaftsverwaltung (Fn. 21); es folgten verschiedene Aufsätze: *ders.*, Wirtschaftsrecht – Anrecht und Aufgabe, DÖV 1979, S. 18 ff.; *ders.*, Das Verhältnis von mittelbarer Staatsverwaltung und Staatsaufsicht im Wirtschaftsrecht, in: Ernst-Joachim Mestmäcker (Hrsg.), Kommunikation ohne Monopole II, Baden-Baden 1995, S. 253 ff.; das Wirken Brohms im Bereich des öffentlichen Wirtschaftsrechts hat *Michael Fehling*, Perspektiven des Öffentlichen Wirtschaftsrechts, unveröffentlichtes Manuskript, kürzlich als grundlegend gewürdigt.

87 *Winfried Brohm*, Demonstrationsfreiheit und Sitzblockaden, JZ 1985, S. 501 ff.; *ders.*, Demonstrationsmüll und Straßenreinigung, JZ 1989, S. 324 ff.; *ders.*, Soziale Grundrechte und Staatszielbestimmungen in der Verfassung, JZ 1994, S. 213 ff.; *ders.*, Die Funktion des Bundesverfassungsgerichts – Oligarchie in der Demokratie?, NJW 2001, S. 1 ff.; *ders.*, Das Grundgesetz als Referenzmodell für demokratische Verfassungsstaaten – Vorzüge und Problematik einer eigenständigen Verfassungsgerichtsbarkeit, in: Jürgen Becker u.a. (Hrsg.), Recht im Wandel seines sozialen und technologischen Umfeldes. Festschrift für Manfred Rehbinder, München 2002, S. 635 ff.

Jahre als Richter im Nebenamt am Bausenat des Verwaltungsgerichtshofs Baden-Württemberg. Trotz dieser Tätigkeit blieb er immer kritisch gegenüber zu großer richterlicher Eigeninitiative, wie er in verschiedenen Aufsätzen darlegte,[88] und trat für eine starke Verwaltung ein.

III. „‚Vorreiter‘ oder ‚Referenzgebiet‘ für das Allgemeine Verwaltungsrecht“: das öffentliche Baurecht

Nachdem Brohm sich bereits in seiner Dissertation mit dem Baurecht beschäftigt hatte,[89] blieb er diesem von ihm mitgeprägten Gebiet des Besonderen Verwaltungsrechts sein Leben lang verbunden. Rund 20 Aufsätze[90] und vier Monographien[91] widmete er insgesamt diesem „‚Vorreiter‘ oder ‚Referenzgebiet‘ für das Allgemeine Verwaltungsrecht“.[92] Ein Überblick über die thematische Ausrichtung der Aufsätze zeigt aber auch, dass Brohm sich allmählich von den Bedürfnissen und Fragestellungen der Praxis vereinnahmen ließ.

Erst relativ spät entschied er sich, noch ein Lehrbuch zum Öffentlichen Baurecht vorzulegen,[93] das sich auf innovative Weise um die Vermittlung der

---

[88] *Winfried Brohm*, Verwaltungsgerichtsbarkeit im modernen Sozialstaat, DÖV 1982, S. 1 ff.; *ders.*, Zum Funktionswandel der Verwaltungsgerichtsbarkeit, NJW 1984, S. 8 (12): „Das Gebot der richterlichen Selbstbeschränkung bedeutet in der Verwaltungsgerichtsbarkeit vor allem auch die Anerkennung, daß die Rechtskonkretisierung durch die Verwaltung grundsätzlich Vorrang hat. Das ergibt sich [...] aus der zusätzlichen parlamentarischen-politischen Legitimation der Verwaltung, ferner aber auch aus der Rollenverteilung, die die Verfassung vorgenommen hat. Die Verwaltung ist stärker in die Zukunft gerichtet und verfügt aufgrund ihrer Informationsbasis und ihres Handlungsinstrumentariums im allgemeinen über den breiteren Problemhorizont.“ Ebenso *ders.*, Die staatliche Verwaltung als eigenständige Gewalt und die Grenzen der Verwaltungsgerichtsbarkeit, DVBl. 1986, S. 321 ff.; *ders.*, Verwaltung und Verwaltungsgerichtsbarkeit als Steuerungsmechanismen in einem polyzentrischen System der Rechtserzeugung, DÖV 1987, S. 265 ff.; *ders.*, Stellung und Funktion des Verwaltungsrichters, Die Verwaltung 24 (1991), S. 137 ff.

[89] S.o. (Fn. 18).

[90] Hervorzuheben sind *Winfried Brohm*, Stadtentwicklungsplanung und neues Bodenrecht, Die Verwaltung (9) 1976, S. 409 ff.; *ders.*, Verwirklichung übergeordneter Planungsziele durch Bauleitplanung, DVBl. 1980, S. 653 ff.; *ders.*, Der Schutz erhaltenswerter Bausubstanz, DVBl. 1985, S. 593 ff.; *ders.*, Städtebauliche Verträge zwischen Privat- und öffentlichem Recht, zugleich ein Beitrag zu den „Einheimischen-Modellen“, JZ 2000, S. 321 ff.

[91] Am Anfang stand seine Dissertation zum Bauplanungsrecht (Fn. 18); außerdem *Winfried Brohm*, Entwicklungen im Raum- und Stadtplanungsrecht, Konstanz 1979 (m. Rezensionen von *Werner Ernst*, DÖV 1980, S. 107; *Rudolf Stich*, DVBl. 1980, S. 464; *Michael Lippert*, BayVBl. 1981, S. 512); *ders.*, Staatliche Straßenplanung und gemeindliche Bauleitplanung, Hamburg 1979 (m. Rezension von *Peter Franke*, DVBl. 1980, S. 305); *ders.*, Verkehrsberuhigung in Städten, Heidelberg 1985 (m. Rezensionen von *Udo Steiner*, BayVBl. 1986, S. 415 f.; *Johannes Grooterhorst*, DVBl. 1985, S. 1194; *Jürgen Meins*, NVwZ 1986, S. 111).

[92] So *Brohm* im Vorwort seines neuen Lehrbuchs zum Öffentlichen Baurecht, 1997, S. V, dazu sogleich (Fn. 93).

[93] *Winfried Brohm*, Öffentliches Baurecht. Bauplanungs-, Bauordnungs- und Raumord-

komplexen und heterogenen Materie bemühte. Anders als sämtliche andere Lehrbücher auf dem Markt stellte das Brohm'sche Lehrbuch zunächst die „Grundlagen" von Raumordnungs-, Raumplanungs-, Stadtplanungs- und Bauordnungsrecht dar. Auch im Weiteren zeichnet sich das Lehrbuch durch einen eigenständigen Aufbau aus und kann sicher als eines der führenden Lehrbücher zum Baurecht aus der Zeit der Jahrtausendwende bezeichnet werden, auch wenn verschiedene Rezensenten dem neuen Zugriff nicht immer etwas abgewinnen konnten.[94] Brohms zentrales Anliegen war es, den Studierenden und der Praxis keine Aneinanderreihung von Rechtsprechungsnachweisen zu präsentieren,[95] sondern dogmatische Strukturen herauszuarbeiten.

Doch letztlich musste Brohm an seinem eigenen Anspruch scheitern, die Dogmatik der erwähnten Teilgebiete des öffentlichen Baurechts in der Reihe „Grundrisse des Rechts" für Studierende und die Praxis anspruchsvoll darzustellen und gleichzeitig die Grundlagenfragen eingehend zu würdigen. Für diese war – trotz ihrer Betonung gleich zu Anfang des Lehrbuchs – am Ende doch wenig Raum geblieben, obwohl das Lehrbuch von Auflage zu Auflage wuchs. Brohm war sich dieser Tatsache schmerzlich bewusst, wie seine im nächsten Abschnitt darzustellenden Ausführungen belegen.

IV. „Die verdrängende Dominanz der Rechtsdogmatik": der Blick zurück

Erst am Ende seines Wirkens sollte Brohm sich erneut den Grundlagenthemen seines Staatsrechtslehrerreferats zuwenden. In einem seiner letzten Beiträge kam er zurück auf die Frage, was gute Dogmatik ausmache. Es hat eine pikante Note, dass er ausgerechnet in der Festschrift für seinen Fakultätskollegen Hartmut Maurer dem zweifelhaften Erfolg von Kurzlehrbüchern nachging. Gleichzeitig lag darin auch eine Selbstkritik, war sein eigenes Lehrbuch zum Baurecht doch in derselben Grundrisse-Reihe des Beck-Verlags wie Maurers Allgemeines Verwaltungsrecht erschienen.

Brohm bedauerte, dass bei den gefragten Kurzlehrbüchern die rechtsdogmatischen Feinheiten ausführlich dargestellt würden, aber für „die übrigen Gebiete der Rechtswissenschaft [...] daneben wenig Raum" bleibe.[96] Rückblickend fragte er sich, wie es zu einer solchen „verdrängende[n] Dominanz der Rechts-

---

nungsrecht, 1. Aufl., München 1997, 2. Aufl. 1999, 3. Aufl. 2002 (m. Rezensionen zur 1. Aufl. 1997 von *Franz-Joseph Peine*, JZ 1997, S. 721; *Henning Jäde*, UPR 1998, S. 141; zur 3. Aufl. 2002 *ders.*, UPR 2003, S. 142).

[94] Skeptisch hinsichtlich des Aufbaus *Peine*, Rezension (Fn. 93); kritisch auch *Jäde*, Rezension 1998 (Fn. 93), hinsichtlich der Schwerpunktsetzung.

[95] Vgl. aber das Lehrbuch des Praktikers *Hansjochen Dürr*, Baurecht Baden-Württemberg, 14. Aufl., Baden-Baden 2013.

[96] *Winfried Brohm*, Kurzlebigkeit und Langzeitwirkung der Rechtsdogmatik, in: Max-

dogmatik“ in der deutschen Rechtswissenschaft überhaupt habe kommen können, seien die älteren Lehrbücher wie das vorbildhafte Lehrbuch seines akademischen Lehrers Ernst Forsthoff zum Allgemeinen Verwaltungsrecht[97] doch anders konzipiert gewesen:

> „in der Darstellung der dogmatischen Einzelheiten bisweilen weniger präzise als wir es heute gewohnt sind und auch nicht auf Vollständigkeit bedacht, dafür aber mehr bestrebt, anhand von ‚Realanalysen‘ die Entwicklungslinien in der Gegenwart und absehbaren Zukunft aufzuzeigen und dementsprechend die Notwendigkeit und Schwächen der herrschenden Meinung oder einzelner Lehrmeinungen zu diskutieren. In den heutigen Lehrbüchern herrscht im Allgemeinen die reine Dogmatik vor.“[98]

Während heute – wie oben bereits erwähnt – bisweilen ausgerechnet das Brohm'sche Staatsrechtslehrerreferat als Beginn für die Fixierung unserer Zunft auf die Dogmatik ausgemacht wird,[99] sah Brohm die Gründe für die Veränderungen in den Forderungen der studentischen 68er-Bewegung. Deren Kritik an zu viel Theorie und zu wenig Praxisorientierung im Studium habe letztlich zu dem geschilderten Umschwung geführt. Auch rückblickend billigte Brohm der Dogmatik zwar zahlreiche positive Funktionen zu und hob insbesondere deren Strukturierungsaufgabe angesichts der ausufernden Rechtsprechung hervor. Doch bedauerte er, dass im Studium das „Erlernen einer eigenständigen, kritischen Argumentation, mit der auch diese Dogmatik auf ihre Berechtigung generell und unter veränderten sozialen Bedingungen hinterfragt wird, [...] auf der Verlustliste“ stehe.[100] Brohm ahnte vermutlich bereits, dass

---

Emanuel Geis/Dieter Lorenz (Hrsg.), Staat – Kirche – Verwaltung. Festschrift für Hartmut Maurer zum 70. Geburtstag, München 2001, S. 1079 (1079).

Auch dieser Beitrag wurde in der Grundlagenliteratur häufig rezipiert, s. nur *Christoph Möllers/Andreas Voßkuhle*, Die deutsche Staatsrechtswissenschaft im Zusammenhang der internationalisierten Wissenschaften, Die Verwaltung (36) 2003, S. 321 (326 m. Fn. 20); *Helmuth Schulze-Fielitz*, Staatsrechtslehre als Wissenschaft: Dimensionen einer nur scheinbar akademischen Fragestellung, in: ders. (Hrsg.), Staatsrechtslehre als Wissenschaft, Die Verwaltung, Beiheft 7, Berlin 2007, S. 11 (20 m. Fn. 45); *Thomas Würtenberger*, Grundlagenforschung und Dogmatik aus deutscher Sicht, in: Stürner (Hrsg.), Die Bedeutung der Rechtsdogmatik für die Rechtsentwicklung (Fn. 34), S. 3 (5 m. Fn. 6, 7 m. Fn. 16 f.); *Christian Waldhoff*, Kritik und Lob der Dogmatik. Rechtsdogmatik im Spannungsfeld von Gesetzesbindung und Funktionsorientierung, in: Gregor Kirchhof/Stefan Magen/Karsten Schneider (Hrsg.), Was weiß Dogmatik?, Tübingen 2012, S. 17 (24 m. Fn. 32 f., 26 ff. m. Fn. 40 f. u. 49, 34 m. Fn. 77); *Matthias Jestaedt*, Wissenschaftliches Recht, in: ebd., S. 119 (129 m. Fn. 2); *ders.*, Deutsche Rechtswissenschaft im Kontext von Europäisierung und Internationalisierung, JZ 2012, S. 1 (2 m. Fn. 6), jeweils allerdings nur in Bezug auf die Wendung von Brohm, dass der Dogmatik verdrängende Dominanz zukomme; *Frank Schorkopf*, Dogmatik und Kohärenz, in: Gregor Kirchhof/Stefan Magen/Karsten Schneider (Hrsg.), Was weiß Dogmatik?, Tübingen 2012, S. 139 (141 m. Fn. 5).

[97] *Ernst Forsthoff*, Lehrbuch des Verwaltungsrechts, Bd. 1: Allgemeiner Teil, 1. Aufl., München/Berlin 1950; 10. Aufl., München 1973.

[98] *Brohm*, Kurzlebigkeit (Fn. 96), S. 1080.

[99] *Lepsius*, Kritik der Dogmatik (Fn. 32).

[100] *Brohm*, Kurzlebigkeit (Fn. 96), S. 1081.

auch sein eigenes Lehrbuch vom Verlag nicht weitergeführt werden würde,[101] als er die Kurzlebigkeit der gegenwärtigen Lehrbücher mit demjenigen Forsthoffs kontrastierte.

So warnte Brohm rückblickend vor der „verdrängenden Dominanz der Rechtsdogmatik“, die er doch selbst die meiste Zeit betrieben hatte, und betonte die Bedeutung der Grundlagenfächer.[102] Vor allem sei Dogmatik nicht als Reflexionsverbot zu verstehen. Es gelte vielmehr, die Zeitbedingtheit von dogmatischen Figuren zu erkennen und diese bei rechtlichem oder sozialem Wandel anzupassen, damit es nicht zu einer verfehlten Langzeitwirkung von überholter Dogmatik komme. Dogmatik müsse Zukunftswissenschaft bleiben!

---

[101] In derselben Reihe hat nun ein neues Lehrbuch von *Stefan Muckel*, Öffentliches Baurecht, 1. Aufl., München 2010 (nunmehr *Stefan Muckel/Markus Ogorek*, Öffentliches Baurecht, 2. Aufl. 2014), den ‚Brohm‘ ersetzt. Während die dritte Auflage des Baurechtslehrbuchs von Brohm (Fn. 93) auf 689 Seiten angewachsen war, legte Muckel mit 205 Seiten ein (allzu) schlankes Lehrbuch vor.

[102] *Brohm*, Kurzlebigkeit (Fn. 96), S. 1079f.

Sebastian Unger

Der Zweck als Schöpfer des Verwaltungsrechts

Peter Baduras Beitrag zu einer Verwaltungsrechtswissenschaft des sozialen Rechtsstaats

I. „Der Zweck ist der Schöpfer des ganzen Rechts"

In seinem zweiten, erstmals 1877 und 1884 erschienenen Hauptwerk „Der Zweck im Recht" begibt sich Rudolf von Jhering auf die Suche nach der Quelle des Rechts.[1] Er findet sie im „Zweck": „Der Grundgedanke des gegenwärtigen Werkes besteht darin, dass der Zweck der Schöpfer des gesamten Rechts ist, dass es keinen Rechtssatz gibt, der nicht einem Zweck seinen Ursprung verdankt."[2] Obgleich selbst dogmatisch versiert,[3] wendet sich Jhering damit gegen eine Rechtswissenschaft, die nach seiner Wahrnehmung in der konstruktivistischen Arbeit mit Begriffen Gefahr läuft, „über dem *Begriff* den *Zweck* außer Acht zu lassen".[4] Er öffnet die Rechtswissenschaft dabei für die hinter der Begriffsbildung stehenden „treibenden Kräfte [...], welche die Bewegung der Gesellschaft hervorrufen und unterhalten".[5] Recht wird soziologisch betrachtet.[6]

---

[1] *Rudolf von Jhering*, Der Zweck im Recht, Bd. 1, Leipzig 1877, und Bd. 2, Leipzig 1883. Noch zu Lebzeiten Jherings erscheint 1884 und 1886 eine zweite Auflage. Weitere Auflagen folgen. Erstes Hauptwerk ist der seit 1852 in mehreren Bänden und Auflagen erschienene „Geist des römischen Rechts auf den verschiedenen Stufen seiner Entwicklung". Skeptisch zur geläufigen Annahme einer „Bekehrung" Jherings zwischen diesen beiden Werken *Joachim Rückert*, Der Geist des Rechts in Jherings „Geist" und Jherings „Zweck", Rg 5 (2004), S. 128 (129); *Thomas Wischmeyer*, Zwecke im Recht des Verfassungsstaates. Geschichte und Theorie einer juristischen Denkfigur, Tübingen 2015, S. 58 ff.

[2] *Jhering*, Der Zweck im Recht, Bd. 1 (Fn. 1), S. VI. Entsprechend auch das beiden Bänden vorangestellte „Motto": „Der Zweck ist der Schöpfer des ganzen Rechts."

[3] Dazu knapp *Rückert*, Der Geist des Rechts (Fn. 1), S. 133 ff.

[4] *Jhering*, Der Zweck im Recht, Bd. 2 (Fn. 1), S. 101.

[5] *Jhering*, Der Zweck im Recht, Bd. 2 (Fn. 1), S. 1.

[6] Dazu *Jan Schröder*, Recht als Wissenschaft, 2. Aufl., München 2012, S. 284: „Begründung der soziologischen Rechtstheorie". Methodisch führt dies zu der Überzeugung, dass nicht nur die Gesetzgebung durch das Ringen von Interessen bestimmt ist, sondern „jede Fallentscheidung als eine Abgrenzung einander gegenüberstehender Interessen aufzufassen und durch eine Abwägung dieser Interessen nach Werturteilen und Wertideen zu gewinnen ist", *Philipp Heck*, Das Problem der Rechtsgewinnung, 2. Aufl., Tübingen 1932, S. 29 f.

Entstanden ist „Der Zweck im Recht" in Göttingen, wo Jhering seit 1872 lehrte.[7] Ebendort hält der 1964 nach Göttingen berufene Peter Badura 1966, also knapp 90 Jahre nach Erscheinen des ersten Bandes von „Der Zweck im Recht", seine Antrittsvorlesung über das „Verwaltungsrecht im liberalen und im sozialen Rechtsstaat".[8] Badura bezieht sich hier zwar nicht ausdrücklich auf Jhering. Wenn er der „Lehre von den zweckentleerten Rechtsformen obrigkeitlichen Verwaltens" aber eine „Lehre von den auf die Verwaltungszwecke bezogenen Rechtsformen des Verwaltens" entgegensetzt,[9] sind Verbindungslinien nicht zu übersehen. Baduras Ausgangspunkt ist die Verfassungsentscheidung für den sozialen Rechtsstaat und eine „sozialverantwortliche Verwaltung".[10] Auch sein Beitrag zur Verwaltungsrechtswissenschaft in der frühen Bundesrepublik ist daher – nicht anders als die Beiträge Dietrich Jeschs[11] und Hans Heinrich Rupps[12] – eine Antwort auf die Frage, welche Verwaltungsrechtswissenschaft der neuen „Verfassungsstruktur"[13] angemessen ist.[14] Die Verwaltungsrechtswissenschaft des liberalen Rechtsstaats, so Baduras These, ist es jedenfalls nicht mehr. An ihre Stelle müsse der Neuentwurf einer Verwaltungsrechtswissenschaft aus den Verwaltungszwecken des sozialen Rechtsstaats treten.[15] Der Zweck, also das, was die positivistische Verwaltungsrechtswissenschaft des spä-

---

[7] Knappe biographische Notizen bei *Jan Schröder*, Rudolf von Jhering, in: Gerd Kleinheyer/ders. (Hrsg.), Deutsche und europäische Juristen aus neun Jahrhunderten, 5. Aufl., Heidelberg 2008, S. 220.

[8] *Peter Badura*, Verwaltungsrecht im liberalen und im sozialen Rechtsstaat, Tübingen 1966.

[9] *Badura*, Verwaltungsrecht im liberalen und im sozialen Rechtsstaat (Fn. 8), S. 3 f.

[10] *Badura*, Verwaltungsrecht im liberalen und im sozialen Rechtsstaat (Fn. 8), S. 5.

[11] Siehe *Dietrich Jesch*, Gesetz und Verwaltung, Tübingen 1961, S. 5, der feststellt, dass es bei „Diskontinuität der Verfassungsstruktur" eine „Kontinuität staatsrechtlicher Prinzipien und Grundbegriffe" nicht geben könne, und daher ebd., S. VII, „ein der freiheitlichen-demokratischen Verfassungsstruktur adäquates begriffliches Rüstzeug" anmahnt, „das geeignet wäre, die drängenden Fragen unseres Staats- und Verwaltungsrechts auch nur einigermaßen exakt zu lösen". Ganz ähnlich geht es auch *Badura*, Verwaltungsrecht im liberalen und im sozialen Rechtsstaat (Fn. 8), S. 3, um die Frage, „in welcher Weise die Neuorientierung der Staatszwecke vom liberalen zum sozialen Rechtsstaat auf Methode und Begrifflichkeit der verwaltungsrechtlichen Terminologie einwirkt". Zu Dietrich Jesch und dessen Stoßrichtung *Ino Augsberg*, Demokratische Aufklärung. Dietrich Jeschs Neubestimmung der Verwaltungsrechtsdogmatik unter dem Grundgesetz (in diesem Band), S. 287.

[12] Siehe *Hans Heinrich Rupp*, Grundfragen der heutigen Verwaltungsrechtslehre, Tübingen 1965, S. VII, der eher rhetorisch fragt, ob „das aus vergangenen Zeiten rezipierte Institutionen- und Denksystem als solches heute nicht einer Neuorientierung und Neubesinnung bedarf". Näher zu Hans Heinrich Rupp *Andreas Funke*, Ein Außenseiter, mittendrin. Zur Erfolgsbilanz des neo-kelsenianischen Verwaltungsrechts von Hans Heinrich Rupp (in diesem Band), S. 305.

[13] Begriff bei *Jesch*, Gesetz und Verwaltung (Fn. 11), S. VII und öfter.

[14] Siehe *Peter Badura*, Diskussionsbeitrag, VVDStRL 30 (1972), S. 327 (328): „Konkretisierung" des Verfassungsrechts im Verwaltungsrecht durch Orientierung an den Staatsaufgaben.

[15] Dazu nur *Badura*, Verwaltungsrecht im liberalen und im sozialen Rechtsstaat (Fn. 8), S. 23.

ten 19. und frühen 20. Jahrhunderts in der Annahme von Verwaltung als reiner Rechtsverwirklichung so erfolgreich aus der Wissenschaft vom Verwaltungsrecht und ihrer Methode entfernt hatte,[16] wird damit wiederbelebt. Bevor ich auf diesen hier im Mittelpunkt stehenden Aspekt genauer eingehe (unter III.), einige Worte zu Baduras Biographie und Bibliographie (unter II.). Es folgen Ausführungen zur zeitgenössischen Rezeption (unter IV.) und zur Bedeutung für die heutige Diskussion (unter V.).

II. Biographische und bibliographische Notizen

Peter Badura wird am 21.2.1934 im oberschlesischen Oppeln geboren. Nach dem Studium der Rechtswissenschaften in Berlin und Erlangen legt er sowohl das Erste als auch das Zweite Juristische Staatsexamen in Bayern ab. Im Anschluss ist er zunächst als wissenschaftliche Hilfskraft, später als wissenschaftlicher Assistent bei Hans-Jürgen Bruns und Alfred Voigt in Erlangen tätig. 1959 wird Peter Badura dort mit einer Arbeit über die „Methoden der neueren allgemeinen Staatslehre" promoviert.[17] 1962 folgt die Habilitation mit einer Arbeit über das „Verwaltungsmonopol".[18] Badura erhält die Lehrbefugnis für „Öffentliches Recht". Nach kurzer Lehrtätigkeit in Erlangen als Privatdozent hat Badura von 1964 bis 1970 einen Lehrstuhl für Öffentliches Recht an der Georg-August-Universität Göttingen inne. Aus dieser Zeit stammen die hier im Mittelpunkt stehenden programmatischen Texte zum Verwaltungsrecht. Von 1970 bis zu seiner Emeritierung 2003 ist Badura dann Inhaber des Lehrstuhls für Öffentliches Recht, Rechts- und Staatsphilosophie an der Ludwig-Maximilians-Universität München.[19]

Im Zentrum von Peter Baduras Beitrag zu einer Verwaltungsrechtswissenschaft des sozialen Rechtsstaats steht die 1966 publizierte Göttinger Antrittsvorlesung über das „Verwaltungsrecht im liberalen und im sozialen Rechts-

---

[16] Dazu im Überblick *Michael Stolleis*, Entwicklungsstufen der Verwaltungsrechtswissenschaft, in: Wolfgang Hoffmann-Riem/Eberhard Schmidt-Aßmann/Andreas Voßkuhle (Hrsg.), Grundlagen des Verwaltungsrechts, Bd. 1, 2. Aufl., München 2012, § 2 Rn. 26 ff.; knapp zu diesem Prozess auch *Katharina Schober*, Der Zweck im Verwaltungsrecht. Zur Finalisierung der Verwaltungsrechtsordnung am Beispiel der Leitvorschriften des Bundesumweltrechts, Tübingen 2007, S. 10 ff.; *Wischmeyer*, Zwecke im Recht des Verfassungsstaates (Fn. 1), S. 26 ff. und 99 ff.

[17] *Peter Badura*, Die Methoden der neueren allgemeinen Staatslehre, Erlangen 1959; siehe ergänzend die neue Einleitung zum Nachdruck der 1. Auflage von 1959 in: *Peter Badura*, Die Methoden der neueren allgemeinen Staatslehre, 2. Aufl., Goldbach 1998, S. VII.

[18] *Peter Badura*, Das Verwaltungsmonopol, Berlin 1963.

[19] Zur Biographie ergänzend *Peter Lerche*, Peter Badura zum 70. Geburtstag, AöR 129 (2004), S. 1; *Hans-Jürgen Papier*, Peter Badura zum 70. Geburtstag, NJW 2004, S. 498.

staat".[20] Vor allem sie hat, wie die Laudatio in der Festschrift zum siebzigsten Geburtstag notiert, „einen Epochenwechsel in der deutschen Verwaltungsrechtsdogmatik eröffnet".[21] In engem Zusammenhang mit ihr stehen drei weitere Texte: Erstens eine 1967 und damit ein Jahr nach der Antrittsvorlesung nachgereichte ausführliche Skizze des „Verwaltungsrecht[s] des liberalen Rechtsstaates" und seiner Methode,[22] die gewissermaßen die Kontrastfolie für den in der Antrittsvorlesung angemahnten Methodenwandel liefert. Zweitens und drittens zwei Abhandlungen in der Zeitschrift „Die Öffentliche Verwaltung", die schon ihren Titeln nach die Thesen der Antrittsvorlesung aufgreifen, präzisieren und weiterentwickeln: „Die Daseinsvorsorge als Verwaltungszweck der Leistungsverwaltung und der soziale Rechtsstaat" und „Auftrag und Grenzen der Verwaltung im sozialen Rechtsstaat".[23] Diese Texte stehen im Folgenden ganz im Vordergrund. Nur am Rande erwähnt – weil nicht in einem engeren Zusammenhang mit dem Entwurf einer Verwaltungsrechtswissenschaft des sozialen Rechtsstaats stehend – seien hier drei weitere Texte aus einem Werk, das, wie Peter Lerche anlässlich des siebzigsten Geburtstags Peter Baduras vermerkt,[24] „in nahezu sämtliche Fächer des öffentlichen Rechts" ausgreift: Erstens das Lehrbuch „Staatsrecht", erstmals 1986 und zuletzt in sechster Auflage 2015 erschienen,[25] zweitens die Kommentierung des Art. 38 GG im Bonner Kommentar zum Grundgesetz,[26] drittens schließlich das bis heute als „richtungsweisend",[27] „weit vorausschauend"[28] und „Blaupause des gültigen Europaverfassungsrechts"[29] rezipierte Referat „Bewahrung und Veränderung demo-

---

[20] *Badura*, Verwaltungsrecht im liberalen und im sozialen Rechtsstaat (Fn. 8).

[21] Laudatio, in: Michael Brenner/Peter M. Huber/Markus Möstl (Hrsg.), Der Staat des Grundgesetzes – Kontinuität und Wandel. Festschrift für Peter Badura zum siebzigsten Geburtstag, Tübingen 2004, S. V (VII).

[22] *Peter Badura*, Das Verwaltungsrecht des liberalen Rechtsstaates. Methodische Überlegungen zur Entstehung des wissenschaftlichen Verwaltungsrechts, Göttingen 1967.

[23] *Peter Badura*, Die Daseinsvorsorge als Verwaltungszweck der Leistungsverwaltung und der soziale Rechtsstaat, DÖV 1966, S. 624; *ders.*, Auftrag und Grenzen der Verwaltung im sozialen Rechtsstaat, DÖV 1968, S. 446.

[24] *Lerche*, Peter Badura zum 70. Geburtstag (Fn. 19), S. 1.

[25] *Peter Badura*, Staatsrecht. Systematische Erläuterung des Grundgesetzes, 6. Aufl., München 2015.

[26] *Peter Badura*, Art. 38 GG, in: Wolfgang Kahl/Christian Waldhoff/Christian Walter (Hrsg.), Bonner Kommentar zum Grundgesetz, Loseblatt, Heidelberg (Stand: Februar 2008); dazu nur *Helmuth Schulze-Fielitz*, Was macht die Qualität öffentlich-rechtlicher Forschung aus?, in: ders., Staatsrechtslehre als Mikrokosmos. Bausteine zu einer Soziologie und Theorie der Wissenschaft des Öffentlichen Rechts, Tübingen 2013, S. 298 (319 mit Fn. 69): „über Jahrzehnte wirkende, vieles spätere verblassen lassende Leuchtkraft" der Erläuterungen.

[27] So Laudatio (Fn. 21), S. VIII.

[28] So *Lerche*, Peter Badura zum 70. Geburtstag (Fn. 19), S. 2.

[29] So *Udo Di Fabio*, Bewahrung und Veränderung demokratischer und rechtsstaatlicher Verfassungsstruktur in den internationalen Gemeinschaften, AöR 141 (2016), S. 106 (108), anlässlich einer Relektüre des Referats „50 Jahre danach"; siehe insoweit auch *Peter M. Huber*, Bewahrung und Veränderung demokratischer und rechtsstaatlicher Verfassungsstruktur

kratischer und rechtsstaatlicher Verfassungsstruktur in den internationalen Gemeinschaften" vor der Staatsrechtslehrervereinigung 1964 in Kiel.[30]

III. Verwaltungsrecht im sozialen Rechtsstaat

Peter Baduras Beitrag zur Verwaltungsrechtswissenschaft in der frühen Bundesrepublik geht von der „Ausweitung des administrativen Bereichs" auf die „Verantwortung für wirtschaftliche Prosperität und soziale Sicherheit" im Übergang vom liberalen zum sozialen Rechtsstaat aus.[31] Diese führt dazu, dass sich Verwaltung nicht mehr in Rechtsverwirklichung erschöpft. Die liberalen Verwaltungszwecke der auf reinen Normvollzug angelegten Gefahrenabwehr und Abgabenerhebung[32] werden durch den sozialen Verwaltungszweck der normativ weniger dicht angeleiteten „Daseinsvorsorge" zwar nicht ersetzt, aber doch ergänzt.[33] Dies, so Baduras zentrale These, muss „zu einer Wandlung der Methode des wissenschaftlichen Verwaltungsrechts führen".[34]

1. *Der liberale Rechtsstaat als Kontrastfolie*

Als Kontrastfolie dienen Badura das Verwaltungsrecht des liberalen Rechtsstaats und dessen Methode.[35] Der liberale Rechtsstaat ist Gesetzgebungsstaat. Seine Gesetze zielen dabei nicht auf Sozialgestaltung, sondern auf die „Herstel-

---

in den internationalen Gemeinschaften – 50 Jahre danach, AöR 141 (2016), S. 117; *Thomas Oppermann*, Europäische Hoffnungen und was nach 50 Jahren daraus wurde. Im Spiegel von *Peter Baduras* Gedanken, AöR 141 (2016), S. 136; *Fausto De Quadros*, Bewahrung und Veränderung demokratischer und rechtsstaatlicher Verfassungsstruktur in den internationalen Gemeinschaften – 50 Jahre danach, AöR 141 (2016), S. 144.

[30] *Peter Badura*, Bewahrung und Veränderung demokratischer und rechtsstaatlicher Verfassungsstruktur in den internationalen Gemeinschaften, VVDStRL 23 (1966), S. 34.

[31] *Badura*, Verwaltungsrecht im liberalen und im sozialen Rechtsstaat (Fn. 8), S. 5.

[32] Dazu *Badura*, Das Verwaltungsrecht des liberalen Rechtsstaates (Fn. 22), S. 25.

[33] Dazu vor allem *Badura*, Die Daseinsvorsorge als Verwaltungszweck (Fn. 23), S. 629 ff.

[34] *Badura*, Verwaltungsrecht im liberalen und im sozialen Rechtsstaat (Fn. 8), S. 5. Zum Begriff der Methode instruktiv *ders.*, Die Methoden der neueren Allgemeinen Staatslehre (Fn. 17), S. 57 ff.; ebd., S. 54, werden Methode und System als „Hilfsmittel" bezeichnet, „deren sich das theoretische wissenschaftliche Denken bedient, um aus dem sich anhäufenden Wissen tatsächlich ‚Leistungswissen' zu machen". Aus heutiger Zeit zum hier zugrunde liegenden Methodenbegriff *Andreas Voßkuhle*, Neue Verwaltungsrechtswissenschaft, in: Hoffmann-Riem/Schmidt-Aßmann/Voßkuhle (Hrsg.), Grundlagen des Verwaltungsrechts, Bd. 1 (Fn. 16), § 1 Rn. 1 ff.: Methode nicht im Sinne von „Methode der Rechtsanwendung", sondern im Sinne von „Methoden der rechtswissenschaftlichen Arbeit".

[35] Ausformuliert vor allem in *Badura*, Das Verwaltungsrecht des liberalen Rechtsstaates (Fn. 22); siehe ergänzend *ders.*, Verwaltungsrecht im liberalen und im sozialen Rechtsstaat (Fn. 8), S. 5 ff.; *ders.*, Die Methoden der neueren Allgemeinen Staatslehre (Fn. 17), S. 133 ff.

lung und Bewahrung einer Ordnung koexistierender Freiheiten".[36] Die Verwaltung vollzieht diese Gesetze. Sie ist Rechtsverwirklichung, nicht Zweckverfolgung.[37] Das hat Folgen für die Verwaltungsrechtswissenschaft. Sie empfängt, auch wenn die Verwaltungspraxis darüber hinausweist, ihre Prägung vom Bild der Eingriffsverwaltung. In der Folge rückt sie „mit Notwendigkeit", wie Peter Badura notiert, „den nach dem Vorbild des Steuerbescheids und der Polizeiverfügung konstruierten *Verwaltungsakt* in die Mitte ihres Systems".[38] Mit ihm lässt der liberale Rechtsstaat nach der berühmten Formulierung Otto Mayers „feste Punkte auftauchen, welche dem Einzelnen Halt gewähren und ihn darüber sicherstellen, wohin es geht".[39]

Die Methode der Verwaltungsrechtswissenschaft ist dabei in dem Sinne formal, dass sie das Recht von Rechtsidee und Gesellschaft abtrennt.[40] Soziologische und politische Aspekte der Verwaltung und ihres Handelns, die Verwaltungszwecke also, werden aus der juristischen Disziplin der „Verwaltungsrechtslehre" herausgenommen und in die soziologische Disziplin einer „Verwaltungslehre" abgeschoben,[41] deren System, wie Otto Mayer kurz vor seinem Tod noch einmal bekräftigend feststellt, „kein juristisches" ist und die daher kein Teil der „Verwaltungsrechtswissenschaft" sein kann.[42] Für das Verwaltungsrecht und die Verwaltungsrechtswissenschaft des liberalen Rechtsstaats ist diese Engführung kein Problem, weil der liberale Staatszweck, also die „Herstellung und Bewahrung einer Ordnung koexistierender Freiheiten",[43] in einem formalen Ansatz, der als „Zwecke" der Verwaltung alleine die gesetzlich determinierte Abgabenerhebung und Gefahrenabwehr durch Akte der Eingriffsverwaltung anerkennt, vollständig aufgeht.[44] Probleme treten erst auf, wenn der Staatszweck ausgewechselt, jedenfalls aber ergänzt wird. Die Verwaltungsrechtswissenschaft weist dann eine „dogmatische Unterbilanz" auf.[45]

---

[36] *Badura*, Das Verwaltungsrecht des liberalen Rechtsstaates (Fn. 22), S. 25.

[37] Dazu *Badura*, Das Verwaltungsrecht des liberalen Rechtsstaates (Fn. 22), S. 22.

[38] *Badura*, Das Verwaltungsrecht des liberalen Rechtsstaates (Fn. 22), S. 25.

[39] *Otto Mayer*, Deutsches Verwaltungsrecht, Bd. 1, 3. Aufl., Berlin 1924, S. 92 f.

[40] *Badura*, Das Verwaltungsrecht des liberalen Rechtsstaates (Fn. 22), S. 51.

[41] Zu diesem Vorgang *Badura*, Das Verwaltungsrecht des liberalen Rechtsstaates (Fn. 22), S. 57; *ders.*, Verwaltungsrecht im liberalen und im sozialen Rechtsstaat (Fn. 8), S. 16 f. Von einer „Amputation des Verwaltungsrechts" spricht *Stolleis*, Entwicklungsstufen der Verwaltungsrechtswissenschaft (Fn. 16), § 2 Rn. 49.

[42] *Otto Mayer*, Otto Mayer, in: Hans Planitz (Hrsg.), Die Rechtswissenschaft der Gegenwart in Selbstdarstellungen, Leipzig 1924, S. 153 (163), mit Blick auf Lorenz von Stein.

[43] *Badura*, Das Verwaltungsrecht des liberalen Rechtsstaates (Fn. 22), S. 25.

[44] Zutreffend weist *Badura*, Verwaltungsrecht im liberalen und im sozialen Rechtsstaat (Fn. 8), S. 9, darauf hin, dass die „Verwirklichung der liberalen Verwaltungszwecke" dann auch nicht als „Zweckverfolgung", sondern vielmehr als „Rechtsverwirklichung" vorgestellt wird.

[45] Zum Begriff *Fritz Ossenbühl*, Daseinsvorsorge und Verwaltungsprivatrecht, DÖV 1971, S. 513 (515), mit Blick auf den Bereich der Leistungsverwaltung.

2. Der soziale Rechtsstaat als neue Systemidee

Eine solche „dogmatische Unterbilanz“ der Verwaltungsrechtswissenschaft und ihrer Methode erkennt Peter Badura im sozialen Rechtsstaat. Der soziale Rechtsstaat zielt auf „staatlich verantwortete soziale Gerechtigkeit“.[46] Gesetze sichern in ihm zwar weiterhin die „Ordnung koexistierender Freiheiten“. Sie sind aber zunehmend „Akte weitgreifender Sozialgestaltung, Planung und Umverteilung“.[47] Das hat Auswirkungen auf die zu ihrem Vollzug berufene Verwaltung. Aus „einem Hüter koexistierender Freiheiten“ wird eine „ständig expandierende Apparatur von Lenkung und Leistung“.[48] Verwaltungshandeln erschöpft sich in der Folge nicht mehr im Normvollzug. Die nunmehr „sozialverantwortliche Verwaltung“[49] ist vielmehr mit Lenkungs- und Leistungsaufgaben konfrontiert, für die in der Verwaltungsrechtswissenschaft des liberalen Rechtsstaats mit „ihren zweckentleert konstruierten Kategorien“[50] und ihrer konstruktiven Beschränkung auf Akte obrigkeitlicher Eingriffsverwaltung kein Raum ist. Die Verwaltungsrechtswissenschaft und ihre Methode bedürfen daher, so Baduras Überzeugung, ausgehend vom sozialen Verwaltungszweck einer Wendung. Es geht also um einen Perspektivwechsel: An die Stelle der „sich auf die [...] Rechtsform beschränkende[n] Blickrichtung“ tritt der „übergreifende und gegenüber der gewählten Rechtsform indifferente Gesichtspunkt der Versorgung [...] mit einem bestimmten Standard an [...] Zivilisation“.[51] Weil bei diesem Perspektivwechsel „die gesellschaftliche Funktion der Verwaltung“ in den Vordergrund und die juristische Form des Handelns in den Hintergrund tritt,[52] spricht Badura – in Abgrenzung zur „juristischen“ Methode Otto Mayers – von einer „soziologischen“ Methode.[53] Diese mündet dann in den Neuentwurf einer „Theorie der Verwaltung“:

„Eine konsequente Ersetzung der Systemidee des liberalen Rechtsstaates durch die des sozialen Rechtsstaates müßte die Theorie der Verwaltung auf der Basis der nicht weiter auflösbaren Verwaltungszwecke der Gefahrenabwehr, der Abgabenerhebung, Leistung und Lenkung entwickeln. Dieses Verfahren bedeutet nichts anderes, als die Methode des Verwaltungsrechts aus der verfassungsrechtlichen Entscheidung für den sozialen Rechtsstaat abzuleiten [...]. Das Verwaltungsrecht des sozialen Rechtsstaates ist mit einem Positivismus der Rechtsformen, der die Verwaltungszwecke als metajuristisch behandelt, nicht verträglich, weil es die Verwaltung nicht nur als Arm des Rechts- und Machtzweckes des Staates, sondern zuerst als Instrument seines Wohlfahrtszweckes

[46] *Badura*, Verwaltungsrecht im liberalen und im sozialen Rechtsstaat (Fn. 8), S. 16; näher *ders.*, Auftrag und Grenzen der Verwaltung im sozialen Rechtsstaat (Fn. 23), S. 446 ff.
[47] *Badura*, Verwaltungsrecht im liberalen und im sozialen Rechtsstaat (Fn. 8), S. 6.
[48] *Badura*, Verwaltungsrecht im liberalen und im sozialen Rechtsstaat (Fn. 8), S. 6.
[49] *Badura*, Verwaltungsrecht im liberalen und im sozialen Rechtsstaat (Fn. 8), S. 5.
[50] *Badura*, Verwaltungsrecht im liberalen und im sozialen Rechtsstaat (Fn. 8), S. 16.
[51] *Badura*, Verwaltungsrecht im liberalen und im sozialen Rechtsstaat (Fn. 8), S. 17 f.
[52] *Badura*, Verwaltungsrecht im liberalen und im sozialen Rechtsstaat (Fn. 8), S. 21.
[53] *Badura*, Verwaltungsrecht im liberalen und im sozialen Rechtsstaat (Fn. 8), S. 22.

begreift, weil es, mit anderen Worten, der Verwaltung einen Zweck gegenüber der Gesellschaft zuspricht […]. Die Rechtsform des Verwaltungshandelns wird hier sekundär, sie kann nur in Zuordnung auf den durch sie verfolgten Verwaltungszweck konstruiert werden."[54]

Der Zweck des Verwaltungshandelns wird hier nun tatsächlich – an Stelle der Form des Verwaltungshandelns – zum „Schöpfer" wenn nicht des Verwaltungsrechts, so doch seiner Methode:[55] „Die das klassische Verwaltungsrecht als Grundfigur beherrschende *Rechtsform* des Verwaltungshandelns ist durch den *Verwaltungszweck* als theoretisches Grundprinzip verdrängt worden."[56]

Die unter dem Gesichtspunkt der „Rechtsform" eng am methodischen Leitbild des Verwaltungsakts geführte Verwaltungsrechtswissenschaft öffnet sich: für „kollektive Wirkungen" des Verwaltungshandelns außerhalb der für die Verwaltungsrechtswissenschaft des liberalen Rechtsstaats so prägenden „zweiseitigen Beziehung der Subordination"; für eine stärkere „Sachzugewandtheit" der als eigenständige politische Kraft erkannten[57] Verwaltung, einerseits durch die breite Anerkennung von Ermessensausübung als „für die administrative Lenkung und Planung […] besonders wesentliche Form der Rechtsverwirklichung", andererseits durch die „Indienststellung verwaltungsfremden Sachverstandes"; schließlich für eine „Veränderung des Formenkanons", insbesondere durch dessen Erweiterung um die Ausübung öffentlicher Verwaltung in privatrechtlicher Form, vor deren Hintergrund, wie Badura nebenbei bemerkt, dann auch „die auf der *Unterscheidung von öffentlichem und privatem Recht* aufbauende Struktur der Rechtsordnung nur eine historisch kontingente Erscheinung ist".[58]

Folge dieser Öffnung der Verwaltungsrechtswissenschaft ist nicht nur die Wiederaufnahme der „als Spaltprodukt des positivistischen Verwaltungsrechts entstandenen Verwaltungslehre" in eine umfassende „Verwaltungswissenschaft", sondern auch eine „Reform der […] Lehre des Verwaltungsrechts".[59]

[54] *Badura*, Verwaltungsrecht im liberalen und im sozialen Rechtsstaat (Fn. 8), S. 22 f.

[55] Bewusst grenzt sich *Badura*, Verwaltungsrecht im liberalen und im sozialen Rechtsstaat (Fn. 8), S. 22 mit Fn. 51, von Versuchen ab, die „Theorie der Verwaltung" an einer „Gliederung nach Sachgebieten" oder am „Gehalt der verwaltenden Tätigkeit" auszurichten. Entsprechendes gilt für die „Unterscheidung von Eingriffs- und Leistungsverwaltung", die daran leide, „daß ihr kein einheitliches Kriterium zugrunde liegt", sondern sich vielmehr „der Begriff der Eingriffsverwaltung […] an der Rechtsform" und „der Begriff der Leistungsverwaltung […] an dem Inhalt des gemeinten Verwaltens […] orientiert". Stattdessen geht es Badura darum, die „Verwaltungszwecke" als zentrale „system- und begriffsbildende Bestandteile rechtswissenschaftlicher Arbeit aufzufassen", wie es ebd., S. 23, heißt. Ziel ist, so Badura schließlich ebd., S. 24, eine „teleologisch verfahrende verwaltungsrechtliche Doktrin".

[56] *Badura*, Auftrag und Grenzen der Verwaltung im sozialen Rechtsstaat (Fn. 23), S. 452.

[57] Grundlegend *Hans Peters*, Die Verwaltung als eigenständige Staatsgewalt, Krefeld 1965.

[58] Zum Ganzen *Badura*, Auftrag und Grenzen der Verwaltung im sozialen Rechtsstaat (Fn. 23), S. 452 f.; zum letzten Punkt auch *Martin Bullinger*, Öffentliches Recht und Privatrecht. Studien über Sinn und Funktionen der Unterscheidung, Stuttgart u. a. 1968, S. 75 ff.

[59] *Badura*, Auftrag und Grenzen der Verwaltung im sozialen Rechtsstaat (Fn. 23), S. 454.

Hier ist, wie Badura und seine Göttinger Fakultätskollegen zum „Öffentliche[n] Recht in der Studienreform“ notieren, die „überkommene Aufteilung des akademischen Unterrichts im Verwaltungsrecht in die beiden Hauptvorlesungen Verwaltungsrecht I (Allgemeiner Teil) und Verwaltungsrecht II (Besonderer Teil) [...] methodisch angreifbar und pädagogisch unbefriedigend“. An ihre Stelle tritt eine „zweistündige Einführung“ in das Verwaltungsrecht, die „auch die grundlegenden Verwaltungszwecke und die damit verbundenen Bereiche des ‚besonderen‘ Verwaltungsrechts zur Darstellung bringen [soll], allerdings in weitgehend induktiv bestimmter Verschmelzung der allgemeinen und der speziellen Fragestellungen und Materien“.[60] Neben Abgabenrecht und Polizeirecht als klassische Bereiche des „besonderen“ Verwaltungsrechts treten dabei Planungsrecht, Wirtschaftsverwaltungsrecht, Sozialrecht und Kulturverwaltungsrecht.[61]

3. *Grundrechte und Demokratie im Verwaltungsstaat*

Auf der Verlustseite der Wendung des Rechtsstaats vom liberalen Gesetzes- zum sozialen Verwaltungsstaat, in dem die Verwaltung „eine ständig expandierende Apparatur von Lenkung und Leistung“ ist,[62] steht, das sieht Peter Badura deutlich, die Gefahr, „daß die Bürokratie sich vom politischen Prozeß isoliert und daß ihre Übermacht despotisch entartet“.[63] Badura bringt insoweit zwar auch die Grundrechte in Stellung. An die Stelle einer liberalen tritt bei ihm aber eine tendenziell sozialstaatliche Grundrechtstheorie,[64] die unter Freiheit „die

[60] *Peter Badura/Eberhard Carl/Jörn Ipsen/Dietmar Schütz*, Das Öffentliche Recht in der Studienreform, JZ 1970, S. 718 (721); ebd., S. 724, findet auch die Verwaltungslehre als Bestandteil einer offensichtlich von *Peter Badura*, Die Verwaltung als soziales System. Bemerkungen zu einer Theorie der Verwaltungswissenschaft von Niklas Luhmann, DÖV 1970, S. 18, inspirierten Lehrveranstaltung „Die Verwaltung als soziales System“ Erwähnung. Die Göttinger Überlegungen zur Studienreform sind ausdrücklich als Gegenentwurf zu den in JZ 1970, S. 362, abgedruckten „Mainzer Beschlüssen zur Fortführung der Studienreform“ des Studienreformausschusses des Fakultätentages vom 13. und 14.2.1970 konzipiert.

[61] *Badura*, Auftrag und Grenzen der Verwaltung im sozialen Rechtsstaat (Fn. 23), S. 450. Badura selbst hat sich vor allem mit dem Wirtschaftsverwaltungsrecht beschäftigt: *Peter Badura*, Wirtschaftsverfassung und Wirtschaftsverwaltung. Ein exemplarischer Leitfaden, Frankfurt a. M. 1971. Bis heute sind drei weitere Auflagen erschienen.

[62] *Badura*, Verwaltungsrecht im liberalen und im sozialen Rechtsstaat (Fn. 8), S. 6; näher *ders.*, Auftrag und Grenzen der Verwaltung im sozialen Rechtsstaat (Fn. 23), S. 450 ff.

[63] *Badura*, Auftrag und Grenzen der Verwaltung im sozialen Rechtsstaat (Fn. 23), S. 450; ebd., S. 455, ist diese Gefahr vor allem auf die „individuelle Selbstbestimmung“ bezogen. Ganz allgemein birgt „Zweckdenken“ im Recht die Gefahr einer übermäßigen Lösung vom positiven Recht. So ist der Vorwurf eines „Antinormativismus“ dann auch an Rudolf von Jhering herangetragen worden; dazu rehabilitierend *Okko Behrends*, Rudolph von Jhering (1818–1892). Der Durchbruch zum Zweck im Recht, in: Fritz Loos (Hrsg.), Rechtswissenschaft in Göttingen. Göttinger Juristen aus 250 Jahren, Göttingen 1987, S. 229.

[64] Zur hintergründigen Unterscheidung verschiedener Grundrechtstheorien – unter ande-

Chance der Selbstverwirklichung auf Grund der Wahrnehmung einer sozialen Verantwortung durch den Staat" versteht.[65] Es ist hier Aufgabe des Staates, überhaupt erst „die notwendigen sozialen Voraussetzungen für die Realisierung der grundrechtlichen Freiheit zu schaffen".[66] Die Freiheit des Einzelnen ist „auf den *wohlfahrtsstaatlichen Etatismus* angewiesen".[67]

In der Folge bedarf die „Mäßigung wohlfahrtsstaatlicher Staatsmacht" ergänzend einer funktionsfähigen demokratischen (und also: politischen) Kontrolle „mithilfe der kollektiven Faktoren der Wahlen, der öffentlichen Meinung und der organisierten Interessen".[68] Gerade hier, im Bereich der demokratischen Verwaltungskontrolle, sieht Badura „eine typische Schwäche der deutschen Staatsrechtslehre", die „sich für den Schutz individueller Freiheit zu sehr auf einen entpolitisiert verstandenen Rechtsstaat verläßt".[69] Es ist vor diesem Hintergrund „Beruf und Verantwortung der parlamentarischen Demokratie, durch die legislatorischen und gubernativen Instrumente des parlamentarischen Regierungssystems die These zu widerlegen, daß ‚der soziale Verwaltungsstaat mit seinem inneren Zwang zur Totalität […] nicht darauf angelegt' ist, ‚sich mit der Lebenswelt individueller Daseinsverantwortung und gewaltenteilender Machtaufhebung versöhnlich zu verbinden'".[70] Hier ist dann der Punkt, an dem Baduras Texte zur parlamentarischen Demokratie anknüpfen können.[71]

---

rem einer „liberalen" und einer „sozialstaatlichen" – nur *Ernst-Wolfgang Böckenförde*, Grundrechtstheorie und Grundrechtsinterpretation, in: ders., Staat, Gesellschaft, Freiheit. Studien zur Staatstheorie und zum Verfassungsrecht, Frankfurt a. M. 1976, S. 221 (224 ff.).

[65] *Badura*, Auftrag und Grenzen der Verwaltung im sozialen Rechtsstaat (Fn. 23), S. 455. Allgemein zum tendenziell „antiindividualistischen" Charakter einer von den Verwaltungszwecken bestimmten Dogmatik des Verwaltungsrechts *Michael Stolleis*, Verwaltungsrechtswissenschaft und Verwaltungslehre im Nationalsozialismus, in: Kurt G. A. Jeserich/Hans Pohl/Georg-Christoph von Unruh (Hrsg.), Deutsche Verwaltungsgeschichte, Bd. 4, Stuttgart 1985, S. 707 (716 f.). Ablesbar ist die damit angesprochene Schwäche der Grundrechte gegenüber lenkendem und leistendem Verwaltungshandeln an dessen bis heute ungeklärter Grundrechtsrelevanz; dazu knapp *Sebastian Unger*, Subventions- und Beihilfenrecht, in: Reiner Schmidt/Ferdinand Wollenschläger (Hrsg.), Kompendium Öffentliches Wirtschaftsrecht, 4. Aufl., Heidelberg 2016, § 8 Rn. 6 ff.

[66] So die Umschreibung der sozialstaatlichen Grundrechtstheorie bei *Böckenförde*, Grundrechtstheorie und Grundrechtsinterpretation (Fn. 64), S. 238.

[67] So *Badura*, Auftrag und Grenzen der Verwaltung im sozialen Rechtsstaat (Fn. 23), S. 455.

[68] *Badura*, Auftrag und Grenzen der Verwaltung im sozialen Rechtsstaat (Fn. 23), S. 455.

[69] *Badura*, Auftrag und Grenzen der Verwaltung im sozialen Rechtsstaat (Fn. 23), S. 455, der insoweit auf *Carl Schmitt*, Verfassungslehre, München 1928, S. 123 ff., verweist.

[70] *Badura*, Auftrag und Grenzen der Verwaltung im sozialen Rechtsstaat (Fn. 23), S. 451, der sich hier auf *Werner Weber*, Das politische Kräftesystem in der wohlfahrtsstaatlichen Massendemokratie. Die Gruppeninteressen und ihre Einfügung in die Ordnung des öffentlichen Lebens, Köln 1956, S. 8, bezieht.

[71] Siehe stellvertretend *Peter Badura*, Die parlamentarische Demokratie, in: Josef Isensee/Paul Kirchhof (Hrsg.), Handbuch des Staatsrechts der Bundesrepublik Deutschland, Bd. 2, 3. Aufl., Heidelberg 2004, § 25.

IV. Zwischen „Neubau“ und „Umbau“

Die Annahme einer „dogmatischen Unterbilanz“ der Verwaltungsrechtswissenschaft angesichts der neuen sozialen Verwaltungsaufgaben ist in der frühen Bundesrepublik durchaus verbreitet.[72] Die zeitgenössische Diskussion dreht sich folglich nicht um die Frage, ob die überkommene Methode auf den Prüfstand zu stellen sei.[73] Im Mittelpunkt steht vielmehr die Frage, ob am Ende der anstehenden Überprüfung eine behutsame Fortentwicklung des bewährten Systems oder ein völliger Neuansatz zu stehen habe.[74] Höhe- und vorläufiger Endpunkt dieser Diskussion ist die Tagung der Vereinigung der Deutschen Staatsrechtslehrer in Regensburg 1971. Insbesondere Otto Bachof wendet sich hier gegen einen völligen Neuentwurf der verwaltungsrechtswissenschaftlichen Methode aus den Verwaltungszwecken:

„Ich ziehe die Folgerung: Der oft geforderte ‚Neubau‘ des verwaltungsrechtlichen Systems, als Auswechslung seiner tragenden begrifflichen und institutionellen Fundamente verstanden, ist weder erforderlich noch auch nur möglich. Denn – darin stimme ich ganz mit dem Urteil *Franz Mayers* überein: ‚Auch die Leistungsverwaltung des sozialen Rechtsstaats ist auf alle elementaren Grundsätze des Rechtsstaats hin angelegt; lediglich die Schwerpunkte des Verwaltungshandelns sind anders verteilt‘. Deshalb bleibt die Verwaltung, auch in ihren leistenden, lenkenden und verteilenden Aufgabenbereichen, auf das rechtsstaatliche Instrumentarium angewiesen. Die Verlagerung der Schwerpunkte des Verwaltungsgeschehens erfordert aber eine Verschiebung der Akzente und eine andere Verteilung der Gewichte innerhalb des rechtlichen Systems, zugleich dessen Befreiung von überholten Bestandteilen und seine Erweiterung durch neue; also einen kontinuierlichen ‚Umbau‘ des Systems, eine ständige kritische Überprüfung und Fortentwicklung desselben. Das ist freilich eine mühevolle, niemals abreißende Arbeit; sie ist weit weniger spektakulär, verspricht dafür aber einen ungleich größeren Erfolg als die gewollte Suche nach einem neuen System.“[75]

---

[72] Badura bezieht sich vor allem auf seinen Göttinger Fakultätskollegen Arnold Köttgen und dessen – so *Peter Badura*, Arnold Köttgen, JZ 1967, S. 419 (420) – „bedeutenden Beitrag zur Überwindung des verwaltungsrechtlichen Positivismus“; siehe vor allem *Arnold Köttgen*, Deutsche Verwaltung, 3. Aufl., Berlin 1944, S. 139ff.; *ders.*, Die gegenwärtige Lage der deutschen Verwaltung, DVBl. 1957, S. 441. Näher zu Köttgen *Ann-Katrin Kaufhold*, Arnold Köttgen. Berichte aus dem Inneren der Verwaltung (in diesem Band), S. 107.

[73] *Michael Stolleis*, Geschichte des öffentlichen Rechts in Deutschland, Bd. 4, München 2012, S. 252, sieht jedenfalls hinsichtlich dieser „allgemeinen Überzeugung“ einen „Konsens“.

[74] Dazu *Stolleis*, Geschichte des öffentlichen Rechts in Deutschland (Fn. 73), S. 250ff.

[75] *Otto Bachof*, Die Dogmatik des Verwaltungsrechts vor den Gegenwartsaufgaben der Verwaltung, VVDStRL 30 (1972), S. 193 (229f.). Tendenziell gegenläufig, aber im Ergebnis doch zurückhaltend gegenüber einem völligen dogmatischen „Neubau“ der Mitbericht von *Winfried Brohm*, ebd., S. 245. Näher zu Otto Bachof und Winfried Brohm *Matthias Kötter*, Fortbilden, um zu bewahren: Otto Bachof und der Wandel verwaltungsrechtlicher Dogmatik unter dem Grundgesetz (in diesem Band), S. 231; *Anna-Bettina Kaiser*, Winfried Brohm: Dogmatik als „Zukunftswissenschaft“ (in diesem Band), S. 345.

Peter Badura, gegen dessen Göttinger Antrittsvorlesung Bachofs Plädoyer für eine „organische Verbindung“ des Neuen mit den bewährten Grundsätzen[76] in erster Linie gerichtet ist,[77] betont demgegenüber noch einmal die im Vergleich zur Verfassungsidee des liberalen Rechtsstaats „ganz andere *systemleitende* Konsequenz“ der Verfassungsidee des sozialen Rechtsstaats für das Verwaltungsrecht.[78] Diese müsse zu einem „Neubau des verwaltungsrechtlichen Systems“ führen, weil „der leitende Gedanke, das Axiom, von dem aus diese Dogmatik entwickelt werden muß und auch dauernd entwickelt wird, anders ist, und zwar prinzipiell anders als im klassischen Verwaltungsrecht“.[79] Dabei ist nicht leicht zu erkennen, ob und inwieweit diese Position im Einzelnen tatsächlich zu anderen dogmatischen Ergebnissen führt als der überkommene Ansatz, der – Bachof weist das im Einzelnen nach[80] – trotz seiner starken Orientierung am Leitbild der Eingriffsverwaltung durchaus auf die Leistungsverwaltung bezogene Begriffe und Institute zur Verfügung stellt. Badura geht es dann wohl auch gar nicht so sehr um dogmatische Details. Im Mittelpunkt scheint vielmehr das ästhetische Unbehagen an einem „kontinuierlichen ‚Umbau‘ des Systems“ zu stehen, wie ihn Bachof im Sinn hat. Bachofs Vorwurf, hier werde der spektakuläre Entwurf eines neuen Systems der weniger spektakulären Arbeit am überkommenen System vorgezogen, ist daher nicht ganz unberechtigt.[81] Er weist die Auseinandersetzung auch als „Generationenkonflikt“[82] aus, in dem sich „‚zornige[ ]‘ junge[ ] Juristen“ – freilich: mit ganz unterschiedlicher Stoßrichtung[83] – gegen die überkommene Verwaltungsrechtswissenschaft und ihre Methode wenden.[84]

---

[76] Entsprechend zur „Aufgabe der verwaltungsrechtlichen Dogmatik unserer Zeit“ *Bachof*, Die Dogmatik des Verwaltungsrechts (Fn. 75), S. 238, unter Hinweis auf das Vorwort zu *Fritz Fleiner*, Institutionen des Deutschen Verwaltungsrechts, 8. Aufl., Tübingen 1928, S. V.

[77] Siehe nur *Bachof*, Die Dogmatik des Verwaltungsrechts (Fn. 75), S. 223.

[78] *Badura*, Diskussionsbeitrag (Fn. 14), S. 328.

[79] *Badura*, Diskussionsbeitrag (Fn. 14), S. 331.

[80] Siehe nur *Bachof*, Die Dogmatik des Verwaltungsrechts (Fn. 75), S. 212 f.

[81] In diese Richtung deutet auch die Analyse der Diskussion bei *Christian Bumke*, Die Entwicklung der verwaltungsrechtswissenschaftlichen Methodik in der Bundesrepublik Deutschland, in: Eberhard Schmidt-Aßmann/Wolfgang Hoffmann-Riem (Hrsg.), Methoden der Verwaltungsrechtswissenschaft, Baden-Baden 2004, S. 73 (95 f.). Danach verzichtet Badura unter Rückgriff auf „das Mittel der großen Erzählung“ bewusst auf ein detailgetreues Bild vom Verwaltungsrecht des liberalen Rechtsstaats, um dieses sodann umso folgerichtiger als „unzeitgemäß“ und „fragwürdig“ zugunsten der eigenen Position verabschieden zu können.

[82] Allgemein mit Blick auf die Staats- und Verwaltungsrechtslehre zwischen 1962 und 1972 *Stolleis*, Geschichte des öffentlichen Rechts in Deutschland (Fn. 73), S. 496.

[83] Während Dietrich Jesch und Hans Heinrich Rupp vom Demokratieprinzip ausgehen, begründet Badura seinen Angriff auf die überkommene Methode sozialstaatlich.

[84] Entsprechende Charakterisierung – wohl vor allem: von Dietrich Jesch und Hans Heinrich Rupp – bei *Hans Schneider*, Über den Beruf unserer Zeit für Gesetzgebung. Bemerkungen über Kunst und Technik der heutigen Gesetzgebung, NJW 1962, S. 1273 (1275); dazu *Stolleis*, Geschichte des öffentlichen Rechts in Deutschland (Fn. 73), S. 250 mit Fn. 205.

Wie ernst es dem im Zeitpunkt der Antrittsvorlesung noch nicht einmal 32-jährigen Peter Badura um die radikale „Befreiung der Verwaltungsrechtslehre von dem Bann der dogmatischen Figuren *Otto Mayers*“[85] ist, verdeutlicht seine Auseinandersetzung mit Ernst Forsthoff. Forsthoff, durchaus eine wichtige Referenz für Baduras Position,[86] habe der Verwaltungsrechtslehre mit dem Begriff der Daseinsvorsorge einen „juristischen Zugang“ zur Leistungsverwaltung eröffnet.[87] Alleine: „Die Erwartung [...], daß Forsthoff auf dieser Grundlage ein neues System der *Verwaltungsrechtswissenschaft des sozialen Rechtsstaates* entwerfen würde, ist enttäuscht worden.“[88] Den Grund sieht Badura in Forsthoffs Annahme einer Unvereinbarkeit von Rechtsstaat und Sozialstaat, die der Verbindung von Eingriffsverwaltung und Daseinsvorsorge „in einem einheitlichen Rechtssystem“ entgegenstehe und „kraft der Logik der Dinge“ zu einem dualistischen Verwaltungsrecht mit Eingriffsverwaltung auf der einen und Daseinsvorsorge auf der anderen Seite führen müsse.[89] Badura setzt ihr die Verschmelzung von Rechtsstaat und Sozialstaat im sozialen Rechtsstaat entgegen. Eingriffsverwaltung und Daseinsvorsorge sind dabei nicht als Bestandteile eines dualistischen Verwaltungsrechts zu konfrontieren. Vielmehr ist „die Lehre vom Verwaltungshandeln auf der Grundlage der Verwaltungszwecke in seinen Rechtsformen systematisch zu konstruieren“.[90] Durchsetzen kann sich Badura nicht.[91] Die Verwaltungsrechtswissenschaft hält im Kern an der überkommenen Methode fest.[92] Auch Badura selbst bleibt – letztlich nicht anders als der kritisierte Forsthoff – die Ausarbeitung eines „Neubaus des verwaltungsrecht-

[85] So *Badura*, Die Verwaltung als soziales System (Fn. 60), S. 18.

[86] Siehe insbesondere *Badura*, Verwaltungsrecht im liberalen und im sozialen Rechtsstaat (Fn. 8), S. 21 f.; *ders.*, Die Daseinsvorsorge als Verwaltungszweck (Fn. 23), S. 626 f. Näher zu Ernst Forsthoff *Florian Meinel*, Die andere Seite des Rechtsstaats. Ernst Forsthoff in der Verwaltungsrechtswissenschaft der frühen Bundesrepublik (in diesem Band), S. 129.

[87] *Badura*, Die Daseinsvorsorge als Verwaltungszweck (Fn. 23), S. 631.

[88] *Badura*, Die Daseinsvorsorge als Verwaltungszweck (Fn. 23), S. 631; zu diesem Desiderat auch *Christian Schütte*, Progressive Verwaltungsrechtswissenschaft auf konservativer Grundlage. Zur Verwaltungsrechtslehre Ernst Forsthoffs, Berlin 2006, S. 140 f.; *Andreas Voßkuhle*, Allgemeines Verwaltungs- und Verwaltungsprozeßrecht, in: Dietmar Willoweit (Hrsg.), Rechtswissenschaft und Rechtsliteratur im 20. Jahrhundert. Mit Beiträgen zur Entwicklung des Verlages C. H. Beck, München 2007, S. 935 (958 f.).

[89] *Ernst Forsthoff*, Begriff und Wesen des sozialen Rechtsstaates, VVDStRL 12 (1954), S. 8 (14); zu dieser Position und ihrer Einordnung *Florian Meinel*, Der Jurist in der industriellen Gesellschaft. Ernst Forsthoff und seine Zeit, 2. Aufl., Berlin 2012, S. 144 ff.; *Schütte*, Progressive Verwaltungsrechtswissenschaft auf konservativer Grundlage (Fn. 88), S. 84 ff.

[90] *Badura*, Die Daseinsvorsorge als Verwaltungszweck (Fn. 23), S. 633.

[91] Auch wenn *Stolleis*, Geschichte des öffentlichen Rechts in Deutschland (Fn. 73), S. 252, vermerkt, die Regensburger Diskussion zwischen den Befürwortern einer Fortentwicklung und den Anhängern einer prinzipiellen Neuorientierung habe „unentschieden“ geendet.

[92] Dazu nur *Voßkuhle*, Neue Verwaltungsrechtswissenschaft (Fn. 34), § 1 Rn. 2 ff.

lichen Systems" schuldig,[93] so dass Fritz Ossenbühl noch 1987 mit Recht bilanzieren kann: „Zu neuen Systementwürfen ist es nicht gekommen."[94]

V. Eröffnung eines „Epochenwechsels"

Gleichwohl gilt Peter Baduras Antrittsvorlesung vielen als die Eröffnung eines „Epochenwechsel[s] in der deutschen Verwaltungsrechtsdogmatik".[95] Tatsächlich bringt sie einen im 19. Jahrhundert verloren gegangenen Ton in die Verwaltungsrechtswissenschaft zurück. Wenn Arnold Köttgen 1957 mit Blick auf die grundgesetzliche Staatszielbestimmung des sozialen Rechtsstaats die Verwaltungsrechtswissenschaft dazu aufruft, „den Faden Lorenz *von Steins*" wiederaufzunehmen,[96] ist es Badura, der knapp zehn Jahre später tatsächlich die unter „der positivistischen Methode Otto Mayers [...] verschüttete [...] Einsicht Lorenz von Steins" rehabilitiert, „daß die Verwaltung als ‚Tat' und ‚Arbeit' des Staates die ‚Bedingungen der freien individuellen Entwicklung' [...] verwirklicht, und daß deshalb die Verwaltungsrechtswissenschaft das Verständnis all derjenigen Kräfte und Gesetze in sich aufnehmen muß, die das wirkliche Leben beherrschen, daß sie ‚das Verwaltungsrecht aus dem Wesen des zu Verwaltenden bilden' muß".[97] Es vergehen dann freilich noch einmal fast 40 Jahre, bis der – in erster Linie: methodische – „Epochenwechsel" aus dem Eröffnungs- in ein Konsolidierungsstadium übergeht.[98]

Bewegt sich die verwaltungsrechtswissenschaftliche Methode stets zwischen zwei Polen – nämlich: strikter gesetzlicher Bindung und disziplinärer Schließung auf der einen Seite (klassisch in Form des rechtsstaatlichen Verwaltungsrechts des späten 19. und frühen 20. Jahrhunderts) und relativer Handlungsfreiheit und disziplinärer Öffnung auf der anderen Seite (klassisch in Form des Policeyrechts des 17. und 18. Jahrhunderts) –,[99] schlägt das Pendel nun endgültig

---

[93] Es bleibt, wie *Michael Stolleis*, Geschichte des öffentlichen Rechts in Deutschland, Bd. 3, München 1999, S. 369 mit Fn. 98, anmerkt, bei den „programmatischen Texten"; dazu auch *Meinel*, Der Jurist in der industriellen Gesellschaft (Fn. 89), S. 151.

[94] *Fritz Ossenbühl*, Die Weiterentwicklung der Verwaltungswissenschaft, in: Kurt G. A. Jeserich/Hans Pohl/Georg-Christoph von Unruh (Hrsg.), Deutsche Verwaltungsgeschichte, Bd. 5, Stuttgart 1987, S. 1143 (1146).

[95] Laudatio (Fn. 21), S. VII.

[96] *Köttgen*, Die gegenwärtige Lage der deutschen Verwaltung (Fn. 72), S. 442.

[97] *Badura*, Verwaltungsrecht im liberalen und im sozialen Rechtsstaat (Fn. 8), S. 17, der sich hier – ohne genaue Seitenangabe – auf *Lorenz von Stein*, Gegenwart und Zukunft der Rechts- und Staatswissenschaft Deutschlands, Stuttgart 1876, bezieht.

[98] Durchaus repräsentativ für das Festhalten am Überkommenen *Dirk Ehlers*, Verwaltung und Verwaltungsrecht im demokratischen und sozialen Rechtsstaat, in: Hans-Uwe Erichsen/ders. (Hrsg.), Allgemeines Verwaltungsrecht, 14. Aufl., Berlin u. a. 2010, § 3 Rn. 97, der noch 2010 notiert: „An der juristischen Methode führt auch heute kein Weg vorbei."

[99] Dazu auch *Ino Augsberg*, Multi-, inter-, transdisziplinär? Zum Erfordernis binnenjuristischer Metaregeln für den Umgang mit extrajuridischem Wissen im Verwaltungsrecht, in:

wieder in die zweite Richtung aus. Vieles, was jetzt – zunächst in den von Wolfgang Hoffmann-Riem und Eberhard Schmidt-Aßmann herausgegebenen „Schriften zur Reform des Verwaltungsrechts",[100] sodann vor allem in den „Grundlagen des Verwaltungsrechts"[101] – reflektiert wird, findet sich so oder ähnlich bereits in Baduras Skizze einer „neuen" verwaltungsrechtswissenschaftlichen Methode. Das gilt schon für den Ausgangspunkt, also die Verwaltungszwecke. Maß ihnen Bachof noch lediglich „heuristische, hermeneutische und kritische Funktion" bei,[102] erfährt nun insbesondere die Daseinsvorsorge eine „dogmatische Aufwertung" zu einem „Schlüsselbegriff" der Verwaltungsrechtswissenschaft.[103] Die Eigenständigkeit der Verwaltung wird bekräftigt,[104] die Unterscheidung von öffentlichem Recht und Privatrecht wenn nicht aufgegeben, so doch jedenfalls aus einer „Verbund-Perspektive" heraus neu justiert.[105] Parallelen zu Baduras programmatischen Texten aus den 1960er Jahren sind nicht zu übersehen. Das gilt selbst für die von der „Neuen Verwaltungsrechtswissenschaft" auch als Steuerungsfaktoren wahrgenommenen Gesichtspunkte der Organisation, der Finanzen und des Personals.[106] Ein instruktives Beispiel liefert der Bereich der Finanzen. In seinem wirtschaftsverfassungs- und wirtschaftsverwaltungsrechtlichen Leitfaden formuliert Badura die Einsicht, dass

---

ders. (Hrsg.), Extrajuridisches Wissen im Verwaltungsrecht. Analysen und Perspektiven, Tübingen 2013, S. 3 (3); *Christoph Möllers*, Methoden, in: Hoffmann-Riem/Schmidt-Aßmann/Voßkuhle (Hrsg.), Grundlagen des Verwaltungsrechts, Bd. 1 (Fn. 16), § 3 Rn. 42. Treffend mit Blick auf die Entwicklung des Verwaltungsrechts daher *Ewald Wiederin*, Kommentar, in: Dieter Grimm, Das Öffentliche Recht vor der Frage nach seiner Identität, Tübingen 2012, S. 91 (100): „Phasen in einem Prozeß der ewigen Wiederkehr des Gleichen".

[100] Beginnend mit Wolfgang Hoffmann-Riem/Eberhard Schmidt-Aßmann/Gunnar Folke Schuppert (Hrsg.), Reform des Allgemeinen Verwaltungsrechts: Grundfragen, Baden-Baden 1993. Verteidigung der „juristischen Methode" auch in diesem Rahmen freilich noch einmal bei *Walter Krebs*, Die Juristische Methode im Verwaltungsrecht, in: Schmidt-Aßmann/Hoffmann-Riem (Hrsg.), Methoden der Verwaltungsrechtswissenschaft (Fn. 81), S. 209 (213 ff.): „Die Juristische Methode ist das Systemzentrum".

[101] *Wolfgang Hoffmann-Riem/Eberhard Schmidt-Aßmann/Andreas Voßkuhle* (Hrsg.), Grundlagen des Verwaltungsrechts, 3 Bde., 2. Aufl., München 2012/2013.

[102] *Bachof*, Die Dogmatik des Verwaltungsrechts (Fn. 75), S. 229.

[103] Entsprechend für die „neuere Verwaltungsrechtswissenschaft" *Stolleis*, Geschichte des öffentlichen Rechts in Deutschland (Fn. 73), S. 264 f., der auf *Helmuth Schulze-Fielitz*, Grundmodi der Aufgabenwahrnehmung, in: Hoffmann-Riem/Schmidt-Aßmann/Voßkuhle (Hrsg.), Grundlagen des Verwaltungsrechts, Bd. 1 (Fn. 16), § 12 Rn. 15 und 39 ff., verweist.

[104] Siehe *Wolfgang Hoffmann-Riem*, Eigenständigkeit der Verwaltung, in: ders./Schmidt-Aßmann/Voßkuhle (Hrsg.), Grundlagen des Verwaltungsrechts, Bd. 1 (Fn. 16), § 10.

[105] Siehe *Martin Burgi*, Rechtsregime, in: Hoffmann-Riem/Schmidt-Aßmann/Voßkuhle (Hrsg.), Grundlagen des Verwaltungsrechts, Bd. 1 (Fn. 16), § 18 Rn. 34 ff.; ferner *Wolfgang Hoffmann-Riem/Eberhard Schmidt-Aßmann* (Hrsg.), Öffentliches Recht und Privatrecht als wechselseitige Auffangordnungen, Baden-Baden 1996.

[106] Für die Verwaltungsorganisation bereits *Eberhard Schmidt-Aßmann/Wolfgang Hoffmann-Riem* (Hrsg.), Verwaltungsorganisationsrecht als Steuerungsressource, Baden-Baden 1997; zum hintergründigen steuerungstheoretischen Ansatz der „Neuen Verwaltungsrechtswissenschaft" *Voßkuhle*, Neue Verwaltungsrechtswissenschaft (Fn. 34), § 1 Rn. 17 ff.

sich wohlfahrtsstaatliche Sozialgestaltung durch Recht nicht in Ermächtigungen, Geboten, Verboten, Rechten und Pflichten erschöpft. „Charakteristisch" sei vielmehr darüber hinaus „der Einsatz *finanzwirtschaftlicher* Faktoren – Währung, Kredit, Besteuerung, Haushaltswirtschaft –, um die Ausgaben der öffentlichen Hand, die Investition der Unternehmer und die Konsumtion der Haushalte zu beeinflussen".[107]

Mit einigem Recht lässt sich vor diesem Hintergrund eine Entwicklungslinie von Peter Baduras Beiträgen aus den 1960er Jahren über die Reformschriften aus den 1990er Jahren bis zur Proklamation und systematischen Ausarbeitung einer „Neuen Verwaltungsrechtswissenschaft" Anfang des 21. Jahrhunderts ziehen. Hier nun wird der von Badura eröffnete „Epochenwechsel" – freilich: durch weitere „Ursachen und Antriebskräfte" befördert[108] – von einer breiten Bewegung getragen.[109] Wenn Andreas Voßkuhle daher in den „Grundlagen des Verwaltungsrechts" feststellt, dass sich erst „Anfang der neunziger Jahre des 20. Jahrhunderts [...] ein grundsätzlicher *Wandel in der Arbeitsweise* abzuzeichnen [beginnt]",[110] ist es Peter Baduras Verdienst, diesem Wandel 30 Jahre zuvor als einer der ersten die Tür geöffnet zu haben.[111]

---

[107] *Badura*, Wirtschaftsverfassung und Wirtschaftsverwaltung (Fn. 61), S. 35. Zu den Steuerungsfaktoren Organisation und Personal insbesondere *Badura*, Auftrag und Grenzen der Verwaltung im sozialen Rechtsstaat (Fn. 23), S. 450 ff.

[108] *Voßkuhle*, Neue Verwaltungsrechtswissenschaft (Fn. 34), § 1 Rn. 9 ff.; ferner *Peter Badura*, Verwaltungsrecht im Umbruch, in: Zentaro Kitagawa/Junichi Murakami/Knut Wolfgang Nörr/Thomas Oppermann/Hiroshi Shiono (Hrsg.), Das Recht vor den Herausforderungen eines neuen Jahrhunderts: Erwartungen in Deutschland und Japan. Deutsch-japanisches Symposium in Tübingen vom 25. bis 27. Juli 1996, Tübingen 1998, S. 147 (147 ff.).

[109] Dazu *Voßkuhle*, Allgemeines Verwaltungs- und Verwaltungsprozeßrecht (Fn. 88), S. 966; siehe auch *Bumke*, Die Entwicklung der verwaltungsrechtswissenschaftlichen Methodik (Fn. 81), S. 108. Gewissermaßen gegenläufig zur Situation in den 1960er und 1970er Jahren befinden sich nun diejenigen in der Defensive, die an der juristischen Methode als dem „Systemzentrum" der Verwaltungsrechtswissenschaft festhalten wollen und den „Erkenntnisgewinn" des neuen Ansatzes eher „jenseits des geltenden Rechts" sehen, wie es exemplarisch bei *Bernd Grzeszick*, Anspruch, Leistungen und Grenzen steuerungswissenschaftlicher Ansätze für das geltende Recht. Überlegungen am Beispiel des verwaltungsrechtlichen Koppelungsverbotes, Die Verwaltung 42 (2009), S. 105 (119), heißt.

[110] *Voßkuhle*, Neue Verwaltungsrechtswissenschaft (Fn. 34), § 1 Rn. 1.

[111] Ähnliche Würdigung etwa bei *Bumke*, Die Entwicklung der verwaltungsrechtswissenschaftlichen Methodik (Fn. 81), S. 95; *Wolfgang Meyer-Hesemann*, Methodenwandel in der Verwaltungsrechtswissenschaft, Karlsruhe 1981, S. 160.

Teil 2:

Perspektiven beteiligter Verwaltungsrechtswissenschaftler

Hans Heinrich Rupp

Bemerkungen zur Entwicklung der deutschen Verwaltungslehre und des Verwaltungsrechts unmittelbar nach 1946

Zum Thema zunächst einige Vorbemerkungen:

Ich empfand – aus dem Krieg zurückgekehrt – das Staats- und Verwaltungsrecht, wie es nach dem Zusammenbruch Deutschlands an der Universität Heidelberg gelehrt wurde, überraschend zählebig und aus einer anderen Zeit stammend: Die Dogmatik unterschied sich offensichtlich kaum von derjenigen der Weimarer Ära, deren Dogmatik mehr oder weniger auf die konstitutionelle Monarchie zurückging. Jüngst hat Graf Kielmansegg in seiner Habilitationsschrift nochmals darauf hingewiesen, die für das hergebrachte Verwaltungsrecht zentrale Rechtsfigur des „besonderen Gewaltverhältnisses" habe sich trotz schleichender Erosionen aus der konstitutionellen Phase in diejenige der Weimarer Ära bis weit in die Bonner Republik halten können.[1] Doch diese Zählebigkeit ist in meinen Augen nur ein Beispiel für die verwaltungsrechtliche Dogmatik insgesamt und die Verwaltungslehre der damaligen Zeit. Das hing sicher damit zusammen, dass die Hochschullehrer des öffentlichen Rechts an westdeutschen Universitäten ihren Stoff aus der Weimarer Ära mitbrachten und – soweit sie lehrberechtigt waren – dort anfingen, wo sie ehedem aufgehört hatten. Das einzige damals erhältliche Lehrbuch des Verwaltungsrechts stammte von Walter Jellinek, der, aus dem Exil zurückgekehrt, seinen Lehrstuhl wieder einnahm. Dieses Lehrbuch war 1948 erschienen,[2] war der unveränderte Neudruck der dritten Auflage von 1931, was mich als Heidelberger Studenten der Rechtswissenschaft zu zahlreichen spitzen Randbemerkungen und Fragezeichen veranlasste. Otto Mayers Bemerkung „Verfassungsrecht vergeht, Verwaltungsrecht besteht", nach der Feststellung „Groß Neues ist ja seit 1914 und 1917 nicht nachzutragen", im Vorwort der dritten Auflage seines Lehrbuchs von 1923 fand sich deutlich bestätigt.

Im Folgenden werde ich einige Schritte herausgreifen, die in der Nachkriegszeit an den aus der Kaiserzeit stammenden überkommenen verwaltungsrechtli-

[1] *Sebastian Graf Kielmansegg*, Grundrechte im Näheverhältnis. Eine Untersuchung zur Dogmatik des Sonderstatusverhältnisses, Tübingen 2012, S. 90.

[2] *Walter Jellinek*, Verwaltungsrecht, 3. Aufl., Berlin 1931 (Neudruck Offenburg 1948).

chen Grundsätzen rüttelten und sich im Laufe der Zeit in Lehre und Praxis durchsetzten. Dabei kann es natürlich nicht meine Aufgabe sein, ein umfassendes Informationswerk über die Entwicklung der Nachkriegsphase zu erstellen. Die mir gestellte Aufgabe geht vielmehr dahin, meine eigenen Schritte zur Überwindung des tradierten und der freiheitlich-rechtsstaatlichen Demokratie widersprechenden Stoffs zu skizzieren.

I. Gesetzesvorbehalt

Es war nach 1946 absolut herrschende Meinung, dass der hergebrachte, ehedem mühsam erkämpfte und von Otto Mayer so benannte Vorbehalt des Gesetzes sich auf Eingriffe in Freiheit und Eigentum bezog, also – wie es Walter Jellinek ausdrückte, „kein belastender Verwaltungsakt ohne gesetzliche Grundlage ergehen darf".[3] Dies sei selbst im monarchischen Absolutismus so gewesen. Ernst Forsthoff wies in der zehnten Auflage seines Lehrbuchs 1973 immer noch darauf hin, dass sich damit „die Verfolgung von Wohlfahrtszwecken" nicht mehr erfassen lasse, was zu einer Revision der überkommenen Theorie dränge.[4] Die immer stärker in den Vordergrund tretende sog. Leistungsverwaltung blieb also vom Vorbehalt des Gesetzes ausgenommen, ihre Akte bedurften keiner gesetzlichen Grundlage.

Diese offensichtliche Lücke versuchten damals und später z.T. abenteuerliche Konstruktionen zu füllen. So mussten beispielsweise der Gleichheitssatz, gelegentlich sogar das Haushaltsgesetz, vor allem auch bloße Verwaltungsvorschriften je nach ihrem Inhalt als Gesetzesersatz herhalten.[5]

Ich bin ein wenig stolz darauf, als Erster bereits 1959 die These vertreten zu haben, die Angewiesenheit und die Abhängigkeit des heutigen Menschen von Entgegenkommen und „Daseinsvorsorge" (Forsthoff) der staatlichen Gemeinschaft verlange nach verlässlichen und bindenden Rechtsregeln, die unter der Herrschaft der rechtsstaatlichen Demokratie nur der von der Verfassung berufene Gesetzgeber erlassen durfte: Der traditionelle Eingriffs-Vorbehalt des Gesetzes mitsamt den eigenartigen Konstruktionen, um Regelungslücken zu füllen, seien im Verhältnis von Staat und Bürger zugunsten eines allgemeinen Prinzips der Gesetzmäßigkeit der Verwaltung aufzugeben.[6]

Es war mein Freund und späterer Vorgänger in Marburg Dietrich Jesch, der sich, allerdings mit der Begründung „Veränderung der Verfassungsstruktur",

[3] *Jellinek*, Verwaltungsrecht (Fn. 2), S. 88ff., 122.

[4] *Ernst Forsthoff*, Lehrbuch des Verwaltungsrechts, Bd. 1: Allgemeiner Teil, 10. Aufl., München 1973, S. 130.

[5] Dazu ausführlich *Fritz Ossenbühl*, Verwaltungsvorschriften und Grundgesetz, Bad Homburg v.d.H. u.a. 1968.

[6] *Hans Heinrich Rupp*, Verwaltungsakt und Vertragsakt, DVBl. 1959, S. 81 (84f.).

dieser These anschloss und die Erweiterung des hergebrachten Eingriffs-Vorbehalts im Einzelnen absicherte.[7]

Inzwischen spricht heute über das Thema niemand mehr, und auch das Bundesverfassungsgericht hat längst den Eingriffs-Vorbehalt aufgegeben.[8] Auch die Grundrechte haben deshalb eine offensive Seite („Schutzpflichten").

Dietrich Jesch war es auch, der die den Bürger von der Wiege bis zum Grabe beherrschende Rechtsfigur des „besonderen Gewaltverhältnisses" mit ihrem außergesetzlichen Regelungswerk für hinfällig erklärte und dem Gesetz und den Grundrechten zugewiesen hat.[9] Auch dies ist heute zur Selbstverständlichkeit geworden.[10]

II. „Innenrecht" der Verwaltung

Was mich besonders interessierte, war die Frage nach der Qualität der Spielregeln und Direktiven, die innerhalb des Funktionssystems der Verwaltung Beachtung verlangten. Dabei reizte mich natürlich die hergebrachte These, dieser Bereich sei überhaupt nicht dem Recht zugehörig, vom Gesetzesvorbehalt ganz zu schweigen. Paul Laband begründete dies in seinem Staatsrecht des Deutschen Reiches bekanntlich mit der sog. *Impermeabilitätstheorie*,[11] wonach wie im menschlichen Körper auch innerhalb der Staatsperson und ihrer Organe Rechtsbeziehungen nicht denkbar seien.[12] Diese eindeutig anthropomorphe Sicht fand zwar Kritiker und wurde durch andere Konstruktionen ersetzt, doch letztendlich blieb nach wie vor die Frage offen, wie jener Bereich des Organisationsinneren der Staatsperson beschaffen sei. Unterstützt von der damals in Deutschland ignorierten „Reinen Rechtslehre" Hans Kelsens war für mich die Erkenntnis unausweichlich, dass es sich bei diesem Beziehungsgeflecht zwischen den Staatsorganen und ihren Organwaltern um ein Geflecht des *Rechts* handelte; woher sonst sollte es seine verbindliche Wirkung beziehen? Doch es war ganz offensichtlich ein anderes Recht als das Außenrecht: Es begründete zwar Rechtspflichten, aber keine korrespondierenden subjektiven Rechte; es gewährte keinen gerichtlichen Rechtsschutz, sondern beschränkte sich – abgesehen vom Gewissenskonflikt – auf eine bloße Remonstrationsbefugnis der Or-

---

[7] *Dietrich Jesch*, Gesetz und Verwaltung. Eine Problemstudie zum Wandel des Gesetzmäßigkeitsprinzipes, Tübingen 1961, S. 203 ff.

[8] BVerfGE 49, 89 (126).

[9] *Jesch*, Gesetz und Verwaltung (Fn. 7), S. 206, 212 ff.

[10] BVerfGE 58, 257 (271).

[11] *Paul Laband*, Das Staatsrecht des Deutschen Reiches, Bd. 2, 5. Aufl., Tübingen 1911, S. 181.

[12] Besonders auffällig auch die Ansicht Johann Caspar Bluntschlis, dazu *Hans Heinrich Rupp*, Grundfragen der heutigen Verwaltungsrechtslehre. Verwaltungsnorm und Verwaltungsrechtsverhältnis, Tübingen 1965, S. 23.

ganwalter; das Regelungsinstrumentarium dieses Rechts waren Verwaltungsvorschriften und Einzelweisungen. Auch die Ermächtigungsgrundlage war schließlich eine andere: Die „Verwaltung" im Sinne des Rechtsstaats und der Gewaltenteilung war nicht als statischer Block gedacht, sondern als lebendiges, aber Einheit anstrebendes System, das den wandelnden Sachverhalten und Aufgaben gerecht werden sollte. Die Ordnung dieses inneren Funktionsgefüges gehört notwendig zum Eigenbereich der Verwaltung und untersteht damit im Prinzip nicht dem Gesetzesvorbehalt. Man kann m. E. durchaus die Meinung vertreten, ein Eingriff des Gesetzgebers in diesen Bereich sei aus Gründen der Gewaltenteilung unzulässig.

Außenrecht und das von mir so benannte „Innenrecht" können kollidieren, wenn ein Organwalter eine mit dem von ihm anzuwendenden Außenrecht nicht übereinstimmende innerdienstliche Weisung erhält. Es entsteht das Problem des sog. bindenden rechtswidrigen Befehls, genauer: der Kollision von Innen- und Außenrecht, bei der nach allgemeiner Meinung die bindende Wirkung vorgeht – ohne die Rechtswidrigkeit des staatlichen Akts gegenüber dem Bürger zu berühren (Problem der „relativen Rechtswidrigkeit").

III. Ermessen und unbestimmter Rechtsbegriff

Auch die Lehre vom Verwaltungsermessen und den Ermessensfehlern, dem Ermessensmissbrauch und dem *détournement de pouvoir* zehrt von der Dogmatik und Lehre des Kaiserreichs und der Weimarer Ära, wobei zu meinem Erstaunen richterliches Ermessen kurzerhand schlicht verneint wurde. Als Neuerung schälte sich indes der sogenannte „unbestimmte Rechtsbegriff" aus dem Ermessen heraus, dem nunmehr ein sogenannter „Beurteilungsspielraum" mit eigener Dogmatik und Grenzziehung zugeschrieben wurde. Generationen von Juristen haben sich damit beschäftigt.

Auch hier war mir die Lehre Hans Kelsens hilfreich, wenn auch nicht von Beifall begleitet, wonach sich Ermessen und „unbestimmter Rechtsbegriff" nicht qualitativ, sondern nur quantitativ, nicht prinzipiell, sondern nur graduell unterscheiden und fast keine Rechtsnorm so eng determiniert ist, dass unter irrenden Menschen nur eine einzige Anwendung die „objektiv richtige" ist.[13] Die Maßstäbe des Handelns und der Handlungskontrolle sind überdies durchaus verschieden, und was der Richter der Verwaltung als Spielraum zubilligt, ist für den Verwaltungsbeamten alles andere als eine Einladung zur Beliebigkeit, sondern bedeutet Suche nach der seines Wissens und Vermögens möglichst

---

[13] *Rupp*, Grundfragen (Fn. 12), S. 177 ff.; *ders.*, „Ermessen", „unbestimmter Rechtsbegriff" und kein Ende, in: Walther Fürst/Roman Herzog/Dieter C. Umbach (Hrsg.), Festschrift für Wolfgang Zeidler, Bd. 1, Berlin/New York 1987, S. 455.

sachgerechten Interpretation und Entscheidung. Es handelt sich also um den mehr oder weniger weiten Bereich interpretatorischer *Plausibilitäten*.

Inzwischen scheinen sich auch die Ergebnisse dieser Einsichten durchgesetzt zu haben und lange Erörterungen zum Thema Verwaltungsermessen und unbestimmter Rechtsbegriff sind – soweit ich sehe – nicht mehr *en vogue*.

IV. Die subjektiven öffentlichen Rechte

Ein Thema, das mich schon in der Anfangszeit besonders beschäftigte, waren die subjektiven öffentlichen Rechte, ihr Verhältnis zum Prozessrecht der verwaltungsgerichtlichen Individualklage (Stichwort: „Aktivlegitimation") und die Entwicklung eines verfassungsrechtlichen Anspruchs auf Beseitigung rechtswidriger Staatsakte.

V. Staatshaftung

Auch die Staatshaftung, wie sie noch heute in Art. 34 GG, § 839 BGB geregelt ist, war ein weiteres Beispiel meiner Kritik. Meine 1961 eingereichte Habilitationsschrift enthielt ein eigenes Kapitel zu diesem Thema, erörterte unter anderem die Frage nach der Möglichkeit von Staatsunrecht und kam zu dem Schluss, die als staatliche Haftungsübernahme für Beamtenunrecht konzipierte geltende Regelung sei gänzlich verfehlt und bedürfe dringend einer Neuordnung. Sie scheine sich an der Regel „si excessit privatus est" zu halten und dem „the king can do no wrong" zu huldigen und führte beim rechtswidrigen, aber bindenden Befehl zu absurden Ergebnissen. In der damaligen Tübinger Fakultät fand dies allerdings zum Teil zu heftigen Widerspruch, so dass ich die Arbeit zunächst zurückzog, um sie 1962, wenig verändert, aber ohne das Staatshaftungskapitel, erneut und mit Erfolg einzureichen. Ich konnte es mir allerdings nach schneller Erschöpfung der ersten, verkürzten Auflage meiner Arbeit nicht verkneifen, der zweiten Auflage 1991 den abgetrennten Teil mit einer bissigen Bemerkung wieder hinzuzufügen.

Das Abgehen von oder gar der Widerspruch gegen überlieferte Vorstellungen und Dogmen hatte es also nicht leicht.

Damit genug der Beispiele.

Ich sehe in diesen Beispielen meine Erfahrungen bestätigt: Unbequeme und der herrschenden Meinung widersprechende Erkenntnisse stoßen zunächst auf erbitterte Ablehnung und Polemik; nach einigen Jahren pflegt immerhin eine zaghafte Diskussion in Gang zu kommen; und nach einigen Jahren oder Jahrzehnten haben es alle immer schon gewusst.

Ähnliches gilt übrigens auch im umgekehrten Fall.

Realitätsferne, aber schön klingende Sozial- und Rechtstheorien werden schnell zur politischen und wissenschaftlichen Mode; nach längerer Zeit wachsen die Zweifel an ihrer Gediegenheit und nach einigen Jahrzehnten haben sie alle immer schon nicht ernst genommen.

Hans F. Zacher

Zur „Konstitutionalisierung“ des Verwaltungsrechts in der frühen Bundesrepublik*

Ich wurde 1928 als Kind eines Dorfschullehrers in Niederbayern geboren. In jeder Hinsicht war dies sehr eigentümlich. Man ist noch so richtig mit den Tieren des Dorfes aufgewachsen, natürlich nicht im Stall, aber eben in einer Gesellschaft, in der Wohlstand nach Pferden und nicht nach Sozialleistungen bemessen wurde. Vor allem aber hat mich durch mein Elternhaus – Lehrer waren so schlecht bezahlt, dass man wusste: So kann ich's nicht machen, darf ich's nicht machen –, ohne dass ich dazu aufgefordert worden wäre, der Gedanke geprägt, darüber hinauszuwachsen. Das andere, was mir von einem Lehrerhaushalt in diesem Kontext in Erinnerung geblieben ist – natürlich habe ich vieles mehr in Erinnerung –, ist der Wert kultureller Güter, der von Anfang an, auch mit den sparsamsten Mitteln, eingepflanzt und hochgehalten wurde. Und dieses Bewusstsein schulde ich meiner Herkunft; es ist eine ganz tolle Sache, als Kind auf dem Land aufzuwachsen, um darüber hinwegzuwachsen.

Nach fünf Jahren Grundschule bin ich auf die weiterführende Schule eingeschult worden, weil die Oberschule für Knaben und Mädchen – heute würde das Gymnasium heißen –, in die ich gehen konnte, ohne ein Internat zu besuchen oder in einem Internat untergestellt zu werden, erst eingerichtet werden musste. Zu diesem Zeitpunkt war ich schon elf Jahre alt und das Leben begann dann ernst zu werden.

Nach der fünften Klasse Oberschule, also mit fünfzehneinhalb Jahren, wurde ich zur Luftwaffe eingezogen und wurde dann Soldat. Dann war ich auch noch Arbeitsmann, und dann war der Krieg zu Ende. Ab diesem Zeitpunkt des „Eingezogenwerdens“ musste ich auf die Bildung, jedenfalls auf den Schulunterricht, verzichten. Zwar kamen ab und zu Lehrer, die auch in der Luftwaffe als Unteroffizier oder auch Hauptmann waren, die auch Unterricht erteilt haben, aber das hat natürlich keiner ernst genommen – weder die Lehrer noch wir.

---

* Der vorliegende Text dokumentiert den Vortrag, den Hans Zacher am 10.10.2013 in Tutzing auf einer der diesem Band zugrunde liegenden Netzwerktagungen gehalten hat (siehe zum Hintergrund und zur Erstellung der Schriftfassung näher *Steffen Augsberg*, Hans F. Zacher und die „Entdeckung“ des Sozialrechts [in diesem Band], S. 331 ff.). Leider konnte Herr Zacher, der Anfang 2015 verstorben ist, die transkribierte Fassung seines Vortrags nicht mehr selbst überprüfen und ggf. überarbeiten; allerdings war er mit der Veröffentlichung einverstanden. Der – der Sache nach mit Hans Zacher abgestimmte – Vortragstitel wurde nachträglich ergänzt.

Als der Krieg zu Ende war, war ich siebzehn Jahre alt. Bis 1946 gab es keine Schule für mich, also war ich zwischen fünfzehneinhalb und achtzehn Jahren nicht in der Schule. Im Januar 1946 öffneten dann die Schulen wieder. Meine Schule öffnete jedoch nicht, weil diese eine Gemeinschaftsschule für Braunau am Inn (den Geburtsort von Hitler) und Zinnbach am Inn war, wo nebendran mein Heimatdorf lag. Diese Grenze war zu, und die Schule gab es nicht mehr. Nun musste ich nach Passau, und dort habe ich 1947 Abitur gemacht.

1947 war ein tolles Wendejahr in meinem Leben, und jetzt kommt eine kleine Angeberei in meiner Autobiographie: Januar 1946 bin ich, da ich in der fünften Klasse des Gymnasiums im Januar 1944 ausgeschieden war, wieder eingetreten. Es wurde so angerechnet, als ob ich auch in den zwei Jahren zwischen 1944 und 1946 in die Schule gegangen wäre. So war ich im Januar 1947 in der siebten Klasse. Jetzt kommt die Angeberei: Zu diesem Zeitpunkt gab es in Bayern einen Erlass (insbesondere) zugunsten der Kriegsheimkehrer, nach dem jeder, der im letzten Zeugnis, das er je bekommen hatte, nur Einsen und Zweien gehabt hat, eine Klassenstufe vorrücken darf – so wie im Würfelspiel für Kinder. Und so ein Zeugnis hatte ich, wenn auch nur durch das Wohlwollen des Turnlehrers, der damals sagte, ohne zu ahnen, wofür es gut ist: „Ach, da verderben ma dem Zacher des Zeugnis net", und „gut" hineingeschrieben hat, obwohl ich ein saumäßiger Turner war.

So war ich im Februar 1946 bereits in der achten Klasse, in der ich dann bis zum März 1947 blieb. Dann habe ich das Abitur für acht Jahre bekommen, bei nur sechs Jahren wirklichem Schulunterricht. Seitdem frage ich mich – damals habe ich mich nicht gefragt, aber so im Laufe meines Lebens immer mehr –, wie viel Schule braucht die Bildung?

Es ist eine ganz merkwürdige Sache – beim Studium war's ja noch mal so, denn weil keiner von uns Geld hatte, haben wir alle in sechs Semestern studiert, was die Mindestzeit war. In meiner Fakultät waren ein paar Jahrgänge ganz dicht aneinander, die haben alle nur sechs Semester gebraucht und sind alle Professoren geworden.

Also, auch da wieder: Wie viel Schule braucht die Bildung?

Das war dann 1947 – ein Wendejahr nicht nur wegen des Abiturs, sondern weil ich mit dem Studium beginnen konnte. Und da gab es – und jetzt wird's ernst – die Universität München, die nur Leute genommen hat, die durch den Krieg Schulzeit verloren hatten – das hatte ich ja nicht. Ich hatte meinen Ausgleich schon gehabt. Also München kam nicht in Frage, Erlangen war überfüllt, sozusagen Zuzugsüberfüllung – es gab keinen Wohnraum mehr –, und Würzburg war einfach noch zertrümmert. Weiter reichte mein Blick nicht, mein niederbayerischer Blick.

Irgendwo anders – wie wäre ich da hingekommen, und wo hätte ich geschlafen? In Bayern gab es aber Priesterhochschulen, denn jeder bayerische Bischof hatte ab 1918 durch ein Konkordat das Recht, eine eigene Hochschule, natürlich auf Staatskosten, zu unterhalten. Diese hießen philosophisch-theologische Hochschulen und hatten eigentlich immer ein gewisses Ungenügen empfunden, dass sie so klein gehalten wurden. Sie haben die Gunst der Stunde genutzt und vor allem Flüchtlingen Lehraufträge für die unterschiedlichsten Fächer gegeben, und Bamberg hat Jura aufgenommen, genauso wie Eichstädt. So kam ich nach Bamberg, und da begann eben schon die Eigenart des damaligen Lehrbetriebs und Unterrichtsbetriebs in der Jurisprudenz.

1947 wusste niemand, obwohl es inzwischen die bayerische Verfassung gab, wie das Recht der Zukunft ausschauen sollte. Statt des Grundgesetzes galt ja noch das Besatzungsrecht. Wohnungs- und Wohnraumrecht, das war das Nicht-Besatzungsrecht, und das Verhältnis zum Besatzungsrecht war eine ganz eigentümliche Sache, denn das Besatzungsrecht ist sozusagen ins Volksbewusstsein, also auch in mein Bewusstsein, überhaupt nicht eingetreten.

Die Professoren haben davon natürlich nichts berichtet und in Bamberg gab's auch nur einen Professor, der geltendes Recht las, den Honorarprofessor [Hermann] Weinkauff, den großen Prediger des Naturrechts. Weinkauff war der führende Kopf der Renaissance des Naturrechts und hat von Montag bis Samstag Bürgerliches Recht Allgemeiner Teil und Schuldrecht Allgemeiner Teil gelesen, aber sonst gab's kein positives Recht. Dafür aber römische Rechtsgeschichte und natürlich eine Vorlesung Rechtsphilosophie, damit wir gut gerüstet sind für die Zukunft, wo die Rechtsphilosophie genauso wenig nützen wird wie in der Vergangenheit. Das ist jetzt eine zusätzliche Bosheit von mir und nicht so ernst gemeint.

Dann kam ich endlich nach Erlangen und damit zum ersten Mal an eine richtige Universität, aber auch dort gab es immer noch keinen aktuellen Rechtsunterricht. Zwar gab es Zivilprozessrecht und Rechtsgeschichte, aber sonst hat man allgemeine Vorlesungen – Studium generale – gehört.

Einmal ging ich in eine Vorlesung von [Hans] Helfritz über Besonderes Verwaltungsrecht. Helfritz war durch den Krieg so verwirrt, dass er – ich war nur einmal drin, ich geb's schon zu, ich bin also hinreichend ungerecht – aber er hat die ganze Vorlesung lang das Kirchspielrecht auf Rügen unterrichtet und erklärt, dass das Gemeinderecht sei.

Im zweiten Semester, zur Währungsreform von 1948, war ich in einen studentischen Ausschuss gewählt worden, der prüfen sollte, ob die Aberkennung, also die Studenten, die bis dahin die Hörgelder noch nicht gezahlt hatten und es in neuer Währung nachzahlen sollen, rechtmäßig war. Das war die erste juristische Aufgabe, die ich in meinem Leben hatte. Zwar hatte ich keine Ahnung, worum es ging, aber natürlich war es eine Aufgabe. Wir waren lauter Studenten, und es sollte einfach den Kommilitonen helfen, die ihre Gebühren nicht rechtzeitig bezahlt hatten und dann in dem neuen Geld nachzahlen sollten. Aber ich weiß nur noch, dass wir da einen studentischen Ausschuss gebildet hatten, diese Heiterkeit wollte ich Ihnen nicht vorenthalten.

Die letzten drei Semester meines Studiums kam ich nach München, das war 1949. Zu diesem Zeitpunkt wurde schon das Grundgesetz fertig, und im Juni 1949 hat [Willibalt] Apelt, mein späterer Vor-Vorgänger, dessen Lehrstuhl ich später geerbt habe, dies in einer Vorlesung über das neue Grundgesetz angekündigt. Jetzt wurde die Konstitutionalisierung wirklich ernst und wir haben Bauklötze gestaunt: Wir haben ja dann schon wie meine Jahrgangskollegen die zweite Verfassungsgebung – erstmal die bayerische und zweitens die Grundgesetz-Gesetzgebung – mitverfolgen können.

Wenn ich darauf zurückblicke, und das hat jetzt mit Konstitutionalisierung etwas zu tun, staune ich: Wir haben uns, wenn wir diskutiert haben, und wir hatten sogar Gesprächskreise gebildet, nur für die Verfassungsstrukturen interessiert – also in Bayern, ob es einen bayerischen Senat geben soll, ob das britische Wahlrecht eingeführt werden soll mit Mehrheitswahlrecht oder nach deutschen Gerechtigkeitsmaßstäben das Verhältniswahlrecht und dergleichen.

Über so etwas haben wir uns schon unterhalten, aber beide Male haben in den Diskussionen in meinem Umfeld – dies mag selektiv gewesen sein, ich kann mir's nicht erklären – Grundrechte keine Rolle gespielt. Ich halte das für signifikant, drum erzähle ich's Ihnen, wie wenig verankert überhaupt dieses Freiheitsdenken der Menschen im Recht war. Das wird man daraus entnehmen können, dass man auch im Elternhaus überhaupt nicht geschult worden ist, obwohl mein Elternhaus sehr normal bürgerlich und nicht nazistisch bestimmt war, weil wir immer sehr katholisch waren und ich es noch bin.

Vorbehalte in vielen einzelnen Dingen hat man trotzdem: Das ist auch eine Merkwürdigkeit meines Lebens, dass der Katholizismus unsere Familie zusammen- und davon abgehalten hat, mit Hitler auch nur im Geringsten zu paktieren. Das war so mit Höllendrohungen im Inneren verbunden: „Nein, nein, das darf man nicht, mit dem Hitler gehen, das ist der Teufel selbst.“ Dass das so richtig war, weiß man ja als Kind nicht, und irgendwie schafft das auch viel Verbindung.

Zurück zum Gedankengang der Grundrechte: In der Abendvorlesung kamen die Formulierungen von Art. 12 GG über die Berufsfreiheit, die das Bundesverfassungsgericht [später] nur durch brutalen Einsatz aller Auslegungskünste überhaupt überwinden konnte. Es hätte ja in jedem möglichen denkbaren Sinn oder unmöglichen denkbaren Sinn ausgelegt werden können, und von den vielen Möglichkeiten war die, die das Verfassungsgericht gewählt hat, eine mögliche. Auch schon allein der Satz, dass alle Menschen vor dem Gesetz gleich sind. Ja, die Menschen, die sind doch nicht gleich – die sind doch ungleich.

Also das ist mir wirklich, je älter ich geworden bin, bewusst geworden, wie erstaunlich naiv und unkundig wir waren. In meinem unmittelbaren Gesprächskreis habe ich niemanden gefunden, ich habe natürlich auch nicht danach gesucht, aber auch in der Rückschau habe ich niemanden gefunden, der über diesen Tellerrand hinweggeschaut hätte. Das ist einfach signifikant, glaube ich, dass Deutschland nur in einer gewissen Schicht in Grundrechten gedacht hat und dass das im Volk keine Verwurzelung hatte. Das sagt jetzt nichts weiter, sondern nur zur Geschichte der Konstitutionalisierung – dies ist eine nicht uninteressante Beobachtung.

Nach sechs Semestern habe ich Examen gemacht – das war im Herbst/Winter 1950/51. Im Sommer 1950 wurde das Gesetz über den Bundesgerichtshof – es mussten ja einige Gesetze wie beispielsweise die Zivilprozessordnung und das Gerichtsverfassungsgesetz geändert werden – erlassen, und das Examen war im Oktober. Es stand bei der Zivilprozessrechtsaufgabe noch drunter: „Das Gesetz über den Bundesgerichtshof braucht nicht berücksichtigt zu werden." Weil es zu neu war, und da durfte man noch nach altem Recht urteilen. Also so archaisch sind meine Erfahrungen mit dem Aufbau des Rechtsstaats. Dann begann meine persönliche Geschichte mit der Promotion bei [Hans] Nawiasky. Er war Teil der neuen Verfassungsberatungen, vor allem in Bayern – ein bisschen auch noch vom Grundgesetz. Ihn hat die Zerstörung der parlamentarischen Demokratie in der Weimarer Zeit, an deren Verteidigung er sehr beteiligt gewesen war, beschäftigt. Umso mehr hat es ihn fasziniert, wie das jetzt gelöst worden ist, ob man mittlere Wege gefunden hat, es besser, fester und tüchtiger zu machen. Darum hat er mir den Auftrag erteilt, eine Dissertation darüber zu schreiben, wie es in den einzelnen Ländern der Bundesrepublik, mittlerweile gab's diese ja, aber es waren auch die deutschen Ostblockstaaten (Sachsen usw.) dabei, diskutiert und geregelt wurde. Damals waren diese deutschen Ostblockstaaten, jedenfalls formal, noch Eigenstaaten. Meine Dissertation legte den Grundstein für die positive Einschätzung durch Nawiasky, der mich dann eingeladen hat, zu habilitieren. Ich war auch bei ihm im Seminar – es war eigentlich schon ein dünnes Eis, auf dem wir beide marschiert sind, aber natürlich bin ich dem Schicksal heute noch dankbar, dass ich auf diese Bahn gekommen bin, weil Wissenschaft das Schönste ist, womit man sein Leben erfüllen kann.

Nawiasky hatte, zu meiner Überraschung, mir aufgetragen, über das Verhältnis von Sozialpolitik und Verfassung zu arbeiten, das wurde mein Lebensfach. Zunächst war 1955 die Referendariatszeit, über die ich gleich noch kurz reden werde, zu Ende. Nur mit dem 2. Examen konnte Nawiasky mir nicht mehr helfen mit einer Assistenzstelle, weil er als Immigrant – und auch als Ordinarius – zwar noch lesen durfte, aber keinen Lehrstuhl und infolgedessen auch keine Stelle mehr hatte. Damals hatte in München jeder Professor nur einen Assistenten, und die hatten alle schon einen, so musste ich mich entscheiden, in die Praxis zu gehen.

Allerdings habe ich auch Pech gehabt, als Bayern gerade damals bei meinen Jahrgängen zur Einheits-Juristenausbildung zurückkehrte. In Deutschland gab's ja früher immer den Unterschied zwischen der geteilten Juristenausbildung für Verwaltung und Justiz. Sie wissen vielleicht von den vielen preußischen Witzen, dass Verwaltungsjuristen als die „crème de la crème" galten und

Justizjuristen nur mit Verachtung angeblickt wurden. Bayern hatte immer die Einheitsausbildung für die Fähigkeit zum Richteramt, damit konnte man auch in die Verwaltung gehen. Und dies wurde gerade mit meinem Prüfungsjahrgang zum ersten Mal wiedereingeführt. Weil die Juristenausbildung bis dahin getrennt war, hat man einfach die Zeiten addiert, so kam ich zu dreieinhalb Jahren Referendariatszeit – mit Examen waren es vier Jahre. Da hat man natürlich auch schon Probleme mit der Konstitutionalisierung beobachten können, gerade bei den Verwaltungsstationen. Landratsamt und Bezirksregierung hat man gehabt, beim Finanzamt waren wir auch – die haben einen möglichst ferngehalten, also das haben wir nicht gespürt. Davon nur eine Anekdote: Ich war der Erste, der der Bezirksregierung von Oberbayern als Referendar zugeteilt wurde, und eine Geschäftsstelle dort hat mich der Bauabteilung zugeteilt. Da kam ein Regierungsbaumeister, das ist ein Techniker, auf mich zu und übergab mir einen Aktenstoß, auf dem obenauf ein Blatt lag – ein Einspruchsbescheid. Damals hat der Widerspruch noch Einspruch geheißen. Auf diesem Einspruchsbescheid-Vordruck stand auch schon der Tenor drauf: „Der Einspruch wird zurückgewiesen." Es war einfach Gewohnheit. Ich habe ganz entsetzt gesagt: „Was mach' ich denn, wenn ich zum Ergebnis komme, dass der Einspruch begründet ist?" Schaut mich der Regierungsbaumeister groß an und sagt: „Das hamma noch nie g'habt!"

Es hat sich natürlich viel gelegt im Laufe der Zeit, aber es war ein großes Interesse da, ein großer Ehrgeiz, den Verfassungsvorschriften gerecht zu werden. Aber was ist die Verfassung, was das Rechtsstaatsprinzip? Es war ja alles so neu.

Man muss sich vorstellen, dass die Leut', die damals 50 Jahre alt waren, 1905 geboren wurden. Mitte der 1920er Jahre haben sie zu studieren begonnen und so um 1930 herum sind sie in den Verwaltungsdienst oder den Justizdienst eingetreten, dann kam schon bald Hitler. Und das war so weit weg in ihrer ganzen Tätigkeit – die haben vom Verwaltungsakt und so was nichts gewusst. Jedenfalls nichts vom neuen Denken.

In dieser Referendarzeit kamen die ersten Erfahrungen mit dem Verwaltungsgerichtsgesetz. Das Verwaltungsgerichtsgesetz nötigte eigentlich zu dem Schluss, dass, weil der Verwaltungsakt angegriffen werden kann, wenn Rechte verletzt sind, alles, was Rechte verletzt, ein Verwaltungsakt sein muss. Diesen Umkehrschluss hatte, glaube ich, [Otto] Bachof entdeckt. Das heißt, dass die Form mit der Möglichkeit der Rechtsverletzung oder mit der Rechtsgestaltung verknüpft wurde – gleichzeitig aber auch mit der Wirklichkeit der Rechtsverletzung.

Die Menschen waren in Preußen ja bezüglich des Polizeirechts anders geschult, aber das macht keinen großen Unterschied. In Bayern war's so, dass das meiste schon spezialgesetzlich geregelt war und Polizeirecht nur ungefähr den Raum einnahm, den's heute einnimmt, mit den besonderen Polizeiverordnungen. So war vieles davon für uns in Bayern nicht so dramatisch. Aber insgesamt, dieses Weltbild, dass die Rechtsverletzung die Form ersetzt, war dramatisch, wenn man so anders aufgewachsen ist wie diese Leute, die ja im Enumerationsprinzip dachten und jetzt auf einmal aus der konkreten Rechtsordnung den Schluss ziehen mussten, hier könnte ein Recht verletzt sein und darum ist das – Form hin oder her – ein Verwaltungsakt. Das war für die meisten so ein Umdenken und mit den Fragen verbunden, wo nehme ich jetzt die Maßstäbe überhaupt her, und welche Vorschriftenverletzung kann das begründen? Da haben die Verwaltungsbeamten sehr, sehr damit gerungen. Sie haben, glaube ich, im Großen und Ganzen sehr redlich damit gerungen; aber ich habe immer wieder erlebt, und das habe ich dann ja lange begleitet, welches Umdenken dort nötig war.

Diese Konstitutionalisierung war übrigens ein Verdienst der Besatzungsmächte, die 1946 diese Gesetze erlassen haben. Überhaupt kann ich die rechtsstaatlichen Verdienste der amerikanischen Besatzungsmacht nicht genug rühmen, das habe ich eigentlich als junger Mensch schon erahnt. Zwar glaube ich, ohne eine Untersuchung darüber gelesen zu haben, auch nicht in der zeitgeschichtlichen Literatur, dass wahrscheinlich in Amerika sehr viele Immigranten waren, die trotz allem, aller Schändung, dem deutschen Lande und den deutschen Menschen noch wohltun wollten und die dann als Juristen auch in Amerika nach Beschäftigung gesucht haben. So schnell hat das auch nicht jeder gelernt, aber es schien möglich zu sein, in der Besatzungsmacht einen Posten zu kriegen. So sind sie mit rübergegangen, und es waren gute Leute dabei, die vieles an Rechtsstaatlichkeit auch in Einzelbeanstandungen usw. zuwege gebracht haben. Gerade eben das Verwaltungsgerichtsgesetz. Ich bin überzeugt, kann es aber nicht belegen, es ist also von mir ein Vorurteil, dass [deshalb] schon 1946 die amerikanische, und die britische Zone ein Jahr später, 1947, diesen rechtsstaatlichen Schutz bekommen haben, der einfach eine Umerziehung des öffentlich-rechtlichen Denkens von der Wurzel her war. Das glaube ich, und es wäre mir eine Freude, wenn es so wäre, dass das mit Immigranten zu tun hat, die da für den guten Wiederaufbau Deutschlands diesen sehr verdeckten Beitrag leisten wollten, weil damit der Rechtsbindung der Verwaltung doch ein großer Dienst geleistet wurde.

Ich selber war dann von 1955 an, nachdem das Wirken da zu Ende war, in der Lästigkeit, dass ich natürlich mein Brot suchen wollte. Ich wollte ja auch heiraten; mit der Frau, die ich damals geheiratet habe, bin ich noch heute sehr glücklich verheiratet – was ja auch schön ist, aber mit der Konstitutionalisierung nichts zu tun hat. Und ja, so bin ich dann, weil ich Öffentliches Recht im Sinne hatte, an die bayerische Verwaltung herangetreten. Jetzt kommt wiederum eine, ja, barbareske Geschichte, ein ganz bekanntes Stück Konstitutionalisierung: Bayern hat sehr rasch erkannt, dass Leute mit fachlicher Bildung in der Verwaltung gebraucht wurden, die helfen, dieses neue Recht zu verstehen. So war die bayerische Verwaltung durchaus willig, einige Leute anzunehmen, die Habilitationsabsichten hatten, und nicht etwa uns freizustellen oder so, aber sie so in der Verwaltung einzusetzen, dass sie die Arbeit und die Habilitation einigermaßen verbinden konnten.

Das war [Ludwig] Fröhler, der Name ist Ihnen wahrscheinlich auch schon einmal über den Weg gelaufen, einer der Mitautoren des ersten Kommentars zum VGG. Und es war [Klaus] Obermayer, der die Theorie des Verwaltungsakts ganz enorm in die Praxis hineingetragen hat mit seiner Dissertation – ja, etwas spinnig in der Härte seiner Theorie, aber er war unglaublich lehrreich und wurde auch bis in die geistige Mittelklasse von Verwaltungsbeamten hinein gut verstanden und hat sicher in Bayern dazu beigetragen, dass dieses neue Denkregime angenommen wurde und erträglich verwirklicht wurde. Das war in meinem Jahr, Examenstermin, da gab es folgende kesse Konstellation: Herr [Reinhold] Zippelius und ich waren der gleiche Examensjahrgang und hatten die gleiche Note, und das Innenministerium, das solche Leute wenigstens zur Eingangszeit meist beschäftigt hatte, hat nur einen aufgenommen. Der eine war Maximilianeer, das ist so in Bayern eine besondere Institution schon seit der Mitte des 19. Jahrhunderts, wo die Meistbegabten untergebracht werden. Ich war keiner solcher, bei gleicher Note, aber der Zippelius war so einer. Und drum hat der Maximilianeer den Vortritt gehabt. Dies ist mir jedoch nicht zum Leid geworden, sondern zur Freude, denn auf diese Weise wurde ich mit anderem Wohlwollen bedacht: Zunächst war ich Assistent des Präsidenten des Verwaltungsgerichtshofs, der heute immer noch so einen Zuarbeiter hat, und das war natürlich unglaublich hilfreich für meine Erfahrung. Die kurioseste Sache dabei war, dass der Präsident des Verwaltungsgerichtshofs zugleich Präsident des Dienstgerichtshofs zweiter Instanz war. Dort hatte mich der Präsident besonders gerne eingesetzt, und was man damals noch an Dienstvergehen hatte, sozusagen ahndete, das ist heute unvorstellbar geworden. Unendlich viele Fälle von Ehebruch, das war ja noch strafbar, und so gab es Polizisten, die über Land gingen und eine Freundin aufgegriffen haben, oder Lehrer, die allein auf dem Dorfe waren und sich eine Freundin oder noch schlimmer eine verheiratete Frau zur Gefährtin gesucht haben. Jedenfalls war das ein weites Feld in meiner Tätigkeit, in dem ich Entwürfe zu machen hatte.

Nun aber zurück: Ab und zu, wenn der Präsident gar nichts oder wenig für mich zu tun hatte, wurde ich einem Senat zugestellt, dem durfte ich dann in einer größeren Sache zuarbeiten, was sehr lehrreich war, weil man auch die Argumentationsmuster kennenlernt. Da spielte immer, und das hat mich tief beeindruckt, das Bemühen eine große Rolle – man kann es schwer beschreiben –, redlich mit der neuen Verfassung und den neuen Bedingungen umzugehen, auch neugierig, wie man denn die Verfassung verstehen kann – denn so selbstverständlich war ja fast keiner der Sätze. Und das einzubringen, also das hat mich wirklich sehr, sehr beeindruckt. Es gab auch natürlich Erfahrungen, die von der Lebensklugheit der Leute sprachen, die mit Konstitutionalisierung nichts zu tun hatten. Zum Beispiel hatte ich eines Tages einen langen Aktenstoß durchzuarbeiten, um einen Entwurf zu machen. Da kam ich ganz vergnügt in die Sitzung und sagte: „Ja, da haben wir gar nichts mit zu tun, da war ja schon der Einspruch versäumt, und das hätte schon in der Verwaltungsstelle nicht mehr weiterbehandelt werden dürfen, vom Gerichtsschutz gar nicht die Rede." Da schauen mich die Richter, damals waren am VGH noch fünf Richter, alle erschaudernd an, und nach einigem Schweigen sagt einer: „Ja, Herr Kollege, wir lassen den Fall drei Jahre lang liegen, und dann sagen wir denen, das war alles umsonst – das geht nicht." Da habe ich dann gesagt: „Ja, was machen wir denn dann? Ich kann das nicht begründen." „Ja, mit Begründung ist da nichts zu machen, wenn Sie anfangen, in so einem Fall zu begründen, dann sind Sie schon verratzt! Da kommen Sie nur in Widersprüche. In so einem Fall hilft nichts als der einfache Satz ‚Die Klage ist zulässig.'" Und für diese Erfahrung habe ich mir bei der Staatsrechtslehrertagung in Würzburg, 1964 oder 1965 war das, ein allgemeines „Buuuuhhh" eingetragen, weil ich als Diskussionsredner gesagt habe, man solle sich nicht einbilden, dass Zulässigkeit gleich Zulässigkeit sei. Wenn ein Gericht entscheiden will, ganz abgesehen davon habe ich das später beim Bundesverfassungsgericht auch erlebt, wenn ein Gericht entscheiden will, dann entscheidet es! Und wenn's nicht entscheiden will, dann findet es auch was! Das Zweite ist schwerer, aber zu entscheiden, trotz scheinbarer Unmöglichkeit, das ist nach meiner Erfahrung immer wieder vorgekommen. Aber das hat mit Konstitutionalisierung weniger zu tun. Der Gehorsam und auch die Neugierde, das Neue zu entdecken, das ist eine bleibende Erfahrung und auch eine Freude für mich, daran Anteil nehmen zu können.

Ja, das waren die ersten vierzehn Monate dieser Zeit, und dann kamen drei Jahre und zwei Monate am Bundesverfassungsgericht, da werden ja immer Leute abgeordnet. Das war eine ungemein reiche Lehrzeit, und dort war die Konstitutionalisierung nun ganz unbedingt, also unmittelbar. Ich habe vom BVerfG – jetzt werden Sie meinen, ich bin ein kritikloser Mensch – nur den besten Eindruck. Es waren Leute unterschiedlichster Couleur, und sie haben wirklich gut kooperiert, und das war sehr eindrucksvoll auch für mich als junger Mensch.

Aber jetzt im Einzelnen: Die Hauptkost war übrigens durch alle anderen Stationen hinweg – am VGH und auch schon in den Verwaltungsstationen: Was an Recht können wir jetzt noch anwenden? Eine ganz entscheidende Sache waren die Ermächtigungen, die natürlich alle an die Reichsregierung und Reichsbehörden gingen. Da gibt es den Art. 129 im Grundgesetz, dass sie jetzt an die Länder, also an die obersten Landesbehörden gehen. Und das hatte eine ganz, ganz große Rolle gespielt, dass die Ermächtigungen dann richtig an die Länder gingen, aber auch sonst war eben immer die Frage: Ist das jetzt Landes- oder Bundesrecht? Diese Art der Konstitutionalisierung war eigentlich zunächst quantitativ das Hauptbrot, das alle Gerichte gegessen haben.

Auch die Verwaltungsbehörden selbst: Ich habe in dem letzten Abschnitt, den ich noch erwähnen werde, meine praktische Tätigkeit bei der Regierung von Oberbayern, da habe ich Wasserrecht zu betreuen gehabt. In Oberbayern haben wir die Seen rein gehalten, da gäbe es auch viel zu erzählen, aber das will ich jetzt nicht tun. Beim Wasserrecht gab es eine besondere Verordnung über Wassergenossenschaften, von der ich nicht weiß, ob es sie heute noch gibt, die eine große Bedeutung gehabt hat in der Praxis. Da konnte fast kein Stein auf dem anderen bleiben. Aber es ist immer wieder neu interpretiert worden, jedenfalls, es war in meinem Einzugsbereich, und beim BVerfG war es natürlich alles das, erstens die Umleitung der Ermächtigungen, und die Frage „Kann das noch gelten?“, und „Wie kann es noch gelten?“. Das war ein großer Teil dessen, was man Konstitutionalisierung nennen konnte. Das ist längst versiegt. Das hat schon so nach 20 Jahren aufgehört, aber damals war das wirklich das Mächtigste.

Aber, unabhängig davon, es war ein Lehrstück, das ich, ähnlich wie bei der Zulassungsprüfung, mitgenommen habe. Erst einmal natürlich die Bereitschaft des Bundesverfassungsgerichts, ganz Neues zu denken. Weil die Normen eben so Raum ließen, so viel Zweifel haben aufkommen lassen und so neu waren, hat das Gericht ja auch neu denken müssen. Dieser Mut, das war schon sehr, sehr beeindruckend.

Ich wollte noch etwas erzählen: Während meiner kurzen Studienzeit von sechs Semestern habe ich mich gerne mit Methodenlehre befasst. Ich habe gedacht, das ist das Sekundäre, wie ich Recht verstehen muss, was ja auch nicht falsch war, drum hab ich natürlich gedacht, dass, wenn ich beim BVerfG bin, ich sehen werde, wie es in Wirklichkeit ausschaut, wenn die Methoden von kompetenten Leuten angewandt werden. In Wirklichkeit war meine Erfahrung die, es bestätigt sich eigentlich immer wieder (aber fragen Sie Herrn Voßkuhle nicht danach), der Richter geht her, sieht den Fall, überlegt, auch wenn er es nicht überlegt, da kommt es ihm im Gemüte und im Kopfe, dass das Ergebnis „da“ liegen muss. Und von da an ist seine Aufgabe, einen Weg zu finden, wie man von da nach da kommt. Es gibt manchmal Fälle, da geht das so, und es gibt Fälle, da muss man einen Umweg nehmen. Ich habe mir immer, weil wir damals kleine Kinder gehabt haben, vorgestellt, dass es so ist wie mit Holzklötzchen, die man da aneinanderlegt. Manchmal waren sie sehr dünn gelegt und manchmal voll, je nach Vorrat und je nach Verbindung, die zu legen war. Und wenn man da so zuarbeitet und Entscheidungen vorbereitet, ist es wirklich ein Erlebnis, das einem sehr zu Herzen geht, wenn man da die Stöckelchen nicht richtig entdeckt. Nicht dass man diffamiert wird, so ist es nicht, und manchmal hat man auch Glück.

Die vielleicht hübscheste Geschichte, die ich da erlebt habe, handelt von [Ernst] Friesenhahn, der Name ist Ihnen vielleicht auch noch in Erinnerung. Friesenhahn war Richter, und ich hatte einen Fall vorzubereiten, in dem es um eine Ermächtigung ging. Es war wieder mal eine Ermächtigung, die zu weit war, weswegen ich vorgeschlagen habe, sie für nichtig zu erklären. Natürlich musste mein Richter das vorlegen, aber der hat es meistens so gemacht, wie ich wollte oder wie ich vorgeschlagen hatte. In dem Fall wollte aber Friesenhahn das nicht glauben; er war der Meinung, die Ermächtigung ist eng genug. Es war eine steuerrechtliche Sache, und so haben wir, nicht ich, sondern das Gericht, den zuständigen Ministerialdirektor vom Bundesfinanzministerium eingeladen. Einfach um zu wissen, was der denkt, und Friesenhahn hat ihn dann aufrufen lassen und hat gesagt: „Ja, Sie können uns doch sicher sagen, was (es ging um zwei Begriffe) den Sachverhalt X von dem Sachverhalt Y unterscheidet." Es ging um ein- und mehrstufige Betriebe. Was einen einstufigen Betrieb von einem mehrstufigen Betrieb unterscheidet. Ich habe behauptet, das lässt sich nicht zuverlässig unterscheiden. Und Friesenhahn wollte das absolut nicht schlucken und hat also diesen Ministerialdirektor aufgerufen. Dieser war das Muster eines schönen älteren Herrn mit einer sehr eindrucksvollen Persönlichkeit, er hat offenbar meine Meinung voll geteilt. Er hat dem Gericht nämlich geantwortet: „Ein einstufiger Betrieb ist ein Betrieb, der nur eine Betriebsstufe umfasst. Ein mehrstufiger Betrieb hingegen ist ein Betrieb, der zwei oder mehrere Stufen umfasst." Sprach's und setzte sich. Damit war der Prozess für mich gewonnen, weil der Senat dann gegrinst und Friesenhahn mit seiner Meinung allein gelassen hat. Das waren auch wieder schöne Erlebnisse. Danach bin ich nach München zurück für drei Jahre in der Regierung von Oberbayern.

Zum Schluss: Mein Lehrer Nawiasky starb, drei Wochen nachdem meine Arbeit fertig war. [Theodor] Maunz, der dann auf dem Lehrstuhl war, hat mich übernommen. Es war mit Nawiasky abgemacht, dass Maunz sozusagen den Ersatzvater spielt, und den hat er auch gespielt. Im Frühjahr drauf habe ich dann den Vortrag gehalten, und bei der Diskussion, ob das angenommen wird, hat Maunz beantragt, mir auch die Venia für Sozialrecht zu erteilen. Allgemeine Staatslehre, Staats- und Verwaltungsrecht waren unbestritten, und Maunz hat vorgeschlagen, mir zusätzlich die Venia für Sozialrecht zu erteilen. Das wurde abgelehnt, „weil es dieses Fach nicht gibt". Und das ist schon eine schöne Anekdote in meinem Leben.

Meine allerschönste Anekdote überhaupt: Nachdem ich ja acht Jahre lang untertags mein Geld verdient habe und in den Nächten und Wochenenden meine Habilschrift mit schließlich 1539 Seiten geschrieben hatte, hatte ich natürlich daneben keine Veröffentlichungen, ein paar Aufsätzlein, aber nur einen von einigermaßen nationaler Bedeutung. Also: Ich hatte kein Oeuvre, ich war nicht in der Welt. Ich war zwar bei den Staatsrechtslehrern aufgenommen, das aber bedeutet für sich ja nichts, wenn niemand aufmerksam geworden ist. Trotzdem bekam ich, die Habilitation war im Mai, im Herbst eine Einladung nach Saarbrücken, um einen Vortrag im Rahmen der Neubesetzung eines Lehrstuhls zu halten. Und ich dachte mir: „Puh, wie kommen die darauf?" Ich bin hingefahren, der Dekan sah mich an und sagte verheißungswidrig – es war ein Österreicher: „Herr Kolleg', es kann sein, dass der Lehrstuhl, weswegen wir Sie eingeladen haben, schon besetzt ist, aber machen Sie sich keine Sorgen, vielleicht kriegen wir später wieder mal einen Lehrstuhl." Es war eine unglaublich ermutigende Einladung bzw. Eröffnung.

Jetzt muss ich einschieben, dass ich natürlich auch nicht beliebig Zeit hatte, mich mit den Themen meines Vortrags zu beschäftigen. In meiner Praxis hat immer wieder eine Rolle gespielt die damals noch sehr junge Revisionszuständigkeit des Bundesverwaltungsgerichts, das nur für Bundesrecht zuständig ist. Aber nun war das meiste Verwaltungsrecht zu der Zeit Bachof, [Hans Julius] Wolff und [Ernst] Forsthoff. Es war in den Büchern, und die Gerichte haben diese Bücher zitiert. Aber: Wann ist Wolff Bundesrecht, und wann ist Wolff oder Bachof Landesrecht? Das war immer wieder ein Glücksspiel, und das Gericht hat es auch mal so und mal so gemacht. So ganz in dem Sinne wie schon berichtet. Und genau dies habe ich als Thema genommen, irgendwie zu Unrecht eingeladen und dann ein Thema, unter dem keiner sich was vorstellen kann. Es war nur ein einziger Öffentlich-Rechtler da, Herr [Herbert] Wehrhahn, und der schwebte in den Höhen der Theorie, der wollte sich mit so Niedrigkeiten sowieso nicht befassen. Die anderen waren alle bitter und böse, und man hat wirklich dieser Kommission angesehen, wie verärgert sie ist.

Dann habe ich meinen Vortrag gehalten und in der Mitte des Vortrags merke ich, dass einer dieser vielen Menschen, der einen Stoß Akten mitgebracht hatte, diese zuklappte und mir zuhörte. Und, uiiii, habe ich gedacht, jetzt habe ich vielleicht doch gewonnen. Dann waren sie von meinem Vortrag zu diesem Thema doch so begeistert, dass sie gefragt haben, ob das Buch schon gedruckt ist. „Nein", es war zwar alles vorbereitet, aber das ist eine andere Geschichte. Aber es war nicht veröffentlicht. Ja, ich solle es ihnen schicken. Und sie haben es tatsächlich mit verteilten Rollen gelesen und waren davon so angetan, ebenso wie von meinem persönlichen Eindruck, dass sie mich berufen haben. Im Februar habe ich den Ruf gehabt, und ich bin natürlich mit Freude hingegangen. Im Lauf des Sommersemesters sagte derselbe Dekan zu mir eines Tages: „Herr Kolleg', der Frau Soundso, im Dekanat, ich glaub', Sie sollten der mal eine Bonbonniere stiften." „Ja, warum denn das?" „Die hat Sie aus Versehen auf die Liste gesetzt, derer die einzuladen!" Aber dass das eine Fakultät so honoriert, ich finde, das ist einfach so eine hinreißende Sache.

Peter Badura

Entwicklung und Perspektiven der öffentlichen Verwaltung und der Staatsrechtslehre nach dem Kriege*

Übersicht, Gliederung, Literatur

Arnold Köttgen, Struktur und politische Funktion öffentlicher Verwaltung, in: Karl Dietrich Bracher u. a. (Hrsg.), Die moderne Demokratie und ihr Recht. Modern Constitutionalism and Democracy. Festschrift für Gerhard Leibholz zum 65. Geburtstag, Bd. 2, Tübingen 1966, S. 771.

Matthias Schmidt-Preuß/Udo Di Fabio, Verwaltung und Verwaltungsrecht zwischen gesellschaftlicher Selbstregulierung und staatlicher Steuerung, VVDStRL 56 (1997), S. 160, 235.

Rainer Wahl, Herausforderungen und Antworten: Das öffentliche Recht der letzten fünf Jahrzehnte, Berlin 2006 (Rez. Abh. *Gunnar Folke Schuppert*, Verwaltungsrecht und Verwaltungsrechtswissenschaft im Wandel. Von Planung über Steuerung zu Governance?, AöR 133 [2008], S. 79–106).

Wolfgang Hoffmann-Riem/Eberhard Schmidt-Aßmann/Andreas Voßkuhle (Hrsg.), Grundlagen des Verwaltungsrechts, 2. Aufl. (Rez. Abh. zur 1. Aufl., 2006–2009: *Friedhelm Hufen*, AöR 136 [2011], S. 147–161).
Bd. 1: Methoden. Maßstäbe. Aufgaben. Organisation, München 2012 (Rez. Abh. zur 1. Aufl., 2006: *Fritz Ossenbühl/Klaus Lange*, Grundlagen des Verwaltungsrechts, Die Verwaltung 40 [2007], S. 125).
Bd. 2: Informationsordnung. Verwaltungsverfahren. Handlungsformen, München 2012.
Bd. 3: Personal. Finanzen. Kontrolle. Sanktionen. Staatliche Einstandspflichten, München 2013.

Dirk Ehlers, Verwaltung und Verwaltungsrecht im demokratischen und sozialen Rechtsstaat, in: Hans-Uwe Erichsen/Dirk Ehlers (Hrsg.), Allgemeines Verwaltungsrecht, 14. Aufl., Berlin 2010, §§ 1 ff.

I. Verwaltungsrecht im liberalen und im sozialen Rechtsstaat

- Staatsaufgaben und Verwaltungszwecke
- „Konkretisiertes Verfassungsrecht", Staatszielbestimmungen und grundrechtliche Schutz- und Gewährleistungspflichten

* Vortrag, gehalten am 9. Oktober 2014.

- Demokratische und rechtsstaatliche Garantiefunktion des Gesetzes, Gesetz und Richterrecht, Rechtsetzung durch die Exekutive
- „Verwaltungsstaat“
- „Europäischer Verwaltungsverbund“, Ius Publicum Europaeum

Günter Dürig, Verfassung und Verwaltung im Wohlfahrtsstaat, JZ 1953, S. 193.
Dietrich Jesch, Gesetz und Verwaltung. Eine Problemstudie zum Wandel des Gesetzmäßigkeitsprinzips, Tübingen 1961.
Ulrich Scheuner, Das Gesetz als Auftrag der Verwaltung, DÖV 1969, S. 585.
Peter Badura, Verwaltungsrecht im liberalen und im sozialen Rechtsstaat, Tübingen 1966.
Ders., Auftrag und Grenzen der Verwaltung im sozialen Rechtsstaat, DÖV 1968, S. 446.
Ders., Die politische Willensbildung des Volkes in der parlamentarischen Demokratie, in: Hanno Kube u. a. (Hrsg.), Leitgedanken des Rechts. Festschrift für Paul Kirchhof zum 70. Geburtstag, Bd. 1, Heidelberg 2013, § 58.
Peter J. Tettinger/Jens-Peter Schneider, Verwaltungsrechtliche Instrumente des Sozialstaates, VVDStRL 64 (2005), S. 199, 238.
Josef Isensee, Staatsaufgaben, in: ders./Paul Kirchhof (Hrsg.), Handbuch des Staatsrechts der Bundesrepublik Deutschland (HStR), Bd. 4, 3. Aufl., Heidelberg 2006, § 73.
Christoph Schönberger, „Verwaltungsrecht als konkretisiertes Verfassungsrecht“, in: Michael Stolleis (Hrsg.), Das Bonner Grundgesetz: Altes Recht und neue Verfassung in den ersten Jahrzehnten der Bundesrepublik Deutschland (1949–1969), Berlin 2006, S. 53.
Michael Brenner, Staatsaufgaben, in: Otto Depenheuer/Christian Grabenwarter (Hrsg.), Verfassungstheorie, Tübingen 2010, § 25.
Michael Stolleis, Entwicklungsstufen der Verwaltungsrechtswissenschaft, in: Wolfgang Hoffmann-Riem/Eberhard Schmidt-Aßmann/Andreas Voßkuhle (Hrsg.), Grundlagen des Verwaltungsrechts, Bd. 1, 2. Aufl., München 2012, § 2.
Manfred Zuleeg/Hans-Werner Rengeling, Deutsches und europäisches Verwaltungsrecht – Wechselseitige Einwirkungen, VVDStRL 53 (1994), S. 154, 202.
Friedrich Schoch, Die Europäisierung des Allgemeinen Verwaltungsrechts, JZ 1995, S. 109.
Ders., Die Europäisierung des Allgemeinen Verwaltungsrechts und der Verwaltungsrechtswissenschaft, in: Die Verwaltung, Beiheft 2 (1999), S. 135.
Eberhard Schmidt-Aßmann/Bettina Schöndorf-Haubold (Hrsg.), Der Europäische Verwaltungsverbund. Formen und Verfahren der Verwaltungszusammenarbeit in der EU, Tübingen 2005.
Armin von Bogdandy/Pedro Cruz Villalón/Peter Michael Huber (Hrsg.), Handbuch Ius Publicum Europaeum, Bd. 1 ff., Heidelberg 2007 ff.
Thomas von Danwitz, Europäisches Verwaltungsrecht, Berlin/Heidelberg 2008.
Shu-Perng Hwang, Der Europäische Verwaltungsverbund im Spannungsfeld zwischen nationaler Identität und europäischer Integration, DÖV 2014, S. 681.
Johannes Saurer, Der Einzelne im europäischen Verwaltungsrecht, Tübingen 2014.

Die Entwicklung der Industrie- und Arbeitsgesellschaft im 19. Jahrhundert und dann die Umbrüche und Rechtszerstörungen in und nach den beiden Kriegen haben das Ungenügen des durch den Schutz von Freiheit, Sicherheit und Eigentum bestimmten bürgerlichen Verfassungsstaates hervortreten lassen. Der soziale Rechtsstaat der Demokratie zielt ab auf Wohlfahrt, soziale Sicherheit und gesellschaftlichen Fortschritt. Gesetzgebung und gesetzesvollziehende öffentliche Verwaltung werden dadurch geprägt.

Der demokratische und soziale Rechtsstaat bewirkt notwendig eine wohlfahrtsstaatliche Entgrenzung der Staatsaufgaben und in der Folge geänderte und neue Zwecke und Rechtsformen des Verwaltungshandelns. „Im heutigen Wohlfahrtsstaat [...] ist der Mensch ständig von der Verwaltungsleistung abhängig".[1] Der politisch als Wohlfahrtsstaat auftretende soziale Rechtsstaat ist in Daseinsvorsorge, Gewährleistung sozialer Sicherheit, Verwirklichung sozialen Ausgleichs und in der Vorhaltung oder Sicherung der Infrastruktur ein „Verwaltungsstaat". Die spezifische Wirkungsweise des sozialen Rechtsstaates ist die Arbeit der Verwaltung. Die Verwaltung ist durch die Vermittlung des Parlaments zum Instrument der egalitären Gesellschaft geworden. Die Gesetze des wohlfahrtsstaatlich entfesselten Parlaments, Akte weitgreifender Sozialgestaltung, Planung, Förderung und Umverteilung, verwandeln die Verwaltung in eine ständig expandierende Apparatur der Lenkung und Leistung. Das Polizeirecht als die charakteristische Materie des liberalen Verwaltungsrechts ist durch das Planungsrecht, das Wirtschaftsverwaltungsrecht, das Steuerrecht, das Sozialrecht und das Kulturverwaltungsrecht als die charakteristischen Materien des sozialen Rechtsstaates verdrängt worden.[2] Verwaltungsrecht ist – mit den Worten Fritz Werners – „konkretisiertes Verfassungsrecht".[3] Die großen Entwicklungslinien des Verwaltungsrechts sind durch Direktiven des Verfassungsrechts bestimmt: Liberalisierung, Subjektivierung, Neuentdeckung des Gesetzes.[4] Der überkommene Vorbehalt des Gesetzes für „Eingriffe in Freiheit und Eigentum" ist auf alle für die Ausübung der Grundrechte wesentlichen Aktivitäten der öffentlichen Verwaltung erstreckt worden.[5] Der Grundsatz der Gesetzmäßigkeit der Verwaltung hat damit eine strengere Bedeutung für die vollziehende Gewalt erhalten, nicht zuletzt im Bereich der Verwaltungsvorschriften und des autonomen Satzungsrechts von Selbstverwaltungskörperschaften.

Weniger explizite Staatszielbestimmungen der Verfassung als die den Grundrechten zugeschriebenen Schutz- und Gewährleistungsgehalte, Regelungspflichten und Handlungsgebote erweitern Spektrum und Wirkungskreis der

---

[1] *Günter Dürig*, Verfassung und Verwaltung im Wohlfahrtsstaat, JZ 1953, S. 193 (193).

[2] *Peter Badura*, Auftrag und Grenzen der Verwaltung im sozialen Rechtsstaat, DÖV 1968, S. 446 (446).

[3] *Fritz Werner*, Verwaltungsrecht als konkretisiertes Verfassungsrecht, DVBl. 1959, S. 527 (527).

[4] *Christoph Schönberger*, „Verwaltungsrecht als konkretisiertes Verfassungsrecht", in: Michael Stolleis (Hrsg.), Das Bonner Grundgesetz. Altes Recht und neue Verfassung in den ersten Jahrzehnten der Bundesrepublik Deutschland (1949–1969), Berlin 2006, S. 53 (69ff.).

[5] BVerfGE 34, 165 (192f.); 41, 250 (260); 45, 400 (417f.).

öffentlichen Verwaltung, grundsätzlich vermittelt durch das Gesetz.[6] „Das Verwaltungsrecht wurde von der den Grundrechten unterlegten ‚objektiven Wertordnung' durchdrungen und zum Teil, wo das Gesetz versagte, durch unmittelbar aus dem Grundgesetz entwickelte Leistungsansprüche ergänzt".[7]

Insgesamt hat das Verfassungsrecht des sozialen Rechtsstaates für das Gesetz und die Verwaltung eine qualitativ und quantitativ verändernde systemleitende Konsequenz. „Die Gesetze markieren nicht nur Eingriffsgrenzen, sondern sind Programme zur Gewährleistung einer hinreichenden Qualität staatlich verantworteter Aufgabenerfüllung".[8] „Neben den hoheitlichen Gesetzesvollzug treten konsensuale und informale, neben öffentlich-rechtliche auch privatrechtliche Umsetzungstechniken".[9] Für Grund und Grenze des normativen und individuellen Verwaltungshandelns behauptet die demokratische und rechtsstaatliche Garantiefunktion des Gesetzes die Schlüsselstellung. Exemplarisch dafür ist die Erstreckung des Gesetzesvorbehalts auf die Gewährung staatlicher Leistungen und Begünstigungen und auf die „besonderen Gewaltverhältnisse" (Schulen, Strafvollzug, Beamtenrecht).[10] Allerdings darf hier die Rolle des Richterrechts nicht übergangen werden: „Die rasant gestiegene Veränderungsgeschwindigkeit der entwickelten Industrie- und Dienstleistungsgesellschaften bewirkt, daß immer größere Teile des geltenden Rechts nicht mehr von der Gesetzgebung, sondern durch die Entscheidungen der zuständigen letzten Gerichtsinstanzen geregelt werden".[11]

Die durch die verfassungsmäßige Ordnung bestimmten und für Gesetz und Verwaltung maßgebenden Staatsaufgaben werden durch die fortschreitende europäische Integration modifiziert und ergänzt. Das Unionsrecht wird „kooperativ" durch die nationalen Behörden und die Organe der Union vollzogen. Das betrifft insbesondere das Wettbewerbsrecht, die Wirtschaftsaufsicht über Beihilfen, das Agrarrecht, das Umweltrecht und das Zollrecht sowie insgesamt das Diskriminierungsverbot.[12] Im Hinblick auf diesen – leicht mißverstehbar so

---

[6] BVerfGE 53, 30 (57) – Atomkraftwerk Mülheim-Kärlich.

[7] *Michael Stolleis*, Entwicklungsstufen der Verwaltungsrechtswissenschaft, in: Wolfgang Hoffmann-Riem/Eberhard Schmidt-Aßmann/Andreas Voßkuhle (Hrsg.), Grundlagen des Verwaltungsrechts, Bd. 1, 2. Aufl., München 2012, § 2 Rn. 110.

[8] *Wolfgang Hoffmann-Riem*, Eigenständigkeit der Verwaltung, in: ders./Schmidt-Aßmann/Voßkuhle, Grundlagen des Verwaltungsrechts, Bd. 1 (Fn. 7), § 10 Rn. 13.

[9] *Eberhard Schmidt-Aßmann*, Verfassungsprinzipien für den Europäischen Verwaltungsverbund, in: Hoffmann-Riem/Schmidt-Aßmann/Voßkuhle, Grundlagen des Verwaltungsrechts, Bd. 1 (Fn. 7), § 5 Rn. 5.

[10] *Dietrich Jesch*, Gesetz und Verwaltung, Tübingen 1961, S. 171 ff.

[11] *Bernd Rüthers*, Die heimliche Revolution vom Rechtsstaat zum Richterstaat, Tübingen 2014, S. 76, 105 f.

[12] *Eberhard Schmidt-Aßmann*, Verwaltungsverfahren, in: Josef Isensee/Paul Kirchhof (Hrsg.), HStR, Bd. 5, 3. Aufl., Heidelberg 2007, § 109 Rn. 45 ff.

genannten – „Europäischen Verwaltungsverbund“ sind Umrisse eines „europäischen Verwaltungsrechts“ erkennbar.[13]

Grund und Grenze der öffentlichen Gewalt der eine Rechtsgemeinschaft bildenden Union sind die Integrationsklauseln der Verfassungen der Mitgliedstaaten, die zugleich einen Integrationsvorbehalt darstellen (siehe Art. 23 Abs. 1 GG). Daraus ergibt sich einerseits der Vorrang des Unionsrechts und andererseits der Grundsatz der begrenzten Einzelermächtigung und die Wahrung der Verfassungsidentität der Mitgliedstaaten (Art. 4 Abs. 2, Art. 5 Abs. 1 und 2 EUV). Daraus resultieren die rechtliche Bindung der Integrationsverträge und die inhaltliche Begrenztheit der normativen und individuellen Rechtsakte der Union und folgerichtig deren innerstaatliche Anwendbarkeit. Für das nationale Verwaltungsrecht ist die 19. Erklärung in der Schlußakte zum Vertrag von Maastricht von Bedeutung, die sich zur Anwendung des Gemeinschaftsrechts verhält.

II. Allgemeines Verwaltungsrecht

- Politische Funktion und selbständiges Mandat der vollziehenden Gewalt
- Organisation und Rechtsformen der öffentlichen Verwaltung
- Garantie des gerichtlichen Rechtsschutzes (Art. 19 Abs. 4 GG)
- „Neue Verwaltungsrechtswissenschaft“
- „Good Governance“, „Recht auf eine gute Verwaltung“ (Art. 14 EU-GR Charta)

Erich Becker/Helmut Rumpf, Verwaltung und Verwaltungsrechtsprechung, VVDStRL 14 (1956), S. 96, 136.

Arnold Köttgen, Struktur und politische Funktion öffentlicher Verwaltung, in: Karl Dietrich Bracher u. a. (Hrsg.), Die moderne Demokratie und ihr Recht. Modern Constitutionalism and Democracy. Festschrift für Gerhard Leibholz zum 65. Geburtstag, Bd. 2, Tübingen 1966, S. 771.

Otto Bachof/Winfried Brohm, Die Dogmatik des Verwaltungsrechts vor den Gegenwartsaufgaben der Verwaltung, VVDStRL 30 (1972), S. 193, 245.

Gunnar Folke Schuppert, Verwaltungswissenschaft als Steuerungswissenschaft, in: Wolfgang Hoffmann-Riem u. a. (Hrsg.), Reform des allgemeinen Verwaltungsrechts. Grundfragen, Baden-Baden 1993, S. 65.

Ders. (Hrsg.), Governance-Forschung. Vergewisserung über Stand und Entwicklungslinien, 2. Aufl., Baden-Baden 2006.

Ders., Verwaltungsrecht und Verwaltungswissenschaft im Wandel. Von Planung über Steuerung zu Governance?, AöR 133 (2008), S. 79.

Ders., Was ist und wozu Governance?, Die Verwaltung 40 (2007), S. 463.

---

[13] *Peter Badura*, Das Verwaltungsverfahren, in: Hans-Uwe Erichsen/Dirk Ehlers (Hrsg.), Allgemeines Verwaltungsrecht, 12. Aufl., Berlin 2002, § 33 Rn. 27f.

Rainer Wahl, Die Aufgabenabhängigkeit von Verwaltung und Verwaltungsrecht, in: Wolfgang Hoffmann-Riem u. a. (Hrsg.), Reform des allgemeinen Verwaltungsrechts. Grundfragen, Baden-Baden 1993, S. 177.

Eberhard Schmidt-Aßmann, Das allgemeine Verwaltungsrecht als Ordnungsidee, 2. Aufl., Berlin/Heidelberg 2004.

Ders./Wolfgang Hoffmann-Riem (Hrsg.), Methoden der Verwaltungsrechtswissenschaft, Baden-Baden 2004.

Matthias Schmidt-Preuß/Udo Di Fabio, Verwaltung und Verwaltungsrecht zwischen gesellschaftlicher Selbstregulierung und staatlicher Steuerung, VVDStRL 56 (1997), S. 160, 235.

Ivo Appel/Martin Eifert, Das Verwaltungsrecht zwischen klassischem dogmatischem Verständnis und steuerungswissenschaftlichem Anspruch, VVDStRL 67 (2008), S. 226, 286.

Jens Kersten, Governance in der Staats- und Verwaltungsrechtswissenschaft, in: Edgar Grande/Stefan May (Hrsg.), Perspektiven der Governance-Forschung, Baden-Baden 2009, S. 45.

Peter Badura, Konzeptionen europäischer und transnationaler Governance in der Perspektive des Verfassungsrechts, Baden-Baden 2010.

Andreas Voßkuhle, Verwaltungsrecht & Verwaltungswissenschaft = Neue Verwaltungsrechtswissenschaft, BayVBl. 2010, S. 581.

Ders., Neue Verwaltungsrechtswissenschaft, in: Wolfgang Hoffmann-Riem/Eberhard Schmidt-Aßmann/Andreas Voßkuhle (Hrsg.), Grundlagen des Verwaltungsrechts, Bd. 1, 2. Aufl., München 2012, § 1.

Das Allgemeine Verwaltungsrecht umfaßt das System, die Grundsätze, die Rechtsbegriffe, die Rechtsformen und die Rechte und Rechtsfolgen des Rechts der öffentlichen Verwaltung. Die Verwaltungsrechtslehre, ursprünglich und exemplarisch auf Grund der „juristischen“ Methode Otto Mayers und mit ständigem Blick auf die Zwecke des Verwaltungshandelns und die Aufgaben der Verwaltungsträger entwickelt,[14] ist Teil der rechtsstaatlichen Dogmatik des öffentlichen Rechts, ungeachtet der sich wandelnden sozialen und politischen Bedingtheiten und der zur Aufgabenerfüllung auch herangezogenen privatrechtlichen, informalen und kooperativen Mittel.

Die dogmatische Arbeit der Nachkriegsjahre hat den Fortgang der Gesetzgebung und die veränderten und neuen Verwaltungszwecke aufgenommen. „Die allgemeinen Lehren sind nicht nur fortentwickelt, sondern in entscheidenden Punkten umgestaltet worden, und zwar im steten Blick auf die Leitidee des sozialen Rechtsstaats und in steter Bemühung um die Lösung konkreter Sachprobleme“.[15] Beispiele sind der Verwaltungsakt mit Drittwirkung, Planung und Plangewährleistung, Folgenbeseitigungsanspruch, Verwaltungsprozessrecht, Gewährleistungs- und Privatisierungsfolgenrecht. Das Ungenügen des eine bestimmte juristische Methode zugrundelegenden Verwaltungsrechtssystems von

[14] *Otto Bachof*, Die Dogmatik des Verwaltungsrechts vor den Gegenwartsaufgaben der Verwaltung, VVDStRL 30 (1972), S. 193 (LS VI, S. 223 ff.).

[15] *Bachof*, Dogmatik (Fn. 14), S. 237.

Otto Mayer wurde mit zunehmenden staatlichen Aufgaben und der Komplexität der zu regelnden Bereiche und Situationen immer deutlicher.[16] Eine Abkehr von der bloß normativen Betrachtungsweise in der Verwaltungsrechtslehre ist zu verzeichnen.[17]

Die Schule der „Neuen Verwaltungsrechtswissenschaft" orientiert sich an den Aufgaben der Verwaltung, den zu deren Erfüllung erfolgenden Handlungen verschiedenartiger Rechtsform und an den ausgelösten oder zu erwartenden Wirkungen dieser Handlungen sowie an den vorauszusetzenden Ressourcen und organisatorischen Vorkehrungen. Sie versteht sich als „Steuerungswissenschaft" (W. Hoffmann-Riem) und deutet das zu vollziehende Gesetz als normative „Steuerung" des Verwaltungshandelns. „Konstituierend für die neue Verwaltungswissenschaft ist eine steuerungstheoretische Perspektive für das Recht" (A. Voßkuhle). Ziel ist „Good Governance", das „Recht auf gute Verwaltung" (siehe Art. 41 EU-GR Charta).

Dieser Blickwinkel verläßt nicht die verfassungsrechtlichen Voraussetzungen der Gewaltenteilung, des Gesetzesvorbehalts und der Gesetzmäßigkeit der Verwaltung. Die Verwaltung ist nicht nur eine durch „Sachgesetzlichkeit" bestimmte „Funktion" des Staates. Sie weist – vermittelt und gewährleistet durch Regierung und Gesetz – eine Gemeinwohlorientierung auf und ist mit einem eigenständigen Mandat ausgestattet.[18] Der gerichtliche Rechtsschutz gegen die öffentliche Gewalt (Art. 19 Abs. 4 GG) ist das Pendant zu den normativen Maßstäben und Bindungen der Verwaltung. Das Berufsbeamtentum ist eine Prämisse der rechtsstaatlichen und demokratisch legitimierten Verwaltung auf Grund Gesetzes.

III. Verwaltungsrechtsverhältnis und Verwaltungsverfahren

- Verwaltungsverfahrensgesetz (VwVfG) vom 25. Mai 1976, jetzt in der Fass. der Bek. vom 23. Januar 2003
- Zulassung von Vorhaben, „mehrpolige" Verwaltungsrechtsverhältnisse, „Bürgerbeteiligung" (Partizipation), Verwaltungsakt mit Drittwirkung
- Programmatische und normative Planung des Raumes, Planfeststellung, planerische Gestaltungsfreiheit („Planungsermessen"), Plangewährleistung
- Gesetzmäßigkeit der Verwaltung

[16] *Fritz Ossenbühl/Klaus Lange*, Grundlagen des Verwaltungsrechts, Die Verwaltung 40 (2007), S. 125.

[17] *Peter Badura*, Auftrag und Grenzen (Fn. 2), S. 452.

[18] *Arnold Köttgen*, Struktur und politische Funktion öffentlicher Verwaltung, in: Karl Dietrich Bracher u. a. (Hrsg.), Die moderne Demokratie und ihr Recht. Modern Constitutionalism and Democracy. Festschrift für Gerhard Leibholz zum 65. Geburtstag, Bd. 2, Tübingen 1966, S. 771 ff.

Karl August Bettermann/Erwin Melichar, Das Verwaltungsverfahren, VVDStRL 17 (1959), S. 118, 183.

Max Imboden/Klaus Obermayer, Der Plan als verwaltungsrechtliches Institut, VVDStRL 18 (1960), S. 113, 144.

Carl Hermann Ule/Franz Becker, Verwaltungsverfahren im Rechtsstaat, Köln/Berlin 1964.

Joseph H. Kaiser (Hrsg.), Planung I-VII, Baden-Baden 1965 ff.

Walter Schmitt-Glaeser (Hrsg.), Verwaltungsverfahren. Festschrift zum 50jährigen Bestehen des Richard-Boorberg-Verlages, Stuttgart u. a. 1977.

Peter Badura, Die gegenwärtige Diskussion über das Verwaltungsverfahren in der Bundesrepublik Deutschland, JA 1981, S. 33.

Ders., Schutz Dritter durch Nebenbestimmungen einer Planfeststellung oder Genehmigung, in: Herbert Leßmann/Bernhard Großfeld/Lothar Vollmer (Hrsg.), Festschrift für Rudolf Lukes zum 65. Geburtstag, Köln u. a. 1989, S. 3.

Ders., Das Verwaltungsverfahren, in: Hans-Uwe Erichsen/Dirk Ehlers (Hrsg.), Allgemeines Verwaltungsrecht, 12. Aufl., Berlin 2002, §§ 33 ff.

Ders., Vorhabenplanung im Rechtsstaat, in: Wilfried Erbguth u. a. (Hrsg.), Planung. Festschrift für Werner Hoppe zum 70. Geburtstag, München 2000, S. 167.

Willi Blümel (Hrsg.), Frühzeitige Bürgerbeteiligung bei Planungen, Berlin 1982.

Ders., Die Entwicklung des Rechtsinstituts der Planfeststellung, in: Wilfried Erbguth u. a. (Hrsg.), Planung. Festschrift für Werner Hoppe zum 70. Geburtstag, München 2000, S. 3.

Fritz Ossenbühl, Verwaltungsverfahren zwischen Verwaltungseffizienz und Rechtsschutzauftrag, NVwZ 1982, S. 465.

Rainer Wahl/Jost Pietzcker, Das Verwaltungsverfahren zwischen Verwaltungseffizienz und Rechtsschutzauftrag, VVDStRL 41 (1983), S. 151, 193.

Hans-Joachim Konrad (Hrsg.), Grundrechtsschutz und Verwaltungsverfahren, Berlin 1985.

Georg Ress (Hrsg.), Entwicklungstendenzen im Verwaltungsverfahrensrecht und in der Verwaltungsgerichtsbarkeit, Wien 1990.

Friedrich Schoch, Der Verfahrensgedanke im Allgemeinen Verwaltungsrecht, Die Verwaltung 25 (1992), S. 21.

Willi Blümel/Rainer Pitschas (Hrsg.), Reform des Verwaltungsverfahrensrechts, Berlin 1994.

Eberhard Schmidt-Aßmann, Planung als administrative Handlungsform und Rechtsinstitut, in: Jörg Berkemann u. a. (Hrsg.), Planung und Plankontrolle. Entwicklungen im Bau- und Fachplanungsrecht. Festschrift für Otto Schlichter zum 65. Geburtstag, Köln u. a. 1995, S. 3.

Ders., Verwaltungsverfahren, in: Josef Isensee/Paul Kirchhof (Hrsg.), HStR, Bd. 5, 3. Aufl., Heidelberg 2007, § 109.

Jens-Peter Schneider, Kooperatives Verwaltungsverfahren, VerwArch. 87 (1996), S. 38.

Werner Hoppe, Planung, in: Josef Isensee/Paul Kirchhof (Hrsg.), HStR, Bd. 4, 3. Aufl., Heidelberg 2006, § 77.

Rainer Wahl, Die Fachplanung in der Phase ihrer Europäisierung, in: Max-Emanuel Geis/Dieter C. Umbach (Hrsg.), Planung – Steuerung – Kontrolle. Festschrift für Richard Bartlsperger zum 70. Geburtstag, Berlin 2006, S. 427.

Jennifer Müller-Steinwachs, Bestandsschutz im Fachplanungsrecht, Baden-Baden 2007.

Hermann Pünder, Verwaltungsverfahren, in: Hans-Uwe Erichsen/Dirk Ehlers (Hrsg.), Allgemeines Verwaltungsrecht, 14. Aufl., Berlin 2010, §§ 13 ff.
Elke Gurlit/Michael Fehling, Eigenwert des Verfahrens im Verwaltungsrecht, VVDStRL 70 (2011), S. 227, 278.
Jens Kersten, Das Verwaltungsverfahrensgesetz im Spiegel der Rechtsprechung der Jahre 2004–2012, Die Verwaltung 46 (2013), S. 87.
Kay Waechter/Thomas Mann, Großvorhaben als Herausforderung für den demokratischen Rechtsstaat, VVDStRL 72 (2013), S. 499, 590.
Reinhard Wulfhorst, Neue Wege bei der Bürgerbeteiligung zu Infrastrukturvorhaben, DÖV 2014, S. 730.

Das Verwaltungsverfahren ist, neben dem verwaltungsgerichtlichen Rechtsschutz, eine der Vorkehrungen, durch die der Wohlfahrtsstaat zeigt, daß er Rechtsstaat zu sein vermag. Paradigmatisch dafür ist der „Grundrechtsschutz durch Verfahren“: Die Gestaltung des Verfahrens und seine ordnungsgemäße Abwicklung übernehmen eine eigengewichtige Garantiefunktion bei Planungs- und Aufsichtsaufgaben auf Grund von Ermächtigungsnormen mit schwacher materieller Determinierungskraft.[19] „Heute steht das Verfahrensrecht gleichberechtigt neben den Formen und Maßstäben des Verwaltungshandelns als dritter Teil des Allgemeinen Verwaltungsrechts“ (E. Schmidt-Aßmann). Das Verwaltungsverfahren kann als Ausdruck eines gewandelten Verhältnisses zwischen Verwaltung und Bürger verstanden werden, so, wenn das Bundesverfassungsgericht formuliert: „Die Notwendigkeit des Gesprächs zwischen Verwaltung und Bürger entspricht dem grundgesetzlichen Verständnis der Stellung des Bürgers im Staat“.[20] Die vielfach begrüßte „Partizipation“ an Verwaltungsentscheidungen kann allerdings mit dem Grundsatz der Gesetzmäßigkeit der Verwaltung in Konflikt geraten. Denn das Ziel ist eine Erweiterung der Gruppe der (materiellrechtlich) Betroffenen und dementsprechend der (verfahrensrechtlich) zu Beteiligenden über den Kreis der durch das verfahrensgegenständliche Vorhaben unmittelbar in ihren Rechten Betroffenen hinaus, und weiter eine Teilnahme dieser erweiterten Gruppe an der Gestaltung des Verfahrens und der Entscheidung.[21] Das demokratische Prinzip läßt es im Bereich der Verwaltung nicht beliebig zu, anstelle des Gesamtstaatsvolkes – dieses und das Parlament umgehend – jeweils einer durch örtlichen Bezug verbundenen gesetzlich gebildeten kleineren Gesamtheit von Staatsbürgern Legitimationskraft zuzuerkennen.[22] In der letzten Zeit wird bei raumgreifenden Großvorhaben und örtlich umstrittenen Projekten die Interessenbeteiligung durch „Mediation“ als Ver-

[19] BVerfGE 53, 30 (62 ff.) – Atomkraftwerk Mülheim-Kärlich; *Badura*, Verwaltungsverfahren (Fn. 13), § 33 Rn. 30 ff.
[20] BVerfGE 45, 297 (335) – Enteignungsrecht; *Schmidt-Aßmann*, Verwaltungsverfahren (Fn. 12), § 109 Rn. 4.
[21] *Badura*, Verwaltungsverfahren (Fn. 13), § 35 Rn. 11 f.
[22] BVerfGE 83, 60 (75).

fahrensart zur Konfliktbewältigung in Betracht gezogen.[23] Wegen ihres kooperativen Charakters muß sie die Verantwortung der Behörde für den Vollzug des Gesetzes nicht berühren.

Die Bedeutung des Verfahrensgedankens ist vor allem bei der vorhabenbezogenen Fachplanung ins Licht getreten. Materiellrechtlich haben hier die Doktrin der planerischen Gestaltungsfreiheit und deren Bindung an Planrechtfertigung, Planungsleitsätze und Plangewährleistung einen eigenen Zweig des Verwaltungsermessens begründet. Der Schutz der Rechte Dritter durch den Grundsatz der Verhältnismäßigkeit äußert sich dabei durch Gebote der Rücksichtnahme, der Abwägung und der Optimierung. Bei der nicht-vorhabenbezogenen Raumplanung begegnet die planerische Gestaltungsfreiheit als normatives Ermessen.[24]

Die Entwicklung des Verwaltungsverfahrensrechts hat durch das Verwaltungsverfahrensgesetz vom 25. Mai 1976 mit seinen mehrfachen Änderungen einen bedeutenden Impuls erfahren. Materiell ausgreifend in Bestimmungen über den Verwaltungsakt und den öffentlich-rechtlichen Vertrag ist hier der Versuch gelungen, das Verwaltungsverfahrensrecht als einen selbständigen Regelungszusammenhang zu begreifen, in dem die Grundsätze normiert sind, die die Art und Weise des Verwaltungshandelns im Einzelfall festlegen. Später sind in das Gesetz Vorschriften über „Europäische Verwaltungszusammenarbeit" eingefügt worden (§§ 8a bis 8e VwVfG).[25]

IV. Wirtschaft, Arbeit, soziale Sicherung

- Wirtschaftsverwaltungsrecht, öffentliches Wirtschaftsrecht
- Unternehmensrecht, Wettbewerbsrecht
- Wachstumsvorsorge, Förderung der Wirtschaft und der Arbeit
- Konjunkturpolitische Direktive, Sicherung der Preisstabilität (Art. 109 Abs. 2, 88 S. 2 GG)
- Europäische Wirtschafts- und Währungsunion
- Schutz der natürlichen Lebensgrundlagen (Art. 20a GG), Vorsorge gegen die Gefahren der Technik und der angewandten Wissenschaft
- Sozialrecht, Steuerrecht

---

[23] *Hermann Pünder*, Verwaltungsverfahren, in: Hans-Uwe Erichsen/Dirk Ehlers (Hrsg.), Allgemeines Verwaltungsrecht, 14. Aufl., Berlin 2010, § 16.

[24] BVerfGE 34, 301; *Rainer Wahl*, Herausforderungen und Antworten: Das öffentliche Recht der letzten fünf Jahrzehnte, Berlin 2006, S. 49 ff.; *Werner Hoppe*, Bauleitplanung und Eigentumsgarantie, DVBl. 1964, S. 165; *Badura*, Verwaltungsverfahren (Fn. 13), § 39 Rn. 14 ff., 23 ff.

[25] *Jens Kersten*, Das Verwaltungsverfahrensgesetz im Spiegel der Rechtsprechung der Jahre 2004–2012, Die Verwaltung 46 (2013), S. 87.

Ulrich Scheuner/Adolf Schüle, Die staatliche Intervention im Bereich der Wirtschaft, VVDStRL 11 (1954), S. 1, 75.
Hans Hugo Klein, Die Teilnahme des Staates am wirtschaftlichen Wettbewerb, Stuttgart 1968.
Ulrich Scheuner (Hrsg.), Die staatliche Einwirkung auf die Wirtschaft, Frankfurt a. M. 1971.
Hans-Jürgen Papier, Art. 12 GG – Freiheit des Berufs und Grundrecht der Arbeit, DVBl. 1984, S. 801.
Reiner Schmidt (Hrsg.), Öffentliches Wirtschaftsrecht. Allgemeiner Teil, Berlin 1990; Besonderer Teil 1, 1995; Besonderer Teil 2, 1996.
Wolfgang Löwer/Thomas Puhl/Michael Holoubek, Der Staat als Wirtschaftssubjekt und Auftraggeber, VVDStRL 60 (2001), S. 416, 456, 513.
Arno Scherzberg/Oliver Lepsius, Risikosteuerung durch Verwaltungsrecht: Ermöglichung oder Begrenzung von Innovationen?, VVDStRL 63 (2004), S. 214, 264.
Fritz Rittner/Meinrad Dreher, Europäisches und deutsches Wirtschaftsrecht, 3. Aufl., Heidelberg 2008 (Rez. *Peter Badura*, AöR 132 [2009], S. 128).
Matthias Ruffert, Zur Leistungsfähigkeit der Wirtschaftsverfassung, AöR 134 (2009), S. 197.
Michael Potacs/Jens Kersten, Herstellung von Wettbewerb als Verwaltungsaufgabe, VVDStRL 69 (2010), S. 254, 288.
Peter Badura, Wirtschaftsverfassung und Wirtschaftsverwaltung, 4. Aufl., Tübingen 2011.
Ders., „Recht auf Arbeit" in Deutschland und Europa, in: Ulrich Becker u. a. (Hrsg.), Verfassung und Verwaltung in Europa. Festschrift für Jürgen Schwarze zum 70. Geburtstag, Baden-Baden 2014, S. 477.
Johannes Hellermann/Wolfgang Durner, Schutz der Verbraucher durch Regulierungsrecht, VVDStRL 70 (2011), S. 366, 398.
Peter Michael Huber, Öffentliches Wirtschaftsrecht, in: Friedrich Schoch (Hrsg.), Besonderes Verwaltungsrecht, 15. Aufl., Berlin/Boston 2013, S. 309.
Matthias Ruffert (Hrsg.), Europäisches Sektorales Wirtschaftsrecht, Baden-Baden 2013.
Gregor Kirchhof/Stefan Korte/Stefan Magen (Hrsg.), Öffentliches Wettbewerbsrecht. Neuvermessung eines Rechtsgebiets, Heidelberg 2014.
Utz Schliesky, Öffentliches Wirtschaftsrecht, 4. Aufl., Heidelberg 2014.

Das „öffentliche Wirtschaftsrecht" als Begriff und Konzept leitet sich aus den verfassungs- und unionsrechtlichen Grundlagen der „Ordnung des Wirtschaftslebens"[26] und der wirtschaftspolitischen Gesetzgebung ab. Sein Ziel ist die Gewährleistung der gesamtwirtschaftlichen „Richtigkeit" der prinzipiell privatautonomen Wirtschaftsordnung, es beschränkt sich aber nicht auf die rahmensetzende Ordnung der Wirtschafts- und Unternehmensfreiheit. Die dem Staat aufgegebene „Wachstumsvorsorge" (H. P. Ipsen) umfaßt die Förderung von Wirtschaft und Arbeit, auch mit gesellschaftspolitischer Orientierung. Sie hat im Rahmen der verfassungs- und unionsrechtlich gebotenen Haus-

[26] Art. 151 Abs. 1 WRV: „Die Ordnung des Wirtschaftslebens muß den Grundsätzen der Gerechtigkeit mit dem Ziele der Gewährleistung eines menschenwürdigen Daseins für alle entsprechen. In diesen Grenzen ist die wirtschaftliche Freiheit des Einzelnen zu sichern."

haltsdisziplin den Erfordernissen des gesamtwirtschaftlichen Gleichgewichts Rechnung zu tragen (Art. 109 Abs. 2 GG). Die nationale Wirtschaftspolitik, Haushaltspolitik und administrative Wirtschaftsförderung mit der allgemeinen Grundlage des Gesetzes zur Förderung der Stabilität und des Wachstums der Wirtschaft vom 8. Juni 1967 fügt sich ein in die europäische Wirtschafts- und Währungsunion (Art. 3 Abs. 4 EUV, Art. 5, 119 ff. AEUV). Die nationale und die europäische „Wirtschaftsverfassung" weist dem Gesetz und den normativen Rechtsakten der Union die maßgebliche Rolle für die Verwirklichung dieser Programme und Aufgaben zu.

Die durch Gesetz und Verwaltung wahrzunehmenden öffentlichen Interessen und die dafür maßgeblichen Erfordernisse des Gemeinwohls erschöpfen sich nicht in der Sicherung der gesamtwirtschaftlichen „Richtigkeit". Vor allem die Wachstumsvorsorge und die Infrastrukturgewährleistung bedürfen des konfliktträchtigen Ausgleichs mit dem Schutz der natürlichen Lebensgrundlagen (Art. 20a GG)[27] und der Vorsorge gegen die Gefahren der angewandten Wissenschaft und der Technik[28].

Das überkommene Gewerberecht fügt sich in das weitergreifende Unternehmensrecht ein, das durch die Unternehmensfreiheit auf der Grundlage des privatautonom nutzbaren Eigentums und der gesellschaftsrechtlichen Vereinigungsfreiheit bestimmt wird. Das Unternehmensrecht tritt in einen größeren Zusammenhang mit dem Wettbewerbsrecht, einschließlich der Fusionskontrolle und der Beihilfenaufsicht, mit dem Recht der unternehmerischen und betrieblichen Mitbestimmung und mit dem kollektiven Arbeitsrecht auf der Grundlage der Tarifautonomie. Die unternehmerische Betätigung der öffentlichen Hand fällt in den Bereich des Unternehmens- und Wettbewerbsrechts. Auch die Vergabe öffentlicher Aufträge folgt den wettbewerbsrechtlichen Grundsätzen.

Die besonderen Rechtsgebiete des Steuerrechts und des Sozialrechts stellen ein spezifisches Medium der Wirtschafts- und Sozialpolitik dar.

V. Leistungsverwaltung, Gewährleistungsverwaltung und Regulierung

- Daseinsvorsorge und Infrastrukturgewährleistung
- Privatisierung, Privatisierungsfolgenrecht
- Wirtschaftsaufsicht durch Regulierung des Wettbewerbs und von Leistungen und Diensten
- Energiewirtschaft, Post und Telekommunikation, Eisenbahnen, Luftverkehr (Art. 87d, 87e Abs. 4, 87f GG); Bundesnetzagentur

[27] Umweltrecht: *Wahl*, Herausforderungen (Fn. 24.), S. 55 ff.
[28] Risikovorsorge: *Wahl*, Herausforderungen (Fn. 24.), S. 70 ff.

– Dienste von allgemeinem wirtschaftlichen Interesse (Art. 14 AEUV)

Ernst Forsthoff, Die Verwaltung als Leistungsträger, Stuttgart 1938.

Ders., Rechtsfragen der leistenden Verwaltung, Stuttgart 1959.

Ders., Lehrbuch des Verwaltungsrechts, Bd. 1: Allgemeiner Teil, 10. Aufl., München 1973.

Peter Badura, Die Daseinsvorsorge als Verwaltungszweck der Leistungsverwaltung im sozialen Rechtsstaat, DÖV 1966, S. 624.

Ders., Wettbewerbsaufsicht und Infrastrukturgewährleistung durch Regulierung im Bereich der Post und der Telekommunikation, in: Ulrich Hübner/Werner F. Ebke (Hrsg.), Festschrift für Bernhard Großfeld zum 65. Geburtstag, Heidelberg 1999, S. 35.

Ders., Staatliche Daseinsvorsorge und Infrastruktursicherung durch Leistungsverwaltung und Gewährleistungsverantwortung, in: Peter Friedrich Bultmann u. a. (Hrsg.), Allgemeines Verwaltungsrecht. Institute, Kontexte, System. Festschrift für Ulrich Battis zum 70. Geburtstag, München 2014, S. 319.

Fritz Ossenbühl, Daseinsvorsorge und Verwaltungsprivatrecht, DÖV 1971, S. 513.

Georg Hermes, Staatliche Infrastrukturverantwortung, Tübingen 1998.

Jürgen Schwarze (Hrsg.), Daseinsvorsorge im Lichte des Wettbewerbsrechts, Baden-Baden 2001.

Markus Heintzen/Andreas Voßkuhle, Beteiligung Privater an der Wahrnehmung öffentlicher Aufgaben und staatliche Verantwortung, VVDStRL 62 (2003), S. 220, 266.

Reiner Schmidt, Die Liberalisierung der Daseinsvorsorge, Der Staat 42 (2003), S. 225.

Thomas von Danwitz, Was ist eigentlich Regulierung?, DÖV 2004, S. 977.

Markus Möstl, Renaissance und Rekonstruktion des Daseinsvorsorgebegriffs unter dem Europarecht, in: Michael Brenner/Peter Michael Huber/Markus Möstl (Hrsg.), Der Staat des Grundgesetzes. Kontinuität und Wandel. Festschrift für Peter Badura zum siebzigsten Geburtstag, Tübingen 2004, S. 951.

Jens Kersten, Die Entwicklung des Konzepts der Daseinsvorsorge im Werk von Ernst Forsthoff, Der Staat 44 (2005), S. 543.

Johannes Masing, Die Regulierungsbehörde im Spannungsfeld von Unabhängigkeit und parlamentarischer Verantwortung, in: Hartmut Bauer u. a. (Hrsg.), Wirtschaft im offenen Verfassungsstaat. Festschrift für Reiner Schmidt zum 70. Geburtstag, München 2006, S. 521.

Michael Fehling/Matthias Ruffert (Hrsg.), Regulierungsrecht, Tübingen 2010.

Siegfried Magiera/Karl-Peter Sommermann (Hrsg.), Daseinsvorsorge und Infrastrukturgewährleistung. Symposium zu Ehren von Willi Blümel zum 80. Geburtstag, Berlin 2009.

Martin Eifert, Die gerichtliche Kontrolle der Entscheidungen der Bundesnetzagentur, ZHR 174 (2010), S. 449.

Jürgen F. Baur/Peter Salje/Matthias Schmidt-Preuß (Hrsg.), Regulierung in der Energiewirtschaft, Köln 2011.

Michael Sachs/Christian Jasper, Regulierungsermessen und Beurteilungsspielräume – Verfassungsrechtliche Grundlagen, NVwZ 2012, S. 649.

Claudio Franzius, Die Bundesnetzagentur zwischen politischer Steuerung und gerichtlicher Kontrolle, DÖV 2013, S. 714.

Jürgen Kühling, Anforderungen an ein zukunftsfähiges Infrastrukturrecht, DVBl. 2013, S. 1093.

Christian F. Schneider, Regulierungsrecht der Netzwirtschaften, 2 Bde., Wien 2013.
Oliver Dörr/Hinnerk Wißmann, Die Anforderungen an ein zukunftsfähiges Infrastrukturrecht, VVDStRL 73 (2014), S. 323, 369.
Thomas Züll, Regulierung im politischen Gemeinwesen, Tübingen 2014.

Am Beginn der neueren Entwicklung des Verwaltungsrechts über die juristische Methode Otto Mayers hinaus stand die Gegenüberstellung von Eingriffsverwaltung und Leistungsverwaltung. Der „Verwaltung als Leistungsträger" schrieb Ernst Forsthoff hauptsächlich die „Daseinsvorsorge" als Verwaltungszweck zu, der nicht nur durch Rechtsformen des öffentlichen Rechts zu erfüllen ist. Auf die Frage: „Was bleibt von Ernst Forsthoff?" lautet eine Antwort: Das Konzept der Daseinsvorsorge ist kein voll entfaltetes rechtsdogmatisches Programm, sondern eine sozialpolitische Legitimationstheorie, die den Wandel der Herrschaftsausübung von der bürgerlichen zur Industriegesellschaft thematisiert.[29] Die juristische Pointe dieses Konzepts ist, daß es sich um eine im wesentlichen auf kommunaler Ebene zur Sicherung elementarer Lebensbedürfnisse zu erfüllende Aufgabe der öffentlichen Verwaltung handelt, die auch bei der Verwendung privatrechtlicher Rechtsformen den rechtsstaatlichen Bindungen öffentlicher Verwaltung unterliegt. Daraus entspringt der dogmatische Begriff des Verwaltungsprivatrechts. Unionsrechtlich gilt eine verallgemeinernde Rekonstruktion in Gestalt der „Dienste von allgemeinem wirtschaftlichen Interesse". Die Union und die Mitgliedstaaten tragen dafür Sorge, daß die Grundsätze und Bedingungen, insbesondere jene wirtschaftlicher und finanzieller Art, für das Funktionieren dieser Dienste so gestaltet sind, daß diese ihren Aufgaben nachkommen können (Art. 14 AEUV).[30]

Die verfassungs- und unionsrechtliche Garantie für bestimmte Dienste und Leistungen erstreckt sich – über die Daseinsvorsorge im engeren Sinne hinaus – auf die Infrastruktur, d. h. auf diejenigen Regeln, die sich auf die Errichtung, Unterhaltung und Umsetzung ortsfester Anlagen mit einem staatlich verantworteten Versorgungszweck beziehen; die hier in Frage kommenden Anforderungen können als Gegenstand eines „Infrastrukturrechts" betrachtet werden.[31] Die staatliche Garantie kann durch Leistungsverwaltung oder durch normative und administrative „Gewährleistung" wahrgenommen werden.[32] Im

---

[29] *Jens Kersten*, Die Entwicklung des Konzepts der Daseinsvorsorge im Werk von Ernst Forsthoff, Der Staat 44 (2005), S. 543.

[30] *Markus Möstl*, Renaissance und Rekonstruktion des Daseinsvorsorgebegriffs unter dem Europarecht, in: Michael Brenner/Peter Michael Huber/Markus Möstl (Hrsg.), Der Staat des Grundgesetzes. Kontinuität und Wandel, Festschrift für Peter Badura zum siebzigsten Geburtstag, Tübingen 2004, S. 951.

[31] *Oliver Dörr/Hinnerk Wißmann*, Die Anforderungen an ein zukunftsfähiges Infrastrukturrecht, VVDStRL 73 (2014), S. 323, 369.

[32] *Markus Heintzen/Andreas Voßkuhle*, Beteiligung Privater an der Wahrnehmung öffentlicher Aufgaben und staatliche Verantwortung, VVDStRL 62 (2003), S. 220, 266; *Peter Badura*, Sozialstaatliche Daseinsvorsorge und Infrastruktursicherung durch Leistungsverwaltung

Fall einer Privatisierung erscheint die staatliche Gewährleistung als Teil des Privatisierungsfolgenrechts. Die im Grundgesetz enthaltene Infrastrukturgewährleistung für Post und Telekommunikation (Art. 87f Abs. 1 GG) und für Schienenwege der Eisenbahnen des Bundes (Art. 87e Abs. 3 GG) ist eine notwendige Prämisse dafür, daß man diese Dienste überhaupt privatisieren darf.

Die Leistungsverantwortung der öffentlichen Hand und die Gewährleistungsverantwortung des Staates sind nicht gleichartig. Denn die Preisgabe der unternehmerischen Verantwortung der öffentlichen Hand bedeutet nicht nur die Liquidierung öffentlichen Eigentums zugunsten des Staatshaushalts und die Nutzbarmachung der Vorteile des Wettbewerbs, sondern die Entlassung der privatisierten Dienste und Leistungen in die Gesetzlichkeiten privatwirtschaftlichen Erwerbsstrebens unter dem Schutz der Unternehmensfreiheit und betriebswirtschaftlicher Kosten- und Preiskalkulation.

Die Wahrnehmung der Gewährleistungsverantwortung des Staates für private oder privatisierte Dienste und Leistungen geschieht im Wege der Regulierung. Regulierung ist eine besondere Form der Wirtschaftsaufsicht, die dem Grundgedanken nach ordnungspolitisch ausgerichtet ist und der Gewährleistung des freien und unverfälschten Wettbewerbs dient. Sie umfaßt darüber hinaus für die gemeinwohlorientierten Dienste und Leistungen die Sicherung und Gewährleistung einer ausreichenden Versorgung zu angemessenen Bedingungen. Sie geht in den größeren Zusammenhang der Wirtschaftslenkung über, besonders deutlich im Recht der Energiewirtschaft. Angesichts der Verschiedenartigkeit der Regulierung gegenüber der Gewerbeaufsicht und der wettbewerbsrechtlichen Kartellaufsicht ist es konsequent, daß die infrastrukturelle Regulierung in der Hand einer besonderen Behörde liegt, der Bundesnetzagentur für Elektrizität, Gas, Telekommunikation, Post und Eisenbahnen (§§ 116ff. TKG).

VI. Information und Bildung

- Digital vernetzte Kommunikation, Informationstechnische Systeme (Art. 91c GG)
- „Informationsverwaltungsrecht“, informationelle Selbstbestimmung, Datenschutz
- Recht der Massenkommunikation: Medienrecht
- Bildungsplanung und Forschungsförderung (Art. 91b GG)
- Verrechtlichung von Schule und Hochschule

und Gewährleistungsverantwortung, in: Peter Friedrich Bultmann u. a. (Hrsg.), Allgemeines Verwaltungsrecht. Institute, Kontexte, System. Festschrift für Ulrich Battis zum 70. Geburtstag, München 2014, S. 319.

Udo Di Fabio, Information als hoheitliches Gestaltungsmittel, JuS 1997, S. 1.
Michael Kloepfer, Staatliche Informationen als Lenkungsmittel, Berlin 1998.
Friedrich Schoch/Hans-Heinrich Trute, Öffentlich-rechtliche Rahmenbedingungen einer Informationsordnung, VVDStRL 57 (1998), S. 158, 216.
Christoph Gusy, Verwaltung durch Information, NJW 2000, S. 977.
Rolf Gröschner/Johannes Masing, Transparente Verwaltung – Konturen eines Informationsverwaltungsrechts, VVDStRL 63 (2004), S. 344, 377.
Reinhard Hendler/Ute Mager, Die Universität im Zeichen von Ökonomisierung und Internationalisierung, VVDStRL 65 (2006), S. 238, 274.
Peter Badura, Die öffentlich-rechtlichen Rundfunkanstalten bieten Rundfunk und Telemedien an, AöR 134 (2009), S. 240.
Max-Emanuel Geis/Christian Bumke, Universitäten im Wettbewerb, VVDStRL 69 (2010), S. 364, 457.
Utz Schliesky, Art. 97c als archimedischer Punkt staatlicher Informationsverarbeitung und Wissensgewinnung im Bundesstaat, ZSE 11 (2013), S. 281.
Ino Augsberg, Informationsverwaltungsrecht. Zur kognitiven Dimension der rechtlichen Steuerung von Verwaltungsentscheidungen, Tübingen 2014.
Daniel Ennöckl, Der Schutz der Privatsphäre in der elektronischen Datenverarbeitung, Wien 2014.
Stefan Korte, Die dienende Funktion der Rundfunkfreiheit in Zeiten medialer Konvergenz, AöR 139 (2014), S. 384.
Wolfgang Löwer, Wert der Wissenschaft – was darf Wissenschaft?, WissR 47 (2014), S. 3.
Thomas de Maizière, Das Netz – Raum der Chancen und der Freiheit, F.A.Z. v. 18.08.2014, S. 6.

Die Gewinnung, Verteilung und Nutzung von Information ist für Kultur, Politik und Verwaltung elementar. Die Grundrechte der informationellen Selbstbestimmung und auf Gewährleistung der Vertraulichkeit und Integrität informationstechnischer Systeme[33] fundieren das Recht der Erhebung, Verarbeitung und sonstigen Verwendung personenbezogener Daten. Die digitale Kommunikation und die Kommunikationsnetzwerke stellen die Gesetzgebung und die Verwaltung vor neue Arbeitsfelder und Aufgaben. Die Regulierung des Angebots und des Wettbewerbs der elektronischen Informations- und Kommunikationsdienste ist eine hoheitliche Aufgabe des Bundes, während Regelungen publizistischer und kultureller Inhalte der Kommunikation, vor allem das Medienrecht, den Ländern vorbehalten sind.[34]

In einem engeren Sinn können als „Informationsverwaltungsrecht“ die Regelungen begriffen werden, die eine angemessene Informationsverarbeitung der

[33] BVerfGE 65, 1; 120, 374.

[34] *Friedrich Schoch/Hans-Heinrich Trute*, Öffentlich-rechtliche Rahmenbedingungen einer Informationsordnung, VVDStRL 57 (1998), S. 158, 216. – Richtlinie über audiovisuelle Mediendienste (2007/65/EG) vom 11.12.2007 (ABl. Nr. L 332/27); Gesetz über die Nutzung von Telediensten (Teledienstegesetz – TDG); Art. 1 des Informations- und Kommunikationsdienste-Gesetzes vom 22.7.1997 (BGBl. I S. 1870), aufgehoben durch Art. 5 des Gesetzes vom 26.2.2007 (BGBl. I S. 179, 185); Telemediengesetz (TMG) vom 26.2.2007 (BGBl. I S. 179), Gesetzentwurf der BReg., BTag Drucks. 16/3078 (23.10.2006).

öffentlichen Verwaltung für eine sachgerechte Entscheidungsfindung und Rechtsanwendung ermöglichen.[35] Die durch das Gesetz vom 29. Juli 2009 in das Grundgesetz eingefügte Verfassungsnorm (Art. 91c GG) behandelt das Zusammenwirken von Bund und Ländern bei der Planung, der Errichtung und dem Betrieb der für ihre Aufgabenerfüllung benötigten informationstechnischen Systeme. Der Bund errichtete durch Art. 4 des Begleitgesetzes zur zweiten Föderalismusreform vom 10. August 2009 zur Verbindung der infomationstechnischen Netze des Bundes und der Länder ein Verbindungsnetz. Bund und Länder errichteten für ihre Zusammenarbeit auf diesem Gebiet durch Vertrag einen IT-Planungsrat.[36] Für die öffentlich-rechtliche Verwaltungstätigkeit des Bundes gilt das Gesetz zur Förderung der elektronischen Verwaltung (E-Government-Gesetz) vom 25. Juli 2013.[37] Art. 97c GG ist als „archimedischer Punkt staatlicher Informationsverarbeitung und Wissensgewinnung im Bundesstaat" bezeichnet worden.[38]

Die Gewährleistungsfunktion der Rundfunkfreiheit und das darauf bezogene Medienrecht haben ihren Kompaß in der publizistisch-kulturellen Aufgabe des Rundfunks. Die duale Rundfunkordnung ist in den Bedingungen des publizistischen und wirtschaftlichen Wettbewerbs asymmetrisch; sie gibt dem öffentlich-rechtlichen Rundfunk eine Vorzugsstellung gegenüber dem marktwirtschaftlich finanzierten privaten Rundfunk. Die Wettbewerbsaufsicht über die Rundfunkanstalten und die Rundfunkunternehmen ist, soweit es um die Programmdarbietung geht, ein Gegenstand medienrechtlicher Vorschriften, also der Staatsverträge und Gesetze der Länder.

Die Schulen, Universitäten und sonstigen Hochschulen sind nach dem Kriege und besonders seit 1968 bevorzugt Gegenstand vielgestaltiger und sich fortlaufend ablösender Reformen und demzufolge einer überhandnehmenden Verrechtlichung. Der Bildungs- und Erziehungsauftrag des Staates, dem Art. 7 Abs. 1 GG die „Aufsicht" über das gesamte Schulwesen zuspricht, gibt jedem Land einen weitgespannten Spielraum politischer und auch gesellschaftspolitischer Gestaltung.

Das Recht des Bundes, Rahmenvorschriften über die allgemeinen Grundsätze des Hochschulwesens zu erlassen (Art. 75 Nr. 1a a. F. GG), und eine weitgefaßte Befugnis des Bundes, mit einem Land durch Vereinbarungen über Vorhaben der Wissenschaft und Forschung zusammenzuwirken (Art. 91b a. F. GG), war durch Novellen vom 12. Mai 1968 geschaffen worden. Diese Möglichkeiten

---

[35] *Ralf Gröschner/Johannes Masing*, Transparente Verwaltung – Konturen eines Informationsverwaltungsrechts, VVDStRL 63 (2004), S. 344, 377; *Ino Augsberg*, Informationsverwaltungsrecht. Zur kognitiven Dimension der rechtlichen Steuerung von Verwaltungsentscheidungen, Tübingen 2014.

[36] Zustimmungsgesetz des Bundes vom 27.5.2010 (BGBl. I S. 662).

[37] Art. 1 des Gesetzes vom 25.7.2013 (BGBl. I S. 2949).

[38] *Utz Schliesky*, Art. 97c als archimedischer Punkt staatlicher Informationsverarbeitung und Wissensgewinnung im Bundesstaat, ZSE 11 (2013), S. 281.

sind durch die Föderalismusreform I von 2006 abgeschafft worden. Geblieben ist die konkurrierende Gesetzgebung über die Hochschulzulassung und die Hochschulabschlüsse (Art. 74 Abs. 1 Nr. 33 GG). Die Materie „Bildungsplanung" ist entfallen; Vereinbarungen über Vorhaben der Wissenschaft und Forschung an Hochschulen bedürfen nunmehr der Zustimmung aller Länder (Art. 91b GG).[39]

Die korporative Selbstverwaltung der Universitäten ist durch grundlegende Veränderungen ihrer vormals auschlaggebend auf der Autonomie der Fakultäten beruhenden Organisation verwandelt worden. Ihr anstaltlicher Charakter ist durch zunehmende normative Steuerung und Bürokratisierung und unternehmerisch inspirierte Vorkehrungen verstärkt und andererseits durch ein Mitbestimmungsregime modifiziert worden. Die Spezialisierung der Fächer und die Segmentierung von Lehre und Forschung bewirken mittelbar eine Wesensänderung des Schutzes und der Gewährleistung des Art. 5 Abs. 3 GG. Die Zeit, in der Rudolf Smend die Wissenschaftsfreiheit das „Grundrecht der Universität" nannte, liegt weit zurück.

[39] In der 18. Wahlperiode ist Art. 91b GG dahingehend geändert worden, daß Bund und Länder in Fällen überregionaler Bedeutung bei der Förderung von Wissenschaft, Forschung und Lehre zusammenwirken können. Vereinbarungen, die im Schwerpunkt Hochschulen betreffen, bedürfen der Zustimmung aller Länder, ausgenommen sind Forschungsbauten und Großgeräte (Art. 91b Abs. 1 n.F. GG – Änderungsgesetz vom 23.12.2014, BGBl. I, S. 2438; Gesetzentwurf der BReg., BTag Drucks. 18/2710, 2.10.2014). Die nach Art. 91b Abs. 1 S. 1 Nr. 2 GG in der Fass. der Föderalismusreform bestehende gegenständliche und institutionelle Beschränkung im Bereich der Förderung von Hochschulen ist damit weggefallen.

Verzeichnis der Autorinnen und Autoren

Prof. Dr. Dr. Ino Augsberg, Christian-Albrechts-Universität zu Kiel

Prof. Dr. Steffen Augsberg, Justus-Liebig-Universität Gießen

Prof. em. Dr. Peter Badura, Ludwig-Maximilians-Universität München

PD Dr. Peter Collin, Max-Planck-Institut für europäische Rechtsgeschichte, Frankfurt am Main

PD Dr. Eike Michael Frenzel, Albert-Ludwigs-Universität Freiburg i. Br.

Prof. Dr. Andreas Funke, Friedrich-Alexander-Universität Erlangen-Nürnberg

Prof. Dr. Anna-Bettina Kaiser, LL.M. (Cambridge), Humboldt-Universität zu Berlin

Prof. Dr. Ann-Katrin Kaufhold, Ludwig-Maximilians-Universität München

Dr. Matthias Kötter, Goethe-Universität Frankfurt am Main

PD Dr. Carsten Kremer, M.A., M.Jur. (Oxford), Goethe-Universität Frankfurt am Main

PD Dr. Anna Katharina Mangold, Goethe-Universität Frankfurt am Main

Dr. Florian Meinel, Humboldt-Universität zu Berlin

PD Dr. Jakob Julius Nolte, Humboldt-Universität zu Berlin

Prof. em. Dr. Hans Heinrich Rupp, Johannes Gutenberg-Universität Mainz

PD Dr. Margrit Seckelmann, M.A., Deutsches Forschungsinstitut für öffentliche Verwaltung, Speyer

Prof. Dr. Sebastian Unger, Ruhr-Universität Bochum

Prof. em. Dr. Dr. h.c. mult. Hans F. Zacher (†), Ludwig-Maximilians-Universität München, Präsident der Max-Planck-Gesellschaft a.D.

Personenregister